Hans-Johann Glock
Wittgenstein-Lexikon

Hans-Johann Glock

Wittgenstein-Lexikon

Aus dem Englischen übersetzt von
Ernst Michael Lange

Wissenschaftliche Buchgesellschaft
Darmstadt

Einbandgestaltung: Neil McBeath, Stuttgart.

Titel der engl. Originalausgabe: A Wittgenstein Dictionary, Oxford 1996
(The Blackwell Philosopher Dictionaries)
© 1996 by Hans-Johann Glock.

Die Deutsche Bibliothek – CIP-Einheitsaufnahme
Ein Titeldatensatz für diese Publikation ist bei
Der Deutschen Bibliothek erhältlich.

Das Werk ist in allen seinen Teilen urheberrechtlich geschützt.
Jede Verwertung ist ohne Zustimmung des Verlages unzulässig.
Das gilt insbesondere für Vervielfältigungen,
Übersetzungen, Mikroverfilmungen und die Einspeicherung in
und Verarbeitung durch elektronische Systeme.

© 2000 by Wissenschaftliche Buchgesellschaft, Darmstadt
Gedruckt auf säurefreiem und alterungsbeständigem Papier
Printed in Germany

Besuchen Sie uns im Internet: www.wbg-darmstadt.de

ISBN 3-534-14543-7

MEINEN ELTERN

*Von mir werden keine neuen Götzen aufgerichtet;
die alten mögen lernen,
was es mit tönernen Beinen auf sich hat.*
                                      Friedrich Nietzsche, *Ecce Homo*

*Alles, was die Philosophie tun kann ist, Götzen zerstören.
Und das heisst, keinen neuen –
etwa in der 'Abwesenheit eines Götzen' – zu schaffen.*
                                  Ludwig Wittgenstein, *Big Typescript*

INHALT

Danksagungen	XI
Anmerkungen zum Gebrauch dieses Buches	1
Zitierweise und Primärquellen	3
Skizze einer intellektuellen Biographie	10
Lexikon	31
Bibliographie	395
Index	401

DANKSAGUNGEN

Ich bin einer Reihe von Verlagen für die Erlaubnis dankbar, Material aus folgenden Aufsätzen von mir, in denen einige der Ideen in diesem Buch ausführlicher entwickelt werden, verwenden zu dürfen:

'*Investigations* § 128: Theses in Philosophy and Undogmatic Procedure', in R. L. Arrington und H.-J. Glock (Hrsg.), *Wittgenstein's Philosophical Investigations* (London: Routledge, 1991); 'Cambridge, Jena or Vienna? – The Roots of the *Tractatus*', *Ratio* NS 5 (1992); 'Abusing Use', *Dialectica*, 50 (1996); 'Eine ganze Wolke von Philosophie kondensiert zu einem Tröpfchen Sprachlehre', in E. von Savigny und Oliver Scholz (Hrsg.), *Wittgenstein über die Seele* (Frankfurt: Suhrkamp, 1995); 'Externalism and First-Person Authority' (zus. mit J. Preston), *The Monist*, 78 (1995); 'Necessity and Normativity', in H. Sluga und D. Stern (Hrsg.), *The Cambridge Companion to Wittgenstein* (New York: CUP, 1996); 'On Safari with Wittgenstein, Quine and Davidson', in R. L. Arrington und H.-J. Glock (Hrsg.), *Wittgenstein and Quine* (London: Routledge, 1996).

Meinen Kollegen in Reading schulde ich Dank für ihre Duldsamkeit und ihren guten Humor. Bob Arrington, John Hyman und Bete Rundle haben hilfreiche Kommentare zu Teilen des Buches abgegeben, für die ich dankbar bin. Meine größte Dankesschuld besteht gegenüber Peter Hacker. Als mein vormaliger Doktorvater hatte er über Wittgenstein mehr zu lehren als ich jemals hätte lernen können. Er hat Entwürfe zu allen Stichworten gelesen und mich Mal um Mal vor Irrtum bewahrt. Stephen Ryan hat als copy-editor Hervorragendes an einem schwierigen Typoskript geleistet. Schließlich möchte ich Gabi und Sonja für die Geduld danken, mit der sie dem Leben im Zeichen des vermaledeiten L-Worts begegnet sind.

Obwohl Deutsch meine Muttersprache ist, wurde dieses Buch in Englisch verfaßt. Ernst Michael Lange hat nicht nur eine Übersetzung ursprünglich angeregt, sondern sie dann auch übernommen. Dafür möchte ich ihm herzlich danken.

ANMERKUNGEN ZUM GEBRAUCH DIESES BUCHES

Dieses Buch wendet sich an drei Kategorien von Lesern. Akademiker, ob sie nun in der Philosophie arbeiten oder außerhalb, sollten in ihm Erklärungen der Schlüsselausdrücke und der Themen in Wittgensteins Werk finden und herausfinden können, welche Relevanz es für ihre eigene Arbeit haben könnte. Am Ende der Stichworte gebe ich gelegentlich kurz an, welchen Einfluß Wittgensteins Werk tatsächlich ausgeübt hat. Aber für genauere Information darüber muß man die in der Bibliographie der Sekundärliteratur aufgeführten Bücher konsultieren. Studenten, die über Wittgenstein oder verwandte Themen (Frege, Russell, Philosophische Logik, Metaphysik, Erkenntnistheorie, Philosophie des Geistes) arbeiten, sollten im folgenden eine Darlegung der hauptsächlichen exegetischen und sachlichen Probleme finden. Wittgenstein-Forscher schließlich sollten eine den Stand der Kunst wiedergebende Diskussion finden und auch ein paar weiterführende Ideen. Ich habe mich um eine umfassende Behandlung der Themen bemüht, aber es ist synthetisch a priori, daß mir das nicht gelungen ist.

Lesern, die ohne Vorkenntnisse in Analytischer Philosophie sind, ist nachdrücklich zu empfehlen, zur Einleitung die ›Skizze einer intellektuellen Biographie‹ zu lesen. Ich habe versucht, formale Ausdrücke der symbolischen Logik zu vermeiden, aber in gewissem Ausmaß war sie bei der Diskussion logischer und mathematischer Themen unerläßlich. Die Stichworte, die davon betroffen sind, können mit einer gewissen Kenntnis des Aussagen- und des Prädikatenkalküls leichter verstanden werden. In Übereinstimmung mit Wittgenstein verwende ich die Notation der *Principia Mathematica*, obwohl ich als Bereichsindikatoren Klammern anstelle von Punkten verwende und '$(\exists x)(\exists y)xRy$' statt '$(\exists x,y)xRy$'. Andere technische Ausdrucksweisen werden zu den betreffenden Stichworten erklärt.

Natürlich sind viele der folgenden Interpretationen umstritten. Ich habe mich aber bemüht, plausible oder weitverbreitete Alternativen darzustellen. Am Ende werden Leser eine Entscheidung selbst fällen müssen, indem sie Wittgensteins Texte ansehen. Um weiteres Studium zu erleichtern, habe ich nicht nur berühmte Stellen zitiert, sondern auch weitläufige Verweise gegeben, einschließlich von Verweisen auf den *Nachlaß*, wo dieser bedeutsames zusätzliches Material enthält. Ich habe mich auch großzügig des Gebrauchs von Querverweisen bedient, die durch den einschlägigen Ausdruck anderer Stichworte (oder verwandter Ausdrücke – z. B. 'bestimmt'/'Bestimmtheit des Sinns', 'grammatischer Satz'/'Grammatik') in kleingesetzten Versalien gegeben werden. Ausdrücke, die nicht als selbständige Stichworte behandelt sind, können anhand des Index aufgesucht werden.

Anders als zeitlich von uns weiter entfernte Philosophen bietet Wittgenstein zeitgenössischen Philosophen eine 'live option' (eine aktuell wählbare philosophische Position). Aus diesem Grund habe ich versucht zu vermitteln, wie seine Bemerkungen angegriffen oder verteidigt werden könnten. Einige Kommentatoren legen nahe, daß sich Wittgenstein nicht auf eine rationale Debatte mit anderen Philosophen einlasse, sondern nur versuche, sie zu seiner Sichtweise zu bekehren. Diese Interpreten betrachten sein Werk als so außerhalb des Gewöhnlichen angesiedelt, daß es mit der übrigen Philosophie inkommensurabel sei. Nach meiner Auffassung ist diese Interpretation unbegründet. Obwohl Wittgensteins philosophische Methode darin revolutionär ist, daß sie sogar die Voraussetzungen früherer Debatten zu untergraben trachtet, tut sie dies auf dem Wege von Argumentationen, die hinsichtlich ihrer Gültigkeit bewertet werden können. Daher habe ich nicht nur Linien historischen Einflusses betont, sondern auch Übereinstimmungen und Nichtübereinstimmungen mit Denkern in Vergangenheit und Gegenwart.

Eine weitere Auffassung besagt, daß Wittgensteins Bemerkungen häufig keine Antworten auf seine selbstgestellten Fragen geben oder keine klargeschnittenen Positionen markieren; daß sie voller Kautelen sind und eher untersuchen als behaupten oder bestreiten. In dieser Auffassung steckt einige Wahrheit. Da dies hier aber ein Nachschlagewerk ist, habe ich bemüht, so deutliche Positionen darzustellen, wie es Wittgensteins kluge Einschränkungen nur zulassen. Vielleicht sollten einige der hier ausgebreiteten Auffassungen den langsamen Tod durch vielerlei Einschränkungen erleiden und andere den weniger qualvollen direkter Widerlegung. Die Aufgabe der weitergehenden Debatte über Wesen und Verdienst der Philosophie Wittgensteins ist es, entsprechende Angriffe zu formulieren und zu parieren; und der Zweck dieses Wörterbuchs ist es, diese Debatte zu erleichtern.

ZITIERWEISE UND PRIMÄRQUELLEN

Wenn nicht anders angezeigt, sind alle Zitate mit den Seitenangaben der betreffenden Ausgabe angegeben. Auf die Werke Wittgensteins (einschließlich des *Nachlasses*, der Vorlesungen, der Korrespondenz, der Diktate und der Schriften von Waismann, die sich von der Zusammenarbeit mit Wittgenstein herleiten) wird mit dem üblichen System der Großbuchstaben (für die Anfänge der Wörter im Titel oder zur Kennzeichnung der betreffenden Schrift) Bezug genommen. Werke von Autoren, die Wittgenstein beeinflußt haben, werden mit abgekürzten Titeln zitiert. Die Zitate aus großen Philosophen der Vergangenheit folgen etablierten Verfahrensweisen. Kants *Kritik der reinen Vernunft* z. B. wird mit den Seitenangaben der ersten (A) oder zweiten (B) Auflage zitiert.

Wittgensteins Werke

1. Aufsätze und Bücher in der Reihenfolge der Abfassung

Das Abfassungsdatum ist, wo erforderlich, in eckigen Klammern angegeben.

RCL	'Rezension von Coffey, *The Science of Logic*', *The Cambridge Review*, 34 (1913), 351; wieder abgedruckt in PO.
AüL	'Aufzeichnungen über Logik' [1913], in: Werkausgabe Bd. 1, 188–208.
AM	'Aufzeichnungen, die G. E. Moore in Norwegen nach Diktat niedergeschrieben hat' [1914], in: Werkausgabe Bd. 1, 209–223.
Tb	*Tagebücher 1914–16*, in: Werkausgabe Bd. 1, 89–187.
GT	*Geheime Tagebücher*, hrsg. W. Baum (Wien: Turia & Kant, 1991). Der Text enthält Bemerkungen aus den Tagebüchern 1914–16, die in einer Geheimschrift verfaßt, aus Tb weggelassen und vorwiegend von biographischer Bedeutung sind.
PT	*Prototractatus* [1917]; Text nach TLP, Kritische Edition, a. a. O., 181–255.
TLP	*Logisch-Philosophische Abhandlung/Tractatus logico-philosophicus* [1921], in: Werkausgabe Bd. 1, 7–85; auch in: Kritische Edition, hrsg. B. McGuinness/J. Schulte (Frankfurt: Suhrkamp, 1989). Die Ausgabe orientiert sich an der Textgestaltung der *Schriften 1* von 1960.
WV	*Wörterbuch für Volksschulen* (Wien: Hölder-Pichler-Tempsky, 1926); Faksimile-Abdruck mit einer Einleitung von A. Hübner 1977.
BLF	'Bemerkungen über Logische Form' (urspr. englisch in *Proceedings of the Aristotelian Society*, suppl. Vol. IX, 1929, 162–171), dt. in: VüE, 20–28.

VB	*Vermischte Bemerkungen*, in: Werkausgabe Bd. 8, 445–575.
PB	*Philosophische Bemerkungen* [1929–30], Werkausgabe Bd. 2.
PG	*Philosophische Grammatik*, Werkausgabe Bd. 4.
GB	'Bemerkungen über Frazers „The Golden Bough"', in: VüE, 29–46.
BB	*The Blue and Brown Books* [1933–35] (Oxford: Blackwell, 1958).
BlB	*Das Blaue Buch*, in: Werkausgabe Bd. 5, 9–116.
EPB	*Eine Philosophische Betrachtung* [1936], in: Werkausgabe Bd. 5, 117–282.
UW	'Ursache und Wirkung. Intuitives Erfassen', in: VüE, 101–139.
BGM	*Bemerkungen über die Grundlagen der Mathematik* [1937–44], Werkausgabe Bd. 6.
PU	*Philosophische Untersuchungen*, in: Werkausgabe Bd. 1, 225–618. Zitate beziehen sich für Teil I auf Abschnitte (§§), für Teil II auf Seiten.
BPP I	*Bemerkungen über die Philosophie der Psychologie I* [1945–47], in: Werkausgabe Bd. 7, 7–215.
BPP II	*Bemerkungen über die Philosophie der Psychologie II* [1948], in: Werkausgabe Bd. 7, 217–346.
Z	*Zettel* [1945–48], in: Werkausgabe Bd. 8, 259–443.
LS I	*Letzte Schriften zur Philosophie der Psychologie I* [1948–49], in: Werkausgabe Bd. 7, 347–488.
LS II	*Letzte Schriften über die Philosophie der Psychologie II* [1949–51]; *Das Innere und das Äußere* [1949–51], hrsg. G. H. v. Wright und H. Nyman (Frankfurt a. M.: Suhrkamp, 1993).
ÜG	*Über Gewißheit* [1951], in: Werkausgabe Bd. 8, 113–257.
BüF	*Bemerkungen über Farben* [1951], in: Werkausgabe Bd. 8, 13–112.
PO	*Philosophical Occasions* [deutsch-englischer Paralleltext wo erforderlich], hrsg. J. Klagge und A. Nordmann (Indianapolis: Hackett, 1993). Enthält RCL, BLF, VE, M, LSD, VüpEuS, UW, LFW, NPL. Wenn nicht anders angegeben, werden diese Texte nach der Originalpaginierung zitiert, die in dieser Anthologie wiedergegeben ist.
VüE	*Vortrag über Ethik und andere kleine Schriften*, hrsg. J. Schulte (Frankfurt a. M.: Suhrkamp, 1989). (Enthält VE, BLF, GB, VüpEuS, UW.)

2. Vorlesungen und Gesprächsaufzeichnungen

WWK	*Wittgenstein und der Wiener Kreis*, Gespräche, aufgezeichnet von Friedrich Waismann, Werkausgabe Bd. 3.
VE	'Vortrag über Ethik' [1929], in: VüE, 9–19.
M	'Wittgenstein's Lectures in 1930–33', in: G. E. Moore, *Philosophical Papers* (London: Allen and Unwin, 1959); Zitate nach dem Wiederabdruck in PO.
Vorl	*Vorlesungen 1930–1935*, hrsg. D. Lee/A. Ambrose/M. Macdonald, Frankfurt a. M. 1984.

LSD	'The Language of Sense Date and Private Experience – Notes taken by Rush Rhees of Wittgenstein's Lectures, 1936', *Philosophical Investigations*, 7 (1984), 1–45, 101–140.
VüpEuS	'Aufzeichnungen für Vorlesungen über „privates Erlebnis" und „Sinnesdaten"' [1936], in: VüE, 47–100.
VuGÄPR	*Vorlesungen und Gespräche über Ästhetik, Psychologie und Religion* [1938–1946], hrsg. C. Barrett, Übers. E. Bubser, Göttingen 1968 (engl. 1966).
VGM	*Vorlesungen über die Grundlagen der Mathematik 1939*, Schriften Bd. 7, Frankfurt a.M. 1978.
LFW	'Lecture on Freedom of the Will' [1939], aus Notizen von Y. Smythies, PO 427–44.
NPL	'Notes for the Philosophical Lecture' [1941], hrsg. D. Stern, PO 445–58.
VPP	*Vorlesungen über die Philosophie der Psychologie 1946/47* (Aufz. v. P. T. Geach, K. J. Shah, A. C. Jackson), hrsg. v. P. T. Geach, übers. v. J. Schulte (Frankfurt a.M.: Suhrkamp, 1991).

3. Werkausgaben und Auswahlsammlungen

Schriften (Frankfurt: Suhrkamp)
Bd. 1 (1960): TLP, Tb, PU. Bd. 2 (1964): PB. Bd. 3 (1967): WWK. Bd. 4 (1969): PG. Bd. 5 (1970): BlB, EPB, Z. Bd. 6 (1973): BGM. Bd. 7 (1978): VGM. Bd. 8 (1982): BPP I, BPP II.

Werkausgabe (Frankfurt: Suhrkamp, 1984):
Bd. 1: TLP, Tb, PU. Bd. 2: PB. Bd. 3: WWK. Bd. 4: PG. Bd. 5: BlB, EPB. Bd. 6: BGM. Bd. 7: BPP I, BPP II, LS I. Bd. 8: BüF, ÜG, Z, VB.

Luwig Wittgenstein. Ein Reader, hrsg. A. J. P. Kenny (Stuttgart: Reclam, 1994): enthält Auszüge aus TLP, BT, PG, BlB, VüpEuS, VuGÄPR, PU, BGM, BPP I & II, Z, ÜG.

4. Werke, die aus Diktaten von oder Unterhaltungen mit Wittgenstein hervorgingen

PLP	F. Waismann, *The Principles of Linguistic Philosophy*, hrsg. R. Harré (London: MacMillan, 1965).
LSP	*Logik, Sprache, Philosophie*, hrsg. G. P. Baker und B. F. McGuinness (Stuttgart: Reclam, 1976).
FW	*Dictations to F. Waismann*, hrsg. G. P. Baker (London: Routledge, im Erscheinen). Zitate mit den Nummern der Diktate.
WAM	N. Malcolm, *Ludwig Wittgenstein – A Memoir*, 2. Aufl. (Oxford: Oxford University Press, 1984; 1. Aufl. 1958; dt. Übersetzung der 1. Aufl. v. C. Frank, München und Wien 1961).

SDE	R. Rhees, 'Some Developments in Wittgenstein's Views of Ethics', *Philosophical Review,* 74 (1965), 17–26.
RR	R. Rhees, 'On Continuity: Wittgenstein's Ideas 1938', in: R. Rhees, *Discussions of Wittgenstein* (London: Routledge & Kegan Paul, 1970), 104–57.
RW	R. Rhees (Hrsg.), *Ludwig Wittgenstein: Porträts und Gespräche* (Frankfurt a. M.: Suhrkamp, 1992).
WC	O. K. Bouwsma, *Wittgenstein: Conversations 1949–1951,* hrsg. J. L. Craft und R. E. Hustwit (Indianapolis: Hackett, 1986).

5. Korrespondenz

EB	Briefe an Engelmann
FB	Briefe an von Ficker
MB	Briefe an Moore
OB	Briefe an Ogden
RAB	Briefe an Ramsey
RUB	Briefe an Russell

Diese Briefe werden mit Datum (so spezifisch wie möglich) zitiert. Sie sind in folgenden Ausgaben gesammelt:

Briefe, hrsg. B. F. McGuinness und G. H. v. Wright. Korrespondenz mit B. Russell, G. E. Moore, J. M. Keynes, F. P. Ramsey, W. Eccles, P. Engelmann und L. von Ficker. Übersetzungen aus dem Englischen von J. Schulte (Frankfurt a. M.: Suhrkamp, 1980).

Letters to C. K. Ogden, hrsg. G. H. v. Wright, mit einem Anhang mit Briefen von F. P. Ramsey 1923–24 (Oxford: Blackwell/London: Routledge, 1973).

Engelmann, P., *Ludwig Wittgenstein. Briefe und Begegnungen,* Wien/München 1970.

Briefe an Ludwig von Ficker, hrsg. G. H. v. Wright und W. Methlagl (Salzburg: Müller, 1969).

Letters to Russell, Keynes and Moore, hrsg. G. H. v. Wright, engl. Übers. B. F. McGuinness (Oxford: Blackwell, 1974).

6. Nachlaß

Alle Zitate aus unveröffentlichtem Material folgen dem Katalog von v. Wright [G. H. v. Wright, *Wittgenstein,* übers. v. J. Schulte (Frankfurt a. M.: Suhrkamp, 1992), 52 ff.]. Sie weisen die Nummer des Typo- (TS) oder Manuskripts (MS) und die Seitenzahl nach. Ich verwende folgende Abkürzung:

BT   Sog. Big Typescript (TS 213), teilweise in PO 160–199.

Der *Nachlaß* wird in der Bibliothek des Trinity College, Cambridge, aufbewahrt. Er ist auf Mikrofilm/Photokopie von der Cornell University verfügbar. Der vollständige

Nachlaß wird auf CD-ROM von der Oxford University Press, herausgegeben vom Wittgenstein-Archiv der Universität Bergen, veröffentlicht. Die frühen Teile des *Nachlasses* werden zur Zeit als *Wiener Ausgabe*, hrsg. von M. Nedo (Wien/New York: Springer, 1994–) veröffentlicht. Diese Ausgabe soll neben einer Einleitung und Konkordanzbänden folgendes enthalten:

Bd. 1: MSS 105, 106; Bd. 2: MSS 107, 108; Bd. 3: MSS 109, 110; Bd. 4: MSS 111, 112; Bd. 5: MSS 113, 114; Bd. 6: TSS 208, 210; Bd. 7/1–2: TS 211; Bd. 8: TS 209 (PB); Bd. 9/1–2: TS 212; Bd. 10/1–2: TS 213 (BT); Bd. 11: MSS 153a–b; 154, 155.

Werke anderer Autoren

Boltzmann

Physik   Theoretical Physics and Philosophical Problems. Hrsg. B. F. McGuinness (Dordrecht: Reidel, 1974). [Teilw. deutsch in: Ludwig Boltzmann, Populäre Schriften, hrsg. v. E. Broda, Braunschweig: Vieweg, 1979.]

Frege

Begriffsschrift   *Begriffsschrift* (Halle: Nebert, 1879).
Grundlagen   *Die Grundlagen der Arithmetik* (Breslau: Koebner, 1884; 2. Aufl. Breslau: Marcus, 1934, Nachdruck Darmstadt: Wiss. Buchgesellschaft, 1961).
Grundgesetze   *Grundgesetze der Arithmetik* (Jena: Pohle, Bd. 1: 1893, Bd. 2: 1903, Nachdruck Hildesheim: Olms, 1966).
'Funktion'   'Funktion und Begriff'
'Sinn'   'Über Sinn und Bedeutung'
'Begriff'   'Über Begriff und Gegenstand'
'Verneinung'   'Die Verneinung'
'Gefüge'   'Gedankengefüge'
       Diese Aufsätze werden nach der Orinalpaginierung zitiert, die in den Ausgaben von Günter Patzig, Gottlob Frege, Funktion, Begriff, Bedeutung (Göttingen: Vandenhoeck & Ruprecht, 1966) und Gottlob Frege, Logische Untersuchungen (Göttingen: Vandenhoeck & Ruprecht, 1966) angegeben sind.
Schriften   *Nachgelassene Schriften*, hrsg. H. Hermes, F. Kambartel, F. Kaulbach, (Hamburg: Meiner, 1983).
Briefwechsel   *Wissenschaftlicher Briefwechsel*, hrsg. G. Gabriel, H. Hermes, F. Kambartel, C. Thiel, A. Veraart (Hamburg: Meiner, 1976).

Hertz

Mechanik — *Die Prinzipien der Mechanik* (Leipzig: Barth, 1894).

James

Psychology — *The Principles of Psychology* (New York: Dover, 1950; 1. Aufl. 1890); Übers. der gekürzten Fassung von v. M. Dürr (2. Auflage, Leipzig: Quelle & Meyer, 1920; Zitate nach der zweibändigen englischen Ausgabe).

Köhler

Gestalt — *Gestalt Psychology* (New York: Mentor, 1975; 1. Aufl. 1930).

Mauthner

Beiträge — *Beiträge zu einer Kritik der Sprache* (Stuttgart: Cotta, 1901–03).

Moore

Writings — *Selected Writings*, hrsg. T. Baldwin (London: Routledge, 1994).

Ramsey

Mathematics — *The Foundations of Mathematics and Other Logical Essays* (London: Routledge & Kegan Paul, 1931) [dt. Auswahl in: Ramsey, Grundlagen – Abhandlungen zur Philosophie, Logik, Mathematik und Wirtschaftswissenschaft, hrsg. D. H. Mellor, übers. von I. U. Dalferth u. J. Kalka (Stuttgart: Frommann & Holzboog, 1980)].

Russell

Principles — *The Principles of Mathematics*, 2. Aufl. (London: Allen & Unwin, 1937; 1. Aufl. 1903).

Essays — *Philosophical Essays*, 2. Aufl. (London: Routledge, 1994; 1. Aufl. 1910).

Principia — *Principia Mathematica*, 2. Auflage (Cambridge: Cambridge University Press, 1927; 1. Aufl. 1910).

Probleme	*Probleme der Philosophie* (Frankfurt a.M.: Suhrkamp, 1967; engl. 1. Aufl. 1912).
'Theory'	'The Theory of Knowledge' [1913], in: *The Collected Papers of Bertrand Russell*, Bd. 7, hrsg. E. Eames und K. Blackwell (London: Allen & Unwin, 1984).
External	*Our Knowledge of the External World as a Field for Scientific Method in Philosophy*, verb. Ausgabe (London: Routledge, 1993; 1. Aufl. 1914).
Mysticism	*Mysticism and Logic* (London: Longmans, Green, 1918).
Introduction	*Introduction to Mathematical Philosophy* (London: Allen & Unwin, 1919).
'Einleitung'	Einleitung zu *Tractatus Logico-philosophicus* (TLP), dt. in: Kritische Edition, 258 ff.
Analysis	*The Analysis of Mind* (London: Allen & Unwin, 1921).
'Limits'	'The Limits of Empiricism', Proceedings of the Aristotelian Society, XXXVI (1935–36).
Logic	*Logic and Knowledge*, hrsg. R. C. Marsh (London: Allen & Unwin, 1956).

Schlick

Aufsätze	*Philosophical Papers*, hrsg. H. L. Mulder und B. F. B. van der Velde-Schlick (London: Reidel, 1979).

Schopenhauer

Welt	*Die Welt als Wille und Vorstellung*, hrsg. W. Frhr. v. Löhneysen (= Sämtliche Werke, Bde. I und II) (Stuttgart/Frankfurt a.M.: Cotta/Insel, 1960).

SKIZZE EINER INTELLEKTUELLEN BIOGRAPHIE

Ludwig Wittgenstein (1889–1951) war das jüngste Kind einer reichen und gebildeten Wiener Familie jüdischer Herkunft. Das Haus der Wittgensteins war ein Mittelpunkt des künstlerischen und insbesondere musikalischen Lebens. Es stattete Ludwig mit dem aus, was er später seine 'gute geistige Kinderstube' nannte. Sie bestand aus der Musik der Wiener Klassik und einem Strang der deutschen Literatur – mit Goethe als Leitfigur –, der den Nationalismus und Fortschrittsglauben ablehnte, von denen der Hauptstrom der europäischen Kultur im 19. und frühen 20. Jahrhundert geprägt war. Wittgenstein war ein kulturell Konservativer, der sich mit dem „Geist ... des großen Stromes der europäischen und amerikanischen Zivilisation" zerfallen fühlte (VB 458; VB enthält Wittgensteins verstreute Überlegungen zu kulturellen Fragen). Aber seine starke intellektuelle Leidenschaft und Aufrichtigkeit bewahrten ihn davor, nostalgisch oder engstirnig zu sein. Das wird klar, wenn wir uns den direkten Einflüssen auf sein Denken zuwenden, die er 1931 auflistete: Boltzmann, Hertz, Schopenhauer, Frege, Russell, Kraus, Loos, Weininger, Spengler, Sraffa (VB 476). Diejenigen, die für seine frühe Philosophie wichtig waren, lassen sich in drei Gruppen einteilen: die Weisen, die philosophierenden Wissenschaftler und die philosophierenden Logiker.

Weise, Wissenschaftler und Verrückte

Die Weisen waren Denker außerhalb der akademischen Philosophie, deren Werke Wittgenstein als Jugendlicher las. Karl Kraus, der einflußreiche Kulturkritiker des späten Habsburgerreiches, beeindruckte Wittgenstein durch sein Bestehen auf persönlicher Integrität. Er war auch durch die meisterliche polemische Sprachkritik von Kraus beeinflußt. Widersacher wurden strikt beim Wort genommen. Ihr Stil, manchmal sogar ein einzelner unbedachter Satz, soll zugleich ihre Fehlschlüsse und ihre charakterlichen Schwächen enthüllen. Das Werk von Kraus war Teil der sogenannten 'Krisis der Sprache', eines allgemeinen Interesses an der Authentizität symbolischen Ausdrucks in der Kunst und im öffentlichen Leben. Ein anderer Ausdruck dieser Krise war Mauthners Kritik der Sprache. Mauthner verfolgte eine Kantianische Zielsetzung, die Besiegung metaphysischer Spekulation. Aber er ersetzte die Kritik der Vernunft durch eine Kritik der Sprache und sein Werk war stärker Hume und Mach verpflichtet. Seine Methode war psychologistisch und historisch: die Kritik der Sprache war Teil der Sozialpsychologie. Ihr Gehalt war empiristisch – die Grundlagen der Sprache sind Empfindungen – und ihr Resultat skeptisch. Vernunft ist mit Sprache identisch, aber die letztere ist für die Durchdringung der Wirklichkeit ungeeignet. Wittgenstein setzt seine eigene logische 'Sprachkritik' (TLP 4.0031) der Mauthners zu Recht entgegen, aber es war Mauthner (*Wörterbuch der Philosophie* xi), der als erster die Philosophie mit Sprachkritik identifizierte.

Weininger, Verfasser des berüchtigten Buches *Geschlecht und Charakter*, war weniger ein Weiser als ein Psychopath. Sein theatralisch inszenierter Selbstmord im Jahr 1903 wurde von einer Reihe junger Männer in Wien nachgeahmt, und sein Einfluß auf Wittgensteins persönliche und kulturelle Einstellungen war nur um weniges segensreicher. Er steckte Wittgenstein mit seiner Misogynie an und mit Zweifeln an den kreativen Fähigkeiten von Juden (VB 468, 471 f., 476–82), die ebenso dümmlich waren wie schädlich. Weiningers wichtigster Einfluß lag jedoch in dem Gedanken, man habe eine moralische Verpflichtung sich selbst gegenüber, nach Genie zu streben, nach der intellektuellen Liebe von Wahrheit und Klarheit. Logik und Ethik 'sind im Grund nur eines und dasselbe – Pflicht gegen sich selbst' (*Geschlecht und Charakter* 200). Das erklärt sowohl, warum der *Tractatus* Logik und Ethik eng verknüpft (TLP 6.13, 6.421), als auch Wittgensteins bleibende Auffassung, philosophische Fehler seien Ausdruck charakterlicher Mängel.

Wittgensteins erste genuin philosophische Position war der transzendentale Idealismus Schopenhauers. Er gab ihn erst unter dem Einfluß von Freges begrifflichem Realismus auf (WAM 5) und kehrte in den mystischen Passagen des *Tractatus* selbst dann noch zu ihm zurück. Schopenhauer ging aus von einer kantianischen Unterscheidung zwischen einerseits der noumenalen Welt, der Welt, wie sie an sich ist, und andererseits der phänomenalen Welt, der Welt, wie sie erscheint. 'Die Welt ist meine Vorstellung' (*Welt* I § 1), nämlich das, was dem erkennenden Subjekt erscheint. Sie wird bestimmt von strukturellen Zügen (Raum, Zeit, Kausalität), die ihr vom Subjekt auferlegt werden. Aber die Welt als Vorstellung ist ein Ausdruck einer ihr zugrundeliegenden Realität, der Welt als kosmischer *Wille*. Schopenhauer war auch der Begründer eines Anti-Intellektualismus, der die Rolle des Willens gegenüber der des Verstandes betonte und der unter anderen Nietzsche und Wittgenstein beeinflußte. Schopenhauers Idealismus verwandelt sich zudem leicht in einen Solipsismus, eine philosophische Versuchung, gegen die Wittgenstein später kämpfte. Schließlich rückte er den Begriff der Vorstellung statt des Begriffs des Bewußtseins ins Zentrum der Transzendentalphilosophie (*Welt* I § 10). Dadurch trug er zu Wittgensteins Interesse an sprachlicher Darstellung bei.

Dieses Interesse wurde durch Hertz und Boltzmann verstärkt. Beide gehörten einer neo-kantianischen Tradition von philosophierenden Wissenschaftlern an, die über das Wesen der Wissenschaft nachdachten und es von obskuren, metaphysischen Elementen zu befreien suchten. In *Die Prinzipien der Mechanik* (Vorwort) unterschied Hertz streng zwischen den empirischen und den apriorischen Elementen der Mechanik. Die Möglichkeit wissenschaftlicher Erklärung machte er unter Bezug auf das Wesen von Darstellung verständlich. Die Wissenschaft formt *Bilder* der Wirklichkeit, derart, daß die logischen Folgen dieser Bilder den wirklichen Konsequenzen der äußeren Sachverhalte entsprechen, die die Wissenschaft abbildet. Ihre Theorien sind nicht durch die Erfahrung vorherbestimmt, sondern aktiv konstruiert in Entsprechung zu formalen und pragmatischen Bedingungen, auf die Hertz als 'die Denkgesetze' Bezug nahm. Die

Aufgabe einer philosophischen Rekonstruktion der Mechanik ist es, Scheinprobleme zu vermeiden, besonders solche über das Wesen der Kraft oder der Elektrizität, indem sie diese apriorischen Elemente klar und übersichtlich darstellt.

Boltzmann war Kant gegenüber feindlicher eingestellt. In darwinscher Manier beschuldigte er Kant, nicht verstanden zu haben, daß die 'Denkgesetze' nicht unwandelbar, sondern dem einzelnen nur als ein Ergebnis der 'Erfahrung der Gattung' (*Populäre Schriften* 179) angeboren seien. Aber er entwickelte den Versuch von Hertz weiter, die Wissenschaft mit Hilfe von nicht aus der Erfahrung abgeleiteten Modellen zu klären; und er behielt die Auffassung bei, daß philosophische Verwirrung dadurch aufgelöst werden sollte, daß die Unsinnigkeit bestimmter Fragen aufgedeckt wird. Hertz und Boltzmann beeinflußten die Bildtheorie des *Tractatus* ebenso wie seine Erörterung der Wissenschaft. Am wichtigsten aber war, daß sie die Kantianische Auffassung der Aufgabe der Philosophie verstärkten, die Wittgenstein auch bei Schopenhauer begegnet war: im Gegensatz zur Wissenschaft formt die Philosophie keine Bilder der Wirklichkeit, sondern reflektiert auf die 'Gesetze des Denkens', die solcher Abbildung zugrunde liegen; ihre Aufgabe ist eine kritische; ihr Ergebnis ist nicht eine Lehre, sondern die Auflösung von Verwirrung.

Wittgensteins ursprünglicher Plan, bei Boltzmann in Wien zu studieren, zerschlug sich mit dessen Selbstmord 1906. Statt dessen wurde er nach Berlin geschickt, um Ingenieurwesen zu studieren. Er wurde jedoch schon bald von philosophischen Problemen gepackt und begann mit seiner sein ganzes Leben beibehaltenen Gewohnheit, philosophische Überlegungen in datierten Eintragungen in Notizbüchern festzuhalten. 1908 wechselte er nach Manchester, wo er an Experimenten mit Flugdrachen und an der Entwicklung eines düsenbetriebenen Propellers teilnahm. In Manchester entwickelte er ein Interesse zuerst an reiner Mathematik, dann an ihren philosophischen Grundlagen. Er wurde mit den Schriften von Frege und Russell bekannt und versuchte 1909 das zu dieser Zeit offene Hauptproblem zu lösen – den Widerspruch, den Russell in Freges System entdeckt hatte. 1911 entwarf er den Plan für ein philosophisches Werk, den er mit Frege diskutierte. Auf Freges Rat hin ging er nach Cambridge, um bei Russell zu studieren. Dieser war zur führenden Kraft in den Debatten über die Grundlagen der Mathematik geworden. Der Wechsel nach Cambridge erwies sich als Wendepunkt in Wittgensteins Leben. Durch Anregung und Gegnerschaft bilden Frege und Russell den wesentlichen Hintergrund seiner frühen Philosophie, darüber hinaus sind sie wichtige Angriffsziele seines späteren Denkens.

Frege und Russell

Frege und Russell haben die moderne formale Logik erfunden und damit die Landschaft der Philosophie im 20. Jahrhundert verändert. Ihr Werk antwortete auf eine Grundlagenkrise der Mathematik im 19. Jahrhundert. Freges *Begriffsschrift* von 1879 sollte Mittel bereitstellen, um sowohl mathematische Beweise streng prüfen zu können als auch das Problem des Status der Mathematik zu lösen. Frege war der Pionier des

Logizismus, der Reduktion der Mathematik auf Logik und Mengentheorie, indem er versuchte, die Ableitbarkeit der Arithmetik von rein logischen Begriffen und Schlußprinzipien zu beweisen (*Begriffsschrift* Vorw., § 13; *Grundlagen* § 3). Um dieses Programm auszuführen, mußte Frege die Grenzen der aristotelischen syllogistischen Logik überwinden. Sein entscheidender Schritt war, Sätze nicht, wie es die aristotelische Logik getan hatte, in Subjekt und Prädikat zu analysieren, sondern in Argument und Funktion. Der Ausdruck '$x^2 + 1$' stellt eine Funktion der Variablen x dar, weil sein Wert nur von dem 'Argument' abhängt, das wir für x einsetzen – er hat den Wert 2 für das Argument 1, 5 für das Argument 2, etc. Frege erweiterte den Begriff der Funktion erst auf Ausdrücke wie 'die Hauptstadt von x' (die den Wert Berlin für das Argument Deutschland hat) und dann auf Sätze. 'Caesar eroberte Gallien' wird nicht in das Subjekt 'Caesar' und das Prädikat 'eroberte Gallien' analysiert, sondern in eine Funktion 'x eroberte Gallien', für die 'Caesar' als ein Argument dient. Der Wert dieser Funktion ist entweder das Wahre (z.B., wenn wir 'Caesar' einsetzen) oder das Falsche (z.B., wenn wir 'Alexander' einsetzen), in Abhängigkeit davon, ob der sich durch Einsetzung ergebende Satz wahr oder falsch ist. Derart werden Begriffe wie der durch 'x eroberte Gallien' ausgedrückte als Funktionen behandelt, die Argumente auf Wahrheitswerte abbilden. Die einfachen, atomaren Formeln in Freges Begriffsschrift sind aus einem Argumentausdruck und einem Begriffswort oder Funktionsnamen zusammengesetzt. Die Argumentausdrücke sind Namen von Gegenständen, und die Begriffswörter sind Namen von Funktionen. Im nächsten Schritt dehnte Frege diese Idee auf die logischen Verknüpfungen aus, durch die molekulare Formeln gebildet werden. Negation, z.B., ist eine einstellige Funktion, die einen Wahrheitswert auf den entgegengesetzten Wahrheitswert abbildet (wenn 'p' wahr ist, dann ist '$\sim p$' falsch). Sätze sind Eigennamen des einen oder anderen von zwei 'logischen Gegenständen' ('das Wahre' und 'das Falsche'), und sie sind Argumentausdrücke für die Funktionsnamen, die die logischen Verknüpfungen bezeichnen. Schließlich wird 'Alle Griechen sind kahl' nicht in das Subjekt 'Alle Griechen' und das Prädikat 'sind kahl' analysiert, sondern in das komplexe Begriffswort 'wenn x ein Grieche ist, dann ist x kahl' und den Quantor 'Für alle x'. Der Quantor drückt eine Funktion zweiter Stufe aus, der Begriffe (Funktionen erster Stufe) auf Wahrheitswerte abbildet, auf das Wahre, wenn der Begriff den Wert wahr für alle Argumente hat, sonst auf das Falsche. ('Einige Griechen sind kahl' wird in entsprechender Weise behandelt.)

Dieser Apparat machte es möglich, die erste vollständige Axiomatisierung der Logik erster Stufe zu geben – einschließlich von Beweisen, die mehrfache Allgemeinheit einschließen, wie sie für mathematisches Schließen charakteristisch sind – und die mathematische Induktion als die Anwendung eines rein logischen Gesetzes darzustellen. In *Grundgesetze der Arithmetik* wird dieses System durch die Unterscheidung zwischen Sinn und Bedeutung (*Grundgesetze* § 2) angereichert. In der Begriffsschrift drückt jeder Satz (jede Formel) einen Sinn, 'den Gedanken' aus (das, was beurteilt wird), und bezieht sich auf oder bezeichnet eine 'Bedeutung', einen Wahrheitswert. Er drückt einen Gedanken aus, insofern er einen Wahrheitswert als den Wert einer Funktion für ein Argument darstellt. Jeder sinnvolle Bestandteil eines Satzes (abgesehen vom Urteilsstrich oder Behauptungszeichen) drückt gleichermaßen einen Sinn aus und bezieht sich (referiert) auf eine Bedeutung. Eigennamen drücken einen Sinn aus und beziehen sich auf einen Gegenstand; Begriffswörter drücken einen Sinn aus und beziehen sich auf (stehen für) einen Begriff.

Frege definierte Zahlen (den Grundbegriff der Arithmetik) als Klassen von Klassen mit derselben Anzahl von Elementen. Diese einfallsreiche Vorgehensweise machte aber unbeschränkten Gebrauch vom Begriff einer Menge und führte daher zum Paradox der Menge aller Mengen, die sich nicht selbst enthalten. Russell, der das Paradox ersonnen hat, entwickelte ein logisches System, das dem Freges stark ähnelte. Er versuchte den Logizismus vor dem Paradox mit Hilfe einer Typentheorie zu schützen, die Formeln ausschloß, in denen von Mengen ausgesagt wird, was sinnvoll nur von ihren Elementen ausgesagt werden kann (z.B. 'Die Klasse der Löwen ist ein Löwe'). Das logische System der *Principia Mathematica* von Russell und Whitehead verwendet, wie das Freges, die Analogie zwischen der Struktur von Sätzen und den funktionentheoretischen Strukturen der höheren Analysis. Russells Auffassung einer Satzfunktion unterschied sich aber von Freges Begriff eines Begriffs darin, daß seine Werte nicht zwei logische Gegenstände wie das Wahre und das Falsche waren, sondern Propositionen. Deswegen bestritt Russell, daß Sätze Wahrheitswerte bezeichnen. Darüber hinaus lehnte er Freges Unterscheidung zwischen Sinn und Bedeutung ab und die Annahme, es könne wahrheitswertlose Sätze geben. Für Frege drückt ein Satz der Form 'Das F ist G' (z.B. 'der König von Frankreich ist kahl') einen Gedanken aus, hat aber keinen Wahrheitswert, wenn es nichts gibt, was F ist. Russells Theorie der Kennzeichnungen analysierte solche Sätze in eine quantifizierte Konjunktion 'Es gibt ein und nur ein Ding, das F ist, und dieses Ding ist G'. Wenn es nichts gibt, was F ist, ist dieser Satz falsch, nicht jedoch ohne Wahrheitswert. Wie Frege verstand Russell sein formales System als eine ideale Sprache, die die logischen Defekte der natürlichen Sprachen (Unbestimmtheit, 'Bedeutungs'(= Bezugs-)losigkeit, etc.) vermeidet. Aber seine Interessen waren umfassender. Er wandte die neuen logischen Techniken nicht nur auf die Grundlagen der Mathematik an, sondern auch auf traditionelle Probleme der Erkenntnistheorie und Metaphysik, und er hoffte, sie würden die Philosophie als ganze auf den sicheren Pfad der Wissenschaft bringen.

Tractatus Logico-Philosophicus:
Das Wesen der Darstellung

Wittgensteins Ehrgeiz war es nicht, die formalen Aspekte der neuen Logik weiterzuentwickeln, neue Werkzeuge zur Verfügung zu stellen oder neue Beweise darzulegen; er wollte vielmehr ihre philosophischen Implikationen klären. Die erste und wichtigste von ihnen war die Frage 'Was ist Logik?'. Auf diesem Feld wurde er bald zu einem ebenbürtigen Partner Russells – und zu seinem erbarmungslosen Kritiker. Russell war gezwungen anzuerkennen, daß die *Principia* das Wesen der Logik nicht geklärt hatten. Er entschied sich, diese Aufgabe Wittgenstein zu überlassen; aber damit handelte er sich mehr ein, als er vorausgesehen hatte. Während Wittgenstein wichtige Elemente der logischen Systeme von Frege und Russell übernahm und Russells Auffassung akzeptierte, Philosophie sei dasselbe wie logische Analyse, war seine Erklärung dessen, was Logik und Philosophie sind, gänzlich neuartig. Während einer kurzen Frist war Wittgenstein der aufgehende Stern von Cambridge und Mitglied der selbsternannten geistigen Elite, der Apostel. Aber 1913 verließ er Cambridge und ging nach Norwegen, um in der Einsamkeit an seiner neuen Theorie der Logik zu arbeiten. Er kehrte danach nicht nach Cambridge, sondern bei Ausbruch des 1. Weltkrieges nach Wien zurück und meldete sich als Kriegsfreiwilliger. Trotz der Erfordernisse des Militärdienstes setzte Wittgenstein seine Arbeit an dem fort, was heute als *Tractatus Logico-Philosophicus* bekannt ist. Nachdem er 1918 in Kriegsgefangenschaft geraten war, brachte er es fertig, das Manuskript nach England zu schicken. Russells Unterstützung führte schließlich 1921 zu seiner Veröffentlichung und ein Jahr später zu seiner englischen Übersetzung.

Der *Tractatus* ist einer der großen klassischen Texte der Philosophie und das einzige philosophische Werk, das Wittgenstein zu Lebzeiten veröffentlicht hat. Er markiert den Ort, an dem sich die Debatte aus dem 19. Jahrhundert über das Wesen der Logik, wie sie zwischen Empirismus, Psychologismus und Platonismus geführt wurde, mit der postkantianischen Debatte über das Wesen von Darstellung und das Wesen der Philosophie verband. Der Berührungspunkt zwischen beiden ist der Begriff des Gedankens. Sowohl die Diskussion über das Wesen der Logik als auch die postkantianische Diskussion über das Wesen von Darstellung wurde mit Bezug auf 'Gesetze des Denkens' geführt. Für Wittgenstein beschäftigt sich die Philosophie oder Logik mit dem Denken, insofern sie über das Wesen von Darstellung nachdenkt, denn im Denken stellen wir die Wirklichkeit dar. Gleichzeitig gab Wittgenstein der kantischen Geschichte eine sprachliche Wendung. Gedanken sind weder abstrakte noch geistige Entitäten, sondern Sätze, Satzzeichen, die in projektive Beziehung zur Wirklichkeit gebracht worden sind; daher können Gedanken gänzlich in der Sprache ausgedrückt werden. Die Philosophie zieht dem Denken insofern eine Grenze, als sie die Grenzen des (sprachlichen) Ausdrucks der Gedanken markiert; sie beschreibt die Regeln, die der sprachlichen Darstellung zugrunde liegen. Diese Regeln sind es auch, die das Wesen der Logik erklären. Für Wittgensteins Vorgänger waren notwendige Sätze wahre Beschreibungen, entweder davon, wie Menschen denken (psychologistische Logik), oder von Beziehungen zwischen abstrakten Gegenständen (Frege), oder auch von den allgemeinsten und weitreichendsten Zügen des Universums (Russell). Für Wittgenstein dagegen verdankt sich der apriorische Status logischer Sätze nicht dem Umstand, daß sie eine besondere Wirklichkeit beschreiben, sondern dem, daß sie Regeln für die Beschreibung der Wirklichkeit widerspiegeln. Die Logik verkörpert die notwendigen Bedingungen symbolischer Darstellung.

Wittgenstein übernahm von Frege die Forderung, der Sinn eines Satzes müsse bestimmt sein, und von Russell das atomistische Programm der Analyse der Sätze in ihre einfachen Elemente. Aber der Kern seiner quasitranszendentalen Theorie symbolischer Darstellung ist die Bildtheorie. Indem sie das Wesen des Satzes, seiner Form und seiner Beziehung auf das von ihm Dargestellte aufdeckt, klärt diese Theorie auch das Wesen der Welt. Die wesentliche logische Form der Sprache ist mit der wesentlichen metaphysischen Form der Wirklichkeit identisch, weil sie diejenigen strukturellen Züge enthält, die Sprache und Wirklichkeit miteinander gemeinsam haben müssen, damit erstere letztere darstellen kann. Die Welt ist die Gesamtheit der Tatsachen. Die Substanz aller möglichen Welten besteht aus der Gesamtheit immerwährender einfacher Gegenstände. Die Form eines einfachen Gegenstandes wird bestimmt durch die Möglichkeiten seiner Verbindung mit anderen Gegenständen. Eine mögliche Verbindung von Gegenständen ist ein Sachverhalt. Das Bestehen einer solchen Verbindung ist eine Tatsache. Die Darstellung eines Sachverhalts ist ein Modell oder ein Bild. Sie muß mit dem, was sie darstellt, isomorph sein, dieselbe logische Mannigfaltigkeit und Struktur aufweisen. Sätze sind logische Bilder. Sie sind bipolar, d. h., sie können wahr, können aber auch falsch sein. Darin spiegeln sie wider, was sie darstellen: ein Sachverhalt (Verbindung von Gegenständen) besteht entweder oder er besteht nicht. Die logische Analyse von Sätzen führt auf Elementarsätze, die voneinander logisch unabhängig sind, weil ihre Wahrheit nur vom Bestehen oder Nichtbestehen elementarer Sachverhalte abhängig ist. Die letzten Bestandteile von Elementarsätzen sind unanalysierbare Namen, die für die Gegenstände stehen, die ihre Bedeutungen sind. Ihre logisch-syntaktische Form (ihre kombinatorischen Möglichkeiten) spiegelt die metaphysische Form der Gegenstände. Der Sinn eines Elementarsatzes ist der Sachverhalt, den er abbildet, und er ist eine Funktion der in ihm verknüpften Namen. Die Tatsache, daß Namen im Satz so-und-so angeordnet sind, sagt aus, daß sich Gegenstände in der Wirklichkeit so-und-so verhalten. Das Wesen des Satzes, die allgemeine Satzform, ist zu sagen 'Es verhält sich so und so'. Ein Satz ist wahr, wenn die Gegenstände, für die seine Namen stehen, so miteinander verbunden sind, daß ihre Verbindung der Verbindung der Namen im Satz entspricht.

Elementarsätze lassen sich zu molekularen Sätzen verknüpfen. Die logischen Konstanten (Satzjunktoren und Quantoren) sind nicht Namen von logischen Gegenständen oder Funktionen, sondern sie drücken die wahrheitsfunktionalen Operationen aus, aus denen sich diese Satzverknüpfungen ergeben. Alle möglichen Formen wahrheitsfunktionaler Verknüpfung können mittels der Operation der 'gemeinsamen Negation' auf der Menge der Elementarsätze erzeugt werden. Alle logischen Beziehungen zwischen Sätzen verdanken sich der Zusammengesetztheit molekularer Sätze, der Tatsache, daß sie das Ergebnis wahrheitsfunktionaler Verknüpfung sind. Die Sätze der Logik sind leere Tautologien. Ihre Notwendigkeit spiegelt den Umstand wider, daß sie bipolare Sätze in einer Weise verknüpfen, durch die aller Informationsgehalt der verknüpften Sätze aufgehoben wird. Sie schließen nichts aus und sagen daher nichts, was heißt, daß sie sinnlos sind (z. B. ist nichts über das Wetter gesagt, wenn man sagt, daß es entweder regnet oder nicht regnet). Die Tatsache jedoch, daß gewisse Verknüpfungen bipolarer Sätze nichts sagen, *zeigt* etwas über das Wesen der Welt, ihre logische Form. Die Logik geht aus der wesentlichen Bipolarität der Elementarsätze hervor. Im Gegensatz zu logischen Sätzen sind Verkündigungen der Metaphysik unsinnige Scheinsätze. Bestenfalls versuchen sie etwas zu sagen, was sich anders nicht verhalten könnte (z. B., daß Rot eine Farbe ist). Was sie auszuschließen scheinen (z. B., daß Rot ein Ton sei), verstößt gegen die Logik und ist daher unsinnig. Der Versuch aber, etwas Unsinniges auszudrücken, sei es auch nur, um es auszuschließen, ist selbst unsinnig. Was derartige Scheinsätze zu *sagen* versuchen, wird durch die Struktur echter Sätze *gezeigt* (z. B., daß 'rot' nur mit Namen für Punkte im Gesichtsfeld kombiniert werden kann). Die einzigen notwendigen Sätze, die ausgedrückt werden können, sind Tautologien und daher analytisch (ihre Negation ist ein Widerspruch).

Wittgenstein verband seine logische Theorie mit Überlegungen zu mystischen Themen (Ethik, Ästhetik, Tod), die durch seine Erfahrung während des Krieges angeregt und massiv von Schopenhauer beeinflußt waren. Tatsächlich scheint er eine sprachliche Version des transzendentalen Idealismus angenommen zu haben: was Sätze auf die Wirklichkeit projiziert, sind ostensive Akte eines metaphysischen Subjekts. Wie das Auge im Verhältnis zum Gesichtsfeld ist das Subjekt der Darstellung selbst nicht Teil der Erfahrung; es kann durch sinnvolle Sätze nicht dargestellt werden. Wie metaphysische Wahrheiten sind die Wahrheiten der Ethik, Ästhetik und Religion unsagbar. Die Feststellungen des *Tractatus* selbst werden am Ende als unsinnig verworfen. Indem sie die wesentlichen Voraussetzungen von Darstellung überhaupt darlegen, führen sie zu einem richtigen logischen Gesichtspunkt, aber wenn dieser erreicht ist, muß man die Leiter fortstoßen, auf der man heraufgeklettert ist. Philosophie kann keine Lehre sein, weil es keine philosophischen Sätze gibt. Sie ist eine Tätigkeit, die Tätigkeit der Analyse, die die sinnvollen Sätze der Wissenschaft klärt und von den Sätzen der Metaphysik zeigt, daß sie die Grenzen des Sinns verletzen. Russells Ehrgeiz, in der Philosophie eine wissenschaftliche Methode einzuführen, ist fehlgeleitet.

Der *Tractaus Logico-Philosophicus* ist ein Durchbruch, beeinträchtigt durch Geheimniskrämerei. Seine Kritik an Frege und Russell ist kraftvoll und oft durchschlagend. Sein eigene Erklärung logischer Wahrheit ist ein entscheidender Fortschritt, aber durch die Verknüpfung mit einer unausdrückbaren Metaphysik des Symbolismus beeinträchtigt. Diese Metaphysik ist der Höhepunkt einer atomistischen und fundamentalistischen Tradition der Analyse, die Rationalismus, Empirismus und Kantianismus übergreift: die letzten Bestandteile und die logische Struktur der Sprache müssen die metaphysische Struktur der Welt spiegeln. Durch seine nicht-platonistische und nicht-mentalistische Konzeption des Denkens oder der Darstellung, durch die Erklärung der Logik unter Bezugnahme auf Regeln für die Verknüpfung von Zeichen, und durch seine Auffassung der Philosophie als kritischer Analyse der Sprache, hat der *Tractatus* die 'Wendung zur Sprache' (linguistic turn) der analytischen Philosophie im 20. Jahrhundert eröffnet, ebenso die zeitgenössische Suche nach einer Bedeutungstheorie für natürliche Sprachen.

Die 'Wendung zur Sprache' war eine Transformation der Kantischen Idee, daß Philosophie eine Tätigkeit zweiter Ordnung ist, die auf die Vorbedingungen der Darstellung der Wirklichkeit reflektiert, eine Vorstellung, die Frege und Russell gänzlich fremd war. Darüber hinaus teilten Frege und Russell die traditionelle Auffassung (beispielsweise Lockes und der *Logik* von Port Royal), daß trotz einer groben Entsprechung zwischen Denken und Sprache letztere ersteres verzerrt. Zwar zeigten sie einiges

Interesse an natürlichen Sprachen und stützten sich für die Konstruktion ihrer formalen Systeme gelegentlich auf die gewöhnliche Grammatik. Aber diese Systeme waren als ideale Sprachen intendiert, die tun können sollten, was natürliche Sprachen nicht können, weil sie die Struktur des Denkens nicht widerspiegeln (*Begriffsschrift* Vorw.; *Schriften* 13f., 154, 285, 292; *Briefwechsel* 58–9; *Principles* 42; *Principia* i.2; *Logic* 176, 205). Für Wittgenstein verhüllt die normale Sprache die logische Form, ist aber nicht logisch minderwertig. Wenn sie richtig analysiert wird, kann sie nicht umhin, die Struktur des Denkens widerzuspiegeln. Denn die Logik ist eine Bedingung des Sinns und die normale Sprache kann jeden Sinn ausdrücken. Die funktionstheoretische Logik bietet nicht eine ideale Sprache, sondern eine ideale Notation, eine solche nämlich, die die logische Ordnung am Grunde aller symbolischen Darstellung sichtbar werden läßt. Diese Ideen richten sich direkt gegen Freges und Russells nichtsprachliche Konzeptionen der Logik. Auf der anderen Seite konnte sich Wittgensteins Revolution erst ereignen, nachdem ein Symbolismus entwickelt worden war, der wie eine ideale Notation aussah und dazu geeignet schien, philosophische Rätsel aufzulösen (Russells Theorie der Kennzeichnungen insbesondere schien jahrhundertealte Fragen über Existenz zu beantworten). Ohne diese Anregung wäre die Idee der Sprachanalyse ein leeres Schlagwort geblieben oder hätte den psychologistischen Weg von Mauthners Sprachkritik eingeschlagen.

Jahre in der Wüste

Mit einnehmender Bescheidenheit dachte Wittgenstein, der *Tractatus* habe die grundlegenden Probleme der Philosophie gelöst. Nach seiner Veröffentlichung gab er deshalb das Fach auf. Nach seiner Rückkehr aus Kriegsgefangenschaft 1919 verschenkte er sein vom Vater ererbtes Vermögen, nicht aus altruistischen Gründen, sondern um mit seiner Vergangenheit zu brechen. 1920 nahm er den unwahrscheinlichen Beruf eines Volksschullehrers im ländlichen Niederösterreich auf. Während dieser Zeit stellte er ein Rechtschreibwörterbuch zusammen (*Wörterbuch für Volksschulen*). Aber er traf bald auf Schwierigkeiten und Enttäuschungen. 1926 kehrte er nach Wien zurück. Er arbeitete zunächst als Gärtner in einem Kloster. Später entwarf er ein modernes Wohnhaus für seine Schwester Margarete und überwachte seine Errichtung. Es war vom antidekorativen Stil des österreichischen Architekten Adolf Loos angeregt. Den Kontakt mit der Philosophie verlor Wittgenstein niemals gänzlich. 1923 besuchte ihn F. P. Ramsey, ein brillanter junger Mathematiker aus Cambridge, der in der Übersetzung des *Tractatus* eine entscheidende Rolle gespielt hatte und sein hellsichtigster Leser und Kritiker war. Ihre Diskussionen führten zu Veränderungen in der zweiten Auflage des *Tractatus* (1933). Ramseys Hauptvorhaben war die Reformulierung der logizistischen Grundlagen der Mathematik mit Hilfe von Wittgensteins neuer Philosophie der Logik. Aber im Verlauf seiner folgenden Besuche und eines Briefwechsels verwarf Wittgenstein nicht nur einige Einzelheiten von Ramseys Rekonstruktion, sondern schon den Versuch selbst, die Mathematik mit Grundlagen zu versehen.

In der Zwischenzeit hatte der *Tractatus* die Aufmerksamkeit des Wiener Kreises gefunden, einer Gruppe wissenschaftlich gesinnter Philosophen unter der Leitung von Moritz Schlick. Von einigen von ihnen (Schlick, Carnap, Waismann) wurde er als ein Wendepunkt in der Geschichte der Philosophie anerkannt. Aber sie verstanden ihn nur partiell. Der Gedanke, daß metaphysische Äußerungen unsinnige Scheinsätze seien, sprach ihre antimetaphysische Leidenschaft an, die Annahme, es könnte unsagbare metaphysische Wahrheiten geben, verwarfen sie. Sie machten sich die Restriktion der Philosophie auf Sprachanalyse, insbesondere der Sätze der Wissenschaft, zunutze. Nach ihrer szientistischen Auffassung ist die Wissenschaft die einzige Quelle von Erkenntnis und Verstehen – eine Auffassung, die Wittgenstein selbst zuwider war. Als überzeugten Empiristen war ihnen der Gedanke willkommen, notwendige Sätze seien analytisch und drückten eben deshalb keine Erkenntnis der Wirklichkeit aus. Anders als frühere Versionen des Empirismus (Mill, Mach) trägt dieser Gedanke der Notwendigkeit Rechnung und vermeidet doch sowohl einen Platonismus als auch die Kantische Idee synthetischer apriorischer Wahrheiten. Anders als Wittgenstein behandelten die logischen Positivisten nicht nur die logischen Wahrheiten als Tautologien, sondern auch die Gleichungen der Arithmetik. Und während für den *Tractatus* die Regeln der logischen Syntax das Wesen der Wirklichkeit widerspiegeln, sah der Wiener Kreis sie als willkürliche Konventionen für den Gebrauch von Zeichen.

Schlick stellte einen Kontakt zu Wittgenstein her, und obwohl dieser nicht an den wöchentlichen Treffen des Kreises teilnahm, traf er einige Auserwählte (Schlick, Waismann, anfänglich auch Carnap und Feigl). Diese Diskussionen waren, zusammen mit dem *Tractatus*, prägende Einflüsse für die Entwicklung des Logischen Positivismus in den Zwischenkriegsjahren (sie sind aufgezeichnet in *Wittgenstein und der Wiener Kreis*). Waismann wurde beauftragt, ein Buch zu schreiben – *Logik, Sprache, Philosophie* –, das eine leichter zugängliche Darstellung des *Tractatus* geben sollte. Aber wegen Wittgensteins schnell erfolgender Preisgabe seiner früheren Lehren verwandelte sich das Buch in eine Darstellung der sich entwickelnden neuen Auffassungen in den frühen 30er Jahren. Aufgrund der Belastungen, die das mit sich brachte, wurde die Beziehung zwischen Wittgenstein und Waismann 1934 beendet und das Buch wurde erst 1965 (auf englisch als *The Principles of Linguistic Philosophy*) veröffentlicht. Im Verlauf dieser Diskussionen entwickelte Wittgenstein das inzwischen berüchtigte Verifikationsprinzip, demzufolge die Bedeutung eines Satzes durch seine Verifikationsweise gegeben ist. Zu gleicher Zeit spielte er mit einer phänomenalistischen Version des Verifikationismus. Er unterschied drei verschiedene Typen von Sätzen unter dem Gesichtspunkt, ob und wie sie verifiziert werden können. Die einzigen echten Sätze sind danach Sinnesdatensätze, die durch direkten Vergleich mit der eigenen unmittelbaren Erfahrung verifiziert werden. Andere empirische Sätze sind Hypothesen, die niemals vollständig verifiziert, sondern nur mehr oder weniger wahrscheinlich gemacht werden können. Schließlich werden mathematische Sätze überhaupt nicht verifiziert, weil sie mit der Wirklichkeit weder übereinstimmen noch nicht übereinstimmen. Jedoch wird ihr Sinn durch ihre Beweise gegeben.

Rückkehr nach Cambridge

Die Diskussionen mit dem Wiener Kreis und, vielleicht, eine Vorlesung, die Brouwer (der Begründer der intuitionistischen Mathematik) 1928 in Wien gehalten hat, belebten Wittgensteins Interesse an der Philosophie wieder. 1929 kehrte er auf Betreiben von Ramsey nach Cambridge zurück. Mit diesem pflegte er fruchtbare Diskussionen bis zu dessen frühzeitigen Tod 1930. Wittgenstein nahm seine Gewohnheit wieder auf, philosophische Überlegungen aufzuzeichnen. Als er den *Tractatus* als Doktorarbeit eingereicht hatte, sagte er Russell und Moore, seinen Prüfern im Rigorosum: „Macht euch nichts daraus, ihr werdet es nie verstehen." Durch beider Unterstützung erhielt Wittgenstein 1930 ein Forschungsstipendium. Er begann auch mit seinen berühmten Vorlesungen. Diese hielt er nicht in konventioneller Weise, sondern er dachte laut nach, als sei er allein, und richtete nur gelegentlich Fragen an seine handverlesene Zuhörerschaft. Seine ursprüngliche Absicht war, einige Gedanken des *Tractatus* auszuarbeiten und zu verändern. Aber es wurde bald klar, daß eine radikale Neubesinnung erforderlich war. Dies einzusehen halfen Wittgenstein Diskussionen mit dem marxistischen Ökonomen Piero Sraffa, dem er das Verdienst zuerkannte, ihn mit einer 'anthropologischen' Perspektive auf philosophische Probleme versehen zu haben. Am deutlichsten ist diese sichtbar in der Auffassung der Sprache, die nicht mehr als ein abstraktes System quasi-transzendentaler Vorbedingungen für Darstellung angesehen wird, sondern als ein Teil menschlicher Tätigkeit, einer Lebensform. Zwischen 1929 und 1933, der sogenannten 'Übergangsperiode', erfuhr Wittgensteins Denken eine Reihe von schnellen Umwälzungen. Die sich ergebenden Veränderungen können unter fünf Überschriften klassifiziert werden.

Philosophie der Logik
Der Ausgangspunkt, der zu einer Auflösung des eindrucksvollen Systems des *Tractatus* führte, war ein bloßes Detail, nämlich das Farbenausschlußproblem. Farbaussagen wie '*A* ist rot' und '*A* ist grün' sind logisch unvereinbar und sollten daher, dem *Tractatus* zufolge, in logisch voneinander unabhängige Elementarsätze analysiert werden können. Wittgenstein kam nun zu der Einsicht, daß eine solche Analyse nicht ausgeführt werden kann; und dasselbe Problem entsteht für alle Sätze, die eine bestimmte Eigenschaft aus einem Bereich der Bestimmbarkeit zuschreiben. Als Folge dieser Einsicht gab er das Erfordernis der logischen Unabhängigkeit der Elementarsätze auf und vertrat statt dessen die Auffassung, daß sie Satzsysteme wechselseitigen Ausschlusses und Einschlusses bilden. Das bedeutet, daß zwischen den Elementen der Satzsysteme logische Beziehungen bestehen, die nicht durch wahrheitsfunktionale Zusammensetzung oder Verknüpfung bestimmt sind. Die These der Unabhängigkeit der Elementarsätze war jedoch der Dreh- und Angelpunkt der Philosophie der Logik im *Tractatus*. Ohne sie bricht die Vorstellung, daß die Logik allein auf der wesentlichen Bipolarität der Elementarsätze beruhe, in sich zusammen. Ebenso wird die Idee einer einheitlichen allgemeinen Satzform unhaltbar. Bestenfalls kann es charakteristische Satzformen für die Elemente der unterschiedlichen Satzsysteme geben (z.B. der Satzsysteme der Farb- oder der Längenbestimmung).

Metaphysik des Logischen Atomismus
Etwa zur gleichen Zeit gab Wittgenstein die Ontologie des Logischen Atomismus auf. Die Welt besteht nicht aus Tatsachen statt aus Dingen, weil Tatsachen keine Verkettungen von Gegenständen sind und nicht in Raum und Zeit loziert werden können. Das bedeutete zugleich den Ruin für die Korrespondenztheorie der Wahrheit im *Tractatus*: Tatsachen sind nicht außersprachliche Entitäten, mit denen Sätze übereinstimmen könnten. Die logisch-atomistische Vorstellung nicht auflösbarer Gegenstände ist gleichermaßen verwirrt. Die Unterscheidung zwischen einfach und zusammengesetzt ist nicht absolut. Maßstäbe der Zusammengesetztheit müssen für jede Art von Gegenständen getrennt festgelegt werden und sind selbst dann relativ auf verschiedene Zwecke.

Bildtheorie des Satzes
Der Zusammenbruch des Logischen Atomismus unterminiert auch die Bildtheorie des Satzes. Wenn es keine letzten Bestandteile von Tatsachen – einfache Gegenstände – gibt, dann gibt es auch keine ihnen entsprechenden Elemente des Satzes, die in einem absoluten Sinn einfach wären. Wittgenstein verwarf auch die Vorstellung, der Satz müsse eine logische Form aufweisen, die er mit dem von ihm Dargestellten gemeinsam haben müßte. Der Bann dieser Vorstellung wurde in einer Unterhaltung mit Sraffa gebrochen, als dieser ihn mit einer neapolitanischen Geste der Verachtung konfrontierte und ihn fragte: „Was ist die logische Form *davon*?" Die Bildtheorie hatte zu Recht auf dem Bildcharakter eines Satzes bestanden, sofern dies nur bedeutet, daß die Beziehung des Satzes zur Tatsache, von der er bewahrheitet wird, eine logische Beziehung ist und nicht eine kontingente. Aber sie irrte darin, diese logische Beziehung zwischen Satz und Tatsache dadurch zu erklären, daß beide eine logische Form gemein haben; oder durch eine schattenhafte Entität (einen möglichen Sachverhalt), der zwischen Satz und Tatsache vermittle. Die geheimnisvolle Harmonie zwischen Sprache und Wirklichkeit ist einfach eine verzerrte Widerspiegelung einer sprachlichen Konvention, die festlegt, daß 'der Satz daß p' = 'der Satz, der von der Tatsache daß p verifiziert wird'.

Metaphysik des Symbolismus
Das Grundprinzip des *Tractatus* war, daß die Strukturen der Sprache die Struktur der Wirklichkeit widerspiegeln. Wittgenstein vertrat nun die Auffassung, daß die Sprache autonom sei. Die Grammatik – die Regeln der Sprache – ist der empirischen Wirklichkeit nicht verantwortlich und auch nicht Bedeutungen in einem platonischen Reich. Es gibt nicht eine logische Syntax, die unter der Oberfläche von allen sinnvollen Zeichensystemen geteilt würde; es gibt vielmehr eine wirkliche Vielfalt von Formen der Darstellung. Begriffe sind nicht richtig oder unrichtig, sie sind nur mehr oder weniger nützlich. Während Wittgenstein die Vorstellung zurückwies, daß die Grammatik metaphysische Grundlagen habe, erkannte er an, daß sie pragmatischen Bedingungen unterliegt. Er akzeptierte jedoch auch einen begrifflichen Relativismus, demzufolge keine Form der Darstellung einer anderen aus internen Gründen überlegen sei. Darin war er vom kulturellen Relativismus der spekulativen Geschichtsphilosophie Spenglers beeinflußt,

die den Relativismus sogar auf anscheinend so unerbittliche Disziplinen wie z. B. die Mathematik ausdehnte (*Untergang des Abendlandes* Kap. II; MS 125 31).

Analyse und Philosophie
Wittgenstein blieb dabei, daß wegen ihres apriorischen Charakters philosophische Probleme unter Bezugnahme auf sprachliche Regeln geklärt werden müßten. Aber er kam dazu, die logische Analyse als ein Mittel zu solcher Klarheit zu verwerfen. Es gibt keine voneinander logisch unabhängigen Elementarsätze oder undefinierbare Eigennamen, mit denen die Analyse enden könnte. Noch wichtiger ist, daß schon die Vorstellung, die Analyse könnte unerwartete Entdeckungen über die Sprache machen, fehlgeleitet ist. Die Sprache ist kein Kalkül nach bestimmten Regeln, die unter der schulgrammatischen Oberfläche natürlicher Sprachen verborgen wären. Als normative Standards unserer sprachlichen Praxis müssen die grammatischen Regeln den Sprechern der Sprache zugänglich sein. Was erforderlich dazu ist, Klarheit in begrifflichen Fragen zu erlangen, ist nicht logische Analyse, sondern eine Beschreibung unserer sprachlichen Praktiken, die ein buntes Gewirr von 'Sprachspielen' bilden.

Das Ergebnis dieser Transformationen war eine fundamental neue Konzeption der Sprache und der angemessenen Vorgehensweisen der Philosophie. Sie enthielt viele Ideen des *Tractatus*, aber in einem Bezugsrahmen, der ihre Bedeutung völlig veränderte. Tatsächlich betrachtete Wittgenstein den *Tractatus* als „das Symptom einer Krankheit", wie er in Schlicks Exemplar des Buches schrieb. Unmittelbar nach seiner Rückkehr nach Cambridge beschloß Wittgenstein, ein neues Buch zu schreiben, zunächst, um das erste Buch fortzusetzen, später, um es zu korrigieren. Aber er änderte seine Pläne fortwährend und war mit den Ergebnissen seiner Anstrengungen nie zufrieden. Im Zuge seiner Mühen wählte er häufig Bemerkungen aus seinen Notizbüchern aus und straffte sie, um sie in stärker geglättete und strukturierte Manuskripte und Typoskripte einzufügen. Keines von diesen erreichte das Stadium der Veröffentlichung zu seinen Lebzeiten, aber einige markieren wichtige Stufen in der Entwicklung seines Denkens. *Philosophische Bemerkungen* etwa, die er hastig aus Manuskripten zusammenstellte, um ein Forschungsstipendium zu erlangen, repräsentiert seine verifikationistische Phase, als er den Logischen Atomismus aufgegeben, aber die Idee einer 'phänomenologisch' primären Sprache unter der Oberfläche der normalen Sprache noch beibehalten hatte. Das 'Big Typescript' (TS 213) ist der Text, mit dem Wittgenstein einem konventionellen Buch mit Kapitelüberschriften und Inhaltsverzeichnis am nächsten gekommen ist. Es markiert das Ende der Übergangsperiode, insofern es schon seine ausgereifte Konzeption von Bedeutung, Intentionalität und Philosophie enthält. Es ist wenig glücklich, daß Wittgenstein es nicht veröffentlicht hat, und noch unglücklicher, daß die Nachlaßverwalter statt dessen die *Philosophische Grammatik* herausbrachten, die eine Kompilation von Teilen des 'Big Typescript' und Wittgensteins anschließenden Versuchen, es zu bearbeiten, darstellt.

Während der Jahre 1933–34 diktierte Wittgenstein seinen Hörern in Cambridge *Das Blaue Buch*. Es ist die zugänglichste seiner Schriften, weil es weder aphoristisch ist (wie der *Tractatus* und die *Philosophischen Untersuchungen*) noch verkürzt (wie seine Vorlesungsnotizen), sondern völlig diskursiv. Es klärt die Begriffe des Kriteriums und der Familienähnlichkeit und enthält Wittgensteins ausführlichsten Angriff auf den methodologischen Solipsismus seiner verifikationistischen Phase. Schon 1932 gab er die Ansicht auf, daß Sinnesdaten die Grundlagen der Sprache seien und daß sie durch Vergleich mit unmittelbarer Erfahrung verifiziert werden können. Zwischen 1934 und 1936 hielt er Vorlesungen über Privates Erleben und Sinnesdaten. Diese bilden den Beginn seines Interesses an Philosophischer Psychologie, das im Privatsprachenargument und der Vorstellung Ausdruck fand, psychologische Äußerungen in 1. Person Präsens seien eher Ausdrucksäußerungen (avowals) als Beschreibungen. 1934–35 diktierte er das *Brown Book*, in dem er die 'Sprachspielmethode', d.h. die Diskussion fiktiver sprachlicher Praktiken, *ad nauseam* anwandte. 1935 entwickelte Wittgenstein auch ein Interesse daran, in die Sowjetunion zu gehen, um Medizin zu studieren – eine Idee, die er nach einem Besuch dort glücklicherweise aufgab. Wittgenstein verabscheute Russells Pazifismus und seinen humanistischen Sozialismus, während er gleichzeitig in den 30er und 40er Jahren mit der harten Linken sympathisierte (vielleicht unter dem Einfluß Sraffas). Insofern in seinen politischen Ansichten überhaupt ein zugrundeliegendes Prinzip entdeckt werden kann, war es ein Tolstoianisches Ideal des einfachen Lebens voller körperlicher Arbeit, verbunden mit einer milden Bevorzugung von autoritären Ideologien – Bolschewismus, Katholizismus –, welche die Freiheit und das Wohlergehen des Individuums der Verfolgung höherer Prinzipien unterordnen.

Philosophische Untersuchungen: eine Therapie für die Krankheit des Verstandes

Nach dem Ende seines Stipendiums verbrachte Wittgenstein 1936–37 einige Zeit in Norwegen. Er begann *Eine philosophische Betrachtung* zu schreiben – eine Neufassung des *Brown Book* auf deutsch. Es endet mit den Worten: „Dieser ganze 'Versuch einer Umarbeitung' ... ist *nichts wert*" (MS 115 292). Unmittelbar anschließend begann er mit den Manuskripten, die schließlich in die *Philosophischen Untersuchungen* mündeten und die mit dem *Brown Book* vorteilhaft kontrastieren. Aber das markiert einen Wendepunkt eher in Darstellungsweise und Stil als in der Methode oder dem Gehalt.

Ungefähr die Hälfte des von Wittgenstein zwischen 1929 und 1944 Geschriebenen beschäftigt sich mit der Philosophie der Mathematik (das wichtigste davon ist in *Bemerkungen über die Grundlagen der Mathematik* gesammelt), und kurz bevor er das Thema aufgab, äußerte er, daß sein 'Hauptbeitrag' zur Philosophie auf dem Gebiet der Philosophie der Mathematik liege. Er gab darüber verschiedene Lehrveranstaltungen; in einer von ihnen (aufgezeichnet in VGM) wurde er mit den orthodoxen Einwänden des brillanten Logikers Alan Turing konfrontiert.

Wittgensteins Konzeption der Mathematik ist ebenso originell wie sein übriges Werk und noch provokativer. Sie sieht die Mathematik nicht als ein Korpus von Wahrheiten über abstrakte Gegenstände, sondern als Teil menschlicher Tätigkeit. Wittgenstein verwirft Logizismus, Formalismus und Intuitionismus gleichermaßen und behauptet, daß schon das ganze Projekt, die Mathematik mit Grundlagen zu versehen, und die Furcht vor verborgenen Widersprüchen, von der es gespeist ist, irregeleitet sind. Schon der *Tractatus* hatte angedeutet, daß arithmetische Gleichungen, obwohl sie Relationen zwischen abstrakten Gegenständen zu beschreiben scheinen, *im Grunde* Regeln für die Umformung empirischer Sätze sind. Von 1929 an entwickelte Wittgenstein diesen Vorschlag in eine radikale Lösung von Kants Problem, wie die mathematischen Sätze trotz ihrer Apriorität in der empirischen Wirklichkeit gültig sein können. Die Erklärung dafür ist nicht, daß sie eine überempirische Wirklichkeit beschreiben, wie der Platonismus es verstehen möchte, sondern, daß sie Regeln für die Umformung von empirischen Sätzen über Mengen und Größen ausdrücken. Die Arithmetik ist ein Regelsystem für die Umformung empirischer Sätze über Mengen und Größen. Die Sätze der Geometrie sind nicht Beschreibungen von Eigenschaften des Raumes, sondern Regeln für die Beschreibung der Form und der räumlichen Beziehungen zwischen empirischen Gegenständen. Ein mathematischer Beweis ist nicht ein Beweis von Wahrheiten über die Natur der Zahlen oder geometrischer Formen, sondern ein Stück Begriffsbildung: er legt eine neue Regel für die Umformung empirischer Sätze fest.

Wittgenstein befreite auch seine frühere Erklärung logischer Wahrheit von der einstigen Metaphysik des Symbolismus. Er schuf dabei eine Form von Konventionalismus, die sich von dem des Logischen Positivismus radikal unterschied. Notwendige Sätze folgen nicht aus Bedeutungen oder Konventionen, sondern sind *selber Regeln*, die die Bedeutung von Wörtern teilweise festlegen. Einer Tautologie wie '$(p . (p \supset q)) \supset q$' entspricht eine Schlußregel (*modus ponens*). Analytische Sätze und Sätze der Metaphysik sind nicht Aussagen über Wesenheiten, sondern haben die Rolle von Normen der Darstellung.

Der Anschluß Österreichs durch die Nazis 1938 brachte Wittgenstein in eine gefährliche Situation, weil er seine Familie nicht im Stich lassen wollte. 1939 wurde er zum Nachfolger Moores auf dem Lehrstuhl für Philosophie bestimmt. Das erlaubte ihm, britischer Staatsbürger zu werden und nach Deutschland zu reisen, um eine Vereinbarung mit den Nazis zum Schutz seiner Familie zu treffen. 1941 meldete er sich als Freiwilliger, um als Träger und Labortechniker im Guy's Hospital, London, zu arbeiten und 1943 schloß er sich einer Forschungsgruppe in Newcastle an, die über die Physiologie des Schocks arbeitete. 1944 nahm er seine Professur wieder auf, gab sie aber 1947 gänzlich auf, zum Teil aus seiner Verachtung für akademische Philosophie heraus, zum Teil aus Gesundheitsgründen.

1946 hatte er seine Arbeit an seinem zweiten Meisterwerk, Teil I der *Philosophischen Untersuchungen*, beendet. Obwohl er sie niemals völlig abschloß, waren sie so vollendet, wie er es zustande bringen konnte, und er autorisierte ihre postume Veröffentlichung (1953). Sie sollten gegen den Hintergrund des *Tractatus* gelesen werden. Ihre Kritik hat jedoch Anwendung nicht nur auf Wittgensteins früheres Werk, sondern auf die ganze Tradition, zu der es gehört. Oft argumentieren sie indirekt, weil sie sich nicht gegen spezifische Lehren wenden, sondern gegen die Voraussetzungen, von denen diese geprägt sind. So beginnen die PU mit einem Zitat aus den *Bekenntnissen*, in denen Augustin beschreibt, wie er sprechen lernte. Wittgenstein betrachtete es als den Ausdruck eines Bildes vom Wesen der Sprache, das mehr oder weniger ausdrücklich eine Vielzahl von philosophischen Theorien prägt: Wörter sind Namen, ihre Bedeutung ist der Gegenstand, für den sie stehen und mit dem sie durch Ostension verbunden werden. Sätze sind Verknüpfungen von Namen und beschreiben, wie sich die Dinge verhalten. Die wesentlichen Funktionen der Sprache sind Benennen und Beschreiben, und sie ist mit der Wirklichkeit durch Beziehungen zwischen Wörtern und Bestandteilen der Welt verknüpft.

Die *Philosophischen Untersuchungen* verwerfen dieses scheinbar unschuldige Bild. Nicht alle Wörter stehen für Gegenstände, es gibt nicht so etwas wie *die* Namensrelation. Darüber hinaus ist es selbst bei referierenden Ausdrücken ein Mißbrauch des Ausdrucks 'Bedeutung', wenn damit die Bezugsgegenstände belegt werden. Die Bedeutung eines Worts ist überhaupt nicht irgendeine Art von Gegenstand, sondern sein Gebrauch gemäß grammatischer Regeln. Schließlich stiften ostensive Definitionen keine Verknüpfung von Sprache und Wirklichkeit dar: die Gegenstände, auf die bei hinweisender Erklärung gezeigt wird, sind Muster, die Standards für richtigen Gebrauch abgeben und in dieser Hinsicht Teil der Grammatik sind.

Weiterhin sind nicht alle Wörter durch Bezug auf notwendige und hinreichende Bedingungen für ihre Anwendung definiert und müssen das auch nicht sein. Eine analytische Definition ist nur eine Art von Erklärung unter anderen. Viele philosophisch wichtige Begriffe sind eher durch Familienähnlichkeiten zwischen ihren Instanzen zusammengehalten als durch ein gemeinsames Merkmal. Insbesondere sind Sätze nicht durch ein ihnen gemeinsames Wesen vereinheitlicht, durch eine allgemeine Satzform. Nicht alle Sätze beschreiben Sachverhalte, und selbst unter denen, die es tun, muß man verschiedene Arten unterscheiden. Die Bedeutung von Wörtern und der Sinn von Sätzen kann nur so erläutert werden, daß man auf ihren Gebrauch im Strom des Lebens achtet.

Wie Frege hatte der *Tractatus* den Anti-Psychologismus in Anspruch genommen, um Fragen des sprachlichen Verständnisses als für die Logik irrelevant auszuschließen, während er sich gleichzeitig auf eine obskure mentalistische Konzeption sprachlichen Verstehens stützte. Wittgenstein erkennt jetzt die Wichtigkeit des Begriffs des Verstehens und entwirft eine Konzeption, die sowohl den Psychologismus als auch den Materialismus vermeidet. Verstehen eines Ausdrucks ist weder ein psychologischer noch ein physischer Zustand, sondern eine Fähigkeit. Sie zeigt sich im richtigen Gebrauch und der richtigen Erklärung des Ausdrucks und darin, auf den Gebrauch anderer angemessen zu reagieren. Sprachregeln sind nicht abstrakte Entitäten, logische Maschinen, die ihre Anwendungen unabhängig von uns ausstanzten. Regelbefolgen ist eine Praxis: was mit der Regel übereinstimmt und was sie verletzt ist festgelegt durch das, was wir 'der Regel folgen' oder 'der Regel zuwiderhandeln' nennen.

In den *Untersuchungen* führt die Diskussion sprachlichen Verstehens zu einer Untersuchung psychologischer Begriffe im allgemeinen. Durch die gesamte moderne Philosophie geistert die Vorstellung, eine Person könne der inneren Welt ihrer subjektiven Erlebnisse gewiß sein, aber bestenfalls schlußfolgern, wie sich die Dinge außerhalb der Innenwelt verhalten. Subjektive Erfahrung wurde nicht nur als die Grundlage empirischen Wissens verstanden, sondern auch als Grundlage der Sprache: die Bedeutung von Wörter scheint durch die Benennung subjektiver Erlebnisse fixiert zu werden (z. B. 'Schmerz' bedeutet *dies*). Wittgensteins Privatsprachenargument untergräbt diese Annahme. Eine Benennungszeremonie kann nur dann einen Maßstab für richtigen und falschen Gebrauch eines Ausdrucks festlegen und also ihn mit Bedeutung versehen, wenn die Anwendung des Maßstabs im Prinzip auch anderen erklärt und von ihnen verstanden werden kann. Daher kann es keine private ostensive Definition geben, in der ein subjektiver Sinneseindruck als Muster fungierte. Das untergräbt das Bild des subjektiven Geistes als eines privaten Bereichs, zu dem sein Subjekt privilegierten Zugang durch Introspektion, ein inneres Starren, hätte. Dem traditionellen Bild zufolge ist das Innere uns besser bekannt als das Äußere. Ich kann mit Gewißheit erkennen, daß ich Schmerzen habe, aber nicht, daß andere welche haben. Wittgenstein stellt dieses Argument auf den Kopf. Wir wissen von anderen auf der Basis ihres Benehmens oft, daß sie Schmerzen haben. Die Verhaltenskriterien für die Anwendung psychologischer Begriffe sind teilkonstitutiv für ihre Bedeutung. Obwohl solche Kriterien anfechtbar sind, ist es bei Fehlen von Anfechtungsbedingungen sinnlos zu bezweifeln, ob jemand, der Schmerzbenehmen zeigt, auch wirklich Schmerzen hat. Auf der anderen Seite ist 'Ich weiß, daß ich Schmerzen habe' entweder eine nachdrückliche Bekundung (statt einer Beschreibung) oder Unsinn, weil 'wissen', daß man Schmerzen hat, voraussetzte, daß man auch in Unkenntnis oder Zweifel über seine eigenen Schmerzen sein oder sich über sie irren könnte, was aber sinnlos ist.

Die *Untersuchungen* transformieren die methodologischen Ideen des *Tractaus*, statt sie preiszugeben. Philosophie ist nicht eine kognitive Disziplin – es gibt keine Sätze, die philosophisches Wissen ausdrückten – und sie kann die Methoden der Wissenschaft nicht nachahmen. Aber das ist keine Form von Obskurantismus. Wittgenstein steht fest in der Tradition kritischer Philosophie, die Kant begonnen hat, obwohl seine anthropologische Betonung menschlicher Praxis und seine Schopenhauersche Sympathie für einen anti-rationalistischen Voluntarismus nicht zu Kants Intellektualismus passen. Wittgensteins methodologische Ansichten gründen sich auf die Überzeugung, daß die Philosophie es, anders als die Wissenschaften, nicht mit der Wahrheit zu tun hat oder mit Tatsachen, sondern mit Fragen des Sinns oder der Bedeutung. Philosophische Probleme bezeugen begriffliche Verwirrungen, die aus der Verzerrung oder dem Mißverständnis von Wörtern entstehen, die außerhalb der Philosophie völlig vertraut sind. Diese Probleme sollten nicht damit beantwortet werden, daß man Theorien konstruiert, sondern durch die Beschreibung der Regeln für den Gebrauch der problematischen Wörter aufgelöst werden. Daher würde, wenn es Thesen in der Philosophie gäbe, jedermann ihnen sofort zustimmen, weil sie Binsenwahrheiten, Erinnerungen an grammatische Regeln sind (z. B., daß man, ob jemand Schmerzen hat, nach seinem Benehmen beurteilt).

Nachdem Wittgenstein seinen Lehrstuhl aufgegeben hatte, verbrachte er den Rest seines Lebens mit verschiedenen Freunden und Schülern in Irland, den USA, Oxford und Cambridge. In einigen Hinsichten stellt seine Arbeit nach der Fertigstellung von Teil I der *Untersuchungen* einen Neuanfang dar. In Teil I der *Untersuchungen* spielen psychologische Begriffe (Intentionalität, Verstehen, Denken) eine wichtige Rolle wegen ihres Zusammenhangs mit dem Hauptthema, dem Wesen von Sprache und Bedeutung. Jetzt wird die Philosophische Psychologie in ihrem eigenen Recht diskutiert; tatsächlich ist sie zwischen 1945 und 1949 das vorherrschende Thema in Wittgensteins Schriften (*Bemerkungen über die Philosophie der Psychologie, Letzte Schriften über die Philosophie der Psychologie, Philosophische Untersuchungen* Teil II) und Vorlesungen. Während Teil I der *Untersuchungen* hauptsächlich damit beschäftigt ist, Mißverständnisse anzugreifen, stellen diese Schriften einen Schritt zu einer positiven Übersicht über die psychologischen Begriffe dar. Aber das sich ergebende Bild ist weniger klar geschnitten und stärker explorativ. Während seiner letzten Jahre arbeitete Wittgenstein auch kurzzeitig über Farben (*Bemerkungen über Farben*) und, intensiver, über Erkenntnistheorie in *Über Gewißheit*. Diese letzte Schrift gehört zu seinen besten. Wie im Bereich der Mathematik und dem Problem des Fremdseelischen versucht Wittgenstein zu zeigen, daß skeptische Zweifel über unsere Erkenntnis der materiellen Welt sinnlos und epistemologische Grundlegungsversuche zu ihrer Widerlegung in gleicher Weise irregeleitet sind. Einigen Lesern ist es so vorgekommen, als stelle Wittgensteins Arbeit nach Teil I der *Untersuchungen* eine eigene Phase dar. Aber seine Überlegungen widersprechen seinem früheren Werk nirgends substantiell, sondern ergänzen es vielmehr und erweitern es in neue Bereiche hinein, z.B. den des Aspektsehens.

Wittgensteins Vermächtnis

Wittgenstein arbeitet bis kurz vor seinem Tod (er hatte Krebs und lehnte eine Operation ab). Seine letzten Worte waren: „Tell them I've had a wonderful life" ('Sagt ihnen, ich hatte ein wundervolles Leben'). Als ein Kommentar zu seinem persönlichen Leben wäre das erstaunlich, weil dieses von Qualen und Selbstbesessenheit gekennzeichnet war. Aber es ist nicht erstaunlich als ein Kommentar zu seinem philosophischen Leben, denn dies war eins gewichtiger Leistungen. Wenn, philosophisch gesprochen, das 17. Jahrhundert das der Wissenschaft, das 18. das Jahrhundert der Vernunft und das 19. das der Geschichte war, dann war das 20. Jahrhundert das Zeitalter von Logik und Sprache. Die Logik hätte auch ohne Wittgenstein eine wichtige Rolle gespielt, vor allem dank Russell. Aber es war Wittgenstein, der eine kraftvolle methodologische Begründung für diese Rolle lieferte und die Sprache mit ins Bild brachte.

Wittgensteins hauptsächliche Beiträge liegen auf fünf Feldern: Sprachphilosophie, Philosophie der Logik und der Mathematik, Philosophische Psychologie, Erkenntnistheorie und philosophische Methodologie. Er vermied herkömmliche Positionen und verwarf traditionelle Alternativen (Realismus/Idealismus, Cartesianismus/Behaviorismus, Platonismus/Nominalismus) mit Hilfe seiner einzigartigen Fähigkeit, deren tiefste, zuvor nicht in Frage gestellte Voraussetzungen ans Licht zu bringen. Indem er diese Annahmen kritischer Prüfung unterzog, verband er dialektischen Scharfsinn mit vorstellungsstarkem analogischem Denken.

Auf ihre verschiedenen Weisen zählen sowohl der *Tractatus* als auch die *Untersuchungen* zu den wenigen Höhepunkten deutscher philosophischer Prosa. Aber es gibt auch ernsthafte Unzulänglichkeiten. Wegen seiner ästhetischen Aspirationen hat Wittgenstein seine Einsichten oft bis zur Undurchdringlichkeit verdichtet und es versäumt, die Argumente für seine Behauptungen ausführlich darzulegen. Das zu tun würde 'ihre Schönheit verderben', behauptete er 1913, worauf Russell schneidend erwiderte, Wittgenstein solle sich dann einen Sklaven halten, der diese Aufgabe übernähme. Später bedauerte Wittgenstein zu Recht seine Unfähigkeit, seine Gedanken in einer durchgehaltenen Argumentationslinie auszuarbeiten. Im Ergebnis verfolgt sein Werk begriffliche Klarheit oft in dunkler Weise und stellt für seine Leser eine beträchtliche Herausforderung dar. Einige analytische Philosophen verdammen es deshalb ohne Zögern, während andere, in der Überzeugung, daß Interpretation ein integraler Bestandteil der Philosophie ist, es begrüßen, auch wenn es sie sich gelegentlich als Sklaven fühlen läßt. Auf jeden Fall besitzt Wittgensteins Werk eine funkelnde Schönheit, die bei anderen analytischen Philosophen nicht zu finden ist.

Wittgenstein gehört zur Minderheit großer Philosophen, die keinen wichtigen Beitrag zur Praktischen Philosophie geleistet hat. Obwohl sein späteres Werk die Samen wichtiger Einsichten in die Moralpsychologie enthalten mag, ließen seine frühen Versuche das Thema unausdrückbar erscheinen (der *Tractatus*, der 'Vortrag über Ethik') und verdienen den Titel 'transzendentales Geschwätz', den er für moralische Überlegungen im allgemeinen gebrauchte (EB 16.1.18; FB 11.19). Zu behaupten, daß 'Ethik und Ästhetik dasselbe' seien, war bestimmt kein vielversprechender Anfang für jemanden, der uns später lehren wollte, Unterschiede zu machen.

Auf der anderen Seite könnte Wittgenstein in der Geschichte der Philosophie darin einzigartig sein, daß er zwei grundlegend verschiedene, in sich geschlossene Auffassungen entwickelte. Der *Tractatus* war ein Haupteinfluß auf den Logischen Positivismus und, durch die Vermittlung Carnaps, auf die viel spätere Sprachphilosophie, insbesondere das Projekt einer Bedeutungstheorie für natürliche Sprachen. Wittgenstein selbst jedoch griff, wie wir gesehen haben, fundamentale Annahmen dieses Projekts nach seiner Rückkehr in die Philosophie an. Er entwickelte auch die umfassendste Kritik des Innen/Außen-Bildes des subjektiven Geistes, das die moderne Philosophie seit Descartes beherrscht hat. In beiden Hinsichten war er ein wichtiger Einfluß in der analytischen Philosophie von den 30er bis in die 70er Jahre, erst durch Leute, die seine Vorlesungen gehört haben – u. a. Moore, Wisdom, Malcolm, Anscombe, Rhees und von Wright –, dann durch die *Philosophischen Untersuchungen* und die folgenden Veröffentlichungen aus dem Nachlaß. Besonders hat er beeinflußt, was als Oxforder Schule der Philosophie der normalen Sprache bekannt ist, namentlich das Werk von Ryle und Strawson.

Seit den 60er Jahren floriert sowohl das Interesse an seinem Werk als auch die Wittgensteinforschung. Aber der Einfluß Wittgensteins auf den Hauptstrom der analytischen Philosophie ist verschwunden. Das geht zum einen auf die Vorherrschaft von Quines wissenschaftlicher Konzeption von Philosophie in den Vereinigten Staaten zurück; zum andern auf die Tatsache, daß die Konzeption der Sprache, die in den *Untersuchungen* entfaltet wird, die Auseinandersetzung um Einfluß gegen Tractarianische Bedeutungstheorien, ergänzt um Linguistik im Gefolge Chomskys, verloren hat.

Schließlich wurde Wittgensteins Philosophische Psychologie durch materialistische Theorien, angeregt durch Neurophysiologie, und funktionalistische Theorien, angeregt durch Computerwissenschaft, ersetzt. Aber viele der Argumente, von denen weithin übereinstimmend angenommen wird, sie hätten Wittgensteins Ansätze in diesen Bereichen widerlegt, beruhen entweder auf Mißverständnis oder sind nicht zwingend. Darüber hinaus hat die allmähliche Annäherung zwischen analytischer und kontinentaler Philosophie zu einem seinem Werk gegenüber freundlicheren Interesse geführt, weil es zu den dringend benötigten Argumenten gegen reduktionistische Konzeptionen des Menschen beiträgt, die von der hermeneutischen Tradition zu Recht verabscheut werden. Ungeachtet solcher kurzfristiger Entwicklungen wird Wittgensteins Werk, nächst dem von Aristoteles und dem von Kant, eine Quelle der Anregung bleiben, solange der Geist kritischer Philosophie lebendig sein wird und man grundlegende begriffliche Fragen nicht einfach mit schulterzuckender Gleichgültigkeit unter Verweis auf die gerade neueste Ideologie, die Wissenschaft oder auch Pseudowissenschaft abweisen wird.

A

Abbildende Beziehung
siehe **Projektionsmethode**

Abrichtung
siehe **Erklärung**

Allgemeinheit
Freges Erfindung einer Notation für Quantifikation war entscheidend für die Entwicklung der modernen Logik. Sie erlaubte die Formalisierung von Aussagen mit mehrfacher Allgemeinheit, die wesentlich sind für mathematische Definitionen (z. B. einer kontinuierlichen Funktion) und Beweise (z. B. zahlentheoretischer Theoreme) (*Begriffsschrift* §§ 11–12; *Grundgesetze* I §§ 8, 21–2). Frege analysierte 'Alle Griechen sind kahl' nicht in ein Subjekt 'alle Griechen' und ein Prädikat 'sind kahl', sondern in einen komplexen Funktionsnamen, 'wenn x ein Grieche ist, dann ist x kahl', der vom allgemeinen Quantor 'Für alle x' gebunden ist. Genauso wie 'x ist ein Grieche' der Name einer Wahrheitsfunktion erster Stufe ist, die Gegenstände auf Wahrheitswerte abbildet (das Wahre für Sokrates, das Falsche für Caesar), so ist dieser Quantor eine Variablen bindende, variablenindexierte 'Funktion zweiter Stufe', die Funktionen erster Stufe auf Wahrheitswerte abbildet – so hat der allgemeine Quantor den Wert F für das Argument 'x ist ein Grieche' (denn nicht alles ist ein Grieche), und den Wert W für '$x = x$' (alles ist identisch mit sich). Ein 'allgemeiner' Satz behauptet, daß eine Funktion $\Phi(x)$ den Wert W für alle Argumente hat. 'Existenz'sätze sind nicht in diesem Sinn allgemein, sondern Negationen allgemeiner Sätze. Also wird 'Einige Griechen sind kahl' zu als 'Nicht für alle x, wenn x ein Grieche ist, ist x nicht kahl'. Aber wie 'alle' ist 'einige' (was *Existenz* entspricht) ein Begriff zweiter Stufe, derjenige, 'in den' alle Begriffe erster Stufe 'fallen', 'unter die' mindestens ein Gegenstand 'fällt' (*Grundlagen* § 53; 'Funktion' 26–7; 'Begriff' 199–202). Russell verfolgte eine ähnliche Linie. Er behandelte Existenz als 'eine Eigenschaft einer Satzfunktion', ersetzte aber Freges umständliche Notation: '$(x)fx$' bedeutet, daß die Satzfunktion fx in allen Einsetzungsfällen wahr ist, '$(\exists x)fx$', daß sie in mindestens einem Fall wahr ist. Die Quantoren, wie die Satzverknüpfungen, sind Namen 'logischer Konstanten', d. h. von Gegenständen, von denen wir logische Erfahrung haben (*Principia* *9; *Logic* 228–41; *External* 64–7; *Introduction* Kap. XV).

Wittgenstein preist den variablenbindenden Apparat '(x)' und '$(\exists x)$' dafür, die mathematische Mannigfaltigkeit zu haben, die benötigt wird, um Allgemeinheit auszudrücken (TLP 4.04ff.; Tb 23.10.14). Er bezeichnet, was verallgemeinert werden soll, indem er zeigt, welcher Teil seines Bereichs varriiert und welcher konstant ist, damit beispielsweise zwischen '$(x)fx$' (Quantifizierung über Individuen) und '$(\Phi)\Phi x$' (Quantifizierung über Eigenschaften) unterscheidend. Quantoren haben einen bestimmten Bereich, der es z. B. erlaubt, zwischen Wahrheitsfunktionen allgemeiner Sätze wie '$(x)fx \supset (x)gx$' und allgemeinen Sätzen, die eine komplexe Funktion enthalten wie '$(x)(fx \supset gx)$', zu unterscheiden. Schließlich erlaubt der Apparat, daß eine Variable in den Bereich der anderen fällt, was es ermöglicht, mehrfache Allgemeinheit auszudrücken, und also zu unterscheiden zwischen '$(x)(\exists y)xRy$' (z. B. 'Für jede natürliche Zahl gibt es eine größere') und '$(\exists y)(x)xRy$' (z. B. 'Es gibt eine natürliche Zahl, die größer ist als alle anderen').

Gleichzeitig verwirft Wittgenstein Russells Angleichung von '$(\exists x)fx$' an 'fx ist möglich', weil das erstere falsch sein kannn, selbst wenn Sätze der Form 'fx' eine logische (und sogar empirische) Möglichkeit ausdrücken (TLP 4.464, 5.525). Wichtiger ist, daß er die Vorstellung angreift, die Quantoren seien NAMEN VON LOGISCHEN KONSTANTEN, logischer Entitäten irgendeiner Art. Die Quantoren stehen ebensowenig für Begriffe zweiter Stufe wie '.' oder '$\vee$' für Relationen zwischen Sätzen. Außerdem können die Argumente der Quantoren, das, worauf sie angewendet werden, nicht Namen (von Begriffen erster Stufe) sein, weil sie wahr oder falsch sein können müssen. Das zeigt sich daran, daß '$(x)fx$' nicht nur extern negiert werden kann, '$\neg(x)fx$', sondern auch intern, '$(x) \neg fx$', ein Punkt, der durch Wittgensteins W/F-Notation herausgebracht wird (siehe WAHRHEITSTAFELN). Frege und Russell werden der Tatsache nicht gerecht, daß das Verstehen allgemeiner (d. h. universeller) Sätze oder Existenzsätze ein Verständnis von ELEMENTARSÄTZEN voraussetzt, weil der Sinn ersterer eine Funktion bestimmter Elementarsätze ist und daher mit Bezug auf diese erklärt werden muß (TLP 4.411; AüL 205).

'$(x)fx$' und '$(\exists x)fx$' drücken 'Wahrheitsfunktionen' aus, aber diese Funktionen sind nicht Dinge irgendwelcher Art, sondern Operationen, nämlich zur Bildung eines logischen Produkts oder einer logischen Summe. Die Quantoren unterscheiden sich von den Satzverknüpfungen nur darin, wie die Basis der Operation spezifiziert ist, nämlich entweder durch Auflistung dieser Sätze, wie in '$(p . q) \vee r$', oder durch eine 'Satzvariable' – Russells Satzfunktion – 'fx'. So eine Variable ist ein 'logisches Urbild'; es versammelt alle Sätze einer bestimmten Form, denn ihre Werte sind alle die Sätze, die wir durch Einsetzung eines Namens für die Variable erhalten, d. h. 'fa', 'fb', 'fc', etc. (TLP 3.315–3.317, 5.501, 5.522). Russell behauptete, daß der *Tractatus* '$(x)fx$' aus dem logischen Produkt seiner Instanzen, '$fa . fb . fc \ldots$', und '$(\exists x)fx$' aus der logischen Summe, '$fa \vee fb \vee fc \ldots$', 'ableite' ('Einleitung' 273). Und Ramsey meinte, daß Wittgensteins Ansatz erkläre, warum 'fa' '$(\exists x)fx$' enthalte und '$(x)fx$' 'fa', während Freges Erklärung von '$(\exists x)fx$' als 'f hat Anwendung' – ein Satz der Form A(f) – das nicht tue (*Mathematics* 153–4). Ironischerweise *klagt Tractatus* 5.521 Frege und Russell dafür *an*, genau den Ansatz zu akzeptieren, der ihm von Ramsey zugeschrieben wird (weder Frege noch Russell haben das ausdrücklich getan, obwohl *Principia* I *59 dem nahekommt), und die *Philosophische Grammatik* beschuldigt den frühen Wittgenstein desselben Vergehens (PG 268). Die Lösung des Rätsels ist, daß der *Tractatus* nur die Weise angreift, in der Frege und Russell die Allgemeinheit mit logischer Summe und logischem Produkt verknüpft haben; während der spätere Wittgenstein diese Verknüpfung selber in Frage stellt.

Der *Tractatus* macht gegen Frege und Russell zwei Punkte (TLP 5.1311, 5.523; Tb 3.11./24.11. 14, 2.12.16). (a) Sie verwechselten zwei Tatsachen hinsichtlich des allgemeinen Satzes '$(x)fx$': daß er eine Wahrheitsfunktion *aller* seiner Instanzen ist, und daß er genau dann wahr ist, wenn *alle* Elemente der Menge seiner Instanzen wahr sind. Die erstere Allgemeinheit ist diejenige, die '$(x)fx$' mit '$(\exists x)fx$' teilt, nämlich, daß es eine wahrheitsfunktionale Operation angewendet auf alle Werte einer Satzfunktion (*fa, fb, fc*, etc.) ist. Sie wird ausgedrückt durch das *Muster* 'xfx', während '( )' und '($\exists$)' die wahrheitsfunktionalen Operationen differenzieren, die auf die Werte einer Satzfunktion angewendet werden. (b) Sie leiteten die Quantoren aus Konjunktionen und Disjunktionen ab. Das ist unangemessen, weil die betroffenen Konjunkte/Disjunkte selber Instanzen (Werte) der Satzfunktion sind; sie enthalten bereits Allgemeinheit – '*fa*' ist äquivalent mit '$(\exists x) . fx . x=a$)' (TLP 5.47) – und können daher nicht dazu verwendet werden, sie zu erklären. Darüber hinaus lassen sie die Beziehung zwischen allgemeinen Sätzen und ihren Instanzen unerklärt.

Indem er diese Beziehung klärt, vermeidet Wittgenstein einige der Schwierigkeiten, auf die die umstandslose Identifizierung von '$(x)fx$' mit '*fa . fb . fc* ...' und von '$(\exists x)fx$' mit '*fa* $\vee$ *fb* $\vee$ *fc* ...' trifft. Die erste Schwierigkeit ist, daß man einen allgemeinen Satz verstehen kann, ohne je von *a*, *b* oder *c* gehört zu haben. Viele Amerikaner glauben, daß alle Kommunisten böse sind, ohne einen einzelnen Kommunisten nennen zu können. 'Man kann die Welt vollständig durch verallgemeinerte Sätze beschreiben' (TLP 5.526; Tb 17./19.10.14; PG 203–4). Nichtsdestoweniger bleibt eine Verbindung mit einem logischen Produkt: irgendeine Aussage der Form '*fa . fb . fc* ...' muß dem verallgemeinerten Satz äquivalent sein, und deshalb weiß ich auch, daß '$\neg$ *fa*' mit '$(x)fx$' unvereinbar ist, gleichgültig, ob ich von *a* gehört habe. Wittgensteins Erklärung wird beiden Punkten gerecht, weil sie die betreffenden Sätze durch eine Satzvariable spezifiziert und nicht durch eine Aufzählung der Sätze, die den Gebrauch bestimmter Namen erfordern würde.

Das vermeidet auch ein zweites Problem. Man kann '$(x)fx$' in eine bestimmte Konjunktion '$fa_1 . fa_2 ... fa_n$' nur dann analysieren, wenn die Anzahl der Gegenstände endlich ist. Selbst Quantifizierung über einen endlichen Bereich, z. B. 'Alles in diesem Raum ist radioaktiv', ist mit einem spezifischen logischen Produkt 'Die Tasse ist radioaktiv . der Tisch ist radioaktiv' nur dann äquivalent, wenn man die Klausel hinzufügt 'und sonst ist nichts in dem Raum', was seinerseits als ein spezifisches logisches Produkt nur ausgedrückt werden kann, wenn das Universum nicht eine unendliche Anzahl von Gegenständen enthält. Das machte die Erklärung der Quantifikation von einem 'Axiom der Endlichkeit' abhängig und ist unvereinbar mit dem Bestehen des *Tractatus* darauf, daß 'es in der Logik keine ausgezeichneten Zahlen (gibt)': es ist eine empirische Frage, die durch die 'Anwendung der Logik' entschieden wird, wie viele Gegenstände es gibt (TLP 4.128, 4.2211, 5.453, 5.553). Der *Tractatus* vermeidet das Problem, weil er die Elementarsätze, die die Basis der wahrheitsfunktionalen Operation bilden, nicht auflistet und daher keine spezifische Liste von Namen gebraucht. Das jedoch erzeugt ein neues Problem, das Ramsey entdeckt hat (*Mathematics* 59–60, 153–5): weil völlig verallgemeinerte Sätze sich auf keine spezifischen Gegenstände beziehen, scheinen sie den Tatsachen mehr Spielraum zu lassen als die Gesamtheit der Elementarsätze – entgegen der Behauptung in *Tractatus* 5.5262. Wenn die Welt nur eine endliche

Anzahl von Gegenständen enthält, können wir einen verallgemeinerten Satz konstruieren, der mehr voneinander verschiedene Variablen enthält als es voneinander verschiedene Gegenstände gibt. Nehmen wir den Satz

(1) Es gibt mindestens drei Individuen mit irgendeiner Eigenschaft.

In Russellscher Notation wird dies zu

(1') $(\exists x)(\exists y)(\exists z)(\exists \Phi)(\Phi x \,.\, \Phi y \,.\, \Phi z \,.\, x \neq y \,.\, x \neq z \,.\, y \neq z)$.

Aber in einer Welt mit nur zwei Individuen scheint Wittgensteins Erklärung (1') in einen Widerspruch zu verwandeln. Wenn wir 'f' für 'Φ', 'a' für 'x' und 'b' für 'y' und 'z' einsetzen (denn in unserer Modellwelt ist keine andere Individuenkonstante verfügbar), erhalten wir

(1*) $fa \,.\, fb \,.\, fb \,.\, a \neq b \,.\, a \neq b \,.\, b \neq b$

einen Widerspruch wegen des letzten Konjunkts (desgleichen werden 'Es gibt mindestens ein Individuum' und 'Es gibt mindestens zwei Individuen' zu Tautologien). Ramseys Lösung war es, dieses Ergebnis zu akzeptieren: Aussagen über die Anzahl von Gegenständen in der Welt sind entweder Tautologien oder Widersprüche. Der *Tractatus* klassifiziert dagegen derartige Sätze als sinnlos (TLP 4.1272, 5.535; Tb 9.10.14). Er kann das tun, weil er auf den Gebrauch des IDENTITÄTS-Zeichens verzichtet und (1) analysiert in

(1'') $(\exists x)(\exists y)(\exists z)(\exists \Phi)(\Phi x \,.\, \Phi y \,.\, \Phi z)$.

Einsetzung in diesen Satz wird nicht zu einem Widerspruch führen. Nichtsdestoweniger kann unsere Verpflichtung auf Gegenstände in vollständig verallgemeinerten Sätzen die Anzahl der Gegenstände nicht übertreffen, weil die Satzfunktion Φx keine anderen Werte als fa und fb annehmen wird, d.h., es wird keine anderen Sätze geben, auf die Wahrheitsfunktionen angewendet werden können. Das aber heißt, daß Sätze mit mehr Variablen als x und y keine Anwendung haben und daher sinnlos sind. Die Anzahl der Gegenstände im Universum, die Russells Axiom der Unendlichkeit auszusagen suchte, wird *gezeigt* durch die Anzahl der Namen, die eine ideale Notation anwenden wird, was seinerseits die Anzahl der Variablen bestimmt, die sinnvoll eingeführt werden kann.

Später hat Wittgenstein Fehler in der Vorstellung entdeckt, daß '$(x)fx$', weil es 'fa' impliziere, auf die gleichzeitige Behauptung aller Sätze der Form 'fx' hinauslaufe. Die Vorstellung unterstellt, daß es die Gesamtheit aller Sätze dieser Form gibt, daß sie wohldefiniert ist und, obwohl nicht wirklich aufgezählt, aufzählbar sei. Beide Annahmen, so hat er später behauptet, sind ungerechtfertigt.

(a) Der *Tractatus* ist dafür kritisiert worden, daß er nicht realisiert habe, daß das

Wahrheitstafel-Entscheidungsverfahren nicht auf den Prädikatenkalkül ausgedehnt werden könne, weil es nicht auf unendliche logische Summen oder Produkte angewendet werden kann. Tatsächlich aber beschränkt der *Tractatus* das Verfahren explizit auf Fälle, 'in welchen ... keine Allgemeinheitsbezeichnung vorkommt' (TLP 6.1203). Er nimmt jedoch an, daß die logischen Operationen in gleicher Weise auf eine Liste von Sätzen und auf die Werte einer Satzfunktion Anwendung haben. Das gilt für Fälle, in denen die durch die Satzfunktion definierte Klasse geschlossen ist, etwa die primären Farben oder die Töne einer Oktave. Hier kann auf die Frage '*Welche* Gegenstände sind *f*?' eine Liste von Namen gegeben werden, und diese Liste muß nicht durch eine Abschlußklausel 'und dies sind alle' ergänzt werden, weil z. B. die Vorstellung einer fünften Primärfarbe durch unsere Grammatik als sinnlos ausgeschlossen wird. 'In diesem Bild sehe ich alle Primärfarben' bedeutet 'Ich sehe Rot und Grün und Blau ...' Hier sind die Punkte solche der 'Abkürzung' (Vorl 150–1; vgl. Vorl 37 f., 108–10; M 88–90; PB 117; PG 268–88; PU § 208).

Das gilt jedoch nicht für *unendliche* Klassen: gleichgültig, wie weit die Konjunktion '2 ist gerade . 4 ist gerade . 6 ist gerade ...' fortgesetzt wird, sie erfaßt niemals den Sinn des arithmetischen 'alle', der nicht durch eine Aufzählung oder irgendeine andere Beschreibung gegeben ist, sondern durch eine Konstruktionsregel, nämlich mathematische Induktion (WKK 45, 51–3, 82; Vor 35; PB 150–1, 193–205; PG 432; BB 95–8). Im Ergebnis weigert sich Wittgenstein wie die Finitisten (seine Schüler Goodstein und Skolem), allgemeine Behauptungen über unendliche Bereiche mit Russellschen Quantoren auszudrücken, und behauptet, daß wir in solchen Bereichen nicht sagen können, es gebe ein *x* das *f* sei, ohne eine Regel anzugeben, die zu spezifiziercn crlaubt, welches *x f* ist. Gleichermaßen sind allgemeingültige Sätze über solche Bereiche niemals nur zufällig wahr (wie 'Alle Menschen sind sterblich'), sondern immer vermöge einer Konstruktionsregel.

Die Behandlung der Allgemeinheit durch den *Tractatus* ist auch nicht anwendbar, wenn die Anzahl der Möglichkeit nicht so sehr unendlich als vielmehr *unbestimmt* ist. Der *Tractatus* hatte darauf bestanden, daß, während ein Satz etwas unbestimmt lassen könne, er doch kein unvollständiges Bild sein könne: was er offenlasse, muß spezifiziert sein durch die Gegebenheit einer Disjunktion von Möglichkeiten (TLP 6.156; Tb 16.6.15).

(2) Es ist ein Kreis in diesem Quadrat

läßt offen, wo im Quadrat der Kreis angeordnet ist, aber so, daß es spezifiziert, daß er eine von allen möglichen Positionen im Quadrat einnehme. Wittgenstein sah später, daß das falsch ist, nicht nur, weil es keine bestimmte Anzahl von Positionen im Quadrat gibt, sondern weil von verschiedenen Positionen 'keine Rede ist'. Wir verifizieren (2) nicht, indem wir jeden einzelnen Punkt durchgehen. (2) wird am besten ausgedrückt durch *ungebundene* Variablen, was klarmacht, daß es nicht über eine Gesamtheit von Möglichkeiten redet, sondern unbestimmt ist (WWK 38–41; PG 257–67).

(b) Die Darstellung des *Tractatus* impliziert, daß eine logische Summe und ein logisches Produkt aus jeder Satzvariablen gebildet werden kann. Wenn jedoch anerkannt ist, daß die Elementarsätze der Form fx voneinander nicht unabhängig sein können, garantiert die Möglichkeit eines Typs von Operation nicht länger die anderer Typen: so ist es sinnvoll zu sagen '$(\exists x)(x$ ist die Farbe von $A)$', aber nicht '$(x)(x$ ist die Farbe von $A)$', weil 'A ist rot' unvereinbar ist mit 'A ist grün', etc. Ebenso ist '$(\exists x)(x$ ist ein Kreis . x ist in einem Quadrat)' sinnvoll, aber nicht '$(x)(x$ ist ein Kreis . x ist in einem Quadrat)'. Allgemeiner gilt: was in einigen Fällen sinnvoll ist, muß nicht in allen Fällen sinnvoll sein. Wittgenstein diagnostizierte, daß die Darstellung des *Tractatus* für die Allgemeinheit auf der falschen Auffassung beruhte, daß irgendwie jeder quantifizierte Satz in ein logisches Produkt oder eine logische Summe analysiert werden könnte. Aber diese Kritik ist nicht auf den *Tractatus* beschränkt. Auch die Quantoren des Prädikatenkalküls suggerieren, daß Ausdrücke der Allgemeinheit bereichsneutral seien. Wittgenstein behauptet dagegen jetzt, daß jedes Satzsystem seine eigenen Regeln der Allgemeinheit und der Folgerungsbeziehung zwischen '$(x)(fx)$' und 'fa' habe. 'Es gibt so viele verschiedene ›alle‹', wie es Typen von Sätzen gibt (PG 269; vgl. VGM 325–34; VPP 54).

Allgemeine Satzform

Wittgensteins frühe Philosophie versucht das Wesen der Darstellung und des Dargestellten, der Welt, zu bestimmen. Sie tut das, indem sie das Wesen des Satzes bestimmt. Verschiedene Satztypen unterscheiden sich in ihrer logischen Form, und diese Unterschiede sind durch die Anwendung der Logik zu entdecken. Aber diese möglichen Formen haben etwas gemeinsam, was a priori festgelegt ist. Daß eine Form von Wörtern einen Satz bilden kann, ist nicht eine Angelegenheit der Erfahrung, sondern durch die Regeln der LOGISCHEN SYNTAX festgelegt. Die allgemeine Satzform ist das Wesen des Satzes, die notwendigen und hinreichenden Bedingungen dafür, daß etwas ein Satz in einer 'Zeichensprache' ist. Weil die Sprache die Gesamtheit der Sätze ist, liefert die allgemeine Satzform auch diejenigen Züge, die allen Sprachen gemeinsam sind, trotz ihrer oberflächlichen Unterschiede. Der Satz ist die Eine LOGISCHE KONSTANTE, 'das eine und einzige allgemeine Urzeichen der Logik', weil alle logischen Operationen und daher alle logischen Sätze und Beweise schon mit der bloßen Vorstellung eines BIPOLAREN Elementarsatzes gegeben sind (TLP 4.001, 5.47 ff.; Tb 22.1./5.5.15, 2.8.16).

'Die allgemeine Form des Satzes ist: Es verhält sich so und so' (TLP 4.5). Diese Formel ist nicht auf wahre Sätze beschränkt. Die allgemeine Satzform ist die umgangssprachliche Entsprechung einer 'Satzvariablen' (TLP 4.53; OB 27, 30). Es ist die allgemeinste Satzvariable, diejenige, die dem 'formalen Begriff' eines Satzes entspricht (*siehe* SAGEN/ZEIGEN). Ihr Wertebereich ist nicht ein bestimmter Satztyp, z.B. 'fa', 'fb'. etc., sondern die Gesamtheit der Sätze. Weit entfernt davon leer zu sein, indiziert die Formel, daß Sätze logisch gegliedert sein (aus Funktion und Argument zusammengesetzt sein) müssen, und daß sie mögliche Sachverhalte abbilden, d.h. deskriptiv sein müssen.

An erster Stelle hat die Formel auf alle ELEMENTARSÄTZE Anwendung. Aber dem

Allgemeine Satzform

Tractatus zufolge leiten *alle* Sätze ihren Darstellungscharakter von solchen Elementarsätzen her. Die Gesamtheit der Sätze ist durch die Gesamtheit der Elementarsätze bestimmt (TLP 4.51–5.01; RUB 8.12). Ein wesentlicher Teil der Lehre von der allgemeinen Satzform ist die Extensionalitätsthese. 'Der Satz ist eine Wahrheitsfunktion der Elementarsätze. (Der Elementarsatz ist eine Wahrheitsfunktion seiner selbst.)' (TLP 5). Der Satz in Klammern spielt auf die Tatsache an, daß in der Notation von Sätzen mittels WAHRHEITSTAFELN jeder Elementarsatz ausgedrückt ist als Wahrheitsfunktion (Konjunktion) seiner selbst und einer Tautologie, die alle anderen Elementarsätze einschließt (z. B. '$p . (q \vee \sim q)$, etc.'). Der erste Satz legt fest, daß die Wahrheit jedes Satzes nur von der Wahrheit der Elementarsätze, in die er analysiert werden kann, abhängig ist: 'In der allgemeinen Satzform kommt der Satz im Satze nur als Basis der Wahrheitsoperationen vor' (TLP 5.54). Konsequenterweise muß der *Tractatus* zahlreiche *intensionale Kontexte* natürlicher Sprache wegerklären, z. B. die Einbettung eines Satzes in den Bereich eines intentionalen Verbes (in indirekter Rede oder in der Zuschreibungen propositionaler Einstellungen), kausale Erklärungen, wissenschaftliche Gesetze und modale Sätze. Er tut das mit unterschiedlichem Grad von Implausibilität, entweder, indem er diese Kontexte auf extensionale zurückführt, wie im Fall von kausalen Erklärungen (siehe VERURSACHUNG) und den Zuschreibungen von GLAUBEN/ÜBERZEUGUNG, oder indem er bestreitet, daß es sich um echte Sätze handelt, so im Fall WISSENSCHAFTLICHER Gesetze und modaler Sätze (*siehe* LOGIK).

Als eine Folge des Extensionalismus identifiziert Tractatus 6 die allgemeine Satzform mit der 'allgemeinen Form der Wahrheitsfunktion': $[\bar{p}, \bar{\xi}, N(\bar{\xi})]$. Diese Formel spezifiziert eine Reihe von Sätzen (den Werten der umfassendsten Satzvariablen) nicht einfach, indem sie sie auflistet (wie in 'p, q, r') oder durch eine Satzfunktion, wie im Fall der Quantoren, sondern durch eine 'formale Reihe', deren Elemente durch ein 'formales Gesetz' geordnet sind, das zwischen ihnen interne Relationen stiftet (TLP 4.1252, 5.501). Sie tut das mittels einer wiederholbaren Operation (TLP 5.23–5.3), einer Operation, die auf ihre eigenen Resultate angewendet werden kann (TLP 5.251). Wenn man O auf a anwendet, erhält man $O'a$, durch Wiederholung der Operation erhält man $O'O'a$, und so weiter – wie in 2, 4 (2+2), 6 (2+2+2), etc. So eine Reihe ist definiert durch ihr erstes Glied und die Operation, die den Nachfolger aus seinem Vorgänger bildet (TLP 4.1273). Sie wird ausgedrückt als $[a, x, O'a]$ – a ist das erste Glied, x ein beliebiges, $O'a$ die Form des unmittelbaren Nachfolgers von x.

Wahrheitsfunktionale Operationen sind wiederholbar und erzeugen daher eine formale Reihe, die durch ein analoges geordnetes Tripel ausgedrückt wird. $\bar{p}$ ist das erste Glied. Es ist nicht eine Wahrheitsfunktion von Elementarsätzen ('$p . q . r$'), sondern eine Liste aller Elementarsätze ('p', 'q', 'r', etc.). '$\bar{\xi}$' bezeichnet nicht eine beliebige Auswahl von Sätzen, wie Russells 'Einleitung' behauptet, sondern eine Satzmenge, die aus der anfänglichen Menge konstruiert worden ist und die sowohl elementare als auch molekulare Sätze enthalten kann ('¯' bezeichnet nicht Allgemeinheit, sondern daß ξ alle seine Werte vertritt, d. h. auflistet – TLP 5.501). $N(\bar{\xi})$ ist das Resultat der Anwendung der Operation der gemeinsamen Negation auf $\bar{\xi}$. Die Operation N ist eine verallgemeinerte Version des zweistelligen Wahrheitsoperators 'weder p noch q', bekannt als

A Allgemeine Satzform

der Sheffer-Strich '$p \downarrow q$', von dem sie sich dadurch unterscheidet, daß sie auf einer beliebigen Anzahl von Sätzen operiert (das ist wichtig, weil der *Tractatus* agnostisch ist hinsichtlich der Anzahl der Elementarsätze), um einen einzigen Satz zu bilden, die gemeinsame Negation von allen. In der Notation mittels Wahrheitstafeln ist der Sheffer-Strich als '(FFFW)(p,q)', N als '(-----W)(....)' ausgedrückt, wobei die rechten Klammern eine beliebige Auswahl von n Sätzen anzeigen, die linken eine Wahrheitstafel mit $2^n - 1$ F's, die ausgelassen wurden (TLP 5.5). Mit anderen Worten: das Resultat der Anwendung von N auf $\bar{\xi}$ ist nur dann wahr, wenn alle Elemente von $\bar{\xi}$ falsch sind. Zum Beispiel ist '$N(p,q,r)$' äquivalent mit '$\sim p . \sim q . \sim r$'.

Indem Wittgenstein die allgemeine Satzform in dieser Weise spezifiziert, übernimmt er einen konstruktivistischen Anspruch. Jeder Satz ist 'ein Resultat der successiven Anwendung der Operation $N(\bar{\xi})$ auf die Elementarsätze' (TLP 6.001; vgl. AüL 94, 102–3). Die wahrheitsfunktionalen Verknüpfungen, die Frege und Russell verwandten – '$\sim$' '$\supset$' '.', '$\vee$' –, sind nicht nur wechselseitig definierbar, sondern können alle auf den Sheffer-Strich und also auf N reduziert werden (TLP 5.1311, 5.42, 5.441). (M, eine verallgemeinerte Version des anderen Sheffer-Strichs '$p \uparrow q$', nämlich 'entweder nicht p oder nicht q, etc.' würde für die Zwecke des *Tractatus* ebensogut taugen – RUB 19.8.19.) Sheffer hatte gezeigt, daß '$\downarrow$' für den Aussagenkalkül expressiv adäquat ist, dazu geeignet, alle Wahrheitsfunktionen beliebig vieler Wahrheitsargumente auszudrücken. Dasselbe gilt a fortiori für die verallgemeinerte Version N. Zum Beispiel können alle 16 Wahrheitsfunktionen von zwei Elementarsätzen, dem Ausgangspunkt einer formalen Reihe, durch einen Prozeß erzeugt werden, der folgendermaßen beginnt: 1. $N(p,q)$ [$\sim(p \vee q)$], 2. $N(N(p,q))$ [($p \vee q$)], 3. $N(N(p,q), N(N(p,q)))$ [$\sim(\sim(p \vee q) \vee (p \vee q))$] (Widerspruch), 4. $N(N(N(p,q),N(N(p,q))))$ [$\sim\sim(\sim(p \vee q) \vee (p \vee q))$] (Tautologie). Wenn wir jedoch N auf das letzte Ergebnis oder sogar auf jede Kombination der vorhergehenden Ergebnisse anwenden, wird keine neue Wahrheitsfunktion erzeugt. Um weiterzukommen, müssen wir einen neuen Satz einführen, indem wir N auf 'p' und 'q' für sich anwenden, dann auf die resultierenden '$\sim p$' und '$\sim q$'; und so weiter. Das legt nahe, daß Wittgensteins Vorgehensweise nicht in einer formalen Reihe resultiert: sie erzeugt alle Wahrheitsfunktionen von 'p' und 'q', aber nicht in einer einzigen, bestimmten Ordnung. Außerdem verspricht, wenn die anfängliche Menge der Elementarsätze unendlich ist, Cantors Diagonalbeweis, daß $2^{\aleph_0} > \aleph_0$, eine unendliche Untermenge von Elementarsätzen zu spezifizieren, die durch Wittgensteins Verfahren nicht erzeugt werden kann (man beachte jedoch, daß Wittgenstein Cantors Beweis ablehnt; *siehe* ZAHLEN).

Die Operation N wird noch mehr gefordert durch die Aufgabe, alle allgemeinen Sätze zu konstruieren. Wie die Aussagenlogik ergibt sich die Quantifikationslogik aus der Anwendung derselben wahrheitsfunktionalen Operation. Sie unterscheidet sich nur darin, wie die Basis von N spezifiziert ist, nämlich durch eine Satzfunktion. Wenn $\bar{\xi}$ als seine Elemente alle Werte der Satzfunktion fx hat, d.h. die Menge der Sätze 'fa, fb, fc, etc', dann ist '$N(\bar{\xi})$' die gemeinsame Negation aller dieser Sätze, '$N(fx)$', und daher äquivalent mit '$\sim(\exists x)fx$'. Wenn wir N auf dieses Ergebnis anwenden, erhalten wir '$(\exists x)fx$'. Wenn $\bar{\xi}$ als seine Elemente alle Werte von $N(fx)$ hat, dann ist '$N(N(fx))$' '$(x)(fx)$' und '$N(N(N(fx)))$' ist '$\sim(x)fx$'. Das bewahrt die Einheit von Aussagen- und Prädika-

Allgemeine Satzform A

tenlogik: '~p', '~$(p \vee q)$' und '~$(\exists x)fx$' werden alle durch dieselbe Operation ausgedrückt, als '$N(p)$', '$N(p,q)$', '$N(fx)$'.

Es ist behauptet worden, daß diese Notation expressiv inadäquat ist, nicht geeignet, alle Formeln der Quantifikationstheorie erster Stufe zu erzeugen. Diese Inadäquatheit tritt bei mehrfach verallgemeinerten Formeln wie '$(\exists x)(y)fxy$' auf, in denen die Variablen durch verschiedene Quantoren gebunden sind. Es seien Formeln aus der Satzvariablen 'fxy' zu bilden, die als ihre Werte 'faa', 'fab', 'fac', 'fba', etc. hat. Die Anwendung von N darauf liefert die gemeinsame Negation dieser Sätze, '$N(fxy)$', was äquivalent ist mit '~$(\exists x)(\exists y)fxy$'; darauf wiederum N angewendet, ergibt sich '$N(N(fxy))$', d. h. '$(\exists x)(\exists y)fxy$'. Unglücklicherweise wird uns jede weitere Anwendung von N nur zwischen Äquivalenten dieser beiden Formeln hin und her führen (und an denselben toten Punkt kommen wir, wenn wir mit der Satzvariablen '~fxy' anfangen). Das Problem ist nicht der Anwendung eines einzelnen Operators geschuldet. '$M(fxy)$' ist äquivalent mit '~$(x)(y)fxy$', '$M(M(fxy))$' äquivalent mit '$(x)(y)fxy$', aber dann beginnt das Wechselspiel von neuem. Was wir brauchen, ist ein technisches Mittel, mit dem auf die beiden Argumentstellen der Satzfunktion gesondert operiert werden könnte. Das kann erreicht werden, wenn man den N-Operator durch einen Variablen bindenden Zug anreichert. Wenn man '$Nx(fx)$' verwendet, um die gemeinsame Negation aller Sätze auszudrücken, die sich durch Einsetzung von Namen für die Variable x ergeben, dann kann der frühere Stolperstein '$(\exists x)(y)fxy$' ausgedrückt werden als '$N(Nx(Ny(Nfxy)))$', was sich als '~(x)~(y)~~fxy' übersetzt.

Während eine derartig expressiv adäquate Notation im *Tractatus* nicht explizit ist, ist sie doch vereinbar mit dem, was *Tractatus* 5.501 über die Festsetzung der Werte einer Satzvariablen sagt. Dort ist aber '$(x)fx$' als '$N(Nx(fx))$' ≡ '$N(N(fa, fb, fc,$ etc.$))$' ausgedrückt und '$(x)fx$' als '$Nx(N(fx))$' ≡ '$N(N(fa), N(fb), N(fc),$ etc.$)$'. Im ersten Fall wird eine einzelne Operation N auf eine möglicherweise unendliche Klasse von Sätzen angewendet, und auf dieses Ergebnis erneut N. Im zweiten Fall wird N auf jedes Element der Klasse angewendet, und auf das Ergebnis davon erneut N. Nun sieht es so aus, als verlange dieser letzte Schritt die vorherige Ausführung von potentiell unendlich vielen Operationsschritten und habe keinen unmittelbaren Vorgänger. Das würde die Forderung des *Tractatus* verletzen, nach der alle Wahrheitsfunktionen 'Resultate der successiven Anwendung einer endlichen Zahl von Wahrheitsoperationen auf die Elementarsätze' sein sollen (TLP 5.32). Es wird behauptet, daß dieser Einwand auf einer Ebene liegt mit dem Punkt, daß das Entscheidungsverfahren mittels Wahrheitstafeln nicht auf Quantifikation über unendliche Bereiche angewendet werden kann. Aber das hat Wittgenstein sehr wohl gesehen und seine Behandlung von ALLGEMEINHEIT vermeidet das Erfordernis, durch eine unendliche Anzahl von Schritten zu gehen, indem sie die Basis von Operationen durch Satzfunktionen spezifiziert. Und der ursprüngliche Einwand ignoriert, daß, worauf es ankommt, nicht einzelne Operationen sind, sondern die *Stufen* der wahrheitsfunktionalen Konstruktion, von denen es in unserem Fall nur zwei gibt: wir fangen mit einem Elementarsatz 'fa' an, wenden N an, um zu '$N(fa)$' zu kommen, woraus sich wiederum die Satzfunktion $N(fx)$ ergibt. Auf alle Werte dieser Funktion N angewendet, ergibt sich '$Nx(N(fx))$'.

A Allgemeine Satzform

Obwohl der Konstruktivismus des *Tractatus* nicht offenkundig inadäquat ist, ist er offen für andere Einwände. Er liefert nicht die einheitliche Erklärung, die der *Tractatus* suchte, weil der modifizierte *N*-Operator sowohl mit als auch ohne Variable auftritt, wie in '$N(Nx(fx))$'. Wittgenstein selbst hat später hervorgehoben, daß die Spezifizierung der Basis von Operationen durch eine Satzfunktion für den Fall unendlicher Bereiche etwas völlig anderes bedeutet. In diesem Fall kann das 'und so weiter', das dem Begriff successiver Operationen äquivalent ist, nicht durch eine Liste ersetzt werden, sondern zeigt einen neuen Typ von Operation an. Die Logik auf eine einzige Operation zu reduzieren ist sowohl unmöglich als auch überflüssig. Weil logische Konstante sowieso keine logischen Gegenstände vertreten, brauchen wir ihre Anzahl auch nicht zu reduzieren, um unsere ontologischen Verpflichtungen zu minimieren. Das Motiv des *Tractatus* für die Reduktion ist der Frege folgende Versuch, eine schrittweise Definition der logischen Konstanten zu vermeiden (TLP 5.45f., 5.46; AüL 99, 105; *Grundgesetze* I § 33, II §§ 56–67, 139–44): um sie zu definieren, wie sie nicht nur auf Elementarsätze Anwendung haben (wie in '$\sim p$'), sondern auch auf Sätze, die schon logische Konstante enthalten ('$\sim(p \cdot q)$', '$\sim(\exists x)fx$'), müßte man eine Verknüpfung vor den anderen einführen, mit dem Ergebnis, daß man die letzteren nicht verwenden dürfte, um die zuerst eingeführte zu definieren. Aber dieses Problem kann entweder durch rekursive Definitionen vermieden werden, wie in der Modelltheorie, oder indem man wie der spätere Wittgenstein zugibt, daß Zeichen wie '$\sim$' und '$\cdot$' in verschiedenen Bereichen in leicht unterschiedlicher, wenn auch analoger Weise operieren können.

Wittgensteins spätere Selbstkritik richtete sich nicht auf seinen logischen Konstruktivismus, sondern auf die Vorstellung einer allgemeinen Satzform selbst. 'Es verhält sich so und so' sieht wie die allgemeine Satzform aus, weil es als Satzschema verwendet wird, das den Bezug auf einen vorhergehenden Satz aufnimmt. Obwohl es selbst nichts sagt, was wahr oder falsch wäre, klingt es wie ein deutscher Satz, bestehend aus Subjekt und Prädikat. Das deutet an, daß unser Satzbegriff in einer gewissen Hinsicht durch einen *Satzklang* bestimmt ist und also durch die Regeln der Satzbildung in einer gegebenen Sprache. Aber das liefert nicht das logisch-semantische Wesen, das der *Tractatus* suchte. Und die Idee, alle Sätze sagten, daß das und das der Fall sei, ist nur eine unklare Weise zu sagen, daß ein Satz das sei, was wahr oder falsch sei (einen Gedanken oder eine Tatsache ausdrücke; Gegenstand einer propositionalen Einstellung sein kann), d.h. ein Argument des wahrheitsfunktionalen Kalküls (PLP 288–98, 372). Aber Wittgensteins Redundanztheorie der WAHRHEIT impliziert, daß dies weder eine metaphysische Einsicht in das Wesen des Satzes noch einen unabhängigen Test für Satzheit liefert, weil unser Begriff von Wahrheit und Falschheit völlig zu unserm Begriff eines Satzes gehört (PU § 136; PG 124). Gewiß ist, ob eine Zeichenverbindung ein Satz ist, eine Frage der Grammatik, nicht der Erfahrung, aber die Regeln für den Ausdruck 'Satz' sind weder scharf noch unflexibel.

Wittgenstein kam auch dazu, die Extensionalitätsthese zurückzuweisen, indem er bemerkte, daß sie den Aussagenkalkül, nicht aber die gewönliche Sprache charakterisierte. Außerdem ist die Vorstellung, alle Sätze seien oder enthielten eine Beschreibung, Teil des AUGUSTINISCHEN BILDES DER SPRACHE. Fragen, Befehle, Drohungen, Warnungen, Anfeuerungen sind *Sätze* (dieser Ausdruck ist, anders als der englische 'proposition', nicht auf indikative Sätze eingeschränkt). Und viele Sätze, besonders GRAMMATISCHE Sätze, MATHEMATISCHE Sätze und AUSDRUCKSÄUSSERUNGEN haben die Form von indikativen Sätzen, aber, so argumentiert Wittgenstein, eine nicht-deskriptive Rolle. Die *Philosophischen Untersuchungen* deuten an, daß ein Satz als ein Zug im Sprachspiel erklärt werden könnte. Aber selbst diese Erklärung erfaßt nicht Tautologien und Widersprüche (mit denen nichts gesagt werden kann). Aus derartigen Gründen weisen die Untersuchungen gerade die Forderung nach einer Definition von 'Satz' zurück. Der Begriff des Satzes ist ein FAMILIENÄHNLICHKEITSbegriff. Er wird durch Beispiele erklärt. Was Fragen, Befehle, Beobachtungssätze, psychologische Sätze in 1. und 3. Person, logische Sätze, mathematische Gleichungen, physikalische Gesetze zusammenhält, ist nicht ein einziges gemeinsames Wesen, sondern ein Netz von Ähnlichkeiten und Analogien. Es ist möglich, einen Satztyp scharf zu definieren, z. B. Tautologien. Tatsächlich definiert die Lehre von der allgemeinen Satzform die Sätze des Aussagenkalküls als entweder Basen oder Resultate von wahrheitsfunktionalen Operationen. Aber das zeigt ebensowenig, daß 'Satz' kein Familienähnlichkeitsbegriff ist, wie die Tatsache, daß man bestimmte Zahlenarten scharf definieren kann, zeigte, daß 'Zahl' kein Familienähnlichkeitsbegriff sei.

Anthropologie
Wittgenstein lieferte zwei anregende, wenn auch kurze und unfertig gebliebene Beiträge zur Methodologie der Anthropologie. Der eine ist seine Diskussion von LEBENSFORMEN und radikaler Übersetzung. Der andere sind seine scharfen Bemerkungen zu Frazers *Golden Bough*. Frazer versuchte einen Ritus im klassischen Altertum zu erklären – die Nachfolge des Königs von Nemi –, indem er sich auf ähnliche Rituale in aller Welt bezog. Wittgenstein erhob gegen Frazers Vorgehensweise folgende Einwände (GB 118–33/VüE 29–46; Vorl 188f.; M 106–7): (a) Frazers Datensammlung über andere Rituale liefert nicht die genetische Erklärung des Nemi-Ritus, die er suchte, sondern vielmehr die Rohmaterialien für eine ÜBERSICHT, die erklärt, warum wir das Ritual furchterregend finden, indem sie es auf grundlegende menschliche Impulse bezieht, mit denen wir vertraut sind; (b) schon der Versuch einer genetischen Erklärung eines Ritus sollte zugunsten seiner Beschreibung aufgegeben werden; (c) Frazer stellt diese Riten als instrumental, als darauf gerichtet dar, bestimmte kausale Wirkungen zu erzielen. Sie erscheinen daher als auf falsche empirische Überzeugungen oder Protowissenschaft gegründet, während sie tatsächlich expressiv oder symbolisch sind.

Einwand (a) ist plausibel. Nichts als dünne Analogien und grundlose Vermutungen stützen Frazers genetische Erklärung, während die Ähnlichkeiten und Unterschiede zu anderen Ritualen eine Art von nicht genetischer Einsicht in die Natur des Nemi-Ritus ermöglichen. Einwand (b) ist problematischer. Wenn Wittgenstein genetische Erklärungen verdammt, muß er daran denken, daß sie nicht als solche illegitim sind, sondern daß sie unterschieden werden müssen von einem Verstehen, was rituelle Handlungen bedeuten. Darüber hinaus behauptet Wittgenstein auch gar nicht, daß es die einzige

Weise ein Ritual zu verstehen sei, es auf allgemeine menschliche Impulse und Gefühle zu beziehen. Er hält ausdrücklich fest, daß Erklärungen sich auf Überzeugungen der Teilnehmer an dem Ritual beziehen können (GB 128/VüE 35). Aber die historischen Ursprünge eines Rituals sind für seine Bedeutung nur in dem Maße wichtig, wie seine Teilnehmer ihnen selbst Wichtigkeit beimessen. Das Essen ungesäuerten Brotes am Passah-Fest soll als ein Akt des Gedenkens verstanden werden. Aber was für Verständnis in diesem Sinne wichtig ist, ist nicht die Tatsache, daß die Kinder Israels in der Wüste ungesäuertes Brot gegessen haben, sondern daß fromme Juden heute glauben, daß sie es getan haben. Auch wenn man jedoch zwischen dem Verstehen, was ein Ritual bedeutet, und dem Verstehen, wie es zustande kam, unterscheidet, ist es unplausibel, wie Wittgenstein zu behaupten, letzteres trage zu ersterem gar nichts bei. Jemand, der weiß, wie Überzeugungen und Praktiken sich entwickelt haben, kann sehr wohl in einer besseren Position sein, ihren Gehalt zu verstehen. Außerdem haben einige zeremonielle Handlungen keine expressive, symbolische oder instrumentelle Funktion, sondern werden einfach ausgeführt, weil sie mit der Tradition übereinstimmen (z.B. das Hin- und Herschreiten von Proctoren bei einer akademischen Abschlußfeier in Oxford). Die einzige Art von Erklärung derartiger Rituale ist eine mit Beziehung auf ihre Ursprünge und auf eine rituelle Tradition.

Was (c) angeht, lenkt Wittgenstein zu Recht die Aufmerksamkeit auf die expressive und symbolische Natur vieler ritueller Handlungen. Wir verbrennen Abbilder oder küssen Bilder von lieben Personen nicht, um bestimmte Wirkungen zu erreichen. 'Magie bringt einen Wunsch zur Darstellung; sie äußert einen Wunsch.' Außerdem, 'wenn die Adoption eines Kindes so vor sich geht, daß die Mutter es durch ihre Kleider zieht [wie es unter bosnischen Türken der Fall ist], so ist es doch verrückt zu glauben, daß hier ein *Irrtum* vorliegt und sie glaubt, das Kind geboren zu haben'. Gelegentlich erkennt Wittgenstein an, daß einige Rituale instrumentellen Charakter haben. Aber er besteht auch darauf, daß *alle* magischen Rituale symbolisch sind. Viele Rituale, die wir als magisch betrachten würden, sind aber darauf aus, bestimmte Wirkungen zu erzielen, und gründen sich auf Aberglauben, auf falsche Überzeugungen von übernatürlichen Mechanismen. Wittgenstein scheint anzunehmen, daß, wenn rituelle Praktiken instrumentell wären, sie 'reine Dummheit' wären (GB 119, 125/VüE 32f., 40). Aber während Aberglaube irrational ist, ist er doch nicht einfach dumm, sondern ein Ausdruck weit verbreiteter und tief verankerter menschlicher Befürchtungen und Hoffnungen.

Aspektwahrnehmung
Dieser Ausdruck bezeichnet einen ganzen Bereich miteinander verbundener Wahrnehmungsphänomene. Der paradigmatische Fall ist der, den Wittgenstein *Aufleuchten eines Aspekts* oder *Aspektwechsel* nennt: bestimmte Gegenstände, besonders schematische Zeichnungen – 'Bildgegenstände' (PU II, S. 520/LS I § 489) – können unter mehr als einem Aspekt gesehen werden. Ein Aspekt leuchtet für uns auf, wenn wir einen bisher unbemerkten Aspekt eines Gegenstandes, den wir anschauen, (erstmals) bemer-

ken, d. h., wenn wir dazu kommen, ihn *als* etwas anderes zu sehen. So mögen wir dazu übergehen, ein 'Rätselbild' nicht mehr als bloße Ansammlung von Linien, sondern als ein Gesicht zu sehen; oder Jastrows 'Hasen-Ente' nicht mehr als Bild eines Hasen, sondern als das einer Ente zu sehen.

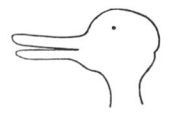

Rätselbilder wie der Necker-Würfel tauchen gelegentlich im Frühwerk auf. Von 1935 an kehrt Wittgensteins Philosophie der Psychologie aber immer wieder zum *Sehen-Als* zurück (TLP 5.5423; Tb 9.11.14; BB 162–79; PU II, S. 518–77; BPP I & II, passim; LS I, passim; LS II, 26–32; VPP 171–96, 364–8, 524–54). Zwischen 1947 und 1949 beherrscht es sein Werk, besonders unter dem Einfluß der Gestaltpsychologie von Köhler. Wittgensteins unmittelbares Ziel war es, den paradoxen Anschein von Aspektwechsel aufzulösen: wenn wir einen Bildgegenstand betrachten, können wir dazu kommen, ihn anders zu sehen, obwohl der Gegenstand selbst unverändert bleibt. Er scheint sich geändert zu haben und doch auch wieder nicht (PU II, S. 518–22; LS I § 493).

Eine Weise, mit Aspektwechsel umzugehen, ist aufzuzeigen, daß die Wahrnehmung verschiedener Aspekte durch unterschiedliche Muster von Augenbewegungen verursacht wird. Wittgenstein war sich solcher Korrelationen bewußt, bestritt aber, daß sie das Paradox auflösen (PU II, S. 518, 535, 549–57; LS I § 795). Denn selbst wenn sie das Phänomen erklärten, liefern sie von ihm doch keine Beschreibung, die dem Paradox entginge. Wittgenstein legte dem Aspektsehen enorme Wichtigkeit bei, weil er dachte, daß sich in diesem Phänomen 'die Probleme, den Sehbegriff betreffend, zu(spitzen)' (LS I § 172). Das ist vermutlich der Fall, weil es in präziser Form die Begriffsgesättigtheit von Wahrnehmung exemplifiziert. Wir sehen ein und dasselbe (z. B. das Gesicht einer Person) und können es doch verschieden sehen (z. B. als gelassen oder angespannt).

Wittgensteins Diskussion konzentriert sich hauptsächlich auf die Gestaltpsychologie. Nach Köhler ist, was wir wahrnehmen, nicht ein Mosaik getrennter und unorganisierter Reize (Punkte und farbige Oberflächen, Töne), wie Empirismus und Behaviorismus es darstellen, sondern es sind *Gestalten*, umschriebene und organisierte Einheiten wie materielle Gegenstände oder Gegenstandsgruppen (*Gestalt* Kap. V). Wir sehen nicht drei Punkte, sondern sehen sie ein Dreieck bilden; wir hören nicht eine chaotische Folge von Tönen, sondern entdecken eine Melodie. Das ist Wittgenstein nahe in der Zurückweisung der reduktionistischen Auffassung, gemäß der wir Wahrnehmungsgegenstände aus rohen Sinnesdaten erst konstruierten. Köhlers Behandlung von Aspektwechsel aber verdinglicht unglücklicherweise die *Gestalten*. Er behauptet, daß wir in Aspektwahrnehmung nicht ein und dasselbe unter verschiedenen Aspekten sähen, sondern vielmehr zwei verschiedene 'visuelle Gegenstände' oder 'visuelle Wirklichkeiten' (*Gestalt* 82, 107, 148–53). In seinem Versuch, der Vorstellung gerecht zu werden, daß wir den Bildgegenstand verschieden sehen, verwandelt Köhler dadurch einen

Aspekt (*Gestalt*) in einen privaten geistigen Gegenstand. Diese Verdinglichung ist nicht nur terminologisch, sondern wesentlich für seine Erklärung von Aspektwahrnehmung. Die beiden 'visuellen Gegenstände' sollen sich in ihrer Organisation unterscheiden, die ebensosehr ein Zug in ihnen sei wie Farbe und Form. Entsprechend ändern sich bei Aspektwechsel nicht Farbe und Form der Elemente optischer Eindrücke, sondern ihre Organisation. Wittgenstein weist diese Erklärung zurück. Sie legt nahe, daß, was sich in einem Fall von Aspektwechsel ändert, die Weise sei, in der wir die (räumlichen) Beziehungen zwischen Elementen des Bildes wahrnehmen. Wenn wir aber gebeten werden, aufrichtig zu beschreiben, was wir vor und nach einem Aspektwechsel sehen – d.h. den Bildgegenstand –, gibt es keinen größeren Unterschied in der Organisation der Elemente als in ihrer Farbe oder Form (obwohl wir unterschiedlich darangehen können, den Gegenstand zu beschreiben). Das Charakteristische von Aspektwechsel ist genau dies, daß sich kein spezifischer Zug des Wahrnehmungsfeldes ändert. Die behauptete Änderung der Organisation kann nicht spezifiziert werden, was bedeutet, daß Köhlers 'Organisation' sich nur auf die unausdrückbaren Züge eines privaten Gegenstands beziehen könnte, den das PRIVATSPRACHENARGUMENT als chimärisch ausschließt (PU II, S. 523; BPP I §§ 536, 1113–25; LS I §§ 444–5, 510–2).

Eine Alternative zur Erklärung mittels 'Gestalten' ist zu sagen, daß, was sich bei Aspektwechsel geändert hat, unsere Interpretation sei – nicht eines privaten Gegenstandes, sondern des Wahrgenommenen selbst. Das wirft eine Frage auf, die im Vordergrund von Wittgensteins Erörterung steht – ob nämlich das Bemerken eines Aspekts ein Fall von Sehen oder ein Fall von Denken sei. Wittgensteins Urteil in diesem Punkt ist ambivalent. Er weist zunächst darauf hin, daß Typen von Aspektwahrnehmung sich hinsichtlich des Grades, in dem Denken an ihnen beteiligt ist, voneinander unterscheiden (PU II, S. 541–9; LS I §§ 179, 530, 582–8, 699–704; BPP I §§ 1, 70–4, 970; BPP II §§ 496, 509). An einem Ende eines Spektrums liegen 'begriffliche' Aspekte wie der der Hasen-Ente, die nicht erklärt werden können, indem man nur auf Teile des Bildgegenstandes zeigt, sondern die die Verfügung über die entsprechenden Begriffe erfordert. Am anderen Ende liegen 'rein optische' Aspekte wie das 'Doppelkreuz' ✪, bei denen wir, was wir sehen, ausdrücken können, indem wir den Linien des Bildgegenstandes folgen, ohne Begriffe zu verwenden (aber selbst hier scheinen Begriffe wie Vordergrund und Hintergrund beteiligt zu sein).

Sein zweiter Punkt ist, daß der Begriff des Aspektsehens zwischen dem des Sehens, das ein Zustand ist, und dem des Deutens, was eine Tätigkeit ist, liegt. Dem letzteren ist es in folgenden Hinsichten näher (PU II, S. 550; BPP I §§ 27, 169; BPP II §§ 544–5; LS I §§ 451, 488, 612):

> das 'optische' oder 'visuelle' Bild bleibt, wie gesehen, dasselbe;
> Aspektsehen unterliegt, anders als die meisten Fälle von Sehen, dem Willen: obwohl es uns nicht immer gelingen mag, einen Aspekt zu bemerken oder ihn beizubehalten, ist es immer sinnvoll, das zu versuchen, und oft gelingt es uns auch;
> beim Konzentrieren auf einen Aspekt begrifflicher Art richten wir uns nicht nur auf den wahrgenommenen Gegenstand, sondern bemerken INTERNE RELATIONEN

zwischen ihm und anderen Gegenständen, Relationen wie die von Ähnlichkeit und Unähnlichkeit zwischen menschlichen Gesichtern.

Aspektwahrnehmung ist dem Sehen näher in folgenden Hinsichten (PU II, S. 534–7, 549; BPP I §§ 8, 1025; BPP II §§ 388, 547):

es gibt keine Möglichkeit, sich über einen Aspekt zu irren;
Aspektsehen ist ein Zustand; insbesondere hat es 'echte Dauer', d. h.; es hat einen Anfang und ein Ende, die zeitlich bestimmt werden können, es kann unterbrochen werden etc.;
es gibt keinen direkteren Ausdruck der Erfahrung als den Bericht einer Aspektwahrnehmung 'Ich sehe es *als* Hasen', d. h., es gibt keinen deutlichen Kontrast zwischen 'Deutung' und ungedeuteten Daten.

Es könnte den Anschein haben, als schaffe Wittgenstein einen künstlich verschärften Kontrast zwischen Sehen und Denken, indem er letzteres auf Deuten, Vermutungenanstellen darüber, was ein Bild darstellt, etc. einschränkt (BPP I §§ 8–9, 13, 20; BPP II § 390; PU II, S. 518, 524 f., 549 f.; LS II, 26). Aber das Paradox des Aspektwechsels hängt nicht von einer derartig engen Konzeption von Denken ab. Ich kann von dem Hasen-Enten-Bild wissen und denken 'Man kann da einen Hasen sehen', ohne fähig zu sein, ihn zu *sehen*.

Wittgenstein legt nahe, daß das Paradox auf einer Äquivokation beruht: was wir im gewöhnlichen Sinne sehen, hat sich nicht geändert, während das, was ich in dem Sinne von 'Sehen', der näher am Denken ist, sehe, sich geändert hat. Im Blick auf das Ausmaß, in dem Wittgenstein mit dem Paradox gerungen hat, ist diese Lösung eher ein Winseln als ein Paukenschlag. Nichtsdestoweniger hebt sie wichtige Einsichten hervor. Berichte von Aufleuchten eines Aspekts sind nicht Beschreibungen einer inneren Erfahrung, die das Wahrnehmen begleitete – sei es direkt oder indirekt (deutend) –, sondern AUSDRUCKSÄUSSERUNGEN, spontane Reaktionen auf das, was wir sehen. Darüber hinaus ist das, was sich im Aspektwechsel ändert, nicht das Wahrgenommene oder seine 'Organisation', sondern unsere Einstellung zu diesem, wie wir auf es reagieren und was wir mit ihm anfangen können. Plötzlich ändern wir die Weise, in der wir ein Rätselbild kopieren oder erklären, bzw. ändern die Weise, in der wir ein Musikstück spielen oder ein Gedicht rezitieren (PU II, S. 524–7, 543 f.; BPP I § 982; VuGÄPR 19–32). Was wichtig ist beim Bemerken eines Aspekts, ist, daß wir das Wahrgenommene in einen anderen Kontext einordnen; wir entdecken neue Verbindungen oder ziehen neuartige Vergleiche. Deshalb kann die Veränderung des Kontextes unsere Wahrnehmung eines Gegenstandes verändern (PU II, S. 549 f.; BPP I § 1030; LS I § 516).

Wittgenstein illustriert Aspektsehen durch 'Aspektblindheit', die Unfähigkeit, das Umspringen von Aspekten ineinander zu erleben (PU II, S. 551–3; BPP II §§ 42, 478–9, 490; LS I §§ 492–3, 778–84). Ein Aspektblinder könnte eine neue Beschreibung auf einen Bildgegenstand anwenden, beispielsweise die schematische Zeichnung eines Würfels als Bild eines dreidimensionalen Gegenstandes gebrauchen. Aber er würde das nicht als 'etwas anders Sehen' erleben, den Aspektwechsel nicht plötzlich realisieren können; und er würde nicht die Unvereinbarkeit dieser Erfahrung damit erkennen, das Bild des Würfels als zweidimensionalen Komplex dreier Parallelogramme zu behandeln. Er leidet nicht an einem Defekt des Gesichtssinnes, sondern der Einbildungskraft.

Eine besondere Art von Aspektblindheit ist 'Bedeutungsblindheit', die Unfähigkeit, die Bedeutung eines Wortes zu erleben (PU II, S. 491–3, 546; BPP I §§ 189, 202–6, 243–50, 342–4; vgl. James' 'Seelenblindheit', *Psychology* Kap. II). Diese bringt nicht die Vorstellung zurück, die Bedeutung eines Wortes sei ein psychisches Phänomen, das das VERSTEHEN begleitete. Vielmehr behauptet Wittgenstein, Wörter hätten eine 'vertraute Physiognomie': sie sind assoziiert mit anderen Wörtern, Situationen und Erfahrungen und können diese Verbindungen assimilieren. So kann man das Gefühl haben, daß Namen zu ihren Trägern 'passen'. Und Wörter verwandeln sich in bloße Klänge, wenn diese Verbindungen getrennt werden, z. B. wenn sie mechanisch mehrere Male hintereinander ausgesprochen werden (PU II, S. 552–5, 559f.).

Dem Erleben von Bedeutung liegt der sekundäre Sinn von Ausdrücken zugrunde: einige Leute sind geneigt zu sagen, 'e' sei gelb, 'u' sei dunkler als 'i' oder sogar 'Dienstag ist mager, Mittwoch fett'. Die sekundäre Bedeutung (a) unterscheidet sich von der primären: offensichtlich ist 'e' nicht gelb in dem Sinn, in dem es Blumen sind – der Buchstabe kann nicht mit einem Farbmuster für Gelb verglichen werden; (b) setzt sie die primäre Bedeutung voraus: die sekundäre kann nur vermittels der primären erklärt werden, aber nicht umgekehrt; (c) ist die sekundäre Bedeutung keine Frage von Zweideutigkeit oder von Metaphorik: wir können die Zweideutigkeit von 'Bank' beseitigen, indem wir einen neuen Ausdruck einführen, und wir können Metaphern paraphrasieren, aber wir können die sekundären Bedeutungen von Ausdrücken nicht irgendwie anders ausdrücken (PU II, S. 556; LS I §§ 797–8). Sekundäre Bedeutung erklärt auch sylleptische Zweideutigkeit: die Tatsache, daß wir von tiefen Sorgen und tiefen Gräben sprechen, von Klageschreien und klagenden Melodien etc.

Die bedeutungsblinde Person gebraucht und erklärt Wörter richtig, hat aber kein 'Gefühl' für ihre Physiognomie, ein Mangel, der dem Mangel eines musikalischen Gehörs vergleichbar ist. Daher ist der Bedeutungsblinde von wichtigen Formen ästhetischer Kommunikation (*siehe* ÄSTHETIK) ausgeschlossen, und auch vom Verständnis von Wortspielen.

Einige Stellen bei Wittgenstein erklären, die Wichtigkeit von Aspketwahrnehmung liege in ihrem Zusammenhang mit Bedeutungserleben, während andere, zu Recht, darauf bestehen, daß solche Erlebnisse für den Begriff der Bedeutung nicht wesentlich seien (PU II, S. 553; LS I § 784 vs. BPP I § 358; BPP II §§ 242–6). Eine verführerische Erklärung für Wittgensteins Obsession mit dem Thema wäre, daß für ihn Aspektwahrnehmung zu aller Wahrnehmung gehört. Das scheint durch seine Unterscheidung zwischen dem Aufleuchten eines Aspekts und dem 'stetigen Sehen' eines Aspekts gestützt zu werden. Aber Wittgenstein hat bestritten, daß Sehen-Als für alle Erfahrung typisch sei. Sehen-Als verlangt einen Kontrast zwischen zwei verschiedenen Weisen, einen Gegenstand zu sehen, aber unter normalen Umständen ist es nicht sinnvoll beispielsweise zu sagen, daß man Eßbesteck *als* Messer und Gabel sehe (PU II, S. 521). Entsprechend beschränkt Wittgenstein stetiges Aspektsehen auf Gegenstände wie Gemälde.

Hier sind keine besonderen Umstände erforderlich für einen Kontrast zwischen der Beziehung auf das Wahrgenommene als Darstellung von etwas anderem und der Beziehung auf es als einen Gegenstand aus eigenem Recht.

Gerade durch die Bestreitung der Ubiquität von Aspektsehen in aller Wahrnehmung wendet sich Wittgenstein gegen den empiristischen Mythos des Gegebenen, die Vorstellung, daß was wir wahrnehmen bloße Reize seien, die wir dann als etwas anderes deuten (BPP I §§ 1101–2; Z §§ 223–5). Typischerweise hören wir nicht nur Geräusche, sondern Wörter und Melodien, sehen nicht nur Farben und Formen, sondern materielle Gegenstände, nicht bloße Körperbewegungen, sondern menschliches Benehmen (*siehe* BEHAVIORISMUS) gesättigt mit Einstellungen und Gefühlen. Was für einfache Wahrnehmung konstitutiv ist, ist, daß Aspektwahrnehmung möglich ist: unter bestimmten Umständen reagieren wir auf Wörter als Klänge, auf menschliches Benehmen als bloße Körperbewegungen. Aber während es immer möglich ist, was man wahrnimmt mit Begriffen für Klänge, Farben und Formen zu beschreiben, folgt daraus nicht, daß jedwede andere Beschreibung indirekt oder geschlußfolgert sei. Im Gegenteil, es ist leichter, das Gesicht einer Person als 'traurig', ' strahlend' oder 'gelangweilt' zu beschreiben als in rein physischen Termini. Wir kennen die Konklusionen der angeblichen Schlußfolgerungen, aber nicht ihre Prämissen. Neurale Reize mögen in kausalen Erklärungen von Wahrnehmung und Verstehen figurieren, aber es gibt keine Rohdaten, aus denen wir die Gegenstände sprachlicher Bedeutung erst konstruierten.

Ästhetik

Die Ästhetik lag nicht im Zentrum von Wittgensteins Interessen; aber die Künste, insbesondere die Musik, hatten einen hervorragenden Platz in seinem Leben. Während sein musikalischer und literarischer Geschmack eher konservativ war, war das Wohnhaus, das er 1926 in Wien für seine Schwester entwarf, modern. Seine extreme Kargheit radikalisiert das anti-dekorative Ideal des österreichischen Architekten Adolf Loos, den Wittgenstein eine Zeitlang bewunderte. Wittgensteins bei weitem größter Beitrag zur Kunst ist aber sein Schreiben, dessen Stil einer der wenigen Höhepunkte deutscher philosophischer Prosa darstellt, sei es auch ein exotischer. Er hatte ausdrückliche ästhetische Ambitionen und betrachtete 'richtigen' Stil als zu gutem Philosophieren gehörig (VB 504, 531 f., 551, 557; Z § 712). Sein Schreiben ist nicht diskursiv, sondern besteht aus kurzen und oft lakonischen Bemerkungen. Wittgensteins Gleichnisse und Analogien und sein schwer faßbarer Witz erinnern an Lichtenberg. Seine Bemerkungen sind jedoch nicht vereinzelte *Aperçus*, sondern Teile eines philosophischen Argumentationsganges. Im *Tractatus Logico-Philosophicus* sind sie sehr dicht und in eine komplexe Struktur von großer architektonischer Anziehungskraft eingefügt; dagegen sind die *Philosophischen Untersuchungen* stärker umgangssprachlich.

Trotz seines persönlichen Interesses sind Wittgensteins frühe Bemerkungen zur Ästhetik kryptische Anwendungen eines philosophischen Systems, seiner Version von Schopenhauers transzendentalem Idealismus. 'Ethik und Ästhetik sind Eins' (TLP 6.421). Dieser sibyllinische Ausspruch enthält drei Punkte. Erstens ist die Ästhetik, wie die Logik und die Ethik, nicht mit kontingenten Tatsachen beschäftigt, sondern mit dem, was anders nicht sein kann. Daher kann sie nicht in sinnvollen (BIPOLAREN) Sätzen ausgedrückt, sondern nur gezeigt werden (Tb 24.7.16; TLP 6.13). Zweitens bildet die Ästhetik, zusammen mit der ETHIK, den 'höheren' Bereich der *Werte*. Sie ist transzendent, weil Werte 'nicht *in* der Welt liegen (können)', sondern in einem Schopenhauerschen metaphysischen WILLEN außerhalb der Welt (TLP 6.41–6.432; Tb 2.8.16). Schließlich sind Ästhetik und Ethik, wie die Logik, auf einer mystischen Erfahrung gegründet (*siehe* MYSTIZISMUS), nämlich dem Sich-Wundern nicht darüber, *wie* die Welt ist, sondern, *daß* sie ist. Wenn ich das tue, sehe ich die Welt von außerhalb, 'als – begrenztes – Ganzes' (TLP 6.45). Darüber hinaus schließen Ethik und Ästhetik ein, 'die Welt mit einem glücklichen Auge anzuschauen', d.h., mit einer stoischen Annahme von Tatsachen, die dem Willen nicht unterworfen sind. 'Das Kunstwerk ist der Gegenstand *sub specie aeternitatis* gesehen.' Das erinnert an Schopenhauers Vorstellung, daß wir in ästhetischer Kontemplation der Herrschaft des Willens (unserer Wünsche) entkommen, weil unser Bewußtsein von einem einzigen Bild gefüllt ist. Es verknüpft die ästhetische Perspektive auch mit dem SOLIPSISMUS: indem ich den Gegenstand, oder die Welt, *sub specie aeternitatis* ansehe, mache ich sie zu meiner eigenen (Tb 19.9./7.10./8.10./28.10.16; TLP 5.552, 6.43, 6.45; vgl. *Wille* I § 34).

Wittgensteins frühe Bemerkungen zur Ästhetik sind wichtig für seinen Mystizismus, werfen aber wenig Licht auf die Kunst. Die Identifizierung von Ethik und Ästhetik unter dem Schirm unsagbarer Werte verwischt genau die Art von begrifflichen Unterschieden, die er später zu betonen suchte. Es gibt Gründe für die Annahme, daß sowohl Schopenhauer als auch der frühe Wittgenstein zu Kants Einsicht, daß ästhetische Wahrnehmung 'Betrachtung ohne alles Interesse' einschließt, kaum mehr als metaphysische Geheimnistuerei hinzufügen. Wittgensteins spätere Diskussion erzielt greifbarere Resultate. Er gibt die Vorstellung auf, daß ästhetische Werte unausdrückbar seien, und erkennt an, daß 'unser Gegenstand (die Ästhetik) ... ein sehr weites Feld (ist) und ... – soweit ich sehen kann – ganz und gar mißverstanden (wird)' (VuGÄPR 19). Und er weist auf vier wichtige Fehler hin:

(a) Es ist falsch, sich nur auf eine kleine Gruppe von Ausdrücken wie 'schön' und 'häßlich' zu konzentrieren. Diese werden hauptsächlich als Interjektionen gebraucht und haben in unseren Reaktionen auf Kunstwerke oder Naturschönheiten 'einen unscheinbaren und fast vernachlässigenswerten Platz'. Überwiegend besteht unsere ästhetische Schätzung nicht im bloßen Mögen oder Nichtmögen eines Kunstwerks, sondern darin, es zu verstehen oder es zu charakterisieren. Und wo wir ein Kunstwerk bewerten, bewerten wir es nicht so sehr als schön oder häßlich, sondern vielmehr als richtig oder unrichtig, bestimmten Idealen oder Maßstäben näher oder entfernter. Schließlich gibt es 'ungeheure' Meisterwerke, wie zum Beispiel Beethovens Symphonien, die ihren eigenen Maßstab setzen und uns fast so beeindrucken wie spektakuläre Naturphänomene es tun (VuGÄPR 19–32; VB 528).

(b) Es ist falsch, den GEBRAUCH von ästhetischen Ausdrücken zugunsten ihrer sprachlichen Form zu vernachlässigen. Ästhetische Schätzung entwickelt sich aus Reaktionen wie Vergnügen oder Unwohlsein. Was wichtig ist, sind nicht so sehr die Wörter als die Gelegenheiten, bei denen sie gebraucht werden. Die Gelegenheiten ihrerseits sind Teile einer 'enorm komplizierten Situation'. Sie müssen vor dem Hintergrund bestimmter Tätigkeiten und letztlich einer bestimmten Kultur und sogar LEBENSFORM gesehen werden (VuGÄPR 20–1). Um musikalischen Geschmack zu beschreiben, mag man die soziale Rolle von musikalischen Darbietungen zu beschreiben haben. Bedauerlicherweise hat Wittgenstein nicht klargestellt, ob dieser Kontext nur aus der sozialen Funktion des Kunstwerks besteht, oder ob zu ihm beispielsweise auch die Absichten des Künstlers gehören. Was klar ist, ist, daß sein KONTEXTUALISMUS wie im Fall der Ethik relativistische Implikationen hat. Obwohl Wittgenstein vom 'Verfall' in einer künstlerischen Tradition wie der der deutschen Musik spricht, können ästhetische Maßstäbe nicht extern beurteilt werden. Es mag sogar unmöglich sein, Werke einer bestimmten künstlerischen Tradition zu bewerten (z. B. afrikanische Kunst), ohne sich in die betreffende Kultur zu versenken (VuGÄPR 19–32; LS I §§ 750–3; PU II, S. 578; UW 399).

(c) Der unkomplizierteste Aspekt der Ästhetik Wittgensteins ist seine Anwendung der Idee von FAMILIENÄHNLICHKEIT. Er verwirft das Streben nach einer analytischen Definition ästhetischer Ausdrücke wie 'schön', 'Kunst' oder 'Kunstwerk' und impliziert, daß solche Ausdrücke Familienähnlichkeitsbegriffe seien (VuGÄPR 31; Vorl 190–3; VB 482f.). Es gibt keine Bedingungen, die für sich notwendig und zusammen hinreichend wären für die Anwendung dieser Ausdrücke. Ihre Instanzen sind in vielfältigen Weisen miteinander verbunden, durch 'ein kompliziertes Netz von Ähnlichkeiten, die einander übergreifen und kreuzen'. Eines der Argumente dafür ist fehlerhaft. Wittgenstein bemerkt, daß Ausdrücke wie 'schön' und 'gut' mit dem verbunden sind, was sie modifizieren – die Züge, die ein Gesicht schön sein lassen, tun das nicht bei einem Sofa. Das jedoch zeigt nicht, daß 'schön' ein Familienähnlichkeitsbegriff wäre, sondern nur, daß es wie 'gut' eher attributiv als prädikativ gebraucht wird. Wittgensteins Behandlung ist am überzeugendsten für die Ausdrücke 'Kunst' und 'Kunstwerk'. Es mag hier notwendige Bedingungen geben: Kunst ist eine menschliche Tätigkeit und ein Kunstwerk ist ein hervorgebrachtes Artefakt. Aber es gibt keine einzelnen Bedingungen, die den Artefakten von Beethoven, Beuys, Brecht, Cage, Giotto, Jandl, Praxiteles, Pollok und Warhol gemeinsam ist und sie zu Kunstwerken macht.

(d) Wittgenstein weist die Vorstellung zurück, daß die Ästhetik ein Zweig der Psychologie sei und darauf zielte, für unsere ästhetische Erfahrung kausale Erklärungen zu geben. Diese Position hat drei Aspekte. (i) Wittgenstein weist kausale Erklärungen künstlerischen Werts zurück, insbesondere hedonistische Theorien, die ästhetischen Wert verstehen als eine Tendenz, Vergnügen oder Mißvergnügen hervorzurufen. Er beschuldigt diese Theorien dessen, was später der 'affektive Fehlschluß' genannt worden ist, nämlich die Verwechselung des Werts eines Kunstwerks mit der psychologischen Wirkung, die es auf Leute hat. Nach derartigen Erklärungen liegt der Wert eines Werks in seinen kausalen Wirkungen (der Erfahrung, die es hervorruft). Diese Erfahrung jedoch könnte durch andere Mittel hervorgerufen werden, ein anderes Werk oder sogar eine Droge. Die einzige Weise, ein Kunstwerk zu genießen, ist, seine internen

Züge zu erleben und zu verstehen; sein Wert ist nicht durch irgendwelche kausalen Wirkungen, die es haben mag, bestimmt, sondern durch jene Züge selbst, so wie sie durch bestimmte Maßstäbe gemessen werden. Die Frage 'Warum ist dies schön/wertvoll?' kann nicht durch eine kausale Erklärung beantwortet werden (M 104–7).

(ii) Wittgenstein besteht darauf, daß die Beziehung zwischen einem ästhetischen Urteil oder Eindruck und seinem Gegenstand (dem Werk) intentional und daher intern ist, nicht extern oder kausal – das ist ein spezifischer Fall seiner allgemeinen Zurückweisung kausaler Theorien der INTENTIONALITÄT. Mein Urteil, daß Vaughan Williams' Musik primitiv sei, ist kein Urteil über die Ursachen meiner Reaktionen, die alles Mögliche von neurophysiologischen Ereignissen bis zu Vorurteilen gegen englische Komponisten sein mögen. Es ist ein Urteil über die Züge des Werks, die in ihm selbst oder ihm folgenden Erklärungen erwähnt werden.

(iii) Wittgenstein behauptet, daß ästhetische Erklärungen weder kausale sind noch experimentellen Überprüfungen unterliegen: 'eine ästhetische Erklärung ist keine Kausalerklärung.' Dieses Diktum deckt nicht nur ein Erklären, warum etwas schön oder eindrucksvoll sei, sondern jedwede Erklärung von 'ästhetischen Eindrücken'. 'Die Rätsel, die in der Ästhetik auftreten und die aus den Wirkungen der Kunst entspringen, sind keine Rätselfragen nach den Ursachen dieser Dinge.' Sie werden nicht durch Experimente gelöst, weil die richtige Antwort diejenige ist, die das betreffende Subjekt befriedigt (VuGÄPR 42, 45, 56 Fn). Diese Behauptung scheint durch Geschichten wie die von Soderini widerlegt zu werden, der behauptet hatte, mit der Nase des David unzufrieden zu sein, aber seine Bedenken zerstreut sah, nachdem Michelangelo vorgegeben hatte, die Nase geändert zu haben. Daß Soderinis Unzufriedenheit ohne eine tatsächliche Änderung der Nase behoben werden konnte, zeigt aber um nichts mehr, daß sie sich auf etwas anderes als die Nase bezog, als die Tatsache, daß mein Wunsch nach einem Apfel vertrieben werden kann, ohne daß ich einen Apfel bekomme (z. B. durch einen Schlag auf den Magen), zeigte, daß ich etwas anderes als einen Apfel gewünscht habe (PB 64; *siehe* INTENTIONALITÄT). Aber die Geschichte zeigt, daß es einen Typ von ästhetischer Erklärung gibt, der kausal und daher empirisch ist, nämlich davon handelt, was uns in bestimmter Weise reagieren läßt und wovon wir keine Kenntnis haben mögen.

Daß Wittgenstein solche ätiologischen Erklärungen nicht berücksichtigt hat, macht jedoch seine Darstellung von gewöhnlichen ästhetischen Erklärungen nicht fehlerhaft. Diese spezifizieren entweder die Gegenstände unserer ästhetischen Reaktionen oder ihre Motive und Gründe. Sie erklären unsere Reaktionen durch Erweiterung unseres Verständnisses für das Werk selbst. Gewöhnliche ästhetische Erklärung ist deskriptiv in einem allgemeinen Sinn. Außer der Bezugnahme auf ästhetische Maßstäbe kann das folgendes beinhalten. (a) Den Aufweis von Analogien zwischen dem betrachteten Werk und anderen: wir setzen das betrachtete Werke neben und auf eine Stufe mit anderen. Manchmal sind diese Vergleiche synästhetisch (z. B., wenn Musik von Brahms durch Verweise auf Erzählungen von Keller erläutert wird). In anderen Fällen ist es eine Frage von ASPEKTWAHRNEHMUNG, das Zur-Aufmerksamkeit-Bringen eines bisher unbeachteten Zuges des Werkes durch seine Versetzung in einen neuen Kontext – so mögen wir die Kraft von Klopstocks Dichtungen erst entdecken, wenn wir sie in einem bestimmten Versmaß lesen (VuGÄPR 23, 60 Fn; PU II, S. 541; BPP I §§ 32–7). (b) Bestimmte Gebärden können uns zum Verständnis besonders großer Kunstwerke helfen, die nicht durch Bezugnahme auf ästhetische Maßstäbe charakterisiert werden können. In solchen Situationen gebrauchen wir Wörter oft in einer Weise, die Wittgenstein 'intransitiv' nennt. Wir sagen, daß eine musikalische Phrase eine besondere Bedeutung hat, dies aber nicht als eine Vorstufe zu der Angabe, *welche* Bedeutung sie nun habe. Das heißt aber auch nicht, daß die Bedeutung unausdrückbar sei. Oft bringen wir es fertig, Züge von Musik durch Gebärden und Gesichtsausdrücke hervorzuheben, zum Beispiel, wenn ein Dirigent einem Orchester eine musikalische Phrase durch Gestikulationen erklärt (BB 158, 178–9; PU § 523; VB 497).

Wittgensteins wichtigster Beitrag zur zeitgenössischen Ästhetik war seine Anwendung der Vorstellung von Familienähnlichkeit in der Ästhetik. Englischsprachige Ästhetik war im 20. Jahrhundert vorrangig mit der Frage beschäftigt 'Was ist Kunst?', vor allem, weil die moderne Kunst selbst diese Frage selbstbewußt als eine Herausforderung stellte, zum andern, weil die Wendung zur Sprache, die Wittgenstein initiierte, derartige analytische Fragen ins Zentrum des philosophischen Unternehmens gerückt hat. Die Versuche, diese Frage durch analytische Definitionen zu beantworten, gelten allgemein als erfolglos (denn oft sind sie offen zirkulär) und vergeblich. Deswegen ist Wittgensteins Idee der Familienähnlichkeit als eine Befreiung begrüßt worden, eine Aufnahme, die im großen und ganzen zur Aufgabe der Versuche geführt hat, das Wesen der Kunst zu entdecken.

Asymmetrie 1./3. Person
siehe **Geständnis**; **Inneres/Äußeres**; **Privatheit**

Augustinisches Bild der Sprache
Die *Philosophischen Untersuchungen* beginnen mit einem Zitat aus den *Bekenntnissen* (I/8), in dem Augustin beschreibt, wie er als Kind sprechen lernte. Wittgenstein erwähnt die Passage zuerst im 'Big Typescript' (BT 25–7; vgl. PG 57). Vom *Brown Book* an benutzte er sie als Ausgangspunkt dessen, was sich zu den *Untersuchungen* entwickelte. Dies markiert einen Bruch in der Darstellungsweise seines späteren Werks. Er verlangt nach Erklärung, weil die Passage ein Teil von Augustins Autobiographie, nicht seiner Reflexionen über Sprache ist. Der Grund, den Wittgenstein für den Gebrauch des Zitats angab, ist, daß es von einem großen und klaren Denker stamme und insofern die Wichtigkeit dessen zeige, worauf Wittgenstein als 'Augustins Konzeption der Sprache' oder 'Beschreibung der Sprache' Bezug nimmt (PU §§ 1–4; EPB 117). Das legt nahe, daß er Augustins Auffassung nicht als entfaltete Theorie der Sprache, sondern als ein vortheoretisches Paradigma behandelte, das kritische Aufmerksamkeit verdient, weil es unausdrücklich auch raffinierten philosophischen Theorien zugrunde

liegt. Die Ansprüche, die die *Untersuchungen* in § 1 aus der Passage ziehen, sind folgende:

(a) jedes einzelne Wort hat 'eine Bedeutung';
(b) alle Wörter sind Namen, d.h., sie stehen für Gegenstände;
(c) die Bedeutung eines Wortes ist der Gegenstand, für den es steht;
(d) die Verbindung zwischen Wörtern (Namen) und ihren Bedeutungen (Bezugsgegenständen) wird durch ostensive Definition hergestellt, die eine geistige Assoziation zwischen Wort und Gegenstand bewirkt;
(e) Sätze sind Verbindungen von Namen.

In der Folge werden zwei Konsequenzen ausgeführt:

(f) die einzige Funktion der Sprache ist es, die Wirklichkeit darzustellen: Wörter haben Bezug (referieren), Sätze beschreiben (PU §§ 1–7);
(g) das Kind kann eine Assoziation zwischen Wort und Gegenstand nur durch Denken herstellen, was heißt, daß es bereits eine private Sprache besitzen muß, um die öffentliche Sprache zu erlernen (PU § 32; *siehe* PRIVATSPRACHENARGUMENT).

Entsprechend enthält das Augustinische Bild vier Positionen: eine referentielle Konzeption der Wortbedeutung; eine deskriptivistische Konzeption der Sätze; die Vorstellung, daß OSTENSIVE DEFINITION die Grundlage der Sprache bildet; und daß eine Sprache des DENKENS unserer öffentlichen Sprache zugrunde liege.

Wittgenstein hat dieses Syndrom als erster einer ausführlichen Kritik unterzogen. Eine seiner Strategien in *Untersuchungen* §§ 1–64 ist der Gebrauch fiktiver SPRACHSPIELE, erfundener Formen der Verständigung. So sucht die Sprache der Bauleute (PU §§ 2, 6, 8) das Augustinische Bild als eine 'primitive Vorstellung von der Art und Weise, wie die Sprache funktioniert' darzustellen oder als 'Vorstellung einer primitiveren Sprache als der unsern'. Sogar das ist aber, wie aus seinen anderen Einwänden gesehen werden kann, zu großzügig (die Einwände sind im folgenden so gefaßt, daß sie zur obigen Liste passen): (a) Es gibt sogenannte synkategorematische Ausdrücke (Artikel, Demonstrativpronomina, Verknüpfungen wie 'wenn ..., dann ...'), die nur in einem Kontext sinnvoll sind. (b) Die Augustinische Behauptung des Namenscharakters aller Wörter stützt sich nur auf Eigennamen, Massentermini und sortale Substantive. Sie ignoriert Verben, Adjektive, Adverbien, Verknüpfungen, Präpositionen, Indexwörter und Ausrufe (PG 56; BB 77; PU § 27). (c) Selbst im Fall von substantivischen Ausdrücken muß man zwischen ihrer Bedeutung und dem, wofür sie stehen, unterscheiden. 'Wenn Herr N. N. stirbt, so sagt man, es sterbe der Träger des Namens, nicht, es sterbe die Bedeutung des Namens' (PU § 40). Dieser Einwand hat zwei Teile. (i) Wenn fehlender Bezug aufgrund des Verschwindens des Bezugsgegenstands einen referierenden Ausdruck sinnlos werden ließe, könnten Sätze wie 'Herr N. N. starb' nicht verständlich (sinnvoll) sein; (ii) die Bedeutung eines Ausdrucks mit seinem Bezugsgegenstand zu identifizieren ist ein Kategorienfehler, der nämlich, wofür ein Wort steht zu verwechseln mit der Bedeutung des Worts. Der Träger von 'Herr N. N.' kann sterben, aber nicht seine Bedeutung (Vorl 201). (e) Man muß unterscheiden zwischen einem Satz wie 'Plato war der Schüler von Sokrates und der Lehrer von Aristoteles' und einer bloßen Liste von Namen 'Sokrates, Plato, Aristoteles'; nur ein Satz sagt etwas und macht damit einen 'Zug im Sprachspiel' (PU § 49; vgl. § 22). (f) Das Augustinische Bild läuft der 'Mannigfaltigkeit der Sprachspiele' zuwider. Zusätzlich zum Beschreiben gibt es nicht nur Fragen und Befehle, sondern 'unzählige' andere Arten (z. B. Witze erzählen, danken, fluchen, grüßen, beten) (PU § 23). Beschreiben ist auch nicht der kleinste gemeinsame Nenner dieser verschiedenen sprachlichen Handlungen.

Einige Interpreten haben gemeint, das Augustinische Bild sei eine alles durchdringende philosophische Illusion, die grundsätzliche Zielscheibe nicht nur von Wittgensteins Sprachphilosophie, sondern auch seiner Philosophien der Psychologie und der Mathematik. Andere haben behauptet, daß das Augustinische Bild zu unplausibel sei, um Wittgensteins vorrangiges Kritikobjekt oder die Quelle so vieler philosophischer Positionen sein zu können. Wittgenstein legt nirgends nahe, daß das Augustinische Bild die einzige Quelle philosophischer Verwirrung sei; aber er behauptet, daß philosophische Gebäude oft auf einfachen Bildern oder Annahmen fußen. Tatsächlich hat die Bezugskonzeption der Wortbedeutung in der Semantik seit Plato eine hervorragende Rolle gespielt. Sie ist nicht beschränkt auf die absurde Annahme, alle Wörter seien Eigennamen mit materiellen Gegenständen als ihren Bedeutungen, sondern schließt auch die bloße Vorstellung von 'Bedeutungen', d. h. von dem Zeichen korrelierten Entitäten ein (wie in der stehenden Redensart der Scholastik 'unum nomen, unum nominatum'). Wittgenstein beschuldigt sogar den Nominalismus, dem Augustinischen Bild verpflichtet zu sein, weil er akzeptiere, daß alle Wörter entweder etwas benennen oder nichts benennen, und dann für die zweite Alternative optiere, um eine Verpflichtung auf abstrakte Entitäten zu vermeiden. Das Augustinische Bild kann auch zulassen, daß es verschiedene Typen von Ausdrücken gibt, und doch darauf bestehen, daß sie alle für etwas stehen, und daß die Unterschiede zwischen den Ausdruckstypen einfach auf die Unterschiede zwischen den Typen der bezeichneten Gegenstände zurückgehen. In gleicher Weise kann darauf bestanden werden, daß die Unterschiede zwischen verschiedenen Verwendungsweisen von Sätzen darauf zurückzuführen sind, daß sie verschiedene Typen von Tatsachen beschreiben (PU §§ 24, 383; PLP 143, 407).

Diese Erweiterungen der Bezugskonzeption liegen hinter psychologischen und Platonistischen Bedeutungskonzeptionen, die nicht-materielle Entitäten für die Rolle von Bedeutungen postulieren. Die psychologische Konzeption geht auf Aristoteles zurück und beeinflußt die moderne Linguistik über de Saussures Unterscheidung zwischen *signifiant* und *signifié*. Sie hat im britischen Empirismus ihr Unwesen getrieben, seit Locke behauptete, alle Wörter hätten Bedeutung nur, weil sie für Vorstellungen im Geiste stünden. Russells Bedeutungstheorien sind Variationen über dieses psychologistische Thema. 'Wörter haben sämtlich Bedeutung in dem einfachen Sinne, daß sie Symbole sind, die für etwas von ihnen Verschiedenes stehen' (*Principles* 47). Von dieser extremen Version des Augustinischen Bildes hat sich Russell in der Theorie der Kennzeichnungen wegbewegt. Ausdrücke wie 'der gegenwärtige König von Frankreich' werden als 'unvollständige Symbole' analysiert, die sich nicht auf einen Gegenstand beziehen. Gleichzeitig gibt Russell Behauptung (e) zu: vollständig analysierte

A | Augustinisches Bild der Sprache

Sätze sind Verbindungen von 'logischen Eigennamen' – Namen, die für Gegenstände stehen, die gar nicht nicht existieren können, so daß die Namen gegen einen Fehlschlag ihres Bezugs immun sind. Seinem 'Prinzip der Bekanntschaft' zufolge sind diese logischen Eigennamen Demonstrativa wie 'dies', die sich auf Sinnesdaten beziehen. Seine gesamte philosophische Laufbahn hindurch hat Russell aufrechterhalten, daß Wörter Bedeutung haben vermöge einer ostensiven Assoziation mit den privaten Gehalten subjektiver Erfahrung. Außerdem hat er, selbst als er unter Wittgensteins Einfluß die Vorstellung aufgab, Sätze seien Verbindungen von Namen, an der Vorstellung festgehalten, daß die Tatsachen, die in Sätzen ausgedrückt werden, 'Komplexe' seien, d. h. Verkettungen von einfachen Gegenständen (*Logic* 200–3; *Probleme* 82–3; *Principia* i.43). Russell hat das Augustinische Bild niemals aufgegeben. Statt dessen hat er es mit einer Verteidigungsstrategie ausgestattet: obwohl die Oberfläche der Sprache dem Bild nicht entsprechen mag, tun das doch ihre letzten Elemente, welche die LOGISCHE ANALYSE aufzudecken hat.

Die Platonische Vorstellung, daß Bedeutungen nicht private Vorstellungen, sondern abstrakte Entitäten jenseits von Raum und Zeit sind, spielt bei Bolzano, Meinong und Frege eine wichtige Rolle. Frege weicht vom Augustinischen Bild in drei Hinsichten ab. Erstens unterscheidet er scharf zwischen 'Eigennamen' ('der Morgenstern') und 'Begriffswörtern' ('ist ein Planet'). Zweitens hat gemäß Freges 'Zusammenhangsprinzip' ein Wort nur im Satzzusammenhang Bedeutung (*Grundlagen* §§ 60–2, 106). Das läßt den semantischen Atomismus von Behauptung (a) hinter sich: ein Satz kann sinnvoll sein, ohne daß jedes einzelne Wort mit einer materiellen oder geistigen Entität assoziiert wäre. Daß Zahlzeichen eine Bedeutung haben (die ein abstrakter Gegenstand ist), ist offenbar aus dem Beitrag, den sie zum Wahrheitswert von Sätzen, in denen sie enthalten sind, leisten. Schließlich unterscheidet Frege zwischen dem *Sinn* und der *Bedeutung*, d. h. dem Bezug, von Ausdrücken ('Sinn', *Grundgesetze* I § 2).

Dieses Zwei-Schichten-Modell der Bedeutung, das aus Mills Unterscheidung zwischen Konnotation und Denotation bekannt ist, vermeidet das Problem des Bezugsfehlschlags, ohne logische Eigennamen zu postulieren, weil ein Ausdruck ohne 'Bedeutung' einen Sinn haben kann. Aber in anderen Hinsichten bleibt es an das Augustinische Bild gekettet. Freges Dichotomie enthält Behauptung (c): 'das Wort „Bedeutung" (wird) sprachwidrig gebraucht', nämlich für den Gegenstand, für den das Wort steht (PU § 40). Darüber hinaus bezieht sich in seiner Idealsprache jeder Ausdruck zusätzlich zu dem Sinn, den er ausdrückt, auf eine Bedeutung (das gilt nicht für das Behauptungszeichen). Schlimmer noch, 'Sinne' sind selber abstrakte Entitäten, die ein Platonistisches 'drittes Reich' bewohnen ('Gedanke' 68–9). In dieser Hinsicht vermehren sie nur die Anzahl der Entitäten, die das Augustinische Bild Wörtern zuordnet. Schließlich gilt: obwohl sich Begriffswörter von Eigennamen unterscheiden, sind sie doch Namen, nämlich von abstrakten Gegenständen (Funktionen); solche Funktionsnamen sind auch die mathematischen und logischen Symbole, ja sogar die Sätze, die einen der zwei 'logischen Gegenstände', das Wahre und das Falsche, benennen.

Der *Tractatus* entfernt sich weiter vom Augustinischen Paradigma. Er verwirft sowohl die Vorstellung, daß die LOGISCHEN KONSTANTEN (Satzverknüpfungen, Quantoren)

Namen von Entitäten seien, als auch die folgende Auffassung, die Sätze der LOGIK seien Beschreibungen einer Art von Wirklichkeit. Außerdem besteht er darauf, daß Sätze (*siehe* SATZ) nicht die Namen von irgend etwas sind, sondern Satzzeichen im Gebrauch, gebraucht in ihrer projektiven Beziehung zur Welt. Etwas sagen heißt nicht, etwas zu benennen. Indem er Freges Unterscheidung verwendet, behauptet Wittgenstein, daß nur Sätze einen 'Sinn' haben und nur Namen eine 'Bedeutung'. Gleichzeitig behauptet der *Tractatus* aber, daß alle Bestandteile von vollständig analysierten Sätzen Namen seien. Die Elementarsätze, aus denen komplexe Sätze gebildet sind, sind 'ein Zusammenhang, eine Verkettung, von Namen' (TLP 3.201f., 4.22f.). Der *Tractatus* versucht Behauptung (e) dadurch zu vermeiden, daß er darauf besteht, Sätze seien, anders als Listen von Namen, TATSACHEN: sie haben eine Struktur (LOGISCHE FORM), die, zusammen mit der Bedeutung der enthaltenen Namen, ihren Sinn bestimmt. Wie Frege jedoch räumt der *Tractatus* ausdrücklich Behauptung (c) ein: 'Der Name bedeutet den Gegenstand. Der Gegenstand ist seine Bedeutung' (TLP 3.203). Schließlich gründet sich die BILDTHEORIE auf die Idee, daß sinnvolle Sätze solche seien, die Sachverhalte oder Sachlagen beschreiben.

All dies legt nahe, daß viele erhabene semantische Theorien im Zielbereich des kritischen Angriffs der *Untersuchungen* liegen. Dieser Angriff wird vervollständigt durch Wittgensteins Alternative: die Bedeutung eines Worts ist sein GEBRAUCH; bei einigen Ausdrücken besteht der Gebrauch darin, auf einen Gegenstand Bezug zu nehmen, und sie können erklärt werden, indem auf ihren Bezugsgegenstand gezeigt wird (PU § 43). Viele Kritiker dieser Alternative kehren zu Elementen des Augustinischen Bildes zurück. So ist behauptet worden, was am Gebrauch eines Wortes wichtig sei, insoweit es seine Bedeutung betrifft, sei genau dies, wofür es stehe oder was es bezeichne. Außerdem korrelieren die Axiome der zeitgenössischen Semantik der Wahrheitsbedingungen singuläre Termini mit Gegenständen und Prädikate mit geordneten Mengen von Gegenständen. Schließlich enthalte, obwohl die *Untersuchungen* gegen den *Tractatus* zu Recht darauf bestanden hätten, daß es verschiedene Typen von Sprechhandlungen gebe, selbst ein Imperativ ein deskriptives Element, seinen Sinn (den Gedanken oder die Annahme), die von seiner 'Kraft' unterschieden werden müsse.

In seiner Diskussion von GLAUBEN/ÜBERZEUGUNG stellt Wittgenstein die Kraft/Sinn-Unterscheidung in Frage. Unabhängig davon, ob sein Angriff erfolgreich ist, ist das Augustinische Bild kein Strohmann. Genausowenig gibt es aber eine 'Schuld durch Assoziation': eine semantische Theorie kann nicht einfach deshalb kritisiert werden, weil sie 'Augustinische Vorstellungen' enthält; denn es gibt wichtige Zusammenhänge zwischen Bedeutung und Bezug (Referenz). Das gilt auch für den Einfluß des Augustinischen Bildes in anderen Bereichen als dem der Sprache. Verdinglichung ist eine paradigmatische 'Augustinische' Versuchung. Wenn alle Hauptwörter Namen sind, müssen psychologische Ausdrücke geistige Gegenstände, Ereignisse, Prozesse oder Zustände benennen; mathematische und logische Ausdrücke müssen abstrakte Entitäten benennen. Platonismus und Cartesianismus postulieren getrennte ontologische Bereiche, in denen die angeblichen Bezugsgegenstände abstrakter Substantive wie Zahlen oder psychologischer Ausdrücke wie 'Schmerz' und 'Verstehen' beheimatet seien. Es kann kein Zweifel daran sein, daß dieser Zug ein wiederkehrendes Angriffsziel von Wittgensteins Philosophien der Mathematik und der Psychologie darstellt. Er fordert auch die scheinbar selbstverständliche Behauptung heraus, daß mathematische Sätze und psychologische Äußerungen in 1. Person abstrakte oder geistige Gegenstände 'beschreiben'. Gleichzeitig erledigt der Angriff auf das Augustinische Bild diese ehrwürdigen Positionen nicht. Er zeigt nur, daß es fehlgeleitet ist, darauf zu bestehen, daß Wörter Bezug haben (referieren) *müssen*, oder daß Sätze beschreiben *müssen*, nicht, daß die in Rede stehenden Ausdrücke tatsächlich keinen Bezug haben. Darüber hinaus gibt es, auch wenn das Augustinische Bild ein möglicher Grund für die Annahme solcher Positionen ist, oft andere und stärkere Gründe, etwa die Objektivität und Unerbittlichkeit der Mathematik oder die Unbezweifelbarkeit von AUSDRUCKSÄUSSERUNGen.

Ausdrucksäußerung

Der englische Ausdruck 'avowal' wurde von Ryle in die Philosophie eingeführt, ein deutscher Ausdruck Wittgensteins für den hier zu behandelnden Begriff war 'Geständnis'. Mit dem englischen Wort 'avowal' werden neben 'Geständnis' (und mit den Alternativen 'expression', 'manifestation' und 'utterance') auch Wittgensteins *Äußerung* oder *Ausdruck* übersetzt. Wittgenstein charakterisierte einige Verwendungen von psychologischen Sätzen in 1. Person Präsens als Ausdrucksäußerungen. Negativ zeigt das an, daß sie nicht Beschreibungen oder Berichte privater geistiger Entitäten sind, die in einem inneren Reich angetroffen würden. Positiv charakterisiert Wittgenstein Ausdrucksäußerungen als expressiv in der Weise, in der eine Geste oder ein Stirnrunzeln Gefühle, Einstellungen etc. ausdrücken oder offenbar werden lassen. Sie sind partielle Ersetzungen von und gelernte Erweiterungen von natürlichen Ausdrücken des Seelischen, wie Schreien, Lächeln oder Grimassen. Empfindungswörter sind 'mit dem ursprünglichen, natürlichen, Ausdruck der Empfindung verbunden und an dessen Stelle gesetzt. Ein Kind hat sich verletzt, es schreit; und nun sprechen ihm die Erwachsenen zu und bringen ihm Ausrufe und später Sätze bei. Sie lehren das Kind ein neues Schmerzbenehmen' (PU § 244). Das ist nicht Lerntheorie vom Lehnstuhl aus, sondern eine Behauptung, daß logisch die Funktion von verbalen Ausdrucksäußerungen denen nichtverbaler Äußerungen verwandt ist.

Diese Idee ist entscheidend für Wittgensteins Zurückweisung des Bildes INNERES/ÄUSSERES und wurde aus seinem Bruch mit der BILDTHEORIE entwickelt, derzufolge alle sinnvollen Sätze Gedanken ausdrücken und darstellen, wie es sich verhält. Die Auffassung, daß alle sinnvollen Sätze deskriptiv seien, überdauerte im VERIFIKATIONISMUS der Übergangsperiode, der darauf bestand, daß ein Satz, der nicht abschließend verifiziert werden könne, sinnlos sei. Wittgenstein schlußfolgerte, daß nur Sinnesdatensätze, die die unmittelbare Erfahrung beschreiben, echte Sätze seien (*siehe* SATZ): nur sie erlauben abschließende Verifikation, indem sie direkt mit der Erfahrung konfrontiert werden. Entsprechend bedeutet Verifikation etwas anderes im Fall der 1. Person

(1) Ich habe Schmerzen

als sie im Fall der 3. Person bedeutet

(1') N. N. hat Schmerzen,

denn (1') wird unter Bezugnahme auf N. N.s Verhalten verifiziert.

1932 kam Wittgenstein zu der Einsicht, daß die Verifikation sich nur auf Fälle wie (1') anwenden läßt, die durch Bezug auf KRITERIEN im Verhalten verifiziert werden, nicht auf Fälle wie (1). Es gibt keine sinnvollen Antworten auf die Frage 'Wie weißt du, daß du Schmerzen hast?' (M 98–9; LSD 13; Z § 436). (a) 'Weil ich es fühle' ist es nicht, weil es keinen Unterschied zwischen dem Fühlen eines Schmerzes und dem Schmerzen-Haben gibt. Denn man kann nicht Schmerzen haben und den Schmerz nicht fühlen, oder einen Schmerz fühlen, den man nicht hat. Folglich läuft die scheinbare Antwort 'Weil ich ihn fühle' auf die Auskunft hinaus 'Ich weiß, daß ich Schmerzen habe, weil ich sie habe', die leer ist. (b) 'Durch Introspektion' als Antwort setzt voraus, daß man 'nachsehen kann, ob man Schmerzen hat', was nicht sinnvoll ist, weil es so etwas wie die Wahrnehmung oder die irrtümliche Wahrnehmung, daß man Schmerzen hat, nicht gibt.

Aus diesen Beobachtungen findet Wittgenstein, daß es einen grundlegenden Unterschied zwischen psychologischen Prädikaten und anderen Prädikaten gibt. Es gibt eine grobe logische Parität zwischen

(2) Ich wiege mehr als 100 kg

und

(2') H. G. wiegt mehr als 100 kg.

Dagegen gibt es eine logische Asymmetrie zwischen (1), das eine Ausdrucksäußerung ist, und (1'), das eine Beschreibung ist. Anders als für Beschreibungen gilt für Ausdrucksäußerungen: (a) sie erlauben keine Verifikation, weil es nicht so etwas gibt wie 'herausfinden', daß ich eine Empfindung habe oder beabsichtige, nach London zu fahren, und auch nichts wie das 'Wahrnehmen' oder 'Erkennen' meiner Empfindungen oder Erfahrungen; (b) sie erlauben keinen beträchtlichen Irrtum, Unwissenheit oder Zweifel; es gibt keinen Raum dafür, ihr Subjekt falsch zu identifizieren (*siehe* ICH/SELBST) oder ihre Prädikate falsch anzuwenden: 'Ich dachte, ich hätte Schmerzen, aber es stellte sich als ein Jucken heraus, und es gehörte Sarah, nicht mir' ist Unsinn; (c) sie drücken keine Wissensansprüche aus (Z §§ 472, 549; PU §§ 290, 571; VüpEuS 98 f.; *siehe* PRIVATHEIT).

Gelegentlich legt Wittgenstein nahe, daß Ausdrucksäußerungen nicht kognitiv sind, weil sie keine Beschreibungen sind; manchmal deutet er an, sie seien keine Beschreibungen, weil sie kein Wissen ausdrückten (nicht kognitiv seien). Letztlich gründen sich beide Behauptungen auf die Vorstellung, es gebe eine grammatische Verknüpfung zwischen epistemischen Begriffen und dem Begriff der Beschreibung (BPP I § 572;

Z § 549; LS I § 51). Wirkliches Wissen ist nur möglich von dem, was beschrieben werden kann; echte Beschreibungen oder Behauptungen schließen den Gebrauch von Wahrnehmungsfähigkeiten ein und die Möglichkeit von Beobachtung (Prüfung), Rechtfertigung und (Nicht-)Bestätigung.

Einige Leser der §§ 243–315 der *Philosophischen Untersuchungen* haben einen schmerzhaften Nachdruck auf spontanen Schmerzäußerungen entdeckt. Selbst wenn (1) an Ausdrücke wie 'Aua' erinnert, scheint das doch für psychologische Ausdrücke, die nicht mit einem spezifischen Ausdruck im Benehmen verbunden sind, wie z.B. 'denken', nicht der Fall zu sein. Aber Wittgensteins Behandlung der 1. Person im ganzen leidet tatsächlich nicht an 'einseitiger Diät ... nur einer Art von Beispielen' (PU § 593). Außerdem erkennt Wittgenstein an, daß jeder Satztyp in geeigneten Kontexten nicht-expressiv verwendet werden kann, um Berichte oder Erklärungen zu geben. So kann ein Satz wie (1) oder eine Äußerung wie 'ich fürchte mich' ein Geständnis sein, ein Bericht (z.B. gegenüber einem Arzt) oder eine Erklärung (z.B. für das Zittern der eigenen Hände) (PU II, S. 509–12). Dieses Zugeständnis lädt jedoch zur Beschuldigung ein, daß Wittgenstein sich eines Sprechaktfehlschlusses schuldig mache. Die Bedeutung von 'Schmerz' muß dieselbe sein, ob es nun in einer Ausdrucksäußerung wie (1) auftritt, oder in komplexeren Äußerungen, in denen der Ausdruck nicht dazu dient, Schmerz zu äußern. Die expressive Funktion einer Verwendung von psychologischen Äußerungen in 1. Person Präsens scheint nicht auf der Bedeutung der betreffenden Wörter zu beruhen, sondern auf ihrer Verwendung, in den einfachen Fällen, auf die Wittgenstein sich konzentriert. Aber darauf kann Wittgenstein antworten: 'Ist aber „Ich fürchte mich" nicht immer, und doch manchmal, etwas der Klage Ähnliches, warum soll es dann *immer* eine Beschreibung des Seelenzustandes sein', wie der Dualismus Inneres/Äußeres impliziert (PU II, S. 512; BPP I § 633)? Er behauptet nicht, daß psychologische Ausdrücke zweideutig seien, daß z.B. 'Schmerz' in (1) eine andere Bedeutung habe als in (1'), sondern daß (1) und (1') den Ausdruck auf verschiedene Weise verwenden, Teil verschiedener sprachlicher Techniken sind, und daß der expressive Gebrauch der psychologischen Ausdrücke, in der Verwendung in 1.Person Präsens, der Standardgebrauch ist (BPP I § 693; LS I §§ 874–5, 899).

Wittgenstein legt übertriebenes Gewicht auf die Unterscheidung zwischen expressiven und deskriptiven Verwendungen. Eine einzelne Äußerung kann *beide* Funktionen erfüllen: das Äußern von (2) kann sowohl das Körpergewicht angeben als auch Bedauern ausdrücken. Zudem ist 'Ich glaube daß *p*', obwohl nicht eine Beschreibung, oft doch eher ein Bericht als eine spontane Äußerung; es kann ausdrücken, was die eigenen gefestigten und lange gehegten Überzeugungen sind. Trotzdem hat Wittgenstein recht mit der Behauptung, daß psychologische Äußerungen typischerweise nicht auf innerer Beobachtung oder Erkenntnis privater Erscheinungen beruhen (BPP II §§ 176–7, LS I § 51; PU §§ 274, 291–2; Z § 434; siehe INNERES/ÄUSSERES). Außerdem setzen sie Ausdrücke vorsprachlicher Art voraus (PU §§ 244, 290): wenn nicht bestimmte Weisen des Benehmens natürlicherweise als Äußerungen von Empfindungen, Überzeugungen, Gefühlen etc. zählten, würde unser psychologisches Vokabular nicht die Bedeutung haben, die es hat. Diese Verknüpfung kennzeichnet semantisch z.B. Empfindungsausdrücke. Obwohl (2) zur Äußerung von Bedauern verwendet werden kann, hängt diese Möglichkeit von kontingenten Annahmen ab, die der Bedeutung von 'über 100 kg wiegen' extern sind. Dagegen würde 'Schmerz' nicht länger der Name einer Empfindung sein, falls Ausdrucksäußerungen wie (1) nicht eine 'bestimmte Funktion in unserm Leben' hätten, die analog ist zu der natürlicher Schmerzäußerungen (VüpEuS 77f.; LSD 35; BPP I § 313; Z §§ 532–4). Was Ausdrucksäußerungen von anderen Äußerungen unterscheidet, ist die Weise, in der sie mit nichtsprachlichen Formen des Benehmens verknüpft sind.

Ein letzter Einwand ist, daß (1) die Basis für wahrheitsfunktionale Operationen wie die Konjunktion ist und außerdem als Prämisse in einem gültigen Schluß fungieren kann, z. B.

(3)   Ich habe Schmerzen; also hat jemand Schmerzen.

Beide Punkte machen deutlich, daß (1) wahr oder falsch sein kann und in diesem Sinn deskriptiv ist. Außerdem gibt es eine logische Symmetrie zwischen Ausdrucksäußerungen und Beschreibungen: (1), von mir jetzt geäußert, sagt dasselbe wie (1') von dir jetzt geäußert, wenn ich N. N. bin. Und es gibt logische Beziehungen zwischen den einfachen Fällen, auf die sich Wittgenstein konzentriert, und komplexen Fällen. Eine Verteidigung Wittgensteins ist, daß solche Funktionen und Relationen auch die Verwendungen von Wörtern betreffen können, die definitiv nicht deskriptiv sind. Wenn N. N. sagt 'Off with his head!', können wir etwas über seinen Geisteszustand schlußfolgern (BPP I § 463). Das ist jedoch unangemessen: woraus wir hier etwas schlußfolgern können, ist nicht die Aussage selber, sondern die Tatsache, daß der Sprecher sie gemacht hat. Dagegen tritt (1) in Schlüssen aus eigenem Recht auf. (3) ist sinnvoll; 'Aua; also hat jemand Schmerzen' ist es nicht. Das beruht auf der Tatsache, daß (1), anders als Ausrufe, wahr oder falsch ist.

Glücklicherweise gibt Wittgenstein zu, daß es Unterschiede zwischen psychologischen Äußerungen in 1. Person und natürlichen Erlebnisausdrücken gibt (VüpEuS 77f., 97–100; LSD 11; LS I § 898). Erstere sind gegliedert, d. h. grammatisch aus Subjekt und Prädikat zusammengesetzt; sie können deskriptiv verwendet werden und treten in nicht-expressiven Kontexten auf; sie erlauben logische und zeitliche Transformationen; und sie können wahr oder falsch sein. Aber gleichzeitig besteht Wittgenstein darauf, daß diese Ähnlichkeiten zu Beschreibungen nicht implizieren, daß Ausdrucksäußerungen einfachhin deskriptiv sind. Was die Symmetrie zwischen (1) und (1') angeht, würde er argumentieren, daß ihr Status, obwohl er für Zwecke der formalen LOGIK, die mit der Folgerungsbeziehung (d. h. mit wahrheitswertbewahrenden Transformationen) befaßt ist, derselbe ist, er das für Zwecke philosophischer GRAMMATIK nicht zu sein braucht. 'Wahr sein' heißt im Fall von Ausdrucksäußerungen etwas anderes – hat eine andere Grammatik: ihre Wahrheit ist durch Wahrhaftigkeit garantiert (PU II, S. 566), weil sie nicht Fehlern oder Irrtum unterliegen, sondern nur Unaufrichtigkeit. Außerdem ist, obwohl der Sinn eines Satzes nicht die Methode seiner Verifikation ist, 'Art und Möglichkeit der Verifikation eines Satzes' ein Beitrag zu seiner Grammatik (PU § 353; II,

S. 570f.), was eben heißt, daß sich die Grammatik von (1) von der von (1') unterscheidet. Wittgensteins Punkt ist, daß, obwohl Ausdrucksäußerungen deskriptiv genannt werden können, ihnen begriffliche Verknüpfungen fehlen, die normale Beschreibungen charakterisieren (PU §§ 290–3; BPP I § 572). Er schließt daraus, daß das Bild INNERES/ÄUSSERES unrecht hat anzunehmen, wir 'läsen' Beschreibungen unserer Empfindungen, Wünschen, Gedanken etc. von inneren Tatsachen 'ab'.

Schließlich hat Wittgenstein anerkannt, daß mit Beziehung auf die 1./3. Person-Asymmetrie die psychologischen Begriffe ein Spektrum von Fällen bilden. An einem Ende liegen Empfindungen wie Schmerz, gefolgt von Intentionen, Gedanken etc. Bei ihnen gibt es so etwas wie Sich-Irren oder Herausfinden nicht und normalerweise auch keinen Raum für Beschreibung. Irgendwo in der Mitte liegen Gefühle und Bewußtseinszustände mit echter Dauer. Normalerweise werden sie in Ausdrucksäußerungen geäußert, aber es ist möglich, daß ich aufgrund meiner Reaktionen herausfinde, daß ich ärgerlich bin oder verliebt. Genauso kann ich den Verlauf meiner Angst oder Furcht beschreiben, wie sie anwächst und wieder kleiner wird (PU §§ 585–8; BPP II §§ 156, 722; LS I § 43). Aber obwohl es hier Raum für wirkliche Selbstkenntnis und Irrtum gibt, die manchmal auf (fehlerhafter) Wahrnehmung oder Beobachtung beruhen, ist Selbsttäuschung typischerweise ein Fehler des Willens, nicht des Verstandes. Am anderen Ende des Spektrums sind psychopathologische Ausdrücke. Ich mag unqualifiziert sein zu entscheiden, ob ich neurotisch bin (muß es aber nicht sein).

Autonomie der Sprache, oder **Willkürlichkeit der Grammatik**
Diese Ausdrücke drücken die Vorstellung aus, daß die GRAMMATIK, die sprachlichen Regeln, die unseren begrifflichen Bezugsrahmen bilden, willkürlich in dem Sinn ist, daß sie auf ein angebliches Wesen oder eine Form der Wirklichkeit keine Rücksicht nimmt und in einem philosophisch relevanten Sinn weder richtig noch falsch sein kann. Diese provokative Behauptung richtet sich gegen einen sprachlichen Fundamentalismus, die Auffassung, daß die Sprache das Wesen der Welt spiegeln soll. Eine Version davon ist die Suche nach einer Idealsprache, wie die von Leibniz, Frege und Russell, von der angenommen wird, daß sie die Struktur von Denken und Wirklichkeit genauer spiegelte als die normale Sprache (*Schriften* 272; *Logic* 185–234, 338).

Der *Tractatus* weist die Vorstellung zurück, daß die natürliche Sprache logisch fehlerhaft sein könnte, vertritt aber eine andere Art von sprachlichem Fundamentalismus. Jede Sprache, die die Wirklichkeit soll darstellen können, muß einer LOGISCHEN SYNTAX gehorchen, die „ein Spiegelbild der Welt" ist (TLP 6.13). Ihre Regeln müssen zu den strukturellen Zügen der Wirklichkeit passen: die LOGISCHE FORM von Namen muß das Wesen der Gegenstände spiegeln, für die sie stehen. Gleichzeitig muß „die Logik ... für sich selber sorgen" (TLP 5.473). Die Unterscheidung SAGEN/ZEIGEN verbietet eine Lehre wie Russells Typentheorie, die die logische Syntax unter Bezugnahme auf die Wirklichkeit rechtfertigt: jeder Satz, der die logische Syntax rechtfertigen wollte, müßte sinnvoll sein und setzte daher die logische Syntax schon voraus. Aber die außersprachlichen Voraussetzungen der Logik zeigen sich in der logischen Form von Elementarsätzen und in der Tatsache, daß bestimmte Kombinationen von Zeichen TAUTOLOGIEN sind (TLP 6.124). Während schließlich die oberflächlichen Züge, die verschiedene Sprachen voneinander unterscheiden, willkürlich sind, gibt es nur eine „allumfassende, weltspiegelnde Logik", die allen Zeichensystemen, die die Wirklichkeit abbilden können, gemeinsam ist (TLP 5.511; vgl. AM 210).

Daß der *Tractatus* eine fundamentalistische 'Mythologie des Symbolismus' (PG 56; Z § 211) enthält, wird durch spätere Kommentare bestätigt. Nach 1929 bestand Wittgenstein zunächst darauf, daß die Grammatik anders als Spiele, nicht willkürlich sei, weil sie die Mannigfaltigkeit der Tatsachen spiegeln müsse; und darauf, daß „das Wesen der Sprache ein Bild des Wesens der Welt ist", wenn auch nicht in Sätzen, sondern in grammatischen Regeln (Vorl 29–32; PB 85). Nach und nach kam er jedoch zu der Auffassung, das scheinbare Wesen der Wirklichkeit sei nichts als ein 'Schatten der Grammatik'. Die Grammatik konstituiert unsere FORM DER DARSTELLUNG, sie bestimmt, was als Darstellung der Wirklichkeit zählt, und ist daher selbst der Wirklichkeit nicht verantwortlich (PG 88, 184; PU §§ 371–3). Diese Autonomie hat drei Aspekte.

(a) Die Grammatik ist in sich geschlossen, einer außersprachlichen Wirklichkeit nicht verantwortlich. (i) Wittgenstein greift die Vorstellung an, hinter einem Zeichen stehe ein BEDEUTUNGSKÖRPER, eine nichtsprachliche Entität – die Bedeutung des Zeichens –, die bestimmte, wie es richtig gebraucht werden kann. Grammatische Regeln folgen nicht irgendwie aus 'Bedeutungen', sie konstituieren teilweise die Bedeutung der Zeichen. Zeichen als solche haben keine Bedeutung; wir geben ihnen Bedeutung, wenn wir bestimmte Standards der Richtigkeit akzeptieren, indem wir sie auf bestimmte Art und Weise erklären und gebrauchen (BlB 51 f.).

(ii) Es gibt die natürliche Auffassung, ausdrücklich im Empirismus und implizit im *Tractatus*, das OSTENSIVE DEFINITION eine Verknüpfung zwischen einem Wort und einer außersprachlichen Bedeutung schmiede und damit die Sprache in der Wirklichkeit grundlege. Wittgenstein argumentiert nun, daß die Muster, die in ostensiven Definitionen verwendet werden, zur Grammatik gehören, weil sie als Standards der Richtigkeit für die richtige Anwendung der Wörter fungieren, wie z. B. Farbmuster für die Farbwörter.

(iii) Wittgenstein verwirft die Vorstellung daß die Regeln für LOGISCHE FOLGERUNG gerechtfertigt werden können, sei es durch die Tatsachen, sei es durch modelltheoretische Beweise.

(iv) Eine kraftvolle Herausforderung des Gedankens der Autonomie der Grammatik ist die Lockesche Vorstellung 'realer Essenzen', die von Kripke und Putnam wiederbelebt worden ist. Wenn wir herausfinden, daß bestimmte Substanzen, die 'Gold' genannt wurden aufgrund der Erfüllung oberflächlicher Kriterien, eine von Gold verschiedene Atomstruktur haben, schließen wir nicht, daß Gold nicht immer das Atomgewicht 79 habe, sondern unterscheiden zwischen wirklichem Gold und, z.B., Katzengold. Folglich sei die wirkliche Bedeutung eines Worts nicht durch die von uns akzeptierten Regeln bestimmt, sondern durch die 'wahre Natur' der Dinge, auf die es sich bezieht, ein wirkliches Wesen, das die Wissenschaft entdeckt. Wittgenstein hat diese Argumentationslinie antizipiert. Wir ändern manchmal die KRITERIEN für die Anwendung von Wörtern. Aber das kommt einem durch empirische Entdeckung angeregten Begriffswandel gleich, nicht einer Entdeckung der „eigentlichen Bedeutung" (Z § 438). Putnam wendet ein, daß das die Tatsache ignoriert, daß wir jetzt mehr über Gold wissen als zuvor. Wittgenstein könnte antworten, daß wir mehr über Gold wissen, nämlich über die Zusammensetzung eines bestimmten Stoffs, ohne doch mehr über die *Bedeutung* von 'Gold' zu wissen. Letztere ist bestimmt durch unsere ERKLÄRUNG der Bedeutung, die die Kriterien spezifiziert, die von jedem erfüllt sein müssen, das von uns 'Gold' genannt wird. Und wir unterscheiden zwischen dem VERSTEHEN des Ausdrucks und der Verfügung über chemisches Expertenwissen. Aber wenn auch die Wissenschaft nicht Bedeutungen entdeckt, ändern wir doch, aus guten Gründen, bestimmte Begriffe in Übereinstimmung mit ihren Entdeckungen – und in dieser Hinsicht ist Sprache auch nicht autonom. Man könnte zudem beanspruchen, der neue, wissenschaftlich berichtigte Begriff sei einfach der richtige, weil er objektiven Eigenschaften eines Stoffes entspreche. Dieser Stoff jedoch hat eine unendliche Anzahl objektiver Eigenschaften. Diese *könnten* alle dazu verwendet werden, verschiedene Begriffe zu definieren, die mehr oder weniger nützlich wären oder größere oder geringere Erklärungskraft hätten. Das aber ist keine Angelegenheit der Übereinstimmung mit der Wirklichkeit.

(b) Grammatische Regeln können nicht gerechtfertigt werden. Selbst wenn grammatische Regeln aber nicht unter Bezugnahme auf die Beschaffenheit der Wirklichkeit gerechtfertigt werden können, könnten sie nicht in gleicher Weise gerechtfertigt werden wie strategische oder technische Regeln, unter Bezugnahme auf ihren Zweck oder ihre Funktion? Wittgenstein lehnt das ab (PG 184–5, 190–4; PU §§ 491–6; Z §§ 320–2; MS 165 106; BT 194–5). Wir können Regeln für eine Tätigkeit wie das Kochen unter Bezugnahme auf ihr Ziel rechtfertigen, beim Kochen das Ziel der Hervorbringung schmackhafter Speisen, weil dieses Ziel unabhängig von den Mitteln, mit denen es erreicht wird, spezifiziert werden kann. Aber wir können nicht die Sprachregeln mit einem Zweck wie dem der Verständigung rechtfertigen, weil die Beziehung zwischen Sprache und Verständigung begrifflich ist und nicht instrumentell. Ein Lautsystem, das den Zweck der Verständigung nicht erfüllt, ist nicht eine schlechtere Sprache, sondern überhaupt keine Sprache. (Man beachte jedoch, daß das schlecht zu Wittgensteins gleichzeitigem Beharren darauf paßt, daß Sprache deshalb nicht als Mittel zur Verständigung definiert werden kann, weil 'Sprache' ein FAMILIENÄHNLICHKEITS-Begriff sei.)

Wittgenstein liefert auch ein quasi-Kantisches Argument gegen jeden Versuch, die Grammatik unter Bezugnahme auf Tatsachen zu rechtfertigen. Wir können uns nicht auf Tatsachen zur Stützung grammatischer Regeln berufen, ohne sie sprachlich auszudrücken. Eine grammatische Regel zu rechtfertigen könnte daher nur heißen, sie durch Anführung eines SATZES zu unterstützen. Aber jeder solche Satz ist in einer Sprache ausgedrückt und setzt daher einen bestimmten grammatischen Rahmen voraus. Es gibt nicht so etwas wie eine außersprachliche oder vorbegriffliche Perspektive außerhalb der Grammatik, von der aus wir ein gegebenes grammatisches System rechtfertigen könnten (*siehe* WAHRHEIT). Das konfrontiert den fundamentalistischen Rechtfertigungstheoretiker mit einem Dilemma. Entweder ist die Grammatik des unterstützenden Satzes mit der der zu rechtfertigenden Regel identisch. In diesem Fall wäre die Rechtfertigung zirkulär. Oder der unterstützende Satz gehörte zu einem anderen grammatischen System. Das vermiede Zirkularität um den Preis von Inkommensurabilität. Ein anderes grammatisches System definiert nämlich andere Begriffe, daher kann eine Aussage in diesem System grammatische Sätze unseres Systems weder rechtfertigen noch widerlegen. Wir können die Grammatik unserer Farbwörter nicht damit rechtfertigen, daß wir behaupten, *es gebe* genau vier Primärfarben, die einander objektiv ähneln, weil der Begriff der Ähnlichkeit, auf dem diese Behauptung beruht, Teil der Grammatik ist, die wir zu rechtfertigen suchen. Der Rechtfertigungstheoretiker könnte nur dann eine begrifflich unabhängige Rechtfertigung liefern und damit das erste Horn des Dilemmas vermeiden, wenn er auf die Möglichkeit einer fünften Primärfarbe anspielen und bestreiten könnte, daß diese Möglichkeit realisiert sei. Aber das spießt ihn auf dem zweiten Horn des Dilemmas auf, weil gerade die Möglichkeit einer fünften Primärfarbe durch unsere Regeln als sinnlos ausgeschlossen ist. Jede Form der Darstellung schafft ihre eigenen Begriffe und legt so ihre eigenen Standards dafür fest, was zu sagen sinnvoll ist, was bedeutet, daß die Rechtfertigung und das zu Rechtfertigende aneinander vorbeigehen würden (PB 54–5; PG 97, 114; Vorl 103).

(c) Alternative Formen der Darstellung sind nicht in einem absoluten Sinn irrational. Es scheint offensichtlich, daß gewisse wesentliche Züge der Sprache echten Alternativen zu ihnen überlegen sind. Aber Wittgenstein weist selbst diese bescheidene Behauptung zurück, indem er auf verschiedene alternative Normen der Darstellung (z.B. abweichende Weisen zu zählen, zu rechnen und zu messen) Bezug nimmt. 'Der eine Symbolismus taugt im Grunde genausoviel wie der andere; kein einzelner Symbolismus ist notwendig' (Vorl 172, vgl. 226, 298; BGM 38, 91–4, 105–6; VGM 215; RR 121–2). Die Begründung für diese Auffassung ist, daß jede Form der Darstellung einen Rahmen dafür liefert, mit 'widerspenstigen' Erfahrungen umzugehen, ohne die Darstellungsform preisgeben zu müssen (Vorl 164f., 197, 235f.). Kuhns Idee eines wissenschaftlichen Paradigmas vorwegnehmend illustriert Wittgenstein das damit, wie man Newtons erstes Gesetz der Bewegung aufrechterhalten könnte, komme, was da wolle. Wenn ein Körper nicht ruht oder sich mit konstanter Geschwindigkeit entlang einer geraden Linie bewegt, postulieren wir, daß irgendeine Masse, sichtbar oder unsichtbar, auf ihn einwirkt.

Alternative Formen der Darstellung sind selbst in der Mathematik möglich. Man könnte '12 × 12 = 143' als Darstellungsnorm akzeptieren (VGM 114). Es ist eingewandt worden, daß eine Gemeinschaft, die das täte, in einer Weise zählen müßte, die ihre Mitglieder als falsch erkennen würden. Aber zu sagen, daß sie einen Fehler gemacht haben *müssen*, heißt eben, *unsere* Darstellungsnorm '12 × 12 = 144' zu akzeptieren. Für sie muß etwas falsch gelaufen sein, wenn sie 144 Gegenstände zählen. Das mag unüberzeugend erscheinen: wenn diese Leute zwölf Gruppen von zwölf Gegenständen zählten, würden sie 143 nur erhalten, wenn sie einen Gegenstand ausließen. Sie könnten jedoch an ihrer Norm der Darstellung festhalten, ohne daß es für sie selbst so aussähe, als hätten sie einen Fehler gemacht, indem sie annähmen, daß Dinge, die in zwölf Gruppen zu je zwölf geordnet sind, sich in ihrer Anzahl vermehren, wann immer sie gezählt werden. Darüber hinaus unterscheidet sich ihre Treue zu ihrer Norm der Darstellung der Art nach nicht von unserer Treue zu der unseren. Wenn sich herausstellte, daß, wann immer wir zwölf Gruppen von zwölf Dingen zählten, wir 143 herausbekämen, würden wir nicht '12 × 12 = 144' aufgeben, sondern anderswo nach einer Erklärung suchen. Solche *ad hoc*-Annahmen würden jedoch nicht funktionieren für Zahlen, die wir auf einen Blick erfassen, und das ist einer der Faktoren, die die Möglichkeit alternativer Formen der Darstellung einschränken.

Einer naturalistischen Interpretation zufolge sollen Wittgensteins alternative Techniken gar nicht verständlich sein, sondern nur illustrieren, daß wir so sprechen und handeln, wie wir es tun. Wittgenstein selbst hat aber behauptet, abweichende Begriffe würden in dem Maße 'verständlich', wie wir uns 'gewisse sehr allgemeine Naturtatsachen anders vorstellen' (PU II, S. 578; BPP I § 48; BGM 91, 95). Tatsächlich sind einige seiner Beispiele nicht weniger verständlich als die mittelalterliche Praxis, mit der Elle zu messen. Was nach Wittgenstein allein unverständlich ist, ist die Vorstellung, unsere Form der Darstellung zu ändern und doch unsere gegenwärtigen Begriffe beizubehalten. Aber diese Antwort scheint auf ein Dilemma zu treffen. Entweder bringen alternative Techniken alternative Begriffe mit sich; in diesem Fall ist Wittgenstein nicht berechtigt, von alternativen Formen z. B. des Messens zu sprechen. Oder die alternative Technik zählt als eine Form des Messens, weil sie mit unseren Techniken eine bestimmte Funktion teilt (z. B. zu erlauben, Bausteine aneinanderzufügen); in diesem Fall ist unsere Technik klarerweise überlegen. Darauf würde Wittgenstein antworten, daß derartige funktionale Bedingungen selber durch bestimmte Bedürfnisse und Interessen bedingt sind. Alternative Techniken mögen unseren unterlegen sein als Mittel der Erreichung *unserer* Ziele. Aber eine vortechnologische Gemeinschaft, die nur daran interessiert ist, Tuche zu messen, kann mit der Elle zurechtkommen ungeachtet der Tatsache, daß die Längen der Arme von Menschen unterschiedlich sind. Die Basis dafür, das eine Form des 'Messens' zu nennen, liegt in der Tatsache, daß es in ihrer Lebensform eine analoge Rolle spielt.

Nichtsdestoweniger erkennt Wittgenstein an, daß es Grenzen für die Revidierbarkeit unserer Form der Darstellung gibt. Auf der einen Seite sind sie begrifflicher Art. Während unsere Begriffe des Zählens, Messens etc. flexibel genug sind, um bestimmte Variationen zuzulassen, gibt es eine viel engere Verknüpfung zwischen den 'Gesetzen der Logik' und Begriffen wie 'Schließen', 'Denken' und sogar 'Satz' oder 'Sprache' (BGM 80, 89–95, 336; VGM 215, 234). Eine Praxis, die der Regel des *modus ponens* nicht entspricht, zählt einfach nicht als 'Schließen'. Und ein System, das die Ableitung eines Widerspruchs gestattet, zählt nicht als alternative Logik. Das gefährdet aber nicht die Autonomie der Grammatik. Denn diese Grenzen sind nicht durch Platonische Entitäten gesetzt, wie Frege wollte, oder durch eine 'METALOGISCHE' Verpflichtung, Widersprüche zu vermeiden, wie die Logischen Positivisten dachten, sondern durch unsere Begriffe, das, was wir 'schließen', 'argumentieren' oder '(ein System von) Regeln' nennen (PG 111, 304; WWK 199–200; Vorl 148). Und die Regeln für den Gebrauch dieser Ausdrücke nehmen so wenig auf die Wirklichkeit Rücksicht wie jene für die anderen Wörter; es ist eher so, daß eine Praxis, die ihnen nicht entspräche, für uns unverständlich wäre, nicht als Sprache zählte (man beachte die Parallelen zu Davidsons Argument gegen die Idee einer unübersetzbaren Sprache).

Es gibt auch pragmatische Grenzen für Revision unserer Form der Darstellung. Normen der Darstellung können nicht metaphysisch richtig oder unrichtig sein, aber wenn bestimmte Tatsachen gegeben sind – bestimmte uns betreffende biologische und soziohistorische Tatsachen und allgemeine Regelmäßigkeiten in der Welt um uns –, kann das Annehmen bestimmter Regeln 'praktisch' oder 'unpraktisch' sein (Vorl 236). Vorausgesetzt, die Welt ist, wie sie ist, würden Leute, die andere wissenschaftliche Paradigmen, Zählweisen und Meßmethoden für Zwecke wie die unseren verwendeten, Anpassungen vornehmen müssen, die schließlich unter ihrem eigenen Gewicht zusammenbrechen müßten. Drastische Veränderungen bestimmter Tatsachen könnten bestimmte Regeln nicht nur unpraktisch werden lassen, sondern sogar unanwendbar (BGM 51–2, 200; BPP II §§ 347–9; *siehe* GERÜST).

Die Autonomie der Sprache läuft nicht auf einen Relativismus des 'alles ist erlaubt' ('anything goes') hinaus. Die Grammatik ist nicht willkürlich im Sinn von unwichtig, leicht änderbar oder einer Frage individueller Wahl. Sprache ist eingebettet in eine LEBENSFORM und daher denselben Beschränkungen unterworfen wie menschliche Tätigkeiten überhaupt. Die Vorstellung einer Autonomie der Grammatik ist provokativ. Aber ihre letzte Begründung ist eine grammatische Erinnerung: wir nennen Sätze wahr und falsch, aber nicht Begriffe, Regeln oder Erklärungen. Eine Maßeinheit ist nicht richtig oder unrichtig in dem Sinn, in dem eine Längenangabe das ist. Grammatische Regeln können in dem Sinne richtig sein, daß sie einer etablierten Praxis entsprechen oder bestimmten Zwecken dienen. Aber Wittgenstein hat eine kraftvolle Argumentation gegen die Vorstellung entwickelt, daß die Regeln ein angebliches Wesen der Wirklichkeit spiegeln müßten.

B

Beabsichtigen und etwas Meinen

Der spätere Wittgenstein diskutiert nicht nur die *logischen* Rätsel um die INTENTIONALITÄT, sondern auch die psychische Seite von intentionalen Verben wie GLAUBEN daß *p*, beabsichtigen zu Φ und einen bestimmten Gegenstand meinen. Die letzten beiden Ausdrücke werden in den abschließenden beiden Abschnitten von Philosophische Untersuchungen Teil I (PU §§ 629–60 & 661–93) erörtert. Das ist kein Zufall, weil beide mit willentlichen Fähigkeiten verknüpft sind und durch Fehlauffassungen des WILLENS verdunkelt werden, dessen Diskussion die den beiden letzten Abschnitten vorhergehenden §§ einnehmen. Während Beabsichtigen seit Bentham keine philosophische Aufmerksamkeit gefunden hat, war etwas Meinen in Wittgensteins frühem Werk wichtig. Der *Tractatus* meinte, daß ein Satzzeichen '*Fa*' auf einen Sachverhalt projiziert wird vermöge seiner Begleitung durch einen Satz in einer Sprache des Denkens. Es ist Teil der PROJEKTIONSMETHODE, daß ich mit '*a*' einen bestimmten Gegenstand meine. Das ist der Grund, warum unter den durch die gesamten *Untersuchungen* hindurch verfolgten Themen nicht nur *Bedeutung*, das konventionell zu Verstehende hinsichtlich (eines Wortes in) der Sprache, sondern auch das *Meinen* ist, das, was ein Sprecher mit einem bestimmten Wort bei einer bestimmten Äußerungsgelegenheit sagen will (PU S. 260 Anm., §§ 22, 33–5, 81, 186–8, 358, 504–13, 592).

Für den späteren Wittgenstein ist, ob ich etwas beabsichtige oder meine, und wenn ja, was ich beabsichtige und meine, nicht durch Gedankenprozesse oder ostensive Akte bestimmt. Intentionale Verben bezeichnen nicht *Phänomene* – Handlungen, Tätigkeiten, Ereignisse, Prozesse oder Zustände, seien es nun solche im Geiste oder im Gehirn. 'Gott, wenn er in unsre Seelen geblickt hätte, hätte dort nicht sehen können, von wem wir sprachen' (PU II, S. 558). Das erste Argument für diese erstaunliche Behauptung ist, daß intentionale Verben nicht zu jenen logischen Kategorien gehören, weil ihnen 'echte Dauer' abgeht (*siehe* PHILOSOPHISCHE PSYCHOLOGIE). Es könnte so scheinen, als ob etwas Meinen dasselbe sei wie der Akt des seine Aufmerksamkeit Richtens auf etwas. Aber so einen Akt muß es nicht geben. Wenn *A* simuliert, Schmerzen zu haben, und sagt 'Bald werden sie aufhören', kann von ihm gesagt werden, daß er den Schmerz meint, obwohl es doch keinen Schmerz gibt, auf den er seine Aufmerksamkeit richten könnte. Etwas meinen ist genauso wenig eine psychische Tätigkeit wie das Steigen im Preis eine Aktivität der Butter ist, wenn sie teurer wird (PU §§ 666–7, 693).

Wittgensteins zweites Argument ist aus seiner Behandlung von VERSTEHEN vertraut. Geistige oder physische Prozesse oder Zustände sind weder notwendig noch hinreichend dafür, daß etwas geglaubt, beabsichtigt oder gemeint wird. Es mag empirische Korrelationen zwischen derartigen Phänomenen und intentionalen Einstellungen geben. Sie können einen Psychologen über meine 'unbewußte' Absichten unterrichten. Aber sie bestimmen nicht den Inhalt intentionaler Einstellungen, das, was ich denke, beabsichtige oder meine. *Pace* James und Russell (*Psychology* I, 253–4; *Analysis* Kap. XII) gibt es keine Gefühle, die unsere intentionalen Einstellungen kennzeichneten. Selbst wenn man wie Wittgenstein zugibt, daß Absichten von charakteristischen Gefühlen begleitet sein können, sind diese Gefühle nicht die Absichten, die von ihnen begleitet werden (PU §§ 591, 646; II, S. 558; Z § 33). Was das etwas mit dem, was man sagt, Meinen angeht, ist die Versuchung, Gefühle zu postulieren, verstärkt durch eine Verwechselung mit dem Meinen, was man gesagt hat. Aber selbst letzteres muß keine Gefühle mit sich führen (etwa der Ernsthaftigkeit): 'Ich habe gemeint, was ich gesagt habe' berichtet nicht die Ergebnisse einer Selbstbeobachtung, sondern bekräftigt die Entschlossenheit, zu dem, was man gesagt hat, zu stehen. Gewöhnlich assoziieren wir mit einigen Ausdrücken Gefühle. Aber solche Gefühle sind weder notwendig noch hinreichend dafür, daß etwas sinnvoll ist (BlB 27–9; PU II, S. 558; BPP I § 232; *siehe* ASPEKTWAHRNEHMUNG).

Intentionale Einstellungen sind nicht an psychische Bilder gebunden oder daran, daß einem Wörter durch den Kopf gehen. Meine lange gehegten Absichten könnten nicht in psychischen Bildern oder Wörtern, die mir durch den Kopf gehen, bestehen. Genauso gilt, wenn ich einen Satz äußere wie

(1) Napoleon war ungestüm

(und damit den Sieger von Austerlitz meine), könnte mir ein psychisches Bild in den Sinn kommen, aber das muß nicht sein. Außerdem kann, selbst wenn ich Napoleon meine, mir ein Bild seines Neffen in den Sinn kommen, weil mich ersterer immer an letzteren erinnert. Schließlich kann ich auch jemanden meinen, ohne zu wissen, wie er aussieht. Wenn mir in einem solchen Fall ein Bild durch den Kopf ginge, könnte es nicht einmal möglicherweise bestimmen, wen ich meinte (PU §§ 663, 680; II, S. 491 f.; BlB 67 f.; BB 142; BPP I §§ 226–33). Genauso unplausibel ist es zu behaupten, ich könne Napoleon nur meinen, wenn ich die Worte 'der Sieger von Austerlitz' im Sinn habe. Man könnte behaupten, Napoleon zu meinen heiße jedenfalls, an ihn zu denken. Aber während 'Ich meinte ...' manchmal äquivalent ist mit 'ich dachte an ...', ist das nicht immer der Fall (PU S. 260 Anm.; § 690; II, S. 558). Ich könnte gedankenverloren eine Bemerkung über Napoleon I. machen, während ich an Napoleon III. dachte. Gleicherweise war James im Unrecht, als er behauptete, daß der gesamte Gedanke schon im Geist präsent sein müsse, damit man mit einer Äußerung etwas meine (PU § 337; Z § 1; LS I §§ 843–4; *Psychology* I, Kap. IX).

Ein verlockender Einwand ist, daß obwohl psychische Bilder niemals notwendig oder hinreichend sind und obwohl kein Gedanke notwendig ist, doch Gedanken einer gewissen Art hinreichend für etwas Meinen seien: wenn, während ich 'Napoleon' äußere, mir die Worte 'der Verlierer von Sedan' durch den Sinn gehen, muß ich doch Napoelon III. meinen. In Erwiderung hebt Wittgenstein hervor, daß selbst der 'am meisten explizite Ausdruck' (unabhängig davon, ob er geäußert wird oder nicht) nur dann bestimmt, was man meint, wenn es wiederum beabsichtigt ist, die gemeinte Person zu identifizieren (PU § 641). Aber das muß nicht der Fall sein, weil es Teil einer Rezitation sein könnte oder eine Phrase, die einem durch den Sinn ging. Noch grundlegender: bloße Phänomene, ob Prozesse oder Zustände, ob solche physiologischer oder psychologischer Art, sind notwendigerweise unzureichend, jemandes intentionale Einstellungen zu bestimmen – das ist das Körnchen Wahrheit in der Beschwörung von Meinensakten im *Tractatus*. 'Freilich intendiert das Bild nicht, sondern wir müssen mit

B Beabsichtigen und etwas Meinen

ihm etwas intendieren.' Aber wenn dieses Intendieren seinerseits ein bloßer 'Prozeß', ein bloßes 'Phänomen' oder eine bloße 'Tatsache' ist, ist es nicht weniger tot als das Bild (Z §§ 236–8; PG 143–4, 148; BPP I § 215). 'Denn kein Vorgang könnte die Konsequenzen des Meinens haben' (PU II, S. 560). Daß ich Napoleon I. gemeint habe, hat die Konsequenz, daß meine Äußerung als eine über Napoleon I. zählt. Ich verpflichte mich auf einen bestimmten Anspruch, der seinerseits meine folgenden Züge im Sprachspiel lizensiert. Derartige normative Konsequenzen können nicht aus Beschreibungen meines Geistes, Gehirns oder Benehmens folgen. Gleichermaßen haben Beschreibungen von Zuständen oder Prozessen nicht dieselben Konsequenzen wie die Behauptung, daß ich beabsichtige zu Φ. Es charakterisiert mein Φn nicht als Ausübung einer willentlichen Fähigkeit, für die ich verantwortlich bin (Wittgenstein zieht dieselbe Lehre aus 'Moore's Paradox'; *siehe* GLAUBEN/ÜBERZEUGUNG).

Wittgensteins Bestreitung, daß intentionale Einstellungen Zustände oder Prozesse eines Subjekts seien, ist eine Quelle des zeitgenössischen Externalismus, der Auffassung, daß was *A* denkt zumindest teilweise durch Tatsachen bestimmt ist, die zu *A* 'extern' und ihm möglicherweise unbekannt sind, nämlich seine Beziehung zu seiner physischen (Putnam) oder sozialen (Burge) Umgebung. Einige frühe Passagen bei Wittgenstein legen nahe, daß intentionale Einstellungen eine Angelegenheit von bestimmten Phänomenen in bestimmten Umgebungen sind (z. B. BB 147). Aber in seinem reifen Werk leugnet Wittgenstein ausdrücklich, daß Meinen 'eine Familie von geistigen und anderen Vorgängen (bezeichne)' (Z §§ 9, 26). Statt dessen erwähnt er drei KRITERIEN, die wir bei der Zuschreibung intentionaler Einstellungen verwenden.

(a) AUSDRUCKSÄUSSERUNGEN. *A*'s Absicht muß durch nichts, was ihm durch den Sinn geht, evident sein, wird aber durch den Ausdruck seiner Absicht gezeigt, und dasselbe gilt von seinem etwas Meinen. Ihm kann die Absicht zu Φ zugebilligt werden (oder auch: Napoleon I. gemeint zu haben), wenn es das ist, was er jetzt oder später bekundet, vorausgesetzt, es gibt keine Gründe, seine Ernsthaftigkeit in Frage zu ziehen (Z §§ 3, 9; PU § 452; PG 103; BB 161; BPP I §§ 579–80).

(b) Erklärungen. Was *A* meint, offenbart sich darin, wie er, wenn sich die Gelegenheit ergibt, seine Äußerungen erklärt, rechtfertigt oder ausarbeitet, welche Konsequenzen er aus ihnen zieht, welche Antworten und Reaktionen er als einschlägig akzeptiert (PG 40–5; Z § 24).

(c) Kontext. Wen *A* mit (1) gemeint hat, kann vom Thema der Unterhaltung, von *A*'s Hintergrundüberzeugungen und besonders davon, von wem zu sprechen er Grund hatte, abhängen.

Anders als der Externalismus respektiert diese Darstellung die Autorität der 1. Person, die Tatsache, daß ich, im großen und ganzen, mich nicht darüber irren kann, was ich beabsichtige oder wen ich meine. *A* schreibt sich intentionale Einstellungen nicht auf der Basis dieser Kriterien zu, er bekundet (gesteht) sie. Während andere die Weisheit seiner Absichten in Zweifel ziehen können, oder auch das Passen seiner Bemerkung über Napoleon I., können sie ihn nicht sinnvollerweise beschuldigen, daß er sich irrt, sondern nur, daß er unaufrichtig ist (PU §§ 587, 679; Z §§ 22, 53). Was hier vom Kontext wichtig ist, sind nur die Tatsachen, deren A gewahr ist. Und diese kontextuellen Kriterien können durch aufrichtige Geständnisse und Erklärungen angefochten werden. Selbst wenn sich die Unterhaltung um Napoleon III. dreht, meint A Napoleon I., wenn er das aufrichtig bekundet.

Dies stimmt mit Wittgensteins funktionaler Konzeption des Sinns überein. Der Inhalt einer Äußerung beruht nicht einfach auf Bestandteilen und Struktur des Satztyps, sie beruht auch darauf, wie ein Vorkommnis des Satztyps bei einer bestimmten Gelegenheit GEBRAUCHt wird (PU II, S. 565). Das seinerseits ist eine Frage der 'Intention' des Sprechers. Aber diese Intentionen richten sich nicht auf die Herbeiführung von bestimmten (perlokutionären) Wirkungen bei den Zuhörern, wie bei Grice, sie sind auch nicht durch psychische Begleitungen der Äußerung konstituiert. Im Gegensatz zu einer neueren Entwicklung erklärt Wittgenstein sprachliche Bedeutung und Sprecherintentionen nicht durch Bezugnahme auf eine interne Intentionalität des Geistes (LS I §§ 17, 37). Es ist die Fähigkeit menschlicher Handelnder, zu bekunden, zu erklären und auszuführen, was sie glauben, beabsichtigen oder meinen, die den intentionalen Einstellungen zugrunde liegt. Wir können nicht mit beliebigen Zeichen, die wir gebrauchen, meinen, was wir wollen, einfach, indem wir eine geistige Handlung ausführen (PU S. 260 Anm.; §§ 508–10, 665; Z § 6). Damit wird aber nicht bestritten, daß es so etwas wie Sprecherintentionen überhaupt gibt. Die betreffenden Fälle – mit 'a b c d' 'das Wetter ist schön' meinen oder mit 'Es ist hier warm' das Gegenteil 'Hier ist es kalt' – sind nicht gewöhnliche Fälle von Sprecherintentionen. Sie betreffen nicht die Auflösung von Indexikalitäten, Zweideutigkeit oder kontextueller Unklarheit, sondern sind Abweichungen vom normalen Gebrauch. Selbst die sind aber nicht unmöglich. 'Ein Wort hat die Bedeutung, die jemand ihm gegeben hat' (BlB 52; PU § 665). Aber es bedarf mehr als einer geistigen Handlung oder einer bloßen Bekundung, um Worten Bedeutung zu geben, nämlich einer Erklärung der Regeln, nach denen sie bei dieser Gelegenheit verwendet werden.

Wittgenstein stimmt mit dem Externalismus darin überein, daß wir nicht beliebige intentionale Einstellungen bekunden können. Während der Kontext nicht zeigen kann, daß A sich darüber irrt, was er glaubt, beabsichtigt oder meint, kann er doch bestimmte Bekundungen und Zuschreibungen in 3. Person unverständlich werden lassen. Kontextuelle Züge bestimmen den Inhalt von intentionalen Einstellungen nicht direkt, wie der Externalismus meint, aber sie bestimmen den Bereich von intentionalen Einstellungen, der zugeschrieben werden kann. Man kann für eine Sekunde höllische Schmerzen haben, ungeachtet der Umgebung, weil Schmerz in charakteristischem Schmerzbenehmen gezeigt werden kann. Aber man kann nicht, beispielsweise, für eine Sekunde jemanden erwarten, ungeachtet der Umgebung, weil eine Erwartung 'in einer Situation eingebettet (ist), aus der sie entspringt' (PU § 581). Außerdem kann man nur zu tun beabsichtigen oder wollen, was in der eigenen Macht steht oder wovon man das zumindest glaubt (siehe PU §§ 614–6). Schließlich sind Intentionen in menschliche Gepflogenheiten und Institutionen eingebettet. Man kann nur beabsichtigen, Schach zu spielen, wenn es die Praxis dieses Spiels gibt (PU §§ 205, 337). Denn man kann beabsichtigen zu Φ nur, wenn man diese Absicht zeigen oder ausführen kann. Im Fall komplexer Absichten setzt das seinerseits einen sozialen und historischen Kontext voraus, weil andernfalls die betreffenden Handlungen und Äußerungen nicht als Ausdrücke von Absichten zählen. So eine Umgebung braucht es nicht für die Absichten zu trinken, laufen oder schlafen zu gehen (wie einige Externalisten behaupten), weil diese Absichten in vorkonventionellem, nicht-sprachlichem Benehmen ausgedrückt werden können. Aber alle außer den grundlegendsten menschlichen Absichten erfordern das Geflecht einer sozialen und historischen LEBENSFORM.

Während der Externalismus meint, daß intentionale Einstellungen eher relational als intrinsisch sind, meint Wittgenstein, sie seien eher Potentialitäten als Wirklichkeiten. An einer Stelle unterscheidet er sie von Bewußtseinszuständen als 'Dispositionen' (Z § 72; BPP II § 57), was seine Position der von Ryle annähern würde. Aber obwohl jemand, der zu Φ beabsichtigt, disponiert (d.h. geneigt) ist zu Φ, ist das nicht äquivalent mit: die Disposition zu Φ haben (BPP II § 178). Zum einen muß man herausfinden, welche Dispositionen man hat, indem man bemerkt, wie man in bestimmten Umständen zu reagieren geneigt ist. Aber man muß nicht herausfinden, daß man zu Φ beabsichtigt. Und man kann eine Absicht haben (z.B. zornig herauszuplatzen), ohne die entsprechende Disposition zu haben, und umgekehrt. Wichtiger noch, Dispositionen werden unter bestimmten Umständen automatisch realisiert (siehe Vorl 262). Intentionale Einstellungen dagegen beruhen eher auf *Fähigkeiten* als auf Dispositionen (Fähigkeiten werden nicht automatisch ausgeübt).

Man könnte Wittgensteins Position folgendermaßen zusammenfassen:

A meint N. N., wenn er 'x' zu t_1 äußert =
wäre A zu t_1 gefragt worden, wen er meint, und wäre er geneigt gewesen, aufrichtig zu antworten, dann würde er geantwortet haben 'N. N.'.

Aber Wittgenstein weist jede Analyse in notwendige und hinreichende Bedingungen zurück: 'Der Irrtum ist zu sagen, Meinen bestehe in etwas' (Z §§ 16, 26, vgl. 680; PU §§ 335, 678). Seine Gründe dafür zeigen sich auf dem eigentümlichen Weg, auf dem er dieses Thema verfolgt, nämlich anhand von retrospektiven Selbstzuschreibungen wie 'Ich wollte zu t_1 sagen ...' oder 'Als ich zu t_1 sagte, ..., meinte ich, ...'. Eine seiner Ideen ist, daß diese Äußerungen nicht nur eine schon bestehende Verbindung (zwischen einer Absicht und einer anfangenden Handlung, oder zwischen einer Äußerung und ihrem Bezugsgegenstand) nur *berichten*, sondern auch eine neue *schlagen* (PU §§ 682–3; in gleichem Sinne für Handlungserklärungen in PU § 487). Das ist aber nur plausibel, wenn die ursprüngliche Handlung unbestimmt war. Wenn ich, z.B., ohne ausdrückliche Überlegung anfange, einen Kopf zu zeichnen, dann kann ich bestimmen, wen ich zeichne (Z §§ 8, 32).

Wittgensteins zweite Überlegung ist vielversprechender. Wenn etwas beabsichtigen/meinen in einer bestimmten Tatsache bestünde (sei sie intrinsisch oder relational, aktuell oder dispositionell), dann müßte sich daran erinnern, beabsichtigt/gemeint zu haben, in der Erinnerung dieser Tatsache bestehen. Aber retrospektive Selbstzuschreibungen gründen sich nicht auf eine bestimmte (kontrafaktische) Tatsache. Wir sagen nicht, 'Ich meinte/beabsichtigte ..., denn, hättest du mich gefragt, hätte ich geantwortet ...', sondern andersherum: 'Hättest du mich gefragt, würde ich gesagt haben ..., denn ich meinte/beabsichtigte ...' Sie beruhen nicht auf der Erinnerung von Details oder 'der ganzen Geschichte' und sind nichtsdestoweniger 'teil-verifizierbar'. Sie genießen nicht die völlige Autorität von Geständnissen zum Zeitpunkt t_1. Andere können mich unter Bezugnahme auf 'Einzelheiten der vergangenen Situation' korrigieren. Aber keines dieser erinnerten Details *ist* die erinnerte Absicht, weil meine Erinnerung nicht auf derartigen Belegen beruht. Andere stellen fest, was ich beabsichtige, indem sie aus Einzelheiten der Situation schlußfolgern oder die ganze Situation interpretieren, ich selbst tue das nicht. Täte ich es, könnte ich nicht die Gewißheit haben, die ich oft habe. Retrospektive Selbstzuschreibungen sind nicht Berichte über irgendeinen Typ von Tatsachen, sondern 'Erinnerungsreaktionen' (PU §§ 343, 636, 638; MS 116 301).

Bedeutung

Dieser Begriff nimmt in Wittgensteins Werk eine zentrale Stelle ein wegen seiner beständigen Überzeugung, daß philosophische Probleme in der Sprache wurzeln. Sein späteres Werk beruft sich auf und klärt den Alltagsbegriff sprachlicher Bedeutung (*siehe* GEBRAUCH). Seine frühe Diskussion ist eine metaphysische Reflexion auf das Wesen symbolischer Darstellung und entwickelt sich aus einer technischen Dichotomie zwischen 'Sinn' und 'Bedeutung', die von Frege übernommen ist. Frege hat sich nicht für alle Aspekte der Bedeutung von Ausdrücken interessiert, z. B. nicht für ihre 'Färbung', die psychischen Assoziationen, die sie hervorrufen; sondern nur für diejenigen, die für die Gültigkeit von Argumenten, in denen sie auftreten, wichtig sind, ihren logischen 'Gehalt'. In seinem reifen System unterschied er zwei Aspekte des Gehalts: *Sinn* und *Bedeutung*. In einer idealen Sprache drückt jeder Satz einen Sinn aus, den Gedanken (das, was geurteilt wird), und bezieht sich auf eine Bedeutung oder einen Bezugsgegenstand (Referenten), nämlich auf einen Wahrheitswert, das Wahre oder das Falsche. Der Satz drückt einen Gedanken aus, indem er einen Wahrheitswert als den Wert einer Funktion für ein Argument darstellt. Jeder bedeutungsvolle Bestandteil eines Satzes drückt ebenfalls einen Sinn aus und hat eine Bedeutung (einen Bezugsgegenstand). Eigennamen drücken einen Sinn aus und stehen für einen Gegenstand, Begriffswörter drücken einen Sinn auf und stehen für einen Begriff. Diese Unterscheidung erklärt sowohl, wie ein Ausdruck ohne Bezug und doch sinnvoll sein kann, als auch den nicht-trivialen Charakter von IDENTITÄTSaussagen wie 'Der Morgenstern ist der Abendstern': obwohl die beiden Ausdrücke denselben Gegenstand bedeuten, unterscheidet sich ihr Sinn oder 'die Gegebenheitsweise' des Gegenstands ('Sinn' 25–36; *Grundgesetze* I § 2; *Briefwechsel* 126 ff.; *Begriffsschrift* §§ 2–8).

Anfänglich akzeptierte Wittgenstein die Vorstellung, daß Sätze eine Bedeutung haben, während er andere Aspekte von Freges Position zurückwies (AüL 188–208; AM 214–5). Weder der Sinn noch die Bedeutung eines Satzes ist ein Gegenstand. Die

B Bedeutung

Bedeutung von 'p' ist nicht sein Wahrheitswert, sondern die Tatsache, die ihm in der Wirklichkeit entspricht, daß p, wenn er wahr ist, daß ~p, wenn er falsch ist. Sätze (siehe SATZ) unterscheiden sich von Namen. Sie sind BIPOLAR – sie können wahr sein, können aber auch falsch sein – das ist genau, was es heißt zu sagen, daß sie einen Sinn haben. Einen Namen verstehen heißt zu wissen, worauf er sich bezieht (wofür er steht), aber um einen Satz zu verstehen, muß man nicht wissen, ob er wahr oder falsch ist, sondern nur, was der Fall sein würde, wenn er eins von beidem wäre.

Die *Tagebücher* verschärfen diesen Kontrast allmählich, indem sie schrittweise die Vorstellung aufgeben, daß Sätze eine Bedeutung haben (Tb 20.9./2.10./26.10., 2.11.14). Im Ergebnis behauptet der *Tractatus*, daß Namen Bedeutung haben, aber keinen Sinn, während Sätze Sinn haben, aber keine Bedeutung (TLP 3.142, 3.203, 3.3). (Der *Tractatus* verwendet die Ausdrücke 'Bedeutung' und 'Sinn' auch nicht-technisch – z.B. TLP 5.02, 5.451, 6.521 –: eine Tatsache, die einige Kommentatoren in die Irre geführt hat.) Der Sinn eines Satzes ist 'was er darstellt', nämlich einen möglichen 'Sachverhalt' oder eine 'Sachlage', eine Anordnung von Gegenständen, die bestehen kann oder nicht bestehen kann, abhängig davon, ob der Satz wahr ist oder falsch ist. Der Satz *zeigt* seinen Sinn, 'wie es sich verhält, *wenn* er wahr ist. Und er *sagt, daß* es sich so verhält' (TLP 4.022, vgl. 2.201 ff.; *siehe auch* SAGEN/ZEIGEN). Der Sinn eines Satzes ist weder ein Gegenstand, der ihm entspräche, ein Fregescher Gedanke, noch die Gegebenheitsweise eines Wahrheitswerts, sondern eine Möglichkeit, eine potentielle Verbindung von Gegenständen, die nicht verwirklicht sein muß.

Sinn geht den Tatsachen voraus: um zu entscheiden, ob ein Satz wahr ist, muß sein Sinn bestimmt sein; um seinen Sinn zu verstehen, müssen wir nicht seinen Wahrheitswert kennen, sondern nur 'wie es sich verhält, wenn er wahr ist' (TLP 4.024, 4.061–4.063: Tb 24.10.14; *Grundgesetze* I § 32). Diese Idee geht auf Frege zurück und liegt im Zentrum der modernen wahrheitskonditionalen Semantik. Der Sinn einer Wahrheitsfunktion von 'p' ist eine Funktion des Sinns von 'p'. Die Negation z.B. kehrt den Sinn eines Satzes um. 'p' und '~p' haben 'entgegengesetzten Sinn', selbst wenn ihnen ein und dieselbe Wirklichkeit entspricht: eine einzelne Tatsache verifiziert einen von beiden und falsifiziert den anderen (TLP 4.0621, 5.122, 5.2341; AüL 194, 200; Tb 6.5.15). Der Sinn eines 'molekularen' Satzes wird durch seine 'Wahrheitsbedingungen' gegeben, d.h., indem man für jede mögliche Kombination von Wahrheitswerten unter seinen Bestandteilen (Elementarsätzen) bestimmt, ob sie in einer WAHRHEITSTAFEL als wahr oder als falsch herauskommt: 'p . q' ist wahr, wenn sowohl 'p' als auch 'q' wahr sind, falsch, wenn einer von beiden oder beide falsch sind (TLP 4.431). Ein ELEMENTARSATZ kann in diesem Sinn keine Wahrheitsbedingung haben. Aber er kann 'Wahrheitsgründe' haben, und sie zu verstehen heißt wissen, wie es sich verhält, wenn er wahr ist (TLP 5.101–5.121). Wissen, wie es sich verhält, wenn ein molekularer Satz wahr ist, heißt zu wissen, welche Elementarsätze ihn bewahrheiten; wissen, wie es sich verhält, wenn ein Elementarsatz wahr ist, heißt zu wissen, welche mögliche Verbindung von Gegenständen der Weise entspricht, in der seine Bestandteile miteinander verbunden sind. Es gibt eine Bedingung, die ein Elementarsatz erfüllen muß, um wahr zu sein,

Bedeutung

nämlich, daß er Gegenstände als in der Weise miteinander verbunden abbildet, wie sie tatsächlich miteinander verbunden sind.

Der Sinn eines Elementarsatzes ist bestimmt durch die Bedeutungen seiner einfachen 'Bestandteile', d.h. NAMEN (TLP 3.318, 4.026f.). Um einen Elementarsatz zu verstehen, müssen wir wissen, für welche Gegenstände seine Namen stehen. 'Der Name bedeutet den Gegenstand. Der Gegenstand ist seine Bedeutung' (TLP 3.203, 3.22). Das ist eine direkte Version des AUGUSTINISCHEN BILDES DER SPRACHE, das Wittgenstein später verworfen hat: die Bedeutung eines Namens ist der Gegenstand, den er *vertritt*; Bedeuten ist eine Eins-zu-eins-Beziehung zwischen Namen und Gegenständen. Die Position des *Tractatus* hier ist verteidigt worden mit der Begründung, er verwende einen technischen Begriff, und die *Bedeutung* eines Namens sei seine semantische Rolle, der Beitrag, den er zum Sinn eines Satzes mache. Der technische Gebrauch jedoch *identifiziert* gerade die Bedeutung eines Wortes mit dem Gegenstand, für den es steht. Und ein Name trägt zum Sinn des Satzes dadurch bei, daß er einen Gegenstand 'vertritt'. Sogar die 'Möglichkeit des Satzes' selbst beruht auf dieser Vertretungsbeziehung: solange ein Name nicht einem Gegenstand zugeordnet wurde, wird der Satz, in dem er auftritt, keinen Sinn haben (TLP 4.0311f., 5.473, 6.53). Das ist keine Verirrung, sondern wesentlich für die BILDTHEORIE: ein Satz kann falsch sein und doch sinnvoll, weil er, obwohl ihm als ganzem keine Tatsache entspricht, aus Elementen besteht, die mit Elementen der Wirklichkeit korreliert sind.

Es ist plausibler, den *Tractatus* durch die Behauptung zu verteidigen, daß, wie in den *Philosophischen Untersuchungen*, die Bedeutung von Namen durch ihren Gebrauch bestimmt ist: für welche Gegenstände sie stehen, hängt von ihrer logischen Syntax ab, der Art und Weise, wie sie sich in Sätzen verhalten. Tatsächlich vertritt der *Tractatus* eine Version von 'Ockhams Rasiermesser': Zeichen, die keine 'logisch-syntaktische Verwendung', keine Rolle im Darstellen der Wirklichkeit haben, sind bedeutungslos; zwei Zeichen, die dieselbe Verwendung haben, bedeuten dasselbe (TLP 3.326ff.; Tb 23.4.15). Außerdem ist es richtig, daß man die Bedeutung eines Namens aus seinem Gebrauch in Sätzen lernen kann. Aber damit das Satzzeichen überhaupt Sinn hat, muß es durch den Geist auf die Wirklichkeit projiziert sein. Und obwohl Wittgenstein von der PROJEKTIONSMETHODE als der 'Anwendung des Satzzeichens' spricht, wird diese ihrerseits mit dem 'Denken des Satz-Sinnes', einer geistigen Tätigkeit, identifiziert (PT 3.13; TLP 3.11). Der Sprecher denkt ein bloßes SATZZEICHEN auf eine mögliche Sachlage hin. Und um das zu tun, muß er seine Elemente mit Elementen der abgebildeten Sachlage korrelieren.

Die Diskussion von Bedeutung und Sinn im *Tractatus* war ein wichtiger Schritt in der Entwicklung der Semantik. Sie hebt wichtige Einsichten hervor: die Bestreitung, daß LOGISCHE KONSTANTEN vertreten (für etwas stehen), und den Kontrast zwischen Sätzen und Namen; und andere Einsichten bereitet sie vor, vor allem: die Wichtigkeit des sprachlichen Gebrauchs. Aber sie bleibt an Fehler gekettet: die referentielle (Gegenstands-)Theorie der Bedeutung, und die Vorstellung, der Sinn eines Satzes müsse BESTIMMT sein.

Bedeutungskörper

Bedeutungskörper
Wittgenstein gebraucht diesen Ausdruck, um die Vorstellung zu charakterisieren, hinter jedem Zeichen gebe es eine nichtsprachliche Entität, seine Bedeutung, die bestimme, wie es richtig zu gebrauchen sei. Nach dieser Auffassung ist das Wort analog zu der farbigen Oberfläche eines ansonsten unsichtbaren Glaskörpers mit einer bestimmten geometrischen Form (z. B. eines Würfels oder einer Pyramide). Die kombinatorischen Möglichkeiten der sichtbaren Oberfläche hängen von der Form des Körpers hinter ihr ab. In gleicher Weise werden die grammatischen Regeln als Geometrie von Bedeutungskörpern aufgefaßt. Wir können die Regeln für ein Wort von seiner Bedeutung ableiten, weil letztere eine (konkrete, abstrakte oder geistige) Entität ist, die die kombinatorischen Möglichkeiten des Wortes bestimmt (PG 54; Vorl 209f.; PLP 234–7). Grammatische Regeln sind nicht AUTONOM, sondern der 'wahren' oder 'wirklichen' Bedeutung des betreffenden Zeichens verantwortlich, etwas, was außerhalb der Sprache ist und durch LOGISCHE ANALYSE entdeckt werden kann.

Eine derartige Auffassung herrscht bei Frege vor, der dachte, er habe zum ersten Mal die wahre Bedeutung von Zahlwörtern enthüllt (vgl. auch AüL 198), und gegen die Formalisten darauf bestand, daß bei mathematischen Symbolen 'die Regeln aus den Bedeutungen (folgen)' müssen, aus dem, wofür sie stehen (*Grundgesetze* II § 136, vgl. § 91; *Grundlagen*, Einleitung). Sie kann auch beim frühen Wittgenstein entdeckt werden, der dachte, die Identität '~~p = p' *widerspiegele* die Tatsache, 'daß die doppelte Verneinung eine Bejahung ist' (Tb 4.12.14), was seinerseits ein Aspekt der wesentlichen BIPOLARITÄT des Satzes ist. Auf der anderen Seite ist eine der Vorstellungen hinter der Unterscheidung SAGEN/ZEIGEN im *Tractatus*, daß wir die Regeln für den Gebrauch eines Zeichens nicht von seiner Bedeutung ableiten können, weil Zeichen ohne diese Regeln keine Bedeutung haben.

Später hat Wittgenstein die letztere Idee gegen Freges Platonismus, die Metaphysik des Symbolismus im *Tractatus* und den Psychologismus (Mentalismus) von James gerichtet (*Psychology* I, 245–6; vgl. auch *Analysis* 252), für den die Bedeutung eines logischen Worts wie 'nicht' ein Gefühl ist (z.B. der Zurückweisung), das wir mit ihm assoziieren (PG 58; BT 42). Seine Argumente gefährden auch die scheinbar unschuldige Behauptung des Logischen Positivismus, daß die Wahrheit von Tautologien aus den Definitionen der logischen Verknüpfungen mittels WAHRHEITSTAFELN folge, und die Versuche der Modelltheorie zu zeigen, daß unsere Schlußregeln aus semantischen Definitionen der logischen Konstanten folgen. Alle diese Positionen leiten aus Bedeutungen ab, was für Wittgenstein Sätze der GRAMMATIK oder Regeln sind.

Gegen diese Ableitungsvorstellung führt Wittgenstein zwei miteinander zusammenhängende Argumente an. Erstens, während eine Regel aus einer anderen Regel folgen kann (daß 'Betty' mit großem 'B' geschrieben wird, folgt aus der Regel, daß alle Namen großgeschrieben werden), ist unklar, wie eine Regel aus einer Bedeutung folgen könnte (PLP 236). Zweitens *folgen* notwendige Sätze nicht aus den Bedeutungen von Zeichen oder aus sprachlichen Konventionen, sondern sie konstituieren sie teilweise. Denn einen notwendigen Satz aufzugeben heißt, die Bedeutung von zumindest einigen der in ihm enthaltenen Zeichen zu ändern.

Bedeutungskörper B

Die Grammatik ist keiner Wirklichkeit Rechenschaft schuldig. Die grammatischen Regeln bestimmen erst die Bedeutung (konstituieren sie) und sind darum keiner Bedeutung verantwortlich und insofern willkürlich (PG 184, vgl. 52–3, 243–6; Vorl 148; BGM 42; LSD 20).

Schlußregeln z. B. bestimmen die Bedeutung der logischen Konstanten und gehen nicht aus ihnen hervor. Ob eine bestimmte Umwandlung von Symbolen erlaubt ist oder nicht, ist ein Aspekt ihres richtigen Gebrauchs und daher der Bedeutung der betreffenden Termini. Daß wir '$\sim\sim p = p$' als Schlußregel verwenden, trägt zur Bedeutung von '$\sim$' bei. Ohne diese Regel hätte das Zeichen nicht die Bedeutung, die es hat. Und wenn die Regel geändert würde, wir '$\sim\sim p = \sim p$' statt dessen annähmen, würde sich die Bedeutung von '$\sim$' entsprechend ändern. Entsprechend können Schlußregeln weder der Bedeutung z. B. der Negation entsprechen noch ihr nicht entsprechen. Jemand, der von '$\sim\sim p$' zu '$\sim p$' übergeht, folgt nicht einer falschen Regel für die Negation, sondern hat '$\sim$' eine andere Bedeutung gegeben (PU S. 447 Anm.; BGM 398).

Es gibt drei Probleme mit diesen Argumenten. Eins wird von Wittgenstein selbst erwähnt, nämlich, daß Fragen der Identität und Verschiedenheit von Bedeutung komplexer sind, als die Argumente erlauben (PU §§ 547–59). Wenn zwei Personen 'nicht' auf dieselbe Weise verwenden mit der einen Ausnahme, daß die eine die Regel der doppelten Negation emphatisch zur Verstärkung der Negation verwendet, die andere äquivalent mit der Behauptung, würden wir nicht sagen, daß sie 'zwei verschiedene Abarten von Negation' verwendeten. Denn wir würden nicht sagen, daß 'nicht' für sie etwas Unterschiedliches bedeutete in einem Satz wie 'Geh nicht in dieses Zimmer' (BGM 104). Auf der anderen Seite würden wir sagen, es bedeute etwas Unterschiedliches in 'ich habe nie nichts getan'. Fragen der Synonymie sind kontextabhängig. Zweitens, zu sagen, daß '$\sim\sim p = p$' aus der Wahrheitstafel-Definition von '$\sim$' folge, kann harmlos als Kontraposition zu Wittgensteins eigener Behauptung verstanden werden. Aus Wittgensteins These, wenn wir die Regel änderten, änderten wir die Bedeutung, folgt, daß, wenn wir die Bedeutung *nicht* ändern, wir die Regel erhalten. Drittens, obwohl wir '$\sim$' sowohl gemäß '$\sim\sim p = p$' als auch gemäß '$\sim\sim p = \sim p$' verwenden können, wäre es inkonsistent, *unsere* Wahrheitstafelerklärung mit der zweiten Regel zu kombinieren. Denn in diesem Fall würden wir sagen, daß die Wahrheitstafelerklärung für '$\sim$' mißverstanden worden ist. Nach Wittgensteins eigenen Begriffen ist die Wahrheitstafelerklärung eine Regel, und '$\sim\sim p = \sim p$' zu akzeptieren ist ein Kriterium für ein Mißverständnis der Regel, weil man auf '$\sim p$' nicht dieselbe Operation anwendet (die Operation der Umkehrung des Wahrheitswerts), die auf 'p' angewendet worden ist.

Zum letzten Punkt antwortet Wittgenstein 'Wer bestimmt denn, was „dasselbe" ist' (VGM 217, vgl. 99; BGM 102–6; FW 57–8). Woran er dabei denkt, ist, daß die Regel aus der Erklärung nur folgt, wenn verstanden wird, daß in der Wahrheitstafel der Platz von 'p' auch von '$\sim p$' eingenommen werden kann (daß wir die Negation wie in '$\sim(\sim p)$' und nicht wie in '$(\sim\sim p)$' verwenden). Entsprechend ist '$\sim\sim p = p$' nicht durch die Wahrheitstafeldefinition allein bestimmt, sondern nur in Konjunktion mit dieser zweiten Regel. Weil es in natürlichen Sprachen keine vergleichbare Regel gibt, bestimmt nichts, wie ich 'ich habe nie nichts getan' verstehe (vgl. VGM 221 f.). Aber das läßt den ersten der beiden Einwände übrig. Es scheint, daß 'Die Regeln bestimmen die Bedeutung' genauso falsch ist wie

'Die Bedeutung bestimmt die Regeln'. Die Wahrheitstafelerklärung für '~' verstehen und '~~p = p' anerkennen stehen einfach in INTERNET RELATION zueinander als Aspekte ein und derselben Praxis des Gebrauchs von '~'. Die Wahrheitstafel würde etwas anderes bedeuten in einer Praxis, in der '~~p = p' verworfen wäre. Sie sind einfach zwei verschiedene Regeln unserer Praxis und beide sind für die Praxis konstitutiv.

Das läßt die ursprüngliche Argumentation gegen Bedeutungskörper intakt. Zeichen als solche haben keine Bedeutung. Sie sind keine Entitäten, aus denen der Gebrauch eines Zeichens 'entspränge', oder die uns, z. B., zwängen, die Wahrheitstafel auf die eine oder die andere Weise zu verwenden. Wir geben Zeichen Bedeutung, indem wir sie in bestimmter Weise erklären und gebrauchen; und indem wir sie anders verwenden, können wir ihre Bedeutung ändern (BlB 51f.; Vorl 209f., 316–7; *siehe* REGELFOLGEN). Die Regeln, die wir annehmen, sind weder richtig noch unrichtig. Das paßt zu Quines Behauptung, daß die Vorstellung der Logischen Positivisten, notwendige Wahrheiten seien wahr aufgrund von Bedeutung, auf dem 'Museumsmythos' beruhe, der Vorstellung, daß es abstrakte oder mentale Entitäten – Bedeutung oder logische Formen – gebe, die uns zwängen, an einem bestimmten Satz festzuhalten, komme was da wolle. Aber anders als Frege und der *Tractatus* könnten die Logischen Positivisten und die Modelltheorie die Rede von Bedeutungen durch die Rede von Erklärungen ersetzen. Wenn aber Regeln und Erklärungen zwei Seiten ein und derselben Praxis sind, kann man nicht erst die Erklärung verstehen und dann zusehen, welche Regeln aus ihr folgen. Vielmehr ist es so, daß die Erklärung verstehen *heißt* die Regeln anzuerkennen.

Behauptung
siehe **Glauben/Überzeugung**

Behaviorismus*
Die moderne Philosophie wurde vom Dualismus INNERES/ÄUSSERES beherrscht, der unterschied zwischen der physischen Welt, die Materie, Energie und berührbare Gegenstände, einschließlich menschlicher Körper, enthielt, und der Welt psychischer (mentaler) Phänomene. Der Behaviorismus ist eine Reaktion auf diese Position im 20. Jahrhundert. Er vertritt die Auffassung, daß Personen psychische Zustände, Prozesse oder Ereignisse zuzuschreiben eigentlich darauf hinausläuft, Aussagen über ihr tatsächliches Verhalten und ihre Dispositionen zu weiterem Verhalten zu machen. Es gibt drei Versionen von Behaviorismus: *Metaphysischer* Behaviorismus leugnet, daß es psychische Phänomene gibt; *methodologischer* Behaviorismus besteht darauf, daß Psycho-

---

* Das englische Stichwort ist 'behaviour and behaviourism'. Letzteres ist aber ein eingebürgerter technischer Ausdruck im Deutschen; und für ersteres hat Wittgenstein, der ganz überwiegend deutsch geschrieben hat, fast ebenso überwiegend den Ausdruck '(sich) benehmen' vorgezogen, der, anders als '(sich) verhalten', nur auf Lebendiges Anwendung zu haben scheint. [Anm. d. Übers.]

logen sich für die Erklärung von Verhalten nicht auf psychische Phänomene berufen sollten, weil sie nicht intersubjektiv zugänglich sind; *logischer* Behaviorismus behauptet, daß Sätze über das Psychische semantisch äquivalent sind mit Sätzen über Verhaltensdispositionen – so daß

(1) Helga ist traurig

übersetzt werden könnte als

(1') Helga spricht leise und monoton und läßt ihren Kopf hängen.

Wittgenstein ist oft verdächtigt worden, irgendeine Version von Behaviorismus zu vertreten, und wurde neben Ryle eingeordnet. Seine Einstellung zum methodologischen Behaviorismus ist ambivalent. Er behauptet, die Psychologie habe, anders als die Philosophie, die Aufgabe, die kausalen Mechanismen zu erforschen, die Reiz und Reaktion miteinander verbinden. Aber das geht Hand in Hand mit einer 'hermeneutischen' Unterscheidung zwischen Verstehen und Erklärung, die impliziert, daß menschliches Handeln durch die kausalen Erklärungen seiner VERURSACHUNG in der Wissenschaft nicht verständlich gemacht – als sinnvoll gesehen – werden kann (z.B. PLP Kap. VI). VERSTEHEN verlangt Bezugnahme auf Dinge, die der Behaviorismus verwirft – Wünsche, Überzeugungen, Stimmungen, Gefühle, etc. Wittgensteins Philosophie ist auch mit dem metaphysischen Behaviorismus uneins. Das frühe Werk setzt voraus, daß es eine Sprache des DENKENS gibt, die aus psychischen Elementen besteht, die die Psychologie untersuchen kann. Außerdem ist seine erste Diskussion behavioristischer Vorstellungen kritisch, nämlich von Russells Darstellung der INTENTIONALITÄT in *The Analysis of Mind* (Kap. III, XII). Er beschuldigt Russell, die internen Relationen zwischen einer Erwartung und ihrer Erfüllung, einem Symbol und seiner Bedeutung, die normative sind, zu externen Beziehungen zwischen Reiz und Reaktion, die kontingent sind, zu verfälschen.

Wittgensteins Beziehung zum logischen Behaviorismus ist komplizierter. Niemals gab er eine behavioristische Darstellung der Situation der 1. Person, aber eine behavioristische Analyse psychologischer Sätze in 3. Person ist vielleicht im *Tractatus* implizit (*siehe* GLAUBEN/ÜBERZEUGUNG); jedenfalls dachte Wittgenstein darüber so, als er 1932 Carnap des Plagiarismus beschuldigte, als dieser den logischen Behaviorismus unter dem Titel 'Physikalismus' entwickelte. Explizit gibt es diese Auffassung im methodologischen SOLIPSISMUS der Übergangsperiode, der scharf unterschied zwischen eigentlichen 'Sätzen', die durch Bezugnahme auf primäre Erfahrungen verifiziert werden können, und psychologischen Sätzen in 3. Person, die bloße 'Hypothesen' seien und in Begriffen des Verhaltens analysiert werden müßten. Diese Position verbindet eine 'ohne Eigentümer'-Analyse der psychologischen Sätze in 1. Person mit einer behavioristischen Analyse der psychologischen Sätze in der 3. Person (*siehe* ICH/SELBST; PRIVATHEIT). Die offizielle Begründung dafür stellte der VERIFIKATIONISMUS bereit (WWK 49–50, 244; PB 88–95). Wenn die Bedeutung eines Satzes die Methode seiner Verifikation ist, dann ist die Bedeutung von psychologischen Sätzen in 3. Person wie (1) durch Verhaltensbelege gegeben, die wir für psychische Phänomene (z. B. Helgas Traurigkeit) haben. Denn wir können diese Phänomene nicht durch Beziehung auf die privaten Erfahrungen des Subjekts verifizieren. Also ist anderen psychische Phänomene zuzuschreiben dasselbe wie von ihrem Verhalten zu reden. Wittgenstein legt auch nahe, daß (1) denselben Sinn hat wie (1'), weil beide durch dieselben Erfahrungen verifiziert werden. Aber selbst ein Verifikationist könnte sich dieser reduktionistischen Schlußfolgerung widersetzen, mit der Begründung, es könnte (nicht notwendigerweise verfügbare) Belege geben, die (1) und (1') voneinander trennen (z. B. Helgas fröhliches Lachen, wenn sie unbeobachtet ist).

Während der 30er Jahre wurde Wittgenstein gegenüber dem Behaviorismus immer kritischer.

(a) Er wies die Vorstellung zurück, die in Carnaps logischem Behaviorismus zu finden ist, daß psychologische Sätze in 1. Person in Sätze über das eigene Verhalten analysiert werden könnten, die durch Selbstbeobachtung zu verifizieren wären. Es ist nicht sinnvoll, einen Satz wie 'Ich bin traurig' durch Beobachtung der eigenen Haltung und des eigenen Benehmens zu verifizieren (PB 89–90; Z § 539). Später behauptete Wittgenstein, daß solche Sätze im großen und ganzen überhaupt keine Beschreibungen sind, ganz zu schweigen von Verhaltensbeschreibungen, sondern AUSDRUCKSÄUSSERUNGEN, Ausdrucksformen des Psychischen. Solche Äußerungen haben eine analoge Funktion wie expressives Verhalten, aber sie handeln nicht *vom* Verhalten. Zu seufzen ist nicht dasselbe wie zu sagen 'Ich seufze', mit den Worten 'Ich habe Schmerzen' über seinen Schmerz zu klagen ist nicht dasselbe wie zu sagen 'Ich zeige Schmerzbenehmen' (PU § 244; II, S. 497; LSD 11; VüpEuS 94; BPP I § 287).

(b) Gegen den metaphysischen Behaviorismus betonte Wittgenstein, daß es für die Grammatik psychologischer Ausdrücke, selbst für relativ eng an das Benehmen gebundene Empfindungsausdrücke, wesentlich ist, daß jemand Schmerzen haben kann, ohne sie zu zeigen, oder sie heucheln kann, ohne wirklich Schmerzen zu haben. Es kann keinen 'größeren Unterschied' geben als den zwischen Schmerzbenehmen mit Schmerzen und Schmerzbenehmen ohne Schmerzen. Gleichzeitig impliziert das PRIVATSPRACHENARGUMENT, daß die Vorstellung von Schmerz als einer privaten Entität eine 'grammatische Fiktion' ist (PU §§ 304–11), die uns vom AUGUSTINISCHEN BILD DER SPRACHE aufgedrängt wird, weil es nahelegt, daß Wörter sich 'auf etwas beziehen' müssen, was im Fall der Empfindungswörter ein inneres Etwas sein müsse.

(c) Während der Behaviorismus das Cartesische Bild vom Geist als privater mentaler Bühne verwirft, akzeptiert er die zugehörige Auffassung des Körpers als eines bloßen Mechanismus und vom menschlichen Verhalten als 'farblosen' physischen Bewegungen. Wittgenstein neigte gelegentlich zu einem solchen Bild (PB Kap. VI; BlB 85), kam aber dazu, es als fehlerhaft einzusehen. Die Verhaltensäußerungen der meisten psychischen Phänomene sind äußerst verschiedenartig. Wir können Helgas Verhalten als Traurigkeit ausdrückend nur erkennen, wenn wir 'ihr Benehmen durch das Medium der Traurigkeit, unter dem Gesichtspunkt der Traurigkeit (sehen)' (PB 89–90). Das heißt, daß wir, im großen und ganzen, die einschlägigen Beschreibungen menschlichen

Benehmens nicht aus kargen physikalischen Beschreibungen schlußfolgern. Denn wir kennen oft die Schlußfolgerungen solcher angeblichen Schlüsse, ohne ihre Prämissen zu kennen. Es ist einfacher, Helgas Benehmen als 'traurig' oder 'gelangweilt' zu beschreiben als ihre Züge oder ihre Bewegungen in physikalischen Ausdrücken (BPP I §§ 1066–8, 1102; LS I §§ 766–7; Z § 225).

(d) Aus denselben Gründen ist es falsch zu meinen, ein MENSCHLICHES WESEN sei ein Körper. Es bedarf vielmehr einer Perspektivenverschiebung analog zu der in ASPEKTWAHRNEHMUNG vorliegenden, um ein menschliches Wesen als einen physiologischen Mechanismus und menschliches Benehmen als mechanische Bewegung anzusehen (PU § 420; II, S. 495). Aus diesem Grund würde Wittgenstein Ryles Analyse psychologischer Begriffe in Dispositionen zu Verhalten nicht mitmachen. Wir können psychologische Begriffe nur Wesen mit bestimmten Fähigkeiten zuschreiben. Und anders als Dispositionen sind Fähigkeiten (i) auf empfindende Wesen beschränkt und (ii) nicht automatisch realisiert, wenn bestimmte Bedingungen vorliegen (man muß eine Fähigkeit nicht ausüben).

(e) Wenn Wittgenstein von den Äußerungen des Psychischen im Benehmen spricht, schließt 'Benehmen' nicht nur Gesichtsausdrücke und Gesten ein, sondern auch, was Menschen tun und sagen, und die Gelegenheiten für den Gebrauch psychologischer Ausdrücke. Diese bilden ein hochkompliziertes Syndrom. Was bei einer Gelegenheit als Äußerung von Traurigkeit zählt, muß das bei einer anderen nicht (BPP I §§ 129, 314; Z § 492). Die Beziehung zwischen dem Psychischen und dem Benehmen ist viel komplizierter als Behavioristen annehmen.

Gleichzeitig behält Wittgensteins spätere Philosophie der Psychologie Berührungspunkte mit dem logischen Behaviorismus. Sie verwirft die dualistische Darstellung des Psychischen als unentäußerbar und epistemisch privat. Sie akzeptiert, wenn auch nur als empirische Tatsache, daß Sprachlernen (und damit der Erwerb eines komplizierten psychischen Lebens) sich auf *Abrichtung* gründet, nicht auf wirkliche ERKLÄRUNG, und natürliche Muster des Verhaltens und der Reaktion voraussetzt, die durch bestimmte Reize aktiviert werden. Und sie behauptet, daß die Zuschreibung psychologischer Prädikate bei anderen Personen *logisch* mit ihrem Benehmen verknüpft ist.

Diese logische Verknüpfung ist jedoch keine der logischen Äquivalenz zwischen Sätzen (nämlich psychologischen Sätzen und solchen über Verhalten). Vielmehr nimmt sie zwei Formen an. Erstens ist es nur sinnvoll, Wesen psychologische Prädikate zuzuschreiben, wenn sie das Psychische in ihrem Benehmen äußern können. Man kann 'nur vom lebenden Menschen, und was ihm ähnlich ist, (sich ähnlich benimmt) sagen, es habe Empfindungen; es sähe; sei blind; höre; sei taub; sei bei Bewußtsein, oder bewußtlos' (PU § 281). Zweitens hätten unsere psychologischen Ausdrücke nicht die Bedeutung, die sie haben, wenn sie nicht mit Kriterien im Benehmen verknüpft wären. Die sich ergebende Position untergräbt sowohl den Behaviorismus als auch den Dualismus. Psychische Phänomene sind auf ihre Ausdrücke am Körper und im Benehmen weder reduzierbar noch davon gänzlich trennbar. Die Beziehung zwischen psychischen Phänomenen und ihrem Ausdruck im Benehmen ist nicht eine kausale, die empirisch entdeckt werden müßte, sondern eine kriterielle: es ist Teil der entsprechenden psychologischen Begriffe, daß sie eine charakteristische Äußerungsform im Benehmen haben (VüpEuS 97; LSD 10). Und es ist Teil der psychologischen Begriffe im allgemeinen, daß sie irgendeine solche Äußerung im Benehmen haben. Wir würden sie für diese Äußerungen nicht verwenden, wenn sie nicht mit KRITERIEN im Benehmen verknüpft wären. Wenn wir menschliche Wesen träfen, die ein Wort verwendeten, dem jede Verbindung mit Schmerzbenehmen und den Umständen, in denen wir es zeigen, fehlte, würden wir das Wort nicht als 'Schmerz' übersetzen. Die Idee von Superspartanern, die ständige große Schmerzen haben, ohne sie zu zeigen, ist so inkohärent wie die Beschreibung von Wesen als seelenlos, die sich genauso benehmen wie wir (VPP 291 f.). 'Der menschliche Körper ist das beste Bild der menschlichen Seele' (PU II, S. 496). Wir sind geneigt, psychische Episoden als gegeben und ihren Ausdruck als sekundär aufzufassen, als bloße Symptome, durch die wir den Geist kennenlernen können. Aber Wittgenstein argumentiert kraftvoll für den Gedanken, daß die Verständlichkeit psychologischer Ausdrücke die Möglichkeit von Äußerungen im Benehmen voraussetzt. GEDANKEN zuzuschreiben ist, z. B., nur sinnvoll in Fällen, in denen wir Kriterien haben, um Gedanken zu identifizieren; und das heißt, daß Gedanken müssen ausgedrückt werden können.

Bestimmtheit des Sinns
Frege hatte postuliert, 'der Begriff muß scharf begrenzt sein', d. h., 'die Definition eines Begriffes ... muss für jeden Gegenstand unzweideutig bestimmen, ob er unter den Begriff falle ... oder nicht' (*Grundgesetze* II §§ 56–64; *Schriften* 168). Ein Begriff ohne eine präzise Definition ist kein wirklicher Begriff. Ein Grund hinter diesem Prinzip ist das Prinzip der Bivalenz: jeder Satz muß bestimmt wahr oder falsch sein. Ein anderer ist, daß Frege Begriffe als Funktionen behandelt, und eine mathematische Funktion ist nur dann definiert, wenn ein Wert für jedes Argument unzweideutig festgelegt ist. Schließlich ist für Frege der Sinn eines komplexen Ausdrucks eine Funktion des Sinns seiner Komponenten, was bedeutet, daß Unbestimmtheit ansteckend ist. Um Vagheit zu vermeiden, muß eine Definition vollständig sein: sie muß für jeden Gegenstand bestimmen, ob er unter einen Begriff fällt oder nicht, unabhängig von den Umständen.

Wittgenstein machte sich Freges Ideal der Bestimmtheit des Sinns und die Forderung nach Vollständigkeit einer Definition zu eigen. Aber während für Frege und Russell die Vagheit der natürlichen Sprache ein Defekt ist, der für wissenschaftliche Zwecke durch eine Idealsprache vermieden werden muß, ist sie für den *Tractatus* ein Oberflächenphänomen, d. h. ein Phänomen, das die Analyse als bloß scheinbar enthüllt. Viele Sätze der gewöhnlichen Sprache erscheinen vage oder zweideutig. Diese Vagheit jedoch 'läßt sich rechtfertigen' – die normale Sprache ist logisch vollkommen geordnet. Obwohl ein Satz Dinge offenlassen kann, muß er doch in einem solchen Fall auf bestimmte Weise unbestimmt sein, d. h., es muß durch ihn festgelegt sein, welchen genauen Spielraum er den Tatsachen läßt. 'Die Uhr liegt auf dem Tisch' läßt den genauen Ort der Uhr auf dem Tisch offen. Aber der Satz muß absolut scharf begrenzen, welche möglichen Positionen die Uhr einnehmen kann. Daher enthüllt LOGISCHE ANA-

Bestimmtheit des Sinns B

LYSE den Satz als eine Aussage mit dem Sinn, daß es genau zwei Gegenstände der-und-der Art gibt, die zueinander in einer von einer Reihe möglicher räumlicher Relationen stehen. Selbst das mag ein Problem aufwerfen, weil unklar sein kann, was genau als 'auf dem Tisch liegen' gilt. Nichtsdestoweniger, darauf besteht Wittgenstein, muß, was ich *bei einer spezifischen Gelegenheit* mit der Äußerung des Satzes meine, immer völlig scharf sein. Die Implikationen eines gegebenen Satzes müssen aufgrund seines Sinnes 'vollkommen feststehen' (TLP 3.24, 5.156; Tb 7.9.14, 16.–22.6.15; PT 3.20101–3.20103). Bestimmtheit des Sinnes ist eine Voraussetzung dafür, daß es überhaupt irgendwelchen Sinn gibt. Wittgenstein besteht auch darauf, daß zwar unsere Sätze (auf vorher bestimmte Weise) vage sein können, nicht aber die Welt, da diese aus genau festgelegten Bestandteilen bestehen muß.

Wittgensteins teilt Freges Verpflichtung auf Bivalenz: 'Die Wirklichkeit muß durch den Satz auf ja oder nein fixiert sein' (TLP 4.023; FW 55). Aber diese Verpflichtung wird ihrerseits aus der BILDTHEORIE abgeleitet: der Sinn eines Satzes ist ein Sachverhalt, d. h. eine mögliche Konfiguration von einfachen Elementen. Aber so eine Konfiguration ist etwas absolut Präzises: entweder existiert sie oder nicht. Ein Satz muß bestimmt sein, weil es eine präzise Konfiguration von einfachen Elementen geben muß, die ihn entweder verifiziert oder falsifiziert. Das logische Erfordernis, daß der Sinn der Sätze bestimmt sei, spiegelt das metaphysische Wesen der Tatsachen wider und impliziert, daß die Analyse aller Sätze bei logischen EigenNAMEN endet, die für unzerstörbare einfache GEGENSTÄNDE stehen. Ein Satz kann eine präzise Konfiguration von Elementen nur abbilden, wenn seine letzten Bestandteile in einer Eins-zu-eins-Beziehung zu diesen Elementen stehen. Andernfalls bildet die TATSACHE, daß seine letzten Bestandteile in bestimmter Weise verbunden sind, nicht eine bestimmte Verbindung von Gegenständen ab.

Nach dem *Tractatus* änderte sich Wittgensteins Einstellung zu Unbestimmtheit. Er hielt an der Überzeugung fest: 'Alle Sätze unserer Umgangssprache sind tatsächlich, so wie sie sind, logisch vollkommen geordnet' (TLP 5.5563). 'Die gewöhnliche Sprache ist völlig in Ordnung' (BlB 52; PU § 98). Aber seine Konzeption dieser Ordnung änderte sich radikal, als er die Vorstellung aufgab, eine Sprache zu sprechen heiße, einen KALKÜL nach bestimmten Regeln zu betreiben. Nicht nur ist es inkohärent zu meinen, jeder Aspekt der Sprache müsse durch Regeln geleitet sein, es ist gleichermaßen fehlgeleitet, darauf zu bestehen, daß die Regeln, die es gibt, jede mögliche Vagheit unter allen möglichen Umständen ausschließen müßten. Zuerst hielt Wittgenstein daran fest, daß die logische Ordnung der Sprache die Struktur der Wirklichkeit widerspiegele, modifizierte aber seine atomistische Ontologie. Ungenauigkeit oder Vagheit, so argumentierte er, sei eine interne Eigenschaft gewisser Gegenstände und Erfahrungen. Sie unterscheide z.B. die Geometrie des Gesichtsfeldes von der euklidischen Geometrie und sei wesentlich für Erinnerungsbilder und einige visuelle Erfahrungen. Die 'ungenauen' Ausdrücke der normalen Sprache sind am besten geeignet, die 'Verschwommenheit' dessen, was wir wahrnehmen, auszudrücken (WWK 55–6; PB 260–3; PLP 208–11).

Die *Philosophischen Untersuchungen* werden oft in demselben Licht gesehen, nämlich als behauptend, Vagheit sei ein wesentlicher Zug der Sprache. So verstanden

B Bestimmtheit des Sinns

waren sie eine wesentliche Anregung hinter Versuchen, eine Logik der Vagheit zu konstruieren. Wittgensteins reife Behandlung des Themas propagiert jedoch nicht Vagheit (PU §§ 75–88, 98–107); sie widersetzt sich nur dogmatischen Forderungen nach Bestimmtheit des Sinns, d.h. dem Beharren darauf, daß schon die bloße *Möglichkeit* von Zweifel oder Meinungsverschiedenheit über die Anwendung eines Ausdrucks ausgeschlossen werden müsse. In gleicher Weise verwirft Waismanns einflußreicher Begriff der 'offenen Textur' nicht Genauigkeit, sondern die Forderung, daß Ungenauigkeit unmöglich gemacht werden müsse (obwohl er das auf der Grundlage von Ideen eines VERIFIKATIONISMUS tut, die Wittgenstein zum Zeitpunkt der *Untersuchungen* verworfen hatte). Nicht alle Begriffe sind wirklich vage, und obwohl die meisten empirischen Begriffe Grenzfälle zulassen, werden sie dadurch nicht nutzlos – ein Gedanke, den Hart auf rechtliche Begriffe ausgedehnt hat, um gegen den Rechtsformalismus und einen Regelskeptizismus anzukämpfen.

Wittgenstein verwirft die Annahmen hinter der Forderung nach Bestimmtheit. Bivalenz und BIPOLARITÄT sind fakultative Züge der Sprache. Außerdem ist Vagheit nicht notwendigerweise ansteckend, wie der Kompositionalismus Freges und des *Tractatus* behauptet hatten. Eine Behauptung darüber, daß das Flußufer mit Pflanzen bewachsen sei, ist nicht deshalb unbestimmt, weil Biologen darüber rätseln mögen, ob sie gewisse Mikroorganismen als Pflanzen oder als Tiere klassifizieren sollen. Eine Lösung derartiger Rätsel durch eine schärfere Fassung des Begriffs Pflanze würde nicht zugleich unser Verständnis jedes Satzes schärfen, in dem der Ausdruck auftritt; sie würde vielmehr einen neuen Begriff einführen (BT 69, 250; MS 115 41).

Weit davon entfernt, Vagheit für wünschenswert zu erklären, besteht Wittgenstein darauf, daß 'ungenau' und 'unvollständig' Ausdrücke des Tadels sind, 'genau' und 'vollständig' Ausdrücke des Lobes. Aber er greift Frege und den *Tractatus* dafür an, daß sie das Ideal der Genauigkeit verzerrt haben.

(a) Es gibt nicht ein einziges Ideal der Genauigkeit. Der Kontrast zwischen genau und ungenau ist relativ auf einen Kontext und auf einen Zweck (z.B. ob man unsere Entfernung zur Sonne messen will oder die Länge eines Tisches) (PU §§ 88, 100; BT 249–50). Eine ungenaue Definition ist nicht eine solche, die einem unerreichbaren Ideal der Bestimmtheit nicht genügt, sondern eine solche, die die Erfordernisse des Verständnisses in einem bestimmten Zusammenhang nicht erfüllt.

(b) Keine ERKLÄRUNG könnte jede Möglichkeit von Unbestimmtheit abwenden, weil kein System von Regeln den zahllosen bizarren Möglichkeiten im vorhinein Rechnung tragen kann (PU §§ 80, 84–7).

(c) Obwohl Vagheit ein Defekt ist, ist ein Satz mit vagem Sinn immer noch sinnvoll, genauso wie eine ungenau markierte Grenze immer noch eine Grenze ist. Wenn es in einer Einfriedung nur eine Lücke gibt, heißt das eben, daß es nur einen Weg hinaus gibt (ein Fliegenglas ist eine Falle, obwohl es an einer Seite offen ist). Wenn ich jemandem sage 'Stell dich ungefähr da hin' und dabei auf eine Stelle zeige, werden einige Handlungen als Befolgungen des Befehls gelten und einige nicht, obwohl es Grenzfälle geben mag. Damit ein Begriff nützlich ist, wird nur verlangt, daß er für einige Fälle definiert ist, so daß einige Dinge bestimmt unter ihn fallen und andere bestimmt nicht.

Das Paradox des Sorites ergibt sich nur, wenn man versäumt hat, einzusehen, daß ein solches Fehlen wohlbestimmter Grenzen für einige vollkommen nützliche Begriffe wie den eines 'Haufens' konstitutiv sind: der Befehl, einen Haufen zu machen, ist völlig klar, aber nicht der, den kleinsten Haufen zu machen, der noch als Haufen zählt (PU §§ 68–71, 79, 88, 99; PB 264; PG 236–40). 'Haufen' ist nicht die Art von Begriff, auf die man mathematische Induktion anwenden kann. In gleichem Sinne müssen Namen nicht in eine Menge ausschließlich identifizierender Kennzeichnungen analysiert werden können, um einen Gebrauch zu haben, und ein FAMILIENÄHNLICHKEITSbegriff wie 'Spiel' hört nicht dadurch auf, ein Begriff zu sein, daß er nicht analytisch definiert ist.

(d) Man könnte darauf im Geist des *Tractatus* antworten, daß, obwohl die Regeln einen bestimmten Grad an Elastizität zulassen können, dieser Grad doch seinerseits bestimmt sein muß: es kann Grenzfälle geben, aber es muß genau definiert sein, was als solcher gilt. Diese Vorstellung jedoch führt in einen schädlichen Regreß. Wenn wir die Grenze eine Bereichs präziser markieren wollen, indem wir eine Linie um ihn herum ziehen, dann hat diese Linie eine Breite. Wenn wir das vermeiden wollen, indem wir die Farbgrenze der Linie benutzen, ist die einzige Möglichkeit zu bestimmen, was als Überschreitung dieser Grenze gelten soll, eine weitere Linie zu ziehen, etc. (PU § 88; Z 441–2).

Bewußtsein

Wittgensteins frühe Philosophie enthielt eine Form von SOLIPSISMUS, derzufolge die Wirklichkeit identisch ist mit dem Leben und das Leben mit dem 'Bewußtsein', d. h. meiner präsentischen Erfahrung, mit dem überraschenden Ergebnis, daß, wenn das Bewußtsein endet, 'die Welt sich nicht ändert, sondern aufhört'. Darin klingt Schopenhauer nach, der behauptet hatte, daß die Welt meine Vorstellung sei und daß der Begriff der Vorstellung mit dem des Bewußtseins zusammenfalle. Obwohl Wittgenstein diese Schopenhauersche Metaphysik nach dem *Tractatus* aufgab, hielt er in seiner Phase des VERIFIKATIONISMUS daran fest, daß 'alles was wirklich ist, die Erfahrung des gegenwärtigen Augenblicks' sei (M 102–2; vgl. Tb 11.6./24.7./2.8.16; TLP 5.621, 6.431; Wille I §§ 1, 10; II, Kap. 1). Von 1932 an jedoch begann Wittgenstein nicht nur diesen exotischen Solipsismus des gegenwärtigen Augenblicks zu kritisieren, sondern auch das Bild des Geistes und als eines privaten Reichs, das die Philosophie seit Descartes beherrscht hat (INNERES/ÄUSSERES). 'Das Bild ist etwa dies: Die Welt ist, trotz aller Ätherschwingungen, die sie durchziehen, dunkel. Eines Tages aber macht der Mensch sein sehendes Auge auf, und es wird hell' (PU II, S. 505). Das Bewußtsein wird als der Lichtstrahl verstanden, der unsere psychischen Episoden beleuchtet, als ein inneres Glühen, das, in den Worten von James, 'die tiefe Kluft' markiert, die den Geist von der Materie trennt, die Grundlagen des empirischen Wissens von dem, was wir bestenfalls erschließen können (VüpEuS 72 f.; *Psychology* I, 134–6). In seinem reifen Werk erhob Wittgenstein verschiedene Einwände gegen diese Vorstellung einer inneren 'Welt des Bewußtseins' (LS II 35, 100; PU §§ 412–27; VüpEuS 100).

(a) Die Auffassung, daß der Inhalt des Bewußtseins oder der Erfahrung aus Entitäten besteht, zu denen nur ich Zugang habe, wird durch das PRIVATSPRACHENARGUMENT herausgefordert, das bestreitet, daß die Vorstellung solcher privater 'diesse' und 'dasse' sinnvoll (verständlich) ist (BPP I §§ 91, 109, 896).

(b) Weit entfernt davon, daß Bewußtsein durch unfehlbare Introspektion erkannt würde, gibt es nicht so etwas wie sein eigenes Bewußtsein wahrnehmen oder antreffen. Wenn ich nach einem Unfall dem Arzt sage 'Ich bin bei Bewußtsein', berichte ich nicht das Ergebnis der Selbstbeobachtung meines Bewußtseins, sondern signalisiere bloß, daß ich das Bewußtsein wiedererlangt habe, etwas, was ich ebensogut durch 'Hallo!'-Sagen tun könnte (PU §§ 416–17; Z §§ 396, 401–2).

(c) Zum Teil aus diesem Grund ist es verfehlt, nach dem Wesen des Bewußtseins zu forschen, indem man die Aufmerksamkeit auf das eigene Bewußtsein lenkt. Was wir brauchen, ist eine Untersuchung, wie das Wort 'Bewußtsein' und ihm verwandte Wörter verwendet werden.

(d) Eine derartige Untersuchung enthüllt, daß 'Bewußtsein' sich nicht auf ein Phänomen (Zustand oder Prozeß) bezieht, der in uns stattfände. Der behauptete ontologisch tiefe Spalt zwischen der physischen Welt und der Welt des Bewußtseins ist nur eine kategoriale Unterscheidung, die in unserer Sprache getroffen ist, nämlich zwischen solchen Wesen, die Empfindungen haben, d. h. fähig sind, wahrzunehmen und auf ihre Umgebung zu reagieren, und solchen Dingen, die das nicht haben/tun. Daß gesunde MENSCHLICHE WESEN bewußt sind (oder daß sie sehen, fühlen und hören) ist ein grammatischer Satz, und die Unterstellung, daß menschliche Wesen, die sich genau wie wir benehmen, tatsächlich Automaten sein könnten, ist absurd (PU §§ 281–4, 420; Z § 395; BPP II §§ 14, 19, 35; LS II, 104 f.).

(e) Wenn das richtig ist, gibt es die 'Unüberbrückbarkeit der Kluft zwischen Bewußtsein und Gehirnvorgang' nicht und auch kein unlösbares metaphysisches Geheimnis über das Bewußtsein (PU § 412; BlB 78 f.). Obwohl es keinen Sinn hat, dem Gehirn oder seinen Teilen Bewußtsein zuzuschreiben, und obwohl Bewußtsein kein Prozeß ist, der im Gehirn vor sich ginge, gibt es nichts Paradoxes an einem neurophysiologischen Ereignis – sei es nun eine elektrische Reizung des Gehirns, sei es ein Druck auf die Augäpfel –, das bestimmte Erfahrungen hervorruft (z. B. einen Lichtblitz im Gesichtsfeld). Es gibt gleichermaßen kein metaphysisches Geheimnis an der Tatsache, daß nur Wesen mit einem Zentralnervensystem von bestimmter Komplexität bewußt sind. Andererseits gibt es bestimmte Rätsel, mit denen sich Wittgenstein nicht beschäftigt hat, z. B., warum und in welcher Weise die Vermögen für Empfindungen und willentliche Handlungen bestimmte neurophysiologische Mechanismen voraussetzen und wie diese Vermögen in einem Evolutionsprozeß entstanden sind.

Bildtheorie

Der Ausdruck *Bild* ist zweideutig zwischen Gemälden und abstrakten Modellen. 'Diesen Begriff des Bildes habe ich von zwei Seiten geerbt: erstens vom gezeichneten Bild und zweitens von dem Bild des Mathematikers, das schon ein allgemeiner Begriff ist. Denn der Mathematiker spricht ja auch dort von Abbildung, wo der Maler diesen Ausdruck nicht verwenden würde' (WWK 185). Hertz hatte behauptet, daß die Wissenschaft Modelle der Wirklichkeit bilde, so daß die möglichen Veränderungen des Modells die verschiedenen Möglichkeiten des betreffenden physischen Systems getreu widerspiegeln (*Mechanik* 1). Wittgenstein verwandelte die kurzen Bemerkungen über wissenschaftliche Darstellung bei Hertz in eine ins einzelne gehende Darstellung der Vorbedingungen symbolischer Darstellung überhaupt. 'Wir machen uns Bilder der Tatsachen' (TLP 2.1). Das Wesen der Sprache – die ALLGEMEINE SATZFORM – liegt darin, abzubilden, wie es sich verhält. Alle sinnvollen Sätze sind Wahrheitsfunktionen von Elementarsätzen; alle logischen Beziehungen beruhen auf wahrheitsfunktionaler Zusammensetzung. Indem sie für die Elementarsätze aufkommt, erklärt die Bildtheorie die Grundlage von Darstellung überhaupt und die Grundlage der Logik.

Zu diesem Zweck muß sie zwei Hauptprobleme lösen. Eins ist, wie Wittgenstein bemerkte (ebenso wie Frege in seinen letzten Schriften), bekannt als die 'Kreativität der Sprache': die Zahl der Sätze ist unbegrenzt, obwohl die Anzahl der Wörter endlich ist (AüL 194 ; TLP 4.02, 4.027; 'Gedankengefüge' 36; *Schriften* 230, 243; *Briefwechsel* 89). Das andere ist das ehrwürdige Rätsel der Intentionalität, insbesondere der Erklärung der Möglichkeit von Falschheit. Wenn ein Satz wahr ist, entspricht er einer Tatsache, bildet ab, wie es sich in der Welt verhält. Aber wenn er falsch ist, bleibt er doch sinnvoll, obwohl ihm keine Tatsache entspricht. Russells duale Beziehungstheorie des Urteils kam mit dem zweiten Rätsel in Kollision: *A*'s GLAUBEN, daß *aRb*, kann nicht eine zweistellige Relation zwischen einem Subjekt und einem Objekt sein, weil wenn er falsch ist, nichts in der Wirklichkeit ihm entspricht, was den Glauben der Bedeutung berauben würde (*Probleme* 86–7; AüL 191). Seine vielfache Beziehungstheorie vermeidet das Problem durch die Auffassung, *A* sei bezogen auf, 'bekannt mit', den Bestandteilen des Satzes, *a*, *R* und *b*, und nicht mit dem Satz als ganzem. Wittgenstein wies darauf hin, daß dies *A* erlauben würde, Unsinn zu urteilen, weil nicht länger garantiert ist, daß die Bestandteile auf sinnvolle Weise zuzsammengesetzt sind. Russell wollte dem Rechnung tragen durch die Auffassung, *A* sei nicht nur mit den Bestandteilen, sondern auch mit einer LOGISCHEN FORM *x*Φ*y* bekannt, einer völlig allgemeinen Tatsache. Wittgenstein zeigte, daß die Konzeption logischer Formen inkonsistent ist: auf der einen Seite sind sie Tatsachen, d.h. komplex, auf der anderen Seite Gegenstände der Bekanntschaft, d.h. einfach (AüL 198f.). Die erste Alternative erzeugt den Platonischen Regreß des dritten Menschen: sie erklärt, warum *a*, *R* und *b* zu bestimmten Tatsachen zusammengesetzt werden können (*aRb*, *bRa*), aber nicht zu anderen (*RRb*, *abR*) durch Berufung auf eine weitere Tatsache. Die zweite fügt den Bestandteilen des Satzes einen weiteren hinzu, ohne sicherzustellen, daß seine Bestandteile, einschließlich des hinzugefügten, in zulässiger Weise zusammengesetzt sind.

Als Wittgenstein die Bildtheorie aus den Trümmern der Urteilstheorie von Russell entwickelte, waren verschiedene Punkte bereits gesichert. Sätze (*siehe* SATZ) sind, anders als Namen, (a) wesentlich zusammengesetzt, (b) TATSACHEN: was darstellt ist die Tatsache, daß die Bestandteile des Satzes zueinander in bestimmter Beziehung stehen, (c) BIPOLAR: sie stellen dar, nicht indem sie für etwas stehen, sondern indem sie, wahr oder falsch, abbilden, wie es sich verhält. Was ungelöst blieb, war das 'Geheimnis der

Negation': wir können sagen, wie es sich nicht verhält; und das Problem der Falschheit: ein Satz bildet selbst dann etwas ab, wenn, was er abbildet, nicht der Fall ist (Tb 15.11.14). Wittgensteins Lösung dieser Rätsel war, daß, was ein Satz abbildet, eine Möglichkeit ist. Der Satz bildet eine Möglichkeit ab nicht mit Hilfe einer zusätzlichen logischen Form, oder zusätzlicher Beziehungen zwischen seinen Bestandteilen, sondern einfach durch die Tatsache, daß seine Bestandteile in bestimmter Weise zusammengesetzt sind. Die Möglichkeit dieser Zusammensetzung ist nicht durch eine zusätzliche logische Form garantiert, sondern dadurch, daß die kombinatorischen Möglichkeiten der Bestandteile des Satzes diejenigen der Gegenstände, die sie vertreten, widerspiegeln.

Ein Name repräsentiert ein Ding, ein anderer ein anderes Ding und selbst sind sie verbunden; so stellt das Ganze – wie ein lebendes Bild – den Sachverhalt vor ... Die Verbindung muß möglich sein, heißt: der Satz und die Bestandteile des Sachverhalts müssen in einer bestimmten Relation stehen. Damit also ein Satz einen Sachverhalt darstelle, ist nur nötig, daß seine Bestandteile die des Sachverhalts repräsentieren und daß jene in einer für diese möglichen Verbindung stehen. (Tb 4.–5.11.14)

Damit ein Satzzeichen abbildet, muß ihm als ganzem keine Tatsache entsprechen. Aber zweierlei muß der Fall sein. Erstens muß etwas seinen Bestandteilen entsprechen. Es muß eine Eins-zu-eins-Beziehung zwischen diesen Bestandteilen und denen der Sachlage, die der Satz abbildet, bestehen. Zweitens muß es bestimmt sein, welche Beziehungen zwischen den Satzbestandteilen welche Beziehungen zwischen den Dingen abbilden. Wenn beides erfüllt ist, stellt die Tatsache, daß sich die Elemente des Bildes zueinander in bestimmter Weise verhalten, dar, daß die entsprechenden Dinge sich in gleicher Weise zueinander verhalten, unabhängig davon, ob das wirklich der Fall ist. Etwas falsch abbilden heißt existierende Elemente in einer nicht-existierenden Verbindung darzustellen. 'Im Satz wird gleichsam eine Sachlage probeweise zusammengestellt' (TLP 4.031 f.; Tb 20.–21.11.14; BlB 56 f.).

Satz und Sachlage müssen sich in einigen Hinsichten voneinander unterscheiden, in anderen identisch sein (Tb 19.–22.10.14). Auf der einen Seite muß der Satz unabhängig davon sinnvoll sein, ob die Sachlage wirklich ist. Auf der anderen Seite müssen beide eine Möglichkeit miteinander teilen, die verwirklicht ist, wenn der Satz wahr ist, andernfalls nicht. Der Satz 'enthält' diese Möglichkeit in einem wörtlichen Sinn (TLP 2.203, 3.02). Er enthält nicht den Inhalt seines Sinnes, die Konfiguration der Gegenstände, die er abbildet, aber er enthält ihre Form, die Möglichkeit dieser Konfiguration, die durch den logischen Isomorphismus zwischen der Verbindung der Zeichen im Satz und der möglichen Verbindung (Konfiguration) der Dinge in der Sachlage garantiert ist (TLP 3.13, 3.34). Darstellung ist möglich durch einen logischen Isomorphismus, eine Übereinstimmung in der Form zwischen dem, was darstellt – sei es ein Diorama, ein Gemälde, eine musikalische Partitur, ein Satz oder ein Gedanke –, und dem, was dargestellt wird (das erinnert an die Vorstellung von Aristoteles, daß der Gedanke im Geist und sein Gegenstand, obwohl aus verschiedenem Stoff gemacht, dieselbe Form annehmen).

Die bildhafte Natur von Sätzen wurde Wittgenstein zuerst deutlich, als er von der Praxis erfuhr, Verkehrsunfälle vor Gericht durch ein Modell darzustellen. Wir können einen bestimmten Ereignisverlauf (der stattgefunden haben mag oder auch nicht) mit der Hilfe von Spielzeugautos und Puppen darstellen. Um das zu tun, müssen wir festlegen, welches Spielzeug welchem wirklichen Gegenstand entsprechen soll und welche Beziehungen zwischen Spielzeugen welchen wirklichen Beziehungen zwischen den Gegenständen entsprechen sollen (z. B. ihren räumlichen Beziehungen, aber nicht dem Verhältnis ihres jeweiligen Gewichts). Daher ist die Darstellung des *Tractatus* über satzförmige Darstellung (TLP 3–4.0641) eine Anwendung einer vorhergehenden Erklärung von Darstellung überhaupt (TLP 2.1–2.225). Jedes Modell oder 'Bild' muß zusammengesetzt sein, und zwar aus einer Mannigfaltigkeit von Elementen, die Elemente der abgebildeten Sachlage vertreten. Es muß Struktur und Form aufweisen. Die Struktur ist die konventionell bestimmte Art und Weise, in der seine Elemente zu Zwecken der Abbildung angeordnet sind. Die Möglichkeit dieser Struktur ist die 'Form der Abbildung' (z. B. die Dreidimensionalität eines Dioramas, die Zweidimensionalität eines Gemäldes, die lineare Ordnung einer musikalischen Partitur). Ein Bild muß mit dem, was es abbildet, diese Form der Abbildung teilen: es muß dieselbe logisch-mathematische Mannigfaltigkeit haben, d. h. dieselbe Anzahl voneinander unterschiedener Elemente, und es muß in der Lage sein, diese Elemente miteinander in einer Weise zu verbinden, die die möglichen Verbindungen der Gegenstände widerspiegelt (TLP 2.161, 4.04). Modelle derselben Sachlage in verschiedenen Medien haben verschiedene 'Formen der Darstellung', aber dieselbe logische Form, ein reines Minimum der Form der Abbildung.

Satzförmige Darstellung teilt diese Züge. Ein Satz ist 'ein Bild der Wirklichkeit', er beschreibt einen Sachverhalt, indem er ihn abbildet (TLP 4.016–4.021). Elementarsätze müssen zusammengesetzt sein, und zwar aus unanalysierbaren NAMEN. Die 'Bedeutungen' dieser Namen sind einfache 'Gegenstände', für die sie stehen und mit denen sie durch Projektionslinien verbunden sind. Der 'Sinn' eines Satzes ist 'die von ihm dargestellte Sachlage', eine mögliche Verbindung von Gegenständen. Nur Tatsachen können Tatsachen darstellen, nur einfache Namen können einfache Gegenstände vertreten, und nur Relationen (nämlich daß 'R' in einer konventionell bestimmten Beziehung zu 'a' und 'b' steht) können Relationen darstellen. Ein Satz besteht aus Struktur und abbildender Beziehung; d. h. aus zwei Relationen, der zwischen seinen Namen und der zwischen Namen und Gegenständen in der Wirklichkeit. Beide Relationen sind konventionell: wir bestimmen nicht nur, welche Namen welche Gegenstände vertreten, sondern auch, was an den Namen was über die Gegenstände sagt, d. h., welche Beziehungen zwischen den Namen symbolische Bedeutung haben und dadurch Teil der 'Struktur' des Satzes sind (TLP 3.322, 3.342, 5.473 ff.). Auf der anderen Seite sind diese Konventionen durch die notwendigen Voraussetzungen für Darstellung überhaupt eingeschränkt, durch das Erfordernis eines logischen Isomorphismus. Struktur und abbildende Beziehung stehen nicht auf gleicher Stufe. Die Wahl von Spielzeugen als dreidimensionalen Stellvertretern für dreidimensionale Gegenstände heißt ipso facto ihre dreidimensionalen räumlichen Beziehungen zur Form der Darstellung des Bildes zu machen (obwohl räumliche Beziehungen zwischen Spielzeugen z. B. das Verhältnis der Gewichte zwischen den Gegenständen abbilden könnten). Außerdem müssen die kombinatorischen Möglichkeiten der Namen die der Gegenstände widerspiegeln. Die Zuordnung eines Namens zu einem Gegenstand bestimmt die kombinatorischen Möglichkeiten des Namens (TLP 3.334). Schließlich stellt, sobald beide Mengen von Konventionen getroffen sind, 'der Satz den Sachverhalt gleichsam auf eigene Faust dar' (Tb 5.11.14; vgl. TLP 3.318, 4.024), ohne Rücksicht auf menschliche Tätigkeiten. Das löst auch das Problem der Kreativität der Sprache: mit einem endlichen Vorrat von einfachen Namen und den Regeln der LOGISCHEN SYNTAX, die ihre Verbindung in Elementarsätzen und auch die wahrheitsfunktionale Verbindung der sich aus der Verbindung der Namen ergebenden Elementarsätze regeln, können wir unbegrenzt viele Sätze bilden.

Die Bildtheorie ist so verstanden worden, als gleiche sie Sätze an Bilder an. Dieser Eindruck kann nicht dadurch zurückgewiesen werden, daß man darauf besteht, daß Sätze rein 'logische Bilder' seien, deren einzige Form der Abbildung die logische Form ist. Denn das gilt nur von Gedanken, nicht für die Satzzeichen, die diese ausdrücken (TLP 3). Letztere stützen sich auf die Verbindung von Zeichen in einem bestimmten Medium (der Rede, der Schrift). Man könnte auch einwenden, daß anders als ein Satz, der sagt, daß etwas der Fall ist, ein Bild gar nichts sagt, sondern nur dazu gebraucht werden kann, etwas zu sagen. Das jedoch ignoriert, daß die Bildtheorie den unbehaupteten Satz, 'das wirkliche Bild im Satz' betrifft. Wittgenstein hat anerkannt, daß noch etwas hinzugefügt werden muß, um so ein Bild in eine Behauptung zu verwandeln. 'Der Satz *zeigt* seinen Sinn', d.h. 'wie es sich verhält, *wenn* er wahr ist. Und er *sagt, daß* es sich so verhält' (TLP 4.022; Tb 26.11.14). Was entscheidend für die Bildtheorie ist, ist, daß selbst der unbehauptete Satz sagt, wie es sich verhält, wenn er wahr ist, wenn wir seine Elemente mit den Dingen korreliert haben, d.h. bei gegebener Projektionsmethode. Aber obwohl der *Tractatus* von räumlichen Metaphern beherrscht wird, ist ein Satz nicht ein Bild in dem wörtlichen Sinne des Sich-Stützens auf eine räumliche (oder akustische) Ähnlichkeit mit dem, was er abbildet. ELEMENTARSÄTZE könnten nicht und sollen nicht Beziehungen zwischen Gegenständen einzig durch die räumliche Anordnung von Zeichen darstellen, ohne die Hilfe von Relationsnamen. Außerdem stützt sich die 'Bildhaftigkeit' der Sätze nicht auf eine Ähnlichkeit zwischen ihren Elementen und denen der Wirklichkeit, sondern auf die 'Logik der Abbildung' (TLP 4.011 ff.) – die Regeln der logischen Syntax – genauso wie die abbildende Beziehung zwischen phonetischen Zeichen und Lauten auf der Existenz von Konventionen beruht, die es erlauben, die einen aus den anderen abzuleiten. Ein Satz *ist* ein logisches Bild (TLP 4.03) – wenn auch nicht ein reines. Seine Bildnatur besteht darin, in INTERNER RELATION zu dem zu stehen, was es abbildet; sein Sinn ist *im* Satz wie die dargestellte Szene *im* Gemälde ist. Die einzige Hinsicht, in der LOGISCHE ANALYSE aufdecken wird, daß der Satz entgegen dem Anschein doch ein Bild ist, ist die, daß sie zeigen wird, daß doch eine Eins-zu-eins-Zuordnung zwischen Namen und Gegenständen besteht, allgemeiner, daß es einen logisch-mathematischen Isomorphismus zwischen Satz und Sachverhalt gibt (TLP 4.04). Deshalb spricht Wittgenstein von Sätzen als 'Gleichnissen' oder 'Modellen', die eine Welt 'konstruieren' statt sie nur zu reflektieren wie eine Photographie (TLP 4.01, 4.023). Die Bildnatur wird nicht durch durch die wörtliche

Analogie mit Gemälden illustriert, sondern auch dadurch, daß der Satz ein Punkt im LOGISCHEN RAUM ist, der durch die ihn bildenden Namen genauso bestimmt ist wie ein Punkt im Raum durch seine Koordinaten (TLP 3.4ff.; Tb 29.10./1.11.14). Das legt nahe, daß Wittgenstein nicht nur die Vorstellung abgelehnt hätte, daß Sätze genauso realistisch seien wie Gemälde, sondern auch der entgegengesetzten Vorstellung, die er unter Semiotikern wie Goodman anzuregen geholfen hat, daß die bildliche Darstellung genauso konventionell ist wie die sprachliche.

Die Bildtheorie ist armselig als Theorie über Bilder. Aber ist sie eine gute Theorie über Sätze? Es hat eine Kontroverse darüber gegeben, ob Wittgenstein diese Frage später negativ beantwortet hat. Einige haben gemeint, die Bildtheorie kollabiere mit der atomistischen Metaphysik, mit der der *Tractatus* sie kombiniert hatte. Andere haben darauf beharrt, daß es einen logisch-semantischen Kern der Bildtheorie gebe, der im späteren Werk überdauert. Der Streit ist teilweise terminologisch, weil er sich darum dreht, was man unter die Titel 'Bildtheorie', 'logischer Atomismus', etc. einschließt. Wenn man die Bildtheorie mit der Gesamttheorie des *Tractatus* über symbolische Darstellung identifiziert, dann kollabiert sie mit der Lehre von der allgemeinen Satzform.

Eine Bildauffassung des Elementarsatzes hängt jedoch nicht wesentlich von jener Lehre ab. Das ist weniger klar für die Lehre des logischen Atomismus. Es könnte also scheinen, daß eine Verpflichtung auf absolut einfache, unvergängliche Gegenstände für die Bildtheorie wesentlich ist. Tatsächlich ist wesentlich für die Theorie, daß jedem der konstituierenden Namen eines Satzes ein Gegenstand entspricht, denn nur dann kann er eine möglicherweise nicht bestehende Sachlage darstellen. Das jedoch ergibt die Vorstellung von unvergänglichen und absolut einfachen GEGENSTÄNDEN nur, wenn man weitere Erfordernisse hinzufügt, so etwa die Vorstellung, daß der Sinn des Satzes nicht von der kontingenten Existenz der Bezugsgegenstände für seine Bestandteile abhängen darf (Autonomie des Sinns), oder das Bestehen darauf, daß Elementarsätze bestimmte (mögliche) Verbindungen von unzerstörbaren Elementen abbilden müssen (*siehe* BESTIMMTHEIT DES SINNS).

Diese Forderungen sind eng mit der Bildtheorie verknüpft, sie bilden einen Teil ihrer Motivation, aber sie können *im Prinzip* von ihr getrennt werden. Aber das gilt nicht von anderen Vorstellungen, die Wittgensteins späteres Werk zu Recht kritisiert. Eine ist die Metaphysik der Tatsachen: Tatsachen sind nicht aus Gegenständen zusammengesetzt, auch sind sie nicht Gegebenheiten in der Welt, denen wahre Sätze (*siehe* WAHRHEIT) entsprächen. Außerdem ist die Bildtheorie als semantische Theorie fehlerhaft. Darstellung setzt nicht eine Eins-zu-eins-Beziehung zwischen Wörtern und Dingen voraus. Durch Identifizierung der Bedeutung eines Namens mit dem Gegenstand, für den er steht, und durch Abhängigmachen des Sinns eines Satzes von den 'Bedeutungen' seiner konstituierenden Namen unterschreibt die Bildtheorie das AUGUSTINISCHE BILD DER SPRACHE. Ferner setzt sie voraus, daß ein Satz die Wirklichkeit 'auf eigene Faust' darstellen kann, sobald Struktur und abbildende Beziehung vorhanden sind. Aber ein Satzzeichen kann nicht seine eigene PROJEKTIONSMETHODE enthalten. Und wenn ein Satz mit dem Satzzeichen *plus* Projektionsmethode identifiziert wird, ist

Abbildung nicht mehr durch eine logische Form, die auf die Wirklichkeit geheftet wäre, garantiert, sondern durch unseren GEBRAUCH des Zeichens (PG 89; EPB 234).

Schließlich greift Wittgenstein den Kern der Bildtheorie, die Lehre vom Isomorphismus an. Die Vorstellung, daß ein Satz und der mögliche Sachverhalt, den er abbildet, eine bestimmte logische Form miteinander gemein haben, bricht mit der atomistischen Idee, daß beide letzte Bestandteile haben, zusammen. Aber ohne diese Spezifikation heißt zu sagen, daß ein Satz und das, was er darstellt, 'etwas gemeinsam haben', nur zu sagen, daß sie intern aufeinander bezogen sind. Es ist diese interne Relation, die Wittgenstein weiter aufrechterhält, wenn er von der 'Bildhaftigkeit' der Sätze spricht (PB 57, 63–71; PG 163, 212; PU §§ 519–21). Aber das heißt nur, den intentionalen Charakter von Sätzen zu reformulieren (*siehe* INTENTIONALITÄT). Die Erklärung, die die Bildtheorie dafür zu geben beansprucht, wird zurückgewiesen. Die 'Harmonie zwischen Gedanken und Wirklichkeit' ist nicht eine metaphysische Beziehung zwischen dem Satz und einer Gegebenheit in der Welt (oder einem Schatten einer solchen – einem möglichen Sachverhalt), sondern in der Sprache gestiftet. Sie reduziert sich auf grammatische Sätze wie 'Der Satz daß *p*' = 'der Satz, den die Tatsache daß *p* wahrmacht'.

Was abgesehen von der neu erklärten Bildhaftigkeit von der Bildtheorie übrigbleibt ist ein Vergleich von Sätzen mit Bildern, aber Bildern im wörtlichen Sinn, nicht logischen Bildern (Gedanken). Das Verstehen eines Satzes oder das Handeln aufgrund eines Satzes ist verwandt mit dem Handeln nach einem Bild. Der Unterschied zwischen fiktionalen und Tatsachen behauptenden Sätzen ist verwandt mit dem zwischen Genrebildern und historischen Gemälden (PG 42, 163–4; WWK 185; PU §§ 522–3; Z § 444; MS 107 155; MS 109 26–7). Ein Genrebild sagt uns etwas, aber genau das nicht – wie es sich in Wirklichkeit verhält.

Bipolarität
Gemäß dem Prinzip der Bipolarität muß jeder Satz sowohl wahr sein können, als auch falsch sein können. Dieses Prinzip, das Wittgenstein als erster vertreten hat, ist verschieden von dem schwächeren Prinzip der Bivalenz, demzufolge jeder Satz entweder wahr oder falsch ist. Symbolisch dargestellt (nach Grundsätzen, die Wittgenstein in den 'Moore-Aufzeichnungen' über Logik akzeptierte, aber später verwarf), liest sich das Prinzip der Bivalenz als $(p) (p \vee \sim p)$, während das Bipolaritätsprinzip zu $(p) (\lozenge p \cdot \lozenge \sim p)$ wird. Von früh an war Wittgenstein der Auffassung, daß Bipolarität das Wesen des Satzes sei (RUB 5.9.13; AüL 188–93; AM 215). Der Ausdruck leitet sich von einer Metapher her: ein Satz hat, wie ein Magnet, zwei Pole, einen wahren und einen falschen. Er ist wahr, wenn es sich so verhält, wie er sagt, falsch, wenn nicht. Der Ausgangspunkt dieser Vorstellung ist Freges Auffassung, daß Namen und Sätze gleichermaßen 'Sinn' und 'Bedeutung' haben, wobei die Bedeutung eines Satzes einer von zwei 'logischen Gegenständen', das Wahre und das Falsche, ist. Anfänglich folgte Wittgenstein Frege in der Behauptung, daß Sätze eine BEDEUTUNG haben, d.h. für etwas stehen, genauso wie Namen. Aber er meinte, daß diese Bedeutung nicht ein Wahrheitswert sei, sondern

eine TATSACHE, die dem Satz in der Wirklichkeit entspreche. Die 'Bedeutung' von 'p' ist dieselbe wie die von '$\sim p$', weil die Tatsache, die daß p wahr macht, dieselbe ist, die daß $\sim p$ falsch macht, und umgekehrt. Aber das Negationszeichen kehrt den Sinn des Satzes um: wenn man sich den Doppelsinn von Sinn (Bedeutung und Richtung) zunutze macht, kann man sagen, daß, wenn es eine Tatsache ist daß p, der Wahrheitspol des Satzes zur Wirklichkeit zeigt ebenso wie der Falschheitspol von '$\sim p$'. Was 'p' abbildet ist genau dasselbe wie das, was '$\sim p$' abbildet, nur sagt das letztere, wie es sich *nicht* verhält.

Bipolarität markiert einen grundlegenden Kontrast zwischen NAMEN, die für Dinge stehen, und einem SATZ, der einen möglichen Sachverhalt abbildet und negiert werden kann. Das führte den *Tractatus* zu der Behauptung, nur Sätze hätten einen Sinn und nur Namen eine Bedeutung. Um einen Namen zu verstehen, muß man seinen Bezugsgegenstand kennen, aber um einen Satz zu verstehen, muß man nicht wissen, ob er wahr oder falsch ist. Was wir im Fall eines Satzes verstehen, ist sein 'Sinn', d. h. sowohl was der Fall ist, wenn er wahr ist, als auch, was der Fall sein würde, wenn er falsch wäre. Infolgedessen ist der Satz auf seine Verneinung intern bezogen, ungefähr wie

▓▓▓ auf ▭ bezogen ist. p zu verstehen, heißt, seine Verneinung zu verstehen

(AüL 195, 202; Tb 14.11.14; TLP 3.144, 3.221).

Die Vorstellung, daß es für Sätze wesentlich ist, bipolar zu sein, kontrastiert mit Frege und Russell, nicht nur, weil sie Sätze als Namen behandelten (Namen von Wahrheitswerten bzw. Komplexen). Frege ging in die Irre, nicht nur, weil er Wahrheit und Falschheit als Gegenstände behandelte, die von einigen Sätzen benannt werden, nämlich solchen, die keine Wahrheitswertlücken haben; sondern auch darin, daß er nicht sah, daß ein Satz wesentlich mit beiden Wahrheitswerten verknüpft ist. Für ihn ist zwischen einem Satz und der Falschheit keine engere Beziehung als zwischen einem Satz und jedem anderen Gegenstand (z. B. der Zahl 7). Natürlich impliziert, daß p wahr ist, daß $\sim p$ falsch ist; aber Frege sieht nicht ein, daß es kein Zufall ist, daß die Verneinung so operiert, sondern etwas, was sich aus dem eigenen Wesen des Satzes ergibt. Russell war dem *Tractatus* näher, weil er auf Bivalenz bestand, und er behandelte Wahrheit und Falschheit eher als Eigenschaften denn als Gegenstände. Aber er erweckte den Eindruck, als sei es eine zufällige Tatsache, daß alle Sätze eine dieser Eigenschaften haben. Im Gegensatz dazu bestand Wittgenstein auf Bipolarität statt Bivalenz und behandelte dies als eine wesentliche Bedingung dafür, daß der Satz fähig ist, die Wirklichkeit darzustellen (AüL 202 f.; TLP 6.111–6.126, 6.21 f.).

Gemäß dem Bipolaritätsprinzip ist ein Satzzeichen nur sinnvoll, wenn es eine Möglichkeit bestimmt, die die Welt entweder erfüllt oder nicht erfüllt. Das hat die erstaunliche Konsequenz, daß Logik, Mathematik und Metaphysik nicht aus Sätzen bestehen. Es kann keine logisch notwendigen Sätze geben, weil sie schlechterdings nicht falsch sein können, und es daher keine Lücke gäbe zwischen dem Verstehen ihres Sinns und der Erkenntnis ihrer Wahrheit (vgl. TLP 3.04 f., 4.024). Die Wahrheiten der Logik sind TAUTOLOGIEN, Grenzfälle sinnvoller empirischer Sätze, nämlich Sätze mit null Sinn. Metaphysische Sätze sind unsinnig. Bestenfalls versuchen sie etwas zu sagen, was nur gezeigt werden kann, die Form bipolarer Sätze. Mathematische Sätze (*siehe* MATHEMATIK) sind 'Scheinsätze', sie bilden nichts ab, sondern sind Regeln, die Schlüsse zwischen empirischen Sätzen lizensieren. Die Darstellung mittels WAHRHEITSTAFELN von Sätzen liefert eine ideale Notation, die die logische Struktur aller Sprachen sichtbar macht, weil sie zeigt, daß Sätze notwendigerweise zwei Pole haben (W und F). Sie zeigt auch, daß die notwendigen Sätze der Logik aus dieser wesentlichen Bipolarität hervorgehen, indem sie zeigt, wie in bestimmten Verknüpfungen die Wahrheit/Falschheit von Elementarsätzen einander aufhebt. Das zeigt etwas über die Struktur der Welt, nämlich, daß diese aus voneinander unabhängigen Sachverhalten besteht (TLP 4.121, 6.12, 6.124; AM 209–11).

Die Logischen Positivisten stürzten sich auf Bipolarität und die zugehörige Behandlung von logischer Notwendigkeit, um synthetisch apriorische Wahrheiten auszuschließen. Aber Wittgenstein selbst hat das Bipolaritätsprinzip später als Teil einer 'Mythologie des Symbolismus' (PG 56; Z § 211) verworfen. Im *Tractatus* mußten Sätze bipolar sein, weil sie Sachverhalte abbilden, die entweder bestehen oder nicht bestehen. Daß jedoch Sachverhalte entweder bestehen oder nicht bestehen, ist kein metaphysischer Zug der Wirklichkeit, sondern nur Teil dessen, was wir einen Sachverhalt nennen. Gleichermaßen gehören WAHRHEIT und Falschheit zu unserm Begriff von Sätzen, aber das ist keine metaphysische Offenbarung, es besagt nur, daß wir Satz nennen, was entweder wahr oder falsch sein kann (FW 55; PU §§ 136–7). Tatsächlich sind Sätze typischerweise bipolar darin, daß ihre Wahrheit eine Möglichkeit ausschließt. Aber der Begriff des Satzes ist ein FAMILIENÄHNLICHKEITSbegriff. Es gibt keine Grundlage für die Beschränkung des Begriffs auf Beschreibungen möglicher Sachverhalte. Tatsächlich sind nicht einmal empirische Sätze geradewegs bipolar – die *Weltbild*-Sätze aus *Über Gewißheit* können sich nicht einfach als falsch erweisen (*siehe* GEWISSHEIT).

'Die Verneinung eines Unsinns ist Unsinn' (RAB 2.7.27). Wittgenstein hat später diese bipolare Auffassung von UNSINN gelockert, indem er zuließ, daß mindestens einige Verneinungen von Unsinn, wie z. B. 'Nichts kann zugleich ganz rot und ganz grün sein', grammatische Sätze (*siehe* GRAMMATIK) sind. Aber das dogmatische Prinzip tut in einigen Teilen seines späteren Werks weiter Dienst: die Behauptung, daß ich nicht wissen kann, daß ich Schmerzen habe, weil ich mich darüber nicht irren kann, ruht zum Teil auf der Annahme, daß es kein Wissen ohne die Möglichkeit des Irrtums gibt, und der Vorschlag, daß 'ich' kein referierender Ausdruck ist, ruht teilweise auf der Annahme, daß Bezugnahme (Referenz) die Möglichkeit eines Bezugnahmefehlschlags voraussetzt. In diesen Argumenten verfolgt Wittgenstein aber zugleich eine vielversprechendere Argumentationslinie. Statt dogmatisch darauf zu bestehen, daß die Verneinung von Unsinn selbst Unsinn sein muß, hebt er den *Unterschied* hervor zwischen solchen nicht bipolaren Sätzen und denen, die einen empirischen Anspruch ausdrücken, weil sie Möglichkeiten ausschließen, die sinnvoll beschrieben werden können, wie z. B. 'Nichts kann zugleich fett und gesund sein' (*siehe* ICH/SELBST; PRIVATHEIT).

Elementarsatz
Die traditionelle Grammatik betrachtete Subjekt-Prädikat-Sätze wie 'Marie ist blond' als einfach. Der Logische Atomismus benutzte im Gegensatz dazu die moderne Logik, um zu zeigen, daß solche Sätze 'molekular' sind, d. h. Wahrheitsfunktionen von einfacheren Sätzen, so wie '$p \, . \, q$' und '$p \supset q$' Wahrheitsfunktionen von 'p' und 'q' sind. 'Atomare' oder 'elementare' Sätze sind 'die einfachsten' Sätze, in die alle anderen analysiert werden können, die aber selbst nicht in einfachere Sätze analysiert werden können (RUB 8.12; AüL 190–3; AM 213f.). Für Russell liefern die Grundlagen der Erkenntnis auch die Grundlagen sprachlicher Bedeutung. Gemäß seinem empiristischen 'Prinzip der Bekanntschaft' muß jeder Satz, den wir verstehen, aus Namen zusammengesetzt sein, die sich auf Sinnesdaten beziehen, mit denen wir bekannt sind. Ein Satz ist sinnvoll, wenn alle seine wirklichen Bestandteile für etwas stehen, und nur die Existenz von Sinnes- und Erinnerungsdaten ist gegen Cartesischen Zweifel immun. 'Dies ist weiß', wenn es sich auf ein gegenwärtiges Sinnesdatum bezieht, handelt von 'einer so einfachen Tatsache, wie man sie nur antreffen kann', aber Russell hat nicht ausgeschlossen, daß die Analyse der Sätze 'immer weitergehen' könnte (*Logic* 198–202).

Die Möglichkeit einer Analyse ohne Ende war für den jungen Wittgenstein unakzeptabel. Seine quasi-Kantische Theorie des Symbolismus überließ die tatsächliche Zusammensetzung von Elementarsätzen der 'Anwendung der Logik': nur zukünftige Analyse könnte die Zusammensetzung und die logischen Formen von Elementarsätzen aufdecken (TLP 5.557). Aber 'aus rein logischen Gründen' bestand er darauf (TLP 5.5562), daß es Elementarsätze geben müsse, um sicherzustellen, daß die Analyse von Sätzen an ein Ende kommt, daß der Sinn von Sätzen bestimmt sei, daß keine Wahrheitswertlücken auftreten würden, und daß, ob ein Satz sinnvoll ist, nicht von empirischen Tatsachen abhängen würde. Elementarsätze bilden die Grundlage aller sprachlichen Darstellung (*siehe* ALLGEMEINE SATZFORM) und daher den Kern der BILDTHEORIE. Wittgenstein entscheidet nicht, welche Sätze unanalysierbar seien, aber er spezifiziert strenger als Russell die Bedingungen, die sie erfüllen müssen. Sie müssen folgendes sein:

(a) Logisch voneinander unabhängig. Keine zwei Elementarsätze können miteinander unvereinbar sein oder einander implizieren. Wenn 'p' 'q' impliziert, enthält sein Sinn den von 'q', d. h., die Analyse muß zeigen, daß 'q' eine der wahrheitsfunktionalen Komponenten von 'p' ist. Genauso gilt, wenn 'p' 'q' widerspricht, impliziert es und 'enthält' also '$\sim q$'. In beiden Fällen ist 'p' komplex, nicht elementar (TLP 4.1211, 4.211, 5.134, 6.3751). Dieses Erfordernis wurde nahegelegt durch die Vorstellung, daß molekulare Sätze Wahrheitsfunktionen von elementaren sind, was voraussetzt, daß in einer WAHRHEITSTAFEL jedem Elementarsatz ein Wahrheitswert zugeordnet werden kann, unabhängig von den Wahrheitswerten aller anderen Elementarsätze.

(b) Bilder. Sie bilden 'Sachverhalte' ab, behaupten das Bestehen einer bestimmten Verbindung von GEGENSTÄNDEN. Wenn sie wahr sind, besteht der Sachverhalt.

Ein Sachverhalt ist, was Russell eine 'atomare Tatsache' genannt hat (TLP 4.21).

(c) Eine 'Verkettung' oder 'Verbindung' von Namen. Ein vollständig analysierter Satz besteht ausschließlich aus logischen EigenNAMEN 'in unmittelbarer Verbindung', die einfache Gegenstände vertreten. Elementarsätze bilden Sachverhalte ab, indem sie Namen in einer Weise verbinden, die einer möglichen Verbindung von Gegenständen entspricht (TLP 4.22 f.).

(d) Wesentlich positiv. Bedingung (b) impliziert, daß alle Elementarsätze, ob wahr oder falsch, eine 'positive Tatsache', nämlich die Existenz eines Sachverhalts abbilden. Sie sagen, daß etwas der Fall ist, daß Gegenstände in bestimmter Weise verkettet sind, und nicht, daß etwas nicht der Fall ist (TLP 4.021–4.023). Und Bedingung (a) impliziert, daß, wenn 'p' elementar ist, '$\sim p$' das nicht sein kann, weil die beiden einander ausschließen. Ein falscher Elementarsatz ist nicht die Negation eines wahren, sondern bildet vielmehr eine andere, nicht bestehende Verbindung von Gegenständen ab (TLP 2.06, 4.022; RUB 19.8.19).

(e) Nur auf eine Weise in der Lage, falsch sein zu können. Sätze über Komplexe (z. B. '$\Phi(aRb)$') können falsch sein entweder, wenn der Komplex nicht existiert (d. h., wenn a nicht in der Beziehung R zu b steht), oder wenn er die zugeschriebene Eigenschaft (Φ) nicht hat. Im Gegensatz dazu schließt ein Elementarsatz genau eine Möglichkeit aus, nämlich, daß die von seinen Bestandteilen benannten Gegenstände nicht so angeordnet sind, wie es die Namen im Satz sind (TLP 4.25 f.).

Einige Kommentatoren meinen, daß Wittgenstein sich hinsichtlich anderer Züge von Elementarsätzen absichtlich nicht festgelegt hat, weil sie für die transzendentale Deduktion ihrer Existenz unwesentlich sind. Aber Wittgenstein hat bestimmte Vorstellungen über das Wesen der Sätze von Frege und Russell geerbt, besonders die, daß sie nicht aus Subjekt und Prädikat, sondern aus Funktion und Argument zusammengesetzt sind (TLP 3.141, 3.318, 5.47). Russell behauptete, daß die einfachen Gegenstände, die von den Bestandteilen von Atomsätzen benannt werden, nicht nur 'Einzeldinge', sondern auch 'Eigenschaften' wie Farben und 'Relationen' umfassen. Wittgenstein hat diese Ansicht zunächst zurückgewiesen, indem er meinte, daß ein Satz wie 'Sokrates ist menschlich' nicht von der Form Fa sei, sondern in 'Sokrates' und 'etwas ist menschlich' analysiert werden müßte, und daß Gegenstände nicht zu verschiedenen logischen Typen gehören (RUB 1.13; AüL 198, 207). Die erste Behauptung hat Wittgenstein aufgegeben (siehe ALLGEMEINHEIT) und seine *Tagebücher* sagen ausdrücklich: 'Auch Relationen und Eigenschaften etc. sind *Gegenstände*' (Tb 16.6.15, vgl. 21.6.15; AM 215).

Nominalistische Interpreten behaupten, der *Tractatus* behandele, im Unterschied zu den *Tagebüchern*, Eigenschaften und Relationen als logische Formen, nicht als Gegenstände; Elementarsätze sind logische Netze, übersät mit Namen von Einzelnen. Sie haben vier Argumente angeführt. Das erste ist, daß der *Tractatus* andeutet, daß Zeichen für Eigenschaften und solche für Einzelne von verschiedenem logischen Typ sind, und für sie verschiedene Formen von Variablen verwendet (TLP 3.323 f., 5.5261); Wittgenstein würde nicht versäumt haben zu erwähnen, daß es verschiedene Arten von *Gegenständen* gibt. Infolgedessen ist der Unterschied einer zwischen Namen (die für Gegenstände stehen) und anderen Zeichen. *Aber* durch die Behauptung, daß sie verschiedene LOGISCHE FORM haben, hat Wittgenstein Gegenstände in verschiedene Kategorien mit verschiedenen kombinatorischen Möglichkeiten eingeordnet. Er könnte es als überflüssig angesehen haben, ausdrücklich zu sagen, daß die allgemeinste Unterscheidung die zwischen Einzeldingen, Eigenschaften und Relationen ist, besonders, da Russell dieselbe Position vertrat.

Das zweite Argument ist, daß *Tractatus* 2.0251 sagt: 'Raum, Zeit und Farbe (Färbigkeit) sind Formen der Gegenstände.' Aber, was er hier Formen der Gegenstände nennt, sind nicht spezifische Eigenschaften (Räume, Zeitpunkte, Farben), sondern bestimmbare Eigenschaften wie Gefärbtsein (vgl. TLP 2.0131). Vielmehr ist es so: daß der *Tractatus* von solchen bestimmbaren Eigenschaften als 'formalen Eigenschaften' und auch von 'formalen Relationen' spricht, legt nahe, daß es auch nicht-formale Eigenschaften und Relationen gibt (TLP 4.122). Schließlich, weil die Form eines Gegenstandes die Möglichkeiten seiner Verbindung mit anderen Gegenständen enthält, implizieren *Tractatus* 2.0251 und *Proto-Tractatus* 2.0251f., daß sichtbare Gegenstände mit Farben verbunden sein können, und also, daß Farben Gegenstände sind.

Das dritte Argument ist, daß der Vergleich von Sätzen mit räumlichen Anordnungen (TLP 3.1431, 4.012, 4.016, 4.0311) nahelegt, daß in einer idealen Notation Eigenschaften und Relationen nicht durch Funktionszeichen, sondern durch räumliche Eigenschaften von Namen für Einzelne gezeigt würden: 'fa' würde durch '$\overset{x}{v}$' ausgedrückt und '$\Phi(x,y)$' durch '$\overset{x}{y}$'. Es ist eingewendet worden, daß dies entgegen dem *Tractatus* implizieren würde, daß die Tiefenstruktur von Sätzen schriftlich ausgedrückt sei. Aber der nominalistische Vorschlag ist nur auf die Möglichkeit der Ersetzung von Funktionszeichen durch Relationen (räumliche oder zeitliche) verpflichtet. Aber er ignoriert, daß weder die unbestimmte Anzahl von möglichen Eigenschaften und Relationen, noch ihre verschiedenen logischen Mannigfaltigkeiten durch erkennbare Konfigurationen gezeigt werden können. Um diese Schwierigkeit zu vermeiden, ist vorgeschlagen worden, daß Relationszeichen zwar in Elementarsätzen *auftreten*, aber darin keine *Namen* seien. Aber dies widerspricht Bedingung (c): die einzigen Bestandteile von Elementarsätzen sind Namen.

Schließlich wird darauf hingewiesen, daß der *Tractatus* folgendes sagt: 'Nicht: „Das komplexe Zeichen 'aRb' sagt, daß a in der Beziehung R zu b steht", sondern: *Daß* „a" in einer gewissen Beziehung zu „b" steht, sagt, *daß aRb*' (TLP 3.1432). Aber diese Passage richtet sich nicht gegen die Vorstellung, daß Relationen Gegenstände seien, sondern gegen Russells Behauptung, daß 'aRb' der Name eines Komplexes sei, in dem beide Relata für sich mit der Relation R verknüpft sind. Nach Wittgenstein verbinden sich Gegenstände in Sachverhalten nicht mit Hilfe weiterer Verknüpfungsglieder, sondern direkt, wie Glieder in einer Kette. Die Bestandteile in Sachverhalten stehen in einer bestimmten Beziehung zueinander (aRb ist nicht dasselbe wie bRa) ohne irgendeinen logischen Kleister. Die Darstellung dessen ist möglich, weil Sätze (*siehe* SATZ) Tatsachen sind. Was die Beziehung zwischen a und b in aRb darstellt, ist nicht 'R', was wie die Eigennamen '*a*' und '*b*' aussieht, sondern '*xRy*', was ein Relationsname ist (siehe AüL 192–5; TLP 2.03 f.).

Daß einige Namen für Eigenschaften und Relationen stehen, wird weiter durch drei Punkte nahegelegt. Erstens ist es die einzige Weise, zwei Behauptungen über Elementarsätze miteinander zu vereinbaren: daß sie Verkettungen von Namen sind – (c) – und daß sie aus Funktion und Argument bestehen. Zweitens sind nach *Tractatus* 4.24 Elementarsätze Funktionen von Namen und haben die Form fx, $\Phi(x,y)$, etc. Drittens spricht *Tractatus* 4.123 über Farbtöne als Gegenstände, mindestens in einem erweiterten Sinn des Ausdrucks. Die realistische Interpretation wird außerdem durch Wittgensteins folgende Diskussionen des *Tractatus* weiter unterstützt. Am bemerkenswertesten hat Wittgenstein in einer Vorlesung unzweideutig gesagt, daß die Gegenstände in *Tractatus* 2.01 Eigenschaften wie Farben und räumliche Relationen einschließen (Vorl 139; BFLF; WWK 220; PG 199–201; TS 220 § 109; MS 127 1.3.44). Außerdem schreibt er dem *Tractatus* die Ansicht zu, daß eine Eigenschaft ein Gegenstand ist, der in Verbindung mit Individuen treten kann (GB 38; BT 433–4; BlB 37 f.).

Der Mangel des *Tractatus*, Beispiele für Elementarsätze zu geben, verdankt sich weniger Agnostizismus als den Schwierigkeiten, denen Wittgenstein (vor allem in den *Tagebüchern*) dabei begegnete, seine Vormeinungen über Einfachheit mit seinen logischen Spezifikationen in Übereinstimmung zu bringen. Nichtsdestoweniger deuten Hinweise im *Tractatus* ebenso wie in früheren und späteren Schriften an, daß die Analyse in Richtung auf phänomenal Gegebenes (sinnliche Eindrücke) voranschreitet. Sachverhalte sind Instantiierungen oder Ko-Instantiierungen von Eigenschaften wie Farben und (räumlichen) Relationen an Raumzeitpunkten oder Punkten im Gesichtsfeld. Ein Punkt im Gesichtsfeld befindet sich in einem 'Farbenraum': *irgendeine* Farbe muß er haben, und er verbindet sich mit einer bestimmten Farbe wie zwei Glieder in einer Kette ohne irgendwelche zusätzliche Relationen (TLP 2.0131; Tb 3.9.14, 6.–7.5.15; PG 211). 'Bemerkungen über Logische Form' macht das Bild konkret: nimm dein Gesichtsfeld, lege es flach und lege ein Netz darüber. Elementarsätze nutzen die Koordinaten, um auf einen Punkt im Gesichtsfeld Bezug zu nehmen, und schreiben ihm einen Farbton zu (ein System, das an PU § 48 erinnert; vgl. auch BüF I 61–2; III 58, 149), z. B.

(1) A (der Raumpunkt mit den Koordinaten x,y) ist rot.

Dementsprechend sind Gegenstände *minima sensibilia* (Tb 7.5.15): Einzeldinge wie Raumpunkte, letzte Wahrnehmungsqualitäten wie Farbtöne und einfache räumliche Relationen.

Ein Einwand gegen diese Interpretation ist, daß die GEGENSTÄNDE des *Tractatus* unzerstörbar sein müssen, allen möglichen Welten gemeinsam. Aber anders als Russells Sinnesdaten sind Wittgensteins *minima sensibilia* keine flüchtigen psychischen Episoden. Sie sind nichts Zeitweiliges und könnten als *sempiternalia* erscheinen, deren Existenz metaphysisch und nicht nur epistemisch garantiert ist. Rote Komplexe und Sinnesdaten können zerstört werden, aber gemäß der Position, die die *Untersuchungen*

§§ 46–59 dem *Tractatus* zuschreiben, nicht die Farbe Rot. Dasselbe könnte man von Raumpunkten denken: während ein solcher Punkt keine Farbe haben kann, kann er nicht nicht existieren. Daß Wittgenstein ewige Existenz auch von Punkten im Gesichtsfeld annimmt, kann mit seinem SOLIPSISMUS erklärt werden, der darauf besteht, daß das was gegeben ist, einem transzendentalen Subjekt der Darstellung gegeben ist.

Ein zweiter Einwand ist, daß *Tractatus* 6.3751 sagt, daß ein Satz wie (1) unvereinbar ist mit z.B. '*A* ist grün' und daher *nicht* elementar sei. Wittgenstein dachte, daß (1) in ein logisches Produkt analysiert werden könnte, aus dem folgte, daß A nicht grün ist, und scheint vorhergesehen zu haben, daß der sich ergebende Elementarsatz A entweder unanalysierbare Farbtöne oder Licht einer bestimmten Wellenlänge zuschriebe. 1929 kam er zu der Einsicht, daß dieses Programm hoffnungslos sei. Die sich ergebenden Sätze schließen einander erneut aus (wenn *A* dunkelrot ist, kann es nicht hellrot sein, wenn es nur Licht von 620 nm ausstrahlt, dann nicht Licht von 520 nm). Der Grund ist, daß Sätze wie (1) einem Gegenstand eine Spezifikation aus einem Bereich einander ausschließender Spezifikationen zuschreiben – eine bestimmte Farbe aus einem bestimmbaren Farbenspektrum, eine bestimmte Geschwindigkeit, elektrische Ladung, einen bestimmten Druck, etc. Und es gibt keine Möglichkeit, solche Sätze in einfache zu analysieren, die das Erfordernis logischer Unabhängigkeit erfüllen würden (*siehe* FARBE). Wittgensteins Reaktion war es, nicht die Idee aufzugeben, daß Elementarsätze phänomenale Qualitäten einschließen, sondern das Beharren auf logischer Unabhängigkeit von Elementarsätzen und damit den Logischen Atomismus (BLF; PB Kap. VIII; MS 105) (Russell war immer weniger rigoros in dieser Hinsicht und daher vom Farbausschließungsproblem weniger beunruhigt). Elementarsätze können einander ausschließen. Was mit der Wirklichkeit verglichen wird, ist nie ein einzelner Satz, sondern ein 'Satzsystem': (1) bestimmt auf einen Schlag zugleich, daß *A* weder grün noch blau etc. ist (WWK 63–4; PB 109–12).

Auf jeden Fall kam Wittgenstein zu der Auffassung, daß nichts seine Spezifikationen für Elementarsätze erfüllen könnte. Nehmen wir einen anderen Kandidaten, mit dem er als Möglichkeit gespielt hat (Tb 29.10.14, 20.6.15), Sätze, die physischen Individuen raumzeitliche Position zuschreiben.

(2) Der materielle Punkt P ist an Ort x, y, z zur Zeit t

schließt aus, daß P an irgendeinem anderen Ort ist und ist also nicht elementar. Es ist vorgeschlagen worden, daß das Problem mit Sätzen vermieden würde, die einfach räumliche und zeitliche Koordinaten verbänden:

(2') x, y, z, t

Dieser Vorschlag genügt Bedingung (a), weil (2') selbst nichts über andere Raumzeitpunkte impliziert. Er verletzt jedoch (b). (2') ist für sich nur der *Name* eines Punktes. Um ihn in ein Bild eines Sachverhaltes zu verwandeln, daß ein Massenpunkt an einem bestimmten Raumzeitpunkt existiere, muß man eine quantifizierte Bedingung hinzuzufügen: 'Es gibt einen Massenpunkt ...' Das heißt, (2') ist selbst kein Satz. Ohne Bezug auf Eigenschaften und Relationen kann nichts *gesagt* werden, und die meisten Eigenschaften und Relationen gehören einem bestimmbaren Bereich an. Infolgedessen ist es, selbst wenn man logisch voneinander unabhängige Sätze konstruieren kann, unwahrscheinlich, daß man gewöhnliche Sätze in solche konstruierten Sätze analysieren könnte.

Mit dem Niedergang des Logischen Atomismus verlieren Elementarsätze ihre 'frühere Bedeutung' (PB 111). Der Begriff jedoch tut noch eine Weile Dienst in der Vorstellung, daß die einzig echten Sätze Sinnesdatensätze seien, die unmittelbare Erfahrung beschreiben. Diese Position ist Russell näher als dem *Tractatus*, weil es semantische Einfachheit von epistemischer abhängig macht, und sie beeinflußte die logisch-positivistische Vorstellung von einem Beobachtungssatz. Wittgenstein hat sie später zurückgewiesen (siehe PRIVATSPRACHENARGUMENT). Er hat auch behauptet, daß Sätze nur in einem relativen Sinn einfach seien, insofern innerhalb eines grammatischen Systems keine Vorkehrungen für ihre wahrheitsfunktionale Analyse getroffen sind (PG 211), wie mit den Farbsätzen aus *Untersuchungen* § 48.

Erklärung

Obwohl der *Tractatus* einen scharfen Gegensatz zwischen PHILOSOPHIE und empirischer WISSENSCHAFT aufstellte (AüL 206f.; TLP 4.111ff.), kann er als quasi-wissenschaftliche Erklärungen gebend verstanden werden. Genauso wie die Wissenschaft das Verhalten makroskopischer Gegenstände unter Bezugnahme auf ihre mikroskopische Struktur erklärt, so erklärt der *Tractatus* die Fähigkeit der gewöhnlichen Sprache, die Wirklichkeit abzubilden, durch Bezugnahme auf ihre verborgene LOGISCHE SYNTAX. Diese Tatsache liegt hinter Wittgensteins späteren Ermahnungen, daß philosophische Erklärungen durch Beschreibungen grammatischer Regeln ersetzt werden sollten (PU §§ 109, 126, 496). Versuche, die intentionale Beziehung (siehe INTENTIONALITÄT) zwischen Sprache und Wirklichkeit durch Bezugnahme auf logisch-metaphysische oder psychische Mechanismen zu erklären, sind scheinhaft. Echte kausale Erklärungen (siehe VERURSACHUNG) sind natürlich legitim, aber sie haben ihren Ort in den hypothetisch-deduktiven Wissenschaften.

Wittgensteins Philosophie zielt auf eine Art von Verstehen, jedoch eine solche, die nicht die Entdeckung neuer Daten oder verborgener kausaler Prozesse verlangt, sondern durch eine ÜBERSICHT erreicht wird, die vertraute Phänomene in neuer Weise organisiert. *Eine* Art von Erklärung, die Wittgenstein gibt, weist die Quellen philosophischer Verwirrung auf, aber er deutet an, daß sie anders als die diagnostischen Erklärungen in der Medizin nicht kausal sind. Er entdeckte verschiedene Ähnlichkeiten zwischen seiner philosophischen Therapie und der Psychoanalyse: (a) beide versuchen, die unterdrückten Bedenken eines Patienten herauszubringen; (b) der letzte Maßstab für die Formulierung dieser Bedenken ist, daß der Patient sie anerkennen kann; (c) sie schließen einen Kampf sowohl gegen den Willen als gegen den Verstand ein; (d) die Krankheit kann nur geheilt werden, nachdem sie ihren Lauf genommen hat

(Vorl 193–8; PU §§ 133, 254–5, 599; BT 407–10; PG 382; VuGÄPR 41f., 48–52, 75f.; Z § 382).

Eine weit wichtigere Rolle in seinem späteren Werk spielen Erklärungen der Bedeutung. Diese sind nicht kausale Erklärungen, *warum* wir einen bestimmten Ausdruck benutzen oder welche (perlokutionären) Wirkungen seine Verwendung bei bestimmten Hörern hat, sondern Erklärungen, wie wir sie verwenden, d.h., sie spezifizieren Regeln für ihren richtigen Gebrauch (PU §§ 120, 491–8). Derartige grammatische Erklärungen sind daher nicht unvereinbar mit der Idee, die Philosophie beschreibe sprachliche Regeln. Anders als kausale Erklärungen, die im Prinzip immer weiter getrieben werden können, kommen Bedeutungserklärungen an ein Ende. Wir können z.B. nicht erklären (außer vielleicht im kausalen Sinn), warum Redeweisen wie 'Ich war dabei Φ zu tun' sich nicht auf Belege stützen müssen. Es ist ein charakteristischer philosophischer Fehler, hier nach einer weiteren Erklärung zu suchen, 'wo wir die Tatsachen als „Urphänomene" sehen sollten. D.h., wo wir sagen sollten: *dieses Sprachspiel wird gespielt*' (PU §§ 654–5; Z §§ 314–5; BGM 102–3; BPP I § 889).

Wittgenstein behauptet, daß es fruchtbar ist zu untersuchen, wie ein Wort gelehrt wird. Das tut er nicht, weil er Lerntheorie aus dem Lehnstuhl heraus triebe (VuGÄPR 19–20; Z § 412). Selbst seine Behauptung, daß Lehren mittels Erklärungen bestimmte grundlegende sprachliche Fähigkeiten schon voraussetzte, ist nicht eine empirische genetische Theorie, sondern begrifflich: Erklärungen sind Korrelate von Bitten um Erklärungen der Bedeutung (oder von Unklarheiten über die Bedeutung von Ausdrücken) und setzten daher eine bestimmten Grad sprachlicher Fähigkeit beim Lernenden schon voraus, z.B. die Fähigkeit, nach der Bedeutung eines Wortes zu fragen (PU §§ 6, 27; PG 62; PLP 126). Die einzige empirische Beobachtung Wittgensteins ist, daß wir mit solchen Fähigkeiten nicht geboren werden, sondern sie durch 'Abrichtung' oder 'Drill' erwerben. Er stellt auch eine pädagogische Behauptung auf, die an seine Beobachtung erinnert, daß sogar der Zweifel die Anerkennung irgendeiner Autorität voraussetzt: Erzieher sollten bedenken, daß Abrichtung die Grundlage der Erklärung sei, wie sie es z.B. beim Regelfolgen oder Rechnen ist (Z § 419; PU §§ 5, 86, 157–8, 189, 198, 206, 441; VGM 67f., 224–9; *siehe* GERÜST). Abrichtung setzt nicht schon Verständnis voraus, sondern nur Reaktionsmuster auf seiten des Abzurichtenden. Ein Kind wird in die Richtung sehen, in die man zeigt, während eine Katze auf den zeigenden Finger sehen wird. Wittgenstein behauptet auch, daß die Reihenfolge des Lehrens eine notwendige Bedingung für jede logische Priorität zwischen Begriffen sei: 'scheint F zu sein' kann logisch 'ist F' nicht vorhergehen, wenn es nach ihm gelernt werden muß (PU §§ 143–6; Vorl 277f.; Z §§ 414–5).

Historische und physiologische Tatsachen darüber, wie uns das Sprechen gelehrt wird, sind philosophisch irrelevant, wichtig ist, *was* gelehrt wird (Vorl 60; BlB 30–3; PG 41, 66, 70). Was wir beim Lehren erklären, ist die Bedeutung der Wörter. Eine Bedeutungserklärung ist, anders als bloßer Drill oder eine Verständnis erzeugende Droge, normativ, sie bildet einen Maßstab für den richtigen Gebrauch eines Ausdrucks. In dieser Hinsicht *sind* Erklärungen sprachliche Regeln, ein Punkt, der Wittgensteins Idee plausibel macht, daß die Sprache durch die GRAMMATIK, ein System von Regeln (PG

191; TS 228 § 34), strukturiert ist. Genauso wichtig sind die Konsequenzen für Wittgensteins Erläuterung des Bedeutungsbegriffs. Bedeutung ist das, was die Erklärung der Bedeutung erklärt. Das erlaubt einem, die fehlgeleitete Suche nach *der Bedeutung* eines Ausdrucks 'X' als einer Entität irgendwelcher Beschaffenheit (einem BEDEUTUNGSKÖRPER) zu umgehen zugunsten einer Untersuchung darüber, wie 'X' erklärt wird (PG 59, 69; BlB 15; PU § 560; Vorl 206f.). Und es betont die normative Natur von Bedeutung: was Erklärungen der Bedeutung erklären ist der richtige GEBRAUCH von 'X'.

Die Verknüpfung von Bedeutung mit Erklärung der Bedeutung verknüpft auch Erklärung mit sprachlichem Verstehen. Die Bedeutung von 'X' ist das, was man versteht, wenn man seine Erklärung versteht (BT 11; PG 60). Sowohl Erklärung als auch Gebrauch sind Kriterien für das VERSTEHEN eines Wortes. 'X' zu verstehen verlangt nicht nur, es richtig verwenden zu können, sondern auch, die Frage 'Was bedeutet „X"?' beantworten zu können. Wittgensteins Bemerkungen über die begriffliche Verknüpfung zwischen Bedeutung, Erklären und Verstehen klingen trivial, was sie auch sollen, weil sie grammatische Erinnerungen sind. Zum einen implizieren sie, daß weder die Bedeutung eines Wortes noch unser Verstehen des Wortes über unsere Fähigkeit, es zu erklären, hinausreichen können (PU § 75). Ein Sprecher mag mehr verstehen als er erklärt, aber nicht mehr, als er erklären kann. Das würde das KALKÜLMODELL entkräften, demzufolge die Bedeutung von Wörtern und unser Verstehen durch verborgene Regeln bestimmt seien, die wir nicht kennen.

Die Behauptung jedoch, daß Verstehen und Erklärung parallellaufen, muß selbst qualifiziert werden. Wittgenstein hat demgemäß anerkannt, daß in außergewöhnlichen Umständen die beiden Kriterien für Verstehen auseinanderfallen können: jemand mag fähig sein, 'X' richtig zu gebrauchen, ohne es irgendwie erklären zu können. Außerdem ist es ziemlich häufig so, daß wir nur unzureichende Erklärungen geben können für bestimmte Ausdrücke, besonders solche, die, wie Präpositionen und Konjunktionen, für verschiedene Kontexte erklärt werden müssen. Das ist nicht immer ein Zeichen für Sorglosigkeit oder Fehlen sprachlichen Selbstbewußtseins: eine befriedigende Erklärung solcher Ausdrücke bedarf gründlicher Herauslockung und Überlegung. Wittgenstein neigte dazu, diesen Punkt zu übersehen; es folgt jedoch nicht, daß richtige Erklärungen so aussehen könnten, daß kompetente Sprecher ohne Anleitung von Philosophen sie nicht einmal als solche erkennen würden, wie es der Fall ist mit der logizistischen Definition von Zahlen als Mengen von Mengen und vielen Erklärungen zeitgenössischer Bedeutungstheorien. Freges Vorstellung, daß wir entdecken können, daß die wahre Bedeutung eines Worts von der, die wir ihm in unseren Erklärungen gegeben haben, völlig abweiche, ist inkohärent (BlB 50–3; *Grundlagen* XIX).

Die philosophische Tradition ist dieser Auffassung gegenüber feindlich eingestellt. Seit Platon ist angenommen worden, daß die einzig angemessene oder legitime Erklärung eines Ausdrucks seine analytische Definition sei, die ihn in eine Konjunktion von Merkmalen analysiere, vorzugsweise *per genus et differentiam*. Derart verfährt Frege, wenn er die Definition als logische Analyse in Merkmale, die zusammen das Definiendum ausmachen, behandelt. Er schwächte seine ursprüngliche Forderung ab, als er Definitionen zuließ, die Ausdrücke der Allgemeinheit statt Merkmale verwendeten (z. B.

im Fall von 'Primzahl'), aber er bestand darauf, daß Definitionen notwendige und hinreichende Bedingungen für die Anwendung eines Wortes spezifizieren müßten (*Grundlagen* §§ 53, 104; 'Begriff'). Für Russell sind Definitionen symbolische Abkürzungen, konstruiert aus primitiven (d. h. unanalysierbaren) Vorstellungen (Prinicples 27, 429; Principia i.1, 91), und eine ähnliche Vorstellung ist in der Konzeption des *Tractatus* von LOGISCHEr ANALYSE am Werk.

Platon legte außerdem nahe, daß wir nichts über X herausfinden könnten, wenn wir nicht eine analytische Definition für es besäßen. Entsprechend muß eine Definition am Anfang eines philosophischen Systems stehen, eine Idee, die die Rationalisten übernahmen. Kant äußerte Bedenken, weil eine Definition allenfalls das Ergebnis, nicht der Ausgangspunkt einer philosophischen Untersuchung sein könne. Aber die Konzeption dafür, was eine philosophisch angemessene Erklärung ausmache, blieb unangefochten bis zu Wittgensteins späterem Werk: 'Ich kann meinen Standpunkt nicht besser charakterisieren als zu sagen, daß er dem entgegengesetzt ist, den Sokrates in den platonischen Dialogen darstellt' (TS 302 14; PG 120–1). Sokrates hat zu Recht gefragt 'Was ist Tugend?', z. B., aber er hatte unrecht damit, partielle Erklärungen oder Erklärungen durch Beispiel oder Analogien zurückzuweisen. Es mag Gründe dafür geben, den Ausdruck 'Definition' auf Erklärungen einer bestimmten Art einzuschränken. Aber es ist falsch zu meinen, daß die Bedeutung von 'X' oder der Inhalt unseres Verständnisses einer derartigen Definition äquivalent sei (PU § 75).

Formen von Erklärung sind verschiedenartig, die analytische Definition ist nur eine von ihnen. Andere legitime Formen der Erklärung sind OSTENSIVE DEFINITIONen, Paraphrasen, kontrastive Paraphrasen, Anführung eines Beispiels, Beispielreihen etc. Diese normalerweise akzeptierten Erklärungen sind nicht mangelhaft oder unvollständig. Beispiele insbesondere 'sind ordentliche Zeichen, nicht Abfall, nicht Beeinflussung' (PG 273). Nicht nur sind einige Ausdrücke analytischer Definition unzugänglich, besonders Ausdrücke für FARBen und FAMILIENÄHNLICHKEITsausdrücke; die Vorstellung, philosophisch angemessene Erklärungen müßten wie solche Definitionen vollständig sein, ist von vornherein fehlgeleitet. Die Funktion solcher Erklärungen ist es, Mißverständnisse zu beseitigen oder ihnen vorzubeugen, wenn sie ohne Erklärungen auftreten (würden), ihre Funktion ist nicht, allen möglichen Mißverständnissen zuvorzukommen (PU § 88). Das heißt nicht, daß eine richtige Erklärung einfach diejenige ist, die tatsächlich zur Verständigung führt. Es heißt jedoch, daß eine richtige Erklärung von 'X' nicht für alle möglichen Umstände, in denen sie gebraucht werden könnte, Anwendung haben müßte, sondern daß sie nur relevante Umstände unterscheiden muß, in denen 'X' verwendet werden kann und in denen es nicht verwendet werden kann. Der Begriff der Vollständigkeit ist abhängig von Zwecksetzungen und Umständen. Eine Erklärung ist vollständig, wenn sie als Maßstab der Richtigkeit für die Anwendung eines Ausdrucks unter normalen Umständen verwendet werden kann. Eine Erklärung von 'denken' muß nicht im vorhinein klären, ob Fische denken, eine Erklärung der Zahl muß uns (*pace* Frege) nicht sagen, daß Caesar keine Zahl ist (Z §§ 114–8; BT 60–9; *Grundlagen* § 56).

Wittgenstein verwechselt hier das, was eine angemessene Erklärung einschließen, und das, was sie mitteilen muß. Eine Erklärung von 'denken' muß Fische nicht erwähnen oder irgend etwas über sie implizieren, aber sie muß mögliche Gründe anzeigen, mit denen zu entscheiden wäre, ob sie oder ob sie nicht denken. Genauso muß eine Erklärung der Zahl nicht Caesar erwähnen, aber sie muß die Kategoriendifferenz zwischen Zahlzeichen und Personennamen erkennen lassen. Gleichzeitig hat Wittgenstein recht damit, daß keine Erklärung der bloßen Möglichkeit von Mißverständnis oder Zweifel vorbauen kann (PU §§ 80, 84–7). Eine Erklärung ist angemessen, wenn sie ein allgemein anerkanntes Muster der Verwendung innerhalb bestimmter Rahmenbedingungen (*siehe* GERÜST) herbeiführt. Beispielsweise verbinden unsere Kriterien für persönliche Identität körperliche Kontinuität, Erinnerung und Charakterzüge. Wenn diese nicht mehr übereinstimmten, würde sich der Ausdruck 'Person' auflösen. Aber diese logische Möglichkeit macht unsere gegenwärtige Erklärung von 'Person' nicht unangemessen (BlB 99f.).

Ethik

Die Ethik nimmt in Wittgensteins Denken eine eigentümliche Rolle ein. Er maß Fragen moralischen Werts eine überragende persönliche Bedeutung bei. Aber seine geschriebenen Behandlungen der Ethik sind kurz und dunkel, während seine Auffassungen über die Sprache einen starken, wenn auch kurzen und diffusen Einfluß auf die analytische Moralphilosophie ausgeübt haben. Wittgensteins persönliches moralisches Weltbild war egozentrisch und kontemplativ. Darin war er von Schopenhauer und Weiningers *Geschlecht und Charakter* geformt. Letzterer hatte erklärt: 'Logik und Ethik aber sind im Grunde eines und dasselbe – Pflicht gegen sich selbst' (200). Man hat eine moralische Verpflichtung, nach logischer Klarheit zu streben. Die SAGEN/ZEIGEN-Unterscheidung des *Tractatus* gibt dem ersten Teil von Weiningers Merkspruch Gehalt: nur empirische Sätze der Wissenschaft sind sinnvoll, weil sie kontingente Sachverhalte abbilden (wahr oder falsch). Was Wittgenstein das 'Höhere' nennt (TLP 6.42, 6.432), alle Bereiche des Werts teilen mit den logischen Strukturen der Sprache das Schicksal der Unausdrückbarkeit; sie können nicht ausgesagt, sondern nur gezeigt werden. Ethik, Ästhetik und Logik sind verknüpft, weil sie sämtlich 'transzendental' sind: während alles Tatsächliche 'zufällig' ist, drücken sie aus, was sich anders nicht verhalten kann, 'eine Bedingung der Welt' (Tb 24.7.16; TLP 6.13, 6.421).

Anders jedoch als die logische Struktur der Sprache wird ethischer Wert nicht einmal in irgendeinem sinnvollen Satz gezeigt, obwohl er in Handlungen, Einstellungen und Kunstwerken gezeigt werden kann (EB 9.4.17). Ethik ist nicht nur 'transzendental', sie ist 'transzendent'. Werte können 'nicht *in* der Welt liegen', die 'an sich weder gut noch böse ist'; ihr 'Träger' ist ein Schopenhauerscher metaphysischer WILLE außerhalb der Welt (TLP 6.41–6.43; Tb 2./5.8.16). Wittgenstein löst eine Inkonsistenz zwischen zwei Ideen Schopenhauers auf, nämlich, daß moralische Erlösung im Verzicht auf den Willen liege und daß Mitleid, eine willentliche Einstellung, wesentlich für die Moral sei. Dazu bediente er sich einer Kantischen Unterscheidung zwischen gutem und schlechtem Wollen (Tb 21./24./29.7.16; TLP 6.43; *Welt* II Kap. XLVII–XLIX).

Ebenfalls Kantisch ist die Auffassung, daß die Folgen einer Handlung moralisch irrelevant seien, anders als der Geist, in dem sie ausgeführt wird. Aber Wittgensteins Begründung dafür ist eher spinozistisch als kantianisch. Er identifiziert gut sein mit glücklich sein, schlecht sein mit unglücklich sein (Tb 8./29./30.7.16). Belohnung und Strafe sind wesentlich für die Ethik, liegen aber 'in der Handlung selbst' (TLP 6.422). Der Grund dafür ist, daß der Wille kausal ohnmächtig ist. Gutes oder böses Wollen kann die Tatsachen nicht ändern, sondern nur die 'Grenzen der Welt', nämlich die 'Stellungnahme des Subjekts zur Welt'. Ein guter Wille ist sein eigener Lohn, weil er die Welt 'mit glücklichem Auge betrachtet' (TLP 6.43; Tb 20.10.16). Diese stoische Einstellung ist das ethische Ergebnis der mystischen (*siehe* MYSTIZISMUS) Fähigkeit, die Welt *sub specie aeternitatis* zu betrachten, eine Betrachtungsweise, die auch wesentlich ist für die Kunst. 'Ethik und Ästhetik sind Eins' nicht nur, weil sie beide unausdrückbar sind, was nur eine Vorbedingung für ihre Identität ist, sondern weil beide auf einer mystischen Einstellung gründen, die sich über die Existenz der Welt wundert und sich mit den unabänderlichen Tatsachen zufriedengibt (TLP 6.421, 6.45; Tb 7./8.10.16).

Wittgenstein hat behauptet, daß der 'Zweck' des *Tractatus Logico-Philosophicus* ein ethischer gewesen sei, der nämlich, 'das Ethische' von innen zu begrenzen, indem er 'darüber schweige' (FB 10./11.19). Struktur und Komposition des *Tractatus* legen jedoch eher nahe, daß sich die mystischen Passagen Wittgensteins Erfahrungen während des Krieges verdanken und auf einen logischen Stamm gepfropft wurden (wobei die Verbindung durch die Sagen/Zeigen-Unterscheidung gegeben ist). Das wird bestätigt dadurch, daß die Ethik in Wittgensteins späterem Wiederdurchdenken des *Tractatus* nur eine untergeordnete Rolle spielt. Am wichtigsten ist der 'Vortrag über Ethik' von 1929, der die Idee ausarbeitet, daß die Ethik unausdrückbar ist. Er erweitert Moores Definition der Ethik als Untersuchung dessen, was gut ist, um allem Rechnung zu tragen, was Wert hat und den Sinn des Lebens betrifft, einschließlich der Ästhetik. Wiederum Moore folgend, unterscheidet Wittgenstein einen trivialen oder relativen von einem ethischen oder absoluten Sinn von Ausdrücken der Schätzung. Der relative Sinn impliziert einfach die Erfüllung bestimmter Maßstäbe, wie in 'Du spielst gut Tennis'. Dagegen ist der absolute Sinn schwer greifbar, weil kein Tatsachenurteil je ein absolutes Werturteil wie z. B. 'Du sollst dich anständig benehmen' sein oder implizieren kann. Wittgenstein beruft sich auf drei Erfahrungen, um Licht auf absolute Werte zu werfen. Die erste ist die mystische Erfahrung des Sich-Wunderns über die Existenz der Welt. Die zweite ist das Gefühl 'Ich bin in Sicherheit, nichts kann mir wehtun, egal was passiert'. Dieser stoische Gedanke ist von Sokrates und Kierkegaard her bekannt. Bei Wittgenstein folgt er aus der logischen Unabhängigkeit von Welt und ethischem Willen: so wie der letztere ersterer nicht beeinflussen kann, kann die Welt einer tugendhaften Person nicht schaden. Denn Gutsein liegt im Auge des Betrachters, darin, den Widerfahrnissen des Lebens mit einer zufriedenen Einstellung zu begegnen. In diesem Sinn ist die Welt des Glücklichen, d. h. des Tugendhaften, eine andere als die des Unglücklichen (Tb 29.7.16; TLP 6.43). Die letzte Erfahrung ist die der Schuld, die Wittgenstein erklärt als Gottes Mißbilligung des Verhaltens der sich schuldig fühlenden Person. In gleichem Sinne weist er die 'rationalistische' Behauptung zurück, 'Gott will das Gute, weil es gut ist' zugunsten von 'Gut ist, was Gott befiehlt', mit der Begründung, dies enthülle die Unerklärlichkeit des Guten und seine Unabhängigkeit von den Tatsachen (WWK 115).

Diese drei Punkte erklären das Dunkle absichtlich durch das noch Dunklere. Der letzte macht die Ethik von der RELIGION abhängig, nur um darauf zu bestehen, daß die Ethik nicht erklärt werden kann. Außerdem verstößt er gegen ein elenktisches Argument in Platons *Euthyphron*, das Wittgensteins eigener Vorgehensweise nahe ist: wir würden Mord nicht 'gut' nennen, selbst wenn er von Gott befohlen würde. Und Wittgenstein selbst erkannte an, daß die ersten beiden Punkte auf einen Mißbrauch von Ausdrücken wie 'sicher', 'Existenz' oder 'sich wundern' hinauslaufen. Aus der Not eine Tugend machend, radikalisiert er Moores Behauptung, daß 'gut' undefinierbar sei: Ethik ist tief genau darum, weil sie die Grenzen der Sprache überschreitet. Glücklicherweise ist das falsch: während Urteile über absoluten Wert wie 'Versprechen muß man halten' keine Tatsachenurteile sein mögen, sind sie weder unsinnig noch mystisch in der Weise, die Wittgenstein erwägt. Tatsächlich ist sein Beharren auf dem unausdrückbaren Wesen der Ethik ausdrücklich stipulativ, wenn er schreibt, 'daß ich jede sinnvolle Beschreibung, die überhaupt jemand möglicherweise vorschlagen könnte, von vornherein und aufgrund ihrer Sinnhaftigkeit ablehnen würde' (VE 12–6, 17–8; WWK 68–9).

Dieses Glaubensbekenntnis, Teil der BILDTHEORIE, wird später aufgegeben. Es mag 'unmöglich' sein, zu beschreiben, worin ethische (und ästhetische) Wertschätzung besteht, aber der Grund dafür liegt im KONTEXTUALISMUS: wir dürfen uns nicht auf die Erscheinungsweise ethischer Ausdrücke konzentrieren, die der anderer Wörter gleicht, sondern müssen auf ihre spezifische Rolle in unserer gesamten Kultur eingehen (VuGÄPR 20f., 27f.). Das Ethische zeigt sich nicht länger in mystischen Einstellungen eines solipsistischen Subjekts, sondern in sozialen Mustern des Handelns. Als Ergebnis davon weichen sibyllinische Erklärungen der Undefinierbarkeit oder Unausdrückbarkeit ethischer Ausdrücke (unterentwickelten) Untersuchungen ihres Gebrauchs (BPP I § 160; Vorl 189–93). Ein Ergebnis dieser Untersuchungen ist, 'die Bedeutung des Wortes „gut" ist an die Handlung, die es qualifiziert, gefesselt' (eine gute Lüge ist etwas anderes als eine gute Tat). Wittgenstein schließt, daß 'gut' ein FAMILIENÄHNLICHKEITSbegriff sei. Aber das Argument zeigt nur, daß der Ausdruck eher attributiv als prädikativ verwendet wird (ein guter Lügner ist nicht notwendigerweise einfachhin gut).

Es ist zweifelhaft, ob verschiedene Dinge 'gut' genannt werden aufgrund einander übergreifender Ähnlichkeiten. Daß 'gut' eine einheitliche ethische Funktion trotz unterschiedlicher Anwendungsmaßstäbe hat, wird durch Ideen nahegelegt, die aus der Übergangsperiode überleben. Zentral für die Ethik ist ihr Kontrast zu Sätzen über Tatsachen und zu wissenschaftlichen Theorien. Entgegen seinen eigenen Absichten erklärt der 'Vortrag über Ethik' diesen Kontrast zumindest teilweise durch die handlungsleitende Natur von ethischen Urteilen. Während es eine logische Lücke zwischen Tatsachenurteilen und Entscheidungen zum Handeln gibt, drücken ethische Urteile direkt die Gründe und Einstellungen aus, aufgrund deren wir handeln. Das verbindet sich mit zwei späteren Beobachtungen (VuGÄPR 20f.; Vorl 190ff.). Erstens ersetzen ethische

Ausdrücke natürliche Reaktionen (Gesten, Gesichtsausdrücke) der Billigung und Mißbilligung. Zweitens ist ihre 'Grammatik' nicht nur durch den Gegenstand, den sie qualifizieren, modifiziert, sondern auch durch die Gründe, die eine Person für ihre Verwendung der Ausdrücke anführt.

Wittgenstein zieht aus diesen Beobachtungen relativistische Konsequenzen (SDE 23–4; *siehe* LEBENSFORM). Ethische Urteile sind der Wirklichkeit nicht verantwortlich und widersprechen einander nicht so, wie es empirische Sätze tun. Sie drücken die Gründe aus, aus denen wir handeln, und können nur innerhalb eines Systems, wie z. B. der christlichen Ethik, gerechtfertigt werden. Wie die Grammatik sind diese Systeme autonom (*siehe* AUTONOMIE DER SPRACHE). Jedes setzt seine eigenen Maßstäbe der Rechtfertigung, weil es ein unterschiedliches Aufgebot moralischer Begriffe einschließt. Christliche und säkulare Ethik gebrauchen Ausdrücke wie 'gut' in unterschiedlichen Bedeutungen, was heißt, daß ihre Ansprüche wechselseitig inkommensurabel sind. Damit wird nicht behauptet, daß verschiedene Urteile 'gleich richtig' sind oder 'richtig von ihrem eigenen Standpunkt aus', sondern nur, daß diese Urteile zu fällen heißt, einen bestimmten Rahmen des Handelns und der Rechtfertigung anzunehmen, der selbst nicht gerechtfertigt werden kann. Die Frage, ob die christliche oder die säkulare Ethik selbst richtig sind, 'ist nicht sinnvoll'.

Wittgenstein erwähnt ein Problem mit seinem Relativismus, den Gedanken, daß er den '*Imperativ* in der Moral' zerstören könnte. Er kann Verpflichtung in der 'ersten Person' zulassen (SDE 23; WWK 116–7; VB 491), weil ethische Urteile die Grundlage ausdrücken, auf der die Person zu handeln beabsichtigt. Er kann jedoch nicht moralische Verpflichtungen zulassen, die alle Personen binden, unabhängig von ihrer persönlichen Weltanschauung. Wir können Handlungen, die von anderen Ethiken verlangt werden, nur von unserm eigenen System aus verurteilen. Wenn es unmöglich ist, die moralische Überlegenheit dieses Systems nachzuweisen, fehlt uns jede Rechtfertigung, solche Handlungen zu unterbinden, obwohl genau dies es ist, was unser System verlangen würde. Wittgensteins Diskussion der Gesetze der Logik legt eine Strategie nahe, um dieses Problem zu mildern, nämlich, daß es begriffliche Grenzen für das gibt, was wir 'eine Ethik' nennen. Unglücklicherweise widerspricht dies seiner Bemerkung, daß selbst Görings Äußerung 'Recht ist, was immer uns gefällt' 'eine Art von Ethik' ausdrücke (SDE 25). Aber daß diese Parole tatsächlich die Grundlage ausdrückt, auf der Göring gehandelt hat, ist nicht genug für die Aufrechterhaltung von Wittgensteins Bewertung. Der Punkt ist nicht, daß Görings Auffassung unverständlich ist, wie einige Wittgensteinianer vorgeschlagen haben, sondern daß sie ein Paradebeispiel von Unmoral ist und nicht etwa eine alternative Moral.

Die Logischen Positivisten übernahmen Wittgensteins frühe Behauptung, daß die Ethik unsinnig sei, weil nicht verifizierbar, während sie seine Überzeugung von ihrer überragenden existentiellen Bedeutung fallenließen. Seine spätere Betonung der nicht-deskriptiven Verwendungen der Sprache beeinflußten sowohl Emotivismus als auch Präskriptivismus und die beispielhaften meta-ethischen Untersuchungen von von Wright. Ironischerweise haben sich auch zeitgenössische Kognitivisten wie McDowell auf ihn berufen, die behaupten, daß alle Sätze, einschließlich der moralischen, einen

Wahrheitsanspruch erheben. Dieser Vorschlag paßt nicht zu Wittgensteins Auffassung, daß Gleichheit in sprachlicher Form logische Unterschiede zwischen moralischen und deskriptiven Sätzen verberge (vgl. SDE 24). Aber Wittgenstein teilt die Vorstellung der Kognitivisten, daß die moralische Rede nicht als weniger objektiv als die wissenschaftliche disqualifiziert werden kann.

Familienähnlichkeit
Der Ausdruck taucht bei Nietzsche auf (*Jenseits von Gut und Böse* § 20). Eine andere mögliche Quelle ist Nicods Erörterung verschiedener Typen von Ähnlichkeit (*Geometry in the Sensible World* 55 ff.). Wittgenstein gebraucht ihn zuerst im 'Big Typescript' § 58, wo Spengler dafür getadelt wird, daß er Kulturepochen dogmatisch in Gattungen zusammenfaßt statt anzuerkennen, daß sie nach verschiedenen Familienähnlichkeiten klassifiziert werden können. In dieser Verwendung ist der Begriff Teil von Wittgensteins allgemeinem Widerstand gegen Dogmatismus (BT 259–60; EBP 158) und verknüpft mit der Vorstellung, daß eine ÜBERSICHT Verbindungsglieder zwischen den Phänomenen konstruiert, die sie beschreibt. Der Ausdruck taucht auch kurz auf in seiner Erörterung der ASPEKTWAHRNEHMUNG: eine Familienähnlichkeit in verschiedenen Gesichtern zu erkennen ist das Aufleuchten eines Aspekts (PU II, S. 518, 547; BPP II §§ 551–6; LS I § 692).

Der Begriff ist wesentlich für Wittgensteins Angriff auf den Essentialismus, die Auffassung, daß allen Instanzen eines Begriffs etwas gemeinsam sein muß, weswegen sie unter ihn fallen (PG 74–5), und daß die einzig angemessene legitime ERKLÄRUNG eines Wortes eine analytische Definition ist, die notwendige und hinreichende Bedingungen für seine Anwendungen angibt, mit der Folge, daß z. B. Erklärungen durch Anführung von Beispielen unangemessen seien. Wittgenstein verdammt diese 'verächtliche Haltung gegenüber dem Einzelfall' als auf einem fehlgeleiteten 'Streben nach Allgemeinheit' beruhend (BlB 39). Der *Tractatus* hatte diesem Streben in dem Versuch nachgegeben, das Wesen symbolischer Darstellung zu umreißen und insbesondere in seiner Lehre von der ALLGEMEINEN SATZFORM, nach der alle Sätze mögliche Sachverhalte abbilden und die Form 'Es verhält sich so und so' haben. Im Gegensatz dazu erläutern *Philosophische Untersuchungen* §§ 1–64 die Begriffe der Sprache und eines Satzes mit Hilfe einer Reihe von Sprachspielen. Wittgensteins Mitunterredner beklagt, daß, obwohl Wittgenstein munter über Sprachspiele geplaudert habe, er nicht angegeben habe, was ein Sprachspiel sei, und daß er deshalb versäumt habe, das Wesen der Sprache zu erklären (PU § 65). Wittgenstein bekennt sich der Anklage schuldig, aber weist die ihr zugrundeliegende Forderung zurück mit der Begründung, es gebe kein Wesen der Sprache, sondern nur verschiedene, in verschiedenen Weisen miteinander verbundene Phänomene.

Er illustriert das zuerst unter Bezugnahme auf den Begriff eines Spiels, wohl wegen des vorhergehenden Vergleichs der Sprache mit einem Spiel (PU §§ 66–7). Wenn wir 'schauen', ob allen Spielen etwas gemeinsam ist, bemerken wir, daß sie nicht durch ein einzelnes gemeinsam definierendes Merkmal vereint sind, sondern durch ein kompliziertes Netz von einander überlappenden und durchkreuzenden Ähnlichkeiten, genauso wie die verschiedenen Mitglieder einer Familie einander in verschiedenen Hinsichten ähneln (Gestalt, Züge, Augenfarbe etc.). Was den Begriff zusammenhält und ihm seine Einheit gibt, ist nicht ein 'einzelner Faden', der durch alle Fälle liefe, sondern gleichsam ein Einander-Übergreifen verschiedener Stränge, wie in einem Seil (BB 87; PG 75). Das kann folgendermaßen illustriert werden:

F	Familienähnlichkeit

```
                    Spiele
E        A    B    C    D    E    F    G
i
g      1 ___            ___       ___
e
n      2      _____        ___
s
c      3           ___            ___
h
a      4 ___       _____
f
t      5           ___             ___
e
n
```

Wittgenstein behauptet nicht, daß Spiele nichts miteinander gemein hätten – er nimmt auf sie mit dem Ausdruck 'Vorgänge' Bezug und es ist offensichtlich, daß sie sämtlich Tätigkeiten sind. Aber das genügt nicht zu einer Definition, weil es viele Tätigkeiten gibt, die keine Spiele sind. Die Behauptung ist die, daß es keine Menge von Bedingungen gebe, die alle Spiele und nur Spiele erfüllten, und also keine analytische Definition von 'Spiel' mittels notwendiger und hinreichender Bedingungen. Wittgenstein stellt diese Feststellung als 'Ergebnis' einer Untersuchung dar (PU § 66; TS 302 14). Aber er hat für sie nur mit Gegenbeispielen zu einigen plausiblen Definitionen argumentiert. Er sieht sich daher dem Einwand ausgesetzt, daß sich, mit einer gewissen Hartnäckigkeit, 'Spiel' sehr wohl analytisch definieren lasse, z.B. als regelgeleitete Aktivität mit festgelegten Zielen, die für die Teilnehmer außerhalb des Spielkontexts von geringer oder gar keiner Bedeutung sind. Es könnte behauptet werden, daß so eine Definition nicht nur durch eine Festsetzung unseren gewöhnlichen Begriff schärfer faßt, eine Möglichkeit, die Wittgenstein einräumt (PU § 69), sondern bloß erfaßt, wie wir immer schon 'Spiel' verwenden (nicht aber 'spielen', das sich auch auf Aktivitäten ohne feste Regeln oder Ziele bezieht, wie das 'einen Ball in die Luft werfen').

Diese Bedenken hinsichtlich der Behauptung, daß Spiele kein gemeinsames definierendes Merkmal hätten, läßt die bescheidenere Behauptung in Kraft, daß sie *nichts gemeinsam haben müssen* (BlB 48f.; BB 86–7; BT 16–20, 86–7; PG 74–6; PLP 180–90). Das genügt, um der essentialistischen Position zu widerstehen, es müsse eine analytische Definition geben. Selbst wenn eine solche Definition gegeben werden könnte, wäre sie nicht konstitutiv für die Bedeutung unseres Wortes 'Spiel', weil letzteres mit Hilfe von Beispielen erklärt worden ist und erklärt werden kann, nicht mit Bezug auf ein gemeinsames Merkmal. Aber auch die Rückzugsposition sieht sich Einwänden ausgesetzt. Einer ist, daß unser Begriff des Spiels durch Bezug auf ein gemeinsames Merkmal erklärt *ist*, nämlich diejenige Eigenschaft, die die *Disjunktion* all der Ähnlichkeiten ist, die die Glieder der Familie von Spielen miteinander verbinden. Aber dieser Einwand ist bloßes 'Spielen mit einem Wort' (PU § 67). Anders als die angedeutete analytische Definition bildet er keinen Maßstab für einen richtigen Gebrauch von 'Spiel', der verschieden wäre von den überlappenden Ähnlichkeiten, die Wittgenstein betont. Außerdem unterscheidet er nicht den Fall von 'Spiel', in dem die Ähnlichkeiten selber erkennbar aufeinander bezogen sind, und der deshalb auf eine offene Klasse neuer Fälle angewendet werden kann, von künstlich konstruierten disjunktiven Begriffen (z.B. entweder Mitglied des Bundestages oder eine Kröte zu sein).

Der ernstere Einwand ist, daß der Begriff der Familienähnlichkeit inkohärent ist. Die angemessene Schlußfolgerung, die daraus zu ziehen ist, daß wir 'Spiel' in verschiedenen Weisen erklären können, ist die, daß es kein eindeutiger Ausdruck ist, sondern *verschiedene*, wenn auch miteinander zusammenhängende Bedeutungen hat. Wittgenstein scheint diese These zurückgewiesen zu haben, indem er darauf bestand, daß z.B. im Fall von 'verstehen' wir nicht eine Familie von Bedeutungen, sondern Familienähnlichkeiten innerhalb eines *einzigen* Begriffs haben (z.B. PU §§ 531–2). Gegen ihn könnte man seine eigene Idee anführen, daß die Bedeutung eines Wortes sein Gebrauch sei, und daß Verschiedenheit des GEBRAUCHS Verschiedenheit der Bedeutung impliziere. Wir wenden 'Spiel' auf verschiedene Paare von Fällen aus verschiedenen Gründen an. Tatsächlich deutet Wittgenstein selbst an, daß ein Ausdruck dann und nur dann zweideutig ist, wenn er in ein und demselben Kontext sowohl zu einer wahren als auch zu einer falschen Aussage verwendet werden kann (BlB 94f.). Aus der eben gegebenen Erklärung könnte aber z.B. gesagt werden, daß 'Die Olympischen Spiele sind Spiele' wahr oder falsch ist je nach der Begründung, die für die Verwendung von 'Spiel' angeführt wird. Wittgenstein antwortet auf derartige Bedenken, daß es keine Rechtfertigung dafür geben muß, etwas unter einen Begriff zu fassen, 'daß ja von Allem zu Allem Übergänge zu machen' sind (PG 76). Aber während es richtig ist, daß uns keine bestimmte Begriffsbildung aufgezwungen ist, unterscheiden wir zwischen eindeutigen und mehrdeutigen Ausdrücken und zwischen einer neuen empirischen Anwendung eines Ausdrucks und der Erweiterung eines Begriffs, und wir tun das genau aus den Gründen, ob die neue Verwendung durch die ursprüngliche Erklärung gedeckt ist oder nicht.

Wittgenstein könnte das akzeptieren und immer noch festhalten, daß 'Spiel' sich von wirklich zweideutigen Ausdrücken wie 'L(l)icht' und 'Bank' unterscheide, denen die überlappenden Ähnlichkeiten fehlten, die einem erlauben, von *dem* Begriff des Spiels oder der Zahl zu sprechen (PU §§ 67–71; PG 75). Man könnte insistieren, daß wir drei verschiedene Fälle unterscheiden müßten – Eindeutigkeit, Familien von Bedeutungen, wie bei 'Spiel' und Zweideutigkeit –, weil den zweiten Fall auf den ersten zu reduzieren hieße, den Begriff der Eindeutigkeit über den Zerreißpunkt hinaus zu dehnen. Wittgenstein könnte jedoch antworten, daß die Frage, was Identität oder Differenz in Bedeutung oder Begriffen ausmache, nicht durch Kriterien beantwortet werden kann, die so ausnahmslos gültig oder kontextunabhängig wären wie die Maxime 'derselbe Begriff, dieselben Merkmale' nahelegt (PU §§ 547–70).

Wittgenstein selbst deutet gelegentlich an, daß Familienähnlichkeitsbegriffe sich um ein oder mehrere 'Zentren der Variation' drehten, paradigmatische Fälle wie Fußball im Fall von 'Spiel', auf die wir andere Fälle aus verschiedenen Gründen beziehen (EPB 190). Das würde seine Konzeption der Vorstellung von 'cluster-Begriffen' bei Gasking annähern, obwohl er den Vorschlag zurückweisen würde, daß wir 'Spiel' für nichtzentrale Anwendungsfälle auf der Grundlage von komplizierten Kalkulationen hinsicht-

F Familienähnlichkeit

lich ihrer differentiell bewerteten Ähnlichkeiten mit den zentralen Anwendungsfällen gebrauchten.

Selbst wenn eine analytische Definition von Spiel gefunden werden kann, bleiben andere Kandidaten wie 'Kunst' oder 'Romantik', die derartigen Versuchen gegenüber unzugänglich scheinen. Das ist zum Teil der Grund, warum Wittgensteins Begriff einen so enormen Einfluß auf die Erörterung von Fragen wie 'Was ist Kunst?' in der ÄSTHETIK gehabt hat. Ähnliche Erwägungen gelten für solche Titel wie 'Wissenschaft', 'Politik', 'Recht'. Wittgenstein behandelte auch viel spezifischere Ausdrücke als 'Spiel' als Familienähnlichkeitsbegriffe ausdrückend, z. B. 'lesen', 'vergleichen' und sogar 'Stuhl' (PU § 164; BB 86–7; PG 118).

Es ist behauptet worden, daß der Begriff der Familienähnlichkeit eine allgemeine Lösung für das Problem der Universalien geben sollte: gegen den Nominalismus stellt er heraus, daß verschiedene Anwendungsfälle mehr miteinander gemein haben als 'F' genannt zu werden; gegen den Realismus, daß was sie miteinander gemein haben, einfach ihr F-sein ist, nicht eine zusätzliche Eigenschaft. Aber dieser Vorschlag verzerrt die Vorstellung von einer gemeinsamen Eigenschaft: F zu sein ist nicht eine Eigenschaft, durch die etwas sich dazu qualifiziert, F zu sein (obwohl es eine Eigenschaft sein mag, vermöge deren das Ding sich qualifiziert, G zu sein, etc.).

Auf jeden Fall hat Wittgenstein nicht die Auffassung vertreten, *alle* Begriffe seien Familienähnlichkeitsbegriffe. Vielmehr legt seine Darstellung nahe, daß zumindest einige Stränge eines Familienähnlichkeitsbegriffs durch notwendige und hinreichende Bedingungen vereint sind. Das ist offensichtlich im Fall von Wittgensteins anderem Beispiel eines Familienähnlichkeitsbegriffs, nämlich dem der ZAHL. Die verschiedenen Zahlenarten – natürliche, rationale, reelle, komplexe, etc. – sind nicht durch eine gemeinsame Eigenschaft definiert. Es wäre tatsächlich ein Fehler anzunehmen, die natürlichen Zahlen seien einfach eine Untermenge der ganzen Zahlen, weil positive ganze Zahlen anderen Regeln unterliegen. Wir können 9 von 5 subtrahieren, wenn wir im Bereich der ganzen Zahlen operieren, aber nicht, wenn wir im Bereich der natürlichen Zahlen operieren. Wir haben es mit einem Familienstammbaum zu tun, der auf verschiedene Weise fortgesetzt werden kann. Aber jede solche Fortsetzung (z. B. die Einführung der reellen Zahlen) ist genau definiert (PG 70; PU § 135; für eine ähnliche Vorstellung vergleiche Russell, *Introduction* 63–4). Genauso gibt es analytische Definitionen für einige wissenschaftliche (PLP 93–4, 183) und rechtliche Begriffe.

Familienähnlichkeitsbegriffe sind nicht die einzigen, die sich dem essentialistischen Modell nicht fügen. Andere sind Farbbegriffe und Begriffe wie 'hoch' und 'tief': 'blau' bezieht sich auf einen Bereich von Farbtönen, aber es gibt kein Merkmal, das alle gemein hätten und weswegen sie blau wären (BB 130–7; PU §§ 380–1). Aber Wittgensteins Hauptinteresse gilt zwei anderen Begriffsarten. Einige Passagen legen nahe, daß psychologische Begriffe, besonders der des VERSTEHENS, Familienähnlichkeitsbegriffe sind (BlB 40f., 59; BB 115–25, 144–52; PU §§ 236, 531–2; Z § 26). Diese Auffassung tritt jedoch später in den Hintergrund. Vielleicht hat Wittgenstein eingesehen, daß, was hier durch einander überlappende Ähnlichkeiten vereint ist, Formen des Benehmens sind, aufgrund deren wir anderen diese Ausdrücke zuschreiben, und daß dies nicht impliziert, daß die Ausdrücke selber Familienähnlichkeitsausdrücke wären.

Die andere Gruppe von Begriffen ist die der formalen oder kategorialen Begriffe aus dem *Tractatus*, besonder 'Satz' und 'Sprache' (PU §§ 65–8, 108, 135, 179; BT 60–74; PG 112–27). Wittgenstein behauptet, daß keine analytische Definition auf diese Ausdrücke passen wird. Denn es sind keine technischen Ausdrücke, sondern Ausdrücke der normalen Sprache, die in ihrem gewöhnlichen Gebrauch auf eine Vielzahl verschiedener, aber miteinander zusammenhängender Phänomene Bezug nehmen. Jede analytische Definition würde stipulativ sein und die philosophischen Rätsel nicht beseitigen, die aus den gewöhnlichen, nichtbereinigten Begriffen entstehen (BlB 48–53; PG 119–20).

Einige Leser haben das Gefühl gehabt, daß der Verzicht auf die Suche nach analytischen Definitionen oder auf Erklärungen, die Phänomene unter allgemeine Prinzipien subsumieren, schon mit der Idee einer rationalen Untersuchung unvereinbar sei. Aber, wie uns Aristoteles gelehrt hat, soll man kein Thema mit einer größeren Systematizität behandeln, als es das Thema zuläßt. Insofern Wittgensteins methodologische Maxime 'Ich lehre euch Unterschiede machen (I'll teach you differences)' auf Butlers Motto 'Jedes Ding ist, was es ist, und nichts anderes (Everything is what it is, and not another thing)' gegründet ist, ist sie unangreifbar (RW [157]; PB 196, VuGÄPR 54). Es ist jedoch genauso dogmatisch, Einheitlichkeit zu leugnen, wo es sie gibt, wie es dogmatisch ist, auf Einheitlichkeit zu bestehen, wo sie fehlt.

Farbe
Das Problem der Farbe bildet eine Illustration der atomistischen Ontologie des *Tractatus*. Wittgenstein stellt drei Behauptungen auf:

(a) Es gibt interne Relationen zwischen Farben, Relationen, die es zwischen ihnen nicht nicht geben kann, z.B. daß weiß heller ist als schwarz (TLP 4.123).
(b) 'Gefärbt sein' ist (neben Raum und Zeit) eine 'Form der Gegenstände'. Jeder 'Wahrnehmungsgegenstand' (sichtbare Gegenstand) ist in einem 'Farbenraum', d.h., er muß *irgendeine* Farbe haben (genauso wie jeder Gegenstand irgendeine raumzeitliche Lozierung haben muß); dies ist eine seiner wesentlichen 'internen Eigenschaften' (TLP 2.0131, 2.0251; PT 2.0251f.; *siehe* LOGISCHE FORM).
(c) Zuschreibungen verschiedener Farben zu einem Punkt im Gesichtsfeld sind inkonsistent.

(1) *A* ist rot

schließt notwendigerweise aus

(2) *A* ist grün (blau, gelb, etc.).

Solche Farbenausschließung ist ein offenbares Gegenbeispiel zur Behauptung des *Tractatus*, daß alle Notwendigkeit logisch sei (*siehe* LOGIK), eine Folge der wahrheitsfunktionalen Zusammengesetztheit molekularer Sätze. Wittgenstein versucht, dieser

Schwierigkeit dadurch zu begegnen, daß er zeigt, daß (1) und (2) in logische Produkte analysiert werden können, die einander 'widersprechen' ((z. B. (1) als '*p . q . r*'; (2) als '*s . t . ~r*')). Er liebäugelte mit zwei Wegen der Analyse. Der erste berief sich auf die Physik und behauptet, daß (1) und (2) unter Analyse logisch unvereinbare Sätze über die Geschwindigkeit von Elementarteilchen implizierten (TLP 6.3751; Tb 16.8./11.9.16). Eine direktere Version schlägt vor, daß unter Analyse die Ausgangssätze so etwas implizieren wie '*A* reflektiert hauptsächlich Licht von 620 nm' und '*A* reflektiert hauptsächlich Licht von 520 nm'.

Der zweite Weg der Analyse schließt die Vorstellung ein, daß Farben wie Rot aus einfacheren Elementen zusammengesetzt sind – unanalysierbaren Farbtönen. (1) und (2) werden in Sätze analysiert, die *A* eine bestimmte Quantität von Rot bzw. Grün zuschreiben, plus einer ergänzenden Klausel 'und nichts sonst', was bedeutet, daß ihre Konjunktion ein Widerspruch wäre (MS 105; BLF; PB Kap. VIII; BT 473–85).

Unglücklicherweise verlagern beide Analysen das Problem nur eine Stufe zurück, wie Ramsey entdeckte (*Mathematics* 279–80). Die sich ergebenden Sätze sind wiederum miteinander unvereinbar; sie schreiben einen Wert aus einem Bereich miteinander unverträglicher Spezifikationen zu, ein Bestimmtes einer Bestimmbaren. Noch schlimmer war, daß Wittgenstein entdeckte, daß solche Sätze wie (1) und (2) nicht aus einfacheren, die Grade einer Qualität zuschrieben, konstruiert werden können, weil die logische Konjunktion nicht die Wirkung der Addition von Graden wiedergeben kann. Wenn (1) *A* z. B. 3 Grad von R zuschriebe,

(1*)   *A* ist 3R,

kann das nicht analysiert werden als

(1**)   *A* ist 1R . *A* ist 1R . *A* ist 1R,

weil (1**) einfach äquivalent ist mit '*A* ist 1R'. Es kann auch nicht analysiert werden als

(1***)   *A* ist 1R . *A* ist 2R . *A* ist 3R,

denn (1***) enthält das Analysandum; '*A* ist 3R' bedeutet entweder '*genau* 3R', dann *schließt* es die anderen Konjunkte *aus*; oder '*mindestens* 3R', dann *enthält* es die anderen Konjunkte. Derart führte die Farbausschließung Wittgenstein dazu einzusehen, daß Aussagen über Grade einer Qualität nicht so analysiert werden können, daß sich Elementarsätze ergäben (*siehe* ELEMENTARSATZ), die logisch voneinander unabhängig wären.

Wittgensteins Reaktion war die Aufgabe dieses Erfordernisses und damit des logischen Atomismus, was nahelegt, daß der *Tractatus* unanalysierbare Farbtöne als Gegenstände aufgefaßt hatte und Elementarsätze analog dem Analyseweg zu (1*). Das Ergebnis der Revision ist die Vorstellung eines 'Satzsystems': Sätze werden nicht einzeln für sich mit der Wirklichkeit verglichen, sondern alle gleichzeitig, wie die Gradmarkierungen eines Maßstabs; (1) bestimmt auf einen Schlag, daß *A* weder grün ist noch blau, etc. (WWK 63–4; PB 108–11). Zweitens gibt es nun nicht-wahrheitsfunktionale logische Beziehungen: (1) und (2) 'widersprechen' einander nicht, sie 'schließen einander logisch aus' (*siehe* WAHRHEITSTAFEL). Demgemäß ist

(3) Nichts kann gleichzeitig ganz rot und ganz grün sein

weder analytisch noch empirisch (vgl. 'Nichts kann weiß und ein Metall sein'), noch auch synthetisch a priori, wie Husserl vorgeschlagen hat. Wir sind nicht durch die transzendentale Verfassung des Geistes daran gehindert, ein Gegenbeispiel vorzustellen; vielmehr würde nichts als zugleich ganz rot und ganz grün zählen. (3) ist ein grammatischer Satz (*siehe* GRAMMATIK), d.h., er drückt eine Regel aus, die eine bestimmte Wortverbindung als sinnlos ausschließt, nämlich '*A* ist zugleich ganz rot und ganz grün'.

In seinen *Bemerkungen über Farben* (1950–51) hat Wittgenstein diese Idee erweitert. Die früher angemerkten INTERNEN Beziehungen zwischen Farben sind Teile einer ganzen 'Mathematik', 'Geometrie' oder 'Logik' der Farbe (BüF III §§ 3, 63, 86, 188), die von ihrer Physik unterschieden werden muß. Der *Tractatus* 2.0232 irrte in der Annahme, daß alle bestimmten Werte einer Bestimmbaren sämtliche Möglichkeiten der Verbindung teilten. So fragt Wittgenstein 'Wie kommt es, daß etwas Durchsichtiges grün, aber nicht weiß sein kann?'. Und er besteht darauf, daß solche Fragen nicht durch physikalische oder physiologische Theorien beantwortet werden können, weil sie nicht kausale Eigenschaften von Farben betreffen, z.B. daß rote Dinge Licht von 620 nm aussenden, oder Menschen irritieren, sondern ihre internen Eigenschaften. Er widersteht auch dem Versuch, solche Frage durch Bezugnahme auf Tatsachen zu beantworten, die zwischen der Wissenschaft und der Logik lägen, wie es Goethes 'phänomenologische' Farbentheorie tut (BüF I §§ 19, 22, 39–40, 53, 70–3, II §§ 3, 16, III §§ 81–2, 229; WAM 125). Er würde auch die vom wissenschaftlichen Realismus angebotene Lösung zurückgewiesen haben (*siehe* AUTONOMIE DER SPRACHE): sowohl durchsichtig als auch weiß zu sein ist unmöglich, weil durchsichtig zu sein heißt, das meiste einfallende Licht *durchzulassen*, während weiß zu sein heißt, das meiste einfallende Licht zu *reflektieren*, nicht aufgrund der Grammatik oder empirischer Tatsachen, sondern aufgrund metaphysischer Notwendigkeit. Aber keine Theorie der Lichtübertragung oder -reflektion ist Teil unserer Farbbegriffe. Das meiste einfallende Licht zu reflektieren ist nicht Teil einer Erklärung von 'weiß', und keine interne Eigenschaft: wir würden nicht aufhören, Schnee 'weiß' zu nennen, wenn Messungen ergäben, daß er das meiste Lichte überträgt oder absorbiert.

Wittgenstein selbst erläutert die Unvereinbarkeit zwischen weiß und durchsichtig durch 'Regeln für den Augenschein', die den Gebrauch von Ausdrücken für Wahrnehmbares bestimmen. Erstens erscheint etwas Weißes hinter einem farbigen Medium in der Farbe des Mediums (wir mögen wissen, daß es weiß ist, müssen aber die Farbe des Mediums verwenden, um zu sagen, wie es erscheint); etwas Schwarzes erscheint schwarz. Infolgedessen würde ein angebliches 'weißes durchsichtiges Medium' das Weiße weiß erscheinen lassen, das Schwarze schwarz, und d. h., sich wie ein farbloses Medium verhalten, was absurd ist (BüF I § 20, III § 173). Zweitens verdunkelt jedes farbige Medium das, was durch es hindurch gesehen wird. Für ein angebliches weißes Medium hieße das, es würde selbst dunkel sein müssen, d. h. nicht weiß sein können (BüF I § 30).

Wittgenstein erläutert andere scheinbar phänomenologische Züge, z. B. daß es nicht rötlich Grünes geben kann, und den Kontrast zwischen reinen und gemischten Farben unter Bezugnahme auf Standarddarstellungen der Farben (Farboktaeder, Farbenkreis, Farbkarten), die er als Anordnungen grammatischer Regeln charakterisiert (Vorl 30, 33; PB 51, 75, 276–81). Das ist mit der entscheidenden Rolle der OSTENSIVEN DEFINITION verknüpft: wir erklären, rechtfertigen und kritisieren den Gebrauch des Farbvokabulars unter Bezugnahme auf Muster: 'Diese Farbe (mit Zeigen auf eine Karte oder eine reife Tomate) ist rot.' Grammatische Sätze über Farben spiegeln normative Verknüpfungen, die wir durch den Gebrauch von Farbmustern etablieren. Zum Beispiel benutzen wir ein geordnetes Paar von weißem und schwarzem Fleck auch als Muster für 'heller' und 'dunkler', um die Behauptung, *dieser* weiße Fleck sei dunkler als *dieser* schwarze, als unsinnig auszuschließen (BGM 48, 75–6).

Die Rolle der ostensiven Definition erklärt noch andere Züge von Farbausdrücken.

(d) Sie sind nicht lexikalisch definiert (ein Punkt, den der *Tractatus* in der Auffassung verzerrte, daß Gegenstände nicht 'beschrieben' werden können), sondern durch Muster (PG 89–90, 208–9).

(e) Primärfarben sind nicht einfach im metaphysischen Sinne der GEGENSTÄNDE des *Tractatus*, sondern darin, daß unsere Form der Darstellung sie als einfache Elemente von gemischten Farben *behandelt* und keine Methode bereitstellt, sie zu analysieren (BPP I §§ 605–9).

(f) Blinde und Farbenblinde haben nicht die Farbbegriffe der Normalsichtigen (BüF I §§ 9, 13, 77, III *passim*; BPP I § 602; LS II, 38–41, 85, 100). Der Grund dafür ist nicht, daß ihnen eine bestimmte private Erfahrung fehlt – das PRIVATSPRACHENARGUMENT untergräbt die Vorstellung, daß Farben etwas Privates derart wären, daß jede Person etwas anderes mit 'rot' meinen könnte trotz des Umstands, daß alle den Ausdruck gleich erklären und anwenden (vertauschtes Spektrum). Vielmehr ist es der Tatsache geschuldet, daß sie der Wahrnehmungsfähigkeiten ermangeln, die es braucht, um vollgültig an unserm Sprachspiel mit Farbausdrücken teilzunehmen. Ein Farbenblinder kann wissen, daß das oberste Licht einer Verkehrsampel rot ist, aber nicht dadurch, daß er einfach auf das Licht sieht und sagt 'Das ist rot'.

Formale Begriffe
siehe **Sagen/Zeigen**

Form der Darstellung

Im *Tractatus* ist dies der externe 'Standpunkt', von dem aus ein Bild seinen Gegenstand darstellt (TLP 2.173f.; *siehe* LOGISCHE FORM). Näher an Wittgensteins späterer Vorstellung ist die Idee von Hertz, daß verschiedene wissenschaftliche Theorien von verschiedenen 'Formen der Weltbeschreibung' geleitet seien. Der spätere Wittgenstein erweitert diese Idee über die WISSENSCHAFT hinaus. Eine 'Darstellungsform' ist eine Weise, die Dinge zu sehen, eine Art von *Weltanschauung* (PU § 122). Die Idee umfaßt den jeweiligen Zugang zur Philosophie, der in Wittgensteins Fall von dem Versuch geleitet ist, eine ÜBERSICHT über die Grammatik zu geben. Im Unterschied dazu ist das Weltbild aus *Über Gewißheit* der ererbte Hintergrund unseres wissenschaftlichen und alltäglichen Argumentierens. Wie eine 'Mythologie', kann es selbst nicht durch Argumentieren geändert werden, sondern nur durch eine Art von Bekehrung (ÜG §§ 92, 94–7, 167, 262, 612).

Im gleichen Sinn charakterisiert Wittgenstein die GRAMMATIK, das System der Regeln, die Maßstäbe für den richtigen Gebrauch der Wörter bilden, als unsere 'Methode' oder 'Form der Darstellung' (M 51; ÜG §§ 61–2; PU §§ 50, 104, 158). 'Zur Grammatik gehört nicht, daß dieser Erfahrungssatz wahr, jener falsch ist. Zu ihr gehören alle Bedingungen (die Methode) des Vergleichs des Satzes mit der Wirklichkeit. Das heißt, alle Bedingungen des Verständnisses (des Sinnes)' (PG 88). Vermöge ihrer Bestimmung, welche Verbindungen von Zeichen sinnvoll sind und daher als mögliche Kandidaten für Wahrheit zählen – 'die *Art von Aussagen*, die wir über Erscheinungen machen' (PU § 90) –, ist die Grammatik selber empirischer Widerlegung nicht zugänglich. Die Logik ist 'vor' einer 'Entsprechung des Gesagten mit der Realität' (BGM 96).

Das gibt den Schlüssel zu Wittgensteins späterer Erklärung von logischer Notwendigkeit. Wie im *Tractatus* verweigert er sich der platonistischen Auffassung von notwendigen Sätzen als Teil einer Über-Physik des Abstrakten, die von empirischen Sätzen nur dadurch verschieden sind, daß sie abstraktere Gegenstände beschreiben. Er verwirft auch die empiristische Reduktion von notwendigen Sätzen auf empirische Verallgemeinerungen (*siehe* INTERNE RELATIONEN). Der Kontrast zwischen beiden ist sogar größer als traditionell angenommen. Von empirischen Sätzen kann gesagt werden, daß sie mögliche Sachverhalte beschreiben, aber von notwendigen Sätzen nicht, daß sie notwendige Sachverhalte beschreiben. Denn ihre Funktion ist normativ und nicht deskriptiv. Sie fungieren als (oder sind verknüpft mit) 'grammatische(n) Sätze(n)', die typischerweise verwendet werden, um grammatische Regeln auszudrücken. Ein grammatischer Satz wie

(1) Schwarz ist dunkler als weiß

ist eine 'Norm der Beschreibung' oder der 'Darstellung' (BGM 75–6; Vorl 164f.; ÜG §§ 167, 321). Diese legt fest, was als sinnvolle Beschreibung der Wirklichkeit gilt, etabliert interne Relationen zwischen Begriffen ('schwarz' und 'weiß') und lizensiert Umformungen von empirischen Sätzen (von 'Kohle ist schwarz und Schnee ist weiß' zu 'Kohle ist dunkler als Schnee').

F Form der Darstellung

Grammatische Sätze gehen der Erfahrung in einem unschuldigen Sinne 'voraus' (PB 143; Vorl 34, 260 f.). Sie können durch Erfahrung weder bestätigt noch widerlegt werden. (1) kann nicht durch die angebliche Aussage 'Dieser weiße Gegenstand ist dunkler als jener schwarze' umgeworfen werden, weil dies eine unsinnige Zeichenverbindung ist. Dieses der Erfahrung 'Vorausgehen' macht die scheinbar rätselhafte 'Härte' der notwendigen Sätze und internen Relationen verständlich (PU § 437; BGM 84; PG 126–7). Zusagen, daß es für einen weißen Gegenstand logisch unmöglich ist, dunkler als ein schwarzer zu sein, heißt zu sagen, daß wir einen Gegenstand nicht zugleich 'weiß' und 'dunkler als ein schwarzer Gegenstand' *nennen* würden. Gegeben unsere Regel ist es nicht sinnvoll, beide Ausdrücke zu gleicher Zeit auf ein und denselben Gegenstand anzuwenden. Wittgenstein erklärt logische Notwendigkeit durch die Unterscheidung zwischen Sinn und Unsinn, die durch unsere Normen der Darstellung getroffen wird.

Wie im *Tractatus* betont Wittgenstein die Unterschiede zwischen verschiedenen Arten von notwendigen Sätzen. An seiner früheren Erklärung der Sätze der Logik als TAUTOLOGIEN hält er fest (Vorl 324–8; VGM 315 ff.). Aber er verdammt nicht länger andere notwendige Wahrheiten als Scheinsätze. Arithmetische Gleichungen, geometrische Sätze und analytische Sätze sind grammatische Regeln (vgl. jeweils WWK 156; PG 347; BGM 363 und WWK 38, 61–3; Vorl 29 f., 76 f. und PU § 251). Die sprachliche Erscheinung ist die von Aussagesätzen über Tatsachen, aber ihre tatsächliche Funktion ist die von grammatischen Sätzen.

Anders als ihre Vorgänger (die Regeln der LOGISCHEN SYNTAX) sind grammatische Regeln Übereinkünfte oder Konventionen. Obwohl sie selten Entscheidungen unterliegen, ist ihre Funktion, wenn nicht ihre Geschichte, die von Konventionen (PU §§ 354–5; Vorl 259 f., 350–2; PG 68, 190). Die Grammatik ist autonom (*siehe* AUTONOMIE DER SPRACHE), sie reflektiert weder das Wesen der Wirklichkeit noch eine unveränderliche menschliche Natur (*siehe* GERÜST). Entsprechend ist Wittgensteins Erklärung der logischen Notwendigkeit konventionalistisch. Er unterscheidet sich jedoch wesentlich vom Konventionalismus der Logischen Positivisten. Ihr Ziel war es, eine Form von Empirismus zu entwickeln, der logische Notwendigkeit erklären könnte, ohne sie entweder auf empirische Verallgemeinerungen zu reduzieren oder in den Platonismus zu verfallen oder synthetische Wahrheiten a priori zuzugeben. Notwendige Sätze, so argumentierten die Positivisten, sind a priori, aber liefern kein Wissen über die Welt. Denn mit Hilfe des *Tractatus* schien es, als könnten alle notwendigen Sätze als analytisch verstanden werden, als wahr allein aufgrund der Bedeutung der die Sätze bildenden Wörter. Logische Wahrheiten sind Tautologien, die wahr sind allein aufgrund der Bedeutung der LOGISCHEN KONSTANTEN und analytische Wahrheiten können auf Tautologien reduziert werden durch Einsetzung von Synonymen für Synonyme – so wird 'Alle Junggesellen sind unverheiratet' zu 'Alle unverheirateten Männer sind unverheiratet', eine Tautologie der Form '$(x)((fx . gx) \supset gx)$', deren Wahrheit aus der Bedeutung der enthaltenen logischen Konstanten folgt. Notwendige Sätze sind wahr kraft Bedeutung oder Konvention. Entweder sind sie selber Konventionen (Definitionen) oder sie folgen aus derartigen Konventionen.

Wittgensteins Unterscheidung zwischen grammatischen und empirischen Sätzen weicht in vier Hinsichten von der logisch-positivistischen analytisch/synthetisch-Unterscheidung ab. (a) Viele seiner grammatischen Sätze passen nicht in eine noch so großzügig gefaßte Liste analytischer Wahrheiten. Der Grund dafür ist, daß Wittgenstein eingesehen hatte, daß es nicht-wahrheitsfunktionale logische Beziehungen gibt (PB 105–6), und also Sätze wie (1), die nicht analytisch sind im Sinne des *Tractatus* oder des Wiener Kreises. (b) Die analytisch/synthetisch-Unterscheidung wird in Begriffen von Formen und Bestandteilen von Satztypen getroffen. Aber ob eine Äußerung einen grammatischen Satz ausdrückt, d. h. verwendet wird, um eine grammatische Regel auszudrücken, hängt von ihrer Funktion bei Gelegenheit der Äußerung ab, davon, ob sie im besonderen Fall als ein Maßstab der Richtigkeit verwendet wird. Zum Beispiel wird 'Krieg ist Krieg' typischerweise nicht dazu verwendet, das Identitätsgesetz auszudrücken (PU II, S. 564; WWK 153–4; PB 59; Vorl 227 f.; BT 241). (c) Die Unterscheidung bringt die Vorstellung mit sich, daß die Wahrheit notwendiger Sätze eine *Folge* der Bedeutung ihrer Bestandteile sei. Nach Wittgenstein *bestimmen* jedoch notwendige Sätze vielmehr die Bedeutung von Wörtern statt aus ihr zu folgen, weil sie für die Bedeutung der satzbildenden Ausdrücke teilkonstitutiv sind (*siehe* BEDEUTUNGSKÖRPER). (d) Indem er den Status notwendiger Sätze unter Bezugnahme auf ihre normative Funktion und nicht ihre deskriptive Verwendung erklärt, weist Wittgenstein die Auffassung zurück, daß sie eine besondere Art von Wahrheiten seien, eine, deren Quelle Bedeutung oder Konvention anstelle der Erfahrung wäre. Insbesondere: wenn Tautologien degenerierte Sätze sind, die nichts aussagen, ein Punkt, den die Logischen Positivisten akzeptiert hatten, in welchem Sinn könnten sie dann wahr sein?

Diese Unterschiede werden durch die Tatsache herausgestellt, daß Wittgenstein erwägt, den Titel 'synthetisch a priori' zu verwenden, erstens für mathematische Sätze, vermutlich weil sie ebenso deskriptiv wie normativ verwendet werden können ('25^2 = 625' kann als Prognose des Resultats verwendet werden, das Leute erhalten, wenn sie 25 quadrieren, obwohl es tatsächlich als Kriterium für die Ausführung dieser Operation verwendet wird – BGM 318–9, 327–30); und zweitens für grammatische Sätze, die nicht durch den Prädikatenkalkül erklärt werden können – 'Es gibt kein rötliches Grün' oder '„oben" hat vier Buchstaben' z. B. (BGM 245–6; 336). Kants Idee, daß mathematische und metaphysische Wahrheiten synthetisch a priori sind, drückt eine Einsicht aus: die Tatsache, daß sie die Wirklichkeit zu antizipieren scheinen, verlangt eine Erklärung. Die Erklärung des Wiener Kreises für alle notwendigen Sätze als Wahrheiten, die nichts sagen, läßt sie ohne Funktion. Indem Wittgenstein die Trennung der notwendigen Sätze von ihrer Verwendung zurückweist, nimmt er Kants Problem auf. Aber er besteht darauf, daß notwendige Sätze a priori sind, gerade weil sie *von* nichts *handeln* und daher nicht synthetisch sind (WWK 67, 77–8; Vorl 100; PLP 67–8). Die Funktion notwendiger Sätze für die empirische Rede ist die von Normen der Darstellung, die Leitlinien für das 'Kanalisieren', den Umgang mit der Erfahrung geben (BGM 240, 324–5, 387). 'Immer wenn wir sagen, etwas müsse der Fall sein, verwenden wir eine Ausdrucksnorm'; eine logische Verbindung 'ist immer eine Verbindung in der Grammatik' (Vorl 164, 359 f.; BGM 64, 88).

Während Wittgensteins Konventionalismus die Schwierigkeiten der Wiener Version vermeidet, sieht er sich ernsthaften eigenen gegenüber (*siehe* MATHEMATISCHER BEWEIS). Selbst wohlwollende Kommentatoren wie Waismann hatten das Gefühl, die Behauptung, daß notwendige Sätze Regeln seien, ignoriere, daß sie *von* Zahlen, Farben, Längen, Empfindungen etc. *handeln* und nicht von Wörtern; und daß notwendige Sätze wahr sein können, Regeln für Wörter aber nicht (PLP 66–7, 136–7). Wittgenstein könnte jedoch zugeben, daß notwendige Sätze nicht tatsächlich Regeln sind, und doch darauf bestehen, daß sie Regeln darin ähneln, daß sie 'die Rolle von Regeln der Darstellung spielen' (BGM 363; VGM 63, [285f.]) – sie lizensieren Umwandlungen von empirischen Sätzen. Außerdem ist sein Punkt, daß es für notwendige Sätze etwas *ganz anderes* heißt, von etwas zu handeln und wahr zu sein, als für empirische Sätze (Vorl 348f.; VGM [114, 250–1]; PU § 251). Die Funktion eines grammatischen Satzes wie 'Alle Junggesellen sind unverheiratet' ist es nicht, eine wahre Tatsachenaussage über Junggesellen zu machen, sondern die Bedeutung von 'Junggeselle' zu erklären. Wir verifizieren den Satz nicht, indem wir den Personenstand von Leuten untersuchen, die als Junggesellen identifiziert wurden, und die Bestreitung des Satzes zeigt nicht Unkenntnis von Tatsachen, sondern sprachliches Mißverständnis. Am wichtigsten ist, daß der Satz keine wirkliche Möglichkeit ausschließt, sondern nur eine Wortverbindung als UNSINN.

Selbst wenn Wittgensteins Konventionalismus nicht völlig zufriedenstellend sein sollte, entgeht seine Unterscheidung zwischen grammatischen und empirischen Sätzen nicht nur Quines berühmtem Angriff auf die analytisch/synthetisch-Unterscheidung, sondern hilft auch, Quines empiristische Angleichung von notwendigen an empirische Sätze zu unterminieren. Wegen (c) vermeidet er, was Quine den 'Mythos des Museums' nennt, die Vorstellung, daß abstrakte Entitäten (logische Formen oder Bedeutungen) uns zwängen, bestimmte Sätze für wahr zu halten, komme was da wolle; und wegen (d) ist Wittgenstein nicht auf die Vorstellung von 'Wahrheit durch Konvention' festgelegt. Außerdem kann Wittgenstein Quines holistischem Bild eines Gewebes von Überzeugungen Rechnung tragen, demgemäß sogar 'notwendige Sätze' aufgegeben werden können, um andere Überzeugungen zu bewahren. Tatsächlich hat er selbst während seiner Phase des VERIFIKATIONISMUS einen derartigen Holismus vertreten: 'Hypothesen', d.h. alle Sätze, die über das unmittelbar den Sinnen Gegebene hinausgehen, können nicht abschließend verifiziert oder falsifiziert werden, weil widerstrebende Erfahrungsbelege durch Hilfshypothesen berücksichtigt werden können (PB 285–90). Das könnte Carnaps Holismus in *Die Logische Syntax der Sprache* und damit, indirekt, auch Quines eigenen Holismus beeinflußt haben. Während der Übergangsperiode dehnte Wittgenstein diese Revidierbarkeit nicht auf notwendige Sätze aus und später ließ er den Mythos nicht begrifflich gefaßter Sinneserfahrungen fallen. Aber das holistische Bild überlebt in *Über Gewißheit* (ÜG §§ 94–6, 512–9). Außerdem impliziert seine funktionale Konzeption grammatischer Regeln, nach der ein Ausdruck eine Regel ist, wenn er als Maßstab der Richtigkeit des Gebrauchs verwendet wird, daß der logische Status von Sätzen sich ändern kann, je nachdem, wie wir sie verwenden. Empirische Sätze werden zu Regeln 'verhärtet' (BGM 325, vgl. 192, 338–9), wohingegen Regeln ihren privilegierten Status verlieren und aufgegeben werden. Zum Beispiel hat der Satz 'Eine Säure ist eine Substanz, die in löslicher Fassung Lackmuspapier rot färbt' seinen normativen Status verloren (Säuren werden jetzt als Protonenspender definiert) und hat sich in einen empirischen Satz verwandelt, der für die meisten, wenn auch nicht für alle Säuren gilt. Umgekehrt war der Satz 'Gold hat 79 Protonen' ursprünglich eine empirische Entdeckung, ist jetzt aber teilkonstitutiv für das, was wir mit 'Gold' meinen.

Anders als Quine, aber wie Carnap, Grice und Strawson beharrt Wittgenstein darauf, daß dies mit einer dynamischen Unterscheidung zwischen notwendigen und empirischen Sätzen vereinbar ist. Die Aufgabe grammatischer Sätze kann durch theoretische Erwägungen motiviert sein, die von neuen Erfahrungen bis zu Einfachheit, Fruchtbarkeit oder schlichter Schönheit reichen. Aber sie ist verschieden von der Falsifizierung einer Theorie. Es gibt nicht so etwas wie die Falsifikation eines grammatischen Satzes. Denn sein normativer Status bedeutet, daß der Satz selbst teilkonstitutiv ist für die Bedeutung der ihn bildenden Ausdrücke (BlB 45f., 91f.; Vorl 197f.). Nach einer solchen Revision ist es sinnvoll, Wörter in einer Weise zu verwenden, die zuvor als sinnlos ausgeschlossen war.

(2) Niemand unter 10 Jahren Lebensalter ist ein Erwachsener

ist ein grammatischer Satz, der zum Teil bestimmt, wen wir einen Erwachsenen nennen. Würden wir einen Satz wie

(3) Johannas dreijährige Tochter ist ein Erwachsener

zulassen, weil sie z.B. erstaunliche intellektuelle Fähigkeiten hat, liefe das auf einen neuen Gebrauch von 'Erwachsener' hinaus, der einen neuen Begriff einführte. Infolgedessen würden (2) und (3) einander nicht widersprechen, weil 'Erwachsener' in jedem von ihnen etwas anderes bedeutete.

Wissenschaftliche Begriffe werden typischerweise durch mehr als eine Erklärung getragen. In Fällen, in denen mehrere Phänomene (Fieber, ein Virus im Blut, etc.) in Verbindungen miteinander vorgefunden werden, mag die einzige Weise, zwischen KRITERIEN und Symptomen zu unterscheiden, in einer Entscheidung liegen (BlB 48). 'Das Schwanken in der Grammatik zwischen Kriterien und Symptomen läßt den Schein entstehen, als gäbe es überhaupt nur Symptome' (PU § 354, vgl. § 79; Z § 438). Aber im Hinblick auf spezifische Experimente ist es oft möglich zu entscheiden, ob eine bestimmte Aussage normativ oder empirisch verwendet wird. Das zu bestreiten hieße zu leugnen, daß man in Beziehung auf eine bestimmte Messung zwischen der Funktion des Maßes und der Funktion des gemessenen Gegenstandes unterscheiden könne (PU § 50). Tatsächlich kann eine Gesamtheit von Überzeugungen nur dann in ein Netz verwoben sein, wenn bestimmte Sätze nicht nur mit größerer Zögerlichkeit preisgegeben werden als andere, sondern wenn sie eine andere Rolle spielen, nämlich die, logische Verknüpfungen zwischen verschiedenen Überzeugungen festzulegen (das stimmt mit

Form der Darstellung

Lewis Carrolls Einsicht überein, daß man für ein formales System zwischen Axiomen und Schlußregeln unterscheiden muß).

Wittgenstein hat Quines Angleichung von notwendigen Sätzen an gut verankerte Überzeugungen vorweggenommen (vermutlich, weil er das als eine unausweichbare Konsequenz von Russells und Ramseys empiristischer Konzeption der Mathematik sah), aber er hat behauptet, daß sie 'das *tiefe* Bedürfnis nach der Übereinkunft' (BGM 65, 237) ignoriere.

... wenn es nur die äußere Verbindung gäbe, so ließe sich gar keine Verbindung beschreiben, denn wir beschreiben die äußere Verbindung nur mit Hilfe der innern. Wenn diese fehlt, so fehlt der Halt, den wir brauchen, um irgend etwas beschreiben zu können. Wie wir nichts mit den Händen bewegen können, wenn wir nicht mit den Füßen feststehen. (PB 66)

Wenn alle Normen der Darstellung hinsichtlich z. B. 'Junggeselle' in empirische Sätze verwandelt wären, würde das heißen, daß jeder der folgenden Sätze verworfen werden könnte: 'Junggesellen sind unverheiratete Männer', 'Junggesellen sind Menschen', 'Junggesellen sind aus Fleisch und Blut gemacht'. Unter diesen Umständen könnte überhaupt nichts 'Junggeselle' genannt werden, weil es keinen Grund gäbe zu bestreiten, daß irgend etwas unter den Begriff falle. Infolgedessen wäre der Gebrauch des Ausdrucks völlig beliebig geworden, d. h., der Ausdruck selbst wäre sinnlos. Entsprechend würden Wörter, wenn wir die ihre Verwendung regelnden grammatischen Regeln aufgäben, jedwede Bedeutung verlieren. Natürlich könnte unsere Gewohnheit, Wörter zu äußern, sich fortsetzen: ein gemeinschaftliches phonetisches Geplapper ohne Regeln ist vorstellbar. Aber es würde eher einem Reden in Zungen ähneln als einer Sprache (PU §§ 207, 528). Wenn alles gesagt werden kann, kann nichts mehr sinnvoll gesagt werden.

Es gibt eine wichtige Parallele zwischen Wittgenstein und Quine. Beide charakterisieren logische Wahrheiten letztlich nicht mit Hilfe ihrer Form oder Struktur, sondern unter Bezugnahme auf sprachliches Verhalten. Aber anders als Quines reduktionistischer Behaviorismus sieht Wittgenstein die Sprache als wesentlich durch Normen geleitet an. Es ist diese normativistische Konzeption der Sprache, die es ihm erlaubt, den Begriff der logischen Notwendigkeit verständlich zu machen, statt ihn wie Quine zu verwerfen.

Gebrauch
Nach dem, was Wittgenstein das AUGUSTINISCHE BILD DER SPRACHE nannte, ist die Bedeutung eines Ausdrucks der Gegenstand, auf den sich der Ausdruck bezieht. Während der frühe Wittgenstein, gemeinsam mit Russell und Frege, eine Version dieses Bildes vertrat, war der spätere Wittgenstein der erste, der es einer durchgreifenden Kritik unterzog. Der Mangel eines Gegenstandes, für den er stünde, macht einen Ausdruck nicht bedeutungslos, und es ist ein Kategorienfehler, den Gegenstand, auf den ein Wort sich bezieht, als seine Bedeutung zu behandeln. Wittgenstein bot auch eine berühmte Alternative zur referentiellen Konzeption von Bedeutung. Schon seine frühe Philosophie hatte den *Gebrauch* von Zeichen in den Vordergrund gerückt. Für den *Tractatus* jedoch *zeigte* der Gebrauch eines Zeichens nur seine kombinatorischen Möglichkeiten, die bestimmt waren durch die kombinatorischen Möglichkeiten des Gegenstandes, für den das Zeichen stand. Es hängt von uns ab, welche NAMEN wir auf welche Gegenstände projizieren, aber wenn wir das getan haben, hat unser Gebrauch das Wesen jener Bezugsgegenstände zu spiegeln (TLP 3.326ff., 6.211; Tb 11.9.16; *siehe* BEDEUTUNGSKÖRPER).

Wittgensteins spätere Position ist radikal anders. Die Bedeutung eines Zeichens ist nicht ein Bedeutungskörper, eine Entität, die seinen Gebrauch bestimmte. Ein Zeichen wird nicht dadurch sinnvoll, daß es mit einem Gegenstand assoziiert wird, sondern dadurch, daß es einen regelgeleiteten Gebrauch hat (PU §§ 432, 454; Vorl 147, 184). *Ob* ein Zeichen Bedeutung hat, hängt davon ab, ob es einen etablierten Gebrauch hat, ob es dazu verwendet werden kann, sinnvolle sprachliche Handlungen auszuführen; *welche* Bedeutung es hat, hängt davon ab, wie es gebraucht werden kann. 'Man kann für eine *große* Klasse von Fällen der Benützung des Wortes „Bedeutung" – wenn auch nicht für *alle* Fälle seiner Benützung – dieses Wort so erklären: Die Bedeutung eines Wortes ist sein Gebrauch in der Sprache' (PU § 43; vgl. § 30; BlB 109). Wenn man berücksichtigt, daß Wittgenstein keine Bedenken hatte, Bedeutung in diesem Sinn zum Beispiel Eigennamen zuzuschreiben, schließt die Einschränkung wahrscheinlich nicht bestimmte Arten von Ausdrücken aus, sondern einen bestimmten Sinn von 'Bedeutung', nämlich natürliche Bedeutung wie in 'Diese Wolken bedeuten Regen'.

Wittgensteins Vorschlag, daß Bedeutung Gebrauch ist, beeinflußt nicht nur die linguistische Philosophie von Ryle, Austin und Strawson, sondern wird auch von einigen ihrer Gegner akzeptiert (Quine, Dummett) und von Lexikographen und Feldlinguisten für selbstverständlich gehalten. Er ist auch plausibel: wir erlernen die Bedeutung von Wörtern, indem wir lernen, wie sie zu verwenden sind, genauso wie wir Schach lernen, nicht, indem wir Spielfiguren mit Gegenständen assoziieren, sondern indem wir lernen, wie die Spielfiguren zu bewegen sind. Nichtsdestoweniger ist er von formalen Semantikern scharf kritisiert worden. Manchmal versuchen Anhänger Wittgensteins, diese Kritik *ab initio* zu vernachlässigen. So wird darauf hingewiesen, daß Wittgenstein keine *Theorie* der Bedeutung bietet. Das ist richtig, immunisiert seine Position aber nicht. Wittgenstein erläutert die Bedeutung von Wörtern, indem er ihren Gebrauch beschreibt. Das setzt eine *Erklärung* von Bedeutung voraus – um so mehr, wenn derartige Untersuchungen mit systematischen Bedeutungstheorien kontrastiert werden. Ob sprachliche Bedeutung etwas ist, über das man eine Theorie haben sollte, hängt vom Begriff der Bedeutung ab. Auf der anderen Seite ignorieren Wittgensteins Kritiker oft, daß, was hier in Frage steht, der gewöhnliche Begriff der Bedeutung ist, nicht technische Begriffe, die formale Semantiker bilden mögen.

Ein weiterer ausweichender Zug ist darauf zu bestehen, daß Wittgenstein nicht einmal eine Erklärung der Bedeutung biete, sondern nur einen methodologischen Rat gab: 'Frag' nicht nach der Bedeutung, frag' nach dem Gebrauch!' In unseren Untersuchungen von philosophisch umstrittenen Ausdrücken ist schon der bloße Ausdruck 'die Bedeutung' irreführend, weil uns seine substantivische Form dazu verführt, nach einem Gegenstand jenseits des Zeichens zu sehen (das ist für das deutsche *Bedeutung* offensichtlicher als das englische *meaning*, weil es sich von *deuten* i. S. von 'zeigen' herleitet). Der Begriff der Bedeutung ist obsolet außer in Ausdrücken wie 'bedeutet dasselbe wie' und 'hat keine Bedeutung' (M 51–2; Vorl 184; PG 56; PU § 120). Denselben Weg nimmt auch Quine. Anders jedoch als Quine ist Wittgenstein auf die Auffassung verpflichtet, daß philosophische Probleme über Bedeutung nicht einfach dadurch gelöst werden können, daß man den Ausdruck aus dem philosophischen Vokabular verbannt (*siehe* METALOGIK). Wittgensteins methodologische Maxime muß daher ihrerseits auf ein klares Verständnis des Begriffs der Bedeutung gegründet sein.

Wittgenstein ist beschuldigt worden, die Tatsache nicht zu beachten, daß die Bedeutung eines Wortes nicht mit bestimmten Äußerungen und nicht einmal mit allen wirklichen Äußerungen identifiziert werden könne, weil diese falsche Verwendungen einschließen. Auch ist eingewendet worden, wir sollten uns nicht dafür interessieren, wie wir die Wörter verwenden, sondern dafür, warum wir sie so verwenden, wie wir es tun. Wittgenstein erläutert den Begriff der Bedeutung durch die Feststellung seiner begrifflichen Verknüpfungen mit anderen Begriffen, wie dem des VERSTEHENS und dem der ERKLÄRUNG. Beide Einwände ignorieren die normative Dimension von Wittgensteins Auffassung der sprachlichen Bedeutung. Die Bedeutung eines Wortes ist, was erklärt wird in einer Erklärung der Bedeutung, nämlich, wie es sinnvoll in einer bestimmten Sprache gebraucht werden kann. Derartige Erklärungen sind, was Wittgenstein grammatische Regeln nennt (*siehe* GRAMMATIK). Sie sind gültig für eine unbegrenzte Anzahl von Fällen und bilden Maßstäbe für den *richtigen* Gebrauch von Ausdrücken. Wir berufen uns auf sie, um unsere Anwendungen von Wörtern zu rechtfertigen und zu kritisieren, was heißt, daß sie unsere Gründe sind für die Weisen, in denen wir die Wörter verwenden. Und wenn sich die Frage, warum wir die Wörter so verwenden, auf den Nachweis von Ursachen dafür, daß wir bestimmte Regeln akzeptieren, richtet, ist sie für die Bedeutung der betreffenden Wörter irrelevant (obwohl sie für ihre Etymologie relevant sein kann). Bedeutung ist Gebrauch in Übereinstimmung mit grammatischen Regeln (Vorl 200–6, 253; ÜG §§ 61–3).

Obwohl sich die Begriffe der Bedeutung und die des regelgeleiteten Gebrauchs jedoch überlappen, weichen sie in wichtigen Hinsichten voneinander ab. Erstens gibt es Ausdrücke, die einen Gebrauch haben, aber keine Bedeutung, wie 'halali' und 'Abrakadabra'. Zweitens kann, anders als seine Bedeutung, der Gebrauch eines Ausdrucks modisch sein, von Gesten begleitet und etwas über den Sprecher enthüllend, etc. Drittens können zwei Ausdrücke dieselbe Bedeutung ohne denselben Gebrauch haben (z.B. 'Bulle/Polizist'). Jemand, der Bedeutung mit Gebrauch identifiziert, kann diese Punkte nicht als nebensächliche Einzelheiten unbeachtet lassen. Denn sie zeigen, daß der Gebrauch von 'Gebrauch eines Wortes' vom Gebrauch von 'Bedeutung eines Wortes' abweicht, und wenn das Identifikations-Schlagwort richtig wäre, würde das zeigen, daß die beiden Wörter *nicht* dasselbe bedeuten. Die erste Divergenz zeigt, daß der Begriff des Gebrauchs einen weiteren Umfang hat als der der Bedeutung; die zweite, daß es eine Kategoriendifferenz zwischen 'Bedeutung' und 'Gebrauch' gibt; die dritte, daß nicht alle Aspekte des Gebrauchs eines Terminus für seine Bedeutung wichtig sind.

Während einige Stellen bei Wittgenstein Bedeutung und Gebrauch einfach identifizieren, sind andere mit den vorstehenden Einschränkungen vereinbar (PG 60; VGM 232–3 vs. PU § 139, II, S. 550, 563). Obwohl die Bedeutung nicht den Gebrauch bestimmt, bestimmt der Gebrauch die Bedeutung, nicht kausal, aber logisch (genauso wie für Frege der Sinn die Bedeutung, das, wofür ein Wort steht, bestimmt). Während Bedeutungsgleichheit mit Gebrauchsverschiedenheit einhergehen kann, ist jede Bedeutungsverschiedenheit auch eine Gebrauchsverschiedenheit. Wenn uns der Gebrauch eines Ausdrucks gegeben ist, können wir seine Bedeutung ohne weitere Belege erschließen, aber nicht umgekehrt. Man kann nicht aufgrund einer Wörterbucherklärung von 'Bulle' sagen, ob der Ausdruck von deutschen Akademikern häufig verwendet wird, aber man kann einen Wörterbucheintrag auf der Grundlage einer vollständigen Beschreibung des Gebrauchs eines Ausdrucks verfassen. Vom Gebrauch eines Wortes können wir alles erfahren, was seine Bedeutung angeht. Deshalb bleibt die begriffliche Analyse eine Sache der Untersuchung des Sprachgebrauchs. Unglücklicherweise löst das nicht das Problem, daß der Ausdruck 'Gebrauch' *in vacuo* zu nebulös ist, um hilfreich zu sein. Aber es rückt die eigentliche Frage ins Zentrum: welche Aspekte des Gebrauchs sind für Bedeutung wichtig? Wittgenstein war sich dieses Problems bewußt. Beim Kommentar zu einem fiktiven Sprachspiel, in dem ein und dieselbe Werkzeugart an verschiedenen Wochentagen verschiedene Namen hat, behauptet er 'Nicht jeder *Gebrauch* ... ist eine Bedeutung' (LS I, 289). Ein Vorschlag, der uns zu einer referentiellen Konzeption zurückzubringen scheint, ist, daß das Wichtige am Gebrauch eines Ausdrucks für seine Bedeutung das ist, wofür er gebraucht wird oder was er bezeichnet. Aber nicht alle Ausdrücke stehen für einen Gegenstand. Darauf ist erwidert worden, daß selbst Ausdrücke ohne Bezug wie 'und' etwas bezeichnen: es gibt 'Züge' oder 'Bedingungen', die ihre Anwendung begründen. Aber das läuft auf nicht mehr hinaus als zu sagen, sie seien sinnvoll. Die Bedeutung von Ausdrücken ist eine Angelegenheit der Bedingungen für ihren richtigen Gebrauch. Das aber wird von einer Gebrauchorientierten Bedeutungskonzeption nicht in Frage gestellt. Wir gebrauchen Zeichen in der Welt, ob wir sie nun für Gegenstände in der Welt gebrauchen oder nicht.

Wittgenstein legt nahe, daß die Aspekte des Gebrauchs eines Wortes, die seine Bedeutung bestimmen, seine Rolle oder Funktion sind, gibt aber zu, daß diese Idee selbst unscharf ist (LS I §§ 278–304; LPP 291). An anderen Stellen verknüpft er die Bedeutung eines Wortes mit seinem Zweck oder Ziel und vergleicht Wörter und Sätze mit Werkzeugen. Wichtige logische Unterschiede zwischen Wörtern werden durch die

Gleichheit ihrer sprachlichen Erscheinung oder Form verhüllt ('2', 'Schmerz', 'Tisch' sind sämtlich Substantive; 'schwimmen', 'meinen' Verben), aber durch ihre Funktion offenbart, genauso wie die Unterschiede zwischen einem Hammer und einem Meißel durch ihre Funktionsweise offenbart werden (PU §§ 5, 11–4, 421, 489; BlB 107–8). Wittgenstein hat jedoch keine instrumentalistische Bedeutungskonzeption vertreten, nach der die Bedeutung eines Wortes, wie die eines Werkzeugs, seine Wirkung wäre, nämlich die Wirkung auf das Verhalten anderer. Derartige kausale Theorien waren in den 20er Jahren von Russell einerseits, Ogden und Richards andererseits entwickelt worden. Für Russell ist die Rede ein Mittel, in anderen die Bilder hervorzurufen, die in uns selber sind. Die Verbindung zwischen einem Wort und seiner Bedeutung (ein Gegenstand oder ein geistiges Bild im Fall von Erinnerungsaussagen) ist eine kausale. Man versteht ein Wort aktiv, wenn geeignete Umstände es einen verwenden lassen, passiv, wenn das Hören des Wortes einen veranlaßt, sich in passender Weise zu verhalten (*Analysis*, Kap. X). Ogden und Richards vertraten eine ähnliche Theorie: die Bedeutung eines Symbols ist der Gedanke, der das Hören des Symbols verursacht oder der das Äußern desselben verursacht. Ob der Gebrauch eines Symbols richtig ist, hängt davon ab, ob es im Hörer einen Gedanken erzeugt, der dem des Sprechers gleich ist.

Beide Theorien sollten *inter alia* die Lücke füllen, die der *Tractatus* gelassen hatte, als er sich weigerte anzugeben, wie Zeichen mit dem, was sie bezeichnen, verknüpft sind. Aber als sich Wittgenstein diesem Problem nach seiner Rückkehr zur Philosophie zuwandte, kritisierte er Russell und Ogden und Richards mit Argumenten, die auf kausale und behavioristische Theorien allgemein Anwendung haben, und entwickelte seine eigene Erklärung in direktem Kontrast zu ihnen. (Aus diesem Grund hat Quine unrecht mit der Auffassung, daß die Vorstellung von Bedeutung als Gebrauch von Dewey vorweggenommen wurde, der sich bloß mentalistischen Bedeutungstheorien im Namen des Behaviorismus widersetzte.) Genauso wie kausale Erklärungen der logischen Natur von INTENTIONALITÄT nicht gerecht werden können, können sie dem normativen Aspekt von Bedeutung nicht Gerechtigkeit widerfahren lassen und verwischen die Unterscheidung zwischen Sinn und Unsinn. Ob ein Zeichen sinnvoll ist oder sinnlos, hängt nicht davon ab, ob seine Äußerung die gewünschte Wirkung hat, sei es bei einer bestimmten Gelegenheit oder allgemein. 'Dieses Zeichen bedeutet X' bedeutet nicht 'Wenn ich das Zeichen äußere, kriege ich X'. Selbst wenn das regelmäßige Ergebnis meiner Äußerung von 'Bring mir Zucker!' wäre, daß Leute mich anstarren und den Mund offenstehen lassen, heißt das nicht, daß meine Äußerungen bedeuteten 'Starr' mich an und gaffe!'. Die Bedeutung eines Wortes ist von den allgemeinen Konventionen bestimmt, die seinen Gebrauch regieren, während seine Wirkung von zufälligen Bedingungen abhängig ist, die unter spezifischen Umständen statthaben.

Gemäß der kausalen Theorie kann es so etwas wie das Verstehen eines Befehls und ihm doch nicht gehorchen nicht geben, weil der Befehl bei Nichtbefolgung nicht die gewünschte Wirkung hat. Ein Kausaltheoretiker könnte erwidern, daß die Theorie das Nichtbefolgen eines Befehls sehr wohl zulasse, weil es nur Teil der Kausalkette sei, der zu seiner Ausführung führe. Insbesondere müsse der Adressat so konditioniert sein, daß er gewillt ist zu gehorchen. Aber diese Erwiderung beseitigt die Schwierigkeit nicht. Es ist logisch möglich, daß dem Befehl nicht gehorcht wird, selbst wenn alle anderen Glieder der Kette, einschließlich der Disposition des Adressaten, funktionieren. Ein Hund, wie gut auch immer dressiert, kann den Gehorsam verweigern, und ein Mechanismus, wie gut auch immer konstruiert, kann zusammenbrechen. Den Sinn eines Befehls erklären heißt nicht, seine Konsequenzen vorherzusagen, nicht einmal mit der Klausel, daß die Kausalkette nicht vom Normalfall abweichen dürfe. Denn wir können nur unter Bezugnahme auf Normen des Ausdrucks (grammatische Regeln) zwischen abweichenden und normalen Kausalketten unterscheiden, weil nur die Regeln bestimmen, *was* als Befolgung des Befehls oder Verstehen der Äußerung *zählt* (PU §§ 493–8; PB 64; BT 193–4; PG 68–9, 187–92; PLP Kap. IV; FW 97).

Während der Übergangsperiode hat Wittgenstein behauptet, daß die Sprache, obwohl die Bedeutung eines Wortes nicht mit seiner Wirkung identisch ist, doch als ein kausaler Mechanismus angesehen werden kann, der Reize und Reaktionen miteinander verknüpfe. Später hat er diese Behauptung verworfen, vermutlich weil sie unvereinbar ist mit der Vorstellung, daß mechanistisches Verhalten, das mit einer Regel nur zufällig übereinstimmt, kein REGELFOLGEN darstellt: wenn Äußerungen nur Teil eines Mechanismus wären, würden sie nicht als Züge in Sprachspielen gelten (PU § 493; VPP 41, 223, 399–400). Damit wird nicht bestritten, daß Sprache kausale Mechanismen einschließt, sondern vielmehr behauptet, daß Bedeutungshaltigkeit nicht unter Bezugnahme auf diese Mechanismen verständlich gemacht werden kann.

Selbst wenn Wittgenstein keine kausale Theorie vertrat, könnte er eine 'Kommunikations-Intentions'-Theorie der Art vertreten haben, die von G. H. Mead und Grice entwickelt worden ist, nach der die Bedeutung eines Wortes die Wirkung ist, die der Sprecher hervorzurufen *beabsichtigt*. Aber was für Wittgenstein wichtig für Bedeutung ist, ist der Zweck oder die Rolle des *Ausdrucks*, nicht des *Sprechers* (PU §§ 6, 8, 317, 345). Nicht die Absicht des Sprechers, durch Äußerung einer Formulierung in einer bestimmten Situation eine bestimmte Wirkung bei seinen Hörern herbeizuführen (nicht die Absicht, das auszuführen, was Austin eine perlokutionäre Handlung genannt hat), ist wichtig, sondern die Funktion, die ein Ausdruck aufgrund sprachlicher Konventionen hat, seine Rolle in der Grammatik (PG 59, 189–90). Außerdem würde er behaupten, daß meine Absicht, bei Hörern eine bestimmte Wirkung zu erzielen, selbst nur unter Bezugnahme auf ihre sprachliche Äußerung verstanden werden und daher nicht die Bedeutung letzterer erklären kann (*siehe* BEABSICHTIGEN UND ETWAS MEINEN).

Die konventionelle oder grammatische Rolle eines Ausdrucks schließt nicht nur die Sprechhandlungen ein, die durch seine Äußerung ausgeführt werden können (wie von denen nahegelegt worden ist, die Wittgenstein an die Sprechaktanalyse angeglichen haben); sie schließt auch seine kombinatorischen Möglichkeiten, die logischen Beziehungen, in denen er auftritt, und die Weise ein, in der seine Verwendung kritisiert oder gerechtfertigt werden kann (*siehe* VERIFIKATIONISMUS). Manchmal faßt Wittgenstein dies zu weit, wenn er behauptet, die Bedeutung eines Worts 'hängt von der Rolle ab, die jenes Wort im ganzen Leben des Stammes spielt' (EPB 149). 'Verdauungsbeschwerden' hat im Englischen dieselbe Rolle wie 'Kreislaufbeschwerden' im Deutschen, nämlich die Standardausrede von Hypochondern zu bilden. Das zeigt jedoch nicht Gleichheit der Bedeutung, sondern eher Verschiedenheit in der Lebensform (Paralyse dort, *Angst* hier). Wittgenstein ist auf sichererem Boden, wenn er nahelegt, daß der Begriff der Bedeutungsgleichheit ebensowenig eine Sache von Alles oder Nichts ist wie die Frage von Gleichheit oder Verschiedenheit der Funktion (PU §§ 547–70). Wenn das richtig ist, sollte man nicht versuchen, den ersteren schärfer zu fassen, indem man sich auf den letzteren beruft, sondern damit zufrieden sein, die konventionelle Rolle eines Wortes in der Sprache von seiner perlokutionären bei einer bestimmten Gelegenheit zu unterscheiden.

Gedächtnis
Die traditionelle Auffassung ist, daß das Gedächtnis ein Speichersystem sei, ein Stück Wachs (Platon) oder ein Speicherhaus für Vorstellungen (Locke), das frühere Eindrücke oder Erfahrungen enthalte, oder zumindest ihre Spuren (Aristoteles). Diesem Bild zufolge aktualisiere ich, wenn ich mich eines Gegenstandes oder eines Ereignisses X erinnere, ein geistiges Bild von X und führe es vor mein geistiges Auge; wenn ich X wiedererkenne, bemerke ich, daß mein gegenwärtiger Eindruck von X mit dem geistigen Bild zusammenpaßt, das sich von einer früheren Erfahrung von X herleitet. Der Unterschied zwischen einer gegenwärtigen und einer vergangenen Erfahrung soll entweder in der größeren Lebhaftigkeit der ersteren liegen (Hume, *Ein Traktat über die menschliche Natur* I.1.v), oder in einem Gefühl der Vertrautheit, das letztere begleitet (James, *Psychology* I, Kap. XVI; Russell, *Analysis*, Kap. IX).

Der spätere Wittgenstein verdammte diese Konzeption von Gedächtnis und Wiedererkennen als 'primitiv' (BB 165). Seine Überlegungen waren von James und Russell angeregt, obwohl auch Augustins *Bekenntnisse* (Buch X) eine Rolle gespielt haben mögen. Zum einen verwarf Wittgenstein die Vorstellung, daß Gedächtnis wesentlich geistige Bilder einschließe. Obwohl geistige Bilder meine Erinnerung an X begleiten mögen, sind sie weder notwendig noch hinreichend dafür, daß ich mich erinnere. Außerdem lese ich selbst dann, wenn mir geistige Bilder durch den Kopf gehen, nicht von ihnen ab, was geschah. Wenn ich mich erinnere, Φ gewünscht oder das-und-das gemeint zu haben, oder mich erinnere, was eine ganze Zahl ist, lese ich nicht von einem geistigen Bild ab und kann nicht ablesen, wessen ich mich erinnere (PU §§ 645–51; BPP I § 468).

Selbst wenn X etwas ist, was bildlich dargestellt werden kann, garantiert ein geistiges Bild von X nicht Erinnerung. Wie Vorstellungstheoretiker wie James bemerkten, würde ein Bild immer noch als Darstellung von etwas Vergangenem gesichert werden müssen. *Pace* James kann das jedoch nicht durch ein besonderes Gefühl der Vertrautheit oder des 'Vergangenseins' erklärt werden. Erstens müßte ich dieses Gefühl seinerseits erkennen, d.h. mich seiner erinnern. Zweitens kann ich ein Gefühl mit der Vergangenheit nur verknüpfen, wenn ich entdecke, daß es regelmäßig mit Erinnerungen im Unterschied zu anderen Arten von Erlebnis assoziiert ist; aber ich würde mich auf mein Gedächtnis stützen müssen, um diese Zuordnung vorzunehmen. Es braucht Erinnerung, um mir zu sagen, daß das, was ich erfahre, die Vergangenheit ist. Schließlich setzt die Verknüpfung eines derartigen Gefühls mit der Vergangenheit den Begriff der Vergangenheit voraus, aber dieser Begriff seinerseits wird durch Erinnerung gelernt. Allgemeiner ausgedrückt, sich an *X* erinnern kann nicht als Auftreten eines 'Erinnerungserlebnisses' erklärt werden, weil Gedächtnis/Erinnerung vorauszusetzen ist, wenn Erlebnisse mit der Vergangenheit verknüpft werden. Erinnern hat keinen 'Erlebnisinhalt', d. h., nichts was geschähe, während ich mich erinnere, ist das Erinnern (PU §§ 595–6, II, S. 579; LS I § 837; Z § 662). Obwohl charakteristische geistige Erfahrungen oder Prozesse das Erinnern begleiten mögen, machen sie es nicht aus. Diese Argumentation liegt Wittgensteins Bestreitung zugrunde, daß Erinnern ein geistiger Prozeß oder ein Erlebnis sei und daß es eine gleichförmige Verknüpfung zwischen dem Erinnern und dem gäbe, was erinnert wird.

Selbst wenn man die vorstellungstheoretische Konzeption verabschiedet, könnte man mit Aristoteles übereinstimmen (*De Memoria* 450 a–b), daß ich mich an *X* nur erinnern kann, wenn die ursprüngliche Erfahrung von *X* in mir irgendeine physiologische Spur hinterlassen hat. Diese Vorstellung von Erinnerungspuren wurde zum Beispiel von James akzeptiert und von Köhler ausgearbeitet, der die Auffassung vertrat, das Gehirn müsse eine physiologische Aufzeichnung enthalten, die mit der aufgezeichneten Erfahrung isomorph sei (*Gestalt* 210–1). Wittgenstein hat Köhlers Argumentation angegriffen (BPP I §§ 220, 903–9; Z § 608–13). Zum einen wies er darauf hin, daß wenn wir uns erinnern, wir das vergangene Ereignis nicht von einer neurophysiologischen Spur ablesen: anders als eine geschriebene Aufzeichnung hat eine derartige Spur keinen symbolischen Gehalt. Zum andern stellte er Köhlers plausible Annahme in Frage, daß die erinnerten Ereignisse keine gegenwärtige Wirkung – das Erinnern – haben könnten, wenn sie nicht in irgendeiner Weise fortdauerten. Nach Wittgenstein könnte es eine psychologische Regelmäßigkeit, eine kausale Beziehung zwischen der Erfahrung und dem Erinnern geben, 'der keine physiologische Regelmäßigkeit' entspricht. Das läuft auf die Leugnung eines psychophysischen Parallelismus hinaus und fordert damit, wie Wittgenstein selbst zugibt, unsere Konzeptionen von Kausalität heraus (*siehe* VERURSACHUNG).

Auf der anderen Seite akzeptiert Wittgenstein stillschweigend die Vorstellung, daß die Verknüpfung zwischen dem erinnerten Ereignis und dem Erinnern überhaupt kausal sein muß. Obwohl diese Annahme von der gegenwärtig vorherrschenden kausalen Theorie des Gedächtnisses geteilt wird, könnte sie aus Wittgensteinschen Gründen in Frage gestellt werden. Ich kann mich an *X* jetzt erinnern, *weil* ich *X* früher erlebt habe, aber das 'weil' hier scheint ein grammatisches zu sein (*siehe* GRAMMATIK): es ist Teil unseres Begriffes von Gedächtnis, daß ich mich an *X* nicht erinnern könnte, wenn ich nicht *X* erlebt hätte. Im Gegensatz dazu scheint es eine wissenschaftliche Entdeckung zu sein, daß es eine kausale Verknüpfung zwischen Erleben und Erinnern gibt.

Wittgenstein bestreitet die Auffassung von Erinnerung als dem Vergleich des Gegenstandes eines gegenwärtigen Sinneseindrucks mit einem gespeicherten geistigen Bild (PU § 596–610; PG 179–82; BB 84–8, 165; BPP I § 1041). Erstens muß Wiedererkennen kein geistiges Bild des Wiedererkannten einschließen. Zweitens kann, selbst wenn ein geistiges Bild von X das Wiedererkennen von X begleitet, es das Wiedererkennen nicht erklären, weil man seinerseits wiedererkennen müßte, daß das Bild ein Bild von X ist. Drittens ist es falsch zu meinen, ein Prozeß des Wiedererkennens finde immer dann statt, wenn wir vertraute Dinge wahrnehmen: weder erkenne ich meinen Schreibtisch wieder, wenn ich in mein Arbeitszimmer komme, noch auch erkenne ich ihn nicht wieder.

Diese letzte Behauptung ist mit Argumenten nach Grice angegriffen worden: die Tatsache, daß wir nicht sagen, daß ich meinen Schreibtisch wiedererkenne, impliziert nicht, daß das nicht der Fall sei. Aber es obliegt den Anhängern von Grice zu zeigen, daß die Tatsache, daß wir in solchen Fällen nicht von Wiedererkennen reden würden, allgemeinen pragmatischen Maximen geschuldet ist und nicht spezifischen semantischen Zügen, die sich auf den Ausdruck 'wiedererkennen' beziehen (*siehe* WILLE).

Wittgensteins Angriff auf die Vorstellung, daß gespeicherte Darstellungen wesentlich für Erinnerung und Wiedererkennen seien, trifft nicht nur die vorstellungstheoretische Tradition, sondern auch die Vorstellung von Darstellungen im Gehirn, die von Köhler bis zu Marr reicht. Seine Behauptung, daß nichts geschehen sein muß, wenn ich mich X erinnere, ist von Malcolm ausgearbeitet worden, der meint, daß sich an X erinnern einfach heißt, X erfahren oder gelernt und es nicht vergessen zu haben, und daß die kausale Beziehung zwischen Erleben und Erinnern eher eine kontingente Tatsache ist als ein Teil des Begriffs der Erinnerung.

Gedanke/Denken
In der mentalistischen Tradition wurden Gedanken (cogitationes, Vorstellungen) als seelische Entitäten oder Vorkommnisse verstanden, die den Geist von Individuen erfüllen. In Reaktion darauf ist die anti-psychologistische und anti-idealistische Bewegung (Bolzano, Frege, Moore, Russell) zu einem platonischen Bild zurückgekehrt. So unterschied Frege zwischen privaten *Vorstellungen* und Gedanken, die abstrakte Entitäten in einem platonischen dritten Reich seien. Seine Gründe dafür waren, (a) daß ein Gedanke, das, was jemand denkt, wahr oder falsch ist unabhängig davon, ob ihn jemand denkt; (b) daß zwei Personen denselben Gedanken haben können; (c) daß Gedanken mitgeteilt werden können ('Sinn' 29–32; 'Gedanke').

Wittgensteins frühe Position scheint sowohl dem Psychologismus als auch dem Platonismus zu entgehen, aber die Frage wird verdunkelt durch den Umstand, daß er 'Gedanke' in zwei verschiedenen Rollen verwendet. In seiner primären, Fregeschen Verwendung bezeichnet der Ausdruck einen Satz. Ein Gedanke ist ein 'logisches Bild der Tatsachen', d.h. ein optimal abstraktes Bild, dessen einzige Form der Abbildung die LOGISCHE FORM ist und das sich auf kein bestimmtes Darstellungsmedium stützt. 'Im Satz drückt sich der Gedanke sinnlich wahrnehmbar aus.' Jedoch ist ein Gedanke weder eine abstrakte noch eine geistige Entität, die mit einem Satzzeichen verbunden wäre. Vielmehr ist er das 'angewandte, gedachte, Satzzeichen', der 'sinnvolle Satz' (TLP 3, 3.1, 3.5, 4). Das bedeutet, daß ein Gedanke ein Satzzeichen-in-Gebrauch ist, ein Satzzeichen, das auf die Wirklichkeit projiziert worden ist.

Gedanke/Denken G

Zur gleichen Zeit ist die 'Projektionsmethode', die das Satzzeichen auf einen Sachverhalt projiziert, 'das Denken des Satz-Sinnes' (TLP 3.11f.; PT 3.12f.). In seiner zweiten Verwendung bezeichnet Gedanke eine geistige Entität, die aus 'Bestandteilen' besteht, die zur Wirklichkeit dieselbe Beziehung haben wie die Wörter, die Elemente des Satzzeichens sind (RUB 19.8.19). Das legt nahe, daß ein Gedanke eine seelische Tatsache ist, die nicht identisch mit dem Satzzeichen, aber isomorph ist einerseits mit ihm, andererseits mit dem abgebildeten Sachverhalt.

Vielleicht hat Wittgenstein die Inkonsistenz nicht bemerkt, weil er glaubte, daß der geistige Prozeß des 'Denken(s) ... eine Art Sprache (ist)' (Tb 12.9.16). Ein Gedanke ist selbst ein Satz in einer Sprache des Denkens und mit dem Satzzeichen eng verbunden. Genauso wie ein Satzzeichen nur ein sinnvoller Satz ist, wenn es durch einen Gedanken auf die Welt projiziert worden ist, so ist eine Beziehung zwischen psychischen Elementen nur dann ein Gedanke (und nicht, z.B., ein Kopfschmerz), wenn sie die Projektion eines Satzzeichens ist. Entsprechend ist es für Gedanken wichtig, in der Sprache vollständig ausdrückbar zu sein. Das bricht mit der ehrwürdigen Auffassung, die Frege und Russell teilten, daß die Beziehung zwischen Denken und Sprache extern sei. Gedanken sind nicht Entitäten jenseits der Sprache, und Sprache ist nicht nur ein Medium für die Übertragung eines vorsprachlichen Prozesses des Denkens. Gleichzeitig vertritt der *Tractatus* die Auffassung, daß die LOGISCHE ANALYSE des Satzes einer Zeichensprache die Struktur des zugrundeliegenden Satzes in der Sprache des Denkens enthüllen wird. Außerdem bleibt er der Lehre verhaftet, daß es der Geist sei, der der Sprache Bedeutung gebe, indem er Tönen und Schriftzeichen, die andernfalls 'tot' wären, lebendigen Atem eingibt. Während die genaue Natur des Denkens der empirischen Psychologie überantwortet wird, wird die Hervorbringung von Gedanken als ein Prozeß aufgefaßt, der das Sprechen begleiten muß und es z.B. vom Krächzen eines Papageis unterscheidet.

Wittgenstein hat später behauptet, daß die Vorstellung einer Sprache des Denkens einem Dilemma gegenübersteht. Auf der einen Seite muß Denken wesentlich Darstellungscharakter haben: während meine Worte unter Bezugnahme auf das, was ich denke, interpretiert werden können, ist die Vorstellung sinnlos, daß ich meine eigenen Gedanken deute (außer in dem Sinn mich zu fragen, warum ich einen bestimmten Gedanken habe); anders als die Rede ist das Denken 'die letzte Deutung' (BlB 61; PG 144–5). Auf der anderen Seite heißt das, daß die psychischen Elemente *nicht* in derselben Art von Beziehung zur Wirklichkeit stehen wie die Wörter. Allgemeiner kritisierte Wittgenstein die Auffassung, daß Denken ein geistiger Prozeß sei, der die Rede begleite und mit Bedeutung versehe (BT Kap. 6; PG Kap. V; PU §§ 316–62). Wenn Gedanken Sätzen Bedeutung geben sollen, müssen sie selber symbolischen Gehalt haben. Das aber führt zu einem schädlichen Regreß (*siehe* PROJEKTIONSMETHODE). Offensichtlich ist das, wenn man die geistige Begleitung durch eine physische ersetzt: ein Satz plus einer bildlichen Darstellung ist nicht weniger verschiedenen Deutungen zugänglich als das Satzzeichen für sich. Anzunehmen, daß 'die Psyche „in dieser Sache viel mehr tun könnte"' wegen ihrer okkulten Eigenschaften, ist eine Mythologie der Psychologie (PG 99; Z § 211).

G Gedanke/Denken

Wittgensteins zweites Argument gegen die Begleitungskonzeption des Denkens ist, daß das, was Sprechen mit Verständnis (*siehe* VERSTEHEN) von mechanischen Äußerungen oder Plappern unterscheidet, nicht ein begleitender Prozeß ist (er spricht oft – PU §§ 320–2, 324 – vom Unterschied zwischen *denkendem Sprechen* und *gedankenlosem Sprechen*, was fälschlich nahelegt, er sei mit dem Unterschied zwischen wohlerwogenen und sorglosen Äußerungen befaßt, obwohl auch dieses Thema in BPP II §§ 250–67 zur Sprache kommt). Erstens sind derartige Prozesse weder notwendig noch hinreichend für bedeutungsvolle Rede. Zweitens kann man nicht den sprachlichen Ausdruck subtrahieren, um einen gesonderten Prozeß des Denkens zu destillieren. Mit Verständnis oder 'gedankenvoll' sprechen ist nicht wie Singen und Begleiten des Gesangs auf dem Klavier, sondern wie 'Sing(en) ... mit Ausdruck' (PU § 332). Der Unterschied liegt darin, wie es getan wird, und in dem, was der Sprecher tun kann (wenn er seine Äußerung erklärt oder verteidigt). 'Denken' hat adverbialen Charakter.

Eine Zeitlang fuhr Wittgenstein fort, Denken mit Sprache zu identifizieren, sei es auch eine 'Zeichensprache' und nicht eine Sprache des Denkens: Philosophie ist eine 'deskriptive Wissenschaft ... des Denkens'; aber Gedanken und ihre logischen Beziehungen 'müssen anhand der Ausdrücke, durch die sie mitgeteilt werden, untersucht werden'; Denken ist ein 'symbolhafter Vorgang' oder 'eine Tätigkeit des Operierens mit Zeichen', die mit der Hand ausgeführt wird beim Schreiben und mit Mund und Kehlkopf beim Sprechen (Vorl 26, 46f.; BlB 23; BT 406). Aber während wir *mit* unseren Händen schreiben, *denken* wir mit ihnen nur in dem Sinn, daß wir unsere Rede mit Gesten begleiten. Und Wittgenstein kam selbst zu der Einsicht, daß Denken und Sprechen, wenn auch begrifflich verknüpft, dennoch 'kategorial verschieden' sind (BPP II §§ 6–8, 183–93, 238, 248, 266–7; Z §§ 100–3). Seine reife Diskussion untergräbt die Annahme, die sowohl dem Mentalismus à la James (*Psychology* II, Kap. XVIII) als auch seinem eigenen früheren Lingualismus (von dem Spuren in den §§ 329–30 der *Philosophischen Untersuchungen* geblieben sind) zugrunde liegt, nämlich, daß das Denken eines Mediums oder Vehikels bedarf.

Sein erster Schritt war es, den umfassenden Gebrauch von 'Gedanke' aufzugeben, der, wie der mentalistische/psychologistische Gebrauch von 'Idee' und 'Vorstellung', die Unterschiede zwischen verschiedenen psychologischen Begriffen verwischt. Er behandelt 'denken' als einen 'weit verzweigten Begriff' und diskutiert vier hauptsächliche Anwendungen (Z §§ 110–2, 122; BPP II §§ 194, 216): (a) an etwas denken oder etwas meinen; (b) über ein Problem nachdenken; (c) glauben oder meinen daß *p*; (d) gegenwärtige Gedanken, die einem zu einem bestimmten Zeitpunkt durch den Kopf gehen. In keiner dieser Verwendungen *besteht* Denken in physischen oder geistigen Prozessen, in denen einem entweder Wörter oder Bilder durch den Kopf gingen, weil derartige Geschehnisse weder notwendig noch hinreichend sind.

Klarerweise können lange gehegte Überzeugungen nicht in Bilder oder Wörtern bestehen, die einem ständig durch den Kopf gingen (*siehe* PHILOSOPHISCHE PSYCHOLOGIE). Der Punkt ist auch für (b) gültig. Es wäre töricht zu bestreiten, wie einige Behavioristen es getan haben, daß, wenn man denkt, einem geistige Bilder durch den Kopf gehen können. Solche inneren Geschehnisse sind jedoch weder hinreichend noch notwendig dafür, daß ich denke. In einem Delirium mag ich geistige Bilder haben, aber dann denke ich nicht; und ich kann über ein Problem nachdenken, ohne daß mir irgendwelche Bilder durch den Kopf gingen. Nicht all unser Denken kann als Haben geistiger Bilder charakterisiert werden (ein Punkt, den Berkeley und Kant hinsichtlich 'allgemeiner Vorstellungen' und Begriffe gemacht haben).

Der 'sprachlichen' Alternative ergeht es nicht besser. Sagen daß p und denken daß p sind offensichtlich nicht dasselbe. Glücklicherweise drücken wir nicht alle unsere Gedanken in Worten aus; und manchmal sagen wir daß p, wenn wir daß q denken. Man könnte erwidern, daß wir in solchen Fällen zu uns selbst *in foro interno* redeten, und daß Denken eine Art innerer Monolog sei, wie Platon vorgeschlagen hat (*Theätet* 189 e). Aber zu sich selbst in der Vorstellung sprechen ist genausowenig hinreichend für Denken wie es das Haben geistiger Bilder ist. Wenn ich Schafe zähle, um Schlaf herbeizuführen, rede ich innerlich, denke aber nicht; und man kann selbst die komplexesten intellektuellen Aufgaben ausführen, ohne zu sich selbst in der Vorstellung zu sprechen.

Das gilt selbst für 'blitzartige Gedanken' (PU §§ 318–21; Z § 122). Es ist unplausibel darauf zu besteht, daß, wenn einem Autofahrer plötzlich einfällt 'Du Idiot, hinter der Brücke ist eine Radarkontrolle, du solltest besser auf 50 km/h verlangsamen!', sein Geist in Sekundenschnelle diese Folge von Wörtern durchläuft (oder eine Folge von geistigen Bildern). Geistige Bilder und innere Rede mögen Begleiterscheinungen von Denken sein und mögen 'logische Keime' von Gedanken sein (LS I § 843). Wie psychologische Untersuchungen im Gefolge von Wygotski gezeigt haben, veranlassen sie Gedanken und dienen als heuristische und mnemotechnische Mittel. Dieser Zusammenhang ist jedoch kontingent. Innere Geschehnisse bestimmen nicht, was ich denke, und sind logisch nicht erforderlich dafür, daß ich denke. Denn was wir denken ist bestimmt durch das, was wir aufrichtig sagen würden, daß wir es denken, und durch das, was wir tun, nicht dadurch, welche Bilder oder Wörter uns durch den Kopf gehen. Einem Autofahrer kann der zuvor erwähnte Gedanke zuerkannt werden, wenn er ihn aufrichtig bekundet (*siehe* AUSDRUCKSÄUSSERUNGEN), sei es zum Zeitpunkt selbst oder später (PU § 343; BB 147). Genauso gilt, daß, ob ich über ein Problem bei einer bestimmten Gelegenheit nachgedacht habe, nicht durch innere Begleiterscheinungen bestimmt ist, sondern dadurch, was zu tun ich fähig bin und in welcher Weise ich spreche und handle, und das mag sehr wohl davon abhängen, was ich zuvor getan habe oder nachher tue.

Wittgenstein deutet auch Zweifel hinsichtlich der Vorstellung an, daß, wenn ich spreche, ich zuerst in einem inneren Symbolismus denken muß, sprachlicher oder geistiger Art, und dann meine Gedanken in Äußerungen eines anderen, öffentlichen Symbolismus zu übersetzen hätte (BlB 70–1; VPP 389–92). Dieses Bild hat die absurde Konsequenz, daß ich mich hinsichtlich meiner eigenen Gedanken irren könnte. Denn ich könnte sie dann von meinem inneren Display von Wörtern oder Bildern falsch ablesen oder sie falsch in die Zeichensprache übersetzen. Man kann innerlich in einer bestimmten Sprache sprechen, aber das ist nicht dasselbe wie in einer bestimmten Sprache denken. Die Frage, ob ich in einer bestimmten Sprache denke, ist einfach die Frage, ob ich aus einer anderen Sprache übersetzen muß, um diese zu sprechen.

G Gedanke/Denken

Es *gibt* wesentliche Zusammenhänge zwischen Denken und Sprache, aber sie verlangen nicht irgendwelche tatsächliche innere Vokalisierung. Zum einen identifizieren wir Gedanken/Meinungen, indem wir ihren sprachlichen Ausdruck identifizieren (BlB 20; BB 161; PU §§ 501–2; MS 108 237). Die Antwort auf die Frage 'was denkst du?' ist nicht die Beschreibung eines inneren Prozesses, sondern ein Ausdruck meiner Gedanken in Worten (z. B. 'Ich denke, es wird regnen'). Wenn ich durch einen Platonisten oder Mentalisten herausgefordert werde, den Gedanken hinter meiner Äußerung auszudrücken, werde ich nicht einen inneren Prozeß erneut untersuchen, um zu sehen, ob ich ihn besser beschreiben kann. Statt dessen werde ich meine Äußerung in anderen Ausdrücken paraphrasieren. Infolgedessen ist Sprache nicht der einzige, wenn auch verzerrende Ausdruck von Gedanken, wie Frege meinte (*Schriften* 288–9), sondern sie ist ihr letzter Ausdruck. Gleichermaßen ist es erst der *Ausdruck* von Gedanken, der einem davon zu sprechen erlaubt, daß Gedanken Bestandteile hätten, wie es die Anhänger Freges tun.

Die zweite wesentliche Verknüpfung zwischen Denken und Sprache ist, daß die Fähigkeit, Gedanken und Meinungen zu haben (c), die Fähigkeit voraussetzt, mit Symbolen operieren zu können, nicht weil unausgedrückte Gedanken zu einer Sprache gehören müßten, sondern weil die *Ausdrücke* von Gedanken es müssen. Der Grund dafür ist, daß die Zuschreibung von Gedanken nur sinnvoll ist, wenn wir Kriterien für die Identifizierung von Gedanken haben. Es muß einen Unterschied geben zwischen denken daß p und denken daß q. Das bedeutet, daß Gedanken, obwohl sie nicht tatsächlich ausgedrückt werden müssen, doch ausdrückbar sein müssen. Und nur ein begrenzter Bereich von Gedanken kann in nichtsprachlichem Verhalten ausgedrückt sein. Ein Hund kann denken, daß sein Herr an der Tür ist, aber nicht, daß er in einer Woche zurückkommen werde. Denn einen derartigen Gedanken könnte er nicht im Verhalten ausdrücken (PU §§ 344, 376–82, 650, II, S. 489; Z §§ 518–20). Ebenso können wir z. B. Schimpansen Denken nur deshalb zuschreiben, weil sie problemlösende *Tätigkeiten* zeigen.

James erwähnt den Fall von Ballard, einem Taubstummen, der, nachdem er die Zeichensprache erlernt hatte, behauptete, er habe als Kind Gedanken gehabt wie 'Was ist der Ursprung der Welt?' (*Psychology* I, 266–9). Wittgenstein stellt die Vorstellung in Frage, diese Geschichte gebe einen empirischen Beweis für die Möglichkeit von Denken ohne Sprache. Die Stoßrichtung seiner tentativen Antwort ist folgende (PU §§ 288, 342; VPP 82): Im Gegensatz zu normalen Fällen ist, ob Ballard über den Ursprung der Welt nachdachte oder, zum Beispiel, über das Mittagessen, nicht bestimmt durch das, was er zu jenem Zeitpunkt hätte sagen können, weil ihm *ex hypothesi* die Fähigkeit zum Gebrauch der Sprache fehlte. Aber Wittgenstein hat argumentiert, daß auch nichts, was ihm durch den Kopf gegangen sein mag, seine Gedanken geradewegs bestimmt hat. Der einzige mögliche Grund, ihm diesen Gedanken zuzuschreiben, ist, daß er jetzt seine früheren wortlosen Gedanken so in Worte übersetzt. Wir wir gesehen haben, gibt es in normalen Fällen keine Möglichkeit zu fragen, ob man seine Gedanken falsch in Worte übersetzt habe, weil es so etwas wie das *Übersetzen* von Gedanken in Sprache gar nicht gibt. Aber in Ballards Fall tritt die Frage auf, ob er seine Gedanken richtig übersetzt hat, und das zieht die Vorstellung in Zweifel, daß es da überhaupt etwas gab, was zu übersetzen gewesen wäre. Zuschreibungen von Gedanken sind sinnvoll nur bei Unterstellung expressiver Fähigkeiten, obwohl man natürlich zeitweise gehindert sein kann, sie auszuüben.

Wittgenstein verknüpft so den Begriff des Denkens eher mit möglichem Verhalten als mit geistigen Geschehnissen. In einigen Passagen geht er so weit zu bezweifeln, daß Denken eine geistige Tätigkeit sei (PU § 339; BPP II § 193; MS 124 215). Überlegen ist keine Tätigkeit, die man mit dem Gehirn ausführte, weil das Gehirn kein Organ ist, über das man Kontrolle hätte. Nichtsdestoweniger ist es (a) eine willentliche Ausübung einer erworbenen geistigen Fähigkeit, genauso wie Laufen die Ausübung einer erworbenen physischen Fähigkeit ist; kann es (b) Zeit beanspruchen, unterbrochen werden und Stufen einschließen; kann es (c) in verschiedener Weise ausgeübt werden, z.B. mit größerer oder geringerer Anstrengung; kann man (d) die Frage 'Was tut sie?' beantworten mit 'Sie denkt nach über Wittgenstein'. Es ist nahegelegt worden, daß man Denken als solches (im Unterschied zum Nachdenken über Arithmetik z.B.) nicht lehren kann und daß es deshalb in nichts bestünde. Aber das ist gleichermaßen wahr für eine Tätigkeit wie seinen Arm heben. Was Wittgensteins Bedenken zugrunde liegt ist vielmehr, daß die unterschiedlichen Stufen eines Denkprozesses nur identifiziert werden können durch die Gedanken, die der Denker von einem Augenblick auf den anderen äußern würde, und nicht durch irgendwelche innere Geschehnisse. Diese Lehre jedoch wird besser ausgedrückt durch den Aufweis der Unterschiede zwischen Denken und physischen Tätigkeiten (z.B. BlB 23; BPP II § 217).

Wittgensteins Angriff auf die Sprache des Denkens bedroht einen Pfeiler zeitgenössischer Kognitionswissenschaft. Er nimmt Ryles Erklärung des adverbialen Charakters des Denkens vorweg und seinen Angriff auf die Vorstellung, wir müßten immer 'in etwas denken' (Wörtern oder Bildern). Während er die Sackgasse vermeidet, auf Sprache als universalem Medium des Denkens zu bestehen, rehabilitiert und radikalisiert Wittgenstein die Aristotelische Idee, daß MENSCHLICHE WESEN wesentlich sprachbegabte Tiere seien. Diejenigen Züge, von denen man zu verschiedenen Zeiten meinte, sie unterschieden Menschen von allen anderen Lebewesen – die Fähigkeit, notwendige Wahrheiten zu erkennen, der Besitz eines Sinns für Moral, Selbstbewußtsein oder ein Sinn für Geschichte –, sind alle abhängig von unseren uns auszeichnenden Fähigkeiten der Sprachverwendung.

Gegenstand

Wittgenstein gebraucht diesen Ausdruck, zusammen mit den ausdrücklicheren 'einfacher Gegenstand' und 'Einfaches' für die letzten Bestandteile der Wirklichkeit (TLP 1.1–2.0272, 4.1272; AM 212–3; Tb 3.9.14, 9./11.5.15; es gibt keine Belege, daß er 'Gegenstand' und 'Ding' oder 'Sache' einander entgegengesetzt hätte). Gegenstände sind wesentlich einfach, während 'Komplexe' (z.B. gewöhnliche materielle Gegenstände) Verbindungen von einfachen Gegenständen sind. Gegenstände bilden 'die Substanz der Welt': weil alle Veränderung in der Verbindung oder Trennung von Gegenständen aufgeht, sind Gegenstände selbst unveränderlich und unzerstörbar. Gegenstände haben sowohl interne Eigenschaften, ihre Möglichkeiten der Verbindung mit anderen Gegenständen (*siehe* INTERNE RELATIONEN), als auch externe Eigenschaften, nämlich verbunden zu sein mit denjenigen Gegenständen, mit denen sie tatsächlich verbunden sind (TLP 2.01 ff.). Der Logische Atomismus von Wittgenstein und Russell sucht diese Elemente durch LOGISCHE ANALYSE zu identifizieren. Er vertritt die Auffassung, daß alle Sätze als Wahrheitsfunktionen von atomaren Sätzen analysiert werden können, die ihrerseits aus unanalysierbaren NAMEN bestehen. Gegenstände sind, wofür diese Bestandteile vollständig analysierter Sätze stehen. Sie können nicht 'beschrieben', d. h. definiert werden, sondern nur benannt. Dies garantiert, daß sie nicht irgendwelche notwendige Sätze zwischen atomaren Sätzen generieren: 'Der Besen ist in der Ecke' kann logisch unvereinbar sein mit 'Die Besensbürste ist auf dem Tisch', weil Bürste und Besen komplex sind und daher ein gemeinsames Element teilen können – den Besenstiel (TLP 3.2 ff.).

Russell verfolgte diese Analyse bis zu dem Punkt, an dem für den Empirismus die Grundlagen der Sprache mit denen der Erkenntnis zusammenfallen. Die Existenz von Sinnes- und Erinnerungsdaten ist immun gegen Zweifel, was sicherstellt, daß Sätze über sie immun sind gegen Fehlschläge der Bezugnahme. Daher hält das 'Prinzip der Bekanntschaft' fest, daß wir Sätze nur verstehen können, wenn wir der einfachen 'Individuen', für die sie stehen, direkt gewahr sind. Diese schließen nicht nur 'Einzeldinge' ein, Sinnesdaten, auf die wir mit Indexwörtern wie 'dies' Bezug nehmen, sondern auch 'Eigenschaften' und 'Relationen'. Russell gab 'Dies ist weiß' als ein Beispiel für einen atomaren Satz, gestand aber, daß nach allem, was er wüßte, 'die Analyse endlos weitergehen kann' (*Logic* 193–203, 270; *Probleme*, Kap. 5).

Wittgenstein erwog diese Möglichkeit und verwarf sie (Tb 3.9./8.10.14). Für ihn war der Logische Atomismus nicht durch eine empiristische Erkenntnistheorie angeregt, sondern durch eine quasi-Kantische Theorie des Symbolismus, die die notwendigen Bedingungen von Darstellung untersucht. Nach eigenem Zugeständnis war Wittgenstein, als er den *Tractatus* schrieb, außerstande, ein Beispiel eines einfachen Gegenstandes oder eines unanalysierbaren Namens zu geben. Die 'Zusammensetzung' von Elementarsätzen zu bestimmen wurde künftiger Analyse überlassen. Aber 'aus rein logischen Gründen' konnte gewußt werden, daß die 'Analyse zu einem Ende kommen muß': es *muß* Elemente der Wirklichkeit auf der einen Seite und des DENKENS und der Sprache auf der anderen Seite geben, wenn letztere erste darstellen soll (Tb 14.–17.6.15; TLP 4.221, 5.55 ff.; RUB 19.8.19; Vorl 157–8; WAM 70). Daß Gegenstände durch eine Theorie des Symbolismus postuliert werden, bedeutet nicht, daß ihre Existenz und Natur eine Sache sprachlicher Konvention wären (wie einige Interpreten meinen); tatsächlich besteht die Theorie darauf, daß die LOGISCHE FORM von Namen die kombinatorischen Möglichkeiten der Gegenstände, die sie vertreten, spiegeln müsse. Es bedeutet auch nicht, daß etwas Beliebiges die Rolle von einfachen Gegenständen spielen könnte. Die *Tagebücher* bemühen sich hartnäckig, ein Beispiel für einen Gegenstand zu geben, und selbst der agnostischere *Tractatus* deutet an, in welcher Richtung zu suchen wäre. Es gibt gute Gründe für die Annahme, daß ELEMENTARSÄTZE

Namen nicht nur für Einzeldinge, sondern auch für Eigenschaften und Relationen enthalten; sie beschreiben, zum Beispiel, die Farben und Formen von Flecken im Gesichtsfeld und die räumlichen Relationen solcher Flecken zu anderen. Am nächsten kommt man Gegenständen in *minima sensibilia* (Tb 7.5.15): Einzeldinge wie Raumpunkte, letzte Wahrnehmungsqualitäten wie Farbtöne, Töne und Gerüche, und einfache räumliche Relationen. Anders als Russells Sinnesdaten sind sie nicht zeitlich flüchtige Entitäten; sie sind erscheinende *sempiternalia*, die metaphysisch, nicht nur epistemologisch garantiert sind: rote Komplexe und Sinnesdaten können zerstört werden, die Farbe Rot oder Raumzeitpunkte können das nicht; und sie sind unvollständig: sie müssen miteinander wechselnde Verbindungen eingehen – d.h. in Tatsachen auftreten (*siehe* KONTEXTUALISMUS).

Wittgensteins Hauptpunkt bleibt, daß es Gegenstände geben muß, wenn Darstellung möglich sein soll. Der Grundgedanke dabei ist ein Regreßargument, das auf Platon zurückgeht. Gewöhnliche Zeichen werden durch Definitionen erklärt. Aber 'die Kette der Definitionen muß ein Ende haben', weil definierte Zeichen über diejenigen Zeichen bezeichnen, die zu ihrer Definition dienen. Infolgedessen muß es Zeichen geben, die sich auf Gegenstände nicht durch Definitionen (Beschreibungen) beziehen, sondern direkt, indem sie jene benennen (Tb 9.5.15; TLP 3.26f.). Existenzsätze und allgemeine Sätze sind analysierbar in Disjunktionen oder Konjunktionen von Elementarsätzen, von denen sich der Sinn aller molekularen Sätze herleitet (*siehe* ALLGEMEINHEIT). Diese Elementarsätze bestehen nur aus Namen. Sie verbinden diese in einer Weise, die, wenn eine passende PROJEKTIONSMETHODE gegeben ist, eine mögliche Verbindung von Gegenständen, für die die Namen stehen, darstellt. Kein bestehender Sachverhalt muß dem Satz als ganzem entsprechen. Aber wenn nicht jeder Name mit einem Gegenstand, seiner BEDEUTUNG, korreliert wäre, könnte der Satz nicht einen möglichen Sachverhalt darstellen. Darstellung verlangt Eins-zu-eins-Zuordnung zwischen den Elementen von Sätzen und denen von möglichen Sachverhalten (TLP 4.031f., 5.123).

So impliziert die BILDTHEORIE, daß Namen die Sätzen an die Wirklichkeit 'heften'. Aber das impliziert nicht, wie Wittgenstein realisierte, daß ihre Bezugsgegenstände einfach oder unzerstörbar sein müßten – sie könnten gewöhnliche Gegenstände wie Bücher sein (Tb 31.5.15–15.6.15). Verschiedene (oft implizite) Erwägungen führten ihn zu stärkeren Schlußfolgerungen:

(a) Komplexität. Die Idee des Einfachen ist in dem eines Komplexes, der analysiert (zerlegt) werden kann, 'enthalten'. Es gibt Komplexe; jeder Komplex besteht aus einfacheren Teilen; *also* muß es nicht-komplexe Gegenstände geben (Tb 15.6.15; TLP 2.02ff.).

(b) Die Form der Welt. Die Welt hat eine feste LOGISCHE FORM, die bestimmt, was logisch möglich ist, selbst aber bestimmt ist durch die Möglichkeiten von Gegenständen, in Sachverhalten auftreten zu können. Wenn alle Dinge komplex wären, d.h. zerstörbar, könnte sich die logische Form der Welt und also das, was logisch möglich ist, ändern (TLP 2.012ff.).

(c) Autonomie des Sinnes. Ob ein Satz Sinn hat, darf nicht von der Wahrheit eines anderen Satzes, der sagte, daß etwas geschieht oder existiert, abhängen, denn das würde die Logik von zufälligen Tatsachen abhängig machen. Aber wenn die Wörter, die in einem Satz auftreten, nur Komplexe bezeichneten und nicht (in letzter Instanz) einfache Gegenstände, könnte, was ihnen entspräche, zerstört werden. In diesem Fall würden sie bedeutungslos, weil ihnen nichts entspräche. Daher würde ein Satz, um Sinn zu haben, davon abhängen, daß die entsprechenden Komplexe zufällig existieren (und entsprechende Existenzsätze wahr sind), was der Autonomie des Sinnes widerspricht (TLP 2.0211; AM 221).

Einigen ist dieses Argument als unvereinbar erschienen mit Wittgensteins Zurückweisung von Wahrheitswertlücken: ein sinnvoller Satz muß entweder wahr oder falsch sein. Ein Komplex besteht, zum Beispiel, in a's In-Relation-R-zu-b-Stehen. Ein Satz, der diesem Komplex eine Eigenschaft zuschreibt – '$\Phi(aRb)$' –, ist analysiert in '$\Phi a . \Phi b . aRb$' (TLP 2.0201, 3.24; Tb 15.5.15); *Principles* 466). Wenn ~aRb, dann fehlt dem Analysandum nicht ein Wahrheitswert, sondern es ist falsch. Es ist nicht der Sinn eines Satzes, der von der Existenz von Komplexen abhängt, sondern vielmehr seine Wahrheit. *Aber*, ein Satz hat nur Sinn, wenn die Sätze seiner Analyse sinnvoll sind – der Sinn eines komplexen Satzes ist eine Funktion des Sinnes seiner Bestandteile. Und diese Sätze sind sinnlos, wenn sie nicht letztlich aus Namen für Einfache bestehen: wenn 'a' nur durch Beschreibungen weiter erklärt würde, würde sein Bezug auf etwas, und also der Sinn von 'aRb', von Tatsachen abhängen.

(d) Bestimmtheit des Sinns. 'Die Forderung der Möglichkeit der einfachen Zeichen ist die Forderung der Bestimmtheit des Sinnes' (TLP 3.23). Warum genau, ist weniger bestimmt, aber es gibt drei mögliche Linien der Gedankenführung:

(i) Wenn die Analyse nicht darin endet, unanalysierbare Symbole einfachen Gegenständen zuzuordnen, ist der Sinn eines molekularen Satzes, seine Wahrheitsbedingungen, nicht im vorhinein festgelegt; wir würden nicht wissen, wie wir die Analyse von '$\Phi(aRb)$' fortsetzen sollten, und daher nicht, was dieser Satz impliziert (Tb 18.6.15; PT 3.20101 ff.).
(ii) Wenn die Bestandteile der Realität nicht scharf definiert sind, könnte durch einen Satz 'die Wirklichkeit' nicht 'auf ja oder nein fixiert sein' (TLP 4.023). Es gäbe keine scharf begrenzte Konfiguration einfacher Elemente, die den Satz entweder verifizierte oder falsifizierte.
(iii) Ein Satz über einen Komplex ist darin unbestimmt, daß er in mehr als einer Hinsicht falsch sein kann: seine Elemente können in einer Weise verbunden sein, der kein bestehender Sachverhalt entspricht, oder, weil sie keine logischen Eigennamen sind, kann ihnen der Bezug fehlen. Das heißt nicht, daß ein solcher Satz logisch defizient wäre; denn was er offenläßt, ist selbstbestimmt. Aber diese Art von Unbestimmtheit kann es nicht auf allen Ebenen bis hin zu der der Elementarsätze geben, in die Sätze über Komplexe analysiert werden können (TLP 5.156; Tb 16./17.6.15).

Nach seiner Rückkehr zur Philosophie kam Wittgenstein dazu einzusehen, daß er auf einer logischen Grundlage eine metaphysische Mythologie errichtet hatte: insofern die Erfordernisse, die Gegenstände erfüllen sollten, wirklich bestanden, brauchte es keine notwendig Existierenden, um sie zu erfüllen. Argument (a) ist ungültig. Daß ein Komplex aus einfacheren Teilen besteht, impliziert nicht, daß es Teile gibt, die nicht weiter analysiert werden könnten: die Analyse könnte immer weitergehen. Ebenso ist der Schluß von der Binsenwahrheit 'Jeder Komplex besteht aus einfachen Gegenständen' auf den umstritteneren Satz 'Es gibt einfache Gegenstände, aus denen jeder Komplex besteht' fehlerhaft. Außerdem hat die Unterscheidung zwischen einfach und komplex keinen absoluten Sinn; ein und dasselbe Ding kann als einfach oder als komplex betrachtet werden, je nachdem, welche Maßstäbe wir anwenden (PU §§ 47–8). Zum Beispiel sind die Quadrate eines Schachbretts für Zwecke des Spiels einfach, aber sie könnten als Dreieckshälften zusammengeleimt sein. Tatsächlich kann etwas für manche Zwecke sogar als aus zwei Komponenten, die größer sind als es selbst, zusammengesetzt aufgefaßt werden, wie bei der Zusammensetzung von Kräften in der Mechanik.

Es ist erwidert worden, daß nicht alle Maßstäbe der Einfachheit auf derselben Stufe stehen müßten, daß einige Dinge intrinsisch einfach sein könnten, insbesondere letzte Bestandteile der Materie. Das wäre jedoch physische Einfachheit, die durch Experimente nachgewiesen wäre. Was Wittgenstein jetzt zurückweist, ist die Vorstellung, es gebe absolute logische Einfachheit, die durch die Möglichkeit von Darstellung unabhängig von aller Erfahrung gefordert sei. In einigen Fällen (z. B. reinen Farben) mag es keine gebräuchlichen oder natürlichen Maßstäbe der Komplexität geben, aber dies darf nicht verwechselt werden mit der Verfügbarkeit absoluter Kriterien der Einfachheit (PG 211; PU § 59; Z § 338). Und selbst wenn es intrinsisch einfache Gegenstände gäbe, wären sie immerwährend und notwendig existierend nur, wenn der *Tractatus* recht in der Annahme hätte, alle Veränderung sei bloße Neu- oder Wiederverbindung von Elementen.

Was Erwägung (b) angeht, so bestreitet Wittgensteins spätere Idee der AUTONOMIE DER SPRACHE, daß es eine fixierte Ordnung logischer Möglichkeiten gebe (*siehe* LOGISCHER RAUM): was logisch möglich ist, ist nicht durch angebliche metaphysische Atome bestimmt, sondern durch sprachliche Regeln (PU § 97). Das heißt aber zugleich, daß ein wahrer Kern in der Erwägung (c) steckt. Der Sinn eines Satzes geht seiner Wahrheit voraus: um zu entscheiden, ob ein Satz wahr ist, muß sein Sinn bestimmt sein (um einem Gegenstand *a* eine Eigenschaft *F* zuzuschreiben, muß festgelegt sein, wann etwas als *a* identifiziert werden kann und was es heißt, *F* zu sein); wohingegen wir, um seinen Sinn zu verstehen, den Wahrheitswert eines Satzes nicht kennen müssen, sondern nur 'was der Fall ist, wenn er wahr ist' (TLP 4.024, 4.061f.; Tb 24.10.14; PG 184–5). Aber zu behaupten, daß diese Priorität notwendig Existierende erforderlich mache, entspräche einem Argument wie dem folgenden:

P_1 Notwendigerweise: wenn '*aRb*' sinnvoll ist, ist es notwendigerweise sinnvoll.
P_2 Notwendigerweise: wenn '*aRb*' sinnvoll ist, existiert *a*.
C   Notwendigerweise: wenn '*aRb*' sinnvoll ist, existiert *a* notwendigerweise.

Das ist in einigen Systemen der Modallogik gültig, aber beide Prämissen sind falsch. Es gibt keine Notwendigkeit hinsichtlich dessen, daß eine bestimmte Formulierung sinnvoll ist. Und P_2 ist im Irrtum mit der Annahme, daß ein Satz nur dann sinnvoll ist, wenn jeder seiner Bestandteile für einen Gegenstand steht; die meisten Wörter haben Bedeutung, ohne für etwas zu stehen, und sogar bezugnehmende Ausdrücke wie 'Excalibur' verlieren ihre Bedeutung nicht, wenn ihr Bezugsgegenstand zerstört ist (PU §§ 39–44).

Gleichzeitig scheint es Ausdrücke zu geben, die an die Existenz von Gegenständen gebunden sind, nämlich diejenigen, die nur durch OSTENSIVE DEFINITION erklärt werden können. Soweit die Erfordernisse, die einfache Gegenstände erfüllen sollten, wirklich bestehen, werden sie durch Muster erfüllt, die wir verwenden, um Farb-, Ton- und Geruchswörter sowie viele Maße zu erklären. Wie einfache Gegenstände (simples) können diese Muster (samples) nur beschrieben werden durch Spezifizierung ihrer externen Eigenschaften, nicht durch ihre internen Eigenschaften. Aber worauf das hinausläuft, ist nur die lexikalische Undefinierbarkeit von zum Beispiel Farbausdrücken. Was wie metaphysische Atome aussah, sind Werkzeuge unserer Form der Darstellung. Muster sind einfach, insofern ihre Existenz vorausgesetzt ist, nicht für die Sprache als solche, sondern für bestimmte Sprachspiele. Ostensiv definierte Ausdrücke würden in der Tat ihre Bedeutung verlieren, wenn alle Muster, mit Hilfe deren sie erklärt werden könnten, aufhörten zu existieren. Aber das läuft nicht auf einen Beweis von (c) hinaus. Während der Sinn eines empirischen Satzes nicht von seiner *eigenen* Wahrheit abhängen darf, hängt er von einer Regel ab, und die Möglichkeit einer Erklärung der Regel kann von der Wahrheit eines *anderen* Satzes abhängig sein, der die Existenz von Mustern oder unsere Fähigkeit, sie zu verwenden, aussagt. Die *Philosophischen Untersuchungen* erwägen den Einwand, daß wenigstens die in ostensiven Definitionen vorausgesetzten Muster unzerstörbar sein müssen, weil wir ansonsten eine Welt nicht beschreiben könnten, in der alles Zerstörbare zerstört wäre, was der Unabhängigkeit der Grammatik abträglich wäre. Aber aus der Tatsache, daß es möglich ist, einen solchen Zustand zu beschreiben, folgt nicht, daß dies in einem solchen Zustand selbst möglich sein müßte (WWK 43; Vorl 300–1; PG 208–9; BlB 56–7; PU §§ 48–57).

In Erwägung (d) hat (i) recht damit zu behaupten, daß die logischen Folgerungen von Sätzen in Beziehung auf die Erfahrung im vorhinein festgelegt sein sollten. Das erfordert jedoch nicht die Existenz von ewigen einfachen Gegenständen, sondern nur eine etablierte Praxis der ERKLÄRUNG. Wittgenstein kritisiert nun auch die Annahme im Hintergrund von (ii), nämlich daß der Sinn eines Satzes bestimmt sein müsse (*siehe* BESTIMMTHEIT DES SINNS), die ihrerseits auf dem Bild einer Welt von diskreten Tatsachen zu beruhen scheint. Aber selbst wenn dieses Bild richtig wäre, würde es nicht Einfachheit implizieren: das Beispiel des Zahlenstrahls zeigt, daß es keine Unvereinbarkeit zwischen Bestimmtheit und unendlicher Teilbarkeit gibt. Dasselbe gilt für (iii): viele Sätze können sich auf beide der angegebenen Weisen als falsch herausstellen, ohne daß ihnen dies zum Nachteil gereichte.

Der spätere Wittgenstein ignorierte einen zweiten wahren Kern in der Darstellung des *Tractatus*, nämlich die Idee nicht-beschreibender Bezugnahme. Einfache Gegenstände sollten das sein, 'wovon wir reden können, *was immer der Fall ist*' (PB 72). Wenn alle Bezugnahme über Beschreibungen erfolgte, würde das verlangen, daß es ein und nur ein Ding gäbe, das die Beschreibung erfüllte. Aber Donellan hat gezeigt, daß wirklich bezugnehmende Verwendungen singulärer Termini nicht von dieser Bedingung abhängig sind: man kann gelegentlich auf ein intelligentes junges Ding mit 'der alte Dummkopf' Bezug nehmen. Das erfordert aber nicht einfache Gegenstände, sondern nur ein zwischen Sprecher und Hörer geteiltes Verständnis, wer bei dieser Gelegenheit gemeint ist.

Geist und Maschine
siehe MENSCH(LICHES WESEN)

Geist/Körper
siehe INNERES/ÄUSSERES

Gerüst
Eins der Prinzipien der frühen Philosophie Wittgensteins war die Autonomie des Sinns: ob ein Satz sinnvoll ist, darf nicht von der Wahrheit eines anderen Satzes abhängen (AM 221; TLP 2.0211). Die Sprache ist ein geschlossenes abstraktes System, geregelt durch die Regeln der LOGISCHEN SYNTAX. Die Anerkennung der Wichtigkeit der Umgebungen von Sprache ist eine wesentliche Errungenschaft von Wittgensteins späteren Überlegungen. Sein erster Schritt ist die Radikalisierung des KONTEXTUALISMUS aus dem *Tractatus*: ein Wort hat Bedeutung nur als Teil eines SPRACHSPIELS, das selber Teil einer gemeinsamen LEBENSFORM ist. Der zweite ist eine Art von Naturalismus. Unsere sprachlichen und nichtsprachlichen Tätigkeiten sind bedingt durch bestimmte 'Naturtatsachen'. Unsere Begriffe ruhen dergestalt auf einem 'Gerüst von Tatsachen', daß andere Naturtatsachen andere 'Begriffsbildungen' verständlich werden ließen (PU II, S. 578; BPP I § 48; Z §§ 350, 387–8). In diesem Kontext unterscheidet Wittgenstein drei Elemente:

(a) die Regeln der GRAMMATIK, die ein Sprachspiel wie das der Messung konstituieren;
(b) die Anwendung dieser Regeln in empirischen Sätzen (bestimmten Messungen);
(c) den Rahmen oder das 'Gerüst', der/das uns die Ausführung des Sprachspiels ermöglicht.

Es bricht kein Streit darüber aus ..., ob der Regel gemäß vorgegangen wurde oder nicht. ... Das gehört zu dem Gerüst, von welchem aus unsere Sprache wirkt. ... in der *Sprache* stimmen die Menschen überein. Dies ist keine Übereinstimmung der Meinungen, sondern der Lebensform. Zur Verständigung durch die Sprache gehört nicht nur eine Übereinstimmung in den Definitionen, sondern ... eine Übereinstimmung in den Urteilen. Dies scheint die Logik aufzuheben; hebt sie aber nicht auf. – Eines ist, die Meßmethode zu beschreiben, ein Anderes, Messungsergebnisse zu finden und auszusprechen. Aber was wir 'messen' nennen, ist auch durch eine gewisse Konstanz der Messungsergebnisse bestimmt. (PU §§ 240–2; vgl. ÜG § 156)

Dieser Abschnitt kann als konsistent aufgefaßt werden, wenn 'Übereinstimmung ... der Lebensform' durch Übereinstimmung in Definitionen/Urteilen (d. h. Meinungen) nicht erschöpft wird, sondern einen 'Konsens des Handelns', der Anwendung derselben Technik einschließt (VGM 219–22). Der Gedanke, daß die Sprache Übereinstimmung sowohl in Definitionen als auch in Urteilen verlange, würde die Logik aufheben, wenn die Übereinstimmung in der Gemeinschaft bestimmte, ob eine bestimmte Messung richtig ist oder nicht. Deshalb besteht Wittgenstein darauf, daß das, was als richtige Anwendung der Regeln zähle (als eine genaue Messung), durch die Regeln selbst bestimmt ist, die unsere Maßstäbe der Richtigkeit bilden; die Definition von 'richtige Messung' ist nicht 'worüber die Menschen einer Meinung sind'. Diese Regeln spezifizieren weder die Ergebnisse bestimmter Messungen – (b) – noch auch, daß allgemeine Übereinstimmung über ihre Anwendung herrschen müsse – (c) (BGM 322–5, 359–66, 379–89, 406–14; Z §§ 319, 428–31; *siehe* REGELFOLGEN; WAHRHEIT). Nichtsdestoweniger würden die Regeln ohne eine solche Übereinstimmung 'ihren Witz verlieren' (PU § 242; BGM 200); eine Technik, die solche Übereinstimmung nicht herbeiführte, würde nicht 'Messen' genannt werden (nach Wittgenstein *enthalten* die Regeln daher in diesem Ausnahmefall eine Bezugnahme auf Übereinstimmung).

Die erforderliche Übereinstimmung ist weniger bindend bei Ausdrücken für Gefühle (LS II 38–9; PU II, S. 569–76) und minimal bei wesentlich umstrittenen Ausdrücken wie 'korrupt'. Außerdem ist Übereinstimmung in der Gemeinschaft nicht die einzige Rahmen- oder Hintergrundsbedingung für das Spielen bestimmter Sprachspiele. So funktionieren unsere Begriffe von Maßen nur in einer Welt mit relativ stabilen festen Gegenständen; aber das ist in den Regeln für beispielsweise metrische Messung nicht niedergelegt. Was Wittgenstein 'Naturtatsachen' nennt, spielt dieselbe Rolle (obwohl manchmal dadurch, daß sie Übereinstimmung ermöglichen). Die Tatsachen fallen in drei Gruppen:

- Allgemeine Regelmäßigkeiten der uns umgebenden Welt. Gegenstände verschwinden oder erscheinen, wachsen oder schrumpfen etc. nicht in schneller oder chaotischer Weise (PU § 142).
- Biologische und anthropologische Tatsachen, die uns betreffen. Unsere Wahrnehmungsfähigkeiten erlauben uns, die-und-die Farben zu unterscheiden (Z §§ 345, 368; PLP 250–4), unser Gedächtnis erlaubt Rechnungen einer bestimmten Komplexität (MS 118 131), unsere geteilten Reaktionsmuster erlauben uns zu lehren (Vorl 277f.; VGM 216) – OSTENSIVE DEFINITION setzt z. B. voraus, daß Menschen nicht auf den zeigenden Finger sehen (wie Katzen), sondern in die Richtung, in die er zeigt.
- Soziohistorische Tatsachen, die bestimmte Gruppen oder Zeitabschnitte betreffen. Unsere Redeweisen drücken unsere praktischen Bedürfnisse und Interessen aus (BGM 41, 80–1), die durch die Geschichte geformt sind.

Sind diese Tatsachen gegeben, werden bestimmte Formen der Darstellung 'praktisch' oder 'unpraktisch' sein (Vorl 236). Vorausgesetzt die Welt ist, wie sie ist, würden Menschen, die andere Weisen zu rechnen für die gleichen Zwecke wie unsere anwendeten, umständliche Anpassungen vornehmen müssen. Aber das heißt auch, daß drastische Veränderungen in diesen Tatsachen unsere Regeln in diesem pragmatischen Sinn inadäquat werden lassen könnten. Sie könnten nicht nur unpraktisch werden, sondern sogar unanwendbar (PU § 569; BGM 51–2, 200). Wenn Gegenstände ständig und unvorhersagbar verschwänden oder wiederauftauchten, würde unser Sprachspiel des Zählens seinen 'Witz' verlieren oder 'unbrauchbar' werden. Ebenso wie unsere Farbbegriffe, wenn Gegenständen ständig und rein zufällig ihre Farben änderten.

Die Regeln des Tennis enthalten nicht, daß es unter Bedingungen der Erdgravitation zu spielen sei. Aber Tennis wäre auf dem Mond witzlos (jeder Aufschlag wäre ein As) und könnte auf dem Jupiter nicht gespielt werden. Obwohl die Rahmenbedingungen nicht festlegen, was die Regeln des Sprachspiels sind, bestimmen sie zum Teil, welche Sprachspiele gespielt werden. Daher legen sie Beschränkungen auf die Möglichkeit, alternative Regeln anzunehmen (*siehe* AUTONOMIE DER SPRACHE). 'Ja aber hat denn die Natur hier gar nichts mitzureden?! Doch – nur macht sie sich auf andere Weise hörbar. „Irgendwo wirst du doch an Existenz und nicht-Existenz anrennen!" Das heißt aber doch an *Tatsachen*, nicht an Begriffe' (Z § 364). Unsere Weise zu sprechen ist Teil einer menschlichen Praxis und daher denselben Arten von Faktoren unterworfen, die menschliches Verhalten im allgemeinen bestimmen. Diese Naturtatsachen liefern jedoch keine naturalistische Rechtfertigung unserer Grammatik. Eine Veränderung in den Rahmenbedingungen würde unsere Regeln nicht falsch (nicht mit den Tatsachen übereinstimmend) machen, sondern witzlos und überholt (PG 109–10; Z §§ 366–7; BPP II §§ 347–53).

Wittgenstein würde nicht einmal zugeben, daß unter Voraussetzung der-und-der Rahmenbedingungen wir kausal gezwungen seien, bestimmte Sprachspiele anzunehmen (Z § 351). Die relative Stabilität der materiellen Welt zwingt uns nicht, das metrische System zu akzeptieren (das ist das Vorrecht der EU-Kommission). In gleicher Weise sind unsere Fähigkeiten zur Farbunterscheidung und die relative Konstanz der Farben der Dinge Rahmenbedingungen jeder Farbgrammatik, aber sie sind mit weit differierenden Farbgrammatiken in den menschlichen Sprachen vereinbar. Das steht quer zu der Vorstellung, daß die richtigen und vielleicht unausweichlichen Regeln die seien, die wir natürlich finden. Wittgenstein erkennt an, daß wir bestimmte Regeln 'natürlich' finden (Vorl 232; VGM, z. B. 220, 282), aber er fügt hinzu, daß das personen- und kontextrelativ ist; es ist nicht biologisch fixiert, sondern formbar, z. B. durch Erziehung (Z § 387; PU §§ 595–6).

Rahmenbedingungen setzen kausale Beschränkungen: sie erklären zum Teil, warum wir einen Weg nicht einschlagen, aber nicht, warum wir einen anderen tatsächlich nehmen. Man könnte nichtsdestoweniger das Gefühl haben, daß ihre Anerkennung die philosophischen Beschreibungen der Grammatik mit kausalen ERKLÄRUNGEN versuche. Wittgenstein selbst beansprucht, 'Bemerkungen zur Naturgeschichte des Menschen' zu liefern (PU § 415); während er an anderer Stelle derartigen Ehrgeiz in Abrede stellt:

G   Gerüst

Uns interessiert wohl auch die Entsprechung von Begriffen mit sehr allgemeinen Naturtatsachen. (Solchen, die uns ihrer Allgemeinheit wegen meist nicht auffallen.) Aber unser Interesse fällt nun nicht auf diese möglichen Ursachen der Begriffsbildung zurück; wir betreiben nicht Naturwissenschaft; auch nicht Naturgeschichte, – da wir ja Naturgeschichtliches für unsere Zwecke auch erdichten könnten. (PU II, S. 578; vgl. BPP I § 48)

Die letzte Bemerkung hält die Philosophie jedoch nicht frei von kausalen Hypothesen, weil solche Hypothesen fiktive Rahmenbedingungen mit fiktiven Begriffsbildungen verknüpfen könnten. Vielversprechender sind Wittgensteins Versuche, seine Art von Naturgeschichte von Naturwissenschaft zu unterscheiden. Manchmal lassen sie unklar, wie seine naturgeschichtlichen Bemerkungen sich von direkten grammatischen Bemerkungen unterscheiden, beispielsweise wenn er nahelegt, daß sie solche Sätze einschließen wie 'Heuschrecken können nicht lesen und schreiben' und 'Die Menschen denken, die Heuschrecken nicht' (BPP II §§ 14–25). Ein anderer Grenzfall zwischen grammatischer Bemerkung und Rahmenbedingung ist, daß Menschen mit anderen Unterscheidungsfähigkeiten als unseren nicht unsere Begriffe von FARBE haben könnten. An anderen Stellen betrifft seine Art der Naturgeschichte jedoch klarerweise 'empirische', d.h. kontingente Tatsachen, z.B. die, daß Menschen ihre Begriffe in Reaktion auf Erfahrung modifizieren (Z § 352). Anders als grammatische Bemerkung erinnern uns diese Bemerkungen nicht an die Regeln, denen wir folgen; statt dessen erinnern sie uns an uns betreffende Tatsachen. Aber diese empirischen Tatsachen sind nicht verborgen und Angelegenheiten wissenschaftlicher Hypothesen. Die Naturgeschichte des Messens ist nicht ein Zweig angewandter Physik, der uns darüber belehrte, wie wir Bestimmtes unter gewissen Bedingungen am besten messen. Vielmehr sammelt sie empirische Tatsachen in einer Weise, die einen für die Philosophie wichtigen Punkt verständlich macht oder unüberraschend erscheinen läßt: daß, wenn bestimmte Rahmenbedingungen sich änderten, wir andere Vorgehensweisen plausibel und nützlich fänden und unsere gegenwärtigen unpraktisch oder witzlos (BPP I §§ 950–1109; LS I §§ 207–9; *siehe* ÜBERSICHT). Die Physik mag uns lehren, daß eine Veränderung in bestimmten Naturgesetzen dazu führen würde, daß Gegenstände ständig und chaotisch wüchsen oder schrumpften. Aber es bedarf keiner Physik, um einzusehen, daß unter derartigen Umständen das Messen von Größen witzlos werden würde. Die einschlägigen Tatsachen bleiben unbemerkt, gerade weil sie so vertraut und allgemein sind – ein Effekt des 'den Wald vor lauter Bäumen nicht Sehens' (PU § 129; II, S. 578; BPP I §§ 46, 78).

Dieses Thema taucht in *Über Gewißheit* wieder auf. Wittgenstein diskutiert da empirische Binsenwahrheiten des Common sense, von denen Moore behauptet hatte, wir wüßten sie mit GEWISSHEIT. Er behandelt sie als Weltbild- oder Angelsätze: obwohl sie empirisch sind, d.h. kontingente Tatsachen formulieren, könnten sie sich einfach nicht als falsch herausstellen, weil das den Hintergrund beseitigen würde, vor dem wir wahr und falsch unterscheiden. *Über Gewißheit* spricht gelegentlich von diesen Sätzen als 'Gerüst' oder 'Rahmen' unseres Denkens und stellt wie die *Philosophischen Untersuchungen* fest, daß 'die Möglichkeit eines Sprachspiels durch gewisse Tatsachen bedingt ist' (ÜG §§ 211, 617). Gleichwohl unterscheiden sich die Vorstellungen hinter den Begriffen von Naturtatsachen und Angelsätzen im Prinzip; wenn sich bestimmte

Naturtatsachen änderten, würden sich spezifische Sprachspiele ändern; wenn wir bestimmter Angelsätze nicht gewiß sein könnten, würde unser gesamtes Netz von Überzeugungen zusammenbrechen. Es gibt eine Überlappung zwischen beiden Kategorien; wenn 'etwas geschähe, was mich ganz aus dem Geleise würfe', z. B. Gegenstände ständig grundlos wüchsen oder schrumpften, würde das nicht nur unser Überzeugungssystem erschüttern, sondern, wie wir gesehen haben, spezifische Sprachspiele witzlos oder unpraktisch werden lassen. Aber Ungewißheit über einige andere Angelsätze (z. B. die sphärische Natur der Erde) würde nicht so sehr spezifische Sprachspiele als Formen der Darstellung im Rahmen eines spezialisierten wissenschaftlichen Diskurses beeinträchtigen.

Wittgenstein behauptet, daß Angelsätze, wie Naturtatsachen, unbemerkt bleiben, weil sie einen Teil des Hintergrundes unserer Sprachspiele bilden. Sie 'scheiden aus dem Verkehr aus', werden 'auf ein totes Geleise verschoben' und 'liegen abseits von der Straße, auf der sich das Forschen bewegt' (ÜG §§ 88, 210). Einige Kommentatoren haben geschlußfolgert, daß Angelsätze geistige Phänomene seien, weil sie abstrakt und unausdrückbar unsere sprachliche Praxis transzendieren, so daß sie den Grundsatz, daß Bedeutung Gebrauch ist, verletzten. Der eigentliche Grund aber, überhaupt von Angelsätzen zu sprechen, ist der, daß sie eine besondere Rolle in unserer sprachlichen Praxis spielen (ÜG §§ 94–8, 152, 248). Außerdem behauptet *Über Gewißheit* nur, daß Angelsätze im allgemeinen nicht formuliert werden, nicht, daß sie es nicht könnten. Wittgensteins Punkt ist, daß, 'wenn sie je ausgesprochen werden', sie vom Zweifel ausgenommen sind (ÜG § 88). Es ist auch behauptet worden, daß *Über Gewißheit* die Unterscheidung SAGEN/ZEIGEN aus dem *Tractatus* wiederbelebe und daß Angelsätze unausdrückbar seien, d. h., sich nur in der Praxis zeigen könnten. Aber eine Passage, auf die man sich in diesem Zusammenhang beruft, wirft nur eine Möglichkeit auf, und die andere endet mit der Feststellung 'Aber so ist es nicht' (ÜG §§ 501, 618). Richtig ist vielmehr folgendes: Wittgenstein hat tentativ nahegelegt, daß mit Moore zu sagen, wir wüßten die Angelsätze mit Gewißheit, Verwirrung erzeugt, weil es skeptische Zweifel herausfordert, und daher nicht verträglich ist damit, daß wir diese Sätze als gewiß behandeln, was sich daran zeigt, wie wir handeln (z. B. ÜG §§ 7, 466). Aber damit wird nicht behauptet, daß es Verwirrung zeuge oder Skeptizismus nähre, wenn man die Aufmerksamkeit auf diese Sätze lenkt, solange man sie nicht fälschlich für gewöhnliche empirische Behauptungen hält. Wie die Struktur von Husserls 'Lebenswelt' sind Naturtatsachen und Angelsätze nicht unausdrückbar, aber eigentümlich: ihre Funktion ist zu grundlegend, als daß sie leicht bemerkt würden.

Gewißheit

Viele von Wittgensteins Erörterungen haben Implikationen für die Erkenntnistheorie. Aber erst in den letzten anderthalb Jahren seines Lebens hat er das Thema in direkter und anhaltender Weise aufgegriffen. Die daraus entstandenen Notizen sind als *Über Gewißheit* veröffentlicht worden. Sie sind niemals überarbeitet und geglättet, geschweige denn vervollständigt worden und enthalten daher viele Bemerkungen, die zögerlich, ergebnislos und gelegentlich inkonsistent sind. Aber sie weisen auch eine thematische Einheitlichkeit auf, die dem meisten in Wittgensteins späterem Werk abgeht.

Die Anregung für *Über Gewißheit* war Moores Verteidigung des Common sense. Moore behauptete, daß es empirische Wahrheiten gebe, die man mit Gewißheit wissen könne, z. B., daß man ein menschliches Wesen ist, daß der Gegenstand, auf den man zeigt, die eigene Hand ist, und daß die Erde seit vielen Jahren existiert hat. Moore glaubte, diese Sätze des 'Common Sense' seien auf Belege gestützt, obwohl wir sie oft nicht namhaft machen können, und sie implizierten die Existenz einer geistunabhängigen Welt und widerlegten damit den Skeptizismus. Wittgenstein meinte, daß Moore auf eine wichtige Klasse von Sätzen aufmerksam gemacht hatte. Er gestand zu, daß man dieser Binsenweisheiten *gewiß* sein könne, aber er bestritt, daß man sie *wisse*. Dabei räumte er ein, daß 'Ich weiß daß *p*' in den Fällen, in denen '*p*' ein Satz vom Typ der Sätze Moores ist, in außergewöhnlichen Umständen eine alltägliche Verwendung haben kann (ÜG §§ 23, 252–62, 347–50, 387, 412, 423, 433, 526, 596, 622; *Writings* Kap. 3, 9–10). Aber das ist nicht Moores Punkt, weil es keine Antwort auf den Skeptizismus bildet. Moores Gebrauch ignoriert, daß wir 'Ich weiß' 'im normalen Sprachverkehr' (ÜG § 260; vgl. §§ 58, 243; PU II, S. 564) für Fälle reservieren, in denen

(a) es auch sinnvoll ist, von Glauben oder Vergewissern zu sprechen;
(b) es eine Antwort auf die Frage gibt 'Woher weißt du das?';
(c) man bereit ist, für den eigenen Wissensanspruch zwingende Gründe anzugeben.

Erfordernis (b) bedeutet nicht, daß wir tatsächlich in der Lage sein müssen, die Frage zu beantworten, sondern nur, daß es im Prinzip eine Antwort gibt. Es verpflichtet Wittgenstein auch nicht auf die Ansicht, daß alles Wissen auf Belegen (Evidenz) ruhe. Die Frage 'Woher weißt du das?' kann genauso dadurch beantwortet werden, daß das Sinnesvermögen spezifiziert wird, durch das man sich informiert hat. Wittgenstein legt gelegentlich nahe, daß wir nur dann von Wissen sprechen, wenn es (i) eine logische Möglichkeit gibt, sich zu irren oder nicht zu wissen, und (ii) diese Möglichkeit durch die Anwendung 'klarer Regeln der Evidenz' ausgeschlossen worden ist. Aber er hält auch fest daß 'Ich weiß, wie es sich verhält = Ich *kann* sagen, wie es sich verhält, und es verhält sich so, wie ich sage', was impliziert, daß ich wissen *kann*, ohne daß die Bedingungen (i) und (ii) erfüllt sind (LS II, 67, 78; ÜG §§ 243, 250, 483–4, 564, 574–6).

Ein anderer von Wittgensteins Punkten ist, daß Moores Versicherung, er wisse, daß er zwei Hände habe, nicht sicherstellt, daß er es weiß, denn während Äußerungen wie 'Ich glaube' oder 'Ich bin sicher' Überzeugung oder Sicherheit garantieren, garantiert 'Ich weiß' als Ausdruck einer Überzeugung nicht Wissen, sondern nur, daß man meint zu wissen (LS II, S. 118f.; ÜG §§ 12–15, 21, 137, 180, 489). Die Gewißheit, die hier im Spiel ist, ist, was Wittgenstein 'subjektive Gewißheit' nennt, ein Gefühl unerschütterlicher Überzeugung. Aber er legt auch nahe, daß objektive Gewißheit, die kein Geisteszustand ist, sondern die Unvorstellbarkeit von Zweifel oder eigenen Irrens bezeichnet, zu einer anderen Kategorie gehöre als Wissen (ÜG §§ 54–6, 193–4, 308; LS II,

S. 118). Diese Behauptung weist Wittgenstein nicht aus, aber er mag nichtsdestoweniger einen Punkt gegen Moore haben. Der Gebrauch von 'Ich weiß' außerhalb seines normalen Kontextes lädt zu der skeptischen Frage ein, wie das geklärt worden sei. Moore scheint einen 'anmaßenden' und 'unbedingten' Anspruch zu erheben, daß nichts ihn widerlegen könnte. Aber 'Ich weiß' scheint eine derartige 'metaphysische Betonung' nicht zu vertragen (ÜG §§ 21, 251, 425, 481–2, 553–4). Wie Austin legt Wittgenstein nahe, daß empirische Wissensansprüche anfechtbar sind: selbst wenn sie gut gerechtfertigt sind, kann es keine metaphysische Garantie dafür geben, daß sie sich nicht als falsch herausstellen.

Auf der anderen Seite legitimiert das nicht den Skeptizismus. Zweifel braucht Gründe. Aber die bloße Vorstellbarkeit von nicht-p ist kein Grund dafür, p zu bezweifeln (ÜG §§ 4, 122, 323, 458, 519). Das ist offensichtlich, wenn Vorstellbarkeit die logische Möglichkeit von nicht-p bedeutet, die für kontingente Sätze per definitionem besteht. Aber der Cartesische Skeptiker wird behaupten, daß unser Getäuschtsein durch einen bösen Dämon eine *epistemische* Möglichkeit ist, d.h. vereinbar mit allem, was wir wissen. Aber dieser Vorschlag seinerseits bedarf einer Begründung, und die einzige Begründung für die Hypothese des bösen Dämons ist ihre *logische* Möglichkeit. Der Cartesische Skeptiker schlußfolgert gültig aus der Möglichkeit, daß ich mich irre, die Möglichkeit, daß ich nicht weiß. Aber er hat unrecht, aus dem letzteren zu schließen, daß ich nicht weiß ($\Diamond \sim p \supset \Diamond \sim Wap$, aber nicht $\Diamond \sim Wap \supset \sim Wap$). In Fällen, in denen mein wohlbegründeter Anspruch sich als richtig herausstellt, wußte ich. Die Möglichkeit von 'Ich glaubte, ich wüßte es' spricht nicht gegen die Möglichkeit von 'Ich weiß' (ÜG § 12).

Wittgenstein räumt manchmal Moores Gebrauch von 'Ich weiß' ein und konzentriert sich auf den wesentlichen Punkt, nämlich den Kontrast zwischen diesem Gebrauch und gewöhnlichen Ansprüchen auf Wissen (ÜG §§ 288, 397, 520, 552). Moores Sätze spielen 'im System unsrer Erfahrungssätze eine eigentümliche logische Rolle'. Sie bilden das 'Gerüst' unserer Gedanken, die 'unwankende Grundlage' unserer Sprachspiele, die 'Angeln', um die sich unsere Fragen und Zweifel drehen, unser 'Weltbild', sie sind 'der überkommene Hintergrund, auf welchem ich zwischen wahr und falsch unterscheide' (ÜG §§ 94–5, 136, 211, 308, 341–3, 401–3, 614, 655). Angelsätze sind empirisch, insofern ihre Negation sinnvoll ist. Aber die Möglichkeit ihrer Falschheit ist eingeschränkt durch die Tatsache, daß unser gesamtes System von Überzeugungen auf unserer bereitwilligen Annahme dieser Sätze beruht. Zweifel hinsichtlich ihrer ist ansteckend und paßt nicht zu irgend etwas sonst, das wir glauben.

Unter den von Moore und Wittgenstein aufgeführten Weltbild- oder Angelsätzen kann man vier Arten unterscheiden (ÜG §§ 4, 118, 207, 281–4, 291–3, 327, 555–8, 567, 599, 618). Die Sätze der ersten Art sind überhistorisch: sie stehen für jede gesunde Person fest – zum Beispiel 'Die Erde hat seit langer Zeit existiert' und 'Katzen wachsen nicht auf Bäumen'. Die der zweiten Art ändern sich mit der Zeit: sie wurden ursprünglich entdeckt und durch Belege gestützt, aber sobald sie festgestellt waren, nahmen sie eine Schlüsselrolle in Beziehung auf andere Sätze ein, z.B., daß im menschlichen Schädel ein Gehirn ist oder daß Wasser bei 100° C kocht. Zusätzlich zu diesen unpersönlichen Angelsätzen gibt es zwei Arten von persönlichen Fällen: allgemein anwendbare

G   Gewißheit

Sätze über etwas, dessen jede Person sich gewiß sein kann, z. B. 'Ich habe zwei Hände' und 'Mein Name ist N. N.'; und personenspezifische Sätze, die Teil meines subjektiven Weltbildes sind, z. B. daß ich meine Kindheit in Deutschland verbracht habe.

Wittgenstein erhebt hinsichtlich Angelsätzen eine Vielzahl von Ansprüchen.

(a) Sie sind gewiß nicht nur für Individuen (mutatis mutandis im Fall der persönlichen Sätze über mich selbst), sondern für jedermann, anders als z. B. die Behauptung, es gebe in einem Teil Englands ein so-und-so heißendes Dorf (ÜG §§ 100–3, 462).

(b) Ich könnte in besonderen Umständen mich über Angelsätze im Irrtum befinden, aber das würde heißen, daß ich mich nicht nur irre, sondern geistesgestört bin. Politiker auf einer Wahlkampftournee irren sich häufig darüber, wo sie sind, aber wenn sie nicht wüßten, wo sie für gewöhnlich leben, wäre das eine Abweichung. Ich kann über meinen eigenen Namen verwirrt sein, aber wenn das einer Mehrheit so ginge, könnte das Sprachspiel mit Eigennamen nicht gespielt werden (ÜG §§ 71–5, 156, 303–5, 579, 628).

(c) Angelsätze der überhistorischen Art gründen sich nicht auf Forschung und sind nicht durch Evidenz gestützt (ÜG §§ 103, 138), weil es keine grundlegenderen Sätze gibt, auf deren Grundlage sie geglaubt werden könnten. Es gibt insofern Evidenz für diese Sätze, als sie durch gewisse Erwägungen verteidigt werden könnten. Aber diese sind nicht meine Gründe für die Aufrechterhaltung der Überzeugung, weil sie mir nicht besser bekannt sind als die Schlußfolgerung, obwohl das für Leute mit einer anderen Menge von Überzeugungen der Fall sein könnte. Wir haben geologische und evolutionäre Belege für, zum Beispiel,

(1)   Die Welt hat eine Million Jahre existiert,

aber nicht für

(2)   Die Erde hat 100 Jahre existiert.

Obwohl (1) (2) impliziert, unterstützt es (2) nicht. Denn die Belege für (1) setzten (2) voraus: obwohl (1) nicht direkt aus (2) abgeleitet ist, würden die Belege für (1), zusammen mit dem gesamten Diskurs geologischer Evidenz, ohne (2) zusammenbrechen.

(d) Wittgenstein legt auch nahe, daß der Sinn von Angelsätzen wie (2) weniger klar ist als der von empirischen Sätzen wie (1), weil unklar ist, 'zu welchem Gedankenkreis und zu welchen Beobachtungen' sie gehören (PU II, S. 565). Anders jedoch als 'Ich weiß, daß ich Schmerzen habe', mit dem Wittgenstein Angelsätze wie (2) verknüpft, exemplifizieren viele Angelsätze Konversationsimplikaturen, wie Grice sie nennt, weil ihre Verneinung nicht sinnlos ist. Obwohl Angelsätze in normalen Umständen zu offensichtlich sind, um informativ zu sein, und nicht auf der Grundlage von Belegen für wahr gehalten werden, gibt ihr konventioneller Sinn an, welche Evidenz wir verwenden könnten. Ein König, der glaubte, daß die Welt mit ihm begonnen habe, müßte zu unserem Weltbild *bekehrt* werden (ÜG §§ 92, 422), aber es ist klar, was wir verwenden würden, um die Bekehrung herbeizuführen (Photographien, geschriebene Zeugnisse, etc.).

Gewißheit G

(e) Wittgensteins bei weitem wichtigste Behauptung über Angelsätze ist, daß sie weder gerechtfertigt noch bezweifelt werden können, weil ihre Gewißheit in allem Urteilen vorausgesetzt ist (ÜG §§ 308, 494, 614). Einer seiner Punkte ist dabei, daß Zweifel nicht am Beginn eines SPRACHSPIELS stehen kann. Wenn ein Kind sofort bezweifeln würde, was es gelehrt wird, könnte es bestimmte Sprachspiele nicht erlernen. Aber der Punkt ist nicht einfach ein genetischer oder pragmatischer – vermöge unserer Situation als Menschen müssen wir mit dem Nichtzweifeln anfangen. Der mißtrauische Schüler zeigt nicht bewundernswerte Vorsicht, sondern versäumt einfach, an unserer epistemischen Praxis teilzunehmen und daher einen wirklichen Zweifel zu erheben. Zweifel ist nur sinnvoll im Rahmen eines Sprachspiels. Durch Ausdehnung des Zweifels auf die Angeln, um die sich das Sprachspiel dreht, sägt der Skeptiker (*siehe* SKEPTIZISMUS) den Ast ab, auf dem er sitzt. Zweifel setzt nicht nur die Möglichkeit von Gewißheit voraus, sondern, daß viele Dinge gewiß sind. Unsere Sprachspiele können nur vor einem relativ dauerhaften Hintergrund von Gewißheiten gespielt werden (ÜG §§ 115, 150, 283, 472–7).

Eine Argumentationslinie hier ist holistisch: wir müssen bestimmte Dinge für gewiß halten, um andere infrage zu stellen. Das läßt die Möglichkeit offen, daß einzelne Angelsätze sich als falsch herausstellen könnten. Tatsächlich haben Kommentatoren das Gefühl gehabt, daß Wittgensteins Aufnahme von 'Ich *weiß*, daß ich nie auf dem Mond war' (ÜG §§ 106–11, 286, 662–7) unter die Angelsätze zeige, daß er überschätzt habe, wie wichtig sie für unser Netz von Überzeugungen seien. Aber wie wir gesehen haben, erkennt Wittgenstein an, daß einige Angelsätze ihren Status verlieren können. Außerdem ist es nicht dasselbe, jetzt anzunehmen, daß Wittgenstein 1951 auf dem Mond gewesen sein könnte, wie für Wittgenstein 1951 anzunehmen, daß er da gewesen sei. Letzteres wirft unhandliche Fragen darüber auf, wie er dem Gravitationsfeld der Erde hätte entkommen sollen etc.

Ob die Revision eines Angelsatzes zum Zusammenbruch unseres Netzes von Überzeugungen führen wird, hängt zum Teil davon ab, ob wir es mit einer *Änderung* natürlicher Prozesse zu tun haben oder mit einer *Entdeckung*. Bestimmte wissenschaftliche Entdeckungen würden uns nicht daran hindern, die meisten unserer Sprachspiele zu spielen, sondern würden nur die betroffene Disziplin verändern. Aber was wäre, 'wenn etwas *wirklich Unerhörtes* geschähe', zum Beispiel, daß Kühe jetzt auf dem Kopf stünden und lachten und sprächen (ÜG §§ 512–8)? Wittgenstein deutet (mit Austin) an, daß dies nicht so sehr zeigen würde, daß ich nicht wußte, daß dies eine Kuh ist, als vielmehr, daß sich, was eine Kuh zu sein pflegte, in etwas anderes verwandelt hat. Unerhörte Ereignisse falsifizieren nicht so sehr unsere Behauptungen, als daß sie zu einem Zusammenbruch unserer Begriffe führen. In einigen Fällen würde eine solche Veränderung auf wenige Begriffe eingeschränkt sein. Aber wenn die Naturregelmäßigkeit zusammenbräche, könnte unsere Praxis, Wissensansprüche zu erheben, gänzlich ihre Anwendbarkeit verlieren.

Wittgenstein räumt die Möglichkeit unerhörter Ereignisse ein, oder auch, daß mir plötzlich von allen Seiten widersprochen wird. Einige haben darin eine Art von Meta-Skeptizismus entdeckt. Das scheint durch Wittgensteins Vorstellung belegt zu werden, daß wir die Wahrheit von Angelsätzen nicht erkennen (wissen) können, oder jedenfalls jeden derartigen Anspruch auf Wissen qualifizieren müßten mit 'soweit ich es beurteilen kann', und durch seine Behauptung: 'Es ist immer von Gnaden der Natur, wenn man etwas weiß' (ÜG §§ 420, 503–5, 623). Aber sein Punkt ist hier nur, daß es eine kontingente Naturtatsache ist, daß wir mit bestimmten Begriffen wie Wissen operieren können. Er läßt sogar offen, ob wir unsere Sprachspiele fortsetzen könnten, selbst wenn sich die Rahmenbedingungen (*siehe* GERÜST) änderten (ÜG §§ 516, 619). Die bloße logische Möglichkeit unerhörter Ereignisse legitimiert nicht eine Humesche Angst, daß in jedem Augenblick Chaos ausbrechen könnte, weil unerhörte Ereignisse durch Naturnotwendigkeit ausgeschlossen sind (obwohl auf der letzten, mikrophysikalischen Ebene das, was naturnotwendig ist, eine reine Tatsachenfrage ist – *siehe* VERURSACHUNG).

Wittgenstein sprach gelegentlich davon, daß Angelsätze das Fundament unseres vernünftigen Denkens bildeten (ÜG §§ 162–7, 401–2). Aber dieses Fundament dient nicht als Grundlage anderer Überzeugungen in dem Sinn, in dem Axiome Theoreme stützen. Wir leiten aus ihm nicht andere Wahrheiten ab, sondern stützen uns auf die Sätze, die das Fundament bilden, als 'Hintergrund' für vernünftiges Argumentieren. 'Und von dieser Grundmauer könnte man beinahe sagen, sie werde vom ganzen Haus getragen' – d.h., die Sätze im Fundament verdanken ihren besonderen Status der Tatsache, daß sie der sprachlichen Institution des Argumentierens zugrunde liegen (ÜG §§ 246–8, vgl. §§ 94, 153, 204). Tatsächlich sind die letzten Grundlagen unseres Wissens nicht Überzeugungen, sondern Formen des Sich-Verhaltens.

Nach Wittgenstein besteht die Gewißheit einer Überzeugung in ihrer Rolle im Netz unserer Überzeugungen. Eine Überzeugung ist gewiß, wenn man sich auf sie berufen kann, um andere Überzeugungen zu rechtfertigen, sie selbst jedoch keiner Rechtfertigung bedarf. Descartes würde protestieren, daß das den Skeptiker nicht widerlege, weil der bezweifelt, daß diese Überzeugungen jene Rolle spielen *sollten*. Diese Herausforderung setzt jedoch voraus, daß unsere Praktiken das Wesen der Wirklichkeit widerspiegeln müßten, was gegen die AUTONOMIE DER SPRACHE verstößt.

Die wichtigste Leistung von *Über Gewißheit* war, Hinweise für eine sozialisierte Erkenntnistheorie zu liefern (die die Wissenssoziologie aufgenommen zu haben beansprucht). Weder das Wissen einer Kultur, noch auch das irgendeines ihrer Mitglieder kann aus den sinnlichen Erfahrungen eines Individuums abgeleitet werden. Das angehäufte Wissen einer Kultur ist eine kollektive Leistung – eine Vorstellung, die von Hegelianern, Marxisten und Pragmatisten geteilt wird. Keiner von uns kann jene Gesamtheit überblicken, geschweige den meistern (ÜG §§ 161, 288–98). Lernen beruht darauf, die Autorität einer Gemeinschaft zu akzeptieren, und sogar Erwachsene müssen viele Dinge auf Treu und Glauben hinnehmen (ÜG §§ 170, 374–8, 509; Z §§ 413–6). Aber das leugnet die Möglichkeit kritischen Denkens nicht. Indem wir viele Dinge akzeptieren, können wir an epistemischen Tätigkeiten teilnehmen, die uns gestatten, einige unserer Überzeugungen zu berichten, gelegentlich sogar Teile unserer Weltsicht (ÜG §§ 161–2). Anders als Quines naturalisierte Erkenntnistheorie macht Wittgensteins sozialisierte Erkenntnistheorie diesen Punkt, ohne Überzeugungsbildung behavioristisch auf eine Angelegenheit von Reiz und Reaktion zu reduzieren.

Glauben/Überzeugung
Wittgensteins früheste Diskussion von Glauben ergibt sich aus seinem Einwand gegen Russells Theorien des Urteils. Anfänglich vertrat Russell die Theorie einer zweistelligen Relation, nach der eine Überzeugung eine Relation zwischen etwas Geistigem – einem Subjekt oder einem Akt des Glaubens – und einer 'Proposition' ist, einer objektiven Entität, die existiert, ob sie nun geglaubt wird oder nicht. *Tractatus* 5.54f. verwirft diese Theorie, weil sie den extensionalistischen Grundsatz verletzt, daß wenn ein Satz in einem anderen auftritt, wie nach der Theorie der zweistelligen Relation 'p' in 'A glaubt daß p', er das nur als Basis wahrheitsfunktionaler Operationen tun kann, was bei 'p' in 'A glaubt daß p' nicht der Fall ist (weil die Wahrheit des letzteren keine Funktion der Wahrheit des ersteren ist) (*siehe* ALLGEMEINE SATZFORM). Sowohl Wittgenstein als auch Russell kamen dazu, die Relationstheorie auch aus einem weniger dogmatischen Grund zu verwerfen. In

(1) 'A glaubt/urteilt daß p'

ist, was A glaubt, nicht ein Gegenstand, eine Tatsache. (1) setzt nicht voraus, daß es etwas gibt, um geglaubt zu werden; es kann wahr sein sogar dann, wenn keine Tatsache 'p' entspricht (AüL 191; *Probleme* 109f.). In Reaktion auf dieses Problem entwickelte Russell eine Theorie des Urteilens als mehrstelliger Relation (*Essays* Kap. VII; 'Theory' 110): Othellos Überzeugung, daß Desdemona Cassio liebt, ist nicht eine zweistellige Relation zwischen ihm und einer Proposition, sondern eine mehrstellige Relation zwischen ihm und den Bestandteilen der Proposition – Desdemona, Liebe und Cassio. Nach dieser Darstellung impliziert das Auftreten des Urteils nicht, daß die Relation der Liebe zwischen Desdemona und Cassio besteht.

Aber Wittgenstein zufolge sichert dies die Möglichkeit falscher Urteile nur zu dem unakzeptablen Preis, unsinnige Urteile möglich zu machen. Die richtige Analyse von (1) muß 'zeigen, daß es unmöglich ist, einen Unsinn zu urteilen' (TLP 5.5422), 'p' muß ein sinnvoller, bipolarer Satz sein (*siehe* BIPOLARITÄT) (RUB 6.13; AüL 202). Indem er die Proposition in Bestandteile aufteilt, versäumt es Russell, die Bewahrung der logischen Form zwischen den Bestandteilen des Urteils zu garantieren, und daher läßt er ein Urteil zu wie 'das Messer ist die Quadratwurzel der Gabel' (in gleicher Weise beklagte Bradley, daß Russell die Einheit des Urteils ignoriere).

Tractatus 5.542 gibt eine Analyse von Glauben, die sowohl den Eindruck, daß der Satz p hier in nicht-wahrheitsfunktionaler Weise auftritt, als auch die Möglichkeit des Urteilens von Unsinn vermeiden will. Wittgensteins Lösung ist die Aufnahme der Satzform in die Zuschreibung des Glaubens. So hat (1) die Form

(2) 'p' sagt p.

Wie (2) korreliert (1) nicht eine Tatsache – p – und einen Gegenstand – das Subjekt A –, sondern zwei Tatsachen, die abgebildete Tatsache p (unterstellt, p sei eine Tatsache) und die den Gedanken bildende Tatsache 'p'. Die Korrelation geschieht durch die Zuordnung der Bestandteile beider Tatsachen, der Elemente des Gedankens mit Gegenständen in der Wirklichkeit. (1) bedeutet, daß es in *A* eine geistige Tatsache gibt, die die Tatsache daß *p* abbildet. Nur zusammengesetzte Dinge mit einer gegliederten Struktur, bestehend aus mit Gegenständen korrelierten Elementen, können etwas aussagen oder abbilden. Das impliziert, daß es kein einheitliches Subjekt '*A*' gibt, keine Seelensubstanz, sondern nur eine Anordnung geistiger Elemente (TLP 5.5421; siehe SOLIPSISMUS).

Diese Analyse garantiert den Sinn dessen, was geurteilt wird, indem sie darauf besteht, daß es nicht ein Komplex von Gegenständen ist, die auf beliebige Weise verknüpft werden können, sondern eine TATSACHE, in der Gegenstände zusammenhängen nach Maßgabe ihrer kombinatorischen Möglichkeiten. Aber es ersetzt Russells ursprüngliche Idee einer Relation zwischen Geist und den unzugeordneten Termini des Urteils durch die dunkle Vorstellung, das 'Denken des Sinnes von *p*' projiziere den GEDANKEN auf die Wirklichkeit (TLP 3.11). Außerdem ist prima facie unklar, wie *Tractatus* 5.542 das Problem nicht-wahrheitsfunktionaler Vorkommnisse vermeidet. (2) kann auf drei verschiedene Weisen verstanden werden. Wenn, was in Anführungszeichen erscheint, eine Beschreibung 'zufälliger' Züge des Satzzeichens (siehe ZEICHEN) ist, wäre (2) immer falsch, weil ohne PROJEKTIONSMETHODE ein Zeichen nichts abbilden kann. Alternativ könnte (2) eine externe Relation zwischen zwei Tatsachen ausdrücken: der Tatsache, daß der Sprecher das-und-das denkt oder meint, und der Tatsache daß *p*. In diesem Fall ist es ein bipolarer Satz, aber sein Wahrheitswert wird nicht durch den von '*p*' bestimmt, sondern durch eine empirische Beziehung zwischen der Tatsache daß *p* und einer geistigen Tatsache. Schließlich könnte die Relation zwischen den beiden Tatsachen intern sein, wenn die Beschreibung in Anführungszeichen eine PROJEKTIONSMETHODE einschließt, d.h. '*p*' als genau den Satz identifiziert, der sagt daß *p*. Aber in diesem Fall wäre (2) notwendigerweise wahr, und daher wäre sein Wahrheitswert wieder keine Funktion des Wahrheitswert von '*p*'. Außerdem wäre (2), weil es eine interne Relation ausdrückte, ein Scheinsatz, der zu sagen versuchte, was nur durch den Satz '*p*' gezeigt werden kann. Keine dieser Alternativen läßt es zu, daß '*p*' in (2) oder, im Anschluß daran, in (1) wahrheitsfunktional auftritt. Die letzte bewahrt die Extensionalitätsthese insofern, als sie das Prinzip nicht verletzt, daß Sätze in echten Sätzen nur als Basen von wahrheitsfunktionalen Operationen auftreten, aber sie tut das um den Preis, Zuschreibungen von Glauben oder Überzeugungen als Scheinsätze zu brandmarken. Waismann hat später vorgeschlagen, die Analyse sollte auf den Fall der 1. Person 'Ich glaube daß p' beschränkt werden, für den sie zuerst entwickelt worden ist (AM 223). Aber es ist schwer zu sehen, wie das die zuvor erwähnten Probleme vermiede.

Wittgensteins zweite Erörterung von Glauben/Überzeugung geht von Freges und Russells Ideen über Behauptung aus (*Begriffsschrift* §§ 2–3; *Grundgesetze* I § 5; 'Funktion' 22; *Briefwechsel* 126f.; *Principles* 35; *Principia* 8, 92; 'Theory' 107). Beide unterschieden in einer Behauptung den Akt des Behauptens von dem, was behauptet wird, die Proposition oder den Gedanken. Einer ihrer Gründe war das Bedürfnis, das Auftreten eines Satzes '*p*', wenn er nicht behauptet wird, wie in '$p \supset q$', zu unterscheiden von seinem selbständigen Auftreten, bei dem er behauptet wird (der sogenannte 'Frege-Punkt'). Zu diesem Zweck führte Frege das Behauptungszeichen '⊢' ein, um den Akt des Urteilens, daß etwas wahr sei, auszudrücken. Jede Zeile in seinem System hat die Form

(3) ⊢p

in dem '-p' (das den horizontalen 'Inhaltsstrich' enthält) den bloßen Gedanken ausdrückt, ohne ihn als wahr zu beurteilen, während der vertikale 'Urteilsstrich' den Akt des Behauptens signalisiert, der uns von einem Gedanken zu einem Wahrheitswert bringt. In Freges System gehen alle Schlüsse von behaupteten Sätzen zu behaupteten Sätzen, und man kann Beweise nur von wahren Sätzen ausgehend führen. Nachdem er die Vorstellung aufgegeben hatte, daß alle Urteile Subjekt-Prädikat-Form hätten, behauptete er, daß '⊢' (was 'es ist eine Tatsache daß' bedeutet) das 'gemeinsame Prädikat aller Urteile' sei. Russell übernahm das Behauptungszeichen, um der unbehaupteten Proposition die Kraft von 'es ist wahr daß' hinzuzufügen; er meinte, daß wahre Propositionen die Eigenschaft des Behauptetseins in einem nicht-psychologischen, logischen Sinn hätten.

1911 scheint Wittgenstein der Meinung gewesen zu sein, daß alles, was es gibt, 'behauptete' (d.h. wahre) Sätze seien, die Tatsachen sind. Zur Zeit der 'Aufzeichnungen über Logik' beharrte er jedoch darauf, daß das Behauptungszeichen logisch irrelevant sei (AüL 191 f.; TLP 4.023, 4.063 f., 4.442). Es zeige nur die psychologische Tatsache, daß der Autor den Satz für wahr halte; es gehöre nicht zum Satz: (a) man kann aus falschen Sätzen Schlüsse ziehen (Frege und Russell ignorierten das, vermutlich weil ihre axiomatischen Konzeptionen der LOGIK sich auf Beweise konzentrieren, die wahre Prämissen verlangen); (b) weder 'ist wahr' noch 'ist eine Tatsache' ist das Verb von Sätzen, das formale Prädikat, das sie alle gemeinsam haben; denn was durch diese Verben behauptet wird, muß schon Sinn haben, das heißt, muß schon ein Satz sein.

Deshalb behauptet Wittgenstein gegen Frege und Russell, daß die Logik sich nur mit dem *unbehaupteten* Satz beschäftige, der zeigt, wie es sich verhält, wenn er wahr ist. Diese Behauptung ist aber ungenau. Denn es ist Teil von Wittgensteins Erklärung, daß nur der behauptete Satz etwas *sagt*, nämlich, daß es sich so verhält, wie der unbehauptete Satz es zeigt. Das wird nicht nur vom Frege-Punkt verlangt, sondern auch, weil der frühe Wittgenstein akzeptiert zu haben scheint, daß der unbehauptete Satz der Behauptung daß p, der Frage ob p, dem Befehl, p herbeizuführen, etc., gemeinsam sein kann (TLP 4.022; Tb 26.11.14; MS 109 249; BT 149). Wittgenstein kam später darauf zurück (PU § 22, S. 249 Anm.; BT 208; BGM 116; Z § 684; PLP 302–3). Er schreibt Frege die Vorstellung zu, daß der Teil eines deklarativen Satzes, der eine 'Annahme', d.h. das, was behauptet wird, ausdrücke, wie ein *Satzradikal* funktioniere. Die Annahme oder der Gedanke ist der deskriptive Gehalt dessen, was behauptet wird, kann aber auch eine Komponente in anderen, nicht-assertorischen Sprechhandlungen sein. Er könnte durch 'p' repräsentiert werden in '?-p' für Satzfragen und '!-p' für Befehle, genauso wie als '⊢p' für Behauptungen. Es ist auch behauptet worden, daß die *Philosophischen*

| G | Glauben/Überzeugung |

Untersuchungen diese Idee dazu verwendeten, die nicht-deskriptiven Verwendungen der Sprache im Rahmen der Semantik des *Tractatus* zu berücksichtigen: die BILDTHEORIE liefert die angemessene Darstellung des Satzradikals, die aber durch eine Theorie des 'semantischen Modus' ergänzt werden müsse, um für die Verwendungen von Sätzen in verschiedenen Sprachspielen aufzukommen. Tatsächlich weist der spätere Wittgenstein aber die Vorstellung zurück, daß assertorische Äußerungen in Annahme plus Behauptung analysiert werden könnten. Er verwirft auch die Vorstellung, daß verschiedene Sprechhandlungen einen gemeinsamen propositionalen Gehalt teilen und daß alle Sätze Beschreibungen enthielten. Wenn sie überzeugen, untergraben seine Argumente auch die zeitgenössische Unterscheidung zwischen Sinn und Kraft und bedrohen damit eine Semantik mittels Wahrheitsbedingungen, die sich darauf stützt, daß in nicht-assertorischen Sprechhandlungen eine deskriptive Komponente (propositionaler Gehalt), die wahr oder falsch sein kann, isolierbar sei (*siehe* AUGUSTINISCHES BILD DER SPRACHE). Es gibt vier Punkte, die angegriffen werden.

(a) Die Fregesche Theorie stellt widersprüchliche Forderungen an den Teil des Satzes, der die bloße Annahme oder den Gedanken ausdrücken soll. Auf der einen Seite darf er *nicht* ein vollständiger Satz sein, weil ihm behauptende Kraft fehlen muß, wie dem nominalisierten Satz 'daß p' in

(3') Es wird behauptet daß p.

Auf der anderen Seite *muß* er ein vollständiger Satz sein, weil die Annahme/der Gedanke der Sinn eines Satzes, nicht eines nominalisierten Satzes ist. Infolgedessen gibt es nicht so etwas wie ein Satzradikal, das geeignet wäre, den Sinn eines Satzes auszudrücken, aber ungeeignet, assertorische Kraft auszudrücken. Behauptung ist nicht etwas, was einem Satz hinzugefügt würde.

(b) Man kann den Begriff eines Satzes, dessen, was wahr oder falsch ist, nicht unabhängig von dem der Behauptung charakterisieren. Aber darauf könnte Frege antworten, daß der nicht-assertorische Auftritt von Sätzen in, zum Beispiel, '$p \supset q$' zeige, daß der Begriff eines Satzes bestenfalls mit der *Möglichkeit* von Behauptung verknüpft ist.

(c) Die Annahme daß p muß '?-p' und '⊢p' gemeinsam sein. Nach Wittgenstein betrifft '?-p' dieselbe Annahme wie '?-~p', weil beide mit entweder '⊢p' oder '⊢~p' beantwortet werden können. Das impliziert jedoch, daß die Annahme daß p dieselbe ist wie die Annahme daß ~p, was absurd ist.

(d) '⊢' bezeichnet nicht eine Komponente der Behauptung oder eine geistige Tätigkeit, die der Äußerung behauptende Kraft gäbe. Es dient nur als Interpunktionszeichen zur Markierung des Satzanfangs. Und was einer Äußerung behauptende Kraft gibt, ist nicht eine Begleitung, sondern die Weise, wie sie vom Sprecher verwendet wird. Aber diese Beobachtungen sind vereinbar mit Freges Punkt, der Gebrauch von '⊢' zur Unterscheidung zwischen Auftritten von 'p' in '⊢p' und in '⊢($p \supset q$)'.

Die Vorstellung, daß Behauptung ein geistiger Prozeß sei, der den Übergang von einer bloßen Annahme zu einer deklarativen Äußerung bewirke, wird weiter von den Jahren ab 1940 an in den Erörterungen von 'Moores Paradox' angegriffen (MB 10.44; PU II, S. 513–7; BPP I §§ 470–504; BPP II §§ 277–83; *Writings* Kap. 12). Moore hatte beobachtet, daß, während wir oft etwas nicht glauben, das wahr ist, es 'absurd' ist zu sagen

(4) Es regnet, aber ich glaube es nicht.

Wittgenstein verwarf Moores Vorschlag, daß diese Absurdität psychologischer Natur sei. Er behauptete, daß Äußerungen wie (4) sinnlos sind und etwas hinsichtlich der Logik von Behauptung zeigen. Zum einen weisen sie auf ein weiteres Problem mit einer Fregeschen Analyse hin. Moores Paradox zeigt, daß 'Ich glaube, daß es regnet' eine analoge logische Rolle spielt wie die einfache Behauptung 'Es regnet'. Gleichzeitig ist die 'Annahme', daß es regnet, nicht dieselbe wie die Annahme, daß ich glaube, es regne, die mich betrifft und nicht das Wetter. Wenn diese beiden Beobachtungen in Übereinstimmung mit der Fregeschen Analyse ausgedrückt werden, erhalten wir

(a) '⊢p' hat eine vergleichbare logische Rolle wie '⊢Igp'.
(b) '-p' hat eine andere logische Rolle wie '-Igp'.

Während (a) impliziert, daß die Annahme in '⊢p' dieselbe ist wie in '⊢Igp', impliziert (b), daß sie verschieden sind. Außerdem legt (b) nahe, daß 'Ich glaube daß p' nicht in eine Annahme und einen Ausdruck des Glaubens aufgeteilt werden kann, weil 'Ich glaube' nicht eliminiert werden kann, ohne die Annahme zu verändern. Infolgedessen kann der Schritt von '-p' zu '⊢p' nicht der der Hinzufügung von behauptender Kraft zu einer gemeinsamen Annahme sein.

Eine zweite Implikation von Moores Paradox ist, daß Glauben nicht ein Phänomen ist, das wir in uns selbst beobachteten. Wenn 'Ich glaube daß ...' etwas über den Sprecher in phänomenalen Ausdrücken beschriebe, sei es über sein Gehirn, seinen Geist oder sein Verhalten, dann wäre (4) nicht paradox. Denn es kann keine Inkonsistenz geben zwischen der Beschreibung, wie es sich mit mir (meinem Geist/meinem Gehirn) verhält, und einer Beschreibung des Wetters. Die Rolle von 'Ich glaube daß p' ist es, die Überzeugung daß p auszudrücken. Das ist auch eine Funktion der einfachen Äußerung 'p', weshalb es eine Inkonsistenz gibt zwischen der Äußerung von 'p' und dem Geständnis des p nicht Glaubens. Ich kann meine lange gehegten Überzeugungen eher berichten als gestehen (*siehe* AUSDRUCKSÄUSSERUNGEN). Aber ich beschreibe sie nicht, weil solche Berichte mich zu einem Anspruch verpflichten, was keine bloße Beschreibung könnte (BPP I §§ 715–6; *siehe* BEABSICHTIGEN UND ETWAS MEINEN).

Aus diesen Gründen greift Wittgenstein die neo-Humesche Position von James und Russell an, nach der Glauben ein Gefühl der Billigung gegenüber einer Proposition sei (*Psychology* II, Kap. XXI; *Analysis* 250–2). Obwohl Gefühle meine Überzeugungen begleiten können, sind sie weder notwendig noch hinreichend. Und obwohl 'glauben' ein Zustandsverb ist, bezeichnet es sowenig einen geistigen Zustand, z. B. ein Gefühl, wie es eine geistige Handlung oder einen geistigen Prozeß bezeichnet. Glauben ist weder etwas, was man tut, noch etwas, was einem widerfährt oder worin man sich befindet. Anders als wirklichen geistigen Prozessen fehlt Glauben 'echte Dauer' (PU §§ 571–94, II, S. 518–77; BPP I §§ 596, 710, 832–6; *siehe* PHILOSOPHISCHE PSYCHOLOGIE). Ausdrücke von Überzeugungen sind weniger bestimmt und charakteristisch wie die von Gefühlen, weswegen dispositionale Theorien des Glaubens fehlschlagen. Aber der Begriff des Glaubens ist intern verknüpft mit dem, was Leute (aufrichtig) sagen würden, daß sie glauben, und mit dem, wie sie in bestimmten Umständen handeln würden. (*Siehe auch* GEWISSHEIT.)

Grammatik
Nach Auffassung des frühen Wittgenstein ist 'Mißtrauen gegenüber der Grammatik ... die erste Bedingung des Philosophierens' (AüL 206). Die schulgrammatische Form von Sätzen verhüllt ihre LOGISCHE FORM. Letztere wird durch eine ideale Notation enthüllt, die den Regeln der LOGISCHEN SYNTAX oder der 'logischen Grammatik' folgt (TLP 3.325; vgl. *Logic* 185, 269). In der Folge verwendete Wittgenstein den Ausdruck 'Grammatik', um sowohl die konstitutiven Regeln der Sprache als auch die philosophische Erforschung oder Tabulierung dieser Regeln zu bezeichnen (WWK 184; Vorl 67–9; BT 437; PU § 90). Während seiner ganzen Entwicklung fuhr er fort, auch den Ausdruck 'Logik' oder 'Sprachlogik' in diesen beiden Bedeutungen zu verwenden (PU §§ 38, 90–3, 345; BPP I § 1050; LS I § 256; ÜG 56, 501, 628), in dem Verständnis, daß logische Fragen eigentlich grammatische Fragen sind (Z § 590), d. h. die Regeln für den Gebrauch von Wörtern betreffen.

Wittgenstein spricht auch von der 'Grammatik' von einzelnen Wörtern, Ausdrücken, Wendungen, Sätzen/Satzzeichen und sogar von der Grammatik von Zuständen und Prozessen (BlB 47; PU S. 260 Anm., § 187 – Blb 15, BB 109; PU § 560 – BlB 110 – BlB 83–8; PU § 353 – PU § 572; PG 82). Aber im eigentlichen Sinn ist es der zugehörige sprachliche Ausdruck, der eine Grammatik hat, nämlich eine bestimmte Verwendungsweise. 'Grammatische Regeln' sind Maßstäbe für den richtigen Gebrauch eines Ausdrucks, die seine Bedeutung 'bestimmen': einem Wort Bedeutung geben heißt, seine Grammatik festzulegen (M 51; PG 62–4; ÜG §§ 1–2; Vorl 55–60). 'Richtig' meint hier nicht 'wahr', weil man einen Ausdruck in Übereinstimmung mit sprachlichen Regeln verwenden kann, ohne etwas Wahres zu sagen. Aber ein Ausdruck wird nicht sinnvoll verwendet, wenn er auf Gegenstände angewandt wird, auf die er nicht wirklich angewendet werden kann. Aus demselben Grund zeigt man sprachliches Mißverstehen, wenn man leugnet, daß ein Ausdruck auf paradigmatische Instanzen in einer klaren Situation Anwendung hat. Der Sinn eines Satzes ist durch seinen Ort in einem grammatischen System bestimmt, insofern letzteres seine logischen Beziehungen zu anderen Sätzen bestimmt (PG 152–3). Die Grammatik einer Sprache ist ihr Gesamtsystem von grammatischen Regeln, das System der konstitutiven Regeln, die die Sprache definieren, indem sie festlegen, was in ihr sinnvoll gesagt werden kann (PB 51; Vorl 67–81; PG

Grammatik

60, 133, 143; PU § 496). Anders als ihre Vorgängerin, die Logische Syntax, ist die Grammatik nicht universal – verschiedene Sprachen haben verschiedene Grammatiken. Aber die Grammatik eines individuellen Wortes wie 'verstehen' *ist* universal, insofern andere Sprachen äquivalente Wörter haben.

Die Vorstellung von Grammatik lenkt die Aufmerksamkeit auf die Tatsache, daß eine Sprache sprechen unter anderem heißt, sich auf eine regelgeleitete Tätigkeit einzulassen. Einige haben behauptet, daß Wittgenstein dieser normativistischen Konzeption der Sprache nicht zugestimmt habe und daß sein Vergleich der Sprache mit regelfolgenden Tätigkeiten ein irreführendes heuristisches Mittel ist, das eine schulmeisterliche Einstellung verrät. Diese Auffassung könnte durch Bedenken hinsichtlich der Vorstellung von Logischer Syntax als einem arkanen System verborgener Regeln motiviert sein. Aber Wittgenstein hat die Vorstellung nicht aufgegeben, daß die Sprache regelgeleitet ist, er hat sie geklärt, indem er die Sprache nicht länger mit einem Kalkül verglich, sondern mit einem Spiel (*siehe* SPRACHSPIEL). Anders als diese Analogien ist die Vorstellung, daß Sprache regelgeleitet ist, nicht nur ein heuristisches Mittel. Eine Sprache verstehen schließt die Beherrschung von Techniken hinsichtlich der Anwendung von Regeln ein (*siehe* REGELFOLGEN). Und Wittgenstein blieb dabei, die Verknüpfung zwischen Sprache, Bedeutung und Regeln zu betonen: 'Das Folgen nach der Regel ist am GRUNDE unseres Sprachspiels' (BGM 330; vgl. BT § 45; ÜG §§ 61–2).

Um Wittgensteins normativistisches Bild der Sprache einzuschätzen, muß man sich klarmachen, daß seine Konzeption von Regeln eine funktionalistische ist. Ob ein Satz eine grammatische Regel ausdrückt, hängt von seiner Rolle oder Funktion in unserer sprachlichen Praxis ab. Wittgenstein unterscheidet zwischen 'empirischen Sätzen' und 'grammatischen Sätzen', Sätzen, die typischerweise dazu verwendet werden, eine Regel auszudrücken (z.B. PU §§ 251, 458; Vorl 185f., 282f.; BGM 162). Diese Unterscheidung stützt sich nicht auf die sprachliche Form – ein grammatischer Satz braucht nicht ein metasprachlicher Satz darüber zu sein, wie ein Ausdruck verwendet wird. Was zählt, ist ob wir den Satz als einen Maßstab der Richtigkeit *gebrauchen*. Der Kontrast zwischen grammatischen und empirischen Sätzen ist einer zwischen den *Regeln für* unsere Sprachspiele und *Zügen in* unseren Sprachspielen, die in Übereinstimmung mit den Regeln ausgeführt werden (z.B. PU § 49; ÜG § 622). Die 'Wahrheit' eines grammatischen Satzes besteht nicht darin zu sagen, wie es sich verhält, sondern darin, eine Regel genau auszudrücken. Grammatische Sätze müssen unterschieden werden von empirischen Aussagen dahingehend, daß eine Gemeinschaft bestimmten sprachlichen Regeln folgt, zum Beispiel 'Alle Engländer verwenden diese Zeichen in dieser Weise' (Vorl 348; SDE 24), und von Sätzen über die Rahmenbedingungen (*siehe* GERÜST), die diese Regeln praktisch sein lassen. Denn sie werden normativ gebraucht, um die Verwendung von Wörtern zu erklären, zu rechtfertigen und zu kritisieren.

Grammatische Regeln in diesem Sinn umfassen nicht nur schulgrammatische oder syntaktische Regeln, sondern auch ERKLÄRUNGEN der Bedeutung (PG 68, 143; M 69; PB 78). Was als Bedeutungserklärung zählt, ist wiederum eine Frage der Funktion, nicht der Form. Derartige Regeln schließen ein (a) Definitionen, sei es in formaler ('"Junggeselle" bedeutet "unverheirateter Mann"') oder in materialer Sprechweise ('Junggesellen sind unverheiratete Männer'); (b) analytische Sätze ('Alle Junggesellen sind unverheiratet'); (c) Farbmusterkarten und Umrechnungstabellen (BlB 19f.; VGM 140f.); (d) OSTENSIVE DEFINITIONen (BlB 30f.; BB 90); (e) Erklärungen durch Beispiele (PU §§ 69–79); (f) Ausdrücke der 'Geometrie der Farbe' wie 'Nichts kann zugleich ganz rot und ganz grün sein' (PB 51–2; Vorl 29f.); (g) Sätze der Arithmetik und Geometrie (WWK 38, 61–3, 156; PB 143, 170, 216, 249; Vorl 29f.,76f.; PG 319, 347; BGM *passim*; *siehe* MATHEMATIK).

Wittgensteins normativistische Konzeption der Sprache kontrastiert scharf mit Quines und Davidsons Behauptung, daß der Begriff der Regel den der Sprache eher voraussetze als erkläre. Weniger radikal mag man protestieren, daß selbst in Wittgensteins extrem liberalem Sinn Regeln in unserer sprachlichen Praxis nicht im Vordergrund stehen. Hier ist es wichtig zu bemerken, daß Wittgenstein nicht darauf besteht, daß Regeln für das Erlernen der Sprache wesentlich seien (LS I § 968). Was zählt ist allein, ob unsere erworbene Praxis als regelgeleitet charakterisiert werden kann, wo das nicht erfordert, daß wir tatsächlich die Regeln konsultieren (Vorl 69f.; PG 153; PU §§ 82–3), sondern nur, daß wir unsere Verwendungen von Wörtern unter Bezugnahme auf Regeln erklären, kritisieren und rechtfertigen *könnten* (*siehe* KALKÜLMODELL) und das auch tun, wenn die Gelegenheit es verlangt. Regeln in Wittgensteins liberalem Sinn spielen in einer Fülle von pädagogischen und kritischen Tätigkeiten eine Rolle, von denen einige institutionalisiert sind (Erziehung, Wörterbücher): das Lehren der Sprache, die Erklärung einzelner Wörter, die Berichtigung von Fehlern, die Rechtfertigung von Verwendungen, die Erwerbung höherer sprachlicher Fähigkeiten.

Man mag erwidern, daß diese Rolle notwendigerweise abgeleitet ist. Grammatische Regeln mögen zwischen richtigem und unrichtigem Gebrauch unterscheiden, aber sie bestimmen keinen von beiden. Denn die Regel ist ohne jede Wichtigkeit, wenn sie nicht die bestehende Praxis kodifiziert, d.h. die vorherrschende Praxis. Das reduziert den Unterschied zwischen richtig und unrichtig auf den zwischen Konformität und Nonkonformität. Dagegen hat Wittgenstein zu Recht darauf bestanden, daß 'X' richtig zu verwenden nicht heißt, es so zu verwenden, wie es die Mehrheit tut (BGM 406; Z § 431). Es ist keine inkohärente Vorstellung, daß eine Mehrheit sprachliche Fehler machen sollte (obwohl in den meisten Fällen 'X' richtig zu verwenden heißt, es so zu verwenden, wie es die meisten tun). Außerdem gibt es einen Unterschied zwischen Regelmäßigkeiten im Sprachverhalten und sprachlichen Normen, auch wenn es Grauzonen geben mag. Während einige Abweichungen von normalen Mustern ungebräuchlich sind (die Verwendung von 'Beiname' statt 'Spitzname') oder unpassend (auf Polizisten mit 'Bullen' Bezug zu nehmen), sind andere sprachliche Fehler – des Satzbaus, der Wortverwechselung, der falschen Wortwahl (aber nicht alle laufen auf sinnlose Wortverwendungen hinaus, wie Wittgenstein manchmal nahezulegen scheint).

Was richtig ist, ist, daß die Erklärung und Tabulierung derjenigen grammatischen Regeln, die für die Philosophie wichtig sind, nicht nur sekundär gegenüber sprachlicher Praxis ist, sondern auch eine 'einseitige Betrachtungsweise' einschließt (PG 68; BlB 49), eine, die bestimmte Züge unserer Praxis betont. Wittgensteins PHILOSOPHIE nimmt diese Perspektive an. Sie führt 'das Geschäftsbuch der Sprache' und besteht aus grammatischen 'Untersuchungen', 'Anmerkungen', 'Analysen', 'Bemerkungen' oder 'Erinnerungen' (PU §§ 89–90, 127, 199, 232, 392, 496, 574; PG 60). Sie erinnert uns an die Weise, in der wir Wörter verwenden. Ein Grund dafür ist: 'Das *Wesen* ist in der Grammatik ausgesprochen'; die Grammatik bestimmt, 'welche Art von Gegenstand etwas ist', weil sie spezifiziert, was sinnvoll über es gesagt werden kann – 'Grün ist eine Farbe' ist ein grammatischer Satz (PU §§ 371–3; PB 118; PG 463–4; BlB 39f.; LSD 20). Empirische Untersuchungen der physikalischen Natur eines Gegenstandes oder Stoffes X setzten die Grammatik von 'X' voraus, weil letzteres bestimmt, was als X zählt. Und die Antwort auf die Sokratische Frage 'Was ist X?' wird nicht gegeben, indem man Wesenheiten inspiziert (abstrakte oder geistige Gegenstände), sondern indem man die Bedeutung von 'X' klärt, die durch die Regeln für 'X' gegeben ist (PU § 383). Allgemeiner, während die Metaphysik notwendige Wahrheiten über die wesentliche Struktur der Wirklichkeit zu entdecken sucht, ist nach Wittgenstein die scheinbare Struktur der Wirklichkeit nichts als ein 'Schatten' der Grammatik: er erklärt die besondere Rolle von logisch notwendigen Sätzen durch die Vorstellung, daß ihre Funktion normativ und nicht deskriptiv ist. Die Grammatik bildet unsere FORM DER DARSTELLUNG, sie legt fest, was als verständliche Beschreibung der Wirklichkeit zählt, und sie ist daher empirischer Widerlegung nicht zugänglich.

Selbst wenn man diese Behauptungen akzeptiert, könnte man mit Moore das Gefühl haben, daß Wittgensteins liberaler Gebrauch von 'Grammatik' die Tatsache verschleiert, daß die Philosophie sich mit Regeln beschäftigen muß, die fundamentaler sind als die der Schulgrammatik (M 69; Vorl 117f.). Wittgenstein bestreitet, daß es einen derartigen Unterschied zwischen zwei Arten von Grammatik gibt. Beide beschäftigen sich mit Regeln für die Verwendung von Wörtern und es gibt keinen Unterschied zwischen 'zufälligen' und 'wesentlichen' Regeln, es 'sind beide Regelarten Regeln im selben Sinne. Es ist bloß so, daß einige von ihnen zum Gegenstand philosophischer Diskussionen gemacht worden sind und andere nicht.' Philosophische Grammatik ist besonders nicht darin, besondere Regeln zu behandeln, sondern in ihrer Zielsetzung, nämlich philosophische Probleme aufzulösen. Sie unterscheidet sich von Schulgrammatik nur darin, daß sie (a) nicht an Genauigkeit und Vollständigkeit um ihrer selbst willen interessiert ist; (b) der Geschichte der Sprache und genetischen Problemen überhaupt keine Aufmerksamkeit schenkt; (c) ihre Beobachtungen häufig Züge betreffen, die viele Sprachen miteinander teilen (obwohl sie nicht länger die logische Struktur aller möglichen Symbolismen betreffen); (d) eine weitere, funktionale Konzeption von grammatischen Regeln hat (Vorl 185–7, 269–71; BT 413; PU II, S. 578; Z §§ 464–5). Tatsächlich sind die meisten Regeln, die die Philosophie interessieren, zum Beispiel 'Man kann nicht wissen daß p, wenn es nicht wahr ist daß p', für den Grammatiker ohne Interesse, aber das nur, weil seine Zwecke nicht die des Philosophen sind. Man kann jedoch die Verschiedenheiten der Zwecksetzung zugeben und doch darauf bestehen, daß sie auf grundlegend unterschiedliche Arten von Regeln hindeuten. So hat Moore darauf beharrt, daß die philosophisch relevanten Regeln wie 'Nichts kann zugleich ganz grün und ganz rot sein' das Unvorstellbare ausschließen, während das, was Kinder in der Schule lernen – z.B. 'Man sagt nicht „drei Männer ist auf dem Feld" sondern „drei Männer *sind* auf dem Feld"' – nichts mit Philosophie zu tun hat. Nach Berichten hat Wittgenstein erwidert, daß dies Beispiel in der Tat nichts mit Philosophie zu tun habe, weil an ihm alles durchsichtig sei. Aber was mit 'Gott Vater, Gott Sohn und Gott Heiliger Geist *ist* auf dem Felde oder *sind* auf dem Felde' wäre?

Diese Erwiderung ist unangemessen. Denn wir können das 'durchsichtige' schulgrammatische Problem leicht vom philosophischen Problem unterscheiden: die Entscheidung, ob die Singular- oder die Pluralform anzuwenden sei, würde trivial, wenn die Probleme hinsichtlich der Trinität verständlich gelöst werden könnten. Es bleibt verführerisch zu meinen, daß, wenn letztere überhaupt ein grammatisches Problem bilden, es dann Regeln einer anderen Art betrifft (nämlich 'Gott' und 'Person' betreffende). Nichtsdestoweniger sollte Wittgenstein zugegeben werden, daß es ein Spektrum von grammatischen Regeln gibt, das vom philosophisch Irrelevanten ('Die Wörter „nordöstlich von" müssen von einer Substantivphrase im Akkusativ ergänzt werden') über Grenzfälle ('Die Wörter „nordöstlich von" müssen durch die Bezeichnung eines Ortes der Erdoberfläche mit Ausnahme der Wörter „Nordpol" oder „Südpol" ergänzt werden') bis zu philosophisch relevanten Fällen reicht ('Die Wörter „es ist wahr daß" dürfen nicht durch ein zeitliches Adverb modifiziert werden') (PLP 135–7).

Wittgenstein selbst unterscheidet zwischen der 'Tiefengrammatik' und der 'Oberflächengrammatik' von Wörtern (PU § 664). Die traditionelle Philosophie geht in die Irre, wenn sie sich auf letztere konzentriert, d. h. auf die unmittelbar (akustisch oder visuell) offenbaren Züge von Wörtern auf Kosten ihres gesamten GEBRAUCHS, was der Klassifikation von Wolken nach ihrer Gestalt gleichkommt (VuGÄPR 20f.; Vorl 203; PU §§ 10–4; Z § 462). Die Oberflächengrammatik (Satzstruktur) von 'Ich habe Schmerzen' ist dieselbe wie die von 'Ich habe Streichhölzer', die Oberflächengrammatik von 'Erwartung' ist die eines Zustands (PU §§ 572–3) und die von 'Meinen' ist die eines Handlungsverbs wie 'sagen' (*siehe* PHILOSOPHISCHE PSYCHOLOGIE). Aber ihre Tiefengrammatik ist ganz verschieden; die Wörter haben verschiedene kombinatorische Möglichkeiten, die Sätze erlauben verschiedene Züge in Sprachspielen mit unterschiedlichen logischen Beziehungen und Gliederungen. Es wäre aber falsch zu meinen, daß das auf einen Kontrast zwischen grundsätzlichen verschiedenen Arten von grammatischen Regeln hindeutete, z. B. durchsichtigen Regeln, deren Verletzung *offenbaren* schulgrammatischen Unsinn produzierte, und komplexen Regeln, deren Verletzung *latenten* philosophischen Unsinn produzierte. Mißachtung der Tiefengrammatik produziert offenbaren Unsinn wie 'Ich meinte sie leidenschaftlich'; grammatische Untersuchungen prüfen, ob philosophische Positionen zu derartigem Unsinn führen (PU § 464). Die Metapher der Tiefe ist irreführend, weil sie nahelegt, daß die Tiefengrammatik durch logische oder sprachliche Analyse entdeckt würde, wie im *Tractatus* oder bei Chomsky. Der Kontrast ist nicht der zwischen der Oberfläche und der 'Geologie' von Ausdrücken, sondern zwischen lokalen Umgebungen, die auf einen Blick erfaßt werden können, und der Gesamtgeographie, d. h. dem Gebrauch eines Ausdrucks. Außerdem hat Wittgenstein darauf bestanden, daß (abgesehen davon, daß er schwerer zu erkennen ist) die meisten metaphysischen Positionen UNSINN in demselben Sinn sind wie alltägliche Verletzungen der Grammatik und daß die Grammatik *flach* ist, d. h., daß es keine metalogischen (*siehe* METALOGIK) Regeln oder Begriffe gibt, die logisch grundlegender seien als andere.

Über Gewißheit wirft ausdrücklich die Frage auf, ob 'Regel und Erfahrungssatz ineinander übergehen' (ÜG § 309). Drei mögliche Gründe für eine positive Antwort sind erkennbar. Einer ist, daß einige Sätze, die die *Form* von Erfahrungssätzen haben, unter den Angeln sind, um die sich unser Sprachspiel dreht. Ein anderer ist, daß wir uns Umstände vorstellen können, unter denen Sätze aus grammatischen Sätzen sich in Züge im Sprachspiel verwandeln. Schließlich gibt 'es keine scharfe Grenze zwischen Sätzen der Logik und Erfahrungssätzen'. Aber Wittgenstein fügt hinzu, daß diese 'Unschärfe ... eben die Grenze zwischen *Regel* und Erfahrungssatz' und dem Umstand geschuldet ist, daß der Begriff des Satzes selbst vage sei (ÜG §§ 56, 82, 318–20, 622). Daß eine Trennung nicht 'scharf' ist, heißt nicht, daß sie unbrauchbar ist. Außerdem sind die ersten beiden Gründe im Rahmen von Wittgensteins funktionaler Konzeption grammatischer Regeln auffangbar: der logische Status eines Satzes ist nicht seiner sprachlichen Form geschuldet, sondern der Weise, wie er gebraucht wird, und kann sich daher ändern: 'Jeder Erfahrungssatz kann umgewandelt werden in ein Postulat – und wird dann eine Norm der Darstellung' (ÜG § 321). Es ist wahr, daß Wittgenstein diese Aussage verdächtigt, zu sehr nach TLP zu klingen (tatsächlich erinnert sie an PB 59). Aber was er meint ist, daß es dogmatisch wäre, darauf zu bestehen, daß *jeder* Satz seine logische Rolle ändern könnte, weil die Revidierbarkeit unserer Form der Darstellung begrenzt ist. Die berühmte Metapher vom 'Flußbett der Gedanken' unterscheidet 'zwischen der Bewegung des Wassers im Flußbett' (Veränderungen in empirischen Überzeugungen) und 'der Verschiebung dieses' (Begriffsveränderungen durch Annahme neuer grammatischer Regeln) sowie dem 'harten Gestein' des Flußbetts, das keiner Veränderung unterliegt (ÜG §§ 95–9). Letzteres schließt die Sätze der Logik ein, die zum Teil definieren, was wir mit Denken, Schließen, Sprache meinen, während der Schwemmsand des Flußufers aus Sätzen besteht, die wir sowohl normativ als auch deskriptiv benutzen könnten. Die einzige bedeutsame Konzession von *Über Gewißheit* an die Auffassung, es gebe keine Grenze zwischen empirischen und grammatischen Sätzen, nämlich, daß selbst unter den Erfahrungssätzen einige (z. B. 'Die Erde hat schon mehr als hundert Jahre existiert') gewiß sein müssen (*siehe* GEWISSHEIT), ist für den Rationalismus schädlicher als für Wittgensteins eigene frühere Auffassungen (ÜG §§ 401–2, 558; WAM 70–5). Im Gegensatz zu notwendigen Sätzen ist der Grund dafür nicht, daß ihre Negation durch eine spezifische grammatische Regel als unsinnig ausgeschlossen ist, als vielmehr, daß sie aufzugeben hieße, unser ganzes System von Überzeugungen zu untergraben.

I

Ich/Selbst
Es gibt drei traditionelle Theorien über das Pronomen der 1. Person. Dem Cartesianismus zufolge bezieht es sich auf eine dem Körper zugeordnete Seelensubstanz; nach Humeschen Theorien kann es sich nur auf ein Bündel geistiger Episoden beziehen, weil man bei Introspektion nicht auf eine derartige einheitliche Substanz trifft; dem Kantianismus zufolge bezeichnet es die Transzendentale Einheit der Apperzeption, einen formalen Zug aller Urteile, den nämlich, daß ihnen 'Ich denke' vorangestellt werden kann. Wittgenstein nahm diese Optionen durch Schopenhauers Kantianismus und Russells Hume-Nachfolge auf. Beide verwarfen die Cartesische Seelensubstanz, behielten aber verschiedene 'Selbste' bei. Schopenhauer verwandelte die transzendentale Einheit der Apperzeption in die Vorstellung, daß das Subjekt der Erfahrung selbst nicht erfahren werden kann (*Welt* II, Kap. 41). Russell dachte vom 'Ich' zunächst als einem logischen EigenNAMEN eines Selbst, mit dem wir direkt bekannt sind, dann als bloß grammatischem Subjekt von psychologischen Prädikationen, die wir durch Beschreibung kennen (*Probleme* 19–20; 'Theory' 36–7).

'Das Ich, das Ich ist das tief Geheimnisvolle' (Tb 5.8.16). Wittgenstein überführte die Verlegenheiten der Humeschen Theorien und des Kantianismus auf eine sprachliche Ebene. So schließt der transzendentale SOLIPSISMUS des *Tractatus* ein, daß das Pronomen der 1. Person aus der Analyse von GLAUBENSsätzen wie 'Ich denke daß *p*' entfernt wird. Der unmittelbare Grund dafür ist der Humesche, daß ein Ich in der Erfahrung nicht angetroffen wird. Aber die tiefere Begründung ist kantianisch. Was immer wir erfahren, könnte auch anders sein. Im Gegenssatz dazu ist es a priori, daß die Erfahrung, die ich jetzt habe, *meine* Erfahrung ist, oder dieses Gesichtsfeld *mein* Gesichtsfeld. Also kann ich mir selbst Erfahrungen nicht in BIPOLAREN Sätzen zuschreiben. Das Subjekt der Erfahrung entschlüpft zwangsläufig der Introspektion, weil seine Verknüpfung mit der Erfahrung nicht a posteriori ist.

Die Vorstellung, daß das 'Ich' aus unserer Sprache eliminiert werden kann, überlebte den Übergang vom transzendentalen zum methodologischen Solipsismus. Eine 'phänomenologische' Sprache, die sich auf subjektive Erfahrungen bezieht, ist semantisch grundlegend; aber die Erfahrungen dieser Sprache haben keinen Eigentümer (*siehe* PRIVATHEIT). Lichtenberg folgend, sollten wir statt 'Ich denke' 'Es denkt' sagen wie in 'Es regnet' (WWK 49–50; M 100–1; PB 88–90). Der Grund dafür ist nicht, daß 'denken' ein Merkmal plazierendes (feature-placing) Prädikat wie 'regnen' wäre, sondern daß es für jeden anderen logisch unmöglich ist, das zu haben, was ich habe, wenn ich Schmerzen habe, weil niemand anderes einen Schmerz haben kann, dem *ich* begegnen könnte. Entsprechend ist 'Ich habe Zahnschmerzen' analytisch; es ist sinnlos zu sagen, daß *ich* im Gegensatz zu jemandem anderen den Schmerz habe. Bei psychologischen Äußerungen in 1. Person Präsens ist 'Ich' überflüssig.

Die Eliminierbarkeit von 'Ich' wird durch eine fiktive Sprache illustriert, die einen Despoten als Zentrum hat. Wenn der Despot Zahnschmerzen hat, sagen er und alle andern nicht

(1) Ich habe (Er hat) Zahnschmerzen,

sondern einfach

(1') Es gibt Zahnschmerzen.

Wenn jedoch jemand anders – N. N. – Zahnschmerzen hat, sagt jeder, einschließlich N. N.,

(2) N. N. benimmt sich wie das Zentrum, wenn es Zahnschmerzen gibt.

Wittgenstein behauptet, daß die Lichtenbergische Sprache deutlich hervorhebt, was für unsere Form der Darstellung wesentlich ist. Aber was jeden anderen als das Zentrum angeht, unterscheidet sich diese Sprache deutlich von unserer: (a) sie nimmt anderen die Möglichkeit zu vermuten, daß N. N. einen Schmerz hat, den er nicht in seinem Benehmen zeigte; (b) sie unterwirft N. N.s Bericht dem Irrtum, weil es möglich ist, das eigene Benehmen falsch zu charakterisieren; (c) weil (2), anders als (1), auf das Benehmen gestützt ist, ist 'Schmerz' zweideutig; *wirklicher* Schmerz kann nur dem Zentrum zugeschrieben werden. Aber selbst für das Zentrum ist eine solche Sprache inadäquat. 'Ich' tritt nicht nur in Sätzen wie (1) auf, sondern auch in Vorstellungen wie 'Ich bin N. N.' oder Sätzen wie 'Ich bin nicht N. N.', die in einer Sprache mit nur einem Zentrum nicht ausgedrückt werden können. Wittgenstein versuchte später, diesen Punkten dadurch gerecht zu werden, daß er statt der einfachen Eliminierung von 'Ich' zwischen seinem Gebrauch 'als Subjekt' in Sätzen wie (1) und seinem Gebrauch 'als Objekt' unterschied (BlB 105–6; vgl. M 100–3; PB 86), der in Sätzen auftritt wie

(3) Ich habe meinen Arm gebrochen.

Anders als (1) ist (3) gegen Zweifel oder Irrtum nicht gesichert. Entsprechend ist 'Ich' entweder überflüssig – wie in (1) – oder es bezieht sich auf meinen Körper – wie in (3).

Wittgenstein ist auf diese Unterscheidung zwischen 'zwei Verwendungen' von 'ich' nie mehr zurückgekommen und sie ist in verschiedener Hinsicht fehlerhaft. Obwohl ich mich, wenn ich (3) äußere, im Zweifel oder im Irrtum befinden kann, kann sich das nicht aus einer Fehlidentifizierung ergeben. Natürlich kann ich in einem Rugby-Gedränge meinen Arm für deinen halten, aber dann identifiziere ich mich nicht falsch oder halte mich für dich. Außerdem impliziert eine Theorie der 'zwei Verwendungen', daß ein Satz in 1. Person wie

(4) Ich schreibe einen Brief

in einen Satz über reine Körperbewegungen plus einen unfehlbaren Erfahrungssatz in 1. Person, z. B. über Willenshandlungen, analysiert werden müßte. Wittgenstein sah später ein, daß das sowohl das Subjekt als auch das Prädikat derartiger Äußerungen verzerrt. (4) schreibt nicht 'farblose' körperliche Bewegungen zu, sondern eine menschliche Handlung, die von Absichten eher durchdrungen als nur begleitet ist (*siehe* BEHA-

VIORISMUS). Gleichermaßen ist ihr Subjekt nicht ein Körper, sondern ein MENSCHLICHES WESEN. 'Ich' und 'dieser Körper' sind nicht ersetzbar *salva veritate* in Sätzen wie (3), aber sie sind nicht einmal füreinander ersetzbar *salva significatione* in Sätzen wie (4). Das heißt nicht, daß 'Ich' zweideutig wäre, sondern nur, daß 'ich' und 'dieser Körper' analog für einen Teil ihres Anwendungsbereichs sind, aber sonst divergieren.

Das schließt auch die materialistische Alternative zu den traditionellen Erklärungen aus, nach der sich 'ich' auf einen Körper oder einen seiner Teile, z. B. das Gehirn, beziehe. Aber daß 'ich' sich nicht auf einen Körper bezieht, schließt nicht in sich, daß es sich auf eine dem Körper zugeordnete Entität (ICH, Seele, Selbst) bezöge. Für Wittgenstein ist es nichtsdestoweniger wesentlich für unseren Gebrauch von 'ich', daß es von Wesen geäußert wird, die einen Körper haben – mit der kantischen Begründung, daß es für Seelensubstanzen keine Identitätskriterien gibt (Vorl 175–6; BlB 109–10; VüpEuS 56–7). Die offensichtliche Alternative ist Strawsons Vorschlag, daß sich das Pronomen der 1. Person weder auf einen Körper, noch auf ein Selbst, noch auf ein Bündel geistiger Episoden bezieht, sondern auf eine 'Person', ein lebendiges Geschöpf mit besonderen geistigen Fähigkeiten. Offensichtlich ist 'ich' genausowenig der Name einer Person wie 'hier' der Name eines Ortes (VüpEuS 74–5; PU § 410). Gleichermaßen bedeutet es nicht 'die Person, die jetzt spricht', weil es nicht salva veritate eingesetzt werden kann in 'Die Person, die jetzt spricht, ist die Direktorin'. Nichtsdestoweniger scheint die Bedeutung von 'Ich' durch die Regel gegeben zu sein, daß es sich auf die Person bezieht, die es benutzt. Trotz seines Fokus auf menschlichen Wesen hat Wittgenstein diesen Vorschlag infrage gestellt und gelegentlich rundheraus bestritten: 'Es ist richtig, wenn auch paradox, zu sagen: „,Ich' bezeichnet keine Person"' (MS 116 215; VüpEuS 56*).

Diese Behauptung, daß 'ich' kein bezugnehmender (referentieller) Ausdruck sei, kann nicht durch Verweis auf die Vorstellung gerechtfertigt werden, daß psychologische Äußerungen AUSDRUCKSÄUSSERUNGEN seien und nicht Beschreibungen. Sein Gebrauch ist nicht auf Ausdrucksäußerungen beschränkt und Bezugnahme nicht an Beschreibung gebunden ('God save the Queen!'). Eine mögliche Verteidigung ist der Hinweis, daß 'Ich bin N. N.' kein Identitätssatz ist, mit der Begründung, daß er nicht wie gewöhnliche Identitätssätze ('Dies ist Lewis Carroll') verifiziert und typischerweise verwendet wird, um sich vorzustellen. 'Ich bin N. N.' kann aber verwendet werden, um eine Identität zu bekräftigen (z. B. wenn ich herausfinde, daß mir der Spitzname 'N. N.' gegeben wurde), was heißt, daß 'ich' ein Kandidat für Bezugnahme ist.

Wittgenstein selbst verfolgt eine andere Argumentationslinie, die den wahren Kern in seinen früheren Darstellungen entwickelt (PU §§ 398–411; BT 523). Es gibt wesentliche Unterschiede zwischen einerseits dem Pronomen der 1. Person und andererseits Personen-bezeichnenden Ausdrücken wie Eigennamen, Kennzeichnungen, Personalpronomina und Demonstrativa ('diese(r)', 'jene(r)').

---

* [Der deutsche Text in VüE ist gegenüber PO, das der Autor verwendet, stellenweise beträchtlich gekürzt. Der hier im Verweis gemeinte Satz 'Das Wort „Ich" bezeichnet keine Person' fehlt vor dem letzten Absatz auf S. 56. Anm. d. Übers.]

(a) 'Ich' läßt keinen Fehlschlag der Bezugnahme zu: (i) 'ich' kann nicht denjenigen falsch bezeichnen, über den der Sprecher etwas zu sagen beabsichtigt; (ii) wie wir gesehen haben, kann ich mich nicht mit dir verwechseln, sondern nur mir etwas zuschreiben, was dir zukommt; wenn ich sage 'Der gegenwärtige König von Frankreich ist kahl', bezieht sich das grammatische Subjekt auf nichts, aber dieses Risiko gibt es bei 'Ich'-Sätzen nicht. Aus diesen Gründen kann jemand, der an Amnesie leidet, 'ich' richtig verwenden, ohne zu wissen, ob er von N. N. oder dem Φer spricht. Was er wissen muß, ist, daß er *von sich* spricht, und dessen ist er versichert, insofern er weiß, daß, was er sagt, aus *seinem* Mund kommt. Im Gegensatz zu anderen Personalpronomina setzt 'ich' nicht voraus, daß man den Bezugsgegenstand durch einen Namen, eine Kennzeichnung oder eine hinweisende Geste identifizieren kann.

Statt jedoch zu schlußfolgern, daß 'ich' kein bezeichnender Ausdruck ist, könnte man schließen, daß es ein *superbezeichnender* Ausdruck ist, einer, der gegen Fehlschlag der Bezugnahme immun ist. Man könnte normales Bezugnehmen mit dem Pfeilschießen auf eine Zielscheibe an der Wand vergleichen, die man treffen oder verfehlen kann. In diesen Begriffen ist 'ich' dann nicht analog zu einem magischen Pfeil, der immer ins Schwarze träfe, wie eine völlig unzweideutige Menge von Namen oder Kennzeichnungen es sein könnten, sondern analog dazu, einen Kreis für das Zentrum der Zielscheibe um einen Pfeil zu zeichnen, der schon in der Wand steckt. Die Vorstellung von Treffen oder Verfehlen hat keinen Platz und das markiert einen logischen Unterschied zu gewöhnlichen bezugnehmenden Ausdrücken.

(b) Für den Verwender selbst identifiziert 'ich' niemanden in dem Sinn, daß es ihn aus einer Gruppe von Personen oder Dingen aussonderte, obwohl seine Verwendung *andere* instand setzen kann, jemanden zu identifizieren. 'Ich suche mir den Mund nicht aus, der „Ich habe Zahnschmerzen" sagt' (VüpEuS 89; MS 220 25). Es könnte eingewendet werden, daß ich mich selbst von anderen aussondere, wenn ich, zum Beispiel, gestehe, daß ich und niemand anderes die Vase zerbrochen hat. Aber das ist nicht ein Fall von sich selbst Identifizieren, sondern von Aufmerksamkeit auf sich Lenken; denn es spezifiziert nicht, wer es ist – N. N., der Φer –, der die Vase zerbrach. Man könnte erwidern, daß es das in gleicher Weise tut wie es deiktische Ausdrücke tun. Aber 'ich' zu sagen zeigt auf nichts, es ist eher dem Heben des Armes (zum sich Melden) verwandt. 'Ich' bezeichnet den Ursprungspunkt eines Systems der Deixis, nicht einen Punkt auf der die Deixis wiedergebenden Zeichnung (BlB 107–8; LSD 33; BT 523).

Letztlich hängt die Frage, ob 'ich' ein bezugnehmender Ausdruck ist, davon ab, was man aus dem Ausdruck 'Bezug nehmen' (referring) macht, ein Thema, das Wittgenstein nicht hinreichend erörtert. Es scheint klar zu sein, daß 'ich' ebenso wie 'du', 'sie', etc. verwendet werden kann, um auf eine einzelne Person Bezug zu nehmen. Und wenn ich sage 'Ich zerbrach die Vase', sage ich dir, wer es getan hat. Genauso wie 'H. G.' hilft 'ich' den Sinn von Sätzen, in denen es auftritt, zu bestimmen, und zwar dadurch, daß es bestimmt, von wem der Satz handelt. 'Ich' macht einen Beitrag zum Sinn des Satzes, der sich von dem anderer bezugnehmender Ausdrücke unterscheidet. Aber das könnte am besten dadurch ausgedrückt werden, daß gesagt wird, 'Ich' sei ein degenerierter Fall eines bezugnehmenden Ausdrucks, so wie Tautologien degenerierte Fälle von Sätzen sind.

Identität

Identität (dasselbe)
Dieser Begriff spielte eine wichtige Rolle im logizistischen Programm der Reduktion arithmetischer Gleichungen auf logische Sätze, und aus diesem Grund wurde '=' von Frege zur Bezeichnung einer von speziellen Axiomen bestimmten zweistelligen Wahrheitsfunktion in die Logik eingeführt (*Grundgesetze* I §§ 4, 7, 47). Das brachte ein Rätsel mit sich. Wenn Sätze wie

(1) Der Morgenstern ist der Abendstern

eine Relation ausdrücken, ist es eine Relation zwischen Gegenständen oder zwischen den Namen, die sie vertreten? In 'Über Sinn und Bedeutung' verwarf Frege die zweite Option (die in *Begriffsschrift* § 8 vertreten wird) mit der Begründung, daß, wenn (1) von Zeichen handelte, es kein wirkliches Wissen ausdrückte, weil die Verknüpfung zwischen einem Namen und seinem Bezugsgegenstand willkürlich ist. Die erste Alternative jedoch schien zu implizieren, daß (1) äquivalent ist mit

(2) Der Morgenstern ist der Morgenstern,

was eine Instanz des traditionellen 'Gesetzes der Identität' ist – jeder Gegenstand ist mit sich selbst identisch. Aber anders als (2) ist (1) informativ, es drückt eine empirische Entdeckung aus. In Reaktion darauf unterschied Frege zwischen zwei Aspekten des Gehalts eines Ausdrucks, seiner BEDEUTUNG, d. h. des Gegenstands, für den der Ausdruck steht, und seines 'Sinns', der Gegebenheitsweise seiner Bedeutung. 'Der Morgenstern' und 'der Abendstern' bedeuten denselben Gegenstand – den Planeten Venus –, aber geben ihn in verschiedener Weise, weswegen (1) von (2) verschieden ist.

Wie Frege verwendete Russell '=' zur Formalisierung von Zahlenaussagen. Während er die Sinn/Bedeutung-Unterscheidung verwarf, arbeitete seine Theorie der Kennzeichnungen Freges ansatzweise Lösung für das Rätsel nicht-trivialer Identitätssätze aus (*Logic* 39–56; *Principia* I 66–71). Daß NAMEN wie 'der Morgenstern' Sinn haben, kann nur heißen, daß sie Abkürzungen für Kennzeichnungen sind, zum Beispiel 'der Planet, der am Morgenhimmel sichtbar ist'. Auf dieser Grundlage kann (1) so analysiert werden, daß es drei inhaltliche Behauptungen erhebt: es ist genau ein Planet am Morgenhimmel zu sehen; es ist genau ein Planet am Abendhimmel zu sehen; welcher Planet immer am Morgenhimmel zu sehen ist, ist auch am Abendhimmel zu sehen. Identitätssätze von der Form 'a = der F', zum Beispiel

(3) Scott ist der Autor von *Waverly*,

ergeben unter Analyse '$(\exists x)(fx \cdot (y)(fy \supset x=y) \cdot x=a)$' oder, einfacher,

(3') $fa \cdot (y)(fy \supset y=a)$.

Wittgenstein folgte Frege und Russell in der Auffassung, 'ist' und seine Ableitungen seien in der natürlichen Sprache zweideutig zwischen Identität (wie in (1)), Prädikation ('Sokrates ist sterblich') und Existenz ('Gott ist' i. S. v. 'Es gibt einen Gott'). Während seiner gesamten Laufbahn diagnostizierte er das als eine Ursache von Konfusionen wie des Hegelschen Paradoxes einer 'Identität der Differenz' (TLP 3.323; RCL; Vorl 26; PG 53; PU § 558) und schlug vor, daß diese vermieden werden könnten durch eine Notation, die 'ist' durch jeweils '=', '∈' und '(∃x)' ersetzte (TS 220 § 99). Dies ist das einzige Beispiel einer Methode, die in *Philosophische Untersuchungen* § 90 vorgesehen wird, nämlich der Auflösung philosophischer Probleme durch eine neue Notation. Aber es stimmt nicht überein mit dem frühen Werk, das als Teil seiner Flucht vor den LOGISCHEN KONSTANTEN '=' aus der idealen Notation verbannt. Wie Quantoren und Satzverknüpfungen, ist '=' schon im Elementarsatz enthalten, weil '*fa*' dasselbe sagt wie '(∃x)(fx . x=a)' (TLP 5.47, AM 214). Aber: 'Gleichheit des Gegenstandes drücke ich durch Gleichheit des Zeichens aus, und nicht mit Hilfe des Gleichheitszeichens. Verschiedenheit der Gegenstände durch Verschiedenheit der Zeichen' (TLP 5.53; Tb 29.11.14). Während die gewöhnliche Sprache oft verschiedene Namen für ein und denselben Gegenstand und denselben Namen für verschiedene Gegenstände verwendet, benutzt eine ideale Notation ein eigenes Zeichen für jeden Gegenstand. Genauso wie die Existenz eines Gegenstandes in der Sprache durch den Gebrauch eines Namens gezeigt wird (TLP 5.535), wird Identität durch den Gebrauch desselben Namens gezeigt. Ein Motiv für diese Strategie ist das Bestehen des *Tractatus* darauf, daß alle Notwendigkeit wahrheitsfunktional sei (*siehe* LOGIK). Anscheinende notwendige Wahrheiten wie '*a=a*' oder '(*x*)*x=x*' können nicht auf TAUTOLOGIEn reduziert werden (RUB 17.10.13) und müssen daher als 'Scheinsätze' behandelt werden. Eine mögliche Rechtfertigung für diese Behandlung lautet folgendermaßen:

P_1 Jeder sinnvolle Satz kann verstanden werden, ohne daß man weiß, ob er wahr ist (TLP 4.024).

P_2 Man kann nicht zwei Namen verstehen, ohne zu wissen, ob sie sich auf denselben Gegenstand beziehen oder auf zwei verschiedene Gegenstände (TLP 4.243, 6.2322).

C Wenn '*a*' und '*b*' Namen sind, kann '*a=b*' nicht sinnvoll ausgedrückt werden; wie '*a=a*' oder '(*x*)*x=x*' ist es ein Scheinsatz (TLP 5.534).

Selbst wenn man den Verdacht vernachlässigt, daß P_1, eine Folgerung des Prinzips der BIPOLARITÄT, dogmatisch ist, gilt P_2 offensichtlich nicht für gewöhnliche singuläre Termini. Es gilt jedoch für die logischen Eigennamen, die der *Tractatus* postuliert. In ihrem Fall ist '*a=b*' entweder notwendigerweise wahr oder notwendigerweise falsch. Weil es nicht molekular ist, kann es keine Tautologie sein, also muß es unsinnig sein.

Eine andere Linie der Gedankenführung liegt der Behauptung zugrunde: 'Von *zwei* Dingen zu sagen, sie seien identisch, ist ein Unsinn; und von *Einem* zu sagen, es sei identisch mit sich selbst, sagt gar nichts' (TLP 5.5303). Nach Quine ignoriert sie, daß Identitätssätze wahr und nicht-trivial sein können, weil verschiedene singuläre Termini sich auf dasselbe Ding beziehen können. Tatsächlich stärkt jedoch Quines Überlegung den *Tractatus*. Satz (1) redet nicht von Zeichen, aber das Wissen, das er ausdrückt, wird auch ausgedrückt von

(1') 'Der Morgenstern' und 'der Abendstern' bezeichnen ein und denselben Himmelskörper.

(1) hat nur eine Funktion, weil wir uns auf denselben Gegenstand mittels verschiedener singulärer Termini beziehen können. Diese Funktion wird obsolet in einem Symbolismus, in dem jedes Ding seinen eigenen uniken Namen hat: alle Sätze der Form '$a=b$' wären unrichtig, alle jene der Form '$a=a$' witzlos (Tb 5.–6.9./11.11.14). Diese Notation ist vorteilhaft, weil sie den Anschein vermeidet, daß Identität eine Relation ist wie 'x liebt y', nur eine, die jedes Ding nur zu sich selbst, nicht zu einem anderen Ding habe. Daß dies falsch ist, wird klar, wenn man den Satz 'Nur a ist f' ansieht. Die Russellsche Paraphrase dessen ist das zweite Konjunkt von (3'), nämlich '$(y)(fy \supset y=a)$'. Aber 'was dieser Satz sagt, ist einfach, daß *nur a* der Funktion f genügt, und nicht, daß nur solche Dinge der Funktion f genügen, welche eine gewisse Beziehung zu a haben. Man könnte nun freilich sagen, daß eben *nur a* diese Beziehung zu a habe, aber, um dies auszudrücken, brauchen wir das Gleichheitszeichen selber' (TLP 5.5301). Der letzte Satz lenkt die Aufmerksamkeit auf die Tatsache, daß Russells Analyse die Natur der angeblichen Relation zwischen a und b in '$a=b$' nicht klären kann, weil das problematische Zeichen im zweiten Konjunkt des Analysans wieder auftritt. Die Klausel läuft auf die Behauptung hinaus, daß es höchsten ein f gibt, was am besten ausgedrückt würde durch

(3*) $\sim(\exists x)(\exists y)(fx \,.\, fy \,.\, x \neq y)$.

Keine derartige Paraphrase ist für eine echte Relation wie 'x liebt y' verfügbar. Während der grundlegende Gebrauch solcher relationaler Ausdrücke in unquantifizierten Sätzen wie 'x liebt y' vorliegt, wird '=' erklärt unter Bezugnahme auf sein Auftreten im Bereich eines Quantors. Das legt nahe, daß das Zeichen selbst Teil des Apparats der Quantifikation ist, was die Pointe von Wittgensteins Analyse ist (Tb 29.11.14, 12.5.15). Identität und Verschiedenheit von Namen zeigt Identität und Verschiedenheit von Gegenständen an – '$fab \,.\, \sim a=b$' ist einfach 'fab', '$fab \,.\, a=b$' einfach 'faa' (oder 'fbb'). In gleicher Weise zeigt, wenn man Wittgensteins Konvention für das Lesen der Quantoren annimmt, Identität und Differenz von Variablen, daß dieselben oder verschiedene Namen eingesetzt werden müssen. Entsprechend kann (3') geschrieben werden als

(3#) $fa \,.\, \sim(\exists x,y)(fx \,.\, fy)$.

Andere Verwendungen von '=' können auf dieselbe Art behandelt werden (TLP 5.531–5.533):

Identität | I

Deutsch	Russell	TLP
Es gibt mindestens 2 Dinge, die f sind	$(\exists x,y)(fx \cdot fy \cdot \sim x=y)$	$(\exists x,y)fx \cdot fy$
Jemand liebt sich selbst	$(\exists x,y)(fx \cdot fy \cdot x=y)$	$(\exists x)fxx$
Jemand liebt jemanden	$(\exists x,y)xRy$	$(\exists x)(\exists y)xRy \vee (\exists x)xRx$
Wenn etwas f ist, ist es a	$(x)(fx \supset x=a)$	$(x)(fx \supset fa) \cdot \sim(\exists x)(\exists y)(fx \cdot fy)$
Es gibt höchstens 2 Dinge, die f sind	$(x)(y)(z)((fx \cdot fy \cdot fz) \supset (x=y \vee x=z \vee y=z)$	$\sim(\exists x)(\exists y)(\exists z)(fx \cdot fy \cdot fz)$
Genau ein Ding ist f	$(x)(y)(fx \supset x=y)$	$(\exists x)fx \cdot \sim(\exists x)(\exists y)fx \cdot fy$

Diese Entfernung von '=' hat weitreichende Folgen. (a) Der *Tractatus* leugnet nicht, daß gewöhnliche Identitätssätze wie (1) und (2) sinnvoll sind. Sie enthalten Zeichen für Komplexe, die analysiert werden in Kennzeichnungen ihrer einfachen Bestandteile. Aber die LOGISCHE ANALYSE verwendet '=' nicht; sie zeigt die Identität einfacher Gegenstände durch den Gebrauch desselben Namens. (b) Freges Axiome für die Identität sind Scheinsätze (TLP 5.534); bestenfalls versuchen sie etwas zu sagen, was sich in der logischen Struktur der gewöhnlichen Rede zeigt. (c) Die Probleme, die Russells Axiom der Unendlichkeit (die Behauptung, es gebe unendlich viele Gegenstände im Universum) aufwarf, können nicht entstehen. Denn Behauptungen über die Anzahl der Gegenstände, die es überhaupt gibt, im Unterschied zu Behauptungen über die Anzahl von Gegenständen einer bestimmten Art F, können nicht einmal formuliert werden (*siehe* ALLGEMEINHEIT). Genauso kann, daß ein einfacher Gegenstand existiert, nicht durch '$(\exists x)(x=a)$' ausgedrückt werden. (d) Mathematische Gleichungen sind Scheinsätze. Sie sagen nichts über die Welt, sondern setzen Zeichen einander gleich, die äquivalent sind aufgrund von Regeln, die wiederholbare Operationen bestimmen (TLP 6.2ff.).

Identität spielte eine wichtige Rolle in Ramseys Versuch, den Logizismus der *Principia* zu verbessern. Er folgte Wittgensteins Kritik an Russells Definition der Identität, nämlich daran, daß sie das Prinzip der Identität des Ununterscheidbaren implizierte, d.h., daß zwei Gegenstände nicht alle ihre Eigenschaften gemeinsam haben können (*Principia* *13.01; TLP 5.5302; *Mathematics* 30–1). Unglücklicherweise ignorierte Ramsey wie Russell und Wittgenstein die Frage, ob diese Eigenschaften die raumzeitliche Position einschließen sollten, eine Einschließung, die das Prinzip plausibel machen würde. Zur gleichen Zeit versuchte Ramsey die Identität in einer Weise beizubehalten, die dem *Tractatus* Rechnung trug, indem er im Ergebnis argumentierte, daß wahre Identitätssätze Tautologien seien und falsche Widersprüche. In Erwiderung beharrte Wittgenstein darauf, daß ein falscher Identitätssatz, der logische Eigennamen enthält, eher sinnlos sei als widersprüchlich, und daß dasselbe für wahre Identitätssätze gelte, weil die Verneinung eines Unsinns selber Unsinn ist (RAB 2.7.26, 7./8.26; WWK 189–92).

Nachdem Wittgenstein die Vorstellung aufgegeben hatte, daß nur wahrheitsfunktionale Notwendigkeit ausdrückbar sei, ließ er notwendige Sätze, die Identität enthielten, zu. Er blieb jedoch dabei zu bestreiten, daß Identitätssätze eine eigentümliche Relation beschrieben, in der jedes Ding zu sich selbst stünde. Obwohl das aus ihrer Form

Identität

nicht ersichtlich ist, haben Aussagen des Typs '$a=b$' die Rolle grammatischer Sätze (*siehe* GRAMMATIK): sie drücken Ersetzungsregeln aus, welche die Umformung empirischer Sätze erlauben, zum Beispiel von 'Φa' zu 'Φb', und schließen bestimmte Sätze als unsinnig aus, zum Beispiel '$\Phi a . \sim \Phi b$'. So erlaubt ein mathematischer Satz wie '$12 \times 12 = 144$' den Schluß von 'Da stehen 12 Reihen von 12 Stühlen' auf 'Da stehen 144 Stühle'. Genauso erlaubt ein Identitätssatz wie (1) den Schluß von 'Der Morgenstern ist ein Planet' zu 'Der Abendstern ist ein Planet' und schließt 'Der Morgenstern ist ein Planet, aber der Abendstern nicht' aus. Solche Aussagen können informativ sein, weil es bei Voraussetzung unserer Kriterien für das Verständnis singulärer Termini möglich ist, daß jemand weiß, was der Morgenstern ist, und weiß, was der Abendstern ist, ohne zu wissen, daß sie identisch sind. Die Funktion, wenn auch nicht die Form, von (1) ist die einer Regel für den Gebrauch von Wörtern. Das zieht Kripkes Behauptung in Zweifel, daß (1) a posteriori, aber doch *notwendig* sei: die Entdeckung (1) drückt eine zufällige Tatsache aus, nämlich, daß ein einzelner Gegenstand zwei verschiedene Kennzeichnungen erfüllt oder der Träger zweier Namen ist. Was notwendig genannt werden könnte, aber a priori wäre, ist die Identität des Dings mit sich selber.

Selbst das jedoch setzt die Legitimität von Sätzen der Form '$a=a$' (des Gesetzes der Identität) voraus, die Wittgenstein weiterhin in Frage stellte. '$a=a$' sieht wie eine wirkliche Wahrheit aus, weil seine Verneinung uns als offensichtlich falsch vorkommt und es ein Ergebnis der Ersetzungsregel '$a=b$' in Anwendung auf sich selbst ist. Aber wie 'Ein jedes Ding ist mit sich identisch' oder 'Ein jedes Ding paßt in seine eigene Form' ist '$a=a$' degeneriert. Die 'Partner' der angeblichen Beziehung sind nicht unabhängig. Wittgenstein bleibt dabei, daß es nur sinnvoll wäre zu sagen, daß a mit sich selbst identisch sei, wenn das auch nicht der Fall sein könnte, was aber unmöglich ist, weil '$a \neq a$' Unsinn ist, und ebenso unsinnig ist der Versuch, etwas von sich selbst zu unterscheiden. Entsprechend ist '$a=a$' 'Unsinn', ein 'nutzloser Satz' (PU § 216; VGM 29, 242, 343–4; BGM 89, 404; BT 412; MS 119 49).

Ob dies nun allgemein gilt oder nicht, Wittgenstein zeigt, daß die Identität eines Gegenstandes mit sich selbst uns nicht mit einem absoluten Paradigma versieht für das, was im REGELFOLGEN als 'dasselbe tun' zählt. Was als dasselbe tun zählt, ist bestimmt nur relativ zu einer Regel und daher kann der Begriff des dasselbe Tuns uns nicht einen unabhängigen Maßstab liefern: ob mein '6' sagen nach '2, 4' als dasselbe Tun zählt, hängt davon ab, ob ich der Reihe $y=2x$ oder der Reihe $y=x^2$ folge. Es gibt keinen ausgezeichneten, kontextfreien oder zweckunabhängigen Weg zu bestimmen, was es heißt, dasselbe zu tun. Allgemeiner ist Rede von Identität nur sinnvoll relativ zu einer Praxis, die Techniken für die Entscheidung festlegt, mit wie vielen Dingen man es zu tun hat, und ob etwas jetzt Angetroffenes dasselbe ist wie etwas früher Angetroffenes. Diese Kriterien unterscheiden sich je nach betroffenem Gegenstand. Für materielle Gegenstände ist das Kriterium raumzeitliche Kontinutität, für Personen eine Mischung von raumzeitlicher Kontinuität, Erinnerung und Charakterzügen (PG 203; VGM 319–20; BlB 89–90, 99). Wittgenstein prägte den Ausdruck 'Identitätskriterium'; aber die Idee, daß die Rede von Gegenständen einer bestimmten Art derartige Kriterien erfordert, geht auf Locke (*Eine Untersuchung über den menschlichen Verstand*

II.16, 27) und auf Frege zurück (*Grundlagen* §§ 62–9). Sie wird verwendet im PRIVATSPRACHENARGUMENT, im Angriff von Kant und Strawson auf den Begriff einer immateriellen Seelensubstanz und von Quine ('No entity without identity!').

Induktion
Während seiner gesamten Laufbahn hat Wittgenstein zwei paradigmatische Verteidigungen induktiven Schließens gegen Humes Angriff verworfen: den Vorschlag, daß es verdeckt probabilistisch sei und die Inanspruchnahme der Gleichförmigkeit der Natur. Während der *Tractatus* einen Humeschen Skeptizismus hinsichtlich des induktiven Schließens vertritt, verwerfen die späteren Schriften sowohl den Skeptizismus hinsichtlich Induktion als auch letztbegründungstheoretische Versuche, sie zu rechtfertigen. Im *Tractatus* sind Bemerkungen über Induktion (TLP 6.3f., 6.363–6.36311) mit der Erörterung von WISSENSCHAFT verknüpft. Induktion ist ein 'Vorgang', nämlich 'daß wir das einfachste Gesetz annehmen, das mit unserer Erfahrung in Einklang zu bringen ist'. Die Induktion hat nur eine psychologische Rechtfertigung, weil 'kein Grund vorhanden ist, zu glauben, es werde nun auch wirklich der einfachste Fall eintreten.' Denn das 'Gesetz der Induktion', demzufolge die Natur gleichförmig ist – so weiterverlaufen wird wie in der Vergangenheit –, ist 'ein sinnvoller Satz' und hat daher keine logische Rechtfertigung. Alles außerhalb der Logik, im Bereich der empirischen Wissenschaft, ist 'zufällig'. Insbesondere ist VERURSACHUNG weder eine wirkliche noch eine notwendige Verknüpfung zwischen Ereignissen. Infolgedessen wissen wir nicht, daß die Sonne morgen aufgehen wird. Denn Schließen führt zu Wissen nur, wenn gewußt wird, daß die Prämissen wahr sind und die Schlußfolgerung implizieren; aber die Existenz einer Situation schließt niemals die Existenz einer anderen in sich. Wissen verlangt Gewißheit, die der Grenzfall von Wahrscheinlichkeit ist, das heißt, auf Tautologien beschränkt ist. Aber wenn 'p' eine Tautologie ist, dann auch 'A weiß daß p' (TLP 2.012, 4.464, 5.135–5.1362, 6.36311; PT 5.04441; es wäre in besserer Übereinstimmung mit Wittgensteins Behandlung von TAUTOLOGIEn, wenn er behauptete, daß 'A weiß daß p' sinnlos ist, weil in diesem Fall es nichts zu wissen gibt).

Wie Verursachung ist Wahrscheinlichkeit (TLP 5.1, 5.15–5.156; Tb 8.–9.11.14; PT 5.0932) keine wirkliche Verknüpfung zwischen Ereignissen, auch keine besondere logische Konstante, die Wahrscheinlichkeitssätzen eigentümlich wäre. Es ist eine Relation zwischen Sätzen wie in 'r gibt s die Wahrscheinlichkeit $w(r,s)$'. Der *Tractatus* gibt eine logische Erklärung von Wahrscheinlichkeit als einer Beziehung zwischen den Strukturen von Sätzen, die durch WAHRHEITSTAFELn gezeigt werden können. Sie arbeitet Laplaces klassische Definition von Wahrscheinlichkeit aus als Verhältnis der Anzahl von Möglichkeiten, die dem Eintreten eines Ereignisses günstig sind, zur Anzahl sämtlicher Möglichkeiten. Wie Bolzano scheidet sie aus der Definition das Erfordernis aus, daß die Möglichkeiten gleich wahrscheinlich sein müssen. Der Grad von Wahrscheinlichkeit, den Satz 'r' dem Satz 's' gibt, ist das Verhältnis der Anzahl der Wahrheitsgründe von 's', die auch Wahrheitsgründe für 'r' sind, zur Anzahl der Wahrheitsgründe für 'r'. Die 'Wahrheitsgründe' oder der 'Spielraum' eines Satzes sind die Wahrheitsmöglichkeiten seiner Argumente, die ihn bewahrheiten, jene Reihen seiner Wahrheitstafel, in denen er ein W hat. Zum Beispiel hat '$p \cdot q$' den Wahrheitsgrund (WW), und '$p \vee q$' die Wahrheitsgründe (WW), (FW), (WF):

$p\ q$	$p \cdot q$	$p\ q$	$p \vee q$
WW	W	WW	W
FW	F	FW	W
WF	F	WF	W
FF	F	FF	F

Wenn W_r die Anzahl der W's für 'r' ist, und W_{rs} die Anzahl der W's für 's', wo 'r' auch ein W hat, dann ist $w(r,s)=W_{rs}/W_r$. Es folgt: (a) wenn 'r' und 's' logisch unvereinbar sind, ist die Anzahl der Wahrheitsgründe, die sie teilen, 0, und also ist $w(r,s)=0$; wenn alle Wahrheitsgründe von 's' auch Wahrheitsgründe von 'r' sind, dann ist $W(r,s)=1$, das heißt, 's' folgt aus 'r' (dies ist die Wahrscheinlichkeit, die '$p \cdot q$' '$p \vee q$' gibt); (c) wenn 's' entweder eine Tautologie oder ein Widerspruch ist, dann ist für alle nichtwidersprüchlichen Sätze 'r' $w(r,s)$ gleich 1 bzw. 0 (diese sind 'ein Grenzfall der Wahrscheinlichkeit', TLP 5.152); (d) wenn weder 's' noch '$\sim s$' aus 'r' folgen, dann $0 < w(r,s) < 1$ (je nach ihrer inneren Struktur), so gibt '$p \vee q$' '$p \cdot q$' die Wahrscheinlichkeit 1/3; (e) wenn 'r' und 's' logisch unabhängige ELEMENTARSÄTZE sind, ist $w(r,s)=1/2$.

Wittgensteins Darstellung liefert die Axiome eines üblichen apriorischen Wahrscheinlichkeitskalküls. Sein Hauptproblem ist, wie für alle logischen Theorien, derartige Sätze a priori mit zufälligen statistischen Beobachtungen zu vereinbaren. (e) legt unplausiblerweise nahe, daß die Kenntnis der Wahrheit irgendeines Elementarsatzes 'r' uns genauso viel Grund gibt, zu erwarten, daß ein anderer Elementarsatz 's' wahr ist, wie es uns Grund gibt zu erwarten, daß 's' falsch ist. (Nur wenn 's' molekular ist, kann seine Wahrscheinlichkeit in Beziehung auf die als wahr bekannte Menge von Sätzen von 1/2 abweichen, weil dann gewisse Möglichkeiten ausgeschlossen sein können.) Aufeinanderfolgende Ziehungen aus einer Urne, die eine gleiche Anzahl weißer und schwarzer Kugeln enthält (wobei nach jedem Zug der gezogene Ball in die Urne zurückgetan wird), werden zeigen, daß in dem Maße, wie die Ziehungen fortgesetzt werden, die Anzahl der schwarzen Kugeln sich allmählich der der weißen Kugeln angleicht. Das bestätigt nicht das Urteil a priori, daß die Wahrscheinlichkeit, einen weißen Ball zu ziehen, 1/2 ist, sondern eher, daß relativ auf 'die hypothetisch angenommenen Naturgesetze' und die Anfangsbedingungen des Experiments die beiden Ereignisse gleichmöglich sind, das heißt, daß eine Anwendungsbedingung für den Wahrscheinlichkeitskalkül erfüllt ist (TLP 5.154). Das ist eine empirische Angelegenheit, weil es eine unbekannte physische Verknüpfung zwischen der Farbe von Gegenständen und ihrer Disposition dazu, gezogen zu werden, geben könnte.

Der Wahrscheinlichkeitskalkül des *Tractatus* brach zusammen mit der Lehre, es gebe logisch voneinander unabhängige Elementarsätze, aber er beeinflußte Ramsey, Waismann und Carnap. Die Einsicht, daß es einen Unterschied gibt zwischen Wahrscheinlichkeitsurteilen a priori und empirischen statistischen Urteilen wurde in *Philosophische Bemerkungen* (Kap. XXII) und dem 'Big Typescript' ausgearbeitet (BT §§ 32–3; vgl. PG 215–35; WWK 93–100; PU §§ 482–4). Es *scheint* so, als würden Wahrscheinlichkeitsurteile a priori durch die statistischen Beobachtungen der relativen Häufigkeit von alternativen Ergebnissen in einer begrenzten Reihe von Experimenten bestätigt. Versuche, induktives Schließen als eine Form probabilistischen Schließens zu konstruieren, in dem Beobachtungen vergangener Regelmäßigkeiten eine Vorhersage wahrscheinlich machen, stützen sich auf diese Illusion. Statistische Beobachtungen zum Beispiel, daß in der Vergangenheit 20 Prozent aller Raucher an Lungenkrebs starben, könnten zu einer induktiven Extrapolation führen, die dem Tod von N. N. durch Lungenkrebs eine bestimmte Wahrscheinlichkeit zuordnet. Man kann jedoch der Induktion selber keine Wahrscheinlichkeit zuordnen. Weitere Erfahrung mag bestätigen, daß die anfängliche Regelmäßigkeit sich fortsetzt, aber das bestätigt nur die spezifische Extrapolation, die selbst eine induktive Hypothese ist, nicht die Methode der Induktion als solche. Infolgedessen kann Wahrscheinlichkeit Induktion nicht rechtfertigen. Probabilistisches Schließen läuft entweder auf statistische Extrapolationen hinaus (der Fall der Raucher), die selbst induktiv sind, oder auf Anwendungen des Kalküls (der Fall der Urne), die natürliche Regelmäßigkeiten und ihre Fortsetzung eher voraussetzen als erklären.

Die Inanspruchnahme sowohl des Gesetzes der Induktion als auch der Wahrscheinlichkeit versuchen Induktion zu rechtfertigen, indem sie sie an Deduktion angleichen. Dagegen besteht Wittgenstein darauf, daß nichts in der Logik den Schluß von einer bisher beobachteten Regelmäßigkeit auf eine universelle Verallgemeinerung oder eine Vorhersage rechtfertigen kann. Seine späteren Behandlungen (PU §§ 466–90; ÜG *passim*) führen die Vergeblichkeit des Versuchs, Induktion zu rechtfertigen, weiter aus. (a) Russells und Ramseys pragmatistischer Vorschlag, daß Induktion durch ihre Nützlichkeit gerechtfertigt sei, liegt schief. 'Denken hat sich bewährt' ist selbst ein Beispiel der Art zu denken, die es rechtfertigen soll (PU §§ 467–9; ÜG §§ 130–1; vgl. 'Limits' 148; *Mathematics* 245). (b) Das Gesetz der Induktion ist bloß empirisch und daher denselben Widerlegungen ausgesetzt, die besondere Induktionen bedrohen (ÜG § 499). (c) Es spielt in unserm Argumentieren keine Rolle. Wir machen nicht eine generelle Annahme dahingehend, daß wieder geschehen müsse, was in der Vergangenheit geschehen ist. Auch fügt sich empirisches Argumentieren nicht dem deduktiven Muster logischen Schließens. Wir müssen unterscheiden zwischen 'Dies ist ein Feuer, also wird es mich brennen', dessen Wahrheit von kontingenten Regelmäßigkeiten abhängig ist, und 'Dies ist ein Feuer, Feuer brennt einen immer, also wird es mich brennen', dessen Gültigkeit nicht von der Wirklichkeit, sondern von einer Schlußregel abhängig ist (PU §§ 472–3; BGM 40, 397). (d) Wenn unser empirisches Schließen deduktiv wäre, würde es das Problem vom empirischen Schluß 'Dies ist ein Feuer, also wird es mich brennen' zur Verallgemeinerung 'Feuer brennt immer' nur verschieben, weil die Verallgemeinerung auf genau denselben empirischen Gründen beruht wie der direkte empirische Schluß (PU § 479; ÜG § 134).

I Induktion

Der *Tractatus* hatte geschlußfolgert, daß induktives Schließen nicht Gewißheit und also kein Wissen ergeben könne. Nun behauptet Wittgenstein nachdrücklich, daß wir wissen, daß die Sonne morgen aufgehen wird, und gewiß sein können, daß wir uns verbrennen, wenn wir die Hand ins Feuer stecken. Diese GEWISSHEIT ist nicht ein nichtempirischer Grenzfall von Wahrscheinlichkeit und auch nicht auf eine Annahme wie das Prinzip der Gleichförmigkeit der Natur gestützt. Es ist 'unser *Handeln*, welches am Grunde des Sprachspiels' des induktiven Argumentierens 'liegt' (ÜG §§ 204, 273, 298, 613–19; PU §§ 472–4). Unsere Tätigkeiten sind durch die kollektive Erfahrung einer Gemeinschaft informiert, die durch Erziehung und Wissenschaft verbunden ist. Sie gründen sich letztlich auf unsere primitiven Reaktionen auf die Regelmäßigkeiten der Welt. Der Glaube, daß man sich verbrennen wird, ist von der Art der Furcht, sich zu verbrennen, die durch die Erfahrung des Sichverbranntenhabens verursacht ist. Ohne kausale Regelmäßigkeiten würde induktives Schließen nur in dem Sinne irrational werden, als es seinen Witz verlieren würde, weil man niemals vorhersagen könnte, was als nächstes passieren wird.

In diesen Bemerkungen steckt ein naturalistischer Zug. Anders als der Naturalismus bestreitet Wittgenstein jedoch, daß unsere natürlichen Reaktionen entweder die Induktion rechtfertigten oder den induktiven Skeptizismus (PU §§ 475–83; ÜG §§ 128–9, 295–6). Während die Erfahrung 'hundert Gründe' für unsere spezifischen Vorhersagen liefert (PU § 478), liefert sie keinen Grund für die Praxis, relevante Erfahrungen als Grundlage für Vorhersagen zu nehmen (ÜG §§ 130–1). Aber die Forderung nach einem solchen Grund ist selbst absurd, so daß der induktive Skeptizismus keinen Boden gewinnt. Wittgensteins Angriff auf den induktiven Skeptizismus ähnelt dem von Strawson, ist aber weniger klar. Induktives Schließen ist nicht eine Methode zur Vorhersage der Zukunft, die mehr oder weniger adäquat sein mag, es definiert vielmehr, was es heißt, rationale Vorhersagen zu machen. Wir nennen eine Vorhersage 'vernünftig' gerade dann, wenn sie durch vorhergehende Erfahrung gestützt ist. Auf spezifischerer Ebene ist es ein grammatischer Satz, daß der Übergang von einem bestimmten Beleg zu einer Schlußfolgerung rational ist. 'Ein guter Grund ist einer, der *so* ausssieht' (PU § 483). Wenn der Skeptiker erwidert, daß unsere Muster des Schließens selber inadäquat seien, weil die Regelmäßigkeiten nur in der Vergangenheit beobachtet worden sind, ignoriert er, daß es so etwas wie *jetzt* Belege (Evidenz) *aus* der Zukunft haben nicht gibt (obwohl wir Belege *für* zukünftige Ereignisse haben können) (ÜG § 275). Der Punkt des Skeptikers kann nicht sein, daß es gute Gründe für empirische Überzeugungen gebe, nur gehörte vergangene Erfahrung nicht zu diesen. Statt dessen weigert er sich einfach, Information über die Vergangenheit Evidenz für die Zukunft zu nennen. Aber das könnte bestenfalls die Empfehlung für eine Verschiebung der Terminologie sein. Wegen der AUTONOMIE DER GRAMMATIK behauptet Wittgenstein, daß die neuen Regeln des Skeptikers für den Gebrauch des Ausdrucks 'Vernunft' unseren nicht metaphysisch überlegen sein können. Und pragmatisch betrachtet sind sie unseren unterlegen, weil sie die lebenswichtige Unterscheidung zwischen zwingender, guter und schwacher Evidenz beseitigen.

Innen/Außen; Inneres/Äußeres

Dieser Gegensatz erscheint zuerst in der Mitte der 30er Jahre, spielt eine wichtige Rolle in Wittgensteins Werk nach 1945 und ist das Hauptthema seiner letzten Manuskripte über Philosophische Psychologie (BPP II §§ 170, 335, 643–4, 703–4; LS I & II *passim*). Er charakterisiert den Dualismus von Geistigem und Physischen. Wir finden es natürlich zu unterscheiden zwischen der physischen Welt, die Materie, Energie und tastbare Gegenstände, einschließlich menschlicher Körper enthält und öffentlich ist, und dem menschlichen Geist, einer hinter unserem Benehmen verborgenen privaten Welt. Und wir denken, daß jedes Individuum einen privilegierten Zugang zu seinem eigenen Geist hat, während unser Zugang zum Geist anderer indirekt ist, gegründet auf Beobachtungen ihres Benehmens (Verhaltens) und bestenfalls unsicher. Wittgenstein betrachtet dies als ein 'Bild', das in unsere Sprache eingebettet ist. Seine Wurzeln liegen in der Tatsache, daß wir Prädikate für Geistiges (mental predicates) anderen, aber nicht uns selbst, auf der Grundlage von KRITERIEN im Benehmen, etwas 'Äußerem', zuschreiben. Außerhalb der Philosophie jedoch fällt die Unterscheidung zwischen dem Geistigen und dem Physischen nicht mit dieser Dichotomie des Inneren und des Äußeren zusammen: wir betrachten Zahnschmerzen als physischen Schmerz, der von geistig-seelischem Leiden unterschieden werden muß (VüpEuS 49–57; LSD 118).

Das Innen/Außen-Bild prägt nicht nur den Cartesischen Dualismus, sondern den Hauptstrom der modernen Philosophie, einschließlich des Rationalismus, Empirismus und Kantianismus. Sogar Frege, der darauf besteht, daß das, was wir denken – 'Gedanken' –, abstrakte Entitäten in einem 'dritten Reich' seien, akzeptierte den herkömmlichen Kontrast zwischen dem 'zweiten Reich' der materiellen Gegenstände und dem ersten Reich von 'Vorstellungen', die das Privateigentum von Individuen seien: Ich kann deinen Schmerz nicht haben und du nicht mein Mitleid ('Gedanke' 68–75). Idealismus und Phänomenalismus geben die physische Welt preis, klammern sich aber an das Bild des Geistes als eines privaten immateriellen Schauplatzes, zu dem wir unmittelbar Zugang haben. Der BEHAVIORISMUS reduziert im Gegensatz dazu das Geistige auf menschliches Verhalten, das er in rein physischen Termini beschreibt. Schließlich weist der Materialismus die Cartesische Konzeption des Geistes als einer immateriellen Substanz zurück, schließt aber, er müsse eine materielle Substanz sein, und ersetzt damit den Geist/Körper-Dualismus durch einen *Gehirn*/Körper-Dualismus, in dem das Gehirn die Rolle des Inneren übernimmt. Diese Positionen stellen nur eine Seite der Dichotomie in Frage, nicht den Gegensatz selbst. Sie ignorieren, daß wir menschliches Benehmen nicht nur als Körperbewegung beschreiben, sondern *ab initio* mit Begriffen unseres psychologischen Vokabulars, zum Beispiel als vor Freude hüpfen oder aus Heiterkeit schmunzeln. Das Geistige ist weder eine Fiktion noch hinter dem Äußeren verborgen. Es durchdringt unser Benehmen und ist in ihm ausgedrückt (LSD 10–1, 134–5; PU § 357, II, S. 495, 565–8; LS II, 38–43, 109–26).

Wittgensteins Angriff auf die Innen/Außen-Dichotomie wird oft beschuldigt, das Innere auf das Äußere zu reduzieren und damit die wichtigsten Aspekte der menschlichen Existenz zu ignorieren. Ironischerweise klagt Wittgenstein umgekehrt die Innen/Außen-Konzeption dafür an, irrtümlich das Geistige an das Physische zu assimi-

I Innen/Außen; Inneres/Äußeres

lieren. Sie konstruiert die Beziehung zwischen geistigen Phänomenen und Ausdrücken für Geistiges 'nach dem Muster von ›Gegenstand und Bezeichnung‹' und verwandelt dadurch das Geistige in einen *Bereich* geistiger Entitäten, Zustände, Prozesse und Ereignisse, die wie ihre physischen Gegenstücke sind, nur verborgen und ätherischer (PU §§ 293, 308, 339; BlB 78–9, 102–3, 111). Wie der Platonismus wird diese Tendenz durch das AUGUSTINISCHE BILD DER SPRACHE genährt, das nahelegt, alle Wörter stünden für etwas und alle Sätze beschrieben etwas – wenn nicht physische Gegenstände, dann Entitäten anderer Art. Wittgensteins PRIVATSPRACHENARGUMENT zeigt, daß die Vorstellung privater Entitäten und daher des Geistes als eines inneren Schauplatzes inkohärent ist. Wittgenstein stellt auch die Voraussetzung in Frage, die Dualismus, Materialismus und Behaviorismus eint, nämlich, daß psychologische Äußerungen in 1. Person Präsens Beschreibungen oder Berichte seien – wenn nicht von einer Seele, dann vom Gehirn oder vom Verhalten. Er behauptet, daß sie tatsächlich typischerweise AUSDRUCKSÄUSSERUNGEN sind, Ausdrücke des Inneren, die in einigen Hinsichten natürlichen Reaktionen, Gesten, Grimassen etc. analog sind.

Mit dem Angriff auf den inneren Bereich geht eine Herausforderung der Vorstellung einher, daß Selbstbewußtsein auf Introspektion gegründet sei, innere Wahrnehmung, die direkt und unfehlbar sei. Die Cartesische Idee eines unfehlbaren Vermögens der Wahrnehmung ist mystifizierend. Aber es ist genauso verkehrt, Introspektion im Gefolge von James und zeitgenössischer Anti-Cartesianer für fehlbar zu halten (*Psychology* I 189–90). Für die meisten geistigen Phänomene ist die Annahme noch nicht einmal sinnvoll, daß ihr Subjekt sie falsch wahrnimmt oder verwechselt. Die Möglichkeit einer Lücke zwischen so Scheinen und so Sein, die Wahrnehmung charakterisiert, fehlt hier. Außerdem gibt es keine sinnvolle Antwort auf die Frage 'Woher weißt du, daß du Schmerzen hast?'. Ich beobachte (oder nehme wahr oder erkenne) meine eigenen Empfindungen oder Erfahrungen nicht, ich habe sie einfach (VüpEuS 49–53; LSD 111–2; MS 160 61). Philosophische Rede von 'Introspektion' und 'innerem Sinn' ist metaphorisch und projiziert einmal mehr Züge des Physischen auf das Geistige. Es gibt einen unschuldigen Gebrauch des Ausdrucks 'Introspektion'. Manchmal beobachten und beschreiben wir unsern Geisteszustand, nicht wenn wir einen Zahnschmerz äußern, sondern in besonderen Fällen von Selbstreflexion: 'Ich ersehnte ihre Ankunft den ganzen Tag über. Beim Aufwachen fühlte ich ... Dann erinnerte ich mich ...' Aber in solchen Fällen wenden wir nicht einen geheimnisvollen inneren Sinn an, wir halten einfach mehr oder weniger geschickt fest, wie sich unsere Gedanken, Gefühle und unsere Stimmung in einem gewissen Zeitabschnitt verändert haben. Im Gegensatz zur Beobachtung des Äußeren verändert Beobachtung des Inneren oft die fraglichen geistigen Phänomene (PU §§ 585–7, II, S. 510–1, 563–4; BPP I §§ 466–7; BPP II §§ 156, 177, 722–8; LS I §§ 975–9; VPP 371).

Im Ergebnis stellt Wittgenstein die Vorstellung epistemischer PRIVATHEIT auf den Kopf, derzufolge nur ich wissen kann, daß ich Schmerzen habe, während andere es bestenfalls vermuten können. Weil es so etwas wie Fehlwahrnehmung des eigenen Schmerzes oder Irrtum darüber nicht gibt, ist zu sagen, daß ich weiß, daß ich Schmerzen habe, entweder Unsinn oder eine emphatische Bekräftigung, daß ich Schmerzen *habe*. Gleichzeitig können im gewöhnlichen Sinn von 'wissen' andere oft wissen, daß ich Schmerzen habe, und tun dies auch. Es ist auch irreführend zu behaupten, solches Wissen sei indirekt: der Leidende weiß nicht direkt oder indirekt von seinen Schmerzen, er erleidet sie, und für uns gibt es keinen direkteren Weg zu wissen, daß er Schmerzen hat, als ihn seufzen und sich krümmen zu sehen. In solchen Fällen *schließen* wir nicht – kommen nicht zu der Schlußfolgerung –, daß er Schmerzen habe, wir *sehen*, daß er leidet. Nichtsdestoweniger könnte man vertreten, daß man nicht den Schmerz selbst sieht, sondern nur das Benehmen, das ihn ausdrückt. Aber das ist wie zu sagen, daß man Klänge nicht sehen oder Farben nicht hören könne. Es zeigt nur einen kategorischen Unterschied an zwischen geistigen und verhaltensbezogenen Ausdrücken, nicht daß Aussagen, die erstere einschließen, immer aus Aussagen, die letztere enthalten, gefolgert seien (PU § 246; LSD 13; LS I §§ 767, 885).

Es ist verführerisch einzuwenden, daß der Geist darin verborgen ist, daß stets die Möglichkeit besteht, daß andere lügen oder schauspielern. Das zeigt, daß unsere Urteile in 3. Person fehlbar sind. Es beweist nicht die skeptische Schlußfolgerung, daß wir, in einem bestimmten Fall, uns irren oder immer unrecht haben könnten. Lügen, Täuschen und Simulieren sind parasitär gegenüber aufrichtigen Bekundungen des Inneren: so zu tun, als ob man Schmerzen habe, ist nicht Schmerzverhalten ohne geistige Begleitung, sondern Benehmen wie in Schmerzen plus etwas Zusätzlichem, einem unehrlichen Vorsatz etwa, der nur sinnvoll ist in einem Sprachspiel, in dem Aufrichtigkeit oft für selbstverständlich angesehen werden kann. Auch ist Simulieren nicht in allen Fällen möglich, zum Beispiel nicht, wenn jemand ins Feuer fällt und vor Schmerzen schreit (LSD 10; VüpEuS 98; PU §§ 249–50, II, S. 497–9, 577; Z §§ 570–1).

Gleichzeitig können uns die komplexen Gedanken und Gefühle anderer Leute völlig rätselhaft sein, selbst wenn sie sich anstrengen, sie uns zu enthüllen. Das geht auf die 'Unwägbarkeit des Geistigen' zurück (PU II, S. 574–6; LS II 87–93, 114–120). Zuschreibungen von subtilen Gefühlen sind nicht nur anfechtbar, sondern mögen enge persönliche Bekanntschaft verlangen oder sogar unentscheidbar sein. Aber weit davon entfernt, daß diese Punkte die Vorstellung eines eisernen Vorhangs zwischen dem Inneren und dem Äußeren wiederbeleben, verstärken sie die Verknüpfung zwischen Geist und Benehmen. Denn die gelegentliche Ungewißheit unserer Urteile reflektiert eine Unbestimmtheit in unseren Begriffen, die ihrerseits der komplexen Natur unserer LEBENSFORM geschuldet ist. Daß die Gelegenheiten für den Gebrauch einiger geistiger Ausdrücke ein hochkomplexes Syndrom bilden, verdankt sich der Tatsache, daß menschliches Benehmen unvorhersagbar ist und unsere Reaktionen auf es unterschiedlich sind und vom kulturellen Kontext abhängen.

Die materialistische Version der Innen/Außen-Dichotomie ist plausibler als die mentalistische, weil sie nicht einen geheimnisvollen ontologischen Bereich beschwört, sondern einen wesentlichen Teil unseres Körpers. Nichtsdestoweniger fordert Wittgensteins Werk viele Versionen des Materialismus heraus. Seine Beharren darauf, daß geistige Prädikate nur auf lebendige Organismen angewendet werden können, insbesondere auf MENSCHLICHE WESEN, ist unvereinbar mit der Auffassung, es sei das Gehirn, das denke, fühle oder Bewußtsein habe, aber auch mit dem Funktionalismus, der Auffassung, daß geistige Zustände funktionale Zustände einer Maschine seien. Seine PHILOSOPHISCHE PSYCHOLOGIE zeigt, daß unsere geistigen Begriffe nicht einer primitiven wissenschaftlichen Theorie gleichen, die zugunsten von etwas Modernerem verabschiedet werden könnte, wie es der eliminative Materialismus in Aussicht nimmt.

Trotzdem scheint es plausibel, daß geistige Phänomene innere Ursachen äußeren Benehmens sind und daher identisch sein müssen mit neurophysiologischen Phänomenen, das heißt Gehirnprozessen oder -zuständen. Auch wenn man jedoch diese kausale Konzeption des Geistes (*siehe* VERURSACHUNG) zugesteht, folgt nicht, daß psychologische Aussagen neurophysiologische Phänomene beschrieben. Wenn Wittgenstein recht hat, sind psychologische Äußerungen in 1. Person Präsens im großen und ganzen überhaupt nicht Beschreibungen von irgend etwas, schon gar nicht des Gehirns. Weniger kontrovers ist, daß das Wenige, was ich über mein Gehirn weiß, sich auf fehlbare Belege stützt, aber daß es weder dem Irrtum noch der Unwissenheit oder dem Zweifel unterliegt und auch auf keinerlei Belege oder Beobachtung gestützt ist, daß ich bestimmte Empfindungen, Absichten, Überzeugungen etc. habe.

Daß man nicht 'Ich habe Schmerzen' für 'Meine C-Fasern feuern' einsetzen kann in 'Ich kann bezweifeln, ob meine C-Fasern feuern', weist auf einen Kategorienunterschied zwischen geistigen und neurophysiologischen Begriffen hin. Aber 'Ich kann bezweifeln, ob ...' bildet einen intensionalen Kontext. Daher ist dieser Mangel der Ersetzbarkeit vereinbar mit einer Identitätstheorie bezüglichen Vorkommnissen (token-token identity) wie dem anomalen Monismus von Davidson, der nur behauptet, daß jedes *einzelne* geistige Phänomen mit einem neurophysiologischen Ereignis identisch sein muß, selbst wenn wir nicht wissen, welche neurophysiologischen Ereignisse welchen geistigen Phänomenen entsprechen. Wittgenstein würde jedoch auch diese Auffassung verwerfen. Er bestreitet nicht, daß ein Gehirn bestimmter Größe und Komplexität eine Vorbedingung für den Besitz geistiger Fähigkeiten ist und daß einige geistige Phänomene (z.B. einen Lichtblitz wahrnehmen) mit spezifischen neurophysiologischen Prozessen korreliert sind (PU §§ 376, 412). Aber er bestreitet, daß es einen universellen Parallelismus zwischen dem Geistigen und dem Physischen geben müsse, selbst auf der Ebene von Vorkommnissen. 'Keine Annahme scheint mir natürlicher, als daß dem ... Denken ... kein Prozeß im Gehirn zugeordnet ist; so zwar, daß es also unmöglich wäre, aus Gehirnprozessen Denkprozesse abzulesen.' Denn obwohl meine ausgesprochenen Gedanken mit einer Reihe von Impulsen, die vom Gehirn ausgehen, korreliert sein mögen, könnte 'diese Ordnung aus dem Chaos entspringen' (Z §§ 608-11). Nach Wittgenstein erwächst (superveniert) das Geistige nicht auf dem Physischen: es muß keinen neurophysiologischen Unterschied zwischen jemandem geben, der spricht und seine Gedanken bei der Sache hat, und jemandem, bei dem letzteres nicht der Fall ist, genauso wie es keinen physiologischen Unterschied zwischen Samen geben muß, die verschiedene Arten von Pflanzen hervorbringen. Diese Position ist problematisch, weil sie darauf hinausläuft zu leugnen, daß es eine kausale Erklärung für geistige Prozesse geben muß. Sie mag keine logisch-metaphysischen Notwendigkeiten verletzen, aber sie ist unvereinbar mit einem höchst erfolgreichen regulativen Prinzip der Neurowissenschaften. Gleichzeitig gibt Wittgenstein starke Gründe für die Annahme, daß viele geistige Phänomene, besonders Verstehen, Überzeugtsein, BEABSICHTIGEN UND ETWAS MEINEN, kategorial verschieden sind von Ereignissen, Prozessen und Zuständen, weil ihnen die zeitlichen Eigenschaften ('echte Dauer', Datierbarkeit) der neuralen Zustände und Vorgänge, mit denen sie identisch sein sollen, abgehen.

Darüber hinaus sind selbst da, wo neurophysiologische Phänomene tatsächlich mit geistigen korreliert sind, sie für letztere weder notwendig noch hinreichend. Ihr Vorliegen impliziert nicht das Vorliegen der geistigen Phänomene (wie auch immer das EEG ausfällt, ich habe keine Schmerzen, wenn ich kein Schmerzgefühl habe). Und es ist logisch möglich, daß geistige Phänomene vorliegen nicht nur ohne neurophysiologische Begleitungen einer bestimmten Art (ich kann Schmerzen haben ohne spezifischen Befund im EEG), sondern ohne irgendwelche neurophysiologische Begleitung: '(Es) läßt sich vorstellen, daß bei einer Operation mein Schädel sich als leer erwiese' (ÜG § 4; vgl. PU §§ 149–58; BB 118–20; BPP I § 1063; *siehe auch* VERSTEHEN). Das heißt gewiß nicht, daß wir bezweifeln könnten, daß normale menschliche Wesen Gehirne haben, weil das einer der Angelsätze ist, die nur aufgegeben werden könnten um den Preis der Desintegration unseres Überzeugungssystems (*siehe* GEWISSHEIT). Es bedeutet vielmehr, daß es keine begriffliche Verknüpfung zwischen neurophysiologischen Mechanismen und geistigen Phänomenen gibt. Neurophysiologische Begriffe spielen in unserer Erklärung und Anwendung geistiger Ausdrücke keine Rolle: Verwendungen in 3. Person sind auf Kriterien im Benehmen gestützt, Verwendung in 1. Person auf gar keine Kriterien, geschweige denn neurophysiologische, obwohl der Glaube an eine allgemeine Verknüpfung zwischen neurophysiologischen und geistigen Phänomenen Teil unseres Weltbildes ist (BlB 78–9).

Intentionalität
Dies ist die Gerichtetheit des Geistes auf einen Gegenstand, der existieren kann oder auch nicht. Der Ausdruck wurde von Brentano eingeführt (*Psychologie vom empirischen Standpunkt* II.1.v), der gegen die Cartesische Tradition behauptete, daß Intentionalität und nicht Bewußtsein das unterscheidende Merkmal des Geistes sei. Das Problem, wie sich Sprache und Denken auf die Wirklichkeit beziehen können, von etwas handeln können, geht mindestens bis auf Demokrit zurück. Aber es war Platon, der das Rätsel der Intentionalität formulierte: Wie kann man denken, was nicht der Fall ist? Denn wenn es nicht der Fall ist, dann existiert es nicht, und was nicht existiert, ist nichts. Aber nichts zu denken heißt, überhaupt nicht(s) zu denken (Theätet 189 a; vgl. PU § 518).

Der frühe Wittgenstein suchte zu erklären, wie ein Teil der Wirklichkeit, ein Satzzeichen, das nur aus Lauten oder Zeichen besteht, einen anderen darstellen kann, einen 'Sachverhalt draußen in der Welt' (Tb 27.10.14). Wie Platon war er vom 'Geheimnis der Negation' geplagt – wir können denken, 'wie es sich nicht verhält' – und durch das Rätsel, daß falsche Gedanken darstellen, auch wenn, was sie darstellen, keine Tatsache ist und nicht einmal existiert. 'Wenn ein Bild ... darstellt was-nicht-der-Fall-ist, so geschieht dies auch nur dadurch, das es *dasjenige* darstellt, das nicht der Fall *ist*. Denn das

I Intentionalität

Bild sagt gleichsam: „*so* ist es *nicht*", und auf die Frage „*wie* ist es nicht?" ist eben die Antwort der positive Satz' (TB 3.11.14; FW 24). Die Sätze '*p*' und '~*p*' bezeichnen nicht verschiedene Entitäten: es ist dieselbe Tatsache, die einen von ihnen verifiziert und den andern falsifiziert (AüL 190–2; Tb 4.11.14; TLP 4.064). Wittgenstein verknüpfte das mit einem dritten Rätsel, nämlich wie der Gedanke 'bis zur Wirklichkeit reichen' kann (TLP 2.1511 f.). Wenn mein Gedanke wahr ist, muß, was ich denke, identisch sein mit dem, was der Fall ist, aber wenn er falsch ist, kann er das nicht sein; dennoch ist der Inhalt meines Gedankens in beiden Fällen derselbe.

Die BILDTHEORIE entwickelt eine Lösung für diese miteinander verbundenen Rätsel.

(a) Die Möglichkeit der Falschheit und das Geheimnis der Negation. Keine Tatsache muß dem Satz als ganzem entsprechen, aber etwas muß jedem seiner Elemente (NAMEN) entsprechen, nämlich ein Element (GEGENSTAND) der Situation, die er abbildet (Vorl 288–9). Außerdem muß der Satz mit der von ihm dargestellten Situation eine LOGISCHE FORM teilen. Eine passende PROJEKTIONSMETHODE vorausgesetzt, stellt die Tatsache, daß die Elemente des Bildes in bestimmter Weise miteinander verbunden sind, eine spezifische Konfiguration von Gegenständen dar.

(b) Bis zur Wirklichkeit reichen. Die Antinomie wird durch die Auffassung vermieden, daß, ob mein Gedanke nun wahr ist oder nicht, sein Inhalt ein und dieselbe Möglichkeit ist, die im ersten Fall verwirklicht ist, im zweiten aber nicht. *Was ich denke* ist der 'Sinn des Satzes', der abgebildete 'Sachverhalt', eine mögliche Verbindung von Gegenständen (TLP 3.11, 4.021). Die Möglichkeit dieser Verbindung ist durch den Satz garantiert, der sie 'enthält' (TLP 2.203, 3.02; Tb 5.11.14), weil die kombinatorischen Möglichkeiten der Namen die der Gegenstände spiegeln. Die Welt entscheidet nur, ob der Ort im LOGISCHEN RAUM, den der Satz bestimmt, erfüllt ist oder nicht.

Bei seiner Rückkehr zur Philosophie gab Wittgenstein nicht nur den Logischen Atomismus auf, die Vorstellung, daß die Möglichkeit der Darstellung auf der Existenz unvergänglicher GEGENSTÄNDE beruhe, sondern auch die Vorstellung, daß Darstellung eine Übereinstimmung der Form zwischen einem Satz und einem möglichen Sachverhalt voraussetze. Er fuhr fort, die Beziehung zwischen Sätzen und Tatsachen zu erörtern, jetzt jedoch als einen Sonderfall von Intentionalität, der 'Harmonie von Gedanken und Wirklichkeit', die gleichermaßen besteht zwischen Überzeugungen, Erwartungen, Wünschen etc. und dem, was sie erfüllt oder verifiziert (PU § 429; PG 142–3, 162–3; Vorl 45–6). Der Grund für diese Erweiterung lag darin, daß er sich der kausalen Theorie der Intentionalität von Ogden und Richards (*The Meaning of Meaning*) und besonders Russell gegenübersah. Nach der behavioristischen Analyse in *The Analysis of Mind* (Kap. I, III, XII) ist ein bewußter Wunsch von einer wahren Überzeugung hinsichtlich seines 'Zwecks' (purpose) begleitet, das heißt des Sachverhalts, der seine Befriedigung herbeiführen wird, das Nachlassen der Unlust. Solche Überzeugungen beruhen auf induktiver Stützung hinsichtlich der Frage, welche Art von Zustand in der Vergangenheit welche Art von Unlust beseitigt hat. Entsprechend ist ein Wunsch ein Gefühl der Unlust, das kausal einen 'Verhaltenskreis' auslöst, der in Beruhigung oder Lust endet. Man weiß, was man wünscht, in derselben Weise wie man weiß, was andere wünschen, nämlich durch Schlußfolgerung aus vergangenen Verhaltensmustern. Russell unterschied auch den 'Gegenstand' (objective) einer Überzeugung von dem 'was geglaubt wird'. Letzteres muß, wie das Glauben, aus gegenwärtigen Vorkommnissen im Glaubenden bestehen, unangesehen des Gegenstandes. Der 'Gegenstand' meiner Überzeugung, daß Caesar den Rubikon überschritten hat, ist ein vergangenes Ereignis. Das jedoch, 'was ich glaube', kann nicht das wirkliche Ereignis sein, das die Überzeugung wahrmacht, weil dieses seit langem vergangen ist. Statt dessen ist es ein damit verbundenes Ereignis, das jetzt in meinem Geist auftritt, wie könnte ich sonst sagen, daß ich *jetzt* glaube?

Russell verknüpft einen Gedanken und das, was ihn erfüllt, durch ein *tertium quid*: meine Überzeugung wird verifiziert, wenn ich ihren Gegenstand erkenne, mein Wunsch erfüllt, wenn ich ein Gefühl der Befriedigung habe. Wie Wittgenstein hervorhob, impliziert das, daß 'wenn ich einen Apfel essen wollte und mir einer einen Schlag auf den Magen versetzt, so daß mir die Lust zu essen vergeht, dann ... es dieser Schlag (war), den ich ursprünglich wünschte'. Um diese absurde Konsequenz zu vermeiden, nimmt Wittgenstein ein Schlüsselelement seiner früheren 'Bildauffassung' in Anspruch (PB 64; vgl. Vorl 31; FW 97; TLP 4.014, 4.023, 4.03). Die Beziehung zwischen einem Gedanken und dem, was ihn erfüllt, ist nicht kausal, sondern intern (*siehe* INTERNE RELATIONEN), das bedeutet, konstitutiv für die Relata. Meine Überzeugung daß *p* könnte durch keine andere Tatsache als daß *p* wahrgemacht werden, was für Gefühle auch immer sie in mir hervorrufen mag. Gleichermaßen heißt 'Ich habe Lust auf einen Apfel' nicht 'Ich wünsche, was immer mein Gefühl der Unbefriedigung stillen wird und glaube, daß ein Apfel das fertigbringt' (PU § 440; PG 134).

Wittgenstein geht auch die Frage selbst an, wie ich weiß, was ich denke. Indem ich sage, daß ich beispielsweise einen Apfel möchte, lege ich fest, *was* ich will, und sage nicht voraus oder vermute, daß ein Apfel mein Gefühl der Unbefriedigung stillen werde. Auch lese ich, was ich wünsche oder glaube, nicht ab von einem geistigen Zustand oder Prozeß, den ich introspezierte, vielmehr *drücke* ich meine Überzeugung oder meinen Wunsch *aus*. *Pace* Russell kann ich mich über den Inhalt meines Wunsches nicht irren und finde nicht heraus, was ich wünsche (PU § 441; BlB 43–4). Man kann sagen 'Ich weiß nicht, was ich will'. Aber typischerweise sind das Fälle nicht von Unkenntnis (ich habe einen bestimmten Wunsch, weiß aber nicht welchen), sondern von Unentschiedenheit (ich habe mich noch nicht festgelegt). Wir sagen jedoch auch zum Beispiel 'Mich verlangt nach etwas, ich weiß nicht was' und solche Redeweisen liegen Freuds Vorstellung zugrunde, unbewußte Überzeugungen und Wünsche entdeckt zu haben. Wittgenstein versucht, diese Redeweise aufzulösen durch die Behauptung, sie sei äquivalent mit einem 'intransitiven' Gebrauch von 'verlangen (wünschen)' – 'ich habe ein Gefühl des Verlangens' – und verrate nur die Vorliebe für eine bestimmte Form der Darstellung (BlB 44–5, 54). Aber obwohl eine Verwendung der transitiven Form und ein Bekenntnis, nicht zu wissen, eine gegenstandslose Stimmung oder ein solches Gefühl ausdrücken kann, tut es oft mehr als das, denn es gesteht oft Unkenntnis nicht des intentionalen Gegenstands, sondern der *Ursache* des eigenen Gefühlszustands. Es ist äquivalent mit 'Ich weiß nicht, was mich jetzt zufriedenstellen könnte'. Wittgenstein hat zu Recht intentionale Relationen von kausalen unterschieden, aber er hat ignoriert, daß, was die Psychoanalyse nährt, nicht nur diejenigen Fälle sind, in denen es die Möglichkeit leerer Reformulierung durch eine modifizierte intentionale Ausdrucksweise gibt, sondern kausale und, allgemeiner, hypothetische Verwendungen unseres tatsächlichen intentionalen Idioms. Manchmal finden wir heraus, was wir wünschen, indem wir unsere Reaktionen beobachten (BPP II § 3), und das bildet einen Ausgangspunkt für Freuds Vorstellung von unbewußten Wünschen.

Während der 30er Jahre gab Wittgenstein eine Erklärung der Intentionalität (vor allem in PG Kap. VII–IX), ohne einen 'vorgängigen' logisch-metaphysischen Isomorphismus in Anspruch zu nehmen (BT 189). Das schließliche Ergebnis war *Philosophische Untersuchungen* §§ 428–65, das sehr verdichtet ist und den Hintergrund seiner Erörterung verbirgt. Der grundlegende Gedanke ist, daß Rätsel über Intentionalität metaphysische Schatten von gewöhnlichen grammatischen Regeln sind. 'Wie alles Metaphysische ist die Harmonie zwischen Gedanken und Wirklichkeit in der Grammatik der Sprache aufzufinden' (PG 162; Z § 55). Die Überzeugung daß p wird durch die Tatsache daß p wahr gemacht, mein Wunsch nach x wird erfüllt durch das Ereignis, daß ich x bekomme, der Befehl zu Φ durch Φ-n; wenn es falsch ist, daß dies hier rot ist, dann ist dies nicht rot – aber diese Bemerkungen sind nicht metaphysische Wahrheiten über die Beziehung von Gedanke und Wirklichkeit, sondern grammatische Regeln (*siehe* GRAMMATIK), die bestimmen, wie der Ausdruck von Gedanken umgeformt werden kann in Aussagen darüber, was sie verifiziert, falsifiziert oder erfüllt (PG 162; PU §§ 136, 429, 458): 'Der Satz daß p' = 'der Satz, den die Tatsache daß p wahr macht'; 'die Erwartung daß p' = 'die Erwartung, die durch p erfüllt wird'; 'Es ist falsch daß p' = '$\sim p$'; 'der Befehl zu Φ' = 'der Befehl, der durch Φ-n erfüllt wird'. Solche Regeln bestimmen auch, was 'der Satz daß p', 'die Erwartung daß p' etc. *genannt* wird, und legen damit Verknüpfungen fest zwischen den Begriffen von Satz, Erwartung etc. und denen von Tatsache, Erfüllung etc. Die Grammatik von 'Erwartung' ist derart, daß Erwartungen durch das, was sie erfüllen würde, individuiert werden, und so, daß der Ausdruck von Erwartungen einen Bestandteil enthält, der in einer Beschreibung ihrer Erfüllung verwandelt werden kann (PB 66–9; PG 150). Dies ist nicht die Harmonie zwischen einem Gedanken und einer Situation, sondern zwischen einem Satz und einem anderen. 'In der Sprache berühren sich Erwartung und Erfüllung' (PU § 445; PG 140).

Dieser Punkt wird verdeckt durch die Vorstellung, daß eine Erwartung als solche etwas 'Unbefriedigtes' sei, weil sie die Erwartung von etwas 'außerhalb dem Vorgang des Meinens' sei (PU § 438), und entsprechend für andere Typen von Gedanken. Es ist eine grammatische Wahrheit, daß eine Überzeugung die Überzeugung, daß etwas der Fall sei, ist und eine Erwartung die Erwartung, daß etwas der Fall sein werde; ebenso ist eine grammatische Wahrheit, daß, ob eine Überzeugung wahr oder eine Erwartung erfüllt ist oder ob nicht, dadurch entschieden wird, wie die Dinge waren, sind oder sein werden. Nichtsdestoweniger ist die Metapher der Erfüllung irreführend. Daß mein Gedanke 'unerfüllt' ist, bedeutet nicht, daß ich mich unbefriedigt (unsatisfied) fühle, bis er 'erfüllt' (satisfied) ist; außerdem mag ich mich durch die Erfüllung meines Wunsches unbefriedigt fühlen, wenn sie enttäuschend ist (PU § 441; BlB 44–5). Man könnte den Begriff der Erfüllung fallenlassen und doch darauf bestehen, daß Gedanken auf etwas

Außergeistiges gerichtet sind, das zu ihnen paßt wie ein Kolben in einen Zylinder (PU § 439). Die physische Relation des Passens ist jedoch extern: ein Zylinder kann identifiziert werden, ohne den Kolben zu spezifizieren, der in ihn paßt. Die Analogie könnte bedeuten, daß dieselbe mathematische Beschreibung sowohl auf den Zylinder als auch auf den Kolben Anwendung hat. Aber dann reformuliert das nur die Vorstellung, daß der Ausdruck meiner Erwartung zur Aussage über ihre Erfüllung insofern paßt, als dieselbe Wortverbindung in beiden auftritt (PU § 429; PB 71; Vorl 55; PG 134). Es gibt hier nicht zwei Ereignisse, meine Erwartung seiner (die etwa darin bestehen könnte, daß ich unruhig auf und ab gehe) und sein Kommen, die beide zueinander in der rätselhaften Beziehung des Passens stehen. Vielmehr sind 'die Erwartung daß p' und 'die Erwartung, die erfüllt sein wird, wenn p' zwei Weisen, auf dieselbe Erwartung Bezug zu nehmen. Diese Punkte lösen das Rätsel auf, wie ein Gedanke, etwas, was ich hier und jetzt habe, von etwas handeln kann, was weit weg und in der Zukunft oder Vergangenheit liegt (PU § 428; PG 136). Gegeben den Befehl zu Φ, kann man sagen, was ihn erfüllen wird. Aber wenn man sagt, daß er die Zukunft vorwegnimmt, indem er befiehlt, was später geschehen wird, müssen wir hinzufügen: oder nicht geschehen wird (PU § 461) – und das sagt uns nichts über die Zukunft.

Die Vorstellung, daß Gedanken einen Abgrund in Raum und Zeit überbrücken, ist ein Motiv hinter der 'Ersatztheorie' (surrogationalism), der Auffassung, daß ein Gedanke einen Ersatz für seinen (oft weit entfernten oder nicht existenten) Gegenstand enthalten müsse, eine Darstellung von dem, was gedacht wird – eine Theorie, die Russell und der klassische Empirismus teilen. Die Ersatztheorie wird auch durch ein Dilemma genährt: auf der einen Seiten werden Gedanken durch ihren Inhalt individuiert; auf der anderen Seite können sie nicht *enthalten*, was gedacht wird, weil das Letztere eine möglicherweise entfernte Situation ist; also scheint es, als müßten sie einen Ersatz dafür enthalten. Aber die Schlußfolgerung verletzt das Beharren des *Tractatus* darauf, daß ein Satz 'bis zur Wirklichkeit reicht'. Denn es impliziert, daß selbst wenn ein Satz wahr ist, was tatsächlich der Fall ist oder sich einstellt, nicht genau dasselbe ist wie das, was geglaubt, gewollt oder erinnert wurde, sondern bloß etwas ihm Ähnliches, ein blasserer Schatten (in diesem Sinne behauptete Hume – *Eine Untersuchung über den menschlichen Verstand* II.11 –, daß die Lebendigkeit der Vorstellung, die ich habe, wenn ich etwas erinnere, nie an den ursprünglichen Eindruck heranreicht). Aber es ist ein Unterschied zwischen der Erwartung von etwas Ähnlichem zu dem, was sich tatsächlich einstellt, zum Beispiel ein hellroter Fleck anstelle eines normalroten, und der Erwartung genau dessen, was geschieht. Und das ist keine Angelegenheit des Vergleichens eines wirklichen Ereignisses mit einem geistigen Duplikat: '„Der Knall war nicht so laut, als ich ihn erwartet hatte." – „Hat es also in deiner Erwartung lauter geknallt?"' (PU §§ 442–3).

Im *Tractatus* ist, was gedacht wird, der Sachverhalt, der besteht, wenn der Gedanke wahr ist. Dennoch ist dieser Sachverhalt 'ein Schatten der Tatsache', der zwischen Gedanken und Tatsache vermittelt – wenn auch ein vollkommener Schatten. Er hat dieselbe Form wie die Tatsache, nur fehlt ihm die Existenz der letzteren. 'Als wäre das Ereignis schon vorgebildet vor der Tür der Wirklichkeit und würde nun in diese (wie in ein Zimmer) eintreten' (PG 137; vgl. Vorl 51–2; BT 104; BlB 56–7, 63–5; PU §§ 519–21; TS 302 7–8, 11–12; FW 57). Zusammengefaßt: der Satz bestimmt eine mögliche Tatsache, während die Wirklichkeit bestimmt, ob sie verwirklicht ist. Aber tatsächlich schrumpft das zu der Vorstellung zusammen, daß wenn ein Satz sinnvoll ist, es klar ist, was ihn verifizieren würde, egal ob er nun tatsächlich wahr ist oder nicht (PU § 461). Es braucht kein Zwischenwesen. Die Versuchung, so einen Schatten zu postulieren, leitet sich von der Vorstellung selbst her, Gedanken hätten einen 'Inhalt'. Der Inhalt eines Gedanken ist einfach das, was gedacht wird, nämlich daß p. Inhalte sind nicht Schatten, sondern logische Konstruktionen, Projektionen von daß-Sätzen. Ihre Verdinglichung verwechselt zum Beispiel 'A glaubt daß p' mit 'A glaubt B'. Im letzten Fall haben wir einen *Objekt-Akkusativ*, beide Relata müssen existieren, eines, um zu glauben, das andere, um geglaubt zu werden. Das erstere enthält einen verdeckten *intentionalen Akkusativ*. Was wir glauben ist *daß p*. Hier drückt 'glauben' nicht eine wirkliche Relation aus, weil es Anwendung haben kann, ohne daß es zwei Relata gibt – es ist möglich, daß *daß p* nicht eine Tatsache ist. Das zweite Relatum kann nicht durch einen möglichen Sachverhalt bereitgestellt werden, weil das impliziert, daß was A glaubt, eine Sache ist, wenn p wahr ist (eine Tatsache), aber eine andere Sache ist, wenn p falsch ist (ein Sachverhalt).

Wittgensteins PHILOSOPHISCHE PSYCHOLOGIE weist Brentanos einflußreiche These zurück, daß Intentionalität das Kennzeichen des Geistig/Seelischen sei, mit der Begründung, es fehle nicht nur bei Empfindungen und Gefühlen, sondern auch bei objektlosen Stimmungen und Gefühlen (eine Auffassung, die er mit Heidegger teilt). Seine Erörterung der Intentionalität illustriert, daß philosophische Klärungen so verwickelt sind – und gelegentlich so künstlich – wie die Knoten, die sie entwirren (Z § 452). Der Lohn ist ein entmystifiziertes Bild, das die Auffassungen von Platon, Russell und des *Tractatus* untergräbt und die zeitgenössische Auffassung, Intentionalität sei eine Relation zwischen einem Subjekt und einem 'Gehalt', ebenso herausfordert wie die Auffassung von einer Richtung der Übereinstimmung zwischen Gedanken und Wirklichkeit.

Interne Relationen

Dies sind Relationen, die nicht nicht bestehen können, weil sie mit den Termini (Gegenständen oder Relata) gegeben oder (teilweise) konstitutiv für sie sind, so wie weiß heller als schwarz ist. Genauso ist eine interne Eigenschaft eine Eigenschaft, die ein Ding nicht nicht haben kann, weil sie wesentlich dafür ist, daß es das Ding ist, welches es ist (TLP 4.122–4.1252; AM 220). Die internen oder wesentlichen Eigenschaften eines GEGENSTANDes sind seine LOGISCHE FORM, sie bestimmen seine Kombinationsmöglichkeiten mit anderen Gegenständen (TLP 2.01231, 2.0141). Wittgenstein nahm diesen Ausdruck von Russell auf (*Principles* 221–6, 447–9; *Essays* 139–46; *External* Kap. II; *Logic* 333–9). Russell folgte Moore darin, gegen Bradley darauf zu bestehen, daß es externe, nicht-wesentliche Beziehungen gibt. Wittgenstein beteiligte sich nicht an dieser Debatte, verkündete aber, daß 'die Streitfrage, „ob alle Relationen intern oder extern sind"', sich 'erledigt', sobald wir realisieren, daß sich eine interne Relation zwischen möglichen Sachlagen durch eine interne Relation zwischen den sie darstellenden Sätzen ausdrücke (TLP 4.125 f.). Interne Relationen sind überhaupt keine echten Relationen, weil sie nicht sinnvoll durch einen Satz ausgedrückt werden können. Es sind *strukturelle* Relationen, nämlich zwischen Sätzen oder zwischen Sätzen und den Sachlagen, die sie abbilden (TLP 4.014). Sie zeigen sich, wenn diese Sätze angemessen analysiert werden. So zeigt sich die interne Relation zwischen den Zahlen 1 und 2 in der Tatsache, daß letztere der ersteren in einer formalen Reihe folgt. In gleicher Weise beruhen die internen Relationen LOGISCHEr FOLGERUNG zwischen Sätzen, zum Beispiel zwischen dem Satz über einen Komplex und den Sätzen über seine Bestandteile, auf der wahrheitsfunktionalen Zusammensetzung seiner Relata und zeigen sich, wenn sie angemessen analysiert werden (TLP 3.24, 5.131, 5.2 f.). Dies enthüllt auch, daß es externe Relationen *gibt*, weil nicht alle Sätze miteinander wahrheitsfunktional zusammenhängen. Tatsächlich *muß* es externe Relationen *geben*, nämlich zwischen verschiedenen ELEMENTARSÄTZEN (atomaren Sachverhalten), weil diese logisch voneinander unabhängig sind.

Obwohl Wittgenstein später die Vorstellung aufgab, daß alle logischen Beziehungen wahrheitsfunktional seien, fuhr er fort, von logischen Beziehungen als 'internen' zu sprechen (PG 152–3; BGM 363–4; PU II, S. 549). Sein anhaltendes Interesse war, darauf zu bestehen, daß empirische und notwendige Sätze sich 'kategorisch' unterscheiden (M 86–7; Vorl 31, 78–9; UW 137). Die Wissenschaft schreibt Eigenschaften und Beziehungen zu, die empirisch verifiziert oder falsifiziert werden können. Insbesondere kausale Relationen können nur empirisch festgestellt werden, durch Beobachtung und Induktion (PU § 169). Solche Eigenschaften und Relationen sind kontingent und die entsprechenden Aussagen wie '$g = 9{,}81$ m/sec^2', 'Der Funkturm ist 150 m hoch' und 'Radioaktivität verursacht Krebs' sind korrigierbar. Selbst wenn diese Relationen *physisch* notwendig sind, könnten die entsprechenden Sätze im Prinzip durch neue Experimente und Beobachtungen widerlegt werden. Im Gegensatz dazu sind Logik, Mathematik und Philosophie mit Sätzen beschäftigt, die *logisch* notwendig sind und daher a priori. In ihrem Fall ist Widerlegung nicht extrem unwahrscheinlich, sondern unvorstellbar, wie mit '$p \supset p$', '2+2 = 4' und 'weiß ist heller als schwarz' (Vorl 167–8; vgl. TLP 5.1362, 6.1231 f., 6.3 ff.). Die Erklärung dafür ist, daß diese Relationen intern sind: zwei Farben, die nicht in dieser Beziehung stehen, sind einfach nicht weiß und schwarz (BGM 75–6). Es ist daher unmöglich herauszufinden, daß diese Relata nicht in dieser Relation stehen. Wittgenstein geißelte den Empirismus, besonders Russells Erklärung von Intentionalität, wegen der Angleichung von internen an externe Relationen. Interne Relationen sind nicht Grenzfälle externer. Notwendige Sätze sind nicht gut bestätigte induktive Verallgemeinerungen, wie Mill und, gelegentlich, Russell nahelegten (PB 64; Vorl 99–100; 'Limits'). Andernfalls könnte die Verneinung eines notwendigen Satzes wahr sein mit der absurden Konsequenz, daß auf einem entfernten Planeten ausnahmsweise weiß dunkler als schwarz sein könnte.

Wittgenstein kam dazu, die Ausdrücke 'grammatische Beziehung' oder 'grammatische Verbindung' dem Ausdruck 'interne Relationen' vorzuziehen (M 87). Grammatische Beziehungen (*siehe* GRAMMATIK) sind nicht Beziehungen, die wir feststellen, indem wir die Relata untersuchten, weil wir die Relata nicht unabhängig von den Relationen identifizieren können. Die Relata sind nicht durch eine Beziehung des 'Passens' verknüpft wie Kolben und Zylinder, sondern 'gehören' zueinander (PU §§ 136, 437–9, 537). Wie alles Metaphysische sind interne Relationen in der Grammatik aufzufinden. Sie sind Geschöpfe unserer Praxis, weil sie bewirkt werden durch die Weise, in der wir Dinge identifizieren, zum Beispiel durch die Tatsache, daß wir 144 und nichts anderes das Quadrat von 12 nennen (Z § 55; PG 160–1; VGM 85–99; BGM 88; *siehe* MATHEMATISCHER BEWEIS). Wittgenstein macht zwei zusammenhängende Punkte hinsichtlich grammatischer Beziehungen. Einer besagt, daß sie nicht gestützt oder erklärt werden können, indem man vermittelnde Glieder zwischen den Relata postuliert. Das richtet sich zum Beispiel gegen die Inanspruchnahme eines 'Sinns' im *Tractatus* zur Vermittlung zwischen einem Satz und der Tatsache, die ihn verifiziert oder falsifiziert; gegen Russells Inanspruchnahme von Gefühlen der Befriedigung zur Vermittlung zwischen einem Wunsch und seiner Erfüllung (*siehe* INTENTIONALITÄT); und gegen die Berufung auf eine Interpretation zur Vermittlung zwischen einer Regel und ihrer Anwendung (*siehe* REGELFOLGEN). Derartige Manöver führen in ein Dilemma: entweder ist das Vermittelnde selbst mit beiden Relata intern verbunden, in welchem Fall ein Regreß entsteht; oder es ist mit beiden nur extern verbunden, dann reduziert es die interne Relation auf eine externe. Ich muß keine Interpretation hinzufügen, um einen Befehl zu verstehen: wenn die verlangte Deutung nicht die richtige ist, verhindert sie Verstehen eher als daß sie ihm hülfe; aber wenn es die richtige ist, dann war der Befehl schon ohne sie bestimmt (Vorl 51–8, 77–81; PG 47; WWK 154–7). Zweitens es gibt nicht so etwas wie die Bezweiflung oder Rechtfertigung einer internen Relation. Weil die Relation (teil)konstitutiv für die Relata ist, kann man nicht kohärent bestreiten, daß sie besteht, ohne aufzuhören, über die Relata zu sprechen. Infolgedessen kann ein Skeptiker nicht sinnvoll bezweifeln, daß die Relation besteht. Äußerstenfalls könnte er die Praxis verwerfen, die die zwei Relata als intern verknüpft behandelt.

K

Kalkülmodell

Zwischen 1929 und 1933 verglich Wittgenstein das Sprechen einer Sprache mit dem Betreiben eines logischen oder mathematischen Kalküls (PB Kap. XX; BT 25, 142; PG 57, 63). Die Analogie dient verschiedenen Zwecken.

(a) Beim Sprechen der Sprache betreiben wir, im Denken, ein komplexes System genauer Regeln. Die Sätze der gewöhnlichen Sprache können auf bestimmte Weise in die Elemente eines derartigen Kalküls analysiert werden (BLF; Vorl 136).

(b) Die Bedeutung eines Wortes ist sein Ort im Symbolismus, sie ist bestimmt durch Regeln, die ihren richtigen GEBRAUCH festlegen. Gleichermaßen heißt einen Satz zu verstehen, ihn als Teil eines Systems zu sehen, ohne das er tot sein würde. 'Welche Rolle der Satz im Kalkül spielt, das ist sein Sinn' (PG 130, vgl. 59, 172; Vorl 49–50, 59; BlB 20–1, 71).

(c) Die Grammatik ist kein kausaler Mechanismus. Die Regeln eines Kalküls spezifizieren nicht, was das wahrscheinliche Ergebnis der Anwendung eines Wortes sein wird, sondern welche Art von Operation ausgeführt worden ist (PG 70).

(d) Das Sprechen einer Sprache ist eine Tätigkeit (PG 193; WWK 171–2), genauso wie ein Kalkül etwas ist, was wir betreiben.

Es ist behauptet worden, Wittgenstein habe das Kalkülmodell niemals aufgegeben. Richtig ist, daß seine späteren Bemerkungen Material aus den frühen 30er Jahren wiederverwenden, in dem die Sprache mit einem Kalkül verglichen wird, um die Punkte (b) und (c) deutlich zu machen (z. B. PU S. 254 Anm., §§ 559, 565; MS 130 214). Aber diese Punkte werden auch durch einen Vergleich der Sprache mit einem Spiel ausgedrückt, besonders mit dem Schachspiel. Obwohl der Ausdruck 'SPRACHSPIEL' zuerst als Äquivalent für 'Kalkül' gebraucht wird (PG 67), zeigt die Tatsache, daß er den letzteren zur Zeit des *Blue* und des *Brown Book* ersetzt hat, eine Verschiebung in Wittgensteins Konzeption der Sprache an. Was bleibt, ist die Vorstellung, daß die Sprache eine von Regeln bestimmte Tätigkeit ist. Was sich ändert, ist die Auffassung dieser Regeln: die Regeln der GRAMMATIK ähneln denen eines Spiels wie Verstecken mehr als denen formaler Kalküle. Schließlich erklären die *Philosophischen Untersuchungen* das Kalkülmodell als die Auffassung, 'daß, wer einen Satz ausspricht und ihn *meint*, oder *versteht*, damit einen Kalkül betreibt nach bestimmten Regeln' (PU § 81). Wittgenstein sagt zwei Dinge über diese Auffassung: daß er sie früher vertreten hat und daß sie falsch ist.

Manchmal wird das Kalkülmodell als die Sprachkonzeption dargestellt, die Wittgenstein zwischen der Konzeption von zuerst Logischer Syntax und dann von Grammatik vertreten habe. Die Analogie entsteht erst in der Übergangsperiode, aber die Vorstellung von einer Sprache mit präzisen Regeln geht zurück auf den Plan von Leibniz für eine *characteristica universalis*. Ihr wurde durch Freges und Russells Entwicklung logischer Kalküle, die durch eine abgeschlossene Liste von Formations- und Transformationsregeln bestimmt waren, ein Schub verliehen. Bei ihnen sollte sich das Modell nur auf eine 'Idealsprache' beziehen. Im Gegensatz dazu paßt die Charakterisierung der

K | Kalkülmodell

Untersuchungen auf de Saussures Konzeption der *langue* als eines abstrakten Systems von Regeln, das der *parole*, dem Gebrauch der Sprache bei bestimmten Gelegenheiten, zugrunde liegt, und auf die Darstellung der LOGISCHEN SYNTAX im *Tractatus*, wo sie verstanden wird als ein System von Regeln für die sinnvolle Verbindung von Zeichen, die für *alle* Symbolismen gilt, einschließlich der natürlichen Sprachen. Diese Regeln

> sind umfassend und bestimmt (TLP 5.4541): für jede mögliche Verbindung von Zeichen bestimmen sie unzweideutig, ob diese Zeichenkombination sinnvoll ist oder nicht; und wenn ja, welchen Sinn sie ausdrückt, wobei dieser Sinn selbst 'bestimmt' ist, nämlich eine bestimmte Konfiguration von Gegenständen, die bestehen muß, damit der Satz wahr ist (TLP 3.23f.; *siehe* BEDEUTUNG);
>
> bilden ein hochkomplexes System, das durch die schulgrammatische Oberfläche der Sprache verborgen wird und durch LOGISCHE ANALYSE entdeckt werden muß;
>
> regieren die menschliche Rede, auch wenn Sprecher ihrer nicht gewahr sind: 'Der Mensch besitzt die Fähigkeit Sprachen zu bauen, womit sich jeder Sinn ausdrücken läßt, ohne eine Ahnung davon zu haben, wie und was jedes Wort bedeutet. – Wie man auch spricht, ohne zu wissen, wie die einzelnen Laute hervorgebracht werden' (TLP 4.002, vgl. 5.5562; BLF 28),

Der *Tractatus* ist auf die Auffassung verpflichtet, daß das Sprechen der Sprache das Betreiben eines Kalküls nach bestimmten Regeln ist. Nach seiner Rückkehr zur Philosophie behauptete Wittgenstein, daß dieser Kalkül nicht die wesentliche Natur der Wirklichkeit reflektiere, sondern autonom sei (siehe AUTONOMIE DER SPRACHE). Er kam auch zu der Einsicht, daß ELEMENTARSÄTZE nicht logisch voneinander unabhängig sein können. Sätze werden mit der Wirklichkeit nicht einzeln vergleichen, wie Bilder, sondern in Gruppen, wie die Einteilungsmarkierungen auf einem Lineal. Festzustellen, daß x 3 m lang ist, legt *ipso facto* fest, daß x nicht 5 m lang ist. Ebenso impliziert zu sehen, daß ein Punkt im Gesichtsfeld rot ist, *ipso facto*, daß er weder blau noch gelb noch grün etc. ist. Wittgenstein kam zu dem Schluß, daß Sätze '*Satzsysteme*' bilden, Mengen von Sätzen derart, daß ihre Elemente einander ausschließen, nicht aufgrund ihrer wahrheitsfunktionalen Zusammensetzung, sondern wegen der Begriffswörter, die in ihnen auftreten (WWK 63–4, 78–89; PB Kap. VIII, vgl. TLP 2.15121). Diese Systeme wechselseitiger Ausschließung sind zugleich logische Räume von Möglichkeiten (*siehe* LOGISCHER RAUM): 'schwarz' ist ein anderer Punkt auf demselben Maßstab wie 'rot', aber '5 m lang' ist das nicht; der visuelle Punkt könnte schwarz sein, aber er könnte nicht 5 m lang sein (PB 75–7).

Entsprechend ist die logische Syntax noch komplizierter als zuvor gedacht, was Russell zu der Klage veranlaßte, daß die *Philosophischen Bemerkungen* 'Mathematik und Logik fast unglaublich schwierig' machten. Gleichzeitig macht die Analyse noch überraschendere Entdeckungen – zum Beispiel, daß alle Sätze Ausdrücke für reelle Zahlen enthalten. Den Erscheinungen zum Trotz sind natürliche Sprachen logisch-syntaktische Systeme. Sie bestehen aus Formations- und Transformationsregeln und Zuordnungen von Bedeutungen zu den undefinierbaren Zeichen (die den 'Axiomen' von logischen

Systemen entsprechen). Diese Angaben zusammen bestimmen den Sinn jedes wohlgeformten Satzes. Zusammen mit den geeigneten Tatsachen bestimmen sie auch unzweideutig die Wahrheitswerte der Sätze.

Wittgenstein kam rasch zu der Einsicht, daß die Idee eines Satzsystems nur einen engen Anwendungsbereich hat, nämlich auf Bestimmungswerte (5 m lang, rot) von bestimmbaren Größen (Länge, Farbe); und selbst das vernachlässigt die Tatsache, daß nicht alle Bestimmungswerte einer bestimmbaren Größe dieselben kombinatorischen Möglichkeiten teilen (*siehe* FARBE). Allmählich kam er auch dazu, das Bild der Sprache als eines Systems präziser und starrer Regeln anzugreifen. Zum einen sind sprachliche Regeln nicht bestimmt im Sinn von Frege und des *Tractatus* (*siehe* BESTIMMTHEIT DES SINNS). Sie lassen Grenzfälle zu und legen nicht für jeden vorstellbaren Fall fest, ob eine Zeichenverbindung sinnvoll ist (*siehe* UNSINN). Dasselbe gilt für Spiele: es gibt keine Regeln dafür, wie hoch man den Ball vor dem Aufschlag wirft, aber das heißt nicht, daß nicht Tennis gespielt werden kann (PU §§ 68, 83; ÜG § 139). Tatsächlich ist die Vorstellung einer Tätigkeit, die in allen ihren Aspekten von unerbittlichen Regeln begrenzt ist, absurd, weil es unbestimmt viele derartiger Aspekte gibt. Außerdem gibt es für jedes Spiel zahllose abseitige Möglichkeiten, denen nicht im voraus Rechnung getragen werden kann. Die Regeln des Tennis sind nicht deshalb mangelhaft, weil sie nicht spezifizieren, was passiert, wenn der Ball von einem vorbeifliegenden Pelikan gefangen wird (PU §§ 80, 84–7; Z § 440; PLP 76–80).

Diese Einsicht verändert das Beharren des *Tractatus* darauf, daß 'alle Sätze unserer Umgangssprache ... tatsächlich, so wie sie sind, logisch vollkommen geordnet (sind)' (TLP 5.5563). Ramsey hatte das als einen Ausdruck von 'Scholastik' verdammt. Wittgenstein trat dem bei, als er zustimmend Ramseys Bemerkung 'Logik ist eine normative Wissenschaft' zitierte (*Mathematics* 269; PU § 81). Diese Bezugnahme betont den Gegensatz zwischen den klaren, strikten Regeln von Logikkalkülen und den veränderlichen und vagen Regeln der gewöhnlichen Sprache (BT 248). Sie erkennt nicht an, daß die gewöhnliche Sprache sich, wenn möglich, formalen Kalkülen nähern sollte, wie Philosophen einer Idealsprache wie Frege, Russell und Carnap gerne möchten; Wittgenstein weist weiterhin die Vorstellung ab, daß die gewöhnliche Sprache gegenüber den formalen Sprachen der Logik logisch minderwertig sei. Statt dessen besagt jene Bezugnahme auf Ramseys Diktum, daß wir die 'kristalline Reinheit' der formalen Kalküle nicht auf die gewöhnliche Sprache projizieren dürfen, indem wir dogmatisch darauf bestehen, daß unter einer unordentlichen Oberfläche vollkommene Ordnung verborgen sei (PU §§ 98–108). Formale Kalküle enthüllen nicht die 'Tiefengrammatik' der Sprache. Ihre einzig legitime philosophische Rolle ist die von Vergleichsobjekten (PU § 131; BlB 52–3; MS 116 80–2). Sie helfen uns, durch Ähnlichkeit und Unähnlichkeit eine ÜBERSICHT über unsere Grammatik zu gewinnen.

Das wichtigste Element von Wahrheit im Kalkülmodell betrifft die oben erwähnten Punkte (c) und (d). Wittgenstein besteht darauf, daß eine Regel 'nicht in die Ferne wirken (kann). Sie wirkt nur soweit sie angewandt wird' (BlB 32; PG 81). Wenn ich einer Regel beim Φ-n folge, statt nur *in Übereinstimmung mit* der Regel zu handeln, dann ist die Regel für mich ein Grund, so zu handeln, wie ich es tue (*siehe* REGELFOL-

GEN). Das bedeutet, daß Regeln irgendwie in den Prozeß der Erklärens, Rechtfertigens, Anwendens und Verstehens einbezogen sein müssen. Denn sie haben einen normativen Status nur, weil sie von uns als Maßstäbe der Richtigkeit verwendet werden. Regeln existieren nicht unabhängig von dem Gebrauch, den Sprecher von Regelformulierungen machen, ihr 'esse est applicari'. Um diesen Punkt deutlich zu machen, klärte Wittgenstein Regelfolgen unter Bezugnahme auf Rechnungen, in denen Regeln eine sichtbare Rolle spielen, wie etwa Nachschlagen im Regelbuch oder Rechnen anhand eines Rechnungschemas (WWK 168–71; PG 99–101; PLP 124–8).

Gleichzeitig mußte Wittgenstein anerkennen, daß die meisten Fälle von Regelfolgen, einschließlich von Rechnungen, keine (offene oder geistige) Konsultation von Regelformulierungen einschließen, so wie fähige Schachspieler selten das Regelbuch konsultieren (WWK 153–4; Vorl 69–70, 103, 121; PG 85–6, 153; PU §§ 54, 82–3; BGM 414–22; PLP 129–35). Eine mögliche Reaktion wäre, daß in solchen Fällen der Handelnde sein Φ-n unter Bezugnahme auf die Regelformulierung erklären oder rechtfertigen *würde* (PU §§ 82–3). Regeln haben eine potentielle Wirklichkeit. Aber Wittgenstein kam zu der Einsicht, daß nicht einmal das ausnahmslos gilt. 'Nicht nur, daß wir nicht an die Regeln des Gebrauchs – an Definitionen etc. – denken, wenn wir die Sprache gebrauchen; in den meisten Fällen sind wir nicht einmal fähig, derartige Regeln anzugeben. Wir sind unfähig, die Begriffe, die wir gebrauchen, klar zu umschreiben; nicht, weil wir ihre wirkliche Definition nicht wissen, sondern weil sie keine wirkliche „Definition" haben.' Er schlußfolgerte, daß die Betrachtung der Sprache als von bestimmten und ausdrücklichen Regeln geleitet 'eine sehr einseitige Betrachtungsweise' ist (BlB 49; PG 68).

Diese allmähliche Preisgabe des Kalkülmodells schafft Spannungen in Wittgensteins reifem Werk. Zum einen, warum sollte man die einseitige Betrachtungsweise der Katalogisierung grammatischer Regeln überhaupt einnehmen? Einige Passagen legen nahe, daß die PHILOSOPHIE manchmal bestimmte Regeln 'aufstellt' oder 'festsetzt', wo es keine gibt, oder Aspekte des Sprachgebrauchs akzentuiert, nämlich zum Zweck, spezifischen Verzerrungen der betreffenden Begriffe entgegenzuwirken (Vorl 206; BT 416; Z § 467; BPP I §§ 51–2). Andere Stellen bestehen darauf, daß jede Ausfüllung von begrifflichen Konturen selbst eine Verzerrung ist (BPP I §§ 257, 648).

Außerdem geißelte Wittgenstein selbst zu einer Zeit, als er die Sprache noch mit einem Kalkül verglich, Moores Idee als 'höllisch', erst logische Analyse zeigte uns, was wir, falls überhaupt, mit unseren Sätzen meinten (WWK 129–30). Allgemeiner wies er die Vorstellung zurück, die Frege, Russell und den *Tractatus* verband, daß die Analyse 'tiefe' und 'unerhörte' Entdeckungen machen kann; es gibt, so beharrte er, keine Überraschung in der Grammatik (WWK 77; Vorl 38–9; BT 418–9, 435–6; PG 114–5, 210; MS 109 212; MS 116 80–2). 'Was etwa verborgen ist, interessiert uns nicht' (PU §§ 126–8). Das ist gerechtfertigt, wenn grammatische Regeln offenbar wären in den Erklärungen, die Sprecher geben *würden*, wenn man sie fragte. Das ist jedoch nicht der Fall, nicht nur bei den FAMILIENÄHNLICHKEITSbegriffen, die im *Blauen Buch* (49) das Thema sind, sondern auch zum Beispiel für den Unterschied zwischen 'fast' und 'beinahe', den Gebrauch des bestimmten Artikels oder des Konjunktivs und der Zeitfolge in Bedingungssätzen. Wittgenstein würde Beispiele als angemessene ERKLÄRUNGEN akzeptieren. Aber in den genannten Fällen mag es nicht einmal sie geben. Infolgedessen sind die grammatischen Regeln (*siehe* GRAMMATIK), sofern sie die Sprache bestimmen, nicht einfach offensichtlich, sondern müssen explizit gemacht werden (in Übereinstimmung mit Ryles Unterscheidung zwischen implizitem – 'knowing how' – und explizitem – 'knowing that' – Wissen). Wittgenstein hat recht damit, daß dies keine Frage des Sammelns neuer Information ist – als kompetente Sprecher haben wir alle Informationen, die wir brauchen. Aber es ist eine Angelegenheit des Herauslockens und der Überlegung und es kann Versuch und Irrtum einschließen.

Ironischerweise führt einen die Infragestellung einer Seite des Kalkülmodells, der Vorstellung, daß wir ständig Regelformulierungen konsultierten, zu einer anderen, der Vorstellung von Entdeckungen. Aber Wittgensteins Angriff behält kritische Stoßkraft gegen Positionen, die beide Vorstellungen miteinander verbinden. Das gilt für Wittgensteins eigene frühe Position und für einige zeitgenössische Bedeutungstheorien für natürliche Sprachen in Philosophie (Davidson, Dummett) und Linguistik (Chomsky). Diese Theorien sind auf die Auffassung verpflichtet, wir hätten implizites Wissen (tacit knowledge) eines komplexen Systems von Formations- und Ableitungsregeln, das unter der Oberfläche der Sprache, wie sie die Schulgrammatik präsentiert, verborgen sei. Ein Wort meinen oder verstehen besteht im Betreiben eines Kalküls; aber da wir solcher Berechnungen nicht gewahr werden, müssen sie unterbewußt sein und mit großer Geschwindigkeit vonstatten gehen.

Dagegen zeigt Wittgenstein, daß VERSTEHEN keinerlei derartige Berechnungen erfordert. Die Ursachen meines Sprechens und Verstehens schließen neurale Prozesse hoher Geschwindigkeit ein, die uns unbekannt sind, aber das gilt nicht für meine GRÜNDE dafür, Wörter in bestimmter Weise anzuwenden und zu verstehen. Obwohl die Regeln, die in philosophischer Grammatik rekonstruiert werden, keine Rolle in unserer Praxis der Anwendung, ja nicht einmal der Erklärung spielen müssen, wird angenommen, daß Sprecher imstande sind, bestimmte Formulierungen als Ausdruck der Regeln zu erkennen, denen sie folgen. Was wichtig ist, ist, daß sie diese Formulierungen nicht nur als genaue Beschreibungen von Mustern sprachlichen Verhaltens erkennen, sondern als Maßstäbe ausdrückend, anhand derer sie richtige von unrichtigen Verwendungen von Wörtern unterscheiden. Zum Beispiel werden Sprecher, die unfähig sein mögen, die Ausdrücke 'automatisch' und 'unabsichtlich' zu erklären, erkennen, daß ein bestimmtes Verhalten dem letzteren Ausdruck genügen kann, ohne auch den ersteren zu erfüllen.

Selbst diese Potentialität fehlt bei vielen der Regeln, die Bedeutungstheorien in Anspruch nehmen. Tatsächlich ist der hochkomplizierte Apparat letzterer den meisten Sprechern unverständlich. Der Schluß von 'Sie küßte ihn im Garten' auf 'Sie küßte ihn' wird von Leuten erkannt, die unfähig sind, die Quantifikationsregeln auch nur zu lernen, durch welche die Bedeutungstheorien seine Gültigkeit erklären. Das bedeutet, daß derartige Regeln in keinem Sinn Maßstäbe des richtigen Gebrauchs unserer Worte sind (BGM 414–22; MS 129 79). Die Linie zwischen Regelfolgen und Handeln in Übereinstimmung mit einer Regel ist verwischt worden.

Wittgenstein hat recht, darauf zu bestehen, daß Regeln nicht in dem Sinne verborgen sein können, daß uns der Zugang zu ihnen verwehrt wäre, oder nicht transzendent in dem Sinne, daß sie in unserer Praxis keine Rolle spielen können. Er zeigt jedoch nicht, daß wir nicht Entdeckungen bestimmter Arten machen können. Statt dessen führt er Belege dafür an, daß solche Entdeckungen die Sprache nicht als logisches Kalkül enthüllen werden, sondern als eine Praxis, welche durch die verschiedenartigen und komplexen Muster und die subtilen Nuancen strukturiert ist, die die Philosophie der normalen Sprache beleuchtet hat.

Kinästhetik
Dieses Thema beschäftigte Wittgenstein in seinen letzten Werken zur PHILOSOPHISCHEn PSYCHOLOGIE (PU II, S. 506–8; VPP 41, 70, 127–60, 222, 256–8, 314, 322–49, 372–3, 398, 437–41, 490–513; BPP I §§ 382–408, 452, 698, 754–98, 948; BPP II §§ 63, 147; Z §§ 477–83, 498, 503, 600; LS I §§ 386–405; LS II, S. 16–17, vgl. TB 4.11.16), vermutlich weil es eine Ausnahme zu seiner Behauptung bildet, daß das INNERE typischerweise kein Gegenstand des Wissens ist (*siehe* AUSDRUCKSÄUSSERUNG, PRIVATHEIT). Er räumte ein, daß wir die Lage unserer Glieder wissen können: meine Behauptung, daß meine Finger verschränkt sind, ist in bestimmter Weise fehlbar und durch andere korrigierbar. Was er bestritt, war eine Auffassung, die von Psychologen wie James (*Psychology* II, Kap. XX, XXIII) oder Köhler (*Gestalt* 127–8) vertreten wurde, nämlich, daß dieses Wissen sich auf kinästhetische Gefühle gründe (er verwarf auch die damit zusammenhängende Vorstellung, daß ich über den Ort von Empfindungen durch gewisse Züge dieser Empfindungen informiert werde). Ich könnte die Lage meiner Glieder aus Körperempfindungen ableiten, wenn ein charakteristischer rheumatischer Schmerz immer mit einer bestimmten Lage meiner Glieder einherginge (VPP 136). Aber typischerweise kennen wir die Lage unserer Glieder ohne Rekurs auf Empfindungen oder irgendwelche Beobachtung. (a) Echte Empfindungen haben Dauer und Intensität; solche Empfindungen begleiten kinästhetisches Wissen selten (BPP I §§ 386, 771, 783; Z § 478; VPP *passim*). (b) Es ist falsch anzunehmen, daß kinästhetisches Wissen auf irgend etwas beruhen müßte. Selbst wenn es von spezifischen neurophysiologischen Phänomenen abhängig wäre, müssen diese nicht empfunden werden: wir können die Richtung, aus der ein Ton kommt, bestimmen, weil er eine unterschiedliche Wirkung auf unsere beiden Ohren ausübt, aber dieser Unterschied wird nicht empfunden (PU II, S. 506; VPP 156). (c) Die empirische Tatsache, daß eine Unterbrechung afferenter Nerven einen Verlust sowohl von Kinästhetik als auch von Empfindungen zur Folge hat, beweist nicht, daß Empfindungen für den Begriff der Kinästhesis wesentlich wären. Wittgenstein behauptet auch, daß, was sich ergibt, nicht einfach die Abwesenheit von Empfindungen ist, sondern eine spezifische Empfindung der Deprivation, ohne dies allerdings zu begründen (BPP I §§ 406, 758).

Konstruktivismus
siehe ALLGEMEINE SATZFORM; MATHEMATISCHER BEWEIS; ZAHLEN

Kontextualismus

Diese Lehre besagt, daß in der Erklärung von Bedeutung Urteile, Sätze (Satzzeichen) oder Gedanken (Sätze) Vorrang vor Begriffen oder Wörtern haben. Implizit ist sie bei Kant enthalten (B 92–3), der der Auffassung war, daß es die alleinige Funktion von Begriffen sei, in Urteilen angewendet zu werden, und auch bei Bentham, der eine kontextuelle Definition von grammatischen Partikeln wie 'wenn' oder 'aber' gab, das heißt, sie erklärte, indem er die Sätze paraphrasierte, in denen sie auftreten. Frege besteht auf dem Primat von Urteilen (Gedanken) über Begriffe: statt Urteile aus Begriffen zusammenzusetzen, wie die traditionelle Logik, leitet er Begriffe aus einer Analyse der Urteile ab. Diese Idee liegt seinem berühmten 'Zusammenhangsprinzip' zugrunde: niemals darf 'nach der Bedeutung der Wörter ... in ihrer Vereinzelung gefragt werden' und 'Nur im Zusammenhang eines Satzes bedeuten die Wörter etwas' (*Grundlagen* XXII §§ 60–2, 106; vgl. *Schriften* 19, 204). Dieser Grundsatz hat drei Implikationen. Erstens ein Prinzip des Hinreichens: damit ein Wort Bedeutung hat, reicht es aus, wenn es eine Rolle beim Ausdrücken eines Urteils spielt. Das erlaubte Frege, gegen den Psychologismus darauf zu bestehen, daß es, damit ein Satz sinnvoll sei, nicht nötig ist, daß jedes einzelne seiner Wörter mit einer Vorstellung verbunden ist. Zweitens Kompositionalismus: die Bedeutung eines Wortes ist sein Beitrag zum Inhalt des Satzes, in dem es auftritt, weil dieser aus den Bedeutungen seiner Bestandteile aufgebaut ist (in gleicher Weise ist für Russell ein Satz der Wert einer Satzfunktion). Drittens eine einschränkende Bedingung: nur in einem Satz, der ein Urteil ausdrückt, haben Wörter wirklichen logischen 'Inhalt', denn nur dort bestimmen sie (teilweise) die Gültigkeit von Schlüssen (mit).

Als Frege Inhalt in 'Sinn' und 'Bedeutung' teilte, betrachtete er den Sinn und die Bedeutung eines Satzes als bestimmt durch jeweils den Sinn und die Bedeutung seiner Bestandteile. Aber er bestritt die Legitimität von kontextuellen Definitionen und hat das Zusammenhangsprinzip niemals an die Unterscheidung angepaßt (*Schriften* 209; 'Sinn' 35–6; *Grundgesetze* II § 66). Der *Tractatus* tut dies, wenn auch in modifizierter Form. Während Frege zwischen 'gesättigten' Namen von Gegenständen (z.B. 'Paris') und 'ungesättigten' Namen von Funktionen (z.B. 'ist die Hauptstadt von Frankreich') unterschied, bestand Wittgenstein darauf, daß alle Namen ungesättigt sind, das heißt Bedeutung nur in Verbindung mit anderen haben. Außerdem bestritt er, daß Sätze BEDEUTUNG haben und NAMEN Sinn. 'Nur der Satz hat Sinn; nur im Zusammenhange des Satzes hat ein Name Bedeutung' (TLP 3.3, vgl. 3.314) Für dieses 'beschränkende Prinzip' für Namen können zwei Begründungen entdeckt werden. Die ausdrückliche (TLP 2.0121–2.0131; PT 2.0122) leitet sich von dem von der BILDTHEORIE postulierten Isomorphismus zwischen Sprache und Wirklichkeit her. Was ihre kombinatorischen Möglichkeiten angeht, verhalten sich Namen wie die Gegenstände, für die sie stehen. Es ist für GEGENSTÄNDE wesentlich, daß sie mit anderen Gegenständen in Tatsachen verkettet sind: ein Gegenstand kann nicht für sich auftreten, sondern steht in bestimmter Beziehung zu anderen Gegenständen (*siehe* LOGISCHER RAUM). Indem sie Gegenstände vertreten, gilt für Namen dasselbe, sie sind daher Bestandteile einer besonderen Art von TATSACHEN, nämlich Sätzen. Was die Tatsache abbildet, daß *a* in der Relation *R* zu *b* steht, ist nicht eine bloße Liste von

Zeichen, sondern die Tatsache, daß '*a*' links von '*R*' steht und '*b*' rechts davon (TLP 3.1431 f.; *siehe* ELEMENTARSATZ).

Die implizite Begründung wird durch den Kompositionalismus des *Tractatus* gegeben. In Übereinstimmung mit einer (möglicherweise unabhängigen) Anregung durch Frege, versucht dieser die 'Kreativität der Sprache' zu erklären, die (zuerst von Humboldt bemerkte) Tatsache, daß wir Sätze verstehen können, die wir nie zuvor gehört haben (TLP 3.318, 4.02–4.03; AüL 194, 202; *Schriften* 243, 263; *Briefwechsel* 89). Die Lösung des *Tractatus* ist von zeitgenössischen Sprachphilosophen weithin akzeptiert worden. Alles, was verlangt ist, um eine unbegrenzte Zahl von Sätzen zu verstehen, ist Kenntnis der primitiven Ausdrücke (Namen) und ihrer Kombinationsregeln. Einen Satz zu verstehen, heißt, die Bedeutung seiner Bestandteile und seine LOGISCHE FORM zu verstehen, die Art und Weise seiner Zusammensetzung (zeitgenössische Theorien fügen hinzu, daß die Kombinationsregeln rekursiv sind und daher eine unendliche Zahl von Sätzen zu bilden erlauben). Auf der untersten Ebene ist der Sinn eines Elementarsatzes eine Funktion der ihn bildende Namen, das heißt, sowohl ihrer Bedeutungen – der Gegenstände, die sie vertreten – als auch ihrer logischen Form, ihrer kombinatorischen Möglichkeiten. Desgleichen ist es die Funktion von Namen, zur Bestimmung des Sinns von Elementarsätzen beizutragen. Leider zeigen beide Begründungen allenfalls, daß Namen in Sätzen auftreten können müssen, nicht, daß sie nur Bedeutung haben, wenn sie tatsächlich in Sätzen auftreten, wie das beschränkende Prinzip verlangt.

Wittgenstein verwarf später sowohl die Vorstellung, Sätze (*siehe* SATZ) müßten aus Funktion und Argument bestehen, als auch den Kompositionalismus im allgemeinen. Der Sinn eines Satzes ist nicht ausschließlich durch die Bedeutungen seiner Bestandteile und die Weise ihre Kombination bestimmt, sondern hängt mindestens zum Teil von seiner Funktion ab, davon, wie er bei einer bestimmten Gelegenheit gebraucht wird. VERSTEHEN der Bestandteile und der Weise der Zusammensetzung eines Satzes mag eine notwendige Bedingung dafür sein, daß man ihn versteht, aber hinreichend ist sie nicht. Bei Unterstellung unserer Methode der Zeitbestimmung in Beziehung auf den Sonnenhöchststand ist 'Auf der Sonne ist es 5 Uhr', für sich genommen, nicht sinnvoll (PU §§ 350–1; BB 105–6; BPP II §§ 93–4). Wir könnten einen Sinn festsetzen, aber das ist nicht dasselbe wie ihn aus den Satzbestandteilen und der Zusammensetzungsweise zu berechnen. Außerdem sind logische Form und logischer Status durch die grammatische Form nur insofern gegeben, als ein gegebener Satztyp kanonisch für einen bestimmten Zweck verwendet wird. Und der Standardzweck eines Satztyps braucht nicht zu dem zu passen, den seine sprachliche Form nahelegt. Es ist gebräuchliche Praxis, Befehle mit deklarativen Sätzen oder in Fragen zu geben ('Ich hätte gern, wenn du dir Tür schließt', 'Würdest du bitte die Tür schließen?') oder Fragen in Befehlen/Aufforderungen ('Sag mir, was du darüber denkst!'). Ob ein Satz ein grammatischer Satz ist (*siehe* GRAMMATIK), das heißt, typischerweise eine grammatische Regel ausdrückt, hängt von seiner Rolle oder Funktion in unserer Praxis ab: 'Krieg ist Krieg' wird gewöhnlich nicht gebraucht, um das Gesetz der Identität auszudrücken. Schließlich kann eine Form von Wörtern bei gegebener Gelegenheit zu einem Nicht-Standard-Zweck verwendet werden – wie bei rhetorischen Fragen. Das hängt nur davon ab, wie der Sprecher es bei dieser Gelegenheit verwendet und welche Reaktion er als relevant zulassen würde (PU II, S. 564; LS I § 17; MS 131 141–2; *siehe* BEABSICHTIGEN UND ETWAS MEINEN).

Diese funktionalistische Erklärung von Sinn beseitigt einen Einwand gegen die Vorstellung, daß psychologische Feststellungen in 1. Person wie 'Ich habe Schmerzen' eher AUSDRUCKSÄUSSERUNGEN sind als Beschreibungen oder Berichte, nämlich, daß sie dieselbe (deskriptive) Bedeutung haben müssen wie Feststellungen in 3. Person ('H. G. hat Schmerzen'), weil sie äquivalente Komponenten in derselben Weise verbinden (LS I § 44). Sie bedeutet auch, daß, ob eine Zeichenverbindung UNSINN ist, nicht mehr unter Bezugnahme auf Regeln allein entschieden wird, sondern auch von Umständen abhängt, in denen der Ausdruck fungiert (PU § 489; ÜG §§ 229, 348–50, 433); und sie unterstützt Wittgensteins Warnung, daß die Konzentration auf die Form von Ausdrücken statt auf ihren Gebrauch zu philosophischer Verwirrung führt (VuGÄPR 20–1; Vorl 203; PU §§ 10–4). Schließlich fordert sie eine Annahme einer wahrheitskonditionalen Semantik heraus, nämlich, daß Sätze wörtliche Bedeutung haben, die nur von ihren Bestandteilen und ihrer logischen Form bestimmt sei.

Wittgenstein vertrat weiterhin die allgemeine Vorstellung des Primats von Sätzen über ihre Bestandteile. Aber die Begründung war neu. Was Wörtern Bedeutung gibt, ist nicht länger ihre Einbettung in eine logische Form, sondern ihre Aufnahme in ein Sprachspiel (*siehe* GEBRAUCH). 'Ein Wort (hat) nur im Satzzusammenhang Bedeutung' (PU § 49). In unmittelbarem Verständnis genommen ist das falsch. Wenn ich jemanden anrede oder 'WC' auf eine Tür male, habe ich nicht eine bedeutungslose Äußerung getan oder sinnlose Zeichen hingeschrieben. Aber von gelegentlichen Ausnahmen abgesehen (PB 59), erklärt Wittgenstein sein Diktum in einer Weise, die anerkennt, daß einzelne Wörter etwas bedeuten können, ohne tatsächlich in einem Satz aufzutreten. Worauf er besteht, ist, daß ein Wort in einem Satz auftreten können muß, und daß solche Verwendungen von Wörtern semantisch primär sind. Er kommt zu dieser Schlußfolgerung durch folgende (implizite) Schritte:

(a) Ein Satz ist die kleinste Einheit, mit der ein Zug im Sprachspiel gemacht wird: nur ein Satz kann etwas sagen. Es gibt keine halben Sätze in dem Sinn, in dem es einen halben Laib Brot gibt (BT 1; PG 44).
(b) Einen Gegenstand benennen ist ebenso wenig ein Zug im Sprachspiel wie das Aufstellen der Schachfiguren auf das Brett ein Zug im Schach ist. Benennen setzt einen Satzkontext voraus, insofern es wesentlich eine Vorbereitung für Satzgebrauch ist (PU § 49; PLP 13–14, 199, 318–20).
(c) Ein Name kann isoliert nur verwendet werden, wenn es ein SPRACHSPIEL gibt, in dem derartige Züge gemacht werden: 'WC' würde kein Türschild sein, wenn wir nicht über Toiletten reden würden.
(d) Ein Wort verstehen impliziert *inter alia* zu wissen, wie es in Sätzen zu verwenden ist.

Der wahre Kern bei Frege und im *Tractatus* ist, daß die Bedeutung eines Wortes dadurch bestimmt ist, wie es in Sätzen gebraucht werden kann. Aber es folgt nicht, daß ein Wort nur im Satzzusammenhang Bedeutung hat. Im Gegenteil ist es das *einzelne Wort*, das so einen Gebrauch hat und daher eine Bedeutung. Wenn klar ist, welche

Rolle ein Wort in einem Satz spielen würde, hat es eine Bedeutung, ob es nun tatsächlich diese Rolle ausfüllt oder nicht.

Diese Position führt zwanglos zu einer Erweiterung des Kontextualismus hin zu der Vorstellung, daß Sätze eine Bedeutung nur im Zusammenhang einer ganzen Sprache haben (*siehe* LEBENSFORM). Ein Satz kann nur ein *Zug* sein im Kontext des ganzen 'Spiels der Sprache'. 'Einen Satz verstehen, heißt, eine Sprache verstehen' (PU § 199; vgl. PG 172; BlB 20–1; LW I § 913). Dieser semantische Holismus erinnert an Quine und Davidson. Wörtlich genommen impliziert er, daß man keinen Teil der Sprache verstehen kann, solange man nicht jeden Teil der Sprache versteht, was ignoriert, daß man die Sprache in Abschnitten lernen muß und daß es Grade des Verstehens gibt. In einer wohlwollenden Interpretation besagt der Holismus, daß man niemandem das Verständnis nur eines Satzes und sonst nichts zubilligen kann. Denn ein Satz ist ein Zeichen in einem System, eine mögliche Verbindung von Wörtern unter und im Gegensatz zu anderen. Daher ist Verständnis eines Satzes Teil der 'Beherrschung einer Technik' (PU § 199; PG 63, 152–3). Es schließt sowohl die Fähigkeit zur Anwendung eines Wortes in anderen Zusammenhängen als auch Kenntnis einiger der logischen Verknüpfungen zwischen einem gegebenen Satz und anderen ein. 'Das Licht geht nach und nach über das Ganze auf' (ÜG §§ 141–2). Wir lernen nicht alles auf einmal, aber unser Verständnis jedes Teils ist erst vollständig, wenn wir das Ganze gemeistert haben. So verstanden, ignoriert der semantische Holismus nicht, daß es Grade des Verstehens gibt, sondern erklärt diesen Umstand vielmehr.

Konventionalismus
siehe FORM DER DARSTELLUNG; LOGIK; MATHEMATISCHER BEWEIS

Kriterien
Dies sind Weisen zu entscheiden, ob etwas einen Begriff X erfüllt, oder Belege (Evidenz) dafür, daß etwas ein X ist. Obwohl von Platon verwendet, hat der Ausdruck philosophische Prominenz erst durch Wittgensteins späteres Werk erhalten. Er ist als Terminus technicus behandelt worden, trotz seiner bescheidenen Häufigkeit und der Tatsache, daß es nur eine Stelle gibt, an der er definiert wird. Zum größten Teil stimmt Wittgensteins Verwendung des Ausdrucks mit der gewöhnlichen überein. Aber manchmal spezifiziert er, daß Kriterien eine besondere Art von Belegen (Evidenz) liefern. Die Wurzeln der Vorstellung liegen in einer Unterscheidung aus seiner verifikationistischen Phase (*siehe* VERIFIKATIONISMUS) (WWK 97–101, 159–61, 210–1, 255–6; PB 94–5, 282–6; Vorl 37–8, 87; M 55–61; PG 219–23). Ein 'echter' SATZ muß an der Wirklichkeit abschließend verifizierbar sein, was als Kandidaten für echte Satzheit nur Sinnesdatensätze, die unmittelbare Erfahrung beschreiben, übrigläßt. Aussagen über materielle Gegenstände oder die Erfahrung anderer können nicht derart verifiziert werden und sind bloße 'Hypothesen'. Sie sind nicht strikt wahr oder falsch und Sätze nicht im selben Sinn wie die 'echten', sondern vielmehr Regeln für die Konstruktion solcher ech-

ten Sätze. Jene Sätze, die Belege zur Unterstützung von Hypothesen geben, werden 'Symptome' genannt. So unterstützen die verschiedenen Ansichten eines materiellen Gegenstandes Hypothesen über diesen Gegenstand selbst; die sich ergebenden Hypothesen erklären unsere früheren Erfahrungen und sagen künftige voraus ('Wenn aus einem anderen Winkel gesehen, wird das Buch *so* aussehen'). Die Beziehung zwischen Hypothese und Belegsymptom ist nicht die logischer Folgerung: Symptome verifizieren oder falsifizieren eine Hypothese nie abschließend, sie machen sie nur mehr oder weniger wahrscheinlich. Außerdem kann eine Hypothese immer aufrechterhalten oder aufgegeben werden, indem Hilfshypothesen angenommen werden. Welcher Weg eingeschlagen wird, hängt von Erwägungen der Einfachheit und der Vorhersagekraft ab. Die Beziehung ist trotzdem 'grammatisch' oder 'logisch': welche Symptome welche Hypothese mehr oder weniger wahrscheinlich machen, ist a priori bestimmt, nicht durch die Erfahrung (Induktion).

Wittgenstein kam später zu der Einsicht, daß, während seine Kandidaten für 'echte Sätze' tatsächlich einer Verifikation nicht zugänglich sind, weil sie nicht Beschreibungen sind, sondern AUSDRUCKSÄUSSERUNGen, seine sogenannten 'Hypothesen', alltägliche Sätze wie 'Der Tisch ist rund' oder 'Sie hat Zahnschmerzen', nicht Regeln oder Gesetze sind und manchmal abschließend verifiziert werden können. Deshalb ersetzt er die Beziehung zwischen einer Hypothese und ihren Belegsymptomen durch die zwischen einem Satz und seinen 'Kriterien' (zuerst in seinen Vorlesungen in Cambridge 1932–3: Vorl 165–8, 180–90, 220–4). Wie Symptome sind Kriterien durch die Grammatik, nicht die Erfahrung, bestimmte Gründe oder Begründungen. Aber es gibt auch Unterschiede zwischen der früheren und der späteren Relation. (a) Die Relata der kriteriellen Beziehung werden verschieden charakterisiert: 'Phänomene', 'Tatsachen' und 'Sätze (propositions)' sind Kriterien für 'Sätze (sentences)', 'Aussagen', 'Phänomene', 'Tatsachen', 'Erkenntnis', 'Behauptungen', 'Begriffe' und 'Wörter'. Letztlich sind die Variationen terminologisch; sie drücken eine einzige Vorstellung in formaler (sprachlicher) oder materialer Redeweise aus und durch Bezugnahme auf Sätze (propositions) und Begriffe. Der Grundgedanke ist, daß bestimmte Erscheinungen oder Tatsachen zur Anwendung bestimmter Wörter berechtigen. (b) Kriterien können einen Satz abschließend verifizieren (siehe unten). (c) Sie können einzig sein, obwohl viele Begriffe mehrfache Kriterien haben. Im *Blauen Buch* gibt Wittgenstein eine ausdrückliche Erklärung, die seine ursprüngliche Terminologie umkehrt (BlB 48–9). 'Symptome' werden nun als empirische Belege definiert; sie unterstützen eine Schlußfolgerung durch Theorie und Induktion. Im Gegensatz dazu ist ein 'Kriterium' q für die Behauptung daß p ein Grund oder eine Begründung für die Wahrheit von p, nicht vermöge empirischer Belege, sondern aufgrund grammatischer Regeln. Es ist Teil der Bedeutung von 'p' und 'q', daß q's Stattfinden – die Erfüllung des Kriteriums – ein Grund oder eine Begründung für die Wahrheit von 'p' ist. Eine entzündete Kehle ist ein Symptom für Angina; das Vorhandensein eines bestimmten Bazillus ist das 'definierende Kriterium'.

Kommentatoren haben gelegentlich den Eindruck erweckt, als sei für Wittgenstein die Verwendung aller Sätze und Begriffe von Kriterien geleitet. Tatsächlich hat er gesagt, daß Ausdrucksäußerungen und Begriffe, die durch OSTENSIVE DEFINITION erklärt werden (z. B. Farbprädikate), keinen Kriterien unterliegen. Dasselbe könnte für FAMILIENÄHNLICHKEITSbegriffe gelten. Auf der anderen Seite

> ist expressives Verhalten ein Kriterium für psychologische Äußerungen in 3. Person;
> sind Ausführungen Kriterien für Potentialitäten, Kräfte und Fähigkeiten (insbesondere ist ein Wort richtig anzuwenden und zu erklären ein Kriterium für das VERSTEHEN des Wortes);
> sind wissenschaftliche Begriffe wie Angina durch Kriterien bestimmt, auch wenn diese oft schwanken (siehe unten);
> sind mathematische Begriffe durch 'definierende' Kriterien bestimmt (drei Seiten zu haben ist *das* Kriterium dafür, daß eine ebene Figur ein Dreieck ist);
> sind MATHEMATISCHE BEWEISE Kriterien für mathematische Wahrheiten, und das Ergebnis einer arithmetischen Operation ist ein Kriterium dafür, daß sie ausgeführt wurde (BGM 319) (wenn du nicht 144 herausbekommst, hast du nicht 12 quadriert); und
> verlangt die Anwendung von Substantiven mit Zählbarkeit 'Kriterien der Identität' (*siehe* PRIVATSPRACHENARGUMENT).

Die Idee von Kriterien hat drei hervorstehende und problematische Züge:
  (a) Kriterien bestimmen die Bedeutung der Wörter, die sie regieren. Was Bedeutung und Kriterien miteinander verknüpft, ist Verifikation (Vorl 165–8, 180–1; PU § 353): wenn man seine Kriterien dafür erklärt, daß etwas F ist, spezifiziert man, wie 'a ist F' verifiziert wird. Die Bedeutung von 'F' ist nicht notwendigerweise dadurch gegeben, daß man die Kriterien spezifiziert: 'Schmerzen haben' heißt nicht 'unter Umständen einer Verletzung schreien'. Nichtsdestoweniger bestimmen die Kriterien (mindestens teilweise) die Bedeutung von 'F'. Die Kriterien für 'F' spezifizieren heißt, die Regeln für den Gebrauch von 'F' anzugeben, und also (teilweise) seine Bedeutung zu erklären. Kriterien sind 'durch die Grammatik festgelegt', 'in der Sprache niedergelegt' und in diesem Sinn eine Angelegenheit der 'Konvention (Vorl 182; BlB 47–8, 92–3; VüpEuS 68; PU §§ 322, 371).
  Entsprechend ist die Beziehung zwischen Begriffen und ihren Kriterien eine INTERNE RELATION. Es hat keinen Sinn, zum Beispiel zu sagen, 'Hier ist der Schmerz, und da ist das Verhalten – und es ist bloßer Zufall, daß sie zusammenfallen' (VüpEuS 60; LSD 10). Es bedeutet auch, daß eine Veränderung in Kriterien eine Veränderung in Begriffen ist, eine Veränderung in der Bedeutung der Wörter: daß q ein Kriterium für F-sein ist, ist teilkonstitutiv dafür, daß etwas F ist. So sind mathematische Beweise begriffsbildend, weil sie neue Kriterien für die Anwendung zum Beispiel von Zahlzeichen festlegen. Und Wissenschaftler ändern oft die Bedeutung von Ausdrücken unter dem Eindruck empirischer Befunde, zum Beispiel wenn sie entdecken, daß eine Erscheinung aus einer bestimmten Gruppe die anderen verursacht (wie im Fall der Angina, wo der Bazillus die Symptome verursacht) oder genauer Messung zugänglich ist (Z § 438).

Kriterien

Auf Kriterien hat man sich berufen, erstens um den Skeptizismus bezüglich des Fremdseelischen zu bekämpfen, zweitens zur Entwicklung einer anti-realistischen Bedeutungstheorie, die, im Gegensatz zu dem angeblichen Realismus des *Tractatus*, sich auf Behauptbarkeitsbedingungen stützt und nicht auf Wahrheitsbedingungen. Die letztere Anwendung ist sowohl dem frühen als auch dem späten Wittgenstein gegenüber untreu, dessen PHILOSOPHIE-Konzeption Bedeutungstheorien ausschließt; und es unterliegen, wie wir gesehen haben, nur *einige* Verwendungen der Sprache Kriterien.

Sieht man von Verzerrungen ab, ist Wittgensteins Behandlung von Kriterien auf kraftvolle Kritik gestoßen. Radikale Empiristen wie Quine bestreiten, daß es so etwas wie begriffliche Evidenz oder interne Beziehungen überhaupt gibt. Andere haben behauptet, Kriterien könnten nicht eine Frage von Konvention sein: niemand habe je festgelegt, daß Verhalten Schmerz ausdrücken solle und niemand könnte etwas anderes entscheiden. Vertreter einer realistischen Semantik wie Putnam fügen hinzu, daß die Kriterien, die wir benutzen, um festzustellen, ob etwas beispielsweise ein Fall von Angina ist, nur grobe Weisen seien, eine natürliche Art zu entdecken. Was 'Angina' bedeutet, ist durch die letzte wissenschaftliche Theorie darüber festgelegt (*siehe* AUTONOMIE DER SPRACHE). Danach ist die Vorstellung, daß Fälle, in denen Wissenschaftler neue Kriterien für einen Ausdruck wie 'Angina' annehmen, Fälle von Begriffswandel seien, falsch, weil sie impliziert, daß wir nicht länger über dasselbe sprechen. Es gibt jedoch gute Gründe dafür, daß Putnams Einwände lediglich eine wichtige Lehre Wittgensteins illustrieren, nämlich, daß es ein 'Schwanken in der Grammatik zwischen Kriterien und Symptomen' gibt (PU § 354, vgl. § 79). Der logische Status von bestimmten Beziehungen kann sich von kriteriell zu symptomatisch ändern, und das mag als Resultat empirischer Entdeckungen geschehen (diese Überzeugung wurde verstärkt durch Wittgensteins Arbeit über Schocktraumata während des Krieges). Wissenschaftliche Begriffe werden typischerweise durch mehrere Kriterien bestimmt und wir können einige von ihnen aufgeben und andere aufrechterhalten. Das ist der Grund, warum wir nach Aufgabe bestimmter Kriterien nicht über ein völlig neues Phänomen sprechen. Nichtsdestoweniger heißt die Kriterien zu verändern, die Weisen der Erklärung und Anwendung von zum Beispiel 'Angina' zu verändern, und läuft daher auf eine Modifizierung unseres Begriffs hinaus.

(b) Kriterien sind Weisen zu sagen, wie jemand etwas weiß. Die Kriterien für die Wahrheit von 'p' zu spezifizieren, heißt, Weisen der Verifikation von 'p', der Beantwortung der Frage 'woher weißt du das?' zu charakterisieren (Vorl 165–8, 181; BlB 47–9, 83–4, 92–3; Z § 439; VüpEuS 68; PU §§ 182, 228). In Übereinstimmung mit seiner früheren Konzeption von Symptomen spricht Wittgenstein von Kriterien gelegentlich als 'Belegen (Evidenz)'. Das ist irreführend, weil es nahelegt, daß 'p' logisch unabhängig ist von 'q', wohingegen die Beziehung tatsächlich eine interne ist, aber es legt richtigerweise die Anfechtbarkeit von (einigen) Kriterien nahe (siehe (c) unten). Es ist jedoch wichtig zu betonen, daß sich Kriterien von notwendigen und hinreichenden Bedingungen unterscheiden, nicht nur, weil sie in einigen Fällen anfechtbar sind, sondern auch, weil Kriterien Züge angeben, auf die man sich zur Rechtfertigung der Anwendung eines Ausdrucks berufen kann. So hat Wittgenstein behauptet, daß bivalent zu sein eine notwendige und hinreichende Bedingung dafür ist, ein Satz zu sein, aber kein unabhängiger Zug (Kriterium), an dem wir etwas als einen Satz erkennen könnten (*siehe* PU § 136; BIPOLARITÄT).

(c) Die Kriterien für einige Wörter sind anfechtbar. Dieser juristische Ausdruck (englisch: 'defeasible') wird von Wittgenstein nicht verwendet, aber er zeigt die besondere Natur kriterieller Evidenz an. In einigen Fällen ist ein Kriterium eine logisch hinreichende Bedingung, oder sogar eine notwendige und hinreichende Bedingung dafür, daß etwas ein X ist: das Vorhandensein eines bestimmten Bazillus für Angina, drei Seiten zu haben für ein Dreieck. In anderen Fällen läuft die kriterielle Beziehung nicht auf logische Folgerung hinaus, teilt aber einen Zug von induktiver Evidenz: sie muß nicht entscheidend sein, weil sie durch weitere Belege aus dem Feld geschlagen werden kann. Ob Kriterien einen Satz 'p' abschließend stützen oder nicht, kann von den Umständen abhängen. Wenn Susanne 'Es tut weh' schreit und sich auf dem Boden windet, ist das ein Kriterium dafür, daß sie Schmerzen hat; aber wenn sie für eine Theaterrolle probt, wird es nicht bestätigen, daß sie leidet. Solche Anfechtbarkeit kann nicht durch die Behauptung vermieden werden, ein Kriterium q sei ein notwendiger Bestandteil einer hinreichenden Bedingung, die diejenigen Umstände einschließt, aus denen zusammen mit der Tatsache daß p folgt, daß q. Denn es gibt keine abschließende Liste derartiger Umstände und selbst, wenn es sie gäbe, wäre sie nicht Teil unserer Erklärung von psychologischen Ausdrücken und daher nicht Teil ihrer Bedeutung (Z §§ 117–22).

Anfechtbarkeit droht die Schleusentore für Skeptizismus bezüglich des Fremdseelischen zu öffnen. Denn trotz aller unserer kriteriellen Belege könnten wir uns in unseren Schlußfolgerungen über Susannes seelischen Zustand irren. Es ist daher vorgeschlagen worden, daß die Kriterien für psychologische Ausdrücke nicht als evidentiell (in einem Schlußfolgerungssinn) aufgefaßt werden sollten. Wenn wir sie schreien und sich winden sehen, schließen wir nicht (bewußt oder unbewußt) aus behavioraler Evidenz, daß sie Schmerzen hat, sondern registrieren einfach, daß sie leidet. Die Deutung stimmt mit Wittgensteins Versuch überein, das INNEN/AUSSEN-Bild des Geistes als etwas Verborgenem, für das wir nur Belege hätten, zu vermeiden. Die Antwort auf 'Woher weißt du, daß sie Schmerzen hatte?' ist einfach 'Ich *sah*, wie sie sich in Schmerzen gewunden hat'. Wie direkte Beobachtungen von materiellen Gegenständen führt dies nicht Belege an, sondern macht eine Wahrnehmungsfähigkeit namhaft, die uns direkt zeigt, wie es sich verhält. Die Deutung erkennt auch an, daß das, was wir sehen, nicht farblose Bewegungen sind, die in neutralen, physischen Ausdrücken beschrieben würden, sondern *Schmerz*-Benehmen (*siehe* BEHAVIORISMUS). Auf der anderen Seite funktioniert diese Deutung nicht für Fälle wie 'Helga beabsichtigt, nach London zu fahren'. Hier ist die Antwort auf die Frage 'Woher weißt du das?' nicht einfach 'Ich habe sie gesehen', sondern zum Beispiel 'Sie hat es mir gesagt und später eine Fahrkarte gekauft'.

Jedenfalls beschuldigt Wittgenstein die skeptische Herausforderung, die interne Relation zwischen psychologischen Begriffen und behavioralen Kriterien zu ignorieren und damit die betreffenden Begriffe zu verzerren. Die Tatsache, daß kriterielle Evidenz anfechtbar ist, bedeutet nicht, daß sie in einem konkreten Fall schon angefochten ist. Jede Herausforderung in einem bestimmten Fall muß anfechtende Bedingungen aufweisen, aber diese sind selber anfechtbar und gehen schnell zu Ende (BPP I § 137): es gibt keinen Raum für Zweifel mehr, wenn sich herausgestellt hat, daß Susanne sich während der Probe das Bein gebrochen hat (*siehe* SKEPTIZISMUS). Die Möglichkeit von Lüge und Schauspielern wirft dieses Urteil nicht um. Zum einen ist schon der Begriff des Schauspielerns oder Heuchelns parasitär gegenüber dem, Schmerzen zu haben; er ist sinnvoll nur, weil es Äußerungen von Schmerz gibt, die nicht simuliert werden können wie etwa die Grimasse eines Kindes. Außerdem gibt es Kriterien für Schauspielern, Heucheln, Simulieren genauso wie für Schmerzen haben. Man kann nicht vorgeben, außer sich zu sein, während man sich vom Dach stürzt. Zweifel in derartigen Fällen zeigt nicht Vorsicht, sondern Mißverständnis oder Verzerrung der betreffenden Begriffe. In solchen Umständen können wir wissen, gewiß sein, und ein 'Beweis' oder eine 'Garantie' wird durch die Kriterien im Verhalten gegeben (PU §§ 246, 249–50, II, S. 500, 565–77; VüpEuS 68–9; Z §§ 570–1).

Wittgensteins letzte Schriften stellen die Vorstellung krititerieller Stützung als entscheidender Gründe in Frage. Es kann keinen *Beweis* geben für Zuschreibungen von Gefühlen in 3. Person und wir können oft nicht in der Lage sein zu entscheiden, ob sich jemand, zum Beispiel, geärgert hat. Aber das gilt nicht für Empfindungen und rehabilitiert den Skeptizismus nicht. Denn diese 'Unbestimmtheit' und 'Unvorhersagbarkeit' ist konstitutiv für einige unserer Begriffe des Inneren. Außerdem können diejenigen, die mit einer Person eng bekannt sind, selbst die subtilsten Gefühlszuschreibungen mit Gewißheit vornehmen, ohne in der Lage zu sein, ausschlaggebende Kriterien anzugeben, weil ihre Evidenz 'unwägbar' ist, das heißt, aus einem Syndrom von Benehmen, Kontext und früheren Geschehnissen besteht (PU II, S. 573–6; LS II, S. 89–90, 95, 114–24). Kriterien sind weder der Achsnagel einer neuen Semantik noch *die* Wunderwaffe gegen den Skeptizismus bezüglich des Fremdseelischen. Aber sie bezeichnen begriffliche Verknüpfungen zwischen den psychologischen Begriffen und dem Benehmen, die von den Anhängern des Innen/Außen-Bildes des Geistes unklugerweise vernachlässigt werden.

Lebensform

Ein Werk von Spranger trägt den Titel *Lebensformen*, aber es bezieht sich auf individuelle Charaktertypen. Wittgensteins Ausdruck betont die Verflechtung von Kultur, Weltsicht und Sprache. Er könnte diesen Ausdruck von Spengler übernommen haben (*Untergang des Abendlandes* I), aber er hat eine lange Tradition in deutscher Philosophie (Hamann, Herder, Hegel, von Humboldt). Obwohl der Ausdruck in Wittgensteins veröffentlichtem Werk nur ein halbes Dutzend mal auftritt, hat er zu einer Vielzahl von Fehlinterpretationen Anlaß gegeben, die zum Teil auf seinen nonchalanten Gebrauch zurückzuführen sind. Der Ausdruck 'Sprachspiel' soll hervorheben, 'daß das Sprechen der Sprache ein Teil ist einer Tätigkeit, oder einer Lebensform' (PU § 23; *siehe* BGM 335; MS 119 148). Wie die Sprechakttheorie betont Wittgenstein, daß Sprechen eine regelgeleitete Tätigkeit ist. Aber er geht weiter durch die Auffassung, daß unsere SPRACHSPIELE verflochten sind mit nichtsprachlichen Aktivitäten und in diesem KONTEXT verstanden werden müssen. Das gilt nicht nur für unsere tatsächlichen Sprechmuster. Tatsächlich ist das beste Argument für Wittgensteins Behauptung, daß der nichtsprachliche Kontext für das Verständnis sprachlicher Tätigkeiten wesentlich ist, daß fiktive Sprachspiele nur angemessen eingeschätzt werden können, wenn man eine Geschichte darüber erzählt, wie sie in die Gesamttätigkeit einer fiktiven Gemeinschaft passen. 'Und eine Sprache vorstellen heißt, sich eine Lebensform vorstellen' (PU §§ 7, 19). In *Blue and Brown Books* (134) wird sich eine Sprache vorstellen mit dem Vorstellen einer 'culture' gleichgesetzt. Entsprechend ist *eine* Lebensform eine Kultur oder eine soziale Formation, die Gesamtheit gemeinschaftlicher Tätigkeiten, in die Sprachspiele eingebettet sind.

Gleichzeitig spricht Wittgenstein auch von Lebensform*en*. 'Statt des Unzerlegbaren, Spezifischen, Undefinierbaren: die Tatsache, daß wir so und so handeln, z.B., gewisse Handlungen *strafen*, den Tatbestand so und so *feststellen*, *Befehle geben*, Berichte erstatten, Farben beschreiben, uns für die Gefühle der Andern interessieren. Das hinzunehmende, gegebene – könnte man sagen – seien Tatsachen des Lebens/seien *Lebensformen*' (BPP I § 630; MS 133 54). Diese Stelle ist als Beleg dafür angeführt worden, daß ein Sprachspiel eine Lebensform *sei*, und daß es unzählige Lebensformen gebe, genauso wie Sprachspiele. Aber selbst den singularischen Gebrauch, der oben erwähnt wurde, beiseite gelassen, sind die aufgeführten Tatsachen des Lebens nicht ausschließlich Sprachspiele. Vielmehr sind Tatsachen des Lebens spezifische Verhaltensmuster, die zusammen *eine* Lebensform bilden.

'... es ist charakteristisch für unsere Sprache, daß sie auf dem Grund fester Lebensformen, regelmäßigen Tuns, emporwächst. Ihre Funktion ist *vor allem* durch die Handlung, deren Begleiterin sie ist, bestimmt' (UW 115). Diese Bemerkungen werfen dringend benötigtes Licht auf das berühmte 'Das Hinzunehmende, Gegebene – könnte man sagen – seien *Lebensformen*' (PU II, S. 572). Im *Tractatus* waren die Grundlagen der Sprache 'unanalysierbare' ewige GEGENSTÄNDE, deren Wesen – kombinatorische Möglichkeiten – in einer unausdrückbaren Weise den LOGISCHEN RAUM möglicher Situationen bestimmen sollen und dadurch dem, was sinnvoll gesagt werden kann, unveränderliche Grenzen setzen. Nun meint Wittgenstein, daß, sofern die Sprache Grundlagen hat, diese nicht durch metaphysische Atome (vgl. PB 72; BPP I § 916), sondern durch sich wandelnde Muster gemeinschaftlicher Tätigkeit gebildet werden.

Die Vorstellung, daß Lebensformen die Grundlagen der Sprache bilden, ist in zwei entgegengesetzten Richtungen ausgearbeitet worden. Nach *transzendentaler* Lesart nehmen die Begriffe eines Sprachspiels und einer Lebensform den Platz der (quasi)transzendentalen Bedingungen einer symbolischen Darstellung aus dem *Tractatus* ein. Selbst wenn jedoch unsere gemeinschatliche Tätigkeit eine Vorbedingung unserer Sprachspiele ist, kommt das nicht einer Rechtfertigung (transzendentalen Deduktion) dieser Praxis gleich (obwohl die Tatsache, daß Sprache den Kontext einer Praxis erfordert, bestimmte skeptische Zweifel als unsinnig enthüllen mag). Obwohl außerdem die Bedingungen des Sinns, die in der GRAMMATIK niedergelegt sind, Tatsachenfragen, die durch die Wirklichkeit entschieden werden, vorgeordnet sind, ist der Witz des Begriffs einer Lebensform gerade, diesen Gegensatz zu detranszendentalisieren durch die Anerkennung, daß die Grammatik ein integraler Teil menschlicher Praxis ist und daher der Veränderung unterliegt,

Die entgegengesetzte Interpretation ist *naturalistisch*. Oft wird die Auffassung vertreten, unsere Lebensform sei Teil unserer unwandelbaren biologischen Natur, die starr bestimme, wie wir handeln und reagieren. Das könnte unterstützt werden unter Bezugnahme auf Wittgensteins Behauptung, er liefere 'Bemerkungen zur Naturgeschichte des Menschen' (PU § 415). Wittgensteins Naturalismus ist jedoch eher anthropologisch als biologisch. Befehlen, fragen, erzählen, plauschen 'gehören zu unserer Naturgeschichte so wie gehen, essen, trinken, spielen' (PU § 25). Diese Tätigkeiten, ebenso wie die schon angeführten, sind kulturelle Tätigkeiten, Formen sozialer Interaktion. Auch Messen und sogar Mathematik und Logik sind 'anthropologische Phänomene', die Teil unserer 'Naturgeschichte' sind (BGM 352–3, 356, 399; BPP I § 1109). Diese Naturgeschichte ist die Geschichte von kulturellen, sprachbegabten Lebewesen. Wir müssen Lebensformen von der gemeinsamen menschlichen Natur, auf die sie gepfropft sind, unterscheiden (*siehe* GERÜST). Wittgenstein betont (wie Marxismus und Pragmatismus) nicht unsere unwandelbare biologische Ausstattung, sondern unsere historische Praxis.

Es ist außerdem nahegelegt worden, daß es letztlich nur eine Lebensform für Menschen gibt, daß verschiedene Lebensformen für uns einfach unverständlich sind: es ist tatsächlich eine kontingente Tatsache, daß wir so sprechen und handeln, wie wir es tun; und wir können sogar in der Lage sein, wahrzunehmen, daß es logisch möglich ist, andere Lebensformen zu haben; aber die menschliche Natur hindert uns daran, diese alternative Lebensformen selbst zu verstehen. Diese Interpretation ist jedoch unvereinbar mit Wittgensteins Beharren darauf, daß verschiedene FORMEN DER DARSTELLUNG verständlich werden vor dem Hintergrund *anderer Lebensformen*. Messen mit elastischen Längenmaßen (BGM 38, 91–4) ist vom Messen mit der Elle nicht so verschieden. Es kann für eine Gemeinschaft mit anderen Interessen als unseren sehr sinnvoll sein. Gewiß, es besteht ein Unterschied zwischen der Erkenntnis, daß Menschen im Mittelalter mit der Elle gemessen haben, und der Vorstellung, wir könnten heute zu dieser Technik zurückkehren. So eine Veränderung würde grundlegende Wandlungen in unseren Praktiken, unserer Technologie und also unseren Werten und Zielen einschließen. Aber es ist nicht unverständlich; wir können verstehen, was es mit sich bringt, auch wenn es uns nicht anspricht. Verschiedene Formen der Darstellung sind verständlich bei Voraussetzung anderer Erziehung und anderer Zwecke (Z § 352, 357–8). Sogar die Vorstellung, daß sie etwas erfüllen müßten, was wir als relevanten Zweck anerkennen, ist nur ein Vorurteil unserer instrumentellen Lebensform (vgl. BPP I § 49; BGM 95).

Was sprachliche Praktiken angeht, vertritt Wittgenstein keinen naturalistischen Determinismus, sondern einen kulturellen Relativismus (z.B. MS 109 58), der aus dem begrifflichen Relativismus der AUTONOMIE DER SPRACHE folgt. Letztere bestreitet nur, daß unsere Darstellungsformen metaphysischen Maßstäben unterliegen, einem angeblichen Wesen der Wirklichkeit, nicht daß sie pragmatischen Maßstäben unterliegen können. Sie ist jedoch auf der Vorstellung aufgebaut, daß jede Form der Darstellung ihre eigenen Rationalitätsstandards festlegt, was impliziert, daß selbst pragmatische Rechtfertigungen bestimmten Sprachspielen intern sind. Daher kann Kritik eines 'Sprachspiels' von außen niemals Sache vernünftigen Argumentierens sein, sondern nur von 'Überredung' (ÜG §§ 92, 262, 608–12; *siehe* GEWISSHEIT). Man beachte jedoch, daß Sprachspielrelativismus nicht Wittgensteins letztes Wort sein sollte. Innerhalb einer Lebensform ist es möglich, bestimmte Sprachspiele zu rechtfertigen oder zu reformieren – ein grammatischer Satz wie 'Man kann die Zukunft nicht vorherwissen' könnte durch die Unzuverlässigkeit unserer Vorhersagen gerechtfertigt werden (LS I § 108) oder reformiert werden, wenn ihre Verläßlichkeit sich drastisch verbessere. Was so nicht kritisiert werden kann, ist die sprachliche Praxis (Lebensform) im ganzen.

Wie andere Relativisten, ignoriert Wittgenstein wohl bewußt den Einwand, daß seine Position selbstwiderlegend ist, weil sie implizit auf den Anspruch verpflichtet ist, daß sie selbst richtig ist in einer Weise, die sie explizit verwirft. Anders als andere Relativisten könnte Wittgenstein eine Antwort auf diesen Einwand haben. Seine Behauptungen bezüglich der Immanenz von Rechtfertigung und Zweifel *wenden* die epistemischen Ausdrücke nicht in einer Weise *an*, die durch die betreffende Praxis begrenzt wäre. Sie sind grammatische Bemerkungen, Erinnerungen an die Weise, in denen die Wörter in dieser Praxis verwendet werden. Als solche beanspruchen sie in einer Weise richtig zu sein, die verschiedene Praktiken transzendiert – sie könnten von einem Philosophen gemacht werden, der an einer anderen Praxis teilnimmt. Aber das ist vereinbar mit dem Zugeständnis, daß es keinerlei Notwendigkeit gibt, an einem bestimmten Sprachspiel teilzunehmen. Wittgenstein kann ein begrifflicher Relativist sein, aber kein philosophischer.

Man kann Wittgenstein vorwerfen, daß er nicht beachtet, daß wir, wenn wir unser wissenschaftliches Weltbild gegen eine Gemeinschaft verteidigen, die die Zukunft auf der Grundlage von Orakeln vorhersagt (ÜG § 609), uns auf gewisse universelle Werte stützen können wie etwa angemessenen Respekt für die Erfahrung und erfolgreiche Vorhersage. Wenn sich herausstellt, daß die Meteorologie in der Wettervorhersage besser ist, dann kann eine Gemeinschaft, die sich hartnäckig an Orakel hält, der instrumentellen Irrationalität beschuldigt werden. Das heißt jedoch nicht, daß sie ihre Praxis

Lebensform

aufgeben *müßte*, weil ihr Festhalten daran andere Prioritäten ausdrücken mag. Eine andere Möglichkeit ist, daß wir in der Lage sein könnten zu behaupten, daß unsere Weltsicht ihre umfaßt und daher reicher ist (ÜG § 286). Aber in anderen Hinsichten könnte unsere wissenschaftliche und technologische Weltsicht tatsächlich verarmt sein.

Vielleicht kam Wittgenstein nie dazu, die rationalen Beschränkungen des Relativismus zu erforschen, weil er zunehmend die naturalistischen Schranken betonte. Er betrachtet seine Gewißheit, daß da drüben z.B. ein Stuhl steht 'nicht als etwas der Vorschnellheit oder Oberflächlichkeit Verwandtes ..., sondern als (eine) Lebensform ... (als etwas), was jenseits von berechtigt und unberechtigt liegt; also gleichsam als etwas Animalisches' (ÜG §§ 358–9). Aber er fügt hinzu '(Das ist sehr schlecht ausgedrückt und wohl auch schlecht gedacht)'. Was unwandelbar ist, sind nicht Lebensformen im Sinn von sozialen Praktiken, sondern einige der sie bildenden Tätigkeiten oder Naturtatsachen. Wir könnten nicht einfach aufhören, uns für die Schmerzen anderer Leute zu interessieren (LS II, S. 60). 'Die Sprache ... ist eine Verfeinerung, „im Anfang war die Tat". Erst muß ein fester, harter Stein zum Bauen da sein, ... *Dann* ist es freilich wichtig, daß er sich behauen läßt, daß er nicht gar zu hart ist' (UW 115; VB 493). Der Punkt ist nicht so sehr, daß die menschliche Natur unveränderlich sei, als vielmehr, daß Sprache im allgemeinen und Argumentieren im besonderen in Verhaltensformen wurzeln, die weder vernünftig noch unvernünftig sind, sondern Fragen der Rationalität vorhergehen (ÜG §§ 204, 475).

Die gegenwärtige Debatte über radikale Übersetzung vorwegnehmend hat Wittgenstein kurz den 'ethnologischen Gesichtspunkt' oder die 'anthropologische Methode' erörtert, die wir zugrunde legen, wenn wir anfangen, eine (wirkliche oder erfundene) fremde Gemeinschaft zu verstehen (VB 502; SDE 25). Wie Quine und Davidson besteht er darauf, daß es minimale Erfordernisse gibt, die eine Form von Sprachverhalten erfüllen muß, um uns verständlich zu sein. Gemäß ihrem 'Prinzip des Wohlwollens' setzt Interpretation voraus, daß wir die Überzeugungen der Fremden als im großen und ganzen wahr auffassen können. Wittgenstein stimmt dem teilweise zu: 'Zur Verständigung durch die Sprache gehört nicht nur eine Übereinstimmung in den Definitionen, sondern ... eine Übereinstimmung in den Urteilen' (PU § 242). Aber während das 'Prinzip des Wohlwollens' den zweiten Punkt betont, verwirft es den ersten. Durch Maximierung der Übereinstimmung in Meinungen spannt sie den Wagen (Wahrheit) vor das Pferd (Bedeutung). Im großen und ganzen müssen wir verstehen, was Leute sagen, um zu beurteilen, ob, was sie sagen, wahr ist. Das Teilen einer Sprache ist 'keine Übereinstimmung der Meinungen, sondern der Lebensform' (PU § 241; vgl. BGM 353). Desgleichen setzt das Verstehen einer fremden Sprache nicht Konvergenz der Überzeugungen voraus, sondern Konvergenz der Verhaltensmuster, was gemeinsame Wahrnehmungsfähigkeiten, Bedürfnisse und Gefühle voraussetzt: 'Die gemeinsame menschliche Handlungsweise ist das Bezugssystem, mittels dessen wir uns eine fremde Sprache deuten' (PU § 206; *siehe* BGM 414–21; EPB 149).

Dies erklärt Wittgensteins verwirrende Bemerkung, daß, 'wenn ein Löwe sprechen könnte, wir ... ihn nicht verstehen (könnten)' (PU II, S. 568). Nach einer Lesart heißt das, wir könnten einen Löwen nicht verstehen, der den deutschen Satz äußerte 'Ich bin an dir nicht interessiert, ich hatte gerade eine Antilope', was offensichtlich falsch ist (obwohl man im Gefolge Austins fragen könnte, ob ein solch geschwätziges Geschöpf als Löwe zählen könnte). Nach einer wohlwollenden Lesart heißt es, daß wenn Löwen eine Löwensprache von komplexen Knurr- und Brüll-Lauten etc. hätten, wir sie niemals lernen könnten. Warum? Weil ihre Lebensform und ihr Verhaltensrepertoire uns so fremd sind. Wir könnten aus ihren Gesichtsausdrücken, Gesten und Benehmen nicht schlau werden. Außerdem ist unsere Fähigkeit, selbst mit einem gezähmten Löwen zu interagieren, ziemlich begrenzt. Aus diesem Grund könnten wir uns in eine menschliche Gemeinschaft 'nicht finden', die Gefühlen keinerlei Ausdruck gäbe, und gegenüber kugelförmigen Marsbewohnern wären wir völlig hilflos (Z § 390; VuGÄPR 20–1; siehe auch BPP II, § 568; LS I § 190; MS 137 13.11.48).

Das Erfordernis der Konvergenz in der Lebensform hat bisher noch unerforschte Implikationen für die Ethik. Es könnte benutzt werden, um die Vorstellung zu rechtfertigen, daß wir gegenüber lebendigen menschlichen Wesen andere Verpflichtungen haben als gegenüber Tieren, einfach, weil unsere Fähigkeiten, mit Tieren zu interagieren, mit ihnen Vorstellungen, Verantwortlichkeiten und Ziele zu teilen, so stark beschränkt sind.

Wittgensteins Kontextualismus der Lebensform wurde mit den Jahren ausgeprägter. Er behauptete, daß, um menschliches Handeln zu beschreiben, wir nicht nur beschreiben müßten, 'was *Einer jetzt* tut, sondern das ganze Gewimmel der menschlichen Handlungen', die 'Lebens*weise*', von der die einzelne Handlung ein Teil ist (Z § 567; BGM 335–6). Empfindungsausdrücke wie 'Schmerz' werden auf andere auf der Grundlage offensichtlicher KRITERIEN im Benehmen angewendet. Im Gegensatz dazu können Stimmungen und intentionale Einstellungen (Hoffnung, Heucheln, Trauer, BEABSICHTIGEN, REGELFOLGEN) nicht auf der Grundlage augenblicklichen individuellen Verhaltens zugeschrieben werden, sondern bedürfen einer bestimmten Umgebung. Dieser 'Kontext' wird nicht durch bestimmte geistige Begleiterscheinungen gebildet, sondern durch (a) die Fähigkeiten des Subjekts; (b) die 'ganze Geschichte des Vorfalls', was vorherging und nachfolgte; (c) die soziale Umgebung, das heißt, die Existenz bestimmter Sprachspiele in der Sprachgemeinschaft des Subjekts. Zum Beispiel zählt, wenn ein Baby eine Schachfigur bewegt, das nicht als ein Zug in einer Partie Schach; auch ist ein Kleinkind nicht des Heuchelns fähig. Man kann für eine Sekunde heftigen Schmerz haben, aber für eine so kurze Spanne Zeit niemanden erwarten oder in Trauer sein. Und man kann Schach spielen wollen nur, wenn es die Technik des Spiels gibt (PU §§ 200, 205, 250, 337, 583, 643–4; BB 147; BPP II § 631; LS I §§ 859–76; LS II, S. 40–67; Z § 99).

Nach Teil I der *Philosophischen Untersuchungen* drückte Wittgenstein dies aus, indem er sagte, solche Ausdrücke bezögen sich auf 'Muster ... im Lebens-Teppich' (PU II, S. 489; 'Muster auf dem Band des Lebens' PU II, S. 576; LW I §§ 862–9, 942, 966; LW II, S. 56, 59, 109; Z §§ 567–9). Die Komplexität dieses Gewebes erklärt, warum einige psychologische Urteile in 3. Person ungewiß sind. Die Möglichkeit der Meinungsverschiedenheit über die Gefühlsäußerungen anderer reflektiert eine Unbestimmtheit, die für einige unserer psychologischen Ausdrücke konstitutiv ist. Diese Unbestimmtheit wiederum verdankt sich sozialen Mustern des Verhaltens: geistige Begriffe müssen elastisch und veränderlich sein, weil menschliches Benehmen und unsere Reaktion darauf vielfältig und unvorhersagbar sind (BPP II §§ 651–3; LW I §§ 206–11; LS II, S. 39, 59, 96, 115). Wir können nicht auf der Grundlage einfacher Kriterien subtile Gefühlszuschreibungen vornehmen, sondern müssen Kontext und Vorgeschichte berücksichtigen. Das ist oft nur möglich, wenn man die betreffende Person kennt und eine intime Kenntnis der menschlichen Natur hat.

Logik

Die Logik untersucht die strukturellen Züge, die gültige von ungültigen Argumenten unterscheiden. Der Durchbruch in ihrer Entwicklung war die vollständige Axiomatisierung des Prädikatenkalküls in Freges *Begriffsschrift*. Frege begründete den Logizismus, die Reduktion der Mathematik auf die Logik, indem er die Ableitbarkeit der Arithmetik aus rein logischen Begriffen und Schlußprinzipien zu beweisen suchte. Er überwand die Beschränkungen der syllogistischen Logik, indem er eine Analogie zwischen Begriffen und mathematischen Funktionen ausnützte, um Sätze in Argumentausdrücke und Funktionsnamen zu analysieren statt in Subjekt und Prädikat. Freges System war axiomatisch: alle Wahrheiten des Prädikatenkalküls können als Theoreme aus seinen 'Grundgesetzen' nach Schlußregeln abgeleitet werden. Frege verstand die Axiome nicht als analytische Konsequenzen willkürlicher Definitionen, sondern als selbstevidente Wahrheiten über abstrakte Entitäten wie Zahlen, Begriffe und Beziehungen, die durch eine 'logische Erkenntnisquelle' beglaubigt sind. Diese Axiome 'enthalten' in unentwickelter Form alle die Theoreme, die aus ihnen gemäß Schlußregeln abgeleitet werden können (*Begriffsschrift* § 13; *Grundgesetze* II, Anhrsg.; *Schriften* 279–94). Freges Logizismus scheiterte am mengentheoretischen Paradox, das Russell entdeckte, der dann versuchte, ihm durch seine Typentheorie zu entkommen. Das System der *Principia* verwendet ebenfalls eine (etwas abweichende) funktionentheoretische Analyse und ist auch axiomatisch. Russell war sich im unklaren darüber, was die Axiome gültig machte. Er schwankte dazwischen zu argumentieren, sie seien induktiv durch die Wahrheit ihrer Folgerungen gestützt, und der Auffassung (mit Frege), daß sie selbstevidente Wahrheiten seien, die durch logische Intuition erkannt würden (*Principia* I 12; *Probleme* 104; 'Theory' 156–66). Aber was ihnen ihren notwendigen Status gibt, konnte er nicht erklären. Eine andere Schwäche war, daß er sich zur Vermeidung der Paradoxe auf ein Axiom der Unendlichkeit stützen mußte ('Die Anzahl der Gegenstände im Universum ist unendlich'), das empirisch aussieht und nicht einmal als wahr erkannt werden kann.

Der junge Wittgenstein verglich die Entwicklung der funktionentheoretischen Logik mit der wissenschaftlichen Revolution im 17. Jahrhundert (RCL). Er übernahm – und verwandelte – wichtige Elemente aus den logischen Systemen von Frege und Russell. Außerdem folgte er Russell in der Identifizierung der Philosophie mit logischer Analyse von Sätzen (4.003 f.). Aber seine 'Philosophie der Logik' unterschied sich radikal von der seiner Vorgänger. Mit beträchtlicher Chuzpe schließt er ihr Werk unter der

Aufschrift 'die alte Logik' ein und geißelt sie dafür, das Wesen der Logik nicht geklärt zu haben (TLP 4.1121, 4.126; AüL 197–8; AM 210). Um die Jahrhundertwende gab es drei Erklärungen logischer Wahrheit. Nach psychologistischen Logikern wie Boole und Erdmann beschreiben sie, wie menschliche Wesen (im großen und ganzen) denken, ihre grundlegenden geistigen Operationen, und sind bestimmt durch das Wesen des menschlichen Geistes. Dagegen protestierten Platonisten wie Frege, daß logische Wahrheiten objektiv seien und daß diese Objektivität nur gesichert sei, wenn angenommen werde, ihr Thema – Gedanken und ihre Struktur – seien nicht private Vorstellungen, sondern abstrakte Entitäten in einem 'dritten Reich' jenseits von Raum und Zeit. Schließlich meinte Russell, daß die Sätze der Logik höchst allgemeine Wahrheiten über die verbreitetsten Züge der Wirklichkeit seien, eine Auffassung, die an die Konzeption von Metaphysik als allgemeinster Wissenschaft von Aristoteles erinnert (*Laws* I Vorw.; *Principles* 3–9, 106; *External* 189–90; 'Theory' 97–101).

Wittgenstein vermeidet alle drei Alternativen durch eine 'reflexive Wendung' in der Tradition von Kant. Kant unterschied zwischen 'formaler Logik', die von den Gegenständen der Erkenntnis abstrahiert, und 'transzendentaler Logik', die die Vorbedingungen des Denkens über Gegenstände untersucht. Erstere besteht aus analytischen Wahrheiten a priori. Aber es gibt auch synthetische Wahrheiten a priori in Mathematik, Metaphysik und den apriorischen Elementen der Wissenschaft. Sie gelten von der Erfahrung (sind synthetisch), ohne durch Erfahrung bewahrheitet zu werden (sind a priori), weil sie notwendige Bedingungen der Möglichkeit von Erfahrung ausdrücken. Wittgenstein nahm diese Vorstellung von Schopenhauer und Hertz auf, der ebenfalls die apriorischen Elemente der Wissenschaft unter Bezugnahme auf die Weise erklärte, in der wir Gegenstände darstellen. Der *Tractatus* dehnt diesen Gedanken auf die analytischen Wahrheiten der formalen Logik aus, während er den Gedanken synthetischer Wahrheiten a priori verwirft. Notwendige Sätze sind weder Aussagen darüber, wie Leute denken, noch über die verbreitetsten Züge der Wirklichkeit, noch über eine platonistische *Hinterwelt*, vielmehr spiegeln sie die Bedingungen für die Möglichkeit empirischer Darstellung. Im Gegensatz zu Kant wohnen diese Bedingungen nicht länger einer geistigen Maschinerie inne. Die Logik untersucht das Wesen und die Grenzen des Denkens, weil wir die Wirklichkeit im Denken darstellen. Aber sie tut das, indem sie dem 'Ausdruck der Gedanken' 'in der Sprache' Grenzen zieht (TLP Vorw.). Diese Grenzen sind durch die LOGISCHE SYNTAX gesetzt, das System der Regeln, das bestimmt, ob eine Verbindung von Zeichen sinnvoll ist. Die Logische Syntax geht Fragen von Wahrheit und Falschheit vorher. Sie kann durch empirische Sätze nicht außer Kraft gesetzt werden, weil nichts, was ihr zuwiderliefe, als ein sinnvoller Satz zählen kann. Der besondere Status von notwendigen Sätzen ist nicht der abstrakten Natur ihrer angeblichen Bezugsgegenstände geschuldet, denn LOGISCHE KONSTANTEN oder logische 'Gegenstände' gibt es nicht. Sie sind nicht Aussagen über Gegenstände irgendeiner Art, sondern reflektieren 'Regeln des Symbolismus' (TLP 6.12 ff.).

Die Art dieser Verknüpfung variiert mit dem Typ von notwendigen Sätzen. Mathematische Gleichungen sind Scheinsätze, sie sagen nichts über die Welt aus, sondern setzen Zeichen gleich, die äquivalent sind aufgrund von Regeln, die für wiederholbare

Operationen gelten (TLP 6.2 ff., *siehe* ZAHLEN). Metaphysische Sätze sind unsinnig. Sie verletzen entweder die Regeln logischer Syntax auf verdeckte Weise (traditionelle Metaphysik) oder versuchen, wie die Verkündigungen des *Tractatus* selber, etwas zu sagen, was nur gezeigt werden kann, die wesentlichen Strukturen der Wirklichkeit, die gespiegelt sein müssen in sprachlichen Regeln für die Abbildung der Wirklichkeit, aber selbst nicht abgebildet werden können (TLP 3.324, 4.003, 4.12 ff., 6.53 f.). Die einzige Notwendigkeit, die ausdrückbar ist, ist die logischer Sätze, die analytisch sind, das heißt TAUTOLOGIEN (TLP 6.1 ff., 6.126 ff.). Und auch sie sagen nichts über die Welt aus, weil sie empirische Sätze (gemäß den Regeln für wahrheitsfunktionale Operationen) in einer Weise verbinden, daß sich die Tatsachen-Informationen in ihren Teilsätzen gegenseitig aufheben (TLP 6.121).

Aus dieser sprachlichen Perspektive kritisiert der *Tractatus* Russells statistische Auffassung von Modalität, nach der eine Satzfunktion möglich ist, wenn sie 'manchmal wahr' ist. Denn '$(\exists x)fx$' kann falsch sein, selbst wenn es für etwas logisch oder physisch möglich ist, f zu sein. Außerdem setzt, daß '$(\exists x)fx$' wahr sein kann, voraus, daß 'fa' sinnvoll ist, das heißt, daß 'fx' logisch möglich ist. Modale Begriffe sind nicht nur wesentlich, um logische von empirischen Sätzen zu unterscheiden, sondern auch, um letztere als bipolar zu charakterisieren – sie *können* wahr sein und *können* falsch sein. Aber der modale Status eines Satzes – ob er eine Tautologie (notwendig), ein Widerspruch (unmöglich) oder bipolar (möglich) ist – kann nicht durch einen sinnvollen bipolaren Satz ausgedrückt werden (ist nicht ein *kontingenter* Zug), sondern zeigt sich in seiner Struktur (TLP 2.012 ff., 4.464, 5.525; *Introduction* 165; *Logic* 231; *siehe* SAGEN/ZEIGEN).

Die Logik enthält also die allgemeinsten Vorbedingungen für die Möglichkeit von symbolischer, und insbesondere sprachlicher Darstellung – sie ist eine 'Logik der Abbildung' (TLP 4.015). Das bedeutet, daß es so etwas wie eine logisch mangelhafte Sprache nicht gibt. Logik ist eine Bedingung des Sinns und es gibt keine Zwischenstation zwischen Sinn und Unsinn. Die Systeme der *Begriffsschrift* und der *Principia* sind nicht in besserer logischer Verfassung als die Umgangssprache, wie Frege und Russell meinten, sie sind nur besser darin, jene Ordnung zu zeigen. Selbst in dieser Eigenschaft sind sie aber fehlerhaft in ihrer axiomatischen Darstellung, die nach Wittgenstein Mißverständnisse über das Wesen der Logik verrät. Aus diesem Grunde stellte er alle drei Elemente der 'alten', axiomatischen Logik in Frage – Axiome, Theoreme und logische Folgerung.

Logische Theoreme müssen nicht aus Axiomen hergeleitet sein; sie sind leere Tautologien, die 'am Symbol allein' als wahr erkannt werden können, indem man ihre logischen Eigenschaften berechnet, und also, ohne sie mit der Wirklichkeit zu vergleichen oder sie aus anderen Sätzen abzuleiten (TLP 6.113, 6.126). Diese Tatsache 'schließt die ganze Philosophie der Logik in sich', weil sie auch die axiomatische Konzeption von Axiomen und Schlußregeln zweifelhaft erscheinen läßt. Es gibt keine logischen Wahrheiten, die wesentlich 'primitiv' wären und eine unendliche Zahl von 'abgeleiteten' Theoremen enthielten. Alle 'Sätze der Logik sind gleichberechtigt', nämlich tautologisch; sie sagen alle dasselbe, nämlich nichts. Tatsächlich zeigt die WAHRHEITSTAFEL-Notation, daß, zum Beispiel, '$\sim(p \, . \sim p)$', '$p \vee \sim p$' und '$p \supset p$' nur verschiedene Weisen sind, ein und dieselbe Tautologie auszudrücken (WW)(p). Gleichermaßen zeigt, daß logische Konstante wie '~', '.' oder '⊃' durch einander definierbar sind, daß sie keine primitiven Zeichen sind. Außerdem können Axiome nicht durch Berufung auf ihr Einleuchten gerechtfertigt werden, weil die Wahrheit eines Satzes nicht aus der Tatsache folgt, daß er uns einleuchtet (TLP 5.1363, 5.42f., 6.127). Obwohl weder Tautologien noch Widersprüche irgend etwas sagen, zeigt, *daß* eine bestimmte Zeichenverbindung tautologisch oder widersprüchlich ist, etwas über die logischen Beziehungen zwischen Sätzen. Zum Beispiel zeigt, daß '(p . (p ⊃ q)) ⊃ q' eine Tautologie ist (und seine Verneinung ein Widerspruch,) daß 'q' aus 'p' und 'p ⊃ q' folgt und liefert damit 'die Form eines Beweises' (TLP 6.12ff.). Die Regeln, auf die sich Frege und Russell berufen haben, sind weder notwendig noch fähig, die LOGISCHE FOLGERUNG zu rechtfertigen.

Wittgenstein zieht auch die traditionelle Vorstellung in Zweifel, daß die Logik bereichsneutral ist, daß die Gesetze des Denkens 'überall dieselben sind' (*Grundlagen*, Einl. XV; *Schriften* 160). Der *Tractatus* akzeptiert, daß die logischen Operatoren auf alle Satztypen gleichermaßen angewendet werden können (eine Annahme, die Wittgenstein später in Frage stellte – siehe ALLGEMEINHEIT), aber er bestreitet, daß die Schlußregeln gleichermaßen für empirische und nicht-empirische Disziplinen gelten. Ein Beweis *mittels* der Logik leitet einen bipolaren Satz aus gegebenen Prämissen ab. Ein Beweis *in* der Logik entdeckt dagegen nicht neue Wahrheiten über irgend etwas, er ist nur die Anerkennung weiterer leerer Tautologien. Er beweist nicht die Wahrheit eines Satzes, sondern daß eine Zeichenverbindung eine Tautologie oder eine Gleichung ist, und daher Teil der Logik oder Mathematik (TLP 6.1263; AM 210f.). Es ist vorgeschlagen worden, daß dies heiße, daß logischer und MATHEMATISCHER BEWEIS nicht dasselbe Folgerungsmuster zeigen können wie wissenschaftliches Beweisen. Aber die Ableitung des Theorems von Fermat aus der Konjunktion der Vermutung von Tanayama-Weil und der Tatsache, daß letztere ersteres impliziert, ist offensichtlich ein Fall vom *modus ponens*. Wenn Beweis in der Logik auf die Umwandlung von Sätzen durch Anwendung wahrheitsfunktionaler Operationen hinausläuft (TLP 6.126), dann gilt das gleichermaßen für die Umwandlung von '~(p . ~p)' in '~p ∨ p' (die beide Tautologien sind) wie für die Umwandlung von '~(p . q)' in '~p ∨ ~q' (die das nicht sind). Wenn es auf eine Wahrheitstafel-Berechnung hinausläuft, daß ein Satz 'Φ ⊃ Ψ' eine Tautologie ist (6.1203), geschieht das unabhängig davon, ob 'Φ' und 'Ψ' selbst Tautologien sind oder bipolare Sätze. Eine Tautologie muß einem Beweis in der Logik ebenso entsprechen wie einem Beweis mittels Logik. *Tractatus* 6.126ff. legt nahe, daß der Unterschied in der Tatsache liege, daß ein Beweis in der Logik überflüssig ist, weil der tautologische Charakter eines Satzes in einer durchsichtigen Notation offensichtlich sein werde – aber das gilt auch für die internen Beziehungen zwischen Sätzen, die einem Beweis mittels der Logik unterliegen. Was den Beweis in der Logik heraushebt, ist nicht ein besonderes Muster (die Logik liefert die Muster aller Beweise), sondern daß die Akzeptabilität der Schlußfolgerung nicht von, sei es der Wirklichkeit, sei es der Wahrheit, einer Menge von Prämissen abhängt.

'Die Logik muß für sich selber sorgen' (TLP 5.473f.; Tb 22.8./2.9./8.9.14). Diese Vorstellung greift Russells Versuch an, in der Typentheorie die Regeln der Logik unter Rekurs auf die Bedeutung von Zeichen zu rechtfertigen. Aber obwohl es keine Lehre wie die Typentheorie gibt, die die Logik rechtfertigen könnte, gründet letztere unausdrückbar in der Wirklichkeit. Die Logik ruht auf nichts außer der wesentlichen Natur der Sätze – ihrer BIPOLARITÄT: die Tatsache, daß sich diese Bipolarität in gewissen Zeichenverbindungen (Tautologien) aufhebt, zeigt die 'formalen' Eigenschaften, die die Sprache mit der Wirklichkeit teilen muß, um sie abzubilden. Die Logik setzt nicht irgendwelche logischen Tatsachen oder Erfahrung von logischen Gegenständen voraus. Aber sie setzt voraus, 'daß Namen Bedeutung und Elementarsätze Sinn haben', das heißt, daß Sätze bipolare Bilder sind; und sie ist verknüpft mit der mystischen Erfahrung (*siehe* MYSTIZISMUS), 'daß die Welt ist', nämlich daß es unzerstörbare einfache GEGENSTÄNDE gibt, die NAMEN ihre Bedeutung geben (TLP 5.552f., 6.12, 6.124, 6.13).

Wittgenstein kam später zu der Auffassung, daß die Logik nicht auf unausdrückbaren Grundlagen ruhe (*siehe* AUTONOMIE DER SPRACHE). Er gab die Vorstellung auf, daß die Logik auf Tautologien oder wahrheitsfunktionale Beziehungen beschränkt sei. Er erkannte zuerst, daß Aussagen wie 'Nichts kann gleichzeitig ganz grün und ganz rot sein' legitim und logisch notwendig sind, ohne im Sinn des *Tractatus* analytisch zu sein und er hat sogar erwogen, solche Sätze synthetisch a priori zu nennen. Er ließ logische Beziehungen zu, die weniger stark sind als die der Folgerung (*siehe* KRITERIEN) und behauptete, daß AUSDRUCKSÄUSSERUNGEN nicht in gleicher Weise logischen Operationen unterliegen wie empirische Beschreibungen. Schließlich bemerkte er hinsichtlich von Moores Paradox, daß die Logik als 'unzulässig' nicht nur Widersprüche wie '$p . \sim p$' ausschließt, sondern auch 'Es regnet, aber ich glaube es nicht' (*siehe* GLAUBEN/ÜBERZEUGUNG). Nach Wittgenstein gibt es ernste Lücken in einer 'reinen Logik', die sich ausschließlich auf die Regeln und Beziehungen konzentriert, die von formalen Systemen wie dem Prädikatenkalkül kodifiziert werden; er hält fest, 'daß die Logik nicht so simpel ist, wie die Logiker glauben' (MB 10.44; BPP I §§ 488–9). Der *Tractatus* hatte recht damit, die Logik an die Sprache zu knüpfen: die Logik versieht uns mit 'Normen der Darstellung', Regeln für die Umwandlung von Symbolen, für den Übergang von Prämissen zu Schlußfolgerungen. Aber er ignorierte eine Fülle von Regeln, die Wittgenstein später in die GRAMMATIK einbezog. Er verwendete weiter den Ausdruck 'Logik', aber zumeist mit dem Verständnis, daß sie alle konstitutiven Regeln unserer Sprachspiele enthält (ÜG §§ 56, 501, 628). Wittgensteins nichtformale Konzeption der Logik fordert die zeitgenössische formale Semantik heraus, die selbst dem *Tractatus* und dem Wiener Kreis verpflichtet ist.

Obwohl die Konzeption der Logik des *Tractatus* mit einer zweifelhaften Metaphysik des Symbolismus verquickt war, setzt der größte Teil seiner Kritik an Frege und Russell letztere nicht voraus. Indem er die Logik auf Regeln des Symbolismus bezog, gab Wittgenstein ihr eine neue, 'sprachliche' Orientierung. Die Behauptung, daß logische Sätze Tautologien seien, wurde von den Logischen Positivisten akzeptiert, für die sie einen Weg wies, der Notwendigkeit von Mathematik und Logik gerecht zu werden, ohne in den Platonismus zu verfallen oder synthetische Wahrheiten a priori anzuerkennen. Aber der Wiener Kreis ignorierte die Vorstellung des *Tractatus*, daß sich logische Notwendigkeit von metaphysischen Strukturen herleitet, die Sprache und Wirklichkeit gemeinsam sind, und vertrat statt dessen die Auffassung, daß notwendige Sätze wahr seien aufgrund willkürlicher sprachlicher Konventionen. Erst später hat Wittgenstein selbst eine (radikal verschiedene) Version von Konventionalismus akzeptiert (*siehe* FORM DER DARSTELLUNG).

Logische Analyse
Dies ist der Prozeß der Identifizierung der Komponenten eines Satzes, eines Gedankens oder einer Tatsache und der Weise, in der diese Komponenten verbunden sind (seiner LOGISCHEN FORM). Sie bekam ihren Anstoß durch Freges Erfindung des Prädikatenkalküls. Freges 'Begriffs-Schrift' war ein Instrument zur Ableitung der Arithmetik aus rein logischen Begriffen und Schlußprinzipien. Aber sie sollte auch das 'Denken' von der Tyrannei der Wörter befreien, die seit Platon beklagt wurde (*Begriffsschrift*, Vorw.; *Schriften* 6, 273, 288). Die Umgangssprache verhüllt die logischen Beziehungen und Gliederungen von Begriffen und Sätzen, sie ist voller Zweideutigkeit und Vagheit und enthält leere singuläre Termini, die zu Sätzen ohne Wahrheitswert führen wie

(1) Der gegenwärtige König von Frankreich ist kahl.

Russell verfolgte eine ähnliche logizistische Zielsetzung, aber als Teil eines umfassenderen, Cartesischen Projektes. Er versuchte, unsere wissenschaftlichen Auffassungen zu rechtfertigen, indem er sie erst analysierte und sie dann in einer 'logisch perfekten Sprache' reformulierte, die dem Skeptizismus weniger Angriffspunkte liefern würde. Die Theorie der Kennzeichnungen erlaubte ihm, Meinongsche Entitäten wie das runde Rechteck zu vermeiden und gegen Frege zu behaupten, daß das Prinzip der Bivalenz selbst für Sätze wie (1) gilt, der in eine Konjunktion analysiert wird, die falsch und nicht ohne Wahrheitswert ist, wenn es keinen gegenwärtigen König in Frankreich gibt, nämlich 'Es gibt einen und nur einen Gegenstand, der der gegenwärtige König von Frankreich ist, und dieser Gegenstand ist kahl'. Sie legte auch nahe, daß die grammatische Form von Subjekt und Prädikat die logische Form der Sätze verhüllte, und erlaubte Russell, das Projekt empiristischer Reduktion durch logische und nicht durch psychologische Analyse zu verfolgen. Der Logische Atomismus sucht Sätze in atomare Sätze zu analysieren, die sich auf Sinnesdaten beziehen. Von diesem Programm geleitet, identifizierte Russell die Philosophie mit der logischen Analyse von Sätzen (*External* Kap. II–III; *Mysticism* 108–9, 148–9).

Wittgenstein übernahm die Idee, daß Philosophie logische Analyse sei, und rechnete es der Theorie der Kennzeichnungen als Verdienst zu, gezeigt zu haben, daß die anscheinende logische Form der Sätze von ihrer wirklichen verschieden sei. Er schloß daraus, daß 'Mißtrauen gegenüber der Grammatik ... die erste Bedingung des Philosophierens' sei, weil die Grammatik philosophische Verwirrungen erzeuge (AüL 206; vgl. RUB 11.13; TLP Vorw., 3.323f., 4.003f.; WAM 57). Aber obwohl die Umgangssprache 'den Gedanken (verkleidet)', ist sie nicht logisch mangelhaft, wie Frege und Russell angenommen hatten. Sie ist dazu geeignet, daß sich 'jeder Sinn ausdrücken läßt' (TLP 4.002) und muß daher der LOGISCHEN SYNTAX gehorchen. Was gebraucht wird, ist nicht eine Idealsprache, die ausdrücken kann, was die Umgangssprache nicht ausdrücken kann, sondern eine ideale Notation, die die logische Struktur zeigt, die in gewöhnlichen Sätzen schon steckt. Die Symbolismen von Frege und Russell haben schon einige Schritte zur Bereitstellung einer logisch durchsichtigen Notation getan (TLP 3.325). Das ist der Grund, warum es trotz divergenter Konzeptionen der Analyse beträchtliche Übereinstimmung in Einzelheiten gibt.

Es gibt Gründe dafür zu argumentieren, daß Frege die Möglichkeit alternativer Analysen akzeptiert hat (*Begriffsschrift* § 10). Im Gegensatz dazu ist der Logische Atomismus von Russell und Wittgenstein auf die Vorstellung verpflichtet, daß Sätze aus eindeutigen Bestandteilen bestehen. Dennoch machte Wittgenstein zu diesem Thema Ausflüchte. Er erwog sowohl die Möglichkeit, daß gewöhnliche materielle Gegenstände die grundlegenden Bezugsgegenstände der Sprache sein könnten, als auch, daß die Analyse für ewig fortgesetzt werden könnte. Schließlich entschied er, daß die Analyse über gewöhnliche Gegenstände hinausgehen müsse, aber an ein Ende komme. Obwohl ein Satz der Form 'aRb' anfänglich als Wert verschiedener Satzfunktionen angesehen werden kann (z. B. von '$(\xi)a$' oder '$\zeta(Rb)$), hat er 'eine und nur eine vollständige Analyse', die nicht willkürlich ist (vgl. TLP 3.25, 3.3442; Tb 17.6.15 mit 3.9./8.10.14, 14.6.15).

Wie Russell hat Wittgenstein niemals genau ausgearbeitet, wie gewöhnliche Sätze analysiert werden sollen; er hat nicht einmal Beispiele für Elementarsätze oder ihre Elemente gegeben. Nichtsdestoweniger sind zwei grundlegende Vorstellungen klar: (a) nach der Lehre der Allgemeinen Form des Satzes sind alle sinnvollen Sätze Wahrheitsfunktionen von ELEMENTARSÄTZEN; (b) letztere bestehen aus logischen Eigennamen, die nicht weiter analysiert werden können, weil sie für absolut einfache GEGENSTÄNDE stehen (TLP 3.201 ff., 4.22 f.; Tb 12.10.14).

Hinreichend klar sind auch die Richtung, die die Analyse einschlagen sollte, und ihre Russellschen Werkzeuge. Der erste Schritt ist, alle Sätze, die wir in irgendeinem Sinne als komplex ansehen würden, in singuläre Sätze zu analysieren. So würden allgemeine Sätze wie 'Alle Schwerter haben scharfe Klingen' singuläre Sätze ergeben wie

(2) Excalibur hat eine scharfe Klinge.

Solche Sätze enthalten komplexe Begriffswörter wie 'hat eine scharfe Klinge', die, Frege folgend, in ihre Merkmale analysierbar sind, die notwendigen und hinreichenden Bedingungen für ihre Anwendung (TLP 4.126; OB 28–9), zum Beispiel

(2') Excalibur hat eine Klinge . Excalibur ist scharf.

Nach Tractatus 3.24 sind gewöhnliche singuläre Termini, einschließlich Eigennamen wie 'Excalibur', 'Zusammenfassung(en) des Symbols eines Komplexes in ein einfaches Symbol'. Sie können gemäß der Theorie der Kennzeichnungen behandelt werden: so wird 'Excalibur' durch 'König Arthurs Schwert' ersetzt, das seinerseits als unvollständiges Symbol durch Quantoren und Begriffswörter paraphrasiert wird:

(2*) Es gibt ein und nur ein x, das König Arthurs Schwert ist . dieses x hat eine Klinge . dieses x ist scharf.

(2*) enthält das vage Prädikat 'scharf' und dieses Konjunkt könnte daher in eine Disjunktion bestimmter Möglichkeiten analysiert werden, zum Beispiel 'dieses x schneidet durch eine Rüstung $\lor$ x schneidet in die Hand, wenn man es berührt $\lor$ ....'. Gegeben, daß Wittgensteins Version der Theorie der Kennzeichnungen das Zeichen für IDENTITÄT vermeidet, ergibt sich folgende Linie der Analyse:

$$\Phi e \equiv \Phi(\imath x)fx \equiv (\exists x)(y)((fy \equiv (y = x)) . \Psi x . (\Omega_1 x \lor \Omega_2 x \lor ...)) \equiv (\exists x)(fx . \Psi x . (\Omega_1 x \lor \Omega_2 x \lor ...)) . \sim(\exists x)(\exists y)(fx . fy).$$

Für Kommentatoren, die behaupten, daß NAMEN bloße Stellvertreter ('dummmies') seien, die keinen Gegenstand vom anderen unterschieden, endet die Analyse mit solchen Formeln, die Quantoren und Variable enthalten; die Einsetzung von Namen für gebundene Variablen fügt nichts hinzu: 'Man kann die Welt vollständig durch vollkommen verallgemeinerte Sätze beschreiben, das heißt also, ohne irgendeinen Namen von vornherein einem bestimmten Gegenstand zuzuordnen. Um dann auf die gewöhnliche Ausdrucksweise zu kommen, muß man einfach nach einem Ausdruck: „Es gibt ein und nur ein x, welches ..." sagen: Und dies x ist a' (TLP 5.526; Tb 17./19.10.14). Auch wenn jedoch die Welt vollkommen durch allgemeine Sätze beschrieben werden kann, muß es Namen geben, weil nur sie bestimmte Gegenstände vertreten können: eine allgemeine Beschreibung impliziert nicht, daß es ein spezifisches Ding ist, das als einziges eine bestimmte Eigenschaft hat (Tb 31.5.15). Außerdem können allgemeine Sätze wie (2*) nicht der Endpunkt der Analyse sein. Denn: (a) sie sind Wahrheitsfunktionen von Elementarsätzen und setzen diese voraus (TLP 4.411, 5, 6ff., 6.124); (b) die Russellsche Analyse bewahrt Bivalenz nur um den Preis von Zweideutigkeit: (2*) kann auf zwei Weisen nicht wahr sein: entweder wenn Arthur kein Schwert hat, oder wenn das Schwert keine scharfe Klinge hat; (c) Arthurs Schwert ist ein Komplex, etwas, was wir gewöhnlich durch einen singulären Terminus bezeichnen, was aber tatsächlich aus Teilen besteht, in die es analysiert werden muß (Tb 7./20./23.5./20.6.15).

An diesem Punkt muß man überwechseln zu dem, was Wisdom später die 'Analyse neuer Ebene' genannt hat, eine Analyse, die uns zu Dingen einer ontologisch grundlegenderen Art führt. Der *Tractatus* deutet zwei Richtungen an, die so eine Analyse nehmen könnte. 'Jede Aussage über Komplexe läßt sich in eine Aussage über deren Bestandteile und diejenigen Sätze zerlegen, welche die Komplexe vollständig beschreiben.' Letztere sagen, daß 'der Komplex besteht', indem sie nämlich feststellen, daß seine Bestandteile sich so zu einander verhalten, daß sie diesen Komplex bilden. Ein Komplex besteht, zum Beispiel, in a's in-Beziehung-R-stehen zu b. Ein Satz, der ihm eine Eigenschaft zuschreibt – '$\Phi(aRb)$' –, ergibt analysiert '$\Phi a . \Phi b . aRb$' (TLP 2.0201,

3.24; AüL 190–1, 199; AM 211–2; Tb 5.9.14; PU § 60). Wenn ~aRb, dann fehlt dem Analysandum nicht ein Wahrheitswert, sondern dann ist es falsch. So wird

(3) Excalibur steht in der Ecke

analysiert in

(3') Die Klinge ist in der Ecke. Der Griff ist in der Ecke. Die Klinge ist am Griff befestigt.

Diese Analyse steht jedoch Problemen gegenüber was Sätze wie (2) anbelangt. Die meisten Eigenschaften des Komplexes, einschließlich eines bestimmten Gewichts, einer bestimmten Form und Größe sind nicht auch Eigenschaften seiner Teile. Dieses Problem kann nur vermieden werden, wenn entweder diese Eigenschaften als Bestandteile des Komplexes behandelt werden – eine absurde Vorstellung, mit der Wittgenstein gespielt zu haben scheint (*siehe* TATSACHE) – oder, indem man alle Sätze in Sätze analysiert, die letzten physischen Teilchen physische Eigenschaften zuschreiben.

Die zweite Linie der Analyse, die im *Tractatus* angedeutet ist, ist phänomenalistisch: alle Sätze, die ALLGEMEINHEIT enthalten, werden in Konjunktionen oder Disjunktionen von Möglichkeiten analysiert. So wird ein Existenzsatz wie 'Es gibt ein und nur ein Schwert von König Arthur' in eine logische Summe von Elementarsätzen, '$p_1 \vee p_2 \vee p_3 \ldots$' analysiert. Die Disjunkte erschöpfen zusammen die möglichen Erfahrungen, die es den Fall sein lassen würden, daß es einen Komplex wie König Arthurs Schwert gibt.

Es ist unklar, wie entweder die physikalistische oder die phänomenalistische Linie der Analyse weiterverfolgt werden soll. Wie kann zum Beispiel anderen Sinnesmodalitäten als dem Sehen Rechnung getragen werden (vermutlich müßte der öffentliche Raum aus dem visuellen, auditiven und taktilen Raum konstruiert werden)? Außerdem ist in der WAHRHEITSTAFEL-Notation jeder Elementarsatz dargestellt als Wahrheitsfunktion aller anderen, nämlich als Konjunktion seiner selbst und einer Tautologie, die alle anderen Elementarsätze einschließt. Infolgedessen ist ein vollständig analysierter gewöhnlicher Satz eine lange Wahrheitsfunktion von Elementarsätzen, in denen *alle* Elementarsätze und daher *alle* Namen auftreten. Um den Sinn von alltäglichen Sätzen wie (3) zu verstehen, müßten wir entweder Excaliburs letzte materielle Bestandteile kennen oder wissen, welche phänomenalen Zustände es den Fall sein lassen, daß Excalibur existiert. Das läßt das Verstehen eines Satzes von der Kenntnis (weit hergeholter) empirischer Tatsachen abhängig sein. Es paßt schlecht zur Vorstellung, daß es in der Logik keine Überraschungen gibt (TLP 6.125f., 6.1261), und bedroht die Vorstellung, daß Sinn den Tatsachen vorhergeht. Es ist daher nicht überraschend, daß die *Tagebücher* geschwankt hatten zwischen der Auffassung, daß ein vollständig analysierter Satz so viele Namen enthalte, wie es letzte Elemente im Sachverhalt gibt, der abgebildet wird (eine Auffassung, die Moore teilte); und der Auffassung, daß er so viele enthalte, wie der Sprecher weiß, daß da sind (Tb 12./20.10./18.12.14, 18.6.15; *Principia Ethica* 8).

Der *Tractatus* kehrt diese Probleme unter den Teppich. Seine SAGEN/ZEIGEN-Unterscheidung verbietet die Beschreibungen der logischen Form von Sätzen. Entsprechend soll Logische Analyse nicht mehr in einer Lehre resultieren, wie in 'Aufzeichnungen über Logik', sondern sie ist eine kritische *Tätigkeit*, nämlich auf der einen Seite zu zeigen, daß empirische Sätze sinnvoll sind und wie sie darstellen, was sie darstellen, und auf der anderen Seite zu zeigen, daß metaphysische Sätze Unsinn sind, weil sie die logische Syntax verletzen (TLP 6.53–7). Aber der *Tractatus* selbst läßt sich nicht auf die Analyse spezifischer Sätze ein (mit der Ausnahme von gelegentlichen Versuchen, widerstrebende Fälle, wie Sätze über GLAUBEN/ÜBERZEUGUNG und FARBEN, in seinen allgemeinen Rahmen einzufügen). Statt dessen liefert er den allgemeinen Rahmen für diese Tätigkeit, indem er die ALLGEMEINE SATZFORM, die Züge, die ein Satz haben muß, um die Wirklichkeit darzustellen, skizziert. So können wir 'ohne weiteres' wissen, daß alle Sätze in Wahrheitsfunktionen von Elementarsätzen, die aus einfachen Namen bestehen, analysiert werden können. Dagegen überläßt er der 'Anwendung der Logik', das heißt, der Analyse von tatsächlichen Sätzen einer natürlichen Sprache, die Aufgabe, Fragen zu beantworten wie: welche Gegenstände sind einfach? Welche Sätze sind elementar? Gibt es Relationen mit 27 Stellen? (TLP 5.55 ff.). Die möglichen Formen von Elementarsätzen hängen von den möglichen Verbindungen von Gegenständen ab, die wir nicht vor einer zukünftigen Analyse auflisten können. Das ist keine Angelegenheit der Erfahrung, aber es ist eine Angelegenheit zukünftiger Entdeckung. Wir haben die Fähigkeit, sinnvolle Sätze zu bilden, wissen aber nicht, was ihre wirkliche Bedeutung ist und wie sie darstellen (TLP 4.002, 5.5562; AüL 198).

1929 hat Wittgenstein sogar noch stärker betont, daß wir die logische Form der Sätze entdecken müßten. Er behauptet zum Beispiel herausgefunden zu haben, daß Elementarsätze reelle Zahlen enthalten müßten (BLF 22–5, 27–8; WWK 42–3). Es blieb jedoch Carnaps *Der Logische Aufbau der Welt* überlassen, dieses Programm (erfolglos) in Angriff zu nehmen. Wittgenstein selbst stellte bald nicht nur das atomistische Modell der Analyse in letzte Bestandteile in Frage, sondern die Idee selber: die quasi-transzendentale Theorie von Zügen, die die Sprache aufweisen müsse, ignoriert 'dogmatisch' die Wirklichkeit der Sprache (WWK 182–3); das quasi-empiristische Projekt angewandter Logik ignoriert den Unterschied zwischen chemischer und logischer Analyse. Außerdem ist sie auf Moores 'höllische Idee' gegründet, es bedürfe der Analyse, um herauszufinden, was ganz gewöhnliche Sätze bedeuten (Vorl 56–7, 110; M 114; WWK 129–30; PU §§ 60–4). Selbst wenn wir Excaliburs letzte Bestandteile entdeckten, würde das zu unserem Wissen über seine physikalische Zusammensetzung beitragen, aber nicht zu unserem Verständnis eines Satzes wie (3).

Wittgenstein meint nun, daß es nicht nur keine 'Überraschungen' in der Logik oder GRAMMATIK gebe, sondern auch keine 'Entdeckungen', weil er die Vorstellung verwirft, daß Sprecher implizites Wissen eines komplexen Kalküls (*siehe* KALKÜLMODELL) oder verborgener logischer Formen hätten (WWK 77; Vorl 38–9; PG 114–5; PU §§ 126–9). Eine 'richtige logische Auffassung' (TLP 4.1213) wird nicht durch quasi-geologische Ausschachtung erreicht, sondern durch eine quasi-geographische ÜBERSICHT, die Züge einer sprachlichen Praxis aufweist, die offen zu Tage liegen. Soweit sie legitim ist, läuft

Analyse entweder auf die Beschreibung der Grammatik oder auf die Ersetzung einer Notation durch eine andere, weniger irreführende hinaus (obwohl das einzige Beispiel der letztgenannten Methode seine Behandlung der Identität ist) (PB 51; WWK 45–7; BT 418; PU §§ 90–2; TS 220 § 98).

Wittgensteins frühe Konzeption, derzufolge die Analyse die zugrundeliegenden Strukturen natürlicher Sprache aufdeckt, ist, um ihren logischen Atomismus verkürzt, durch die Vermittlung von Carnaps *Logischer Syntax der Sprache* eine der Quellen der modernen Semantik geworden. Seine Widerrufe haben dazu beigetragen, der reduktiven Analyse ein Ende zu bereiten, sowohl in ihrer atomistischen als auch in ihrer empiristischen Version. Heutzutage bezeichnet der Ausdruck 'Analyse' oft nicht mehr als die Erläuterung begrifflicher Verknüpfungen. Aber die meisten analytischen Philosophen bestehen weiterhin darauf, daß, wenn die Analyse auch Sätze nicht reduzieren könne, sie doch ihre logische Form und ihren logischen Gehalt entdecke. Wenn sie das tun, sollten sie sich Wittgensteins Argumenten stellen – gegen das Kalkülmodell und gegen die Annahme, was bei gegebener Gelegenheit gesagt werde, sei allein durch die logischen Formen und die Bestandteile von Satztypen bestimmt (*siehe* KONTEXTUALISMUS).

Logische Folgerung

Dies ist die Ableitung eines Satzes, der Schlußfolgerung, aus einer Menge anderer Sätze, den Prämissen, die die Schlußfolgerung logisch implizieren. Eine der Aufgaben der formalen LOGIK ist es, die Regeln zu untersuchen, die solche Schlüsse kodifizieren, indem sie spezifizieren, daß Sätze einer bestimmten Struktur Sätze einer anderen Struktur implizieren. So sagt *modus ponens*, daß alle Sätze der Form

(1) p; wenn p dann q; also q

gültig sind. Jeder Schlußregel entspricht eine logische Wahrheit, in unserem Fall

(2) $(p \cdot (p \supset q)) \supset q$.

Frege und Russell konstruierten axiomatische Systeme, in denen die Wahrheiten des Prädikatenkalküls erster Stufe aus einer Handvoll Axiome mit Hilfe zweier Ableitungsregeln (nämlich *modus ponens* und einer Ersetzungsregel) hergeleitet werden. Ihre formalen Systeme (wenn auch nicht alle ihrer informellen Erörterungen) unterscheiden zwischen 'Axiomen' und 'Schlußregeln' (eine Unterscheidung, deren Wichtigkeit durch Lewis Carroll demonstriert worden war): 'logische Gesetze' oder 'Denkgesetze' beschreiben nicht, wie Menschen tatsächlich denken (*pace* des Psychologismus), sondern wie sie denken müssen, um richtig zu denken, und sind gegründet auf richtigen Beschreibungen logischer Gegenstände und Relationen (*Grundgesetze* I xvff., §§ 14–25, 47–8; *Schriften* 219ff.; *Probleme* 63–72).

Während seiner ganzen Laufbahn hat Wittgenstein dieses Bild von 'Deduktionsregeln' oder 'Schlußregeln' in Frage gestellt. Der *Tractatus* unterscheidet scharf zwischen logischen Sätzen und gültigen Schlüssen. Erstere sind keine Sätze über logische Entitäten und Relationen, wie Frege und Russell behaupteten, sondern TAUTOLOGIEn. (2) sagt nichts aus, weil es die es bildenden Sätze in einer Weise miteinander verbindet, daß sich alle Information aufhebt. *A fortiori* sagt es nicht, daß ein Satz aus einem anderen folge. Jedoch *daß* (2) eine Tautologie ist, macht klar, daß 'q' aus 'p' und '$p \supset q$' folgt – und bildet so die 'Form eines Beweises' – *modus ponens* (TLP 6.1201, 6.1221, 6.1264; AM 209–10, 214, 217). Das löst ein Rätsel, das Frege beschäftigte, nämlich, wie Gesetze der Logik voneinander verschieden sein können trotz der Tatsache, daß sie auseinander abgeleitet werden können und 'fast inhaltslos' zu sein scheinen ('Gedankengefüge' 50). Obwohl (2) dasselbe *sagt* wie, zum Beispiel, '$(p \vee p) \supset p$', nämlich nichts, *zeigt* es etwas anderes, weil die Tatsache, daß ersteres eine Tautologie ist, von der Tatsache verschieden ist, daß letzteres eine Tautologie ist.

'Jeder Satz der Logik ist ein in Zeichen dargestellter modus ponens' (TLP 6.1264): wenn aus Φ Ψ folgt, dann muß sich Φ ⊃ Ψ unter Analyse als eine Tautologie herausstellen. Alle logischen Sätze sagen dasselbe – nämlich nichts – und sind daher äquivalent. Axiomatische Logik hat unrecht darin, zwischen primitiven Axiomen und abgeleiteten Theoremen zu unterscheiden. Außerdem behauptet sie, die Wahrheit logischer Sätze durch Anwendung von Ableitungsregeln auf die Axiome zu beweisen. Wittgenstein protestiert, daß dies den Unterschied zwischen einem Beweis *mittels* der Logik und einem Beweis *in* der Logik ignoriere: 'der logische Beweis eines sinnvollen Satzes und der Beweis *in* der Logik (müssen) zwei ganz verschiedene Dinge sein …' (TLP 6.1263; AM 210–1).

(1') Wenn der Ofen raucht, ist der Kamin nicht in Ordnung; der Ofen raucht; also ist der Kamin nicht in Ordnung

leitet die Wahrheit eines empirischen Satzes aus der der Prämissen her. Im Gegensatz dazu beweist

(3) $(p \cdot (p \supset q)) \supset q \equiv (\sim q \cdot (p \supset q)) \supset \sim p$

nicht so sehr die Wahrheit eines Satzes (eine Tautologie kann nicht im strikten Sinne wahr sein, weil sie nichts sagt) als vielmehr, daß eine bestimmte Zeichenverbindung eine Tautologie ist und also zur Logik gehört. Es tut das ohne Bezugnahme auf Axiome, einfach 'indem man die logischen Eigenschaften des *Symbols* berechnet' (AM 209–10; TLP 6.126). Unglücklicherweise gibt der *Tractatus* konfligierende Darstellungen von diesem Prozeß. *Tractatus* 6.126 beschreibt ihn als einen des 'Bildens' oder 'Entstehen lassens' einer Tautologie aus anderen durch sukzessive Anwendung wahrheitsfunktionaler Operationen. Diese Beschreibung paßt auf die axiomatische Vorgehensweise besser als das Entscheidungsverfahren mittels Wahrheitstafeln in *Tractatus* 6.1203, das nicht eine Tautologie aus einer anderen ableitet, sondern berechnet, ob ein Satz den Wahrheitswert W für alle 'Wahrheitskombinationen' seiner Bestandteile hat.

Vielleicht ist die Erklärung für diese Ungereimtheit, daß der *Tractatus* nicht ein Beweisverfahren, das axiomatische, zugunsten eines anderen verwirft, sondern nur die Vorstellung, daß irgendein Beweisverfahren Wahrheiten über logische Entitäten feststelle statt nur die Regeln für den Gebrauch der wahrheitsfunktionalen Operatoren zu entfalten (TLP 6.126). Auf jeden Fall schlägt der *Tractatus* auf der tiefsten Ebene vor, auf logische Beweise überhaupt zu verzichten. Alle sinnvollen Sätze sind Wahrheitsfunktionen von logisch voneinander unabhängigen ELEMENTARSÄTZEN und können durch die WAHRHEITSTAFEL-Notation ausgedrückt werden: In dieser Notation kann (1) als eine Anordnung von drei Wahrheitstafeln geschrieben werden. Jede Reihe dieser Wahrheitstafeln stellt eine andere 'Wahrheitsmöglichkeit' dar, eine mögliche Kombination der Wahrheitswerte von p und q. In der folgenden Abkürzung ist der Wahrheitswert jedes Satzes für die vier Wahrheitsmöglichkeiten als ein Quadrupel von Ws und Fs ausgedrückt.

(1*) (WFWF)(p,q) $[p]$; (WWFW)(p,q) $[p \supset q]$; *also* (WWFF)(p,q) $[q]$.

Der Sinn eines Satzes ist durch seine 'Wahrheitsbedingungen' gegeben, die Zuordnung von Wahrheitswerten für jede Wahrheitsmöglichkeit seiner Argumente. Diejenigen Möglichkeiten, die einen Satz bewahrheiten, sind seine 'Wahrheitsgründe': Daß 'q' aus 'p' und '$p \supset q$' folgt, heißt, daß alle Wahrheitsmöglichkeiten, die Wahrheitsgründe der *beiden* ersten Sätze sind – nämlich die erste Wahrheitsmöglichkeit –, *auch* Wahrheitsgründe des letzten Satzes sind. Nirgends erscheint ein W für beide Prämissen und ein F für die Schlußfolgerung, das heißt, es ist logisch unmöglich, daß die Prämissen sämtlich wahr sein sollten und die Schlußfolgerung gleichwohl falsch – die Definition von Folgerung (TLP 4.431, 5.101–5.1241). Im Gegensatz dazu ist

(4) (WWFF)(p,q) $[q]$; (WWFW)(p,q) $[p \supset q]$; *also* (WFWF)(p,q) $[p]$

ein Fehlschluß (der der Behauptung des Konsequens), weil es eine Wahrheitsmöglichkeit (die zweite) gibt, in der beide Prämissen wahr sind und die Schlußfolgerung falsch.
    Entsprechend ergibt sich alle Folgerung aus der Komplexität (wahrheitsfunktionalen Zusammensetzung) von Sätzen (Elementarsätze haben keine echten Folgerungen). Russell erkannte an, daß dies 'eine verblüffende Vereinfachung der Lehre vom Schluß' darstellt ('Einleitung', 273), aber er versäumte es, die radikalen Konsequenzen zu erkennen. Folgerung ist eine INTERNE RELATION zwischen Sätzen. Aber Schlußregeln können solche Beziehungen nicht rechtfertigen, tatsächlich sind sie überflüssig (TLP 5.13–5.132; AüL 188, 197; AM 209–10). Erstens kann man einen Schluß wie (1') nicht unter Berufung auf (1) rechtfertigen: das letztere ist ein bloßes Schema, das zu einem Satz nur wird durch Einsetzung sinnvoller Sätze für seine Satzbuchstaben, womit man einen anderen Beweis derselben Form bildet, der den ursprünglichen nicht rechtfertigen kann. Zweitens kann (1) nicht durch die Bezugnahme auf die Tatsache gerechtfertigt werden, daß (2) eine Tautologie ist. Daß (2) eine Tautologie und (1) gültig ist, sind zwei Aspekte ein und derselben strukturellen Beziehung zwischen Prämissen und

Schlußfolgerung; keine von beiden gibt eine unabhängige Rechtfertigung für die andere (so eine Rechtfertigung kann für interne Beziehungen im allgemeinen nicht gegeben werden, weil die Relata der Beziehung nicht identifiziert werden können ohne die Unterstellung, daß die Relation besteht). Daß (2) eine Tautologie ist oder daß aus 'p' und '$p \supset q$' 'q' folgt, kann nicht einmal sinnvoll gesagt werden, weil das interne Eigenschaften der betreffenden Sätze sind, die sich in einer angemessenen Notation, die ihre Struktur deutlich macht, *zeigen* (*siehe* SAGEN/ZEIGEN). In einer derartigen Notation wären wir in der Lage, alle logischen Eigenschaften und Beziehungen zu erkennen, indem wir *empirische* Sätze ansehen. Zu beweisen, daß (2) eine Tautologie ist, wäre unnötig; wir könnten sowohl auf Tautologien verzichten als auch auf das Entscheidungsverfahren mittels Wahrheitstafeln, um sie zu erkennen (TLP 6.122, 6.1262).

1929 kam Wittgenstein jedoch zu der Einsicht, daß es nicht immer möglich ist, molekulare Sätze als Wahrheitsfunktionen von Elementarsätzen zu analysieren, weil es nicht-wahrheitsfunktionale logische Beziehungen gibt. Er hielt an der Vorstellung fest, daß Folgerung eine interne oder 'grammatische' Beziehung zwischen Prämissen und Schlußfolgerung ist; realisierte aber, daß nicht alle derartigen Beziehungen der Erfassung mittels Wahrheitstafeln zugänglich sind. Was allgemein gilt ist nur der (traditionelle) Punkt, daß die Konklusion eines Schlusses den Prämissen keine neue Information hinzufügt (PLP 371; WWK 92). Außerdem sind Schlußregeln weder unsinnig noch überflüssig. Es sind grammatische Regeln (*siehe* GRAMMATIK), Normen, die die Umformung von Sätzen erlauben. Jede grammatische Regel kann als Schlußregel verwendet werden und wir berufen uns auf derartige Regeln fortwährend beim Erklären, Rechtfertigen und Kritisieren solcher symbolischer Umformungen. Wie früher werden Schlußregeln von Tautologien unterschieden. Anders als (2), das nichts sagt, ist '„$(p \mathrel{.} (p \supset q)) \supset q$" ist eine Tautologie' ein Paradigma, das festlegt, daß Umformungen einer bestimmten Art zulässig sind. Gleichermaßen ist das Gesetz des Widerspruchs nicht das leere '$\sim(p \mathrel{.} \sim p)$', sondern eine Regel, die das logische Produkt '$p \mathrel{.} \sim p$' als unsinnig ausschließt (WWK 131; Vorl 324–8; BPP I § 44; BPP II § 732; Z § 682).

Die frühere Auffassung, daß solche Regeln überflüssig seien, scheint der Vorstellung geschuldet, daß die internen Beziehungen zwischen Sätzen aus dem Wesen der logischen Operationen hervorgehen, mittels deren sie konstruiert werden (TLP 6.124), eine Auffassung, die Wittgenstein nun verwirft. Schlußregeln oder logische Beziehungen zwischen Sätzen anzuerkennen steht auf einer Stufe mit dem Verständnis molekularer Sätze und dem Verständnis der logischen Operatoren. Schlußregeln folgen nicht aus der Bedeutung der logischen Operatoren, sie sind teilweise für diese konstitutiv. *Modus ponens*, der Satz vom ausgeschlossenen Dritten und der Satz vom Widerspruch sind auch teilkonstitutiv für den Begriff des Satzes und den Begriff des Schließens. In diesem Sinne *sind* es Denkgesetze: eine Praxis, die mit ihnen nicht übereinstimmt, zum Beispiel eine, die sich auf (4) oder Priors Zirkelschlußbeweisschema gründet, zählt nicht als Schließen (BGM 39–41, 89, 397–89; VGM 350–1; *siehe* AUTONOMIE DER SPRACHE).

Die Definition von Folgerung mittels Wahrheitstafeln im *Tractatus* hat die Modelltheorie beeinflußt, die Folgerung als eine formale Beziehung zwischen den Wahrheitsbedingungen von Sätzen begreift. Wittgenstein kehrte später zu der natürlicheren Vorstellung vom Folgern zurück als etwas, das Leute *tun*, während er darauf bestand, daß das kein privater geistiger Prozeß sei (*siehe* GEDANKE/DENKEN), sondern ein Prozeß der Umformung von Symbolen gemäß Regeln. Wittgensteins andauernde Überzeugung, daß die Logik 'für sich selber sorgen' müsse (TLP 5.473), ist unvereinbar mit modelltheoretischen Versuchen, Schlußregeln zu rechtfertigen. Eine Behauptung aus dieser Richtung ist, daß solche Regeln 'gültig' sein müßten, das heißt, nicht erlauben dürften, falsche Konklusionen aus wahren Prämissen herzuleiten. Dagegen behauptet Wittgenstein, daß es einen Unterschied zwischen empirischen und logischen Schlüssen gibt (BGM 40, 397). Die Gültigkeit von 'Der Ofen raucht, also ist der Kamin nicht in Ordnung' hängt vom Wahrheitswert empirischer Sätze ab – wenn der Kamin in Ordnung ist, geben wir den Schluß auf. (1') ist solcher Widerlegung nicht zugänglich. Wenn der Kamin in Ordnung ist, machen wir dafür nicht (1') verantwortlich, sondern eine von beiden oder beide Prämissen. (1') ist nicht eine Aussage über die Wirklichkeit, sondern eine Umformung von Zeichen gemäß einer Norm der Darstellung. Schließlich ist die Modelltheorie dafür in Anspruch genommen worden, Schlußregeln unter Verwendung der semantischen Definitionen der logischen Konstanten zu rechtfertigen. Dieses Projekt ist unvereinbar mit Wittgensteins Verwerfung von BEDEUTUNGSKÖRPERn und mit seiner Behauptung, daß Beweise in der Logik nicht eine wahre Beschreibung der Welt feststellen, sondern den tautologischen Charakter einer Zeichenverbindung. *Wenn diese Behauptungen aufrechterhalten werden können, dann bekräftigen sie erneut die Vorstellung von Aristoteles, daß logische Gesetze nicht ohne Zirkularität gerechtfertigt werden können, weil sie in allem Argumentieren vorausgesetzt sind.*

Logische Form
Die logische Form eines Satzes ist seine Struktur, so wie sie von der formalen Logik mit dem Ziel paraphrasiert wird, diejenigen Züge des Satzes zu enthüllen, die für die Gültigkeit von Argumenten, in denen er auftritt, wichtig sind. Die Vorstellung davon geht zurück auf Aristoteles' Erfindung der logischen Formalisierung durch den Gebrauch von Variablen. Der Ausdruck 'logische Form' wurde im 19. Jahrhundert eingeführt. Aber weitläufige Verbreitung fand er erst im Gefolge von Freges Erfindung des Prädikatenkalküls, der die Vorstellung, alle Sätze bestünden aus Subjekt und Prädikat, durch eine komplizierte funktionentheoretische Analyse ersetzte und nahelegt, daß es viele verschiedene Satztypen gibt, die sich in ihrer Struktur oder Form unterscheiden. Russell war der erste, der aus dieser Vorstellung methodologische Konsequenzen zog. Philosophie ist logische Analyse, sie untersucht die logische Form der Sätze. Weil es eine grundlegende Strukturidentität gibt zwischen Sätzen und den Tatsachen, die sie darstellen, wird die Aufstellung eines Verzeichnisses der logischen Formen der Sätze die wesentliche Struktur der Wirklichkeit enthüllen (*External* Kap. II, 212–3; *Mysticism* 75; *Logic* 197, 216–7, 234, 331). Russell verband diese einflußreichen Ideen über die Wichtigkeit von logischen Formen mit idiosynkratischen Auffassungen über ihre Natur. Ihre Entdeckung soll durch Abstraktion von nichtlogischen Sätzen vor sich gehen. Die Ausdrücke, die diesen Prozeß überleben, sind Variable und 'logische Kon-

stante'. Unter letzteren sind neben Satzverknüpfungen und Quantoren die Namen 'reiner' oder 'logischer Formen'. So ergibt 'Platon liebt Sokrates' '$x \Phi y$'. Diese Formen sind völlig allgemeine Tatsachen – in unserem Fall 'Irgend etwas ist in irgendeiner Beziehung zu irgend etwas' oder 'Es gibt duale Komplexe'. Unter Wittgensteins Einfluß kam Russell dazu zu bestreiten, daß logische Formen 'Entitäten' seien, die wir benennen könnten. Aber er blieb dabei, sie als 'logische Gegenstände' zu behandeln, mit denen wir durch eine 'logische Erfahrung' bekannt seien, eine Bekanntschaft, die verwandt sei mit unserer Kenntnis des Geschmacks einer Ananas (*Principles* xv, 3–11, 106; 'Theory' 97–101, 113–4, 129–31).

Wittgenstein akzeptierte anfänglich, daß Philosophie die Lehre der logischen Form sei. Er billigte Russells Theorie der Kennzeichnungen zu, gezeigt zu haben, daß die wirkliche logische Form von Sätzen von ihrer scheinbaren (schulgrammatischen) Form sehr verschieden ist, und folgerte, daß 'Mißtrauen gegenüber der Grammatik ... die erste Bedingung des Philosophierens' sei (AüL 206; TLP 4.0031). Er behielt auch die Vorstellung bei, daß die Struktur der Sätze durch Abstraktion von ihren inhaltlichen Bestandteilen enthüllt werden kann. Wenn wir alle 'Bestandteile' von 'Platon liebt Sokrates' durch Variable ersetzen, erreichen wir ein 'logisches Urbild' – '$x \Phi y$' –, das die logische Form all der Sätze zeigt, die eine zweistellige Relation beschreiben (TLP 3.315–3.317; AüL 192–3, 203–4). Während die ALLGEMEINE SATZFORM allen Sätzen gemeinsam ist, unterscheiden sich verschiedene Satztypen durch ihre logische Form.

Gleichzeitig behauptete Wittgenstein, daß Russell an diese logischen Formen unvereinbare Forderungen gestellt hatte: sie sollten sowohl durch Sätze ausdrückbare Tatsachen sein, das heißt negiert werden können ('Es gibt zweistellige Relationen'), als auch Gegenstände, die benannt werden können ('die zweistellige Relation'). Wie Wittgenstein eindringlich bemerkte, sollten sie 'die nützliche Eigenschaft ..., zusammengesetzt zu sein', das Kennzeichen von Sätzen und TATSACHEN, mit der 'angenehme(n) Eigenschaft' verbinden, einfach zu sein, was für den Logischen Atomismus das Privileg von Gegenständen ist (*siehe* GEGENSTAND) (AüL 198–9, 203, 207). Wittgensteins allgemeines Angriffsziel war die von Russell und Frege geteilte Vorstellung, daß logische Zeichen Namen von LOGISCHEN KONSTANTEN seien, arkanen Entitäten, die den Gegenstandsbereich der LOGIK bildeten (AüL 195). Zuerst charakterisierte er sie als 'Kopulae', das logische Netzwerk oder den Zement, der die inhaltlichen Bestandteile von Sätzen zusammenhalte und zurückbleibt, wenn von dieser abstrahiert wurde (RUB Sommer 1912, 1.13). Später bestand er darauf, daß die logische Form eines Satzes nicht ein eigener Gegenstand, sondern durch die Formen seiner Bestandteile bestimmt sei.

Diese Vorstellung ist mit der BILDTHEORIE verknüpft. Ein Satz ist ein Bild, das die Wirklichkeit wahr oder falsch modelliert vermöge der Beziehung zwischen seinen Elementen, die die Beziehungen zwischen den Elementen der Situation darstellen. So ein Bild besitzt zwei wesentliche Züge, erstens eine PROJEKTIONSMETHODE, die die Elemente des Modells mit denen der Situation, die es darstellt, verknüpft; und zweitens strukturelle Züge, die es mit der Wirklichkeit teilen muß, um letztere darzustellen. Wittgenstein nahm auf diese geteilte Struktur als die 'Form eines Bildes' Bezug oder als seine 'logische Form' (Tb 20./25./29.10.14). Im *Tractatus* unterschied er verschiedene Begriffe:

Logische Form

(a) Die 'Struktur' eines Bildes ist die konventionell bestimmte Weise, in der seine Elemente angeordnet sein müssen, um die Weise darzustellen, in der die Elemente der Situation sich zueinander verhalten (TLP 2.032, 2.15). Definitionsgemäß weist diese Struktur nur das Bild auf.

(b) Etwas besitzt die 'Form der Abbildung', die erforderlich ist, um eine bestimmte Situation abzubilden, wenn es möglich ist, seine Elemente in einer Weise anzuordnen, die die Beziehung zwischen den Gegenständen jener Situation spiegelt; das heißt, die Form der Abbildung ist die Möglichkeit dieser Anordnung, was heißt, daß diese von Bild und Situation geteilt werden muß (TLP 2.15–2.172).

(c) 'Logische Form' ist, was jedes Bild, welcher Form der Abbildung auch immer, mit dem, was es abbildet, gemeinsam haben muß (TLP 2.18ff.). Das Bild muß dieselbe logisch-mathematische Mannigfaltigkeit haben wie die Situation (TLP 4.032–4.0412, 5.474f.; Wittgenstein schreibt diesen Begriff Hertz zu (siehe *Mechanik* § 418), das heißt, es muß (i) dieselbe Anzahl von Elementen wie die Situation Gegenstände aufweisen, und (ii) müssen diese Elemente die kombinatorischen Möglichkeiten der Gegenstände teilen, für die sie stehen.

(d) Die 'Form der Darstellung' ist der externe 'Standpunkt', von dem aus das Bild seinen Gegenstand darstellt (TLP 2.173f.), die Darstellungsweise, die mit verschiedenen Medien variiert. Während Form der Abbildung und logische Form das sind, was *A* mit *B* gemeinsam haben muß, um es abzubilden, ist Form der Darstellung, was beide voneinander unterscheidet und verhindert, daß *A* ein bloßes Duplikat von *B* ist.

Nehmen wir das Modell eines Verkehrsunfalls in einem Gerichtssaal, das die Bildtheorie inspiriert hat (Tb 29.9.14). Die Form dieses Modells schließt die räumlichen Beziehungen zwischen dem Spielkinderwagen und dem Spiellastwagen ein; es schließt keine Beziehungen ein, die in den Konventionen der Abbildung keine Rolle spielen, wie die zwischen ihren Gewichten. Die dreidimensionale Natur des Modells ist Teil seiner Form der Abbildung; sie garantiert, daß die räumlichen Beziehungen zwischen den Spielzeugen diejenige zwischen Lastwagen und Kinderwagen darstellen können. Aber das können auch zweidimensionale Beziehungen zwischen den Elementen einer Zeichnung. Hier haben wir zwei Bilder desselben Sachverhalts mit verschiedenen Formen der Darstellung, das heißt in verschiedenen Medien. Beide Medien schließen Züge ein (z.B. Größe und Farbe der Elemente), die das Bild von dem unterscheiden, was es abbildet. Weder die Zweidimensionalität der Zeichnung noch die Dreidimensionalität des Modells sind Teil der logischen Form, weil die logische Form allen Bildern desselben Sachverhalts gemeinsam sein muß, unangesehen ihrer Form der Darstellung. Diese logische Form würde mit dem Unfall beispielsweise nicht von einem einzelnen festliegenden Ball geteilt, dem die logische Mannigfaltigkeit fehlt, ihn darstellen zu können. In gleicher Weise ist die räumliche Anordnung der Noten in einer Partitur Teil ihrer Form der Darstellung und wird von der Musik nicht geteilt. Im Gegensatz dazu ist die Möglichkeit, unterschiedliche Elemente anhand zweier Parameter zu ordnen, nicht nur von Musik und Partitur geteilt (und daher Teil der Form der

L Logische Form

Abbildung, die der Partitur eigen ist), sondern von der Musik und *jeder* Darstellung für sie (z. B. einer digitalen Aufnahme), und ist daher Teil der logischen Form der Partitur. Was immer eine Form der Abbildung hat, hat auch eine logische Form. Während nicht jedes Bild zum Beispiel ein räumliches ist, muß jedes Bild ein 'logisches Bild' sein, das heißt, eine logische Form besitzen. Ein GEDANKE ist ein logisches Bild *par excellence*: seine *alleinige* Form der Abbildung ist die logische Form, was heißt, daß er keines besonderen Mediums der Abbildung bedarf (TLP 2.181–2.19, 3).

Nicht nur Bilder und was sie abbilden haben logische Form, sondern auch ihre Bestandteile – NAMEN und Gegenstände. Tatsächlich ist die logische Form eines Satzes bestimmt von der seiner Bestandteile (Tb 1.11.14; TLP 2.0233, 6.23). Genauso, wie die Form von Sätzen und Tatsachen die Möglichkeit einer bestimmten Struktur ist, ist die ihrer Bestandteile ihre Möglichkeit, in bestimmte Verbindungen einzutreten. Die Form eines Namens ist, was er mit allen anderen Namen derselben logisch-syntaktischen Kategorie gemeinsam hat, seine kombinatorischen Möglichkeiten, die dargestellt werden durch die Variablen, von denen jene Namen Werte sind. Die kombinatorischen Möglichkeiten eines Namens spiegeln diejenigen des Gegenstandes, für den er steht, und zeigen dadurch etwas über die Struktur der Wirklichkeit (TLP 2.012 ff.; Tb 16.8.16). Ein Gegenstand hat sowohl interne (strukturelle/formale) als auch externe Eigenschaften. Seine externen Eigenschaften bestehen darin, mit denjenigen anderen Gegenständen, mit denen er zufällig verbunden ist, verbunden zu sein. Seine internen Eigenschaften bestehen in der Möglichkeit, sich mit anderen Gegenständen zur Bildung eines Sachverhalts zu verbinden, und der Unmöglichkeit, sich mit anderen Gegenständen zu verbinden (TLP 2.0141, 4.123). Jede dieser kombinatorischen Möglichkeiten ist *eine* Form eines Gegenstandes und für ihn wesentlich. Ihre Gesamtheit ist *die* (logische) Form des Gegenstandes – das logische Äquivalent der chemischen Valenz, die die Verbindungsmöglichkeiten der Elemente bestimmt. So ist gefärbt zu sein die Form eines sichtbaren Gegenstandes, sind Raum und Zeit die Formen aller Gegenstände (TLP 2.0251; PT 2.0251 f.). Es ist eine interne Eigenschaft eines sichtbaren Gegenstandes, *keine* Tonhöhe zu haben, aber *irgendeine* Farbe (und umgekehrt für einen hörbaren Ton), und es ist eine externe Eigenschaft, zum Beispiel rot zu sein. Es ist eine interne Eigenschaft aller Gegenstände, Töne eingeschlossen, eine raumzeitliche Position zu haben (obwohl Töne eher in einem Hörraum als im Gesichtsraum loziert würden), eine externe Eigenschaft, bestimmte raumzeitliche Koordinaten zu haben.

Die Form eines Gegenstandes A bestimmt für jeden anderen Gegenstand, ob A sich mit ihm verbinden kann oder nicht. Das ist der Grund, warum, wenn nur ein *einzelner* Gegenstand A gegeben ist, *alle* Gegenstände gegeben sind – sie sind alle Teil von As Form (TLP 5.524). Das ist auch der Grund, warum Gegenstände die 'Substanz der Welt' bilden, das, was 'besteht' unabhängig von dem, was der Fall ist. Diese Substanz ist zugleich 'Form und Inhalt'. Sie ist Inhalt, weil die einzigen Elemente von Tatsachen, unabhängig davon, was die Tatsachen sind, unzerstörbare Gegenstände sind. Sie ist Form, weil die Gesamtheit der Gegenstände durch deren eigene Formen bestimmt, welche Sachverhalte (Verbindungen von Gegenständen) möglich sind. Diese fixierte Ordnung von Möglichkeiten, die dem LOGISCHEN RAUM äquivalent ist, ist allen möglichen Welten gemeinsam, und der *Tractatus* nennt sie die 'Form der Welt' (TLP 2.021–2.0271). So wie jeder Satz seine logische Form mit der Sachlage, die er abbildet, gemeinsam haben muß, so muß die Sprache, die Gesamtheit der Sätze, mit dem, was sie darstellt, die Logische Form, 'die Form der Wirklichkeit' (TLP 2.18 – anscheinend ein Äquivalent zu 'Form der Welt') gemeinsam haben. Die Harmonie zwischen Sprache und Wirklichkeit, die Darstellung möglich macht, ist der logisch-bildliche Isomorphismus, die strukturelle Identität zwischen dem Darstellenden und dem Dargestellten. Gemäß der SAGEN/ZEIGEN-Unterscheidung kann jedoch die Sprache und Wirklichkeit gemeinsame logische Form nicht selbst in sinnvollen bipolaren Sätzen dargestellt werden: einem Gegenstand könnten seine kombinatorischen Möglichkeiten oder einer Tatsache könnte ihre logische Form nicht fehlen, ohne daß sie aufhörten, dieser bestimmte Gegenstand oder diese Tatsache zu sein. Statt dessen zeigt sich, zum Beispiel, daß Rot eine Farbe ist, am logisch-syntaktischen Verhalten von 'rot' in empirischen Sätzen (TLP 3.262, 3.326). Die Form eines Gegenstandes ist nicht selbst ein Gegenstand, sondern vielmehr seine internen Eigenschaften. Sie wird nicht durch einen Namen dargestellt, sondern durch einen formalen Begriff – 'Funktion', 'ZAHL', 'FARBE', 'Ton'. Ein formaler Begriff bezeichnet nicht eine geheime Entität, von der wir eine logische Erfahrung haben könnten, er ist im Ergebnis eine Variable, die wir verstehen, sobald wir die Zeichen verstehen, die ihre Werte sind (TLP 4.126–4.12721). Eine logisch-syntaktische Kategorie ist nichts als eine Abstraktion von der distinktiven Rolle eines bestimmten Zeichens in empirischen Sätzen.

Wittgensteins späteres Werk gibt die Vorstellung auf, daß die LOGISCHE ANALYSE die verborgene Form der Sprache entdecke, aber verwirft weiterhin die Verdinglichung logisch-sprachlicher Formen (*siehe* BEDEUTUNGSKÖRPER).

Logische Konstante

Dies sind Symbole, die die logische Form von Sätzen anzeigen. Im Prädikatenkalkül sind es die Satzverknüpfungen '~', '∨', '.' und '⊃' sowie die Quantoren '(x)' und '∃(x)'. Russell, der den Ausdruck prägt, gebrauchte ihn umfassender für alle grundlegenden Begriffe der Logik, einschließlich 'Relation', 'Menge' und 'Wahrheit'. Für Russell beschreibt die Logik die allgemeinsten Aspekte der Wirklichkeit. Sie katalogisiert die logischen Formen von Tatsachen durch Abstraktion von den inhaltlichen Bestandteilen nichtlogischer Sätze. Die Symbole, die diesen Prozeß überleben, sind Namen von 'logisch Undefinierbaren' oder 'logischen Konstanten'. Diese bezeichnen 'logische Gegenstände', mit denen wir durch eine 'logische Erfahrung' oder 'Anschauung' bekannt sind. Zwei Gruppen können unterschieden werden, nämlich die 'logischen Formen' von atomaren Tatsachen und die logischen Gegenstände, die angeblich den Satzverknüpfungen und Quantoren entsprechen. Genauso wie Elementarsätze Namen von atomaren 'Komplexen' sind, so sind die Verknüpfungen und Quantoren, durch die molekulare Sätze gebildet werden, Namen von 'nichtatomaren' Komplexen (Principles XI, 8–11; 'Theory' 80, 97–101).

Frege sprach nicht von 'logischen Konstanten'. Aber wie Russell begriff er grundlegende logische Begriffe, besonders die Unterscheidung zwischen Begriffen und Gegenständen, so, daß sie ontologische Kategorien bezeichneten (*Grundlagen*, Einl.; 'Funktion' 31), und Satzverknüpfungen und Quantoren begriff er als Namen von Wahrheitsfunktionen. So wie gewöhnliche Begriffe Gegenstände auf Wahrheitswerte abbilden, so ist die Verneinung ein Begriff (eine einstellige Funktion), die einen Wahrheitswert auf den entgegengesetzten Wahrheitswert abbildet, und das Bedingen eine zweistellige Funktion, die ein Paar von Wahrheitswerten auf einen Wahrheitswert abbildet. Schließlich sind die Quantoren variablenbindende, variablenindexierte Funktionen zweiter Stufe, die Begriffe (Funktionen erster Stufe) auf Wahrheitswerte abbilden. So hat 'x eroberte Gallien' den Wert W für Caesar, so daß 'Caesar eroberte Gallien nicht' den Wahrheitswert W auf F abbildet, während 'Es gibt ein x, so daß x Gallien eroberte' den Begriff erster Stufe 'x eroberte Gallien' auf W abbildet. Für Russell sind Sätze nicht Namen von Wahrheitswerten (sondern von Komplexen), daher bilden Wahrheitsfunktionen atomare Sätze (oder Satzfunktionen wie 'x eroberte Gallien' im Fall der Quantoren) auf molekulare Sätze ab.

Wie Russell schließt Wittgenstein unter den 'logischen Konstanten' nicht nur die Satzverknüpfungen und Quantoren ein, sondern auch das Identitätszeichen '=' und die logischen Formen der Elementarsätze. Die Idee, 'daß es *KEINE logischen* Konstanten gibt', steht am Beginn seiner Philosophie der Logik und es ist der 'Grundgedanke' des *Tractatus*, 'daß die „logischen Konstanten" nicht vertreten. Daß sich die *Logik* der Tatsachen nicht vertreten läßt' (TLP 4.0312, 5.4–5.47; RUB 22.6.12; Tb 25.12.14). Die Zeichen der Logik sind nicht Namen von logischen Entitäten, seien es Russells logische Gegenstände oder Freges echte Funktionen. Desgleichen sind die Sätze der Logik nicht Aussagen über Entitäten, sie beschreiben weder abstrakte Züge der empirischen Wirklichkeit noch eine platonische *Hinterwelt*, sondern sind leere TAUTOLOGIEN, die Regeln für die Verbindung von Zeichen reflektieren.

Zuerst drückte Wittgenstein den Gedanken, daß die logischen Konstanten nicht vertreten, dadurch aus, daß er sagte, sie seien alle 'Kopulae', eine Art von Zement, der die inhaltlichen Bestandteile der Sätze zusammenhält und übrigbleibt, wenn letztere wegabstrahiert worden sind (RUB Sommer 1912–1.13). Später trennte er die Erörterung der LOGISCHEN FORMEN von Elementarsätzen von der der anderen logischen Konstanten. Hauptangriffsziel der ersten Diskussion ist Russell, der letzteren Frege. Beide werden beschuldigt, Bezugsgegenstände für logische Sätze zu hypostasieren, weil sie versäumten zu sehen, daß Sätze (*siehe* SATZ) keine Namen sind. Gegen Frege insbesondere besteht Wittgenstein darauf, daß die Zeichen 'F' und 'W' sich ebensowenig auf logische Gegenstände beziehen, wie Klammern das tun, sondern lediglich die Wahrheitsmöglichkeiten von Sätzen anzeigen (TLP 4.441; AüL 207). 'xRy' bezeichnet eine Relation zwischen Gegenständen – '$p \vee q$' bezeichnet keine analoge Relation zwischen Sätzen (TLP 5.44, 5.46f.; AüL 199–202; AM 216–7). Satzverknüpfungen benennen nicht Funktionen; sie drücken 'Wahrheitsoperationen' aus, durch die wir molekulare oder elementare Sätzen erzeugen. Der Wahrheitswert und der Sinn der Resultate solcher Operationen sind Funktionen der Wahrheitswerte und des Sinns ihrer Basen. Aber die Operationen benennen nicht Relationen zwischen Sätzen, sie drücken interne Beziehungen zwischen Strukturen von Sätzen aus, indem sie zeigen, was mit einem Satz getan werden muß, um aus ihm einen anderen zu machen (z. B., daß '$p \vee q$' negiert werden muß um '$\sim p . \sim q$' zu erhalten) (TLP 5.2–5.25, 5.3; Tb 17.8./29.8./22.11.16).

Wittgenstein führt mehrere Argumente gegen Frege an.

(a) Wenn die Satzverknüpfungen Funktionsnamen wären, müßten ihre Argumentausdrücke Eigennamen von Gegenständen sein. Aber die Argumente von Wahrheitsfunktionen sind Sätze, die gänzlich verschieden sind von Namen (TLP 4.441).

(b) Wenn das Wahre und das Falsche Gegenstände wären, würde Freges Methode, den Sinn beispielsweise des Negationszeichens zu bestimmen, zusammenbrechen (TLP 4.431). So hätte, vorausgesetzt daß 'p' denselben Wahrheitswert hätte wie 'q' (z. B. W), '$\sim p$' denselben Sinn wie '$\sim q$', weil beide den Gedanken ausdrücken, daß das Wahre unter den Begriff der Verneinung falle. Aber offensichtlich haben '$\sim p$' und '$\sim q$' verschiedenen Sinn, genau wie 'p' und 'q' verschiedenen Sinn haben.

(c) Im Gegensatz zu echten Funktionszeichen wie 'x ist rot' entspricht nichts in der Wirklichkeit '$\sim$'. Ein falscher Satz entspricht nicht einer negativen Tatsache, die einen Gegenstand mit Namen 'Verneinung' einschlösse; es gibt *keine* Tatsache, die ihm entspräche. Der einzige Effekt von '$\sim$' ist, den Wahrheitswert eines Satzes umzukehren. Obwohl 'p' und '$\sim p$' entgegengesetzten Sinn haben, erwähnen beide dieselbe Konfiguration derselben Gegenstände. Sie können ohne ein eigenes Zeichen einander entgegengesetzt werden, indem man die Wahrheitspole vertauscht – 'W p F' vs. 'F p W' (TLP 2.01, 4.0621, 6.1203).

(d) Eine Funktion kann nicht ihr eigenes Argument sein, weil man die Funktion 'ξ ist ein Pferd' nicht in die Argumentstelle von 'ξ ist ein Pferd' einsetzen kann; während das Resultat einer Wahrheitsoperation die Basis derselben Operation sein kann (TLP 5.251).

(e) Weil ein Funktionszeichen einen Gegenstand einem anderen zuordnet, würde '$\sim\sim p$' von der Verneinung als einem Gegenstand handeln müssen und daher etwas anderes sagen müssen als 'p' (TLP 5.44). Aus demselben Grund würden unendlich viele Sätze '$\sim\sim p$', '$\sim\sim\sim\sim p$' etc. aus einem einzelnen Satz 'p' folgen, was absurd ist (TLP 5.43).

(f) Nur Operationen, nicht Funktionen, heben einander auf oder verschwinden: $\sim\sim p = p$ (TLP 5.253 f., 5.441; Tb 24.1.15; PT 5.0022).

(g) '$\sim$', '$\supset$', '$.$', '(x)', '$(\exists x)$' etc. sind durcheinander definierbar ($\sim(\exists x)\sim fx \equiv (x)fx$, $(x)(fx . x = a) \equiv fa$); also sind sie keine 'Urzeichen', wie Freges und Russells axiomatische Systeme annahmen, und bezeichnen auch keine verschiedenen Typen von Funktionen (TLP 5.42, 5.441).

Der letzte Punkt bezieht sich auf die Quantoren genauso wie auf die Satzverknüpfungen, und der *Tractatus* fügt andere Argumente hinzu, um die Verwerfung logischer Konstanten auf die Quantifikation (*siehe* ALLGEMEINHEIT) und die IDENTITÄT auszudehnen. Mit der Ausnahme von (b) beziehen sich die Kritikpunkte sowohl auf Russell als auch auf Frege. Aber einige können ihrerseits in Frage gezogen werden. Es ist behauptet worden, daß (e) und (f) unterstellen, daß 'p' und '$\sim\sim p$' denselben Sinn haben, was unter Wittgensteins Auffassung des Sinns als der dargestellten Sachlage akzeptabel ist, aber nicht unter Freges Auffassung, weil 'p' und '$\sim\sim p$' denselben Wahrheitswert in verschiedener Weise geben, genauso wie '2+2' und '2^2' dieselbe Zahl auf verschiedene Weisen geben. Diese Annahme ist jedoch vernünftig. Denn 'p' und '$\sim\sim p$' *sagen dasselbe*, ob das nun mit Freges Begriff des Sinns übereinstimmt oder nicht; tatsächlich räumt Frege selbst ein, daß '$p \supset q$' denselben Gedanken ausdrückt wie '$\sim(p \, . \sim q)$' ('Gedankengefüge' 40–6).

Punkt (d) kann auch in Frage gestellt werden; er vergleicht nicht Gleiches mit Gleichem. Tatsächlich kann eine Funktion nicht ihr eigenes Argument sein, aber eine Operation kann auch nicht ihre eigene Basis sein – man kann nicht die Multiplikation multiplizieren. Außerdem akzeptieren, genauso, wie eine Operation auf ihr eigenes Resultat angewendet werden kann, einige Funktionen einen ihrer eigenen Werte als Argumente, und das gilt gerade für die wahrheitsfunktionalen Satzverknüpfungen, die Wahrheitswerte sowohl als Argumente als auch als Werte haben. Gleichermaßen heben sich einige Funktionen auf, zum Beispiel $f(x) = (-1)x$: angewendet auf das Argument 1 ergibt sie den Wert –1, auf das Argument –1 ergibt sie den Wert 1. Wittgenstein könnte erwidern, daß dies der Tatsache geschuldet ist, daß sich Multiplikation Freges Konzeption einer Funktion nicht besser fügt als die Verneinung. Während klar ist, wie bestimmte *Tätigkeiten* einander aufheben können, ist unklar, wie das getan werden kann, indem einem Satz der Name einer Entität (einer Funktion) hinzugefügt wird. Wittgenstein stützt sich hier auf (c), den allgemeinen Punkt, daß die Funktion von Satzverknüpfungen nicht ist, Bezug zu nehmen (zu vertreten), sondern Sätze umzuformen.

Wittgenstein versucht der Versuchung, Bezugsgegenstände für logische Ausdrücke zu hypostasieren, dadurch entgegenzuwirken, daß er sie aus der idealen Notation entfernt. Alle wahrheitsfunktionalen Operationen werden auf eine einzige reduziert, die gemeinsame Negation, von der Wittgenstein dachte, sie könne aus Elementarsätzen alle sinnvollen Sätze erzeugen. Aber selbst das Zeichen für gemeinsame Negation – '$N(\xi)$' – tritt in der idealen Notation nicht auf, weil letztere alle Sätze durch WAHRHEITSTAFELN darstellt, ohne Satzverknüpfungen zu verwenden (TLP 4.44, 5.101): statt '$p \supset q$' einfach '(WWFW)(p,q)', statt sowohl '$\sim\sim p$' als auch 'p' einfach '(WF)(p)'. Diese Idee wird auf quantifizierte Sätze ausgedehnt, indem sie als logische Summen oder Produkte behandelt werden; und Identität wird nicht durch ein besonderes Zeichen ausgedrückt, sondern durch die Verwendung eines einzigen Zeichens für jeden Gegenstand.

Am Ende dieser Säuberung bleibt nur eine einzige logische Konstante übrig, die ALLGEMEINE SATZFORM, die alle Sätze gemeinsam haben, nämlich daß sie Bilder sind, die feststellen, wie es sich verhält. Diese logische Konstante ist mit dem bloßen Begriff eines ELEMENTARSATZES gegeben. Die logischen Operationen fügen nichts hinzu, weil sie auf die Operation der gemeinsamen Negation reduzierbar sind, das heißt, auf Konjunktion und Negation. Weil er wesentlich bipolar ist, ist jeder Satz sowohl mit Wahrheit als auch mit Falschheit verknüpft und also mit Negation, während die Möglichkeit, mehr als einen Satz zu behaupten, die Idee der Konjunktion enthält. Alle logischen Operationen sind bereits in einem elementaren Satz 'fa' enthalten, weil letzterer äquivalent ist mit '$(\exists x)(fx \, . \, x=a)$'. Logik ist ein Niederschlag des Wesens des Satzes, weil LOGISCHE FOLGERUNGEN und logische Sätze (TAUTOLOGIEN) sich aus der wahrheitsfunktionalen Komplexität von Sätzen ergeben, die ihrerseits Resultat der Anwendung von Wahrheitsoperationen auf bipolare Elementarsätze ist (TLP 5.441, 5.47 ff.; RUB Sommer 1912; Tb 5.11.14, 5.5.15).

Wittgensteins nicht-gegenstandstheoretische Erklärung der logischen Operatoren wurde zuerst von den Logischen Positivisten akzeptiert und später allgemein. Aber die Annahme war hauptsächlich auf eine allgemeine Verabscheuung von abstrakten Gegenständen gegründet, nicht auf seine spezifischen Argumente für eine konstantenfreie Notation. Er selbst gab letztere später auf. Aber er dehnte seine Einsicht in die nichtbezugnehmende Funktion von logischen Ausdrücken auf andere Zeichen aus in seinem Angriff auf das AUGUSTINISCHE BILD DER SPRACHE. Dieser Angriff untergräbt auch die Vorstellung, die Bedeutung eines Wortes sei das, wofür es stehe (was es vertrete), und hebt damit die Notwendigkeit auf, die Einsicht, daß die logischen Konstanten nicht vertreten, dadurch auszudrücken, daß man sagt, sie hätten keine Bedeutung (TLP 6.126). Wittgenstein stellte auch die Vorstellung in Frage, daß der Prädikatenkalkül angemessene Erklärungen gewöhnlicher Ausdrücke wie 'nicht', 'und', 'alle', 'wenn ..., dann ...' liefere (Vorl 73–5; PG 55; BGM 41–3; BPP I §§ 269–74; Z § 677; PLP 105), ein Punkt, der von Strawson ausgearbeitet worden ist. Ihre Bedeutung ist nicht durch formale Festsetzungen gegeben, sondern durch die Weisen, in denen wir sie im alltäglichen Leben erklären und verwenden, und sie können durch Beispiele oder sogar ostensiv erklärt werden.

Logische Notwendigkeit
siehe FORM DER DARSTELLUNG, LOGIK

Logischer Raum
Der Ausdruck hat seinen Ursprung in Boltzmanns allgemeiner Thermodynamik, die die unabhängigen Eigenschaften eines physischen Systems so behandelt, daß sie getrennte Koordinaten in einem multidimensionalen System definieren, dessen Punkte die 'Gesamtheit möglicher Zustände' bilden. Der *Tractatus* definiert den Ausdruck 'logischer Raum' nicht, aber er bezieht sich hier klarerweise auf die Gesamtheit logischer Möglichkeiten. Der Logische Raum steht zu 'Wirklichkeit', dem Bestehen und Nichtbestehen der Sachverhalte (TLP 2.05), wie das Mögliche zum Wirklichen. Der Ausdruck vermittelt die Vorstellung, daß logische Möglichkeiten ein 'logisches Gerüst' bilden (TLP 3.42), eine systematische Mannigfaltigkeit ähnlich einem Koordinatensystem. Die Welt, das sind die 'Tatsachen im logischen Raume' (TLP 1.13), weil das kontingente Bestehen von Sachverhalten in eine Ordnung a priori von Möglichkeiten eingebettet ist. Die Analogie zwischen dem Raum und der Gesamtheit logischer Möglichkeiten hat verschiedene Dimensionen:

(a) Ein 'Ort' im logischen Raum ist durch einen 'Satz' bestimmt (3.4–3.42), das heißt hier einen ELEMENTARSATZ. Er ist ein möglicher Sachverhalt, der den beiden 'Wahrheitsmöglichkeiten' eines Elementarsatzes entspricht – wahr zu sein oder falsch zu sein

L Logischer Raum

(TLP 4.3 ff.). Für n Sätze gibt es 2^n Wahrheitsmöglichkeiten, das heißt, mögliche Kombinationen von Wahrheitswerten. Wenn es nur zwei Elementarsätze gibt, p, q, gibt es vier solche Wahrheitsmöglichkeiten, Weisen, wie die Welt beschaffen sein kann, die durch die Reihen einer WAHRHEITSTAFEL dargestellt werden.

p	q	
W	W	
F	W	
W	F	
F	F	

(b) Genauso, wie die Existenz eines Punktes im geometrischen Raum garantiert ist unabhängig davon, ob er besetzt ist oder leer, nämlich durch seine Koordinaten, ist ein Ort im logischen Raum, die Möglichkeit eines Sachverhalts, garantiert durch die Gegenstände, die ihn bilden, unabhängig davon, ob der Sachverhalt besteht oder nicht (TLP 3.4–3.411). Ein Punkt im Gesichtsfeld ist von einem 'Farbenraum' umgeben, das heißt, er muß *irgendeine* Farbe haben, ein Ton *irgendeine* Höhe, ein tastbarer Gegenstand *irgendeine* Härte (TLP 2.0131), und so weiter für alle bestimmbaren Eigenschaften. Gegenstände müssen irgendeine Region des logischen Raumes ausfüllen, das heißt, irgendeine Wirklichkeit im Raum der Möglichkeiten realisieren, aber es ist eine empirische Frage, welchen Ort sie tatsächlich ausfüllen.

(c) Diese Analogie erstreckt sich auch auf das Ausfüllen des Raumes. Ein Ort im logischen Raum ist eingenommen oder ausgefüllt, wenn der Sachverhalt besteht. Desgleichen kann ein Satz den Tatsachen einen 'Spielraum' lassen, nämlich jene Teile des logischen Raumes (der möglichen Sachverhalte), die mit seiner Wahrheit vereinbar sind (TLP 4.463, 5.5262). Jeder Satz teilt den ganzen logischen Raum in diejenigen Wahrheitsmöglichkeiten, die mit ihm übereinstimmen, und diejenigen, die das nicht tun. Tautologien lassen der Wirklichkeit den ganzen logischen Raum, während Widersprüche ihn ganz ausfüllen, weil sie wahr beziehungsweise falsch sind, was immer auch der Fall sein mag. Der Spielraum, den ein molekularer Satz den Tatsachen läßt, ist bestimmt durch seine 'Wahrheitsbedingungen', die eine Teilung der Menge der Wahrheitsmöglichkeiten ist in diejenigen, die ihn bewahrheiten, seine 'Wahrheitsgründe', und diejenigen, die ihn falsch machen. Die Anzahl von Wahrheitsgründen eines Satzes gibt ein Maß für seinen Spielraum und damit für seine Wahrscheinlichkeit (TLP 4.463 f., 5.101; *siehe* INDUKTION).

(d) Schließlich ist, so wie der physische Raum das Feld ist, in dem sich materielle Gegenstände bewegen, der logische Raum ein Feld möglicher Veränderung, nämlich der Veränderung von Konfigurationen (Kombinationen) von Gegenständen in Tatsachen (TLP 2.0271 f.). Und genauso, wie materielle Gegenstände eine Form haben, die ihre Möglichkeit der Bewegung bestimmt, haben die Gegenstände des *Tractatus* eine LOGISCHE FORM, die Möglichkeit, sich mit anderen Gegenständen in einem Sachverhalt zu verbinden (TLP 2.011–2.0141, 2.0251).

Man könnte denken, daß die Orte im logischen Raum nicht nur alle möglichen (bestehenden und nichtbestehenden) Sachverhalte einschließen, sondern auch ihre Verneinungen, weil *Tractatus* 4.0641 sagt, 'der verneinende Satz bestimmt einen *anderen* logischen Ort als der verneinte'. Aber der verneinende Satz '~p' bestimmt einen logischen Ort, indem er ihn als 'außerhalb' des Ortes von 'p' liegend beschreibt, was bedeutet, daß er tatsächlich einen logischen Spielraum beschreibt, der aus allen Sachverhalten außer *p* besteht.

Tractatus 4.463 spricht vom logischen Raum als 'unendlich'. Das kann als die Behauptung verstanden werden, daß es unendlich viele Sachverhalte oder Gegenstände geben müsse (TLP 2.0131). Das ist auch des weiteren für notwendig gehalten worden, um die logische Unabhängigkeit der Elementarsätze zu sichern: wenn der Gegenstand *A* sich nur mit einer endlichen Zahl *n* von Gegenständen verbinden kann, dann impliziert, daß er mit *n*–1 Gegenständen nicht kombiniert ist, daß er mit dem verbleibenden Gegenstand verbunden ist. Aber was hier einen Elementarsatz p_n impliziert, ist ein *molekularer* Satz der Form '$\sim p_1 . \sim p_2 . \ldots . \sim p_{n-1}$'. Außerdem erklärt Wittgenstein es zu einer offenen Frage, vielleicht durch die 'Anwendung der Logik' zu lösen, ob es unendlich viele Sachverhalte und Gegenstände gibt (TLP 4.2211, 5.55ff.), und das stimmt mit seiner Vorstellung überein, daß die Logik nicht von kontingenten Tatsachen abhängen darf. Schließlich scheint seine Erklärung der ALLGEMEINEN SATZFORM nur erfolgreich zu sein, wenn die Anzahl der Elementarsätze endlich ist (TLP 5.32).

Durch (b) ist impliziert, daß es unter Gegenständen keine 'Junggesellen' gibt, das heißt, daß alle mit mindestens einem anderen Gegenstand verbunden sind. Das wird von den meisten Kommentatoren als selbstverständlich hingenommen, kann aber unter Bezugnahme auf *Tractatus* 2.013 bestritten werden: 'Jedes Ding ist ... im Raume möglicher Sachverhalte. Diesen Raum kann ich mir leer denken, nicht aber das Ding ohne den Raum.' Das legt nahe, daß alle Orte im logischen Raum leer sein könnten, weil kein Sachverhalt besteht. Unter solchen Umständen gäbe es jedoch keine Sätze (die selbst Tatsachen sind) und also keine sprachliche Darstellung. Außerdem muß, wenn Räume, die Gegenstände umgeben, analog zum Farbenraum sind, jeder Gegenstand mit mindestens einem Gegenstand aus diesem Raum verbunden sein: ein Punkt im Gesichtsraum muß *irgendeine* Farbe haben (TLP 2.0121, 2.0131). Es scheint danach, daß die Möglichkeit von Junggesellen letztlich doch mit dem Begriff des logischen Raumes unvereinbar ist.

Es folgt, daß es eine wechselseitige Abhängigkeit zwischen Gegenständen und logischem Raum gibt. Auf der einen Seite hängen Gegenstände vom logischen Raum ab, weil es für sie wesentlich ist, in ihm einen Ort zu haben. Auf der anderen Seite strukturieren Gegenstände den logischen Raum, weil ihre Form ihre kombinatorischen Möglichkeiten bestimmt. Das Wesen jedes einzelnen Gegenstandes bestimmt die Gesamtheit der Sachverhalte, in denen er auftreten kann, daher enthalten Gegenstände im allgemeinen 'die Möglichkeit aller Sachlagen' (TLP 2.012, 2.0123, 2.014). Weil außerdem die Form jedes Gegenstandes bestimmt, ob er sich mit jedem anderen Gegenstand verbinden kann oder nicht, sind, wenn auch nur ein Gegenstand gegeben ist, alle Gegenstände und also der ganze logische Raum gegeben (TLP 2.0124, 5.524). Das hilft, *Trac-*

tatus 3.42 zu erklären: 'Obwohl der Satz nur einen Ort des logischen Raumes bestimmen darf, so muß doch durch ihn schon der ganze logische Raum gegeben sein.' Der unmittelbare Grund, auf den in den folgenden Absätzen angespielt wird, ist, daß ein Elementarsatz alle logischen Operationen enthält, weil er als Wahrheitsfunktion seiner selbst mit einer Tautologie, die alle anderen Elementarsätze einschließt, ausgedrückt werden kann (vgl. TLP 5.47). Das heißt, daß die Abbildung irgendeines einzelnen Sachverhaltes die Erwähnung aller anderen einschließt, und damit den ganzen logischen Raum. Der tieferliegende Grund, warum das die logisch angemessene Weise des Ausdrucks von Elementarsätzen ist, ist, daß die Möglichkeit jedes einzelnen Sachverhalts über die Form der ihn bildenden Gegenstände bestimmt, welche anderen Sachverhalte möglich sind.

Das hat die unangenehme Konsequenz, daß das Verständnis eines Gedanken das Verständnis aller anderen erfordert. Es ist der Mythos, daß es, wie Wittgenstein später formulierte, 'eine Ordnung ... a priori der Welt' gibt, 'die Ordnung der *Möglichkeiten*, die Welt und Denken gemeinsam sein muß' (PU § 97). Er kam zu der Auffassung, daß, was logisch möglich ist, bestimmt ist durch die FORM DER DARSTELLUNG, die wir akzeptieren, nicht durch das Wesen unveränderlicher Gegenstände, BEDEUTUNGSKÖRPER, die unseren sprachlichen Praktiken eine bestimmte Ordnung auferlegten. Gleichzeitig fuhr Wittgenstein fort, die Idee des geometrischen Raumes zu verwenden, um zu illustrieren, daß eine logische Möglichkeit verwirklicht sein kann oder nicht, und daß eine Möglichkeit einer bestimmten logischen Art nur durch etwas verwirklicht sein kann, das mit ihm intern verbunden ist (z.B. PB 71, 111, 216–8, 252–3; PU § 671; BPP II § 64).

Der technische Apparat des *Tractatus* (Wahrheitsmöglichkeit, Spielraum etc.) beeinflußte die Modelltheorie und die Semantik möglicher Welten durch Carnaps Begriff eine 'L-Zustandes' und die Theorie der Wahrscheinlichkeit durch Waismann und Carnap.

Logische Syntax
Logische Syntax oder 'logische Grammatik' (TLP 3.325) ist das System von Regeln für den Gebrauch von Zeichen, das nach Auffassung des frühen Wittgenstein unter der Oberfläche der Sprache verborgen liegt und durch LOGISCHE ANALYSE entdeckt werden muß. Traditionell denkt man, daß die Logik die Muster gültigen Schließens kodifiziert. Der Verknüpfung mit Regeln wurde durch die Entwicklung axiomatischer Systeme stärkere Schubkraft gegeben, die unterscheiden zwischen Axiomen und Schlußregeln. Letztere legen fest, welche Formeln aus welchen anderen Formeln abgeleitet werden können. Außerdem berief sich Russells Typentheorie auf Regeln, um die mengentheoretischen Paradoxe zu vermeiden. Sie führte eine Unterscheidung ein zwischen Sätzen, die entweder wahr oder falsch sind, und Sätzen, die sinnlos oder absurd sind, obwohl sie, was ihr Vokabular und ihre (schulgrammatische) Syntax angeht, nicht zu beanstanden sind. Eine Zeichenfolge wie 'Die Klasse der Menschen ist ein Mensch' ist nicht falsch, sondern unsinnig, weil sie logische Regeln verletzt (in gleicher Weise enthält in Husserls *Logischen Untersuchungen* die 'logische Grammatik' Regeln, die eine Verbin-

dung von Wörtern beachten muß, um auf Wahrheit auch nur geprüft werden zu können).

Die Vorstellung, daß Bedeutung oder Sinn dem Gegensatz von Wahrheit und Falschheit vorausgeht, liegt im Zentrum von Wittgensteins Konzeption der LOGIK. Die 'Regeln der logischen Syntax' sind 'Zeichenregeln' (TLP 3.3 ff., 6.02, 6.124–6.126; AM 210; RUB 11.13). Sie bestimmen, ob eine Zeichenverbindung sinnvoll ist, und unterteilen sich in vier Gruppen:

> Regeln für den inneren Satzzusammenhang, die Verbindung von einfachen Namen mit Elementarsätzen (dies sind, grob gesprochen, die Regeln der Typentheorie);
> Regeln für die Definition von Namen von Komplexen, die abkürzende Symbole einführen;
> Regeln für den äußeren Satzzusammenhang, für die Verbindung von Elementarsätzen durch wahrheitsfunktionale Operatoren (diese sind verknüpft zu TAUTOLOGIEN und LOGISCHEN FOLGERUNGen);
> Regeln für wiederholbare Operationen, die zum Ergebnis eine 'Formenreihe' haben, wie beispielsweise die Reihe der natürlicher Zahlen.

Die logische Syntax kann nicht durch die Erfahrung widerlegt werden, weil nichts, was ihr widerstreitet, als ein sinnvoller Satz zählt. Sogenannte 'notwendige' Sätze sind nicht Aussagen über eine besondere Art von Gegenstand, sondern reflektieren Regeln für die Darstellung von Gegenständen in bipolaren Sätzen. Deshalb sind philosophische Probleme, die a priori sind, nicht unter Bezugnahme auf die Wirklichkeit zu lösen, sondern nur unter Bezug auf diese Regeln. Philosophische Theorien sind typischerweise unsinnig, weil sie auf Verletzungen oder Mißverständnissen der logischen Syntax beruhen (TLP 4.002 ff.).

Die Umgangssprache erzeugt derartige Verwirrungen, weil sie den Gedanken 'verkleidet' (TLP 4.002): ihre schulgrammatische Oberfläche verbirgt die zugrundeliegende logische Struktur. Aber sie ist nicht logisch mangelhaft, wie Frege und Russell annahmen. Es gibt keine mehr oder weniger logischen Sprachen. Jede Sprache, jedes Zeichensystem, das geeignet ist, die Wirklichkeit darzustellen, muß den Regeln der logischen Syntax gehorchen. Natürliche Sprachen können jeden Sinn ausdrücken. Infolgedessen sind ihre Sätze 'logisch vollkommen geordnet', so, wie sie sind; 'sie sind in keiner Weise logisch *weniger richtig* oder weniger genau oder *unklarer* als Sätze, die ... in Russell Symbolismus oder irgendeiner anderen „Begriffsschrift" niedergeschrieben sind. (Nur ist es für uns einfacher, ihre logische Form zu erfassen, wenn sie in einem geeigneten Symbolismus ausgedrückt sind.)' (OB 10.5.22; TLP 5.5563; Tb 17./22.6.15). Natürlich erscheinen viele Sätze der Umgangssprache vage oder zweideutig. Aber diese Vagheit ist bestimmt und verbirgt, daß sie allgemeine Sätze enthalten. Jede spezifische Anwendung solcher Sätze ist analysierbar in eine Disjunktion von Möglichkeiten und verletzt daher das Prinzip der Bivalenz nicht (TLP 3.24, 5.156; Tb 7.9.14, 16.–22.6.15; *siehe* BESTIMMTHEIT DES SINNS, ALLGEMEINHEIT). Gleichermaßen erlaubt die Umgangssprache die Formulierung unsinniger Sätze und verhüllt die logische Form von Sätzen: Quantoren sehen wie Eigennamen aus ('niemand') oder wie Prädikate ('existieren'), Zweideutigkeiten führen zu philosophischen Verwirrungen ('ist' fungiert als Kopula, Identitätszeichen und Existenzquantor), und formale Begriffe wie 'Gegenstand' sehen aus wie wirkliche Begriffe. Um uns jedoch gegen solche Täuschungen zu wappnen, brauchen wir nicht eine 'Idealsprache', die angeblich Dinge ausdrücken kann, die die Umgangssprache nicht ausdrücken kann, sondern eine 'ideale Notation' oder 'Zeichensprache'. So eine Notation, 'die der logischen Grammatik – der logischen Syntax – gehorcht' (TLP 3.325), zeigt die logische Form gewöhnlicher Sätze.

Hier gibt es die Vorstellung, das, was in der Umgangssprache zu endlosen Mißverständnissen führt, sei in einem angemessenen Symbolismus zum Ausdruck zu bringen ... Wo die Umgangssprache die logische Struktur verhüllt, wo sie die Bildung von Scheinsätzen gestattet, wo sie einen einzigen Ausdruck in unendlich vielen Bedeutungen verwendet, dort müssen wir sie durch einen Symbolismus ersetzen, der ein klares Bild der logischen Struktur vermittelt, der Scheinsätze ausschließt und der seine Ausdrücke nicht mehrdeutig verwendet. (BLF 21)

Wie Ramsey herausstellte, war Russell mit der Auffassung im Irrtum, daß der *Tractatus* mit 'einer logisch vollkommenen Sprache' beschäftigt war ('Einleitung' 259 vs. *Mathematics*, App.).

Der *Tractatus* stimmt auch in einem anderen Aspekt nicht mit Russells Position überein. Die Typentheorie *sagt*, daß bestimmte Arten von Symbolen wegen ihrer Bedeutungen nicht sinnvoll miteinander verbunden werden können, nämlich, weil sie für bestimmte Arten von Entitäten ('logische Typen') stehen. Wittgenstein protestiert, daß Behauptungen wie '„Die Klasse der Löwen ist ein Löwe" ist unsinnig' selbst unsinnig sind, weil sie auf die Bedeutung eines Satzes Bezug nehmen, um sie als bedeutungslos (sinnlos) auszuschließen. Aus demselben Grund gibt es keine bipolaren Sätze (*siehe* BIPOLARITÄT) über den logischen Typ eines Symbols, zum Beispiel '„Grün" ist kein Eigenname', weil sie bereits ein Verständnis des erwähnten Symbols voraussetzten. Glücklicherweise muß eine Theorie des Symbolismus nicht über Bedeutungen reden, weil der Typ eines Symbols sich im Gebrauch des ZEICHENs selber zeigt. Deshalb spricht der *Tractatus* von logischer *Syntax*: die Regel betreffen ausschließlich die Verbindung von Zeichen und nehmen auf Bedeutungen, das heißt Semantik, keinen Bezug (TLP 3.33 ff., 6.126; AM 210).

Die Idee, daß Philosophie die logische Syntax beschreibe, ohne darüber zu sprechen, wofür die Zeichen stehen (Bedeutungen), beeinflußte Carnaps *Logische Syntax der Sprache*, die die Schlußfolgerung, die logische Syntax sei unausdrückbar, durch die Unterscheidung zwischen 'inhaltlicher' und 'formaler Sprechweise' zu vermeiden suchte (*siehe* SAGEN/ZEIGEN). Die Vorstellung von kategorialen Regeln, die die kombinatorischen Möglichkeiten von Zeichen bestimmen, inspirierte Ryles Lehre von den Kategorienfehlern. Wittgenstein selbst hielt daran fest, daß die Grenzen des Sinns durch sprachliche Regeln gezogen sind. Aber er beschränkte logisch-sprachliche Regeln nicht länger auf die Syntax, weil er (an)erkannte, daß die Bedeutung eines Wortes kein BEDEUTUNGSKÖRPER jenseits der Sprache ist, sondern sein GEBRAUCH. Für eine Weile hielt er an einem KALKÜLMODELL fest, demzufolge die Regeln der natürlichen Sprache unter einer Oberfläche verborgen sind. Von 1931 an gab er diese Vorstellung und mit ihr den Ausdruck 'logische Syntax' zugunsten von 'GRAMMATIK' auf.

M

Mathematik
Anfänglich brachte ein Interesse an Mathematik Wittgenstein vom Ingenieurwesen zur Philosophie. Fast die Hälfte seines Werkes zwischen 1929 und 1944 fällt in diesen Bereich; und kurz bevor er die Arbeit daran aufgab, behauptete er, sein 'Hauptbeitrag' habe in 'der Philosophie der Mathematik' gelegen. Während seine Erörterungen in seiner Frühzeit und in der Übergangsperiode höchst technische Details einschließen, konzentriert er sich später auf Fragen, die unter Bezug auf elementare Arithmetik illustriert werden können (VGM 13–4). Exegese und Bewertung seiner Beiträge (sowohl im Früh- als auch im Spätwerk) sind immer noch auf rudimentärer Stufe. Wittgensteins Behauptungen über Mathematik sind oft verblüffend und sind beschuldigt worden, eindeutige technische Fehler zu enthalten. Aber bei näherer Prüfung stellen sich die angeblichen Fehler als Herausforderungen an liebgewonnene Annahmen über das Wesen der Mathematik heraus. Auf der anderen Seite sind diese Herausforderungen, obwohl einfallsreich und radikal, kontrovers und oft problematisch.

Mathematik eröffnete Wittgenstein den Zugang zur Philosophie, aber er wandte sich schnell dem Wesen von Logik und Darstellung zu. Seine Behandlung der Mathematik ergab sich relativ spät (Tb 17.8./21.11.16) und nimmt nur zwei kurze Passagen in der Erörterung des *Tractatus* über nichtempirische Möchtegern-Sätze ein (TLP 6.02–6.031 & 6.2–6.241). Nichtsdestoweniger enthält der *Tractatus* tiefreichende Einwände gegen den Logizismus von Frege und Russell. Der Logizismus ist der Versuch, die Mathematik auf die Logik zu reduzieren. Er versucht, die Mathematik mit einem sicheren Fundament zu versehen und gegen Kant zu zeigen, daß mathematische Sätze nicht synthetisch a priori sind, sondern analytisch, insofern ihre Beweise sich nur auf logische Axiome und Definitionen stützen (*Begriffsschrift* Vorw., § 13; *Grundlagen* §§ 3–4). Die Begriffe der Mathematik können mit Hilfe logischer Begriffe definiert werden; ihre Sätze können aus logischen Prinzipien mittels logischer Deduktion abgeleitet werden.

Der *Tractatus* fordert den Logizismus in verschiedenen Hinsichten heraus: (a) seine SAGEN/ZEIGEN-Unterscheidung verwirft Russells Versuch, die mengentheoretischen Paradoxa durch die Typentheorie zu vermeiden; (b) er fordert die axiomatische Konzeption der LOGIK heraus, nach der es mehr und weniger grundlegende notwendige Wahrheiten gibt (Axiome beziehungsweise Theoreme), und damit die Vorstellung, daß die Ableitung der mathematischen Sätze aus logischen Axiomen sie in etwas gründete, das gewisser oder offensichtlicher wäre; (c) er kritisiert die logizistische Definition von ZAHLEN und schlägt eine konstruktivistische Alternative vor, nach der natürliche Zahlen Stufen in der Ausführung einer logischen Operation darstellen.

So wie Zahlen nicht für abstrakte Gegenstände stehen, sagen mathematische Gleichungen nichts über eine platonistische Welt. Vielmehr setzen sie Zeichen gleich, die äquivalent sind, da sie durch dieselben Operationen konstruiert werden können (TLP 6.2ff.). Wie die Tautologien der Logik, sagen die Gleichungen der Mathematik nichts über die Welt, 'zeigen' aber ihre 'Logik', vermutlich, weil sie die Struktur wahrheitsfunktionaler Operationen zeigen. Während aber Tautologien 'sinnlos' sind, sind Gleichungen 'Scheinsätze', auf gleicher Stufe mit den unsinnigen Verkündigungen der Metaphysik (6.2–6.22). Es könnte scheinen, als läge der Grund für diese Diskriminierung in der Tatsache, daß der *Tractatus* das Zeichen für IDENTITÄT aus seiner idealen Notation entfernt. Aber das ist nicht die ganze Wahrheit, weil jene ideale Notation auch wahrheitsfunktionale Beziehungen ohne LOGISCHE KONSTANTEN darstellt. Der wirkliche Unterschied ist, daß Tautologien Grenzfälle sinnvoller empirischer Sätze sind. Gleichungen sind das nicht, und anders als leere Tautologien scheinen sie etwas zu sagen. Nach der SAGEN/ZEIGEN-Unterscheidung kann jedoch die 'Identität der Bedeutung' (hier in einem nicht-Fregeschen Sinn) zwischen, zum Beispiel, den Zeichen '2×2' und '4', das heißt, die Tatsache, daß sie füreinander eingesetzt werden können, nicht in einem sinnvollen Satz behauptet werden, sie muß aus den Ausdrücken selbst ersehen werden (TLP 6.23 ff.), obwohl dies nur, wenn sie angemessen analysiert worden sind, was im Fall vom komplizierten Gleichungen beträchtliche Rechnungen erfordern würde.

'Im Leben ist es ja nie der mathematische Satz, den wir brauchen, sondern wir benützen den mathematischen Satz *nur*, um aus Sätzen, welche nicht der Mathematik angehören, auf andere zu schließen, welche gleichfalls nicht der Mathematik angehören. (In der Philosophie führt die Frage: „Wozu gebrauchen wir eigentlich jenes Wort, jenen Satz?" immer wieder zu wertvollen Einsichten.)' (TLP 6.211). Diese Passage enthält die Samen von Wittgensteins späterer Erklärung mathematischer Sätze. Nach 1929 gab Wittgenstein die SAGEN/ZEIGEN-Unterscheidung auf und behandelte mathematische Gleichungen nicht mehr als Scheinsätze. Statt dessen folgte er seiner eigenen früheren Empfehlung und untersuchte die Funktion mathematischer Sätze im empirischen Argumentieren. Das unterscheidet seine Darstellung von traditionellen Erörterungen notwendiger Wahrheiten, die mit Fragen wie 'Was ist die Quelle notwendiger Wahrheiten?' und 'Wie kommen wir dazu, sie zu wissen?' beschäftigt sind. Wittgenstein interessiert sich im Gegensatz dazu für die vorhergehende Frage, was es für einen Satz heißt, notwendigerweise wahr zu sein. Und er beantwortet diese Frage, indem er untersucht, wie die Sätze tatsächlich verwendet werden, was ihre Funktion ist.

Indem er das tut, nimmt er ein tiefes Problem auf, das vom Logizismus ignoriert worden war und das sich dem platonistischen Bild nicht fügt, demzufolge mathematische Sätze Wahrheiten über einen eigenen ontologischen Bereich abstrakter Entitäten sind, das aber von Kant entdeckt worden war. Mathematische Sätze scheinen synthetisch a priori zu sein; sie stützen sich nicht auf die Erfahrung, scheinen aber dennoch für die Gegenstände der Erfahrung zu gelten, das heißt für die materielle Welt und nicht für eine platonische Hinterwelt. Wittgenstein nimmt die empiristische Position ernst, nach der, ausdrücklich bei Mill und unausdrücklich bei Russell und Ramsey, mathematische Sätze gut bestätigte Wahrheiten über die allgemeinsten und durchdringendsten Aspekte der materiellen Welt sind, weil sie auf einen kaltschnäuzigen 'Realismus' gegründet ist, der sowohl geheime abstrakte Entitäten (Platonismus) als auch geheime geistige Strukturen (Kants reine Anschauungen) vermeidet. Aber er verwirft die empiristische Position, weil er anerkennt, daß 'keine Erfahrung' mathematische Sätze 'widerlegen wird'. Wenn wir zwei Äpfel in einen Korb tun und dann noch zwei, aber nur drei Äpfel finden, wenn wir den Korb leeren, schließen wir nicht, daß hier, ausnahmsweise, $2 + 2 = 3$, sondern, daß ein Apfel verschwunden sein muß (Vorl 408;

BGM 325). Wir können eine Gleichung wie '$25^2 = 625$' deskriptiv verwenden, um vorauszusagen, was Leute herausbekommen werden, wenn sie 25 quadrieren. Aber tatsächlich verwenden wir sie normativ, um festzulegen, was Leute herausbekommen müssen, wenn sie 25 quadriert haben: das Ergebnis ist ein Kriterium dafür, daß die betreffende Operation ausgeführt wurde: wenn man nicht 625 erhält, muß man sich verrechnet haben, das heißt, nicht 25 quadriert haben. 'Die Rechnung ist kein Experiment' (TLP 6.2331; vgl. Vorl 391–400; BGM 221, 308–10, 318–9, 327–30, 359–63, 392–3).

Das liefert den Schlüssel für Wittgensteins eigene Erklärung. Mathematische Sätze beschreiben weder abstrakte Entitäten noch die empirische Wirklichkeit, sie reflektieren auch nicht das transzendentale Funktionieren des Geistes. Ihr Status a priori ist der Tatsache geschuldet, daß ihre Rolle, trotz ihrer deskriptiven Erscheinung, eine normative ist: nichts, was ihnen entgegensteht, zählt als verständliche Beschreibung der Wirklichkeit: 'Da sind 2 + 2, das heißt, 3 Äpfel im Korb' ist unsinnig (BGM 363, 425, 431; VGM 62–3; *siehe* FORM DER DARSTELLUNG). Mathematische Sätze sind Regeln der GRAMMATIK, 'Paradigmen' für die Umformung empirischer Sätze. Arithmetische Gleichungen beschreiben nicht Relationen zwischen abstrakten Entitäten, sondern sind Normen für die Beschreibung der Anzahl von Gegenständen in der empirischen Welt, das heißt Substitutionsregeln. '2 + 2 = 4' erlaubt einem, von 'Es sind zwei Paar Äpfel im Korb' zu 'Es sind vier Äpfel im Korb' überzugehen. Gleichermaßen erlaubt eine Ungleichung wie '4 > 3' einem, ein Quartett als größer an Zahl als ein Trio zu beschreiben, und schließt 'Dieses Trio ist größer als dieses Quartett' aus (WWK 62, 153–7); PB 143, 170, 249; PG 347; BGM 98–9, 163–4; MS 123 98). Geometrische Sätze sind Regeln für die Beschreibung von Formen von und räumlichen Beziehungen zwischen Gegenständen, und für den Gebrauch von Wörtern wie 'Länge', 'längengleich' etc. Sie stellen auch Ideale oder Normen auf, um eine Messung als genau zu beschreiben (WWK 38, 61–3, 162–3; PB 216; Vorl 30, 76–7; PG 319; RR 127; VGM 312; PLP 44). 'Die Summe der Winkel eines Dreiecks ist 180°' spezifiziert, daß wenn eine Figur *A* ein Dreieck ist, ihre Winkel sich zu 180° addieren müssen.

Die Vorstellung, daß mathematische Sätze Normen der Beschreibung sind, erklärt die angewandte Mathematik richtig, indem sie die Rolle mathematischer Sätze im empirischen Diskurs identifiziert. Das sollte Wittgensteins Platz in der Philosophie der Mathematik sichern, selbst wenn seine Erklärung, wie wir diese Normen in der reinen Mathematik erreichen, unangemessen ist (*siehe* MATHEMATISCHER BEWEIS). Sie trennt seine Position von den etablierten Schulen der Philosophie der Mathematik im 20. Jahrhundert, die durch die Vorstellung geeint sind, daß sich mathematische Sätze auf irgendeine Art von Wirklichkeit beziehen, seien es physische Zeichen (Formalismus), geistige Prozesse (Intuitionismus) oder abstrakte Entitäten (Logizismus).

Logizismus
Wie die Logik bewegt sich die Mathematik innerhalb der Regeln der Sprache und kann daher durch Erfahrung nicht angefochten werden. Nichtsdestoweniger behielt Wittgenstein die Idee bei, daß es einen Unterschied zwischen den Tautologien der

Logik, die nichts sagen und daher keine Regeln ausdrücken können, und mathematischen Sätzen gibt, die selber Regeln sind (BGM 98–9; WWK 35, 106–7, 218–9; PB 126; Vorl 337–41; VGM 331–47). Die Logischen Positivisten ignorierten diesen Unterschied und glaubten daher, daß Wittgensteins Erklärung dem Logizismus nur die Vorstellung hinzufügte, daß mathematische Sätze Tautologien seien. In Wirklichkeit aber protestiert Wittgenstein gegen die logizistische Grundidee, nämlich die Angleichung der Mathematik an die Logik.

Intuitionismus
Wittgenstein, der von Schopenhauer und Spengler beeinflußt war, teilte die anti-intellektualistischen Ansichten des Intuitionismus von Brouwer und die Vorstellung, daß die Mathematik auf menschlicher Tätigkeit beruhe. Aber er wies die Vorstellung zurück, daß diese Tätigkeit nichtsprachlich und geistig sei und auf einer 'Grundanschauung' beruhe. Er stimmte mit Brouwer darüber überein, daß das Gesetz des Ausgeschlossenen Dritten nicht anwendbar ist auf 'Es gibt vier aufeinander folgende 7 in der Entwicklung von π'. Aber sein Punkt war, daß es so etwas wie *die* Entwicklung von π – eine wirkliche Unendlichkeit – nicht gibt, sondern nur eine unbegrenzte Technik der Entwicklung von π, und daher Entwicklung von π bis zu n Dezimalstellen (WWK 71–3; PB 146–9; Vorl 328, 397–414; PG 451–80; BGM 266–79; PU § 352, 516; PLP 391–6). Außerdem wies er Brouwers und Weyls Vorstellung zurück, solche Sätze seien sinnvoll, aber unentscheidbar, weil sie unsere Erkenntnisfähigkeiten überstiegen. Statt dessen argumentiert er in verifikationistischer Manier (*siehe* VERIFIKATIONISMUS), daß ein mathematischer Satz, der im Prinzip unentscheidbar ist, nicht einen dritten Wahrheitswert (unentscheidbar) habe, sondern sinnlos ist, und daß das Gesetz vom Ausgeschlossenen Dritten teilweise definiert, was wir mit einem SATZ meinen (PB 176, 210; Vorl 327–8; PG 458; VGM 288; PU § 136). Wenn jedoch Wittgenstein recht hat, daß wir es hier mit einem FAMILIENÄHNLICHKEITSbegriff zu tun haben, könnte diese Behauptung einzuschränken sein, zum Beispiel auf Sätze der Mathematik oder auf den Prädikatenkalkül (*siehe* BIPOLARITÄT).

Formalismus
Anders als einige Nominalisten oder Formalisten, ist Wittgenstein nicht auf die Behauptung verpflichtet, daß mathematische Sätze eigentlich von Zeichen handeln: '2 + 2 = 4' handelt weder von Zeichen (Inskriptionen oder Klänge) noch davon, wie Leute Zeichen verwenden. Aber obwohl es keine metasprachliche Aussage ist, wird es doch als Regel für den Zeichengebrauch verwendet. Wittgenstein versuchte sowohl dem Formalismus als auch dem Platonismus zu entgehen, indem er darauf besteht, daß das, was ein mathematisches Symbol von einem leeren Zeichen unterscheidet – wie das, was eine Schachfigur von einem Stück Holz unterscheidet –, nicht dies sei, daß es abstrakte Entitäten und Relationen beschreibe, sondern daß es einen regelgeleiteten Gebrauch in unseren sprachlichen Praktiken hat (WWK 103–5; VGM 133; BGM 243; RR 128; *siehe* SPRACHSPIEL). Dies für sich genommen unterscheidet seine Position nicht von denjenigen Formalisten, die behaupten, die Mathematik sei ein regelgeleitetes Spiel

mit Zeichen. Für Wittgenstein ist es jedoch 'der Mathematik wesentlich, daß ihre Zeichen auch im *Zivil* gebraucht werden. Es ist der Gebrauch außerhalb der Mathematik, also die *Bedeutung* der Zeichen, was das Zeichenspiel zur Mathematik macht' (BGM 257, vgl. 232, 258–60, 295, 376). Das bedeutet nicht, daß alle Teile der Mathematik eine direkte empirische Anwendung haben müssen, sondern nur, daß diejenigen, die das nicht haben, mit Teilen verbunden sein müssen, die das haben. Es gibt keine reine Mathematik ohne *einige* angewandte Mathematik. Mathematik *wäre* ein bloßes Spiel, wenn sie in unserem empirischen Argumentieren keine Rolle spielte.

Wittgenstein stimmt nicht nur mit diesen verschiedenen Schulen nicht überein, er stellt auch das ganze Unternehmen in Frage, zu dem sie alternative Beiträge sind, nämlich das Unternehmen, die Mathematik mit sicheren Grundlagen zu versehen. Er macht zwei grundlegende Punkte. Einer ist, daß die Versuche, die Mathematik grundzulegen, und insbesondere Hilberts METAMATHEMATIK, fehlgehen, weil sie einfach weitere mathematische Kalküle hervorbringen. Der andere ist, daß die Furcht vor der skeptischen Drohung, die WIDERSPRÜCHE und Antinomien der von Russell in Freges System entdeckten Art erzeugen, ein 'Aberglaube' ist (WWK 196; BGM 120–2). Er kann nicht überwunden werden, indem man logische Symbolismen konstruiert – das ist 'der unheilvolle Einbruch' der Logik in die Mathematik –, sondern nur durch philosophische Klärung aufgelöst werden (BGM 281, 300).

Wittgenstein unterscheidet scharf zwischen Mathematik, die unser Begriffsschema durch Ableitung neuer Normen der Darstellung (z. B. Gleichungen) verändert, und Philosophie, die einfach das sich entwickelnde Begriffssystem beschreibt. Nach *Philosophische Untersuchungen* §§ 124–5 läßt die Philosophie 'auch die Mathematik, wie sie ist'. Sie ist nicht mit der technischen Schlüssigkeit von Rechnungen und Beweisen befaßt, sondern nur mit der 'Prosa', mit der Mathematiker sie umgeben, den philosophischen Beschreibungen, die sie von ihrer Wichtigkeit geben (WWK 149; PG 369, 396; BGM 142; VGM 13–4). In anderen Passagen erkennt Wittgenstein aber an, daß seine Unterscheidung zwischen mathematischen Gleichungen und philosophischer Prosa künstlich ist. Ohne ihren Prosakontext wären viele Beweise in mathematischer Logik und Mengentheorie bloße Spiele mit Symbolen. Wenn Wittgenstein recht damit hat, daß dieser Kontext durch metaphysische Verwirrungen verhext ist, dann mag das nicht die Beweise verändern, aber es sollte unsere 'Einstellung zum Widerspruch und zum Beweis der Widerspruchsfreiheit ... ändern'. Es sollte Mathematiker veranlassen, zum Beispiel die transfinite Mengentheorie als uninteressant 'aufzugeben' und die Entwicklung neuer formaler Systeme zu verlangsamen (BGM 213; VB 451–2; VGM 121; PG 381–2). Wittgensteins vieldiskutierter Nicht-Revisionismus reduziert sich dadurch auf die Vorstellung, daß technische Fortschritte in der Mathematik zwar neue philosophische Probleme schaffen, sie aber nicht lösen können, weil diese Probleme begriffliche Klärung verlangen (PU § 125; BGM 388). Ein weiterer Beitrag zur Philosophie der Mathematik ist Wittgensteins anthropologische Perspektive auf die Mathematik als Teil der Naturgeschichte des Menschen und die Vorstellung, daß die Mathematik eine Familie von Tätigkeiten für eine Familie von Zwecken ist (BGM 92–3, 176, 182, 399).

Mathematischer Beweis

Platonisten betrachten mathematische Beweise als ein Mittel zur Entdeckung von Wahrheiten über eine unabhängig existierende mathematische Welt. Wittgenstein verwirft diese Auffassung von Mathematik als der 'Naturgeschichte mathematischer Gegenstände'. Ihm zufolge ist der Mathematiker ein Erfinder und kein Entdecker (BGM 99, 111, 137–8; VGM 23, 72–8, 96–9, 119–20). Das für sich genommen ist weder so originell noch so abseitig, wie seine Jünger bzw. seine Verleumder es dargestellt haben. Obwohl die platonistische Auffassung intuitiv plausibel ist, ist sie von Philosophen seit Aristoteles angegriffen worden und von konstruktivistischen Mathematikern seit Kronecker. Was Wittgensteins Konzeption von Beweisen auszeichnet ist ihre Verknüpfung mit der Vorstellung, daß die Mathematik normativ ist.

Von allem Anfang an unterschied Wittgenstein scharf zwischen einem Beweis *mittels* LOGIK und Mathematik, und einem Beweis *in* der Logik und Mathematik. Beweise mittels Logik oder Mathematik, zum Beispiel im Ingenieurswesen, leiten die Wahrheit einer empirischen Schlußfolgerung aus der Wahrheit empirischer Prämissen gemäß dem ab, was für Wittgenstein Regeln für die Umformung von Zeichen sind. Im Gegensatz dazu deduziert ein Beweis in Logik oder Mathematik nicht so sehr die Wahrheit eines Satzes aus der eines anderen, als daß er feststellt, *daß* eine bestimmte Zeichenverbindung eine Tautologie oder eine Gleichung ist, das heißt, zur Logik beziehungsweise zur Mathematik gehört. Zu sagen, daß ein notwendiger Satz wie '2 + 2 = 4' wahr ist, heißt nicht zu sagen, daß er einer notwendigen Tatsache in einem platonischen Reich entspricht, sondern zu sagen, daß er ein mathematischer Satz ist; d. h., Teil unserer FORM DER DARSTELLUNG (für Wittgenstein gibt es, strikt gesprochen, nicht so etwas wie einen *falschen* mathematischen Satz, weil Sätze wie '2 + 2 = 5' nicht zu unserer Form der Darstellung gehören). '2 + 2 = 4' legt fest, was als eine sinnvolle Beschreibung der Wirklichkeit zählt und funktioniert als eine Regel empirischen Folgerns (z. B. 'Ich habe zwei Pfannkuchen gemacht, und dann noch einmal zwei, also habe ich vier Pfannkuchen im ganzen gemacht'). Gleichermaßen entspricht die Verneinung eines mathematischen Satzes, zum Beispiel '2 + 2 ≠ 4' einer UNSINNigen Umformung von empirischen Sätzen (z. B. 'Ich habe zwei Pfannkuchen gemacht, und dann noch einmal zwei, also habe ich nicht vier Pfannkuchen im ganzen gemacht') (TLP 6.113, 6.2321; PB 250–1; Vorl 412–3; PG 373, 392). So ein Satz hat im empirischen Argumentieren keine Funktion, obwohl er *innerhalb* der MATHEMATIK eine Rolle hat, aber nur als Bestandteil von Beweisen mittels *reductio ad absurdum*. Der Beweis, daß ein mathematischer Satz wahr ist, inkorporiert diesen als grammatischen Satz (*siehe* GRAMMATIK) unter die 'Paradigmen der Sprache' (BGM 50, 162–4, 169; VGM passim).

Während der Übergangsperiode fügte Wittgenstein dieser normativistischen Konzeption die Vorstellung hinzu, daß der Sinn eines mathematischen Satzes durch seinen Beweis gegeben werde. Es ist die Rechnungsmethode, die den Sinn eines Satzes der Form 'a×b' bestimmt und also einer numerischen Identität wie '25×25 = 625' (WWK 79; PG 370). Das ist analog zur Behauptung, daß der Sinn eines empirischen Satzes durch die Methode seiner VERIFIKATION gegeben sei. Einen mathematischen Satz durch Rechnung oder Beweis zu überprüfen, heißt jedoch nicht, ein Experiment durchzuführen (BGM 51–9, 65–75, 192–201, 364–6, 379–98; VGM 40–4, 82–7, 99–129, 153–5). Im Fall der Verifizierung eines empirischen Satzes können wir durch bloße Tatsachen überrascht werden. Im Gegensatz dazu heißt zu wissen, wie man ein Theorem beweisen oder widerlegen kann, zu wissen, daß man ein bestimmtes Resultat erhalten muß, daß ein anderes Ergebnis einfach undenkbar ist. Ein mathematischer Beweis legt eine INTERNE RELATION fest, nämlich zwischen der Ausführung einer bestimmten Operation und dem Erzielen eines bestimmten Resultats (Vorl 388–99, 426–7, 439; BGM 221, 309–10, 363): er legt zum Beispiel fest, daß nur eine Operation mit dem Ergebnis 144 das Quadrieren von 12 ist (genannt wird). Gleichermaßen wissen wir, sobald wir verstehen, wie entschieden werden kann, ob ein Winkel mit Zirkel und Lineal dreigeteilt werden kann, daß nichts als Dreiteilung des Winkels mit Zirkel und Lineal zählen kann. Im Gegensatz zu empirischen Sätzen kann der Weg zu einem mathematischen Satz nicht beschrieben werden, ohne am Zielort anzugelangen; es gibt hier keine Lücke zwischen dem Wissen, wie zu verifizieren ist, und dem Wissen, *ob* verifiziert werden kann (VGM 197–8).

Wittgenstein realisierte, daß dies die Existenz mathematischer 'Probleme', das heißt von Fragen, die noch nicht gelöst worden sind, zu untergraben droht (PB 170–5). In Reaktion darauf unterschied er zwischen einerseits Sätzen und Fragen, für die es eine etablierte Beweismethode gibt, die Teil eine 'Beweissystems' sind, und andererseits jenen, bei denen das nicht der Fall ist. Erstere können verstanden werden, ohne daß man die Lösung hat. So ist die Frage 'Was ist 61×175?' in ihrem Sinn klar, auch wenn man die Multiplikation noch nicht ausgeführt hat, weil alles, was wir tun müssen, ist, eine festgelegte Menge von Regeln anzuwenden. Im Gegensatz dazu haben mathematische Theoreme, von denen wir nicht wissen, wie sie zu entscheiden sind (z.B. die Goldbachsche Vermutung), keinen derartig klaren Sinn (Vorl 153–4, 408–9; PG 366, 377; siehe weiter unten).

Selbst wenn mathematische Gleichungen als Normen der Darstellung im empirischen Diskurs fungieren, ist die Frage, ob Wittgensteins Erklärung den logischen Verknüpfungen zwischen verschiedenen Gleichungen der reinen Mathematik gerecht werden kann, dem Folgerungsaspekt der Mathematik. Diesem Problem sah sich auch der Konventionalismus des Wiener Kreises gegenüber, der behauptete, notwendige Sätze seien selber entweder Regeln (Axiome und Definitionen), oder Sätze, deren Wahrheit aus diesen Konventionen folgte. Wie Quine gezeigt hat, ist diese Auffassung fehlerhaft, weil sie die Notwendigkeit unerklärt läßt, mit der die Theoreme aus festgesetzten Konventionen folgen. Nach Dummett hat Wittgenstein eine Alternative zu diesem gemäßigten Konventionalismus entwickelt, eine, die keine nicht-konventionellen Folgerungsbeziehungen voraussetzt. Dieser 'vollblütige Konventionalismus' vertrete die Auffassung, daß die logische Notwendigkeit eines jeden Satzes immer der *direkte* Ausdruck einer sprachlichen Konvention sei, zu dem uns vorher getroffene Konventionen nicht verpflichten. Es scheint so, als müsse sich der Konventionalismus entweder auf den Begriff der logischen Folgerung stützen, eine metaphysische Über-Notwendigkeit, oder die deduktive Natur der Mathematik und die zwingende Kraft ihrer Beweise verzerren.

Diese Interpretation hat damit recht, hervorzuheben, daß für Wittgenstein mathematische Theoreme nicht wahr sind aufgrund von Konvention, sondern daß sie selber Regeln sind (*siehe* BEDEUTUNGSKÖRPER). Und Wittgenstein erwägt eine Gemeinschaft, die 'angewandte Mathematik ohne reine Mathematik' hat, das heißt, mathematische Sätze als Normen der Darstellung akzeptiert, ohne sie aus anderen abzuleiten – ungefähr der Zustand der Mathematik vor ihrer Axiomatisierung bei den Griechen (BGM 232–4). Aber er erkannte auch an, daß wir in unserer Mathematik die Theoreme nicht einfach festsetzen. Das Ergebnis einer Rechnung ist eine Regel und doch 'nicht einfach festgesetzt, sondern nach Regeln erzeugt', nämlich nach Schlußregeln (BGM 228; vgl. VGM 119, 200). Wenn es anders wäre, bräuchten wir keine Techniken der Rechnung und des Beweises.

Außerdem unterschied Wittgenstein, in Übereinstimmung mit der Vorstellung von Beweissystemen, zwischen der 'Notwendigkeit des gesamten Systems' und der 'Notwendigkeit innerhalb des Systems', die Axiome und ihre Folgerungen verknüpft (VGM 171–8, 294). Das entspricht dem Unterschied zwischen Beweisen, die ein gegebenes Beweissystem erweitern, wie die Einführung von Multiplikation in $\mathbb{Z}$, der Menge der ganzen Zahlen, und bloßen 'Hausarbeiten', Beweisen und Rechnungen, die nur eine schon etablierte Technik anwenden, zum Beispiel eine Multiplikation in $\mathbb{N}$, der Menge der natürlichen Zahlen, die noch nicht ausgeführt wurde (PB 187; VGM 80, 289). In den zuerst genannten Fällen gibt es keine logische Notwendigkeit. Erweiterungen oder Veränderungen eines Beweissystems sind nicht durch bestehende Regeln vorherbestimmt (BGM 268–70). Denn indem wir die alte Technik in einem neuen Bereich anwenden, ändern wir die betroffenen Begriffe (wir erweitern den Sinn von 'Multiplikation', wenn wir '-2×-3' Sinn geben). Dies sind neue Begriffsbildungen, die gewissen Maßstäben unterliegen mögen (z. B. pragmatischer oder ästhetischer Art), zu denen es aber echte Alternativen gibt, wie durch die Debatten über die Einführung der negativen ganzen Zahlen und der Infinitesimalzahlen gezeigt wird.

Im Gegensatz dazu sind, wenn wir ein festgelegtes System anwenden, die Ergebnisse vorherbestimmt. Es könnte so aussehen, als brächte uns das nur zum gemäßigten Konventionalismus zurück: wir haben eine willkürliche Wahlmöglichkeit bei der Auswahl eines bestimmten Regelsystems (z. B. zwischen Euklidischer und Riemannscher Geometrie), sind aber innerhalb des Systems logisch gezwungen (genauso wie ein Reisender eine Wahl zwischen verschiedenen Zügen hat, aber die Richtung nicht mehr wählen kann, wenn er einen bestimmten bestiegen hat). Wittgensteins Erörterung des REGELFOLGENS untergräbt jedoch dieses Bild logischen Zwanges. Der Beweis packt uns nicht an der Kehle und bringt uns zur Schlußfolgerung, sobald wir die Axiome und Schlußregeln akzeptiert haben. An jedem Punkt können wir tun und sagen, was wir wollen (innerhalb der Grenzen physikalischer Gesetze). Es ist nur so, daß wir zum Beispiel '$1500 \times 169 = 18$' nicht eine Multiplikation *nennen* würden. Die logische Notwendigkeit innerhalb eines Systems reduziert sich auf die Anwendbarkeit bestimmter Ausdrücke. Jemand, der einen Beweis oder eine Rechnung innerhalb eines festgelegten Systems nicht anerkennt, 'der trennt sich von uns' (BGM 60; VGM 125).

Dieser Unterschied bewahrt die Vorstellung, daß wir in der Mathematik genauso viel wissen wie Gott (VGM 122): innerhalb des Systems können wir alles ausrechnen, und außerhalb des Systems gibt es keine Tatsachen. Aber selbst wenn Wittgenstein hier das Gespenst einer nichtkonventionellen Übernotwendigkeit vermeidet, sieht sich seine Auffassung verschiedenen Problemen ausgesetzt. Zum einen hält er sich nicht an die Unterscheidung zwischen Notwendigkeit innerhalb und der nichtdeterminierten Erweiterung eines Beweissystems, vielleicht wegen seines gelegentlichen Flirtens mit einem Regelskeptizismus. So behauptet er, daß jede Entwicklung einer irrationalen Zahl eine Erweiterung der Mathematik ist, trotz der Tatsache, daß es hier eine festgelegte Technik gibt (BGM 266–7). Außerdem legt er nahe, daß man sagen könnte 'ich habe mich im Beweis zu einer *Entscheidung* durchgerungen', möglicherweise sogar im Fall von Beweisen innerhalb eines Systems (BGM 163, 279, 309; VGM 127, 148–9).

Selbst wenn man die Vorstellung zurückweist, daß ein Beweis die Anerkennung von Tatsachen in einem platonischen Bereich ausdrücke, ist das irreführend, weil man sich nicht dazu entscheidet, von einem Argument überzeugt zu sein. Aber vielleicht ist die Entscheidung, an die Wittgenstein denkt, nicht die, ob man den Beweis akzeptiert (wenn wir einen Beweis konstruiert haben, können wir uns der Schlußfolgerung nicht entziehen, ohne aufzuhören, überhaupt zu rechnen), sondern die Entscheidung, die Schlußfolgerung als Darstellungsnorm zu akzeptieren. Nachdem wir ein Theorem der Euklidischen Geometrie bewiesen haben, haben wir noch immer die Freiheit, es für Zwecke der Navigation auf der Erdoberfläche anzuwenden oder zu verwerfen. In diesem Fall kann die Rede von einer 'Entscheidung' vereinbar sein mit Wittgensteins Bestehen darauf, daß uns ein Beweis zwar nicht 'zwingt' im Sinne einer logischen Maschine, er uns aber 'leitet' oder 'überzeugt', ziemlich in demselben Sinn, in dem für Leibniz die Vernunft geneigt macht, aber nicht zwingt (BGM 161, 187, 238–9).

Das Erfordernis der Überzeugung liegt auch im Zentrum von Wittgensteins Behauptung, daß Beweise 'übersichtlich' sein müssen, das heißt klar und deutlich. Wir müssen in der Lage sein, die Verknüpfungen zu sehen, weil diese Verknüpfungen nicht ein externes Mittel sind, um eine bloße Tatsache über einen platonischen Bereich mitzuteilen, sondern integrale Bestandteile der Schlußfolgerung. Mathematische Beweise, die über die direkte Anwendung eines festgelegten Beweissystems hinausgehen, entdecken nicht existierende Verknüpfungen zwischen Begriffen, sie richten diese Verknüpfungen neu ein. In ihrem Fall kann Objektivität nicht heißen, daß die Erzielung eines bestimmten Resultats ein Kriterium dafür ist, das Beweissystem angewendet zu haben, sondern nur, daß die Erweiterung des Systems übersichtlich ist (BGM 150–1, 158–9, 166, 170–5, 187, 248–9; PG 330–1). Die Frage ist jedoch, ob die Überzeugung, die ein Beweis mit sich führen muß, in der Tatsache liegt, daß er Implikationen unserer Axiome und Definitionen ausbuchstabiert, die vor jedem Versuch existieren, den Beweis zu konstruieren, und ob wir uns weigern können, den Beweis zu akzeptieren, ohne irrational zu sein. Was den ersten Teil der Frage angeht, gründet sich Wittgensteins negative Antwort auf die Vorstellung, daß das Ergebnis eines mathematischen Beweises eine Begriffsbildung ist. Es modifiziert bestehende Begriffe, indem es sie mit Begriffen verknüpft, mit denen sie bisher unverbunden waren, und uns mit neuen KRITERIEN für die Anwendung der beteiligten Begriffe versieht. So wird, wenn wir den Beweis für den Satz des Pythagoras akzeptieren, der Umstand, eine Hypotenuse zu haben, das Quadrat über welcher identisch im Flächeninhalt ist mit den Quadraten über seinen beiden Katheten, zu einer notwendigen Bedingung dafür, daß eine Figur ein rechtwinkliges Dreieck ist. Wenn jedoch der Beweis den Begriff eines rechtwinkligen Dreiecks modifiziert, kann er nicht durch die unmodifizierten Begriffe erzwungen sein. Es ist darauf geantwortet worden, daß der letzte Punkt trivial ist, vorausgesetzt, das neue Kriterium koinzidiere immer mit den alten ('einen rechten Winkel von 90° einschließend'): wann immer wir eine Figur als rechtwinkliges Dreieck nach dem neuen Kriterium klassifizieren, sollten wir auch gerechtfertigt gewesen sein, es nach dem alten Kriterium ein rechtwinkliges Dreieck zu nennen. Wenn das der Fall ist, modifiziert ein Beweis Begriffe nur in dem Sinn, daß er die Verpflichtung auf das neue Kriterium entfaltet, das schon im existierenden Begriff steckt. Aber das kann nur heißen, daß Verständnis des Ausdrucks 'rechtwinkliges Dreieck' unvereinbar ist mit der Zurückweisung des Satzes des Pythagoras. Vor der Annahme des Beweises verlangte Verständnis dieses Ausdrucks jedoch *nicht* das Akzeptieren irgendwelcher Aussagen hinsichtlich der Quadrate über Hypotenuse und Katheten. Gleichwohl ist auch Wittgensteins eigene Auffassung problematisch: zu sagen, daß jede neue begriffliche Verknüpfung die Bedeutung von 'rechtwinkliges Dreieck' modifiziere, ist bestenfalls eine Festsetzung, und zwar eine, die unsere Begriffe bis zum Bruchpunkt dehnt, wenn uns gesagt wird: 'In der Mathematik wird die Bedeutung von „Beweis" durch jeden neuen Beweis erweitert' (Vorl 156, vgl. 297–8; PG 374; vgl. BGM 440).

Es ist argumentiert worden, daß selbst radikale Erweiterungen mathematischer Systeme durch eine Art logischer Entelechie gebunden seien: unser Begriff der Addition steckt schon in unserem Begriff des Zählens. Eine Lehrerin, die wie wir zählt, aber unsere Technik zu addieren noch nicht übernommen hat, ist gleichwohl schon implizit auf beispielsweise '7 + 5 = 12' verpflichtet. Wenn sie sieben Jungen zählt und fünf Mädchen, und dann dreizehn Kinder im ganzen, dann muß sie nach ihren eigenen Maßstäben einen Fehler gemacht haben. Wittgenstein ist verteidigt worden mit der Begründung, zu sagen, sie *müsse* einen Fehler gemacht haben, imputiere bereits unser Kriterium, das aus dem Annehmen von '7 + 5 = 12' resultiere. Das ist richtig, aber vereinbar mit der Vorstellung, daß wir wissen, daß die Lehrerin entweder begeht, was sie selbst als einen Fehler akzeptieren würde, oder nicht in unserem Sinne zählt, weil sie einen Schüler regelmäßig zweimal zählt. Die Lehrerin könnte einen neue Norm der Darstellung akzeptieren, die von unserer abweicht, aber nur, indem sie mühsame und unvernünftige Annahmen machte, zum Beispiel, daß, obwohl sie immer das Ergebnis 12 herausbekomme, beim Zählen ein Schüler immer verschwinde (*siehe* AUTONOMIE DER SPRACHE).

Wittgenstein bestreitet nicht, daß es einschränkende Bedingungen für das Akzeptieren von Beweisen gibt, besonders solche pragmatischer und ästhetischer Art (BGM 370; VGM 96). Aber man kann fairerweise sagen, daß er ihre Wirkungsweise nicht aufklärt. Das gilt insbesondere für diejenigen Beweise, die weder einfache Rechnungen sind noch die Mathematik in substantieller Weise erweitern, sondern die alltägliche Beschäftigung mathematischer Forschung bilden.

Ein letztes Problem für Wittgenstein ist die Behauptung, wir verstünden mathematische Fragen oder Sätze wie die Goldbachsche Vermutung nicht, bevor wir sie entschieden hätten. Diese Schlußfolgerung ist unvermeidlich, wenn wir die Vorstellung, daß es in der Mathematik keine Lücke gibt zwischen dem Wissen, wie ein Satz zu beweisen ist, und dem Wissen, ob er bewiesen werden kann, verbinden mit der dogmatischen Behauptung, daß das Verstehen des Sinns eines mathematischen Satzes das Wissen, wie er bewiesen werden könne, einschließe. Gewöhnlich wird das ohne Prüfung abgelehnt mit der genauso dogmatischen Behauptung des Kompositionalismus: wir verstehen, was die Ausdrücke 'gerade Zahl', 'Primzahl' und 'Summe' bedeuten, also müssen wir die Goldbachsche Vermutung verstehen, daß jede gerade Zahl größer als 2 die Summe zweier Primzahlen ist. Wittgenstein hat jedoch gezeigt, daß die Bestandteile eines Satzes und ihre Zusammensetzungsweise zu verstehen keine hinreichende Bedingung für Satzverständnis ist (*siehe* KONTEXTUALISMUS). Ein anderer Einwand, der von Waismann herrührt, besagt, daß wir ohne ein gewisses Verständnis nach einem Beweis nicht einmal suchen könnten. Diesen Einwand hat Wittgenstein vorweggenommen und behauptet, ein schöpferischer Mathematiker verstehe einen Satz, den er noch nicht beweisen könne, nur in dem Sinne, in dem ein Komponist ein Thema verstünde, das er in seine Komposition aufnehmen wolle, nämlich daß er eine Ahnung der anzuwendenden Techniken hat (BGM 314–5, 370). Was Wittgenstein ignoriert ist der direkte Punkt, daß ein Mathematiker, anders als ein Kleinkind, die Goldbachsche Vermutung in dem Sinne versteht, daß er weiß, wie sie als Norm der Darstellung anwendbar wäre, das heißt, er weiß, was es heißt, sie als Axiom zu akzeptieren, ob er sie nun als Theorem beweisen kann oder nicht.

Mensch(liches Wesen)
'Es kommt darauf hinaus: man könne nur vom lebenden Menschen, und was ihm ähnlich ist, (sich ähnlich benimmt) sagen, es habe Empfindungen; es sähe; sei blind; höre; sei taub; sei bei Bewußtsein, oder bewußtlos' (PU § 281, vgl. §§ 282–7, 359–61). Wittgenstein sieht durchaus, daß wir einige psychologische Ausdrücke auf unbelebte Gegenstände wie Puppen anwenden, aber behauptet, dies sei eine 'sekundäre Verwendung', weil sie einschließe, diese Gegenstände mit den Verhaltensfähigkeiten von Menschen auszustatten wie in einem Märchen. In Wittgensteins Werk kann man zwei Begründungen für diese berühmte These entdecken. Eine ist, daß es eine begriffliche und nicht bloß empirische Verknüpfung zwischen psychologischen Ausdrücken und bestimmten Formen des Benehmens gibt (*siehe* BEHAVIORISMUS). Man kann GEDANKEN sinnvoll nur Wesen zuschreiben, die im Prinzip imstande sind, sie zu manifestieren. *Mutatis mutandis* können Empfindungsnamen und Wahrnehmungsverben nur empfindenden Wesen zugeschrieben werden, die auf ihre Umgebung reagieren und Lust und Schmerz zeigen können, das heißt, Tieren, obwohl das eine Frage des Grades ist (PU § 284). Die zweite Begründung ist, daß solche Ausdrücke sinnvoll sind nur als Teil eines komplexen Gewebes einer Lebensform: 'Der Schmerzbegriff ist charakterisiert durch seine bestimmte Funktion in unserm Leben ... nur was *so* im Leben drinliegt, *solche*

Zusammenhänge hat, nennen wir „Schmerz"' (Z §§ 532–3). Nach einer Interpretation gibt es eine Spannung zwischen der Betonung auf KRITERIEN im Benehmen und dem Kontextualismus der LEBENSFORM. Denn letzterer scheint zu implizieren, daß in einer menschlichen Gemeinschaft, in der Mitglieder beispielsweise wie wir Schmerzbenehmen zeigten, aber darauf nicht mit Sympathie reagierten, 'Schmerz' nicht dieselbe Bedeutung hätte. Auf der anderen Seite sind beide vereinbar, wenn der Kontext einer Lebensform gerade deshalb gebraucht wird, weil ohne ihn bestimmte Formen expressiven Verhaltens unverständlich wären (obwohl dies nicht für Schmerzbenehmen gilt).

Wenn Wittgensteins Beschränkung von Erlebnisprädikaten auf empfindende Wesen richtig ist, ist es nicht sinnvoll, entweder psychologische Ausdrücke einer körperlosen Seelensubstanz zuzuschreiben, wie es der Cartesianismus tut, oder sie dem Körper oder einem seiner Teile zuzuschreiben, wie es materialistische Theorien, besonders über Geist-Gehirn-Identität, tun, oder sie einer Maschine zuzuschreiben, wie es Kognitionswissenschaft und Funktionalismus tun. Obwohl die meisten zeitgenössischen Philosophen das erste Korollar akzeptieren, würden sie behaupten, daß die beiden anderen durch die Wissenschaft überholt worden sind, die uns darüber informiere, daß der Geist das Gehirn ist und die Computer konstruiert habe, die Schach spielen oder komplexe Rechnungen ausführen können. Die Streitfrage ist jedoch alles andere als klar.

Körper
Wittgensteins Diktum impliziert, daß ein menschliches Wesen nicht mit einem Körper identifiziert werden kann, sondern einen Körper hat. Zu sagen 'Carters Körper hat Schmerzen' statt 'Carter hat Schmerzen' würde einer Veränderung in der Grammatik gleichkommen (PU § 283; BlB 115–6). Das weist in die Richtung von Strawsons These, daß ein menschliches Wesen oder eine Person weder eine Cartesische Seele ist noch ein Körper, noch ein Kompositum aus beidem, sondern eine eigene Art von Gegenstand, auf die sowohl physikalische als auch psychologische Prädikate Anwendung haben und von dem gesagt werden kann, daß es einen Körper hat, und nicht, daß es ein Körper ist. Die Schlußfolgerung wird durch die Tatsache unterstützt, daß die Ersetzung von persönlichen Namen durch körperbezügliche Ausdrücke ('Carters Körper') *salva significatione* und *salva veritate* nur für nichtpsychologische Prädikate möglich ist (wie in 'Carters Körper hat einen Sonnenbrand', aber nicht in 'Carter will nach London fahren' oder 'Marie liebt Carter').

Körperteile
Wir wenden psychologische Prädikate in Metaphern und Metonymien auf Körperteile an, zum Beispiel 'Sie hat ein großzügiges Herz' oder 'Meine Hand schmerzt'. Aber es ist bemerkenswert, daß wir im letzten Fall den Leidenden trösten und nicht die Hand (PU § 286; Z §§ 540–1). Gleichermaßen meint 'Mein Kopf ist ganz benommen' 'Ich kann nicht nachdenken'. Aber es ist Unsinn, sei es vom Geist einer Person oder von ihrem Gehirn zu sagen, daß er (es) Zahnschmerzen hat; den Sonnenuntergang ansieht, oder nach London fahren will. Es ist ebenso unsinnig zu sagen, daß ein Gehirn klassifi-

ziert oder vergleicht, Fragen stellt und sie durch Konstruktion von Theorien beantwortet, wenn dabei die Ausdrücke in ihrer gewöhnlichen Bedeutung verwendet werden. Nichts von dem, was von einem Gehirn sinnvollerweise ausgesagt werden kann (z.B., daß es elektrische Impulse aussendet), macht Denken aus, etc. Solche Sachen werden über das Gehirn gewöhnlich von Psychologen, Neurophysiologen und Philosophen gesagt, und dieser Gebrauch könnte als eine legitime Erweiterung oder als technischer Gebrauch des psychologischen Vokabulars angesehen werden, aber er müßte erklärt werden. Das ist der Fall bei denen, die epistemische Ausdrücke für das Gehirn im technische Sinn der Informationstheorie verwenden. Aber oft bedienen sich solche Verwendungen verdeckt unseres untechnischen Gebrauchs der epistemischen Ausdrücke, der an menschliches Benehmen gebunden ist, oder sie reduzieren sich auf den Anspruch, daß die Prozesse, die derartige Verwendungen rechtfertigen, mit Erlebnissen empirisch tatsächlich verbunden sind (so behauptete Wittgenstein, daß die Lokalisierung von Gedanken in Teilen des Gehirns den Ausdrucks '„Ort des Denkens" in einem andern Sinn' verwenden (BlB 23)). Wenn das richtig ist, ist die Erklärung geistiger Fähigkeiten von menschlichen Wesen durch die Anwendung von psychologischen Ausdrücken auf das Gehirn, wobei sie nicht ihre gewöhnliche Bedeutung haben können, ein Homunculus-Fehlschluß (Kenny), auf einer Stufe damit, einen kleinen Mann in unserm Gehirn zu postulieren.

Computer
Wir sprechen davon, daß Computer rechnen oder Schach spielen. Wittgenstein legte im Gegensatz dazu nahe, daß von einer Maschine zu sagen, daß sie denke, ein Kategorienfehler sei, nicht weil Denken ein okkulter Prozeß in einem geistigen Bereich sei (BlB 78–9; PG 106), sondern weil die Manipulation von Symbolen für sich genommen nicht hinreichend dafür ist, daß gedacht oder verstanden wird (in dieser Hinsicht läuft seine Argumentation parallel zu Searles berühmtem Argument des chinesischen Zimmers). Die Manipulation von Symbolen zählt als Rechnen oder Schließen nur, wenn es eine normative Tätigkeit ist und keine rein mechanische. Es muß möglich sein, zwischen einer Vorhersage, daß dies-und-dies Ergebnis erzielt werden wird, und einer Bewertung des Ergebnisses als *richtig* zu unterscheiden. Während Maschinen im Einklang mit Regeln agieren können, vorausgesetzt, sie sind programmiert und funktionieren, können nur menschliche Wesen (oder Wesen, die ihnen 'ähnlich' sind – sich ähnlich benehmen –, was die hier gemeinten Maschinen nicht sind) Regeln folgen und daher rechnen etc. Denn nur sie können ihre Vorgehensweise unter Bezugnahme auf die Regeln rechtfertigen oder berichtigen (*siehe* REGELFOLGEN).

Diese Argumentation liegt Wittgensteins Bemerkung zugrunde: 'Turings „Maschinen". Diese Maschinen sind ja die *Menschen*, welche kalkulieren' (BPP I § 1096). Turing hatte den Begriff einer Maschine nach Analogie mit Menschen skizziert, die zahlentheoretische Funktionen berechnet. Wittgensteins Punkt ist, daß, was Turing-Maschinen tun, nur dann als wirkliches Rechnen zählt, wenn es von Menschen getan wird. Denn obwohl solche menschlichen Wesen vermutlich mechanisch rechnen würden, das heißt, ohne die Regeln zu konsultieren, könnten sie auch nicht-mechanisch rechnen, könnten Regeln in Anspruch nehmen oder Fehler erkennen (BGM 234, 257–8, 382, 422; VGM 45–8; BPP I § 560).

Ein naheliegender Einwand ist, daß Computer einer bestimmten Komplexität dasselbe tun können: wenn sie gefragt werden, warum sie ein bestimmtes Ergebnis erzielen, zitieren sie die relevanten Regeln, und sie könnten so programmiert werden, daß sie Fehler begehen und korrigieren. Und dem Problem, daß Turing-Maschinen zu mechanisch seien, um rechnen zu können, scheint durch den sogenannten 'Turing-Test' begegnet zu werden, demzufolge die Antwort auf die Frage, ob ein Computer denken kann oder nicht, davon abhängt, ob seine Antworten auf dem Bildschirm von denen, die ein Mensch geben könnte, ununterscheidbar sind oder nicht. Antworten, die den Test bestünden, müßten unvorhersagbar und nichthölzern sein. Der Turing-Test stimmt mit Wittgenstein darin überein (und konfligiert insofern mit Searle), daß er die Frage, ob Computer denken oder nicht, nicht unter Bezugnahme auf ihren internen Aufbau entscheidet (aus Silikon gemacht zu sein und nicht aus Kohlehydraten), sondern unter Bezugnahme auf ihre Fähigkeiten, darauf, was sie tun können. Aber Wittgensteins Diktum impliziert, daß der Test darin fehlerhaft ist, das Erscheinen von Symbolen auf einem Bildschirm als eine Form von Verhalten aufzufassen, in dem sich Denken ausdrücken könnte. Symbole ausdrucken zählt als 'denken' oder 'rechnen' nur bei einem Wesen, dem wir einen umfassenderen Bereich psychologischer Attribute zuschreiben können (BPP I § 563). Es ist plausibel anzunehmen, daß einer Maschine, die nur auf Tastendruck in Übereinstimmung mit einem Programm reagiert, weder Erlebnisse noch Gefühle zugeschrieben werden können. Aber das schließt für sich genommen noch nicht aus, von ihrem Denken oder Rechnen zu sprechen. Die letzte Begründung für Wittgensteins Auffassung ist, daß Regelfolgen verlangt, daß etwas aus Gründen getan wird, was nur möglich ist für Wesen, die Bedürnisse und einen Willen haben, das heißt, an Dingen Interesse nehmen und Ziele verfolgen können. Nichts davon gilt für einen Computer, selbst wenn er den Turing-Test bestünde. Das würde jedoch nicht ausschließen, androiden Robotern in Science-fiction-Romanen, die sich bewegen, auf ihre Umgebung reagieren, sprechen und Probleme lösen, Lust und Schmerz empfinden etc. psychologische Attribute zuzuschreiben. Aber solche Roboter würden auch nicht mehr als Maschinen zählen.

Metalogik/-Mathematik/-philosophie
Wittgenstein erklärt, die Verwerfung derartiger 'Meta-Disziplinen' sei einer der 'leitenden Gedanken' seiner Philosophie (PG 116). Er ist Teil seiner antifundamentalistischen Konzeption der Philosophie und gerichtet gegen die Vorstellung, daß es Philosophie braucht, um unsere gewöhnlichen (d.h. nicht-philosophischen) Verwendungen der Sprache zu rechtfertigen oder zu erklären. Die Vorstellung, wir könnten nichts wissen, bevor wir die Frage 'Was ist Wissen?' beantwortet haben, ist genauso absurd wie zu denken, wir könnten nicht buchstabieren, bevor wir eine Meta-Untersuchung zum Buchstabieren von 'Buchstabieren' angestellt hätten (PU § 121; TS 219 10). Gleichermaßen gibt es keine 'wesentlichen Probleme in der Philosophie', die gelöst werden

müßten, bevor irgend etwas anderes getan werden könnte. Während verschiedene Probleme auf verschiedenen Stufen der Geschichte der Philosophie eine besondere Wichtigkeit haben, ist keines von ihnen intrinsisch grundlegend (BT 407; VB 464; BPP I § 1000). Das ist die 'eigentliche Entdeckung' in der Philosophie, weil sie 'mich fähig macht, das Philosophieren abzubrechen, wann ich will', ohne alles 'in der Luft hängen zu lassen' (PU § 133; BT 431–2). Diese Vorstellung hat verschiedene Aspekte.

Meta-Mathematik
Hilbert gebrauchte diesen Ausdruck, um auf sein Programm Bezug zu nehmen, die Widerspruchsfreiheit der Mathematik dadurch nachzuweisen, daß er mathematische Beweise zum Thema eines weiteren mathematischen Kalküls machte. Wittgensteins Zurückweisung von Meta-Mathematik ist nicht nur gegen Hilberts Programm gerichtet (WWK 120–1, 133–6; PB 180), sondern allgemeiner gegen jeden Versuch, Grundlagen für die Mathematik zu legen, einschließlich des ursprünglichen logizistischen Programms der Reduktion von Arithmetik auf die Logik (Vorl 158–60, 233–4; PG 296–8; VGM 316–20, 329–30). Wittgenstein weist diese Vorstellung durch ein einfaches Regreßargument zurück. Sowohl die Meta-Mathematik als auch die logischen Systeme Freges und Russells sind selbst nichts weiter als weitere Kalküle, mehr 'verkleidete' MATHEMATIK. Tatsächlich sind sie weniger grundlegend als die elementare Arithmetik, weil sie weiter von der mathematischen Praxis entfernt sind und das Verständnis elementarer Arithmetik voraussetzen. 'Die *mathematischen* Probleme der sogenannten Grundlagen liegen für uns der Mathematik so wenig zu Grunde wie der gemalte Fels die gemalte Burg trägt' (BGM 378).

Metaphilosophie
Heutzutage bezieht sich das einfach auf philosophische Methodologie. Der Ausdruck wurde von Lazerowitz eingeführt, um eine nicht-philosophische Disziplin zu bezeichnen, die das Wesen der Philosophie durch eine Verbindung von Vorstellungen Wittgensteins und Freuds erklären sollte. Ironischerweise hat Wittgenstein selbst die traditionelle Auffassung vertreten, das Wesen der Philosophie sei selber ein philosophisches Problem, und die Idee von Metaphilosophie ausdrücklich zurückgewiesen: 'Man könnte meinen: wenn die Philosophie vom Gebrauch des Wortes „Philosophie" redet, so müsse es eine Philosophie zweiter Ordnung geben. Aber es ist eben nicht so, sondern der Fall entspricht dem der Rechtschreibelehre, die es auch mit dem Wort „Rechtschreibelehre" zu tun hat, aber dann nicht eine solche zweiter Ordnung ist' (PU § 121; vgl. LSP 25). Er setzt das in Beziehung zu der Vorstellung, daß die normale Sprache, einschließlich normaler, nicht-philosophischer Anwendungen von spezialisierten Sprachen, für die Philosophie grundlegend sei. Philosophische Probleme betreffen Ausdrücke, die schon eine nicht-philosophische Verwendung haben (BPP I § 550). Das würde von Idealsprachenphilosophen wie Carnap zugegeben. Sie machen aber für philosophische Probleme die Zweideutigkeit und Vagheit der normalen Sprache verantwortlich und versuchen sie zu lösen, indem sie künstliche Kalküle einführen, in denen diese Probleme nicht formuliert werden können. Aber wenn sich die Probleme

aus gewöhnlichen Begriffen ergeben, muß ihre Auflösung in der Klärung dieser Begriffe liegen. Wie Strawson es ausdrückt: künstliche Begriffe können auf diese Schwierigkeiten nur ein Licht werfen, wenn ihre Beziehung zu gewöhnlichen Begriffen verstanden ist, was das Verständnis der letzteren voraussetzt. Dies für sich wird die gewünschte Auflösung erreichen, wenn Wittgenstein damit recht hat zu behaupten, daß philosophische Probleme sich nicht aus Mängeln der normalen Sprache ergeben, sondern aus ihrem Mißbrauch oder ihrem Mißverständnis in philosophischer Reflexion – 'wenn die Sprache *feiert*' (PU §§ 38, 89).

Die Einführung einer neuen Notation kann mögliche Quellen philosophischen Irrtums beseitigen: wir können die Versuchung zu Hegelschen Verwirrungen über 'Identität in Differenz' bändigen, wenn wir eine Notation annehmen, die 'ist' entweder durch '=' oder durch '∈' ersetzt (PU § 90; TS 220 § 99; *siehe* IDENTITÄT). Aber das setzt voraus, daß unser 'ist' tatsächlich sowohl Identität als auch Prädikation ausdrückt. Die Einführung neuer grammatischer Regeln spielt eine (begrenzte) Rolle in der Klärung der alten. Aber wenn wir letztere nicht erreicht haben, werden wir nicht in der Lage sein, mit den neuen Problemen zurechtzukommen, die jede neuartige Notation schaffen wird. Neue Notationen, ob nun formale Sprachen oder fiktive SPRACHSPIELE, sind nützlich hauptsächlich als '*Vergleichsobjekte*, die durch Ähnlichkeit und Unähnlichkeit ein Licht in die Verhältnisse unsrer Sprache werfen sollen' (PU § 130, vgl. auch §§ 2–64).

Metalogik
Carnaps *Logische Syntax der Sprache* schreibt den Ursprung dieses Ausdrucks den Warschauer Logikern zu. Gegenwärtig wird er verwendet, um auf Überlegungen zweiter Stufe zur Logik (z.B. Beweise der Gültigkeit und Vollständigkeit) Bezug zu nehmen. Wittgenstein selbst gebraucht den Ausdruck hauptsächlich im 'Big Typescript', vielleicht im Anschluß an Schopenhauer (BT 3, 16, 205, 282, 285–6; Welt I § 9). Die Logik bestimmt, was notwendig ist, aber es gibt keine Metalogik, die die Logik notwendig machte. Wir können nicht zurück hinter die Unterscheidung zwischen Sinn und Unsinn, die durch die Logik getroffen wird (PG 126–7). Wittgenstein bestreitet auch, daß es metalogische Begriffe gebe. Es ist behauptet worden, dies richte sich ausschließlich gegen die Vorstellung, psychologische Begriffe wie Verstehen oder Meinen bezeichneten geistige Phänomene, die der Sprache ihre Bedeutung gäben. Während diese Interpretation auf einige Stellen paßt (Z § 284; BT 1; MS 110 189–91; MS 116 16), ist sie doch zu eng. Wittgenstein verwendet den Ausdruck 'metalogisch' für nicht-psychologische Begriffe (BT 412; PG 101) und behauptet, daß alle Begriffe, die die Philosophie zur Beschreibung der normalen Sprache gebraucht, selber gewöhnliche Begriffe sind:

Wenn ich über Sprache ... rede, muß ich die Sprache des Alltags reden. Ist diese Sprache etwa zu grob, materiell, für das, was wir sagen wollen? *Und wie wird denn eine andere gebildet?* – Und wie merkwürdig, daß wir dann mit der unsern überhaupt etwas anfangen können! Daß ich bei meinen Erklärungen, die Sprache betreffend, schon die volle Sprache (nicht etwa eine vorbereitende, vorläufige) anwenden muß, ... (PU § 120)

Das wendet sich erstens gegen den *Tractatus*, der schon darauf bestanden hatte, daß die Philosophie die normale Sprache kläre, der aber den Begriffen, die dabei verwendet werden, einen außerordentlichen Status zuschrieb. Nach der SAGEN/ZEIGEN-Unterscheidung sind 'Satz', 'Name', 'Funktion', etc. 'formale Begriffe', die nicht einmal sinnvoll gebraucht werden können. Der Preis, den formale Begriffe dafür zahlen, in der späteren Philosophie vom Index genommen zu werden, ist der, daß ihr legitimer Gebrauch so 'niedrig' und 'gewöhnlich' ist wie der 'materieller' Begriffe (PU §§ 97, 108–9; PG 121). Es richtet sich auch gegen die Vorstellung von James, daß gewöhnliche Begriffe zu grob sind, um geistige Phänomene zu beschreiben, teilweise, weil letztere so rasch vorübergleiten (PU § 436, 610; PG 169; *Psychology* I 195, 251), und gegen die Vorstellung, daß eine 'phänomenologische' Sprache, die sich auf Sinnesdaten bezieht, semantisch primär sei (*siehe* VERIFIKATIONISMUS).

Wittgenstein unterstützt seine Ansicht, daß es keine entweder fundamentaleren oder genaueren, künstlichen Begriffe gebe, auf die die Philosophie sich stützen könnte, mit einem Regreßargument. In der Erläuterung gewöhnlicher Begriffe (z. B. 'rot', 'ich') kann die Philosophie technische Ausdrücke wie 'Farbprädikat', 'Indexwort' oder 'Sprachspiel' verwenden, genauso wie Ausdrücke wie 'Grundlagen' und 'Philosophie'. Aber wenn die Ausdrücke, die in philosophischer Klärung verwendet werden, Teile eines Meta-Symbolismus wären, gäbe es das Erfordernis einer weiteren Klärung in wieder einer anderen Sprache, und so weiter. Wir würden bei einer 'unendlichen Stufenleiter' (VGM 15) von Metasprachen ankommen, dem Äquivalent für den Rechtfertigungsregreß, auf den wir in Beziehung auf die meta-mathematischen Kalküle gestoßen sind. Künstliche Sprachen können nicht im Leeren konstruiert werden. Mindestens einige ihrer Ausdrücke müssen mit Hilfe von Ausdrücken erklärt werden, die uns schon vertraut sind, letztlich Ausdrücken der normalen Sprache, die 'für sich selber sprechen (muß)' (BT 1; PG 40; PU §§ 5–6; Z § 419). Im Hinblick auf viele Zwecke ist die normale Sprache technischen Idiomen unterlegen. Aber sie ist semantisch das Urgestein: durch Erwerb der normalen Sprache erwerben wir die Fähigkeit, neue und technische Ausdrücke zu lernen und zu erklären. Es gibt aus dieser Sprache keinen semantischen Ausstieg, sei es nach oben in eine Stufenleiter von Metasprachen, sei es nach unten in die Wirklichkeit (*siehe* OSTENSIVE DEFINITION). Wir kommen zur gewöhnlichen Sprache nicht durch eine andere Sprache, sondern durch Abrichtung in grundlegenden sprachlichen Fertigkeiten (*siehe* ERKLÄRUNG).

Es ist behauptet worden, daß für Wittgenstein die Grammatik *flach* sei: es gibt keine Regeln oder Begriffe, die grundlegender sind als andere. Wittgensteins Verwerfung von Metalogik legt tatsächlich nahe, daß die Begriffe der normalen Sprache darin grundlegend *sind*, daß wir nicht 'hinter' sie gelangen können (PG 244). Wir können unsere Praxis, Regeln zu folgen, nicht in grundlegenderen Ausdrücken als den Regelformulierungen der Teilnehmer beschreiben. Diejenigen, die diese Formulierungen nicht verstehen, können nicht durch eine 'vorbereitende' Sprache aufgeklärt werden, sondern nur gelehrt werden, wie sie teilnehmen können (BGM 330, 392–3; Z §§ 310–9).

Gleichzeitig säte Wittgenstein Zweifel gegenüber der Vorstellung, daß es 'Kategorien' gebe, allgemeine Begriffe, die die grundlegenden Strukturen der Sprache bezeichneten und das vorzügliche Thema der Philosophie bildeten. Seine Überlegungen zu Farbausdrücken (*siehe* FARBE) zeigen, daß Wörter, die zur selben Kategorie gehören, nicht alle kombinatorischen Möglichkeiten gemeinsam haben; damit nahm er spätere Einwände gegen Ryles Definition von Kategorien als Klassen von Ausdrücken, die füreinander *salva significatione* eingesetzt werden können, vorweg. Gleichwohl teilte Wittgenstein Ryles Zielsetzungen: die grammatischen Differenzen, die er uns zu lehren suchte, sind Kategorienunterschiede in einem weiten Sinn (BPP I § 793; BPP II §§ 7, 690; Z § 86). Außerdem läuft seine Vorstellung, daß Begriffe wie 'denken', 'schließen' etc. begriffliche Grenzen für alternative Grammatiken ziehen, der Kantischen Vorstellung parallel, daß die kategorialen Begriffe für den Begriff der Erfahrung oder des begrifflichen Denkens konstitutiv sind (*siehe* AUTONOMIE DER SPRACHE).

Wittgensteins Angriff auf metalogische Begriffe stellt jedoch richtig heraus, daß kategoriale Begriffe wie 'Erfahrung', 'Handlung', 'Ereignis', 'Zustand' oder 'Prozeß' nicht semantisch vorrangig sind: sie zu verstehen ist nicht eine Bedingung dafür, andere Begriffe zu verstehen. Vielmehr sind sie in der Philosophie entworfen worden, um die logische Rolle nicht-kategorialer Ausdrücke zu charakterisieren (vgl. PLP 96–106). Außerdem bilden kategoriale Ausdrücke nicht eine scharf begrenzte Grundlage für die Philosophie. '... diese höchst allgemeinen Wörter haben eben auch eine höchst verschwommene Bedeutung. Sie beziehen sich in der Tat auf eine *Unmenge* spezieller Fälle, aber das macht sie nicht *härter*, sondern es macht sie eher flüchtiger' (BPP I § 648, *siehe* § 257; PG 121). Genau aus diesem Grund sind sie so geeignet, philosophische Verwirrung zu erzeugen.

Schließlich hat Wittgenstein ausdrücklich die Vorstellung widerrufen, die in der Folge von Dummett propagiert worden ist, daß die Sprachphilosophie die Grundlegung der Philosophie bilde. Wir müssen nicht die Ausdrücke 'Sprache', 'Bedeutung' oder 'Grammatik' klären, bevor wir zum Beispiel ethische Begriffe klären könnten. Denn wir können die Grammatik von 'tugendhaft' oder 'Pflicht' beschreiben, ohne uns auf eine Beschreibung der Grammatik von 'Bedeutung' zu stützen. Aber Wittgenstein *ist* darauf verpflichtet, einige Begriffe für grundlegend in einem methodologischen Sinn zu halten, weil er zum Beispiel behauptet, daß philosophische Probleme (*siehe* PHILOSOPHIE) sich auf *begriffliche* Verwirrungen gründen, die sich aus einem Mißverständnis der *Bedeutung* von Wörtern ergeben (Vorl 82–3, 185–6; M 51, 114).

Mystizismus

Mystik ist traditionell definiert als die Erfahrung einer Vereinigung mit Gott oder dem Universum. Sein ganzes Leben lang fühlte Wittgenstein sich von unorthodoxen religiösen Figuren (Tolstoi, Kierkegaard, Tagore) angezogen. Aber seine einzige bemerkenswerte Behandlung der Mystik findet sich in seinem frühen Werk und ist verknüpft mit seinem logisch-metaphysischen System. Während 'das Mystische' für Wittgenstein äußerst wichtig war, ist es für den *Tractatus* nicht wesentlich. Mystische Themen tauchen erst 1916 auf, dominieren dann aber die *Tagebücher*. Das geschah unter dem Eindruck des Ersten Weltkrieges, der ihn dazu brachte, Tolstois *Kurze Darstellung des Evangeliums* zu lesen und Schopenhauer wiederzulesen. Wittgenstein pfropfte mystische Themen auf einen logischen Stamm. Es ist jedoch kein Zufall, daß er das tat. Anfänglich ist, was nicht gesagt, sondern nur gezeigt werden kann, nur 'die logischen Eigenschaften der Sprache'. Aber die SAGEN/ZEIGEN-Unterscheidung lädt zur Erweiterung auf das Mystische ein. Sie verspricht eine Handhabe nicht nur für die Gegenüberstellung der empirischen Sätze der Wissenschaft mit der LOGIK und Metaphysik, sondern auch mit 'dem Höheren', dem Bereich des Wertes – ETHIK, ÄSTHETIK und RELIGION. Außerdem ist das Mystische das traditionelle Urbild für etwas Unsagbares, etwas, was nicht 'in Worte gefaßt werden kann', sondern 'sich zeigt' (vgl. AM 208 & TLP 6.522). Schließlich sichert die Verknüpfung mit dem Mystischen das, was von letzter Wichtigkeit ist, den Bereich des Wertes, vor den Übergriffen der Wissenschaft, sei es auch um den Preis, es unausdrückbar zu machen. Gleichzeitig gibt es Unterschiede zwischen der Logik und dem Mystischen. Was logische Sätze zu sagen versuchen, wird von empirischen Sätzen gezeigt. Es gibt aber keine wirklichen Sätze, die zum Beispiel ethischen Wert zeigten – obwohl es plausibel ist anzunehmen, daß ethischer Wert durch die Handlungen und Einstellungen von Menschen gezeigt wird, wie in Tolstois Erzählung 'Die drei Einsiedler', die Wittgenstein bewunderte.

In Übereinstimmung mit und möglicherweise beeinflußt von Russells *Mysticism and Logic* (Kap. X) wird das Mystische als unausdrückbar charakterisiert (eine Vorstellung, die Wittgenstein, aber nicht Russell, auf die Metaphysik ausdehnte), aber auch so, daß es folgendes einschließt:

(a) 'das Problem des Lebens', das unberührt bleibt, selbst wenn alle wissenschaftlichen Fragen gelöst worden sind (TLP 6.43ff., 6.52f.);
(b) eine 'Betrachtung' oder ein 'Gefühl' der Welt *sub specie aeternitate*, das heißt, von außen als 'begrenztes Ganzes' (Tb 7.10.16; TLP 6.45);
(c) die Behauptung, daß Ethik und Ästhetik auf der Hinnahme der Welt beruhen (Tb 20.10.16; TLP 6.42–6.43);
(d) die Vorstellung, daß der Tod unwirklich sei (TLP 6.43ff.).

Im Kontext der *Tagebücher* und des *Tractatus* nehmen diese vertrauten mystischen Topoi einen neuen Charakter an. (a) ist verbunden mit der Vorstellung, daß die Antwort auf das Problem des Lebens Gott ist, der mit dem 'Sinn des Lebens' und der Welt identifiziert wird (Tb 11.6./8.7.16; TLP 6.521). Es ist vorgeschlagen worden, daß *Sinn* hier technisch gebraucht sei als das, was durch Sätze abgebildet wird (*siehe* BEDEUTUNG). Aber das ist falsch. Erstens hat der technische Begriff nur Anwendung auf Sätze und nicht auf sei es das Leben, sei es die Welt. Zweitens ist der *Sinn*, den Gott bildet, obwohl er nicht in spezifisch moralischen oder geistlichen Werten liegt, ethischer Natur, weil er im 'Verschwinden des Problems' des Lebens besteht, nämlich als Ergebnis des glücklichen Hinnehmens der Welt, wie sie ist – (c).

Eine andere mögliche Verknüpfung zwischen dem Mystischen und den logischen Lehren ist, daß der *Tractatus* Gott mit der ALLGEMEINEN SATZFORM zu identifizieren scheint, weil beide charakterisiert werden als 'wie sich alles verhält' (Tb 1.8.16; TLP 4.5, 5.471 f.). Die allgemeine Form des Satzes aber ist 'Es verhält sich so und so', was sich nicht immer auf eine wirkliche Tatsache bezieht (nicht alle Sätze sind wahr), sondern auf einen möglichen Sachverhalt. Im Gegensatz dazu wird Gott mit der Welt verstanden als 'Schicksal' identifiziert, als etwas, was unabhängig von unserem Willen ist, was nahelegt, daß Gott identisch ist mit dem, wie es sich tatsächlich verhält, als eine Frage bloßer Tatsachen. Schließlich transzendiert Gott als der Sinn des Lebens und der Welt auch die Welt, aber auch, weil er 'sich nicht *in* der Welt (offenbart)' (TB 8.7.16 vs. TLP 6.41, 6.432). Das kann nur heißen, daß Gott nicht identisch ist damit, *wie* die Welt tatsächlich ist, sondern damit, *daß* sie ist.

Ob nun Wittgensteins verschiedene Behauptungen miteinander vereinbart werden können oder nicht, die letzte verbindet sich mit (b), dem Kern seines Mystizismus. 'Nicht *wie* die Welt ist, ist das Mystische, sondern *daß* sie ist ... Das Gefühl der Welt als begrenztes Ganzes ist das mystische' (TLP 6.44 f.). Entsprechend charakterisiert der *Tractatus* das Mystische durch drei Züge:

es ist das Paradigma dessen, was 'unaussprechlich' ist und sich zeigt;
es ist der Inhalt einer Einstellung, 'Erfahrung' oder eines Gefühls;
es ist die Existenz der Welt.

Wie die Welt ist, wie die Tatsachen beschaffen sind, kann keinen Wert haben und ist Teil des Problems des Lebens, nicht seiner Lösung. Was für das Höhere relevant ist, ist nur, 'daß die Welt ist'. Hier gibt es eine unanfechtbare Verknüpfung zwischen dem Mystischen und der Logik, weil dies auch der Inhalt der Quasi-Erfahrung ist, die von der Logik vorausgesetzt wird: nicht das 'Wie' der Welt, aber ihr 'Was': 'daß etwas *ist*' (TLP 5.552 f.). Diese 'Erfahrung' darf nicht die Wahrheit eines kontingenten Existenzsatzes betreffen, sondern das Bestehen der 'Substanz der Welt', der Gesamtheit der einfachen GEGENSTÄNDE. Das heißt nicht, daß es durch eine Liste ausgedrückt wäre, die enthielte, welche Gegenstände, Sachverhalte oder Elementarsätze es tatsächlich gibt, was Teil der 'Anwendung der Logik' ist, nicht ihre Vorbedingung (TLP 5.55 ff., 6.124). Im Gegensatz dazu muß die 'Erfahrung', um die es geht, jeder haben, der Sätze in ihrer unanalysierten Form versteht, nicht als bewußte geistige Episode, aber als etwas, das im eigenen Denken liegt. Was verlangt ist, ist einfach das Wissen, daß es eine Gesamtheit von einfachen Gegenständen und bestehenden Sachverhalten gibt und daß das Wesen des Satzes oder die allgemeine Satzform darin besteht zu sagen, wie es sich verhält. Dies zu wissen heißt zu wissen, daß die Welt Grenzen hat, was beschrieben werden kann als Kenntnis der Welt als begrenztes Ganzes.

Die Betrachtung der Welt *sub specie aeternitatis* als bestehend und als begrenztes Ganzes verbindet Logik, Ethik und Ästhetik als 'transzendentale' 'Bedingungen der Welt' (Tb 24.7./7.10./20.10.16; TLP 6.13, 6.421). Aber nur die beiden letztgenannten schließen (c) ein, das aus Wittgensteins Metaphysik des Symbolismus nicht gewonnen werden kann. Das Bestehen der Welt als selbstverständlich hinzunehmen, mag eine logische Vorbedingung für Denken sein und ein reflektierender Logiker mag vom Staunen über diese Existenz erfüllt sein. Aber mit der Welt, damit, wie sich alles verhält, zufrieden zu sein, unterscheidet den guten vom bösen Willen und das Leben des Glücklichen von dem des Unglücklichen.

Wittgenstein verbindet diese Idee mit seiner eigentümlichen Version von SOLIPSISMUS. Weil das Leben (das transzendentale Selbst) und die Welt eins sind, ist die Welt des Glücklichen eine andere als die des Unglücklichen (Tb 29.–30.7.16; TLP 6.43). Die Welt als ganze 'nimmt zu oder ab' je nachdem, ob das transzendentale Selbst Sinn darin finden kann, das heißt, sie in frohem Geiste akzeptiert, oder sie als als einen feindlichen Ort sieht. Die andere Seite dieser solipsistischen Medaille ist, daß kein Teil der Welt und keine Tatsache einen ausgezeichneten Status hat. Das richtet sich in erster Linie gegen Schopenhauers Vorstellung, daß mein eigener Körper eine Verkörperung des WILLENs ist. Aber es hängt auch mit der Tatsache zusammen, daß Wittgenstein ein stoisches moralisches Ideal auf seine mystische Erfahrung gründet: 'Ich bin sicher, nichts kann mir schaden, was immer geschieht.' Genauso, wie der Wille die Welt nicht beeinflussen kann, kann die Welt einen tugendhaften Menschen nicht verletzen. Denn was gut ist, liegt im Auge des Betrachters, darin, daß er den Widerfahrnissen des Lebens in einem glücklichen Geist begegnet.

Wittgensteins Solipsismus ist auch wesentlich für (d). Es impliziert, daß die Zeit ein transzendentaler Zug ist, den das metaphysische Selbst konstituiert, weshalb die Welt im Tode 'aufhört'. Gleichzeitig übernimmt Wittgenstein die ehrwürdige Idee, daß das ewige Leben dem gehört, der in der Gegenwart lebt (TLP 6.431ff.). Glück wird erreicht, indem man Furcht und Hoffnung hinter sich läßt. Dem zeitlichen Charakter der menschlichen Existenz entkommt man dadurch, damit zufrieden zu sein, wie die Welt ist, was sich der Kontrolle durch den menschlichen Willen entzieht (TLP 6.373f.).

Dem frühen Wittgenstein gelingt es, traditionelle mystische Themen mit seiner Metaphysik des Symbolismus und seinem Solipsismus zu verknüpfen. Unglücklicherweise ist die Konstruktion dunkel und es gibt einen merklichen Bruch zwischen der Vorstellung, daß die Logik die Existenz der Welt voraussetzt – (b) – und der moralischen Erlösung im Akzeptieren der Welt, wie sie ist – (c) und (d). Diese Tatsache könnte erklären, warum der spätere Wittgenstein seinen früheren Mystizismus weder fortentwickelt noch kritisiert hat. Dennoch hat man verschiedene Ähnlichkeiten zwischen Wittgensteins (frühem und spätem) Werk und mystischen Themen, besonders bei Kierkegaard und im Zen-Buddhismus, entdeckt.

Namen

Namen traten mit Mills *System of Logic* (Buch I) ins philosophische Rampenlicht. Mill verwendet die Aufschrift nicht nur für Eigennamen und Gattungswörter, sondern auch für Kennzeichnungen, abstrakte Hauptwörter und Adjektive. Gleichzeitig vertrat er, daß Eigennamen wie 'Aristoteles' eine 'Denotation' haben, ihren Träger, aber keine 'Konnotation', weil sie kein Attribut implizierten. Für Frege sind Sätze zusammengesetzt aus Namen für Gegenstände und Namen für Begriffe. Anders als Mill, schrieb er gewöhnlichen Eigennamen nicht nur eine 'Bedeutung' zu, ihren Träger, sondern auch einen 'Sinn', der von Sprecher zu Sprecher varriieren mag: für manche ist der Sinn von 'Aristoteles' durch die Kennzeichnung 'der Schüler Platons' gegeben, für andere durch die Kennzeichnung 'der Lehrer Alexanders des Großen' ('Sinn' 27). Russell entwickelte diesen Gedankengang ein Stück weiter. Sein logischer Atomismus war vom 'Prinzip der Bekanntschaft' geleitet, dem zufolge jeder sinnvolle Satz aus Ausdrücken bestehen muß, die sich auf Dinge beziehen, die wir kennen. Wie Kennzeichnungen ('der gegenwärtige König von Frankreich') erfüllen normale Eigennamen diese Bedingung nicht. Die Theorie der Kennzeichnungen behauptet daher, daß letztere in Wirklichkeit abgekürzte Kennzeichnungen seien. Kennzeichnungen wiederum sind 'unvollständige Symbole', die sich auf nichts beziehen. Sätze der Form 'Der F ist G' werden in Konjunktionen aus drei Sätzen analysiert: es gibt mindestens ein Ding, das F ist; es gibt höchstens ein Ding, das F ist; und dieses Ding ist G. Wenn nichts die Kennzeichnung erfüllt, haben solche Sätze nicht keinen Wahrheitswert, wie Frege wollte, sondern sind einfach falsch (*Probleme* Kap. 5; *Introduction* Kap. XVI). Solche unvollständigen Ausdrücke haben Bedeutung, weil sie über Zeichen definiert sind, die nicht weiter definiert werden können, aber direkt verknüpft sind mit Elementen, mit denen wir bekannt sind. Dies sind die 'wirklichen' oder 'logischen Eigennamen', die immun sind gegen ein Fehlschlagen ihres Bezugs und die Grundlage der Sprache bilden (*Logic* 168, 194–201, 270). Sie stehen für 'einfache Gegenstände' (Einzeldinge, Eigenschaften und Relationen) und haben folgende Züge: (a) ihre Bedeutungen sind Gegenstände, deren Existenz nicht dem Zweifel ausgesetzt ist und denen weder Existenz noch Nichtexistenz zugesprochen werden kann; (b) sie widerstehen logischer Analyse und sind in diesem Sinn 'einfache Symbole': und (c) einen logischen Eigennamen zu verstehen, schließt keine Kenntnis durch Beschreibung ein, sondern nur Bekanntschaft mit seiner Bedeutung. Aus Russells empiristischer Perspektive müssen Zeichen, die diese Bedingungen erfüllen, sich auf Sinnes- oder Erinnerungsdaten beziehen, deren Existenz nicht bezweifelt werden kann. Die einzigen logischen Eigennamen für Einzeldinge sind 'dies' oder 'jenes', wenn sie verwendet werden, um auf eine geistige Gegebenheit Bezug zu nehmen, mit der der Sprecher zu diesem Augenblick bekannt ist, und für Eigenschaften sind die einzigen logischen Eigennamen Farbausdrücke wie 'weiß'.

Der junge Wittgenstein entwickelte Russells Programm der LOGISCHEN ANALYSE weiter. Auch für ihn sind Eigennamen Abkürzungen von Kennzeichnungen. Letztere werden in Übereinstimmung mit einer modifizierten Theorie der Kennzeichnungen behandelt, in der die resultierenden Existenzsätze als Disjunktionen von Elementarsätzen analysiert werden (*siehe* ALLGEMEINHEIT), die schließlich in semantische Atome analysiert werden, die die Namen von einfachen 'Gegenständen' sind. Wittgenstein teilte nicht Russells empiristische Vormeinungen darüber, wie ein solcher GEGENSTAND beschaffen sein müßte. Er war vorwiegend damit beschäftigt zu zeigen, daß es unanalysierbare Zeichen geben muß, wenn die Sprache die Wirklichkeit darstellen können soll: die BILDTHEORIE verlangt, daß es einfache Elemente von Sätzen geben muß, die unteilbaren Elementen der Wirklichkeit entsprechen. Nichtsdestoweniger müssen, was Wittgenstein 'einfache Zeichen' oder einfach 'Namen' (TLP 3.2 ff.) nennt, Spezifikationen erfüllen, die denen von Russells logischen Eigennamen gleichen.

(a) Sie 'vertreten', 'bedeuten', 'bezeichnen' einen Gegenstand, der ihre 'Bedeutung' ist (TLP 2.131, 3.203, 4.0312). Das Erfordernis für die Gegenstände ist jedoch nicht erkenntnistheoretisch (Immunität gegen Cartesischen Zweifel), sondern ontologisch: es muß für sie unmöglich sein, nicht zu existieren. Infolgedessen kann ein Name nicht in die Argumentstelle von 'x existiert' eingesetzt werden, weil das Ergebnis kein bipolarer Satz (*siehe* BIPOLARITÄT) wäre.

(b) Zeichen, die Komplexe bezeichnen, sind Abkürzungen (von Kennzeichnungen oder, im Fall von Eigenschaften, von Disjunktionen) und verschwinden in logischer Analyse (TLP 3.24). Im Gegensatz dazu sind Namen 'einfach' oder 'Urzeichen' (TLP 3.26f.). Das heißt nicht, sie seien einfach *als* Laute oder Schriftzeichen, sondern, sie seien nicht weiter zu analysieren. Sie sind mit Gegenständen direkt verknüpft, ohne die Vermittlung von Kennzeichnungen.

(c) Die alleinigen Beschreibungen von Gegenständen sind Sätze, die etwas *von* ihnen aussagen, nämlich, daß sie mit anderen Gegenständen verbunden sind, das heißt, es sind Sätze, die ihre 'externen Eigenschaften' angeben, uns aber nicht sagen, *was* ein Gegenstand ist, also nicht seine internen Eigenschaften angeben, die spezifizieren, mit welchen anderen Gegenständen ein Gegenstand sich verbinden *kann* (TLP 2.023 ff., 3.221). Einen Namen verstehen heißt, seine LOGISCHE FORM zu erfassen, seine kombinatorischen Möglichkeiten, die diejenigen des Gegenstandes spiegeln, den das Urzeichen vertritt. Seine Bedeutung muß uns erklärt werden, obwohl das einzige Mittel dazu, das der *Tractatus* erwähnt, 'Erläuterungen' sind, Sätze, die das Zeichen enthalten und daher voraussetzen, daß es verstanden ist (TLP 2.0123 f., 3.263, 4.026; *siehe* OSTENSIVE DEFINITION). Wittgenstein überantwortete die Frage, wie die Korrelation von Name und Gegenstand zustande kommt, der Psychologie (*siehe* PROJEKTIONSMETHODE).

Es gibt zwischen Russell und dem *Tractatus* auch wichtige Unterschiede. Wie Russell spricht Wittgenstein davon, daß ein Name 'selbständig eine Bedeutung hat' (TLP 3.261). Aber wegen seines KONTEXTUALISMUS bedeutet das nur, daß Namen sich direkt auf die Wirklichkeit beziehen, nicht daß sie alleinstehend Bedeutung haben, außerhalb von Sätzen. Außerdem entdeckt Wittgenstein in Russells Behandlung der Einfachheit einen Mangel an Strenge, weil Russell Symbole als logische Eigennamen verwendet, die wir als einfach *behandeln* müssen, weil gegenwärtig keine Analyse für sie verfügbar ist. Für Wittgenstein sind Namen und die Gegenstände, die sie vertreten, in sich einfach und unterscheiden sich absolut von Komplexen (AüL 198–9; Tb 26.4./21.6.15; Logic 198, 244–6; *siehe* ELEMENTARSATZ). Der Preis für diese Strenge ist Wittgensteins Weigerung, Beispiele für einfache Zeichen oder Gegenstände zu geben. Ungeachtet dieser Zurückhaltung ist der *Tractatus* darauf verpflichtet, Russells (in den *Tagebüchern* übernommene) Vorstellung zurückzuweisen, daß 'dies' ein Name ist (Tb 26.6.15). Denn das implizierte, daß sich die Bedeutung eines Namens bei jeder Gelegenheit seiner Verwendung änderte, und daß daher jedes Vorkommnis von 'dies' ein anderer Name wäre. Der *Tractatus* besteht im Gegensatz dazu darauf, daß ein Name ein Typ einer Klasse von Zeichenvorkommnissen ist, die sich auf ein und denselben Gegenstand beziehen (TLP 3.203; 3.3411; AüL 201).

In dieser Hinsicht setzt Wittgensteins spätere Erörterung von Indexwörtern wie 'dies' (PU § 38; BT 523 ff.; BB 109) sein früheres Werk fort. Den Rahmen dafür bildet aber ein anderes Unternehmen. Russells Behauptung, daß 'dies' der einzige 'eigentliche Name' sei, wird nicht durch Bezugnahme auf transzendentale Erfordernisse für einfache Zeichen begegnet, sondern durch Bezugnahme auf das wirkliche Funktionieren gewöhnlicher Eigennamen. Auf der einen Seite gibt es Ähnlichkeiten zwischen Indexwörtern und Namen: beides sind singuläre Termini, beide können in ostensiven Definitionen auftreten – man kann die Frage 'Welche Farbe hat dein Fahrrad?' mit 'Diese Farbe' (beim Zeigen auf ein Muster) beantworten oder mit 'Grün'. Auf der anderen Seite unterscheiden sich, obwohl es verschiedene Typen von Namen (für Menschen, Orte, Farben, Richtungen, Zahlen, etc.) gibt, Indexwörter wie 'dies' von allen Namen in mindestens zwei Hinsichten: es kann nicht ostensiv erklärt werden (zum Teil, weil der Bezugsgegenstand von Indexwörtern eine Funktion ihres Verwendungskontextes ist); und, zweitens, braucht 'dies', um Bezug zu haben, die Begleitung durch eine deiktische Geste.

Andere Behauptungen der *Philosophischen Untersuchungen* schließen den *Tractatus* in ihr Angriffsziel ein. Die Bedeutung eines Namens kann nicht mit seinem Träger identifiziert werden (*siehe* AUGUSTINISCHES BILD DER SPRACHE). Außerdem gibt es so etwas wie *die* Namensrelation nicht (PU §§ 15, 37; BB 172–3). Aufschriften sind mit ihren Trägern verknüpft, weil sie an ihnen angebracht sind, aber der Gebrauch von persönlichen Eigennamen ist komplizierter, und das gilt noch mehr von abstrakten Namen wie Zahlzeichen. Die Verknüpfung zwischen einem Namen und seinem Träger ist weder geheimnisvoll noch unerbittlich oder unabhängig von der Weise, in der wir Namen erklären und verwenden (*siehe* OSTENSIVE DEFINITION). Wittgenstein bemerkt auch einen Punkt, der von Philosophen allgemein ignoriert wird, nämlich die Wichtigkeit, die Eigennamen für das Selbstverständnis ihrer Träger haben (GB 32; MS 131 141).

§ 79 der *Untersuchungen* kritisiert die 'Abkürzungstheorie', die Russell vertrat und der *Tractatus* voraussetzte. Die Bedeutung eines Eigennamens ist nicht eine *einzelne* Kennzeichnung, die ihr Träger, wenn es einen gibt, als einziger erfüllen muß. Erstens würde dies, weil verschiedene Sprecher mit einem Namen verschiedene Kennzeichnungen verbinden, zu Freges Schwierigkeit führen, nämlich daß Namen und Sätze, in denen sie auftreten, für verschiedene Sprecher verschiedene Bedeutung (verschiedenen Sinn) haben. Zweitens behandeln wir, obwohl wir 'Moses' durch eine Kennzeichnung erklären können, diese Kennzeichnung nicht als Definition. Wenn sich herausstellt, daß so eine Kennzeichnung, zum Beispiel 'der Mann, der als Kind von Pharaos Tochter aus dem Nil gezogen wurde', auf niemanden zutrifft, würden wir nicht folgern, daß Moses nicht existiert hat, und auch nicht Sätze über ihn als falsch neu bewerten, wie die Theorie der Kennzeichnungen meint, sondern wir würden eine andere Kennzeichnung geben.

Einige haben dies als eine 'Bündel-Theorie' interpretiert, nach der die Bedeutung eines Namens ein Bündel von singulär identifizierenden Kennzeichnungen sei, so daß der Träger derjenige sei, der die meisten oder einen gewichteten Teil dieser Kennzeichnungen erfülle. § 79 der *Untersuchungen* legt tatsächlich eine Abwandlung der Abkürzungstheorie im Lichte der Vorstellung von FAMILIENÄHNLICHKEIT nahe: die Züge, die wir verwenden, um 'Moses' zu erklären, bilden eine lockere Familie, in der viele Bündel die Rolle definierender Merkmale übernehmen können. Aber das verpflichtet Wittgenstein nicht auf die zugrundeliegende Annahme, daß die Bedeutung von Namen durch Kennzeichnungen bestimmt sei, die zwei anderen seiner Ideen zuwiderläuft (BT 253; PLP 71; TS 211 494): (a) *Keine* Definition, wie komplex auch immer, erfaßt, was wir mit 'Moses' meinen, weil jede in bestimmten Umständen zurückgewiesen werden könnte – wir verwenden Namen nicht starr, in Übereinstimmung mit im vorhinein festgelegten Definitionen; (b) es gibt verschiedene KRITERIEN für das Verstehen von Eigennamen: Kennzeichnungen anzugeben ist nicht das einzige, auch ist es nicht die einzige Weise, Namen zu erklären, was auch durch Ostension oder Vorstellung getan werden kann – 'Das ist der Funkturm', 'Ich bin H. G.'.

Der letzte Punkt impliziert auch, daß die 'Keine-Bedeutung-Theorien' (Mill, Kripke) unrecht darin haben, Namen gänzlich von Kennzeichnungen zu trennen. Eine Kennzeichnung anzugeben ist ein, wenn auch ein anfechtbares Kriterium dafür, daß man weiß, wer Moses war. Es ist auch nicht klar, daß die Verknüpfung zwischen einem Namen und seinem Träger durch eine Taufe die einzigartige Rolle spielt, die Kripke dafür beansprucht, statt nur eine von mehreren möglichen Erklärungen zu sein, wie § 79 der *Untersuchungen* nahelegt – 'der Mann, welcher zu dieser Zeit an diesem Ort gelebt hat und damals „Moses" genannt wurde'. Schließlich hat Kripke unrecht, wenn er nahelegt, daß jemand, der sagt 'Moses war ein holländischer Genre-Maler im 17. Jahrhundert', zwangsläufig eine falsche Aussage über Moses macht, vorausgesetzt, daß er den Namen durch eine kommunikative Kette übernommen hat, die zu einer Taufe zurückführt. Auf der anderen Seite macht der spätere Wittgenstein eine Annahme, die von den 'Keine-Bedeutung-Theorien' zu Recht in Frage gestellt wird, nämlich, daß Eigennamen eine Bedeutung haben, die erklärt wird, wenn erklärt wird, wer ihr Träger ist. Nur einige Namen haben eine Bedeutung, die eine andere als etymologische wäre. Und selbst in diesen Fällen bestimmt die Bedeutung nicht, wofür der Name steht: 'Rohrfrei-Blitz' kann der Name für die langsamste Klempnerfirma in der Stadt sein.

Naturalismus
siehe LEBENSFORM; GERÜST

N — Negation

Negation
siehe BIPOLARITÄT; TATSACHE; LOGISCHE KONSTANTEN

Notwendigkeit
siehe FORM DER DARSTELLUNG; LOGIK

O

Operation
siehe ALLGEMEINE SATZFORM; LOGISCHE KONSTANTEN; ZAHLEN; WAHRHEITSTAFELN

Ostensive Definition
Eine ostensive Definition ist die Erklärung der Bedeutung eines Wortes wie in 'Dies ist ein Elefant' oder 'Diese Farbe wird „rot" genannt'. Sie schließt typischerweise drei Elemente ein: ein Demonstrativum 'Dies ist …', 'Das wird „…" genannt'; eine deiktische Geste ☞ (Zeigen); und ein Muster, der Gegenstand, auf den gezeigt wird. Der Ausdruck wurde zuerst in Johnsons *Logic* (1921) gebraucht, aber die Vorstellung ist viel älter. Es gibt eine ehrwürdige Auffassung, Wittgenstein nennt sie das AUGUSTINISCHE BILD DER SPRACHE, derzufolge die Sprache eine hierarchische Struktur hat. Einige Ausdrücke sind 'definierbar', das heißt, sie können durch lexikalische Definitionen erklärt werden. Derartige Definitionen verknüpfen jedoch das Definiendum nur mit anderen Wörtern, dem Definiens. Also scheint es so, als müsse es 'undefinierbare' Zeichen geben, einfache Ausdrücke, die die Endpunkte lexikalischer Definitionen sind und mit Gegenständen in der Wirklichkeit durch eine Art von Ostension verknüpft sein müssen (BlB 15–6). Dieses Bild steht bei Locke im Vordergrund (*Eine Untersuchung über den menschlichen Verstand* III.4), wo die Gegenstände geistige sind – 'einfache Vorstellungen', und ein vergleichbares Bild ist bei Russell am Werk, wo logische EigenNAMEN für einfache Gegenstände stehen, mit denen wir bekannt sind.

Auch der *Tractatus* ist auf die Vorstellung verpflichtet, daß Namen, die einfachen Bestandteile von Sätzen, die nicht analytisch definiert werden können, in einer Eins-zu-eins-Beziehung zu einfachen Gegenständen stehen. Zu bestimmen, wie genau diese Zuordnung zustande kommt, wird der Psychologie überlassen. Klar ist jedoch, daß Namen sich direkt auf Gegenstände beziehen, ohne die Vermittlung von Kennzeichnungen. Infolgedessen können Namen nicht durch Definitionen erklärt werden. Aber sie können erklärt werden durch 'Erläuterungen … Sätze, welche die Urzeichen enthalten. Sie können also nur verstanden werden, wenn die Bedeutungen dieser Zeichen bereits bekannt sind' (TLP 3.263). Das ist verwirrend, weil die Bedeutung eines Urzeichens erklärt werden soll durch Verwendung eines Satzes, der es bereits enthält, der seinerseits nur verstanden werden kann, wenn man den erklärten Ausdruck versteht. Vielleicht ist der Punkt, daß wir die Bedeutung von Namen lernen, indem wir lernen, wie sie in Sätzen anzuwenden sind. Entsprechend wären Erläuterungen einfach Elementarsätze, in denen der Name auftritt. Aber das ist unvereinbar mit der Vorstellung, daß Namen, *anders* als Sätze, uns erklärt und mit Bedeutung allererst versehen werden müssen (TLP 4.026–4.03). Auch wenn es ostensive Definitionen nicht erwähnt, deutet Wittgensteins frühes Werk außerdem an, daß die PROJEKTIONSMETHODE für Namen auf Gegenstände aus Akten der Ostension, aus *dieses* Meinen bestehe. Entsprechend sind, in Übereinstimmung mit einem Vorschlag von Russell (*Principia* 91), Erläuterungen Sätze der Form 'Dies ist A', die erklären, indem sie beschreiben.

Das war jedenfalls Wittgensteins Ansicht nach seiner Rückkehr zur Philosophie. Seine Diskussionen mit dem Wiener Kreis scheinen zum Teil für das Interesse der Logischen Positivisten an ostensiver Definition verantwortlich zu sein. Für die Logischen Positivisten waren ostensive Definitionen ein Mittel, in einen formalen, uninterpretierten Kalkül empirischen Gehalt einzubringen (z. B. *Papers* I 219–20). Wittgenstein bewegte sich in die entgegengesetzte Richtung. Als er Waismanns Versuch, den *Tractatus* zusammenzufassen, kommentierte, bestritt er, daß eine ostensive Definition ('*hinweisende Erklärung*') eine 'Verbindung von Sprache und Wirklichkeit' herstelle und behauptet deshalb später, die Sprache bleibe 'in sich geschlossen, autonom' (WWK 209–10, 246; PG 97; Vorl 256–7). Das ist eine überraschende Behauptung. Aber Wittgenstein bestreitet nicht, daß wir überwiegend über sprachunabhängige Dinge reden; er bestreitet nur, daß letztere die Bedeutungen unserer Worte bildeten, und also, daß es *semantische* Verknüpfungen zwischen Sprache und Welt gebe. Empirische Sätze beziehen sich auf sprachunabhängige Gegebenheiten und werden verifiziert oder falsifiziert durch die Weise, wie sich die Dinge verhalten. Aber das unterscheidet sie von ostensiven Definitionen. Man muß die Verwendung eines Satzes der Form 'Dies ist *A*' zu einer empirischen Behauptung von seiner Verwendung in einer ostensiven Definition unterscheiden (PB 54–5; PG 88). Letztere 'beschreibt' nicht den Gegenstand, auf den als *A* gezeigt wird, sei es richtig oder falsch, sondern sie legt fest, was als *A* zu sein zählt. Eine ostensive Definition kann nicht gleichzeitig eine Beschreibung sein, genauso wie die Anlegung eines Lineals an einen Stab nicht gleichzeitig eine Längenmessung des Stabes und eine Eichung des Lineals sein kann. Aus dieser Perspektive sind die Erläuterungen des *Tractatus* logische Zwitter zwischen einer ostensiven Erklärung des Namens '*A*' und einem empirischen Satz, der den Namen verwendet, um einen Sachverhalt zu beschreiben.

Ostensive Definitionen haben dieselbe normative Funktion wie andere Arten von grammatischer Erklärung (*siehe* GRAMMATIK). Sie bestimmen, was als richtige Verwendung von Zeichen zählt. Aus diesem Grund sind sie Teil der *Sprachlehre*, nicht der empirischen Anwendung der Sprache. Genauer, sie fungieren als Ersetzungsregeln, die die Ersetzung eines Demonstrativums in Verbindung mit einer auf ein Muster weisenden Zeigegeste für das Definiendum zulassen. Sie spezifizieren, daß alles, was *dies* ist, als *A* zu sein charakterisiert werden kann. Eine ostensive Definition von rot zum Beispiel berechtigt einen, von 'Mein Fahrrad hat diese☞ Farbe' zu 'Mein Fahrrad ist rot' überzugehen (PB 78; PG 88–91, 202; BlB 30; BB 85–90, 109). Die Sprache bleibt autonom, weil die in ostensiven Definitionen gebrauchten Muster Teil der Grammatik sind, jedenfalls zeitweise (PU § 16; PB 73). Diese Behauptung läuft nicht auf eine stipulative Erweiterung des Begriffs der Sprache hinaus. Sie erinnert uns vielmehr an die Tatsache, daß Muster als Maßstäbe des richtigen Gebrauchs der Wörter fungieren und daher eine analoge normative Rolle haben wie die der grammatischen Sätze. Wir erklären 'Rot ist diese☞ Farbe' und kritisieren in der Folge Fehlverwendungen unter Bezugnahme auf das Muster, auf das wir gezeigt haben.

Die normative Rolle von Mustern liegt auch hinter Wittgensteins Behauptung, man könne vom Standardmeter nicht sagen, daß er ein Meter lang sei (oder nicht sei) (PU § 50). Als Muster gehört der Gegenstand zu den Mitteln der Darstellung und kann nicht in einem empirischen Satz beschrieben werden. Ein und derselbe Gegenstand

Ostensive Definition

kann jetzt als Muster fungieren und später als ein Gegenstand beschrieben werden, der die definierte Eigenschaft hat; aber die normative und die empirische Rolle schließen einander insofern wechselseitig aus, als das, was als Norm der Beschreibung fungiert, nicht gleichzeitig als unter diese Norm fallend beschrieben werden kann; es könnte der Gegenstand einer anschließenden Messung sein, aber nicht, solange es als kanonisches Muster fungiert, wie es der Fall war mit dem Standardmeter. Infolgedessen hatte Kripke recht zu behaupten, daß das Standardmeter eine von einem Meter abweichende Länge hätte haben können, aber unrecht, daraus zu folgern, daß es deshalb sinnvoll sei, die Länge des Standardmeters in Metern anzugeben, solange diese Maßeinheit mit Bindung an diesen Stab definiert ist. Was man sagen kann, ist, daß der Stab, der tatsächlich als kanonisches Muster diente, hätte nicht als kanonisches Muster gebraucht werden können, was die Möglichkeit eröffnet, ihn zu messen, aber nur an einem *anderen* Maßstab.

Wittgenstein verwendet die ostensive Definition auch, um ein Rätsel aufzulösen, das die Logischen Positivisten beschäftigte, nämlich, wie der notwendige Status von Sätzen wie 'Nichts kann zugleich ganz rot und ganz grün sein' oder 'Schwarz ist dunkler als weiß' zu erklären ist (BGM 75–6). Solche Sätze können nicht aus ausdrücklichen Definitionen und den Gesetzen der Logik allein abgeleitet werden, das heißt, sie sind nicht analytisch. Aber sie sind auch nicht synthetische Beschreibungen a priori der wesentlichen Natur der Farben, wie Husserl annahm. Vielmehr sind sie Regeln für den Gebrauch von Farbwörtern (*siehe* FARBE), die Teil unserer Praxis der Erklärung und Verwendung dieser Wörter unter Bezugnahme auf Muster ist. Ihre Notwendigkeit kommt auf folgendes heraus: was wir als ein Muster von Rot verwenden, verwenden wir nicht als Muster von Grün; und ein schwarzer Fleck kann nicht nur dazu dienen, zu erklären, was 'schwarz' bedeutet, sondern auch, in Verbindung mit einem weißen Fleck, was 'dunkler als' bedeutet.

Selbst wenn man akzeptiert, daß Muster Teile der Grammatik sind, ist es natürlich anzunehmen, daß ostensive Definitionen von 'Undefinierbaren' die letzten Erklärungen unserer Wörter und damit die Grundlage der Sprache bilden. Wittgenstein weist diese Behauptung zurück (BlB 15–6; BT 256–7; *siehe* AUTONOMIE DER SPRACHE). Zum einen ist, ob etwas als Muster fungiert, nicht eine Frage seiner wesentlichen Natur, sondern menschlicher Wahl. Muster bestimmen die Bedeutung von Zeichen nur, weil wir sie als Maßstäbe der Richtigkeit verwenden. Was den richtigen Gebrauch des Explanandums bestimmt, ist nicht das Muster, sondern die Art und Weise, wir wir es benutzen zum Zwecke von Erklärung und Berichtigung. Zum andern können nicht alle Wörter ostensiv definiert werden, zum Beispiel nicht 'heute', 'nicht', 'aber' oder 'vielleicht' (BB 77), um von 'Reliquie' oder 'Gerechtigkeit' nicht zu reden.

Außerdem bilden ostensive Definitionen nicht eine unerbittliche Grundlage für unsere Wörter (PU §§ 27–36; VPP 506). 'Die hinweisende Definition kann in jedem Fall so und anders gedeutet werden' (PU § 28). Dafür gibt es mehrere Gründe: (a) Die deiktische Geste kann völlig mißverstanden werden – der Schüler mag wie eine Katze reagieren und auf die Hand sehen statt in die Richtung, in die sie zeigt (PU § 185). (b) Eine ostensive Definition verlangt eine 'Bühneneinrichtung', der logisch-grammatische

'Posten' oder die Kategorie des Definiendums muß bekannt sein (PU §§ 30–1, 257), das heißt, es muß klar sein, ob wir auf eine Farbe zeigen, eine Länge, eine Form, eine Zahl, etc. (c) Wir bedürfen einer Methode der Anwendung: Bekanntschaft mit dem Träger zählt nichts, solange wir nicht den allgemeinen Gebrauch des Wortes beherrschen, weil der Gebrauch eines Wortes sich nicht aus dem Gegenstand, auf den gezeigt wird, einfach ergibt (*siehe* BEDEUTUNGSKÖRPER). Eine einzelne Verknüpfung kann verschiedene Verhaltensmuster rechtfertigen (PG 80). In dieser Hinsicht ist Wittgenstein von Quine unterstützt worden. Für Quine jedoch spielen ostensive Definitionen nur eine kausale Rolle im Spracherwerb, insofern sie Dispositionen zu Sprechverhalten festlegen. Für Wittgenstein haben sie eine fortdauernde normative Rolle in der Führung unserer Praxis. Die normative Implikation einer ostensiven Korrelation wird durch eine Praxis der Berichtigung und der Rechtfertigung unter Bezugnahme auf das Muster festgelegt.

Die Unmöglichkeit der Bereitstellung von geistigen Äquivalenten für diese Züge, insbesondere für (c), macht private ostensive Definitionen unmöglich und daher eine PRIVATSPRACHE. Aus ähnlichen Gründen hat Augustinus unrecht in der Annahme, Spracherwerb sei nur eine Frage der Einrichtung einer geistigen Assoziation zwischen Wort und Gegenstand, weil das einen gewissen Grad von sprachlichem Verständnis voraussetzt wegen (b). Gleichzeitig gibt es einen wahren Kern in der Vorstellung, daß ostensive Definitionen primär seien. Für jemanden, der beide Ausdrücke nicht kennt, ist die Erklärung '„Fleichfarben" meint „rot"' weniger nützlich als 'Fleischfarben ist diese☞Farbe' (PG 89–90; BPP I § 609), gerade weil die zweite ihn mit einem Muster für die Anwendung des Ausdrucks versieht. Wichtiger ist, daß Ostension ein wesentlicher Bestandteil des grundlegenden Sprachlernens ist, das ausführlichen ERKLÄRUNGEN vorausgeht, seien sie ostensiv oder lexikalisch. Das ist kein Zufall, weil wir das Kind mit Paradigmen konfrontieren müssen, auf die das Wort angewendet werden kann, und wir Wörter oft durch direkte Beispielgebung lehren ('Dies☞ ist eine Banane').

Dieser Punkt ist mit Wittgensteins Darstellung nicht unbedingt unvereinbar. Wittgenstein hat die Tatsache betont, daß ostensive Definitionen mißverstanden werden können, aber das heißt ja nicht, daß sie illegitim wären, weil sie das von anderen Arten von Definitionen nicht unterscheidet. Tatsächlich hat Wittgenstein dafür argumentiert, daß ostensive Definitionen auf einen größeren Bereich von Ausdrücken Anwendung haben, als allgemein anerkannt wird, einschließlich Zahlwörtern (PU §§ 28–9). Außerdem können einige Ausdrücke, besonders Farbausdrücke, nur ostensiv erklärt werden (ähnliches gilt für Gerüche, Geschmacksnuancen, Texturen und Klänge). Das hält ein Körnchen Wahrheit im Mythos des *Tractatus* fest, daß von der Sprache unzerstörbare GEGENSTÄNDE vorausgesetzt werden. Solche Ausdrücke können nur erklärt werden, wenn entsprechende Muster existieren. Man könnte auf einen grünen Gegenstand zeigen und sagen 'Dies ist nicht rot'. Aber das ist keine ostensive Definition, weder von 'rot' noch von 'nicht-rot' (PG 89–92, 136; PU S. 254 Anm.; BT 49–51), weil so ein grüner Gegenstand nicht als Vergleichsobjekt benutzt werden könnte, um zu gestatten, von beispielsweise gelben oder blauen Dingen zu sagen, daß sie nicht rot sind. Wenn alle roten Dinge plötzlich grün würden, würde der Ausdruck 'rot' nicht geradewegs seine Bedeutung verlieren, wie der *Tractatus* implizierte. Aber die Technik, ihn zum Beispiel in 'Erinnerst du dich an die roten Sonnenuntergänge?' zu verwenden, würde langsam aussterben. Solche Beobachtungen legen nahe, daß die zeitgenössischen Theorien der Bedeutung mittels Wahrheitsbedingungen unrecht haben, wenn sie ostensive Definitionen einfach ignorieren, was sie trotz des Umstands tun, daß ihre Axiome Individuenkonstanten zu Gegenständen in Bezug setzen ('a' bezieht sich auf a). Das heißt, daß sie unerklärt lassen, was es heißt, daß ein singulärer Terminus einen Gegenstand benennt oder für ihn steht.

Phänomenologie
siehe VERIFIKATIONISMUS

Philosophie
Kein Philosoph seit Kant hat so hartnäckig über das Wesen des Fachs nachgedacht wie Wittgenstein. Sein Interesse geht auf das Jahr 1912 zurück, als er einen Vortrag zum Thema 'Was ist Philosophie?' hielt. Im Vorwort des *Tractatus* behauptete er, die Probleme der Philosophie 'im Wesentlichen endgültig gelöst zu haben'. 1930 erklärte er, seine 'neue Methode' des Philosophierens bedeute eine Wende in 'der Entwicklung menschlichen Denkens' vergleichbar der Galileischen Revolution in der Wissenschaft. Und gegen Ende seines Weges bestand er darauf, daß an seinem Werk nicht seine spezifischen Ergebnisse wichtig seien, sondern die neue Weise des Philosophierens, eine Methode oder Fertigkeit, die uns instand setze, für uns selbst zurechtzukommen (M 113–4; PU II, S. 539; MS 155 73–4; MB 17.6.41). Wittgenstein hatte damit recht, seine methodologischen Ansichten für neu und radikal zu halten. Sie gehen nicht nur gegen den wissenschaftlichen Geist des 20. Jahrhunderts (VB 457–9), sondern gegen die gesamte Geschichte der Philosophie. Seit ihrem Beginn ist die Philosophie als darin der Wissenschaft verwandt angesehen worden, daß sie eine kognitive Disziplin sei, die Wissen über die Wirklichkeit zu geben beanspruche. Für Platonisten ist die Philosophie eine apriorische Disziplin, die nicht die empirische Wirklichkeit beschreibt, sondern eine Welt abstrakter Entitäten, und die Wissen dadurch begründet, daß sie alle Wahrheiten aus letzten Prinzipien ableitet. Für Aristoteliker ist die Philosophie im Kontinuum mit den Spezialwissenschaften, weil sie die allgemeineren Züge der Wirklichkeit beschreibt – sie ist entweder die Königin der Wissenschaften oder ihre Hilfsarbeiterin, die ihr Hindernisse aus dem Weg räumt. Radikale Empiristen (Mill, Quine) behaupten außerdem, daß alle Disziplinen, eingeschlossen Philosophie, Mathematik und Logik, die Wirklichkeit auf der Grundlage empirischer Evidenz beschrieben.

Kants 'Kopernikanische Wendung' hat diesen Konsensus in Frage gestellt. Er behauptete, daß Philosophie 'sich nicht so wohl mit Gegenständen, sondern mit unserer Erkenntnisart von Gegenständen ... überhaupt beschäftigt' (KrV B 25). Während die Wissenschaft die Wirklichkeit beschreibt, ist Philosophie nicht mit Gegenständen irgendwelcher Arten beschäftigt, nicht einmal mit den abstrakten Entitäten, die der Platonismus postuliert. Statt dessen reflektiert sie auf die Vorbedingungen unserer Erkenntnis oder Erfahrung von Gegenständen der materiellen Welt. Aber trotz seiner reflektierenden Wendung bestand Kant darauf, daß Philosophie in wahren (synthetisch apriorischen) Sätzen resultiere, denjenigen, die die notwendigen Vorbedingungen der Erfahrung ausdrücken, und verblieb insofern innerhalb der kognitivistischen Tradition.

Der frühe Wittgenstein steht in der Tradition von Kants kritischer Philosophie. Erstens vertreten sowohl er als auch Kant, daß Philosophie primär eine kritische Tätigkeit ist, die die Übertreibungen der Metaphysik im Zaum hält und das nicht-philosophische Denken klärt (TLP 4.112, 6.53; KrV A 11, 735, 851). Zweitens trifft Wittgenstein, angeregt durch Schopenhauer und Hertz, eine Kantische Unterscheidung zwischen der Wissenschaft, die die Welt abbildet oder darstellt, und der Philosophie, die über die Vorbedingungen dieser Darstellungen nachdenkt (TLP 4.11ff.). Dies kontrastiert scharf mit Frege und Russell. Frege hat niemals eine allgemeine Konzeption der Philosophie vorgeschlagen, aber seine Auffassungen des Wesens von Logik und Mathematik implizieren, daß in diesen beiden Bereichen die Philosophie eine Wissenschaft von abstrakten Entitäten sei. Russell hielt während seiner gesamten Entwicklung an der 'wissenschaftlichen Konzeption der Philosophie' fest, derzufolge die Philosophie die Aufgaben der Wissenschaft teilt und ihren Methoden nacheifern sollte. Während der frühe Wittgenstein Freges Trennung von Logik und Psychologie übernahm (TLP 4.1121, 6.3631, 6.423; *Grundlagen*, Einl.; *Grundgesetze* I Vorw.) und Russells Identifizierung von Philosophie und LOGIK akzeptierte (TLP 4.003f.; *External* Kap. II; *Mysticism* Kap. 8), argumentierte er gegen beide, daß die Philosophie/Logik weder abstrakte Gegenstände noch die allgemeinsten Züge der Wirklichkeit beschreibe, sondern die wesentlichen Voraussetzungen des Denkens über oder Darstellens von Wirklichkeit betreffe. Er modifizierte diese Kantische Vorstellung in zwei Hinsichten. Erstens sind Gedanken intern an ihren sprachlichen Ausdruck gebunden, Darstellung ist symbolische Darstellung, und ihre Vorbedingungen sind sprachliche Regeln – LOGISCHE SYNTAX. Zweitens trennen die Grenzen des Sinns, die die Philosophie zieht, nicht mögliche Erkenntnis von leerer Spekulation, sondern sinnvolle von unsinnigen Zeichenverbindungen. Das hat drastische methodologische Konsequenzen. In seinen frühesten Erörterungen hatte Wittgenstein behauptet, daß Philosophie aus Logik (ihrer Grundlage) und Metaphysik bestehe und sich von der Wissenschaft darin unterscheide, daß sie 'die Lehre von der logischen Form wissenschaftlicher Sätze' (AüL 207) sei. Später etikettiert er als 'Metaphysik' ausschließlich die illegitime Philosophie der Vergangenheit. Legitime Philosophie ist 'Sprachkritik'. 'Die meisten Sätze und Fragen, welche über philosophische Dinge geschrieben worden sind, sind nicht falsch, sondern unsinnig' (TLP 4.003f., vgl. Vorwort, 3.323, 3.325, 6.51–7; Tb 1.5.15, 2.12.16). Sie stammen aus dem Unvermögen, die Logik der Sprache zu verstehen, ein Fehler, der das Stellen von Scheinfragen, die keine Antwort zulassen, zur Folge hat. Die Aufgabe der Philosophie ist nicht zu versuchen, diese Fragen zu beantworten, sondern zu zeigen, daß sie die Grenzen des Sinns verletzen.

Der Grund für diese umfassende Anklage ist, daß Philosophie stets danach gestrebt hat, notwendige Wahrheiten über die wesentliche Natur der Welt aufzudecken. Aber jeder Versuch, solche notwendige Wahrheiten über Arten von Dingen in der Welt zu formulieren, schreibt ihnen formale, interne Eigenschaften zu (z.B. daß das Wesen des Geistes/der Materie Denken/Ausdehnung ist, daß nur was ausgedehnt ist, farbig sein kann etc.) (*siehe* INTERNE RELATIONEN). Gemäß der SAGEN/ZEIGEN-Unterscheidung können solche formalen Begriffe nicht sinnvoll in wirklichen Sätzen auftreten, weil, was sie ausschließen, nicht eine Möglichkeit ist, sondern ein Stück Unsinn. Die einzigen ausdrückbaren notwendigen Wahrheiten sind 'sinnlose' TAUTOLOGIEN; metaphysische Sätze wären nicht bipolar (*siehe* BIPOLARITÄT) und daher unsinnig. Aber was solche Scheinsätze zu sagen versuchen, zeigt sich in den logisch-syntaktischen Zügen nicht-philosophischer Sätze (z.B. in der Tatsache, daß alle Namen von farbigen Dingen Werte einer Variablen sind, deren Bereich der der ausgedehnten Dinge ist).

Die Sätze des *Tractatus* wenden formale Begriffe an, um Behauptungen über die wesentlichen Züge aufzustellen, die Sprache mit der Wirklichkeit teilen muß, und daher sind sie selbst unsinnig (TLP 6.53). Die einzig legitime Aufgabe der Philosophie ist analytisch und erläuternd. Sie zielt weder auf die Entdeckung neuer Wahrheiten noch teilt sie die Stückwerkmethoden der Wissenschaften. Denn es gibt keine 'philosophischen Sätze'. Philosophie ist anders als die Wissenschaft kein Corpus von Lehren, sondern eine Tätigkeit des Klärens von nicht-philosophischen Sätzen durch logische Analyse (TLP 4.112). Ihr Ziel ist die Erreichung einer 'richtigen logischen Auffassung', ein Verständnis davon, was gesagt werden kann (nämlich empirische Sätze), und seiner Grenzen. Die Philosophie 'begrenzt das bestreitbare Gebiet der Naturwissenschaft', 'sie soll das Undenkbare von innen durch das Denkbare abgrenzen'. Ohne eigene Sätze aufzustellen, klärt sie sinnvolle Sätze und demonstriert, daß metaphysische Sätze die Regeln der logischen Syntax verletzen (TLP 4.112, 4.113ff., 4.1213, 6.53).

Diese 'Wendung zur Sprache (linguistic turn)' entwickelte Wittgenstein später in eine andere Richtung. Das Herz seiner Methode blieb der 'Übergang von der Wahrheitsfrage zur Frage der Bedeutung' (MS 106 46). Die Verknüpfung zwischen Philosophie und Sprache ist zwiefältig. Erstens gibt es eine interne Verknüpfung zwischen GEDANKEN und ihrem sprachlichen Ausdruck: die Philosophie ist an der Sprache interessiert wegen ihre 'überragenden Rolle im menschlichen Leben' (BT 194–5, 413); MENSCHLICHE WESEN sind wesentlich sprachverwendende Tiere, eine Vorstellung, die der Aristotelismus und die Hermeneutik teilen. Die zweite Verknüpfung, die den Logischen Positivismus anregte, ist, daß die apriorische Natur der philosophischen Probleme in sprachlichen Regeln wurzelt: 'die Philosophie ist die Grammatik der Wörter „müssen" und „können"; denn so zeigt sie, was a priori und a posteriori ist' (UW 104). Philosophie ist keine kognitive Disziplin, sondern eine Tätigkeit, die auf Klarheit aus ist (Vorl 23, 442; BPP I § 115). All dieses bleibt. Aber die unausdrückbare Metaphysik wird fallengelassen, und das bloße Versprechen kritischer Analyse wird ersetzt durch eine therapeutische Praxis: die Philosophie löst diejenigen begrifflichen Verwirrungen, denen die philosophischen Probleme ihre Existenz verdanken sollen.

Dieses Bild scheint die Philosophie zu verarmen und wird im allgemeinen für den schwächsten Teil von Wittgensteins späterem Werk gehalten – Werbesprüche ohne argumentative Stützung und Lügen gestraft durch seine eigene 'Theorie-Konstruktion'. Viele Interpreten denken außerdem, daß sich die Philosophiekonzeption (glücklicherweise) vom übrigen Spätwerk trennen lasse. Wittgensteins methodologische Auffassungen müssen letztlich nach ihren Ergebnissen beurteilt werden. Aber es ist wichtig zu bemerken, daß sie mit den anderen Teilen seines Werkes unentwirrbar verwoben sind, insbesondere seiner Konzeption von logischer Notwendigkeit, und daß sie sich aus einem kohärenten Gedankengang ergeben:

(a) Philosophie unterscheidet sich wegen ihres apriorischen Charakters prinzipiell von den Wissenschaften.

(b) Weil das Apriori durch sprachliche Regeln zu erklären ist, beschäftigt sich die Philosophie nicht mit Gegenständen, sondern mit unseren Weisen, gemäß 'grammatischen Regeln' über Gegenstände zu sprechen.
(c) Diese Regeln sind keinem 'Wesen der Wirklichkeit' verantwortlich, deshalb sollte die Philosophie sie weder rechtfertigen noch reformieren, sondern sie nur beschreiben.
(d) Als kompetente Sprecher sind wir mit unserer Grammatik bereits vertraut, tendieren aber dazu, sie in philosophischer Überlegung zu ignorieren oder zu verzerren. Daher kann die Beschreibung der Grammatik nicht zu Entdeckungen oder einer Theorie-Konstruktion führen; sie erinnert uns zum Zweck der Auflösung begrifflicher Verwirrungen daran, wie wir sprechen.
(e) Diese begriffliche Klärung kann nicht in der Weise systematisch sein oder Fortschritte machen, in der die Wissenschaft systematisch ist bzw. Fortschritte macht (*siehe* METALOGIK, ÜBERSICHT).

(a) Was Wittgensteins Philosophieren mit der metaphysischen Tradition verbindet, ist, daß beide diejenigen Probleme zu lösen versuchen, die das Thema der Philosophie bilden (PG 193; BT 416, 431; BlB 99–100; Z § 447; PLP 5–6). Wittgenstein schlägt seine 'neue Methode' vor als eine neue Weise, diese Probleme zu behandeln, eine, die überlegen ist, weil sie sich auf ein besseres Verständnis des Charakters der Probleme stützt (Vorl 23, 180–1; M 113–4). Hauptsächlich sind die betreffenden Probleme diejenigen der theoretischen Philosophie (Logik, Metaphysik, Erkenntnistheorie, Philosophie des Geistes) (RW 159; M 105–6; VB 462–3). Wittgenstein illustriert ihre eigentümliche Natur unter Bezugnahme auf die Frage 'Was ist Zeit?' von Augustinus. Die Probleme sind a priori und können daher nicht durch empirische Beobachtung oder wissenschaftliches Experiment gelöst werden (Vorl 147, 270, 415); ihr unlösbarer Charakter ist selber rätselhaft, weil sie nicht das Geheimnisvolle betreffen, sondern Begriffe, mit denen wir in vorphilosophischer (alltäglicher und spezialisierter) Rede vertraut sind; tatsächlich ist Verständnis dieser Begriffe Voraussetzung für die Feststellung neuer empirischer Tatsachen (PU § 89, vgl. 95, 428; BlB 55–7; BT 434–5; BPP II § 289; Z § 452; VB 455). Man könnte mit Russell protestieren, daß die Philosophie eine Proto-Wissenschaft sei, die sich mit Fragen beschäftigt, die wissenschaftlichen Methoden noch nicht zugänglich sind (*Probleme* 136; *Logic* 281). Aber die Tatsache, daß sich die Einzelwissenschaften aus der Philosophie entwickelt haben, impliziert nicht, daß Fragen, die der Erfahrung vorausgehen, letzten Endes doch empirische sind. Wittgenstein argumentiert (kraftvoll) gegen den Versuch, die notwendigen Sätze der Logik, Mathematik und Metaphysik auf empirische Verallgemeinerungen zu reduzieren. Deshalb besteht er gegen den Empirismus darauf, daß die Philosophie a priori ist (Vorl 99–100). Er ist oft beschuldigt worden, sich in aprioristischer Wissenschaft vom Lehnstuhl aus zu ergehen, würde aber entgegnen, daß es die empiristischen Philosophen sind, die einer inkohärenten Disziplin nachgehen – empirischer Metaphysik.
(b) Wittgensteins Abgrenzung zwischen Philosophie und WISSENSCHAFT drückt keine Form von Irrationalismus aus. Sein Verbot von Theorien, Hypothesen und Erklärungen

(PU §§ 109, 126, 496; BGM 333) verbannt aus der Philosophie kausale Erklärungen empirischer Phänomene (*siehe* VERURSACHUNG), Erklärungen, die irrelevant sind für Probleme, die begrifflich sind und nicht empirisch (Z § 458; VB 470). Sokratische 'Was ist X?'-Fragen, sofern sie wesentliche und nicht zufällige Züge von X betreffen, entstehen nicht aus Unkenntnis über die empirische Wirklichkeit oder über eine Platonische Welt hinter den Erscheinungen, sondern aus Unklarheit über die GRAMMATIK. Daher ist die Philosophie nicht mit Beschreibung und Erklärung der Wirklichkeit beschäftigt, sondern mit Klärung unserer FORM DER DARSTELLUNG, die festlegt, was als sinnvolle Beschreibung der Wirklichkeit gilt, und, allgemeiner, bestimmt, was sinnvoll gesagt werden kann.

(c) Dem *Tractatus* zufolge gibt es metaphysische Wahrheiten über die Strukturen, die Sprache und Wirklichkeit teilen, aber sie sind unausdrückbar. Im Gegensatz dazu demythologisiert der spätere Wittgenstein die Metaphysik (Vorl 43; MS 157 (b) 4). Es zeichnet die Metaphysik aus, daß sie tatsächliche und begriffliche Fragen vermengt, wissenschaftliche Theorien/Hypothesen und Normen der Darstellung (Z § 458; BlB 38–9, 62–3). Die Metaphysik beansprucht, wahre Sätze über das Wesen der Wirklichkeit festzustellen. Ihre Sätze haben die Form von Aussagen über Tatsachen. Die Wissenschaft sagt uns, daß kein Mensch schneller als 40 km/h laufen kann, oder daß es keinen Planeten innerhalb der Bahn des Merkur gibt – der Metaphysiker, daß kein Mensch die Schmerzen eines anderen haben kann, Kant, daß es keine unverursachten Ereignisse gebe. Nach Wittgenstein sind solche Verkündigungen 'deskriptiver' Metaphysik – oft entstellte – grammatische Regeln in satzförmiger Verkleidung (Vorl 167–8, 229–35; WWK 67). 'Jedes Ereignis hat eine Ursache' ist eine grammatische Regel, die teilweise bestimmt, was als 'Ereignis' zählt (*siehe* VERURSACHUNG). Im Gegensatz dazu ist 'revisionäre Metaphysik' wie das 'Nur meine gegenwärtigen Erfahrungen sind real' des Solipsisten nicht verkleidete Grammatik, sondern entweder Unsinn oder 'Ausdruck der Unzufriedenheit mit unserer Grammatik' (BlB 89–93). Aber die Grammatik ist autonom (*siehe* AUTONOMIE DER SPRACHE), einem angeblichen Wesen der Wirklichkeit nicht verantwortlich. Infolgedessen gibt es keine metaphysischen Gründe dafür, die Grammatik zu verteidigen oder zu reformieren.

Die Philosophie darf den tatsächlichen Gebrauch der Sprache in keiner Weise antasten, sie kann ihn am Ende also nur beschreiben. Denn sie kann ihn auch nicht begründen. Sie läßt alles, wie es ist. (PU § 124)

Dieses Diktum propagiert nicht einen intellektuellen Quietismus: Wittgenstein läßt nicht die *Philosophie*, wie sie ist, sondern versucht, sie als 'schlichten Unsinn' und 'Luftgebäude' zu enthüllen (PU §§ 118–9: BT 413, 425). Auch bestreitet er nicht, daß sich die Sprache wandelt (PU § 18). Es gibt nicht-philosophische Gründe für Begriffswandel (z. B. in der Wissenschaft). Der Punkt ist, daß es nicht Aufgabe der Philosophie ist, solche Reform zu bewirken, indem sie eine ideale Sprache einführt.

(d) Für den *Tractatus* muß die Sprache durch eine '*Über*-Ordnung' von Regeln bestimmt sein, die durch LOGISCHE ANALYSE aufzudecken sind. Nun weist Wittgenstein dieses KALKÜLMODELL als 'dogmatisch' zurück (PU §§ 81, 92, 108, 131). Es gibt keine Entdeckungen oder Überraschungen in der Grammatik. 'Wollte man Thesen in der Philosophie aufstellen, es könnte nie über sie zur Diskussion kommen, weil Alle mit ihnen einverstanden wären' (PU § 128, vgl. § 599). Philosophische Bemerkungen sind 'hausbacken', 'abgenutzte Binsenwahrheiten' (TS 213 412; MS 109 212; TS 220 89–90; TS 219 6). Tatsächlich erklärt Wittgenstein, sich nicht auf irgendwelche Meinungen zu stützen, die irgend jemand bestreiten könnte (Vorl 270–1; VGM 23; BGM 160; VuGÄPR 110). Das scheint in ein Dilemma zu führen. Entweder diese Bemerkungen stimmen mit seiner 'keine Meinung'-Methodologie überein, dann können sie nicht als ein wirklicher Beitrag zur philosophischen Debatte angesehen werden. Oder sie tun es nicht, dann strafte seine Praxis seine erklärten methodologischen Überzeugungen Lügen – er würde die nicht-offensichtliche These aufstellen, daß es keine nicht-offensichtlichen philosophischen Thesen gibt.

Einige Kommentatoren glauben, daß Wittgenstein für Inkommensurabilität gegenüber der philosophischen Tradition optiert hat. Nach dieser 'keine Position'-Position enthält sein Werk keine Argumente, die die Maßstäbe philosophischen Diskurses erfüllten. Er sei nicht einmal mit der Aufgabe befaßt, traditionelle Positionen zu kritisieren oder philosophische Fehler zu berichten. Seine Versuche, eine Übersicht über die Grammatik zu geben, sind therapeutische Versuche, uns zu veranlassen, philosophische Fragen um des intellektuellen Friedens willen aufzugeben (VB 511, 537). Richtig ist, daß Wittgenstein in traditionellen Disputen nicht Partei ergriffen hat, sondern vielmehr versuchte, die Annahmen zu untergraben, die den Teilnehmern gemeinsam waren – eine Strategie, die durch Kants 'Transzendentale Dialektik' eingeführt wurde und von Ramsey übernommen wurde (*Mathematics* 115–6). Er versuchte auch, Fragen 'aufzulösen', die zu derartigen fehlgeleiteten Alternativen führten – eine Idee, die im Vorwort von Moores *Principia Ethica* angedeutet wird. Aber indem er das tut, sucht er die 'richtige Frage' (siehe PU §§ 133, 189, 321; BGM 147; BPP I § 600; MS 130 107; WAM 27–8; VB 538). Und er gab Antworten auf sokratische Fragen wie 'Was ist Verstehen?', weil solche Antworten die Voraussetzung dafür darstellen, fehlgeleitete Fragen aufzulösen. Was er verwirft ist nur das Beharren darauf, daß diese Fragen nur durch analytische Definitionen beantwortet werden könnten (*siehe* ERKLÄRUNG). Wittgenstein fand Vergnügen darin, seine philosophische Kritik mit einer Art von Psychotherapie zu vergleichen (PU §§ 133, 254–5; BT 407–10; Z § 382). Außerdem hat er gelegentlich bekannt, uns zu einer neuen Sichtweise bekehren zu wollen (VuGÄPR 54–5; VB 537). Nichtsdestoweniger ist seine philosophische Kritik ein argumentatives und kein medizinisches oder missionarisches Unternehmen; es sollte Argumente liefern, die 'absolut schlüssig' sind (MS 161 3; BT 408, 421). Wittgenstein stützt sich nicht auf 'Meinungen', weil er grammatische Erinnerungen daran gibt, wie wir die Wörter außerhalb der Philosophie verwenden ('Es hat Sinn zu sagen „Ich weiß, daß sie Zahnschmerzen hat"' oder 'Ein Hund kann nicht erwarten, daß sein Herr in einer Woche zurückkommt'). Ihr Witz ist, auf Verletzungen von Regeln der Grammatik durch Philosophen aufmerksam zu machen. Sie sind Teil einer dialektischen Sinnkritik, eine 'undogmatische Vorgehensweise' (WWK 183–6; vgl. PB 54–5; PU §§ 89–90, 127; BT 419, 424–5; VPP 84–5; *siehe auch* UNSINN). Wittgenstein versucht zu zeigen, daß seine Widersacher Wörter nach konfligierenden Regeln verwenden. Einige seiner Bemerkungen (z. B. 'Ein „innerer Vorgang" bedarf äußerer Kriterien' – PU § 580) sind synoptische Beschreibungen, in denen grammatische Binsenwahrheiten zusammengezogen und auf ein besonderes philosophisches Problem bezogen werden. Aber sogar sie fungieren nicht als Prämissen in deduktiven Argumenten. Die Philosophie ist 'eben', ohne Beweise der deduktiv-nomologischen Wissenschaften und der formalen Disziplinen wie Mathematik oder Logik (PU §§ 126, 599). Deduktion stellt die Folgerungen aus Prämissen fest, aber eine dialektische Sinnkritik geht elenktisch vor, nicht mittels Beweisen: sie untersucht die Bedeutung jener Prämissen und die Verständlichkeit der Fragen.

Philosophische Psychologie
Themen der Philosophischen Psychologie – Intentionalität, Denken, Verstehen – spielen in Wittgensteins späterem Werk wegen ihrer Verknüpfung mit sprachlicher Bedeutung eine wichtige Rolle. Er hatte jedoch auch ein eigenständiges Interesse an Psychologie (1912 führte er Experimente zur Psychologie der Musik durch), und nach 1943 war seine Hauptarbeit auf dem Gebiet der Philosophischen Psychologie angesiedelt, unabhängig von ihrem Zusammenhang mit der Sprache.

Ein wichtiger Antrieb für seine Erörterung des Wesens der Psychologie und psychologischer Begriffe in *Bemerkungen über die Philosophie der Psychologie* wurde durch Köhlers *Gestaltpsychologie* gegeben, die er 1947 las. Köhler erklärte die Schwierigkeiten der Psychologie damit, daß sie eine 'junge Wissenschaft' sei, die in der Ersetzung qualitativer Beobachtung durch quantitative Messungen der Physik erst noch nnachziehen müsse. Wittgenstein verwarf diese Diagnose (PU II, S. 580; BPP I §§ 1039, 1093). Die Schwierigkeiten der Psychologie sind jenen der Mengentheorie verwandt und nicht denen der Physik in ihren Kinderschuhen. Sie sind nicht dem Fehlen angemessener Instrumentierung, einem Mangel quantitativer Begriffe oder einer Mangelhaftigkeit mathematischer Technik geschuldet, sondern begrifflicher Verwirrung. Obwohl Wittgenstein leugnete, daß es einen universalen Parallelismus zwischen dem Geistigen und dem Physischen geben *müsse* (*siehe* VERURSACHUNG; INNERES/ÄUSSERES), verwirft er nicht eine experimentelle Psychologie oder die Untersuchung der neurophysiologischen Ursachen und Voraussetzungen für geistige Phänomene und Fähigkeiten. Sein Punkt ist, daß die experimentellen Methoden an den philosophischen Problemen 'vorbeigehen' und daß letztere wirkliche Fortschritte in der Psychologie behindern können.

Köhler ging dem Eliminativen Materialismus insofern voraus, als er die Möglichkeit einer Ersetzung unserer normalen psychologischen Aussagen und Begriffe durch neurophysiologische ins Auge faßte. Wittgenstein könnte keine Bedenken dagegen haben, daß die empirische Psychologie technische Begriffe wie 'nichtkonditionierter Reflex' einführt. Er würde jedoch darauf bestehen, daß dies nicht die philosophischen Probleme löse, die sich aus unseren normalen psychologischen Begriffen ergeben (*siehe* METALOGIK). Außerdem sind 'die Begriffe der Psychologie' zum größten Teil 'eben Begriffe des Alltags. Nicht von der Wissenschaft zu ihren Zwecken neu gebildete Begriffe, wie die der Physik und Chemie.' Aber auf jeden Fall enthält die normale Sprache nicht eine primitive Theorie ('folk psychology'), die von der Wissenschaft überholt worden wäre, wie der Eliminative Materialismus meint, sondern nur Begriffe wie Denken, Wahrnehmen, Vorstellen (BPP II § 62; Z § 223). Diese Begriffe verkörpern keine Theorie, weil sie nichts vorhersagen und weder wahr noch falsch sein können. Vielmehr werden sie von empirischen Theorien vorausgesetzt und definieren die Themen der Psychologie. Um beispielsweise Korrelationen zwischen Wahrnehmung und neurophysiologischen Vorgängen festzustellen, muß klar sein, was als Wahrnehmung von etwas durch ein Subjekt zählt, was durch die GRAMMATIK von Feld-Wald-und-Wiesen-Begriffen wie 'Sehen' und 'Hören' bestimmt ist. Wir können unsere Begriffe modifizieren und haben das getan (z. B. durch Aufnahme der Freudschen Vorstellung des Unbewußten). Nichtsdestoweniger beklagt sich Wittgenstein, daß unklar ist, welche Art von Entdeckungen Köhlers ins Auge gefaßte Ersetzung möglich machen würde (MS 130 1.8.46). Außerdem könnten wir, selbst wenn wir durchgängige Korrelationen zwischen geistigen und physischen Phänomenen feststellen könnten, unsere psychologischen Begriffe nicht zugunsten neurophysiologischer aufgeben, ohne aufzuhören, menschlich zu sein. Obwohl wir diese Begriffe *unter anderem* dazu verwenden, menschliches Benehmen zu erklären, sind solche Erklärungen nicht wie die der nomologischen Wissenschaften kausale Erklärungen (*siehe* VERURSACHUNG), sondern teleologische. Wenn wir menschliches Benehmen als durch bewirkende Ursachen notwendig gemacht erklärten, würden wir es nicht länger als intentionales Handeln behandeln, weil das voraussetzt, daß das Subjekt durch Gründe geleitet ist. Außerdem werden unsere psychologischen Begriffe, anders als die neurophysiologischen, nicht nur und nicht einmal in erster Linie dazu verwendet, Verhalten zu erklären, vorherzusagen und zu kontrollieren. Ihre Funktionen sind so vielfältig wie das menschliche Leben (BPP II § 35): wir brauchen sie, um unsere Gedanken, Gefühle und Einstellungen auszudrücken, um zu bemitleiden, zu ermutigen, zu verdammen. Diese Funktionen sind für unser Leben wesentlich und keine von ihnen könnte durch neurophysiologische Begriffe erfüllt werden.

Eine andere Anregung für Wittgensteins Philosophische Psychologie waren James' enzyklopädische *Principles of Psychology*, die er als eine 'reiche Quelle' philosophischer Probleme und Verwirrungen ansah (MS 124 291; MS 165 150–1). Im Gegensatz zum Reduktionismus von Köhler war James ein Nachfolger der introspektiven Psychologie Wundts. Er behandelt Introspektion als ein unproblematisches 'Sehen in den eigenen Geist', obwohl er vom Cartesianismus dadurch abwich, daß er zugab, daß innere Wahrnehmung fehlbar sei. Als Ergebnis versuchte er, das Wesen der Erfahrung, des Denkens und des Selbst durch Beobachtung seines eigenen 'Bewußtseinsstroms' festzustellen, das heißt durch Beobachtung der Folge seiner seelischen Episoden (*Psychology* I 185–90, 301; Kap. IX). James vertrat, was Wittgenstein 'die alte Auffassung' von Psychologie nannte – als einer Wissenschaft, die Gegenstände Zustände und Vorgänge 'in der psychischen Sphäre, wie die Physik in der physischen' beobachte. Aber diese Parallele ist, so meinte er, irreführend. Während der Physiker die Phänomene, die er erklärt, beobachtet, beobachtet der Psychologe den *Ausdruck* (die *Äußerungen*) des Geistes *im Benehmen* von Personen (PU § 571; TS 229 § 1360). Gemäß Wittgensteins Angriff auf das INNEN/AUSSEN-Bild des Geistes als eines privaten Bereichs, der anderen verborgen ist, heißt das nicht, daß das Subjekt einen direkteren Zugang zu seinen eigenen geistigen Phänomenen durch Introspektion habe. Psychologische Äußerungen in 1. Person Präsens sind typischerweise AUSDRUCKSÄUSSERUNGEN, nicht auf Beobachtungen gegründete Beschreibungen oder Berichte, seien sie fehlbar oder unfehlbar. Außerdem sind Inneres und Äußeres unentwirrbar verknüpft. *Pace* des Mentalismus können psychologische Sätze in 3. Person auf das gegründet werden, was Personen tun und sagen, weil charakteristische Formen des Benehmens KRITERIEN des Geistigen sind. *Pace* des Behaviorismus leiten wir solche Sätze nicht aus Beschreibungen reiner Körperbewegungen ab, sondern beschreiben menschliches Benehmen *ab initio* in psychologischen Begriffen.

Selbst ohne die Vorstellung, daß der Geist privat (*siehe* PRIVATSPRACHENARGUMENT), nur dem Subjekt bekannt sei, ist die introspektionistische Methode verkehrt. In Übereinstimmung mit der empiristischen Tradition reduziert sie alle geistigen Phänomene auf Episoden, Dinge, die uns durchs Bewußtsein gehen wie Gefühle, Empfindungen, Bilder und Wörter. In Übereinstimmung mit Kant kritisierte Wittgenstein die 'die Zurückführung von allem auf Empfindungen oder Vorstellungsbilder' und die Versuchung, 'Gefühle (zu) hypostasieren, wo keine sind' (VPP 139; PU § 598). Intentionale Verben wie DENKEN, GLAUBEN oder wollen (*siehe* WILLE) bezeichnen nicht 'Phänomene' oder 'Erscheinungen', Vorgänge oder Zustände, die von mir oder von Gott, wenn er in meine Seele sähe, entdeckt werden könnten (PU II, S. 558; Z § 471; BPP II §§ 3, 31–5, 75–7, 130–3; LS II, 31, 100–1). Die einzigen beschreibbaren 'Geschehnisse', die für die Bedeutung der Verben relevant sind, schließen öffentlich zugängliches Benehmen ein, sie bezeichnen nicht geistige oder neurophysiologische Tätigkeiten, Vorgänge oder Zustände.

Wittgenstein gibt zwei Argumente zugunsten seiner Behauptung. Eines ist, daß innere Vorgänge weder notwendig noch hinreichend dafür sind, etwas ZU BEABSICHTIGEN UND ETWAS (zu) MEINEN. Das andere ist, daß Mentalisten und Materialisten solche kategorischen Ausdrücke falsch auf Geistiges angewendet haben. Es gibt geistige Tätigkeiten (z. B. Kopfrechnen), Ereignisse (z. B. das Hören eines Gewehrschusses) und Vorgänge ('Erfahrungen') (z. B. geistige Bilder zu haben oder Eindrücke), und 'geistige Zustände' oder 'Bewußtseinszustände' (z. B: Stimmungen – Angst, Furcht, gute Laune – oder Gefühle, die einen bestimmten Verlauf nehmen können). Aber es gibt einen 'Kategorienunterschied' zwischen diesen Phänomenen und intentionalen Einstellungen (Z § 86, vgl. §§ 72–85; PU S. 315 Anm., §§ 165, 308, 339, 572–3; BPP I §§ 648, 836; BPP II §§ 43–57, 63, 148). Intentionale Einstellungen sind nicht Handlungen oder Tätigkeiten, weil die meisten nicht dem Willen unterstehen (man kann nicht entscheiden oder andere anweisen, etwas zu glauben oder zu beabsichtigen) und selbst die, die willentlich sein können, wie etwas meinen (sagen wollen), können nicht mehr oder weniger erfolgreich ausgeführt werden (PU §§ 674–81; Z §§ 51–2). Sie sind aber auch nicht nicht-willentliche Ereignisse oder Vorgänge: sie können nicht geschehen, in der Zeit stattfinden oder andauern, sie können nicht verlangsamt, umgekehrt oder unvollendet gelassen werden. Es hat zum Beispiel keinen Sinn zu sagen '*Während* ich meinte ...' und damit auf einen bestimmten Zeitraum Bezug zu nehmen. Und obwohl sich '*Als* ich sagte „Napoleon", meinte ich den Sieger von Austerlitz' auf einen bestimmten Zeitpunkt bezieht, nämlich den der ursprünglichen Äußerung, muß nichts zu diesem Zeitpunkt vor sich gegangen sein außer oder zusätzlich zu der Äußerung (PG 103).

Obwohl vom Standpunkt der Schulgrammatik aus intentionale Verben statische Verben sind und nicht Vorgangsverben, bezeichnen sie keine Zustände. Zustände sind etwas, worin man sich befindet, aber ich befinde mich nicht gegenwärtig im Zustand der Absicht, nach Berlin zu fahren, oder des Glaubens, Napoleon sei ungestüm gewesen. Zu jedem Zeitpunkt glaube oder beabsichtige ich unbestimmt viele Dinge, aber ich bin nicht in unbestimmt vielen Zuständen. Wittgensteins Opponenten mögen erwidern, daß sie 'geistiger/seelischer Zustand' als technischen Ausdruck verwenden, um auf alle psychischen Erscheinungen Bezug zu nehmen. Aber nach Wittgenstein unterscheiden sich intentionale Einstellungen von wirklichen 'Bewußtseinzuständen' dadurch, daß ihnen fehlt, was er 'echte Dauer' nennt (Z §§ 45–7, 81–2; BPP I § 836; BPP II § 45). Das bedeutet, daß sie

(a) keinen Verlauf nehmen, das heißt, sich in verschiedenen Weisen entfalten können;
(b) nicht hinsichtlich ihres Nochandauerns überprüft oder kontinuierlich beobachtet werden können;
(c) nicht mit einer Stoppuhr hinsichtlich ihrer Dauer gemessen werden können;
(d) durch eine Unterbrechung des Bewußtseins oder eine Abwendung der Aufmerksamkeit nicht unterbrochen werden und auch nicht kontinuierlich andauern können.

Diese Schlußfolgerung kann in Frage gestellt werden. Hinsichtlich (a) und (b) kann man darauf hinweisen, daß Intentionen mehr oder weniger stark sein können, das heißt, eine beobachtbare Dimension besitzen, in der sie variieren können, ohne ihre Identität zu verlieren. Aber es gibt gute Gründe dafür zu sagen, daß dies keine inhärente Eigenschaft der Intention analog dem Andauern eines Gefühls ist, sondern eher die Weise betrifft, in der man an ihr festhält. Man könnte gegen (c) behaupten, daß wir die Zeit zwischen dem Anfang einer Absicht und ihrem Aufhören oder ihrer Verwirklichung messen können. Aber es ist unplausibel anzunehmen, alle Intentionen oder Überzeugungen könnten in dieser Weise zeitlich gemessen werden. Außerdem fehlen selbst denen, bei denen das möglich ist, nach (d) die anderen zeitlichen Eigenschaften von Zuständen. Meine Überzeugung, daß Napoleon ungestüm war, hat nicht kontinuierlich zehn Jahre lang angedauert, aber auch nicht immer dann aufgehört, wenn ich eingeschlafen bin, und sich erst beim Aufwachen wieder eingestellt. Man kann etwas mit Unterbrechungen glauben. Aber das heißt nicht, in seinem Überzeugtsein unterbrochen zu werden – wie ein Zustand der Angst durch Ablenkungen unterbrochen werden mag –, sondern in seinen Überzeugungen zu schwanken. Es ist eingewendet worden, daß (d) den Begriff eines Bewußtseinszustandes benutze, und daher nicht ohne Zirkularität dazu verwendet werden könnte, solche Zustände von intentionalen Einstellungen abzugrenzen. Aber der Punkt ist einfach, daß ein Zustand unterbrochen werden kann, intentionale Einstellungen aber nicht. Wittgensteins Abgrenzung kann nur aufrechterhalten werden, wenn alle diese verschiedenen Züge in Rechnung gestellt werden.

Entsprechend können wir nicht das Wesen, zum Beispiel, des Denkens dadurch feststellen, daß wir uns selbst bei Denken beobachten. Das Wesen der geistigen Phänomene, diejenigen Züge, die ihnen nicht abgehen können, wird durch die GRAMMATIK bestimmt, die Regeln für die richtige Verwendung der Ausdrücke für Geistiges. Und im Fall vieler Ausdrücke für Geistiges/Seelisches beziehen sich diese Regeln nicht auf etwas, das uns durchs Bewußtsein ginge. Deshalb sollte die Philosophie psychologische Begriffe nicht durch Introspektion untersuchen, sondern durch Beschreibung der Verwendungsweisen von Wörtern (PU §§ 314–6, 371–3, 383–4).

Später faßte Wittgenstein einen 'Stammbaum' ins Auge, der zeigen würde, wie verschiedene Typen psychologischer Begriffe unseren Sprachspielen neue Gelenke (Arten von Zügen) hinzufügen. Er versuchte auch eine Klassifikation der psychologischen Begriffe, die, wenn auch nicht unbedingt genau, einen philosophisch erhellenden ÜBERBLICK geben würde (BPP I §§ 722, 836, 895; Z § 464). Diese Klassifikation schlägt vor, daß psychologische Verben durch die 1./3.Person-Asymmetrie charakterisiert werden, und kann so aufgefaßt werden, daß sie sich auf geistige Vorkommnisse oder Erlebnisse bezieht:

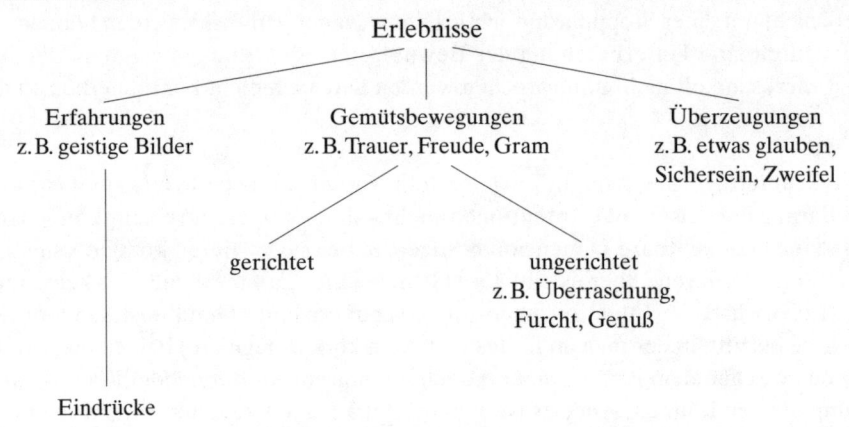

```
                        Erlebnisse
           ┌───────────────┼───────────────┐
      Erfahrungen     Gemütsbewegungen    Überzeugungen
    z.B. geistige Bilder  z.B. Trauer, Freude, Gram   z.B. etwas glauben,
                                                     Sichersein, Zweifel
                       ┌──────┴──────┐
                   gerichtet      ungerichtet
                                z.B. Überraschung,
                                 Furcht, Genuß
      Eindrücke
```

Überzeugungen wie Glauben, Sicherheit oder Zweifel fehlt echte Dauer. Erfahrungen (Bilder und Eindrücke) haben sowohl echte Dauer als auch Intensität. Gefühle haben Dauer, einen typischen Gesichtsausdruck, aber ihnen fehlt, anders als Empfindungen, eine Lozierung am Körper. Sie tönen unsere Gedanken – man kann traurig oder ängstlich denken.

Diese Klassifikation ist problematisch: die Kategorien sind nicht klar abgegrenzt; Erlebnisse als *summum genus* zu behandeln ist unvereinbar mit der Bestreitung, daß

Überzeugungen Vorgänge seien; die 1./3. Person-Asymmetrie charakterisiert nicht alle Ausdrücke, die wir gewöhnlich als psychologische klassifizieren, besonders nicht dispositionelle Ausdrücke wie 'neurotisch' oder 'intelligent'. Wittgensteins zweiter Versuch ist vielversprechender (BPP II §§ 63, 148):

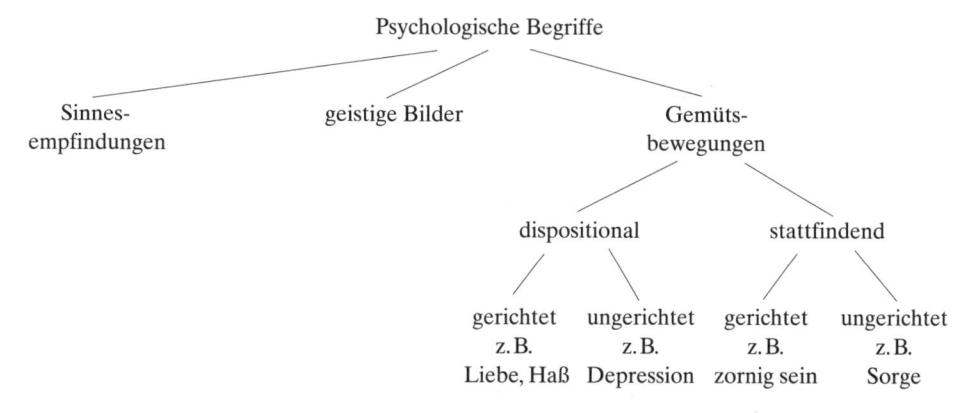

```
                        Psychologische Begriffe
                        /       |         \
            Sinnes-      geistige Bilder    Gemüts-
          empfindungen                     bewegungen
                                            /      \
                                    dispositional  stattfindend
                                    /     \        /      \
                              gerichtet ungerichtet gerichtet ungerichtet
                              z. B.     z. B.       z. B.     z. B.
                              Liebe, Haß Depression zornig sein Sorge
```

Die frühere Kategorie der Erfahrungen ist eingeteilt einerseits in 'Sinnesempfindungen', die echte Dauer haben, von denen verschiedene gleichzeitig auftreten können, die Grade und qualitative Mischungen zulassen und uns über die gegenständliche Welt informieren, und andererseits in nicht dem Willen unterstehende 'Vorstellungen'. Emotionen sind durch echte Dauer und typische Gefühle gekennzeichnet. Sie teilen sich in gerichtete emotionale Dispositionen (wie Lieben oder Hassen), ungerichtete emotionale Dispositionen (z.B. Depression), ungerichtet auftretende Emotionen (z.B. Angst) und gerichtet auftretende Emotionen (z.B. durch eine Beleidigung erzürnt sein).

Diese Klassifikation enthält wichtige Einsichten, ist aber immer noch unangemessen. Sie unterscheidet nicht zwischen Empfindungen und Wahrnehmungen, obwohl erstere, aber nicht letztere eine Lozierung am Körper haben. Und in die vorgesehenen Kategorien passen Denken, Bewußtsein und Wollen nicht hinein. Obwohl alle solche Mängel überwunden werden könnten, bleibt eine anscheinend unübersteigbare Schwierigkeit. Selbst wenn der Bereich des Psychologischen abgegrenzt werden kann, werden die psychologischen Begriffe nicht einen sauberen porphyrischen Baum bilden, solange sie anhand verschiedener Parameter charakterisiert werden.

Wittgenstein hat die Vorstellung einer solchen Typologie weder ausdrücklich widerrufen, noch weitere Anstrengungen unternommen, sie zu vervollkommnen. Statt dessen versuchte er, die logische Kategorie der psychologischen Begriffe dadurch zu klären, daß er sie anhand verschiedener Parameter einzeln voneinander unterschied, zum Beispiel, ob sie echte Dauer haben oder nicht, ob sie die Eigenschaft aufzutreten haben, ob sie phänomenale Eigenschaften haben, ob sie Grade haben, einen typischen Ausdruck im Benehmen oder einen Wortausdruck, ob sie eines historischen Kontextes bedürfen, ob sie dem Willen unterstehen. Er fuhr fort, die psychologischen Ausdrücke durch die 1./3. Person-Asymmetrie zu charakterisieren. Aber er warnt auch davor, daß kategoriale Ausdrücke wie 'Handlung', 'Ereignis', 'Zustand' oder 'Vorgang' keine scharf definierte Grundlage für die Philosophische Psychologie abgeben. '...diese höchst allgemeinen Wörter haben eben auch eine höchst verschwommene Bedeutung. Sie beziehen sich in der Tat auf eine *Unmenge* spezieller Fälle, aber das macht sie nicht *härter*, sondern es macht sie eher flüchtiger' (BPP I §§ 257, 648; MS 167 6).

Philosophische Untersuchungen (1953)

Sie sind die *Summa* der späteren Philosophie Wittgensteins, so wie der *Tractatus* die *Summa* des frühen Werks war. Seit seiner Rückkehr nach Cambridge 1929 hat Wittgenstein stets versucht, ein Buch zusammenzustellen, das seine neuen Vorstellungen zusammenführt. Ungefähr 200 Bemerkungen des gedruckten Textes stammen aus dem 'Big Typescript' von 1933. Die Arbeit jedoch, die schließlich in den *Philosophischen Untersuchungen* endete, begann 1936/7, nachdem Wittgenstein *Eine philosophische Betrachtung* aufgegeben hatte. Genetisch betrachtet zerfallen die *Untersuchungen* Teil I in drei Abschnitte. Der erste, §§ 1–189, stammt aus einer 'Frühfassung' (TS 220). Wittgenstein bot sie Cambridge University Press 1938 zur Veröffentlichung an, zog das Angebot aber innerhalb eines Monats zurück. In der Folge machte er mehrere Versuche, dieses Bruchstück zu vervollständigen. Der erste Zusatz (TS 221, eine Fassung von *Bemerkungen über die Grundlagen der Mathematik* Teil I) ist gleichzeitig mit der 'Frühfassung' und betrifft die Mathematik. Der zweite Versuch fand 1943 statt, als Wittgenstein dem Verlag ein (heute verlorenes) Typoskript unterbreitete. Es ist wahrscheinlich, daß es ebenfalls eine Erörterung der Mathematik enthielt, weil sie das Hauptthema von Wittgensteins Manuskripten bis 1943 war. Das erklärt, warum das Vorwort, geschrieben 1945, als eines der erörterten Themen immer noch 'die Grundlagen der Mathematik' erwähnt. Im dritten Versuch, der 'Zwischenfassung' von 1944 (TS 242), ersetzte Wittgenstein die mathematischen Fortsetzungen durch die §§ 189–421. Die restlichen Abschnitte, §§ 422–693, wurden 1945/6 (aus TS 228) hinzugefügt. Wittgenstein nahm kleinere Revisionen noch bis 1950 vor und hinterließ das Buch zur postumen Veröffentlichung.

Im großen und ganzen vermeiden die *Untersuchungen* die sibyllinischen Verkündungen des *Tractatus*. Die Prosa ist klar und untechnisch. Nichtsdestoweniger machen vier Faktoren sie schwer verständlich (abgesehen davon, daß ihr Inhalt oft gegen 2500 Jahre Philosophierens angeht). Der erste ist der aphoristische und oft ironische Stil, der an Lichtenberg und Nietzsche erinnert. Wittgensteins Bemerkungen klingen nach, sie deuten die Stoßrichtung des Gedankens, überlassen es aber dem Leser, ihn zu entwickeln. Zweitens entwickeln sich die *Untersuchungen* in scharfem Kontrast zum *Tractatus* auf den Wegen eines Dialogs zwischen Wittgenstein und einem Mitunterredner, dessen Verwirrungen er aufzulösen sucht. Die dialogische Struktur erlaubt es Wittgenstein, alle die Versuchungen und falschen Fährten zu erkunden, die durch ein Thema aufgeworfen werden. Gewöhnlich sind die Einwürfe des Mitunterredners in Anführungsstrichen. Aber man steht gelegentlich vor der Aufgabe zu bestimmen, wer eigentlich spricht (Wittgenstein oder der Mitunterredner).

Drittens fehlt den numerierten Abschnitten eine lineare Struktur und es gibt keine formal angezeigten Kapitel. Das Vorwort erklärt, daß Wittgenstein seinen Plan, ein konventionelleres, textbuchartiges Werk zu schreiben (er mag auf die *Blue* und *Brown Books* und *Eine Philosophische Betrachtung* anspielen), aufgegeben hatte, und behauptet, das Buch bewege sich darin, 'ein weites Gedankengebiet, kreuz und quer, nach allen Richtungen hin zu durchreisen'. Zum Teil hängt dies 'mit der Natur der Untersuchungen selbst zusammen', die aus verschiedenen Gesichtspunkten Begriffe zu klären haben, die selber miteinander verknüpft sind. Aber es ist auch dem selbstanerkannten Fehler Wittgensteins zuzuschreiben, seinen Gedanken, die oft sprunghaft vorangehen, Zügel anzulegen.

Viertens identifizieren die *Untersuchungen* selten ihre Angriffsziele. Als Resultat haben sich einige Leser darüber beklagt, daß Wittgenstein gegen Auffassungen zu Felde zieht, die niemand je vertreten habe. Zum Teil ist das auf seinen Versuch zurückzuführen, grundlegende Annahmen und Bilder zu formulieren, die ganze Stränge philosophischen Denkens strukturieren. Aber der Mangel an linearer Struktur ist auch seiner idiosynkratischen Methode der Zusammenstellung geschuldet. Die *Untersuchungen* sind das Ergebnis einer ständigen Revision von Typoskripten, die auf Erstfassungen in Handschriften zurückgehen. Dies schloß die Einfügung neuer Bemerkungen aus anderen Entwürfen ein, die Aussonderung anderer, die Neuanordnung der Bemerkungen, die Beschneidung bestimmter Bemerkungen und die Veränderung spezifischer Formulierungen und Wörter. Diese Prozesse hatten die Tendenz, die Bemerkungen zu verdichten. Der Text wurde stilistisch geglätteter, aber oft weniger verständlich. Wittgenstein ließ auch Ausdrücke, Erklärungen oder Illustrationen weg, die für das Verständnis einer Passage oft erhellend oder sogar wesentlich sind und aus dem *Nachlaß* rekonstruiert werden müssen (z. B. S. 298 Anm., §§ 144, 373, 559).

Das *Leitmotiv*, das die verschiedenen Themen der *Untersuchungen* Teil I verbindet, ist Sprache und sprachliche Darstellung. Das war bereits das Zentrum des *Tractatus* und das Vorwort sagt, das Buch solle 'durch den Gegensatz und auf dem Hintergrund meiner älteren Denkweise' gesehen werden. Der *Tractatus* wird für 'schwere Irrtümer', die er enthalte, kritisiert. Die *Untersuchungen* beginnen mit einem Zitat aus Augustinus, in dem Wittgenstein ein einfaches Bild entdeckt, das hinter irreführenden Konzeptionen bezüglich der Sprache seit Platon liegt, sich aber in besonderer Weise mit Frege, Russell und dem *Tractatus* verbindet. Teil I endet mit einer Erörterung von Etwas meinen, die davor warnt, es als geistige Tätigkeit oder geistigen Vorgang aufzufassen. Anders als der *Tractatus* verfolgen die *Untersuchungen* die Verknüpfungen zwischen sprachlicher Bedeutung und psychologischen Begriffen, besonders denen des VERSTEHENS und DENKENS, und Begriffen des Wollens wie WILLE und BEABSICHTIGEN UND ETWAS MEINEN. Vor allem aus diesem Grund wenden sich die *Untersuchungen* Themen der Philosophie des Geistes wie dem Privatsprachenargument zu. (Diese nehmen in der PHILOSOPHISCHEN PSYCHOLOGIE nach den *Untersuchungen* Teil I ein Eigenleben an.)

Trotz ihrer fragmentarischen Erscheinung zeigen die *Untersuchungen* Teil I mehr argumentative Struktur, als gemeinhin angenommen wird. Man kann sie sogar in 'Kapitel' gliedern, kontinuierliche Textabschnitte, die einem spezifischen Bündel von Fragen gewidmet sind:

§§ 1–64: das AUGUSTINISCHES BILD DER SPRACHE, besonders im *Tractatus* und in Russells Logischem Atomismus
§§ 65–88: der Angriff auf das Ideal der BESTIMMTHEIT DES SINNS bei Frege und im *Tractatus*
§§ 89–133: das Wesen der PHILOSOPHIE und das Streben der LOGIK nach einer Idealsprache
§§ 134–42: die ALLGEMEINE SATZFORM und das Wesen der WAHRHEIT
§§ 143–84: sprachliches Verstehen und der Begriff des Lesens
§§ 185–242: REGELFOLGEN und das GERÜST der Sprache
§§ 243–315: das PRIVATSPRACHENARGUMENT
§§ 316–62: Gedanken und Denken
§§ 363–97: VORSTELLUNG und Vorstellungsbilder
§§ 398–411: das Pronomen der 1. Person 'ich' und die Natur des Selbst
§§ 412–27: BEWUSSTSEIN
§§ 428–65: INTENTIONALITÄT – die Harmonie zwischen Sprache und Wirklichkeit
§§ 466–90: INDUKTION und die Rechtfertigungen empirischer Überzeugungen (*siehe* GLAUBEN/ÜBERZEUGUNG)
§§ 491–546: GRAMMATIK und die Grenzen des Sinns
§§ 547–70: IDENTITÄT und Verschiedenheit von sprachlicher BEDEUTUNG
§§ 571–610: geistige Zustände und Vorgänge: Erwartung, Überzeugung
§§ 611–28: der Wille
§§ 629–60: Beabsichtigen
§§ 661–93: Etwas meinen.

Teil II der *Philosophischen Untersuchungen* (TS 234) ist Teil der Arbeit über Philosophische Psychologie, die Wittgenstein nach Vollendung der *Untersuchungen* Teil I beschäftigte. Auf der Grundlage von Unterhaltungen mit Wittgenstein im Jahre 1948 berichten die Herausgeber der *Untersuchungen*, daß Wittgenstein einen guten Teil der §§ 491–693 unterdrücken und dafür Material aus Teil II einarbeiten wollte. Aber obwohl diese Abschnitte von Teil I weniger geglättet sind als die vorhergehenden Abschnitte, ist nicht leicht zu sehen, wie sie durch Material aus Teil II hätten ergänzt werden oder wie letzterer auf Teil I hätte gepfropft werden können. Wittgenstein hat dazu niemals Versuche unternommen und in vielen Hinsichten bewegt sich Teil II, besonders in der Erörterung von ASPEKTWAHRNEHMUNG, in neuen Richtungen.

Privatheit
Ein wesentlicher Bestandteil des INNEN/AUSSEN-Bildes des Geistes, das die moderne Philosophie beherrscht hat, ist die Vorstellung, daß geistige Phänomene – Vorstellungen, Sinnesdaten, Darstellungen, Erfahrungen, etc. – in zwei Hinsichten privat sind:

privat zu Eigen oder *unveräußerlich*: kein anderer kann meine Schmerzen haben; andere Personen können höchsten einen Schmerz haben, der meinem gleicht;
epistemisch privat: nur ich kann wissen, daß ich Schmerzen habe, weil nur ich es fühle, andere können es nur auf der Grundlage meines Benehmens vermuten.

Dieses Bild nährt den Skeptizismus hinsichtlich des Fremdseelischen: weil Simulation und Täuschung immer möglich zu sein scheinen, kann man nie sicher sein, ob andere sich wirklich in den geistigen Zuständen befinden, in denen sie aufgrund ihres Benehmens zu sein scheinen. Es kann sogar zum SOLIPSISMUS führen: wenn alle Erlebnisausdrücke mit Bezug auf meine unveräußerlichen Erfahrungen definiert sind, ist es schwer zu sehen, wie gesagt werden könnte, daß es andere Subjekte der Erfahrung gibt. Wittgensteins methodologischer Solipsismus der frühen 30er Jahre deutet diese Konsequenz an (PB Kap. VI; M 97–103). Aber er vermeidet die Vorstellung eines Ich und wählt eine Theorie ohne Eigentümer. Obwohl Sätze in 1. Person Präsens über subjektive Erfahrungen semantisch grundlegend sind, kann das Pronomen der 1. Person eliminiert werden (*siehe* ICH/SELBST). 'Ich habe Zahnschmerzen' sollte, Lichtenberg folgend, besser lauten 'Es gibt Zahnschmerzen'. Kein Ich oder Selbst hat diese privaten Erfahrungen, weil es nur eine zufällige kausale Beziehung zwischen primären Erfahrungen und einem bestimmten Körper gibt. Der Eigentümer ist beseitigt, weil er in der Introspektion nicht angetroffen werden kann (Hume) und wegen der unveräußerlichen Natur der Erfahrungen. Es ist logisch unmöglich, daß ein anderer haben sollte, was ich habe, wenn ich Zahnschmerzen habe. Infolgedessen ist das 'ich' in 'Ich habe Zahnschmerzen' überflüssig. 'Zahnschmerzen' meint einfach ein Bündel von Eigenschaften, das 'von mir gehabt' einschließt; sie *mir* zuzuschreiben, fügt nichts hinzu. Und wenn es unsinnig ist zu sagen, daß ein anderer meine Zahnschmerzen hat, ist es auch unsinnig, das zu bestreiten. Das Cartesische

(1) Alle meine Erfahrungen gehören logisch (unveräußerlich) einem Ich

ist das Produkt einer Illusion. Was wir berechtigterweise sagen können, ist empirisch, nämlich

(2) Alle meine Erfahrungen hängen kausal von einem einzigen Körper B ab.

Nach Strawson ist diese Position inkohärent, weil sie gezwungen ist, den Begriff des Besitzes durch ein Selbst oder ein Ich anzuwenden, den sie offiziell verwirft. Denn wenn wir den Ausdruck 'meine' aus (2) fallenlassen, kommt etwas einfachhin Falsches heraus:

(2') Alle Erfahrungen hängen kausal von einem einzigen Körper B ab.

Für den mittleren Wittgenstein jedoch ist (2') sowohl *wahr* – er ist ein Solipsist, wenn auch einer ohne Ich – als auch *kontingent*. Daß der Schmerz, den ich 'meinen' nenne, in diesem Körper auftritt, ist eine empirische Tatsache, weil es vorstellbar ist, daß ich Schmerzen im Körper eines anderen fühlen könnte (WWK 49; BlB 81–6). Die Person, die Schmerzen hat, ist diejenige, die sie zeigt, und der Ort der Schmerzen ist dort, wo der Leidende sagt, daß er ist. Es ist vorstellbar, daß ich den Zahnschmerz im Mund eines anderen lokalisieren könnte, zum Beispiel, wenn ich zusammenzucke, wenn sein Zahn berührt wird, etc. Aber diese Behauptung fällt in anderen Fällen auseinander. Ich kann nicht verständlich auf die Tür zeigen und sagen 'Dort tut es weh', wenn die Person, in deren Körper ich meinen Schmerz lokalisiere, den Raum verlassen sollte; oder mein Hinken damit erklärte, daß ich sagte, ich hätte in eines anderen Bein Schmerzen (PU II, S. 565–7; LS II, 52–3).

Nachdem er den methodologischen Solipsismus preisgegeben hatte, versuchte Wittgenstein es zuerst mit einem Herunterspielen der Privatheit des Eignens. 'Der Satz „Empfindungen sind privat" ist vergleichbar dem: „Patience spielt man allein"' (PU § 248; BlB 88–9; LS II, 79). Was das Innen/Außen-Bild für eine metaphysische Wahrheit hält

(3) Eine andere Person kann nicht meine Schmerzen haben

ist ein verkleideter grammatischer Satz, der die sprachliche Konvention erklärt

(3') Meine Schmerzen = die Schmerzen, die ich habe.

Während es sinnvoll ist, sich zu fragen, ob ein Buch mir oder einem anderen gehört, ist es nicht sinnvoll, wenn ich mich frage, ob die Schmerzen, die ich fühle, mir oder (zu) einem anderen gehören. Aber Wittgenstein kam zu der Auffassung, daß (3) in einer Hinsicht verwirrt ist. Ein Argument gegen (3) geht auf die Theorie ohne Eigentümer zurück: 'wenn du logisch ausschließt, daß ein Andrer etwas hat, so verliert es auch seinen Sinn, zu sagen, du habest es' (PU § 398, vgl. §§ 253–4; MS 129 40). Ein anderes Argument ist, daß (3) zu unseren Zuschreibungen von Schmerzen quersteht. Zwei Personen können *denselben* Schmerz haben, wenn sie ihn an derselben Stelle ihres Körpers, mit der gleichen Intensität und den gleichen phänomenalen Eigenschaften haben.

Nichtsdestoweniger könnte ein Vertreter des Innen/Außen-Bildes wie Frege erwidern: 'Bestimmt kann eine andere Person nicht DIESEN Schmerz haben!' Obwohl andere denselben Schmerz haben können, das heißt einen genau gleichen, können sie nicht einen Schmerz haben, der mit meinem identisch ist ('Gedanke' 66–8; *Grundlagen* § 27). Die betreffenden Empfindungen sind numerisch verschieden, wenn auch qualitativ gleich. Dein Kopfschmerz ist in deinem Kopf und meiner in meinem und gemäß Leibnizens Gesetz impliziert Verschiedenheit des Ortes numerische Verschiedenheit. Dennoch, insistiert Wittgenstein, selbst nach dieser Argumentation empfinden siamesische Zwillinge, die Schmerz an der Stelle haben, wo sie zusammengewachsen sind, denselben Schmerz. Aber diese Erwiderung ist unvereinbar mit einem anderen Punkt, den er macht und der ihn mit einer stärkeren Antwort auf Freges Position versieht. Wir lokalisieren Schmerzen nicht unter Bezugnahme auf räumliche Koordinaten, sondern unter Bezugnahme auf den Körper des Leidenden. Wenn der Kopf eines der siamesischen Zwillinge mit dem Rücken des anderen zusammengewachsen sind, haben sie verschiedene Schmerzen – der eine Kopfschmerzen, der andere Rückenschmerzen. Aber wenn du und ich einen pochenden Schmerz in den Schläfen haben, haben wir denselben Schmerz an derselben Stelle, obwohl dein Kopf an einem anderen Ort ist als meiner.

Eine andere Antwort ist, daß das Bestehen darauf, daß mein Schmerz meiner und deiner dein Schmerz ist, den angeblichen Besitzer des Schmerzes in eine unterscheidende Eigenschaft des Schmerzes verwandelt, was das Eigentümermodell ad absurdum führt. Wittgenstein macht denselben Einwand gegen die Vorstellung von vereinzelten Qualitäten, derzufolge keine zwei Gegenstände dieselbe Farbe haben können, weil wir das Grün deines Stuhls vom Grün meines Stuhls unterscheiden müssen: das verwandelt den Gegenstand in eine unterscheidende Eigenschaft seiner Eigenschaft und impliziert, daß wir statt 'Dieser☞ Stuhl ist grün' sagen sollten 'Dieses Grün ist hier☞' (PB 90–1; LSD 4–5). Die Privatheit des zu Eigen Seins projiziert auf das Geistige die Unterscheidung zwischen numerischer und qualitativer Identität, die nur auf Einzeldinge Anwendung hat. Was wir im psychologischen Fall haben, ist allein der Unterschied, daß A und B entweder ähnliche Schmerzen haben (As Magenschmerzen fehlt der pochende Chararkter von Bs), oder daß sie die gleichen Schmerzen haben.

Man könnte protestieren, daß Schmerzen eine Unterscheidung zwischen qualitativer und numerischer Identität zulassen, insofern ich, wenn ich einen Schmerz in meinem Fuß habe und einen qualitativ unterscheidbaren in meiner Hand, ich zwei Schmerzen habe und nicht einen. Unterschied der Lokalisierung am Körper des Subjekts impliziert tatsächlich verschiedene Schmerzen. Diese Zählbarkeit von Schmerzen ist jedoch auf jede Person für sich beschränkt. Wenn zwei Leute in einem Raum an 'demselben' Kopfschmerz leiden, können wir sagen, daß zwei Personen mit Kopfschmerzen im Raum sind. Aber es ist sinnlos entweder zu sagen, es seien zwei Kopfschmerzen im Raum, oder zu sagen, es sei nur einer im Raum. Kopfschmerzen haben keine räumlichen Lokalisierungen über ihre Lokalisierung im Körper des Leidenden hinaus.

Es gibt eine Möglichkeit, qualitative und numerische Identität von Schmerzen zu unterscheiden (die *Das Blaue Buch* 89 erwähnt, aber nicht behandelt): selbst wenn A und B 'denselben' Schmerz haben, ist es möglich, einen von beiden zu zerstören (zu betäuben), ohne auch den anderen zu zerstören. Das aber verwischt den grammatischen Unterschied zwischen einerseits Substanzen und andererseits Schmerzen und vereinzelten Eigenschaften nicht. Physische Gegenstände zu besitzen und Schmerzen zu haben ist etwas kategorial Verschiedenes: nur im ersten Fall kann, was besessen wird, vom Besitzer unabhängig sein und von verschiedenen Eigentümern geteilt werden.

Wittgenstein stellte beide Aspekte *epistemischer Privatheit* in Frage: 'Es ist richtig zu sagen „Ich weiß, was du denkst", und falsch: „Ich weiß, was ich denke"' (PU §§ 246–7, II, S. 565–8). Psychologische Sätze in 3. Person sind gerechtfertigt behauptbar auf der Grundlage von KRITERIEN im Benehmen. Offensichtlich kann man seine inneren Zustände für sich behalten oder sogar verbergen. Aber dann sind sie anderen nur *de facto* unbekannt und können durch geeignetes Benehmen in bestimmten Umständen offenbar gemacht werden. Andererseits kann es Einzelne oder Gemeinschaften geben, deren Gefühle und Motive uns dunkel erscheinen. Aber wir können das Rätsel mildern, wenn wir etwas über ihre Biographien oder ihre Lebensweise in Erfahrung bringen. Schließlich gibt es eine konstitutionelle Unbestimmtheit des Inneren, weil unsere psychologischen Begriffe Benehmen, Situation und inneres Phänomen nicht in starrer Weise verknüpfen. Keiner dieser Punkte jedoch kommt einer absoluten metaphysischen Barriere für eine Kenntnis des Fremdseelischen gleich (PG 82–4; VüpEuS 93; LS II, 36–50, 86–100).

Der andere Strang von Wittgensteins Kritik fordert die ehrwürdige Idee heraus, daß Introspektion eine privilegierte, unmittelbare und unkorrigierbare Kenntnis unseres eigenen Inneren verbürge. Sein Einwand ist nicht, daß Introspektion trotz allem doch indirekt und fehlbar sei.

(4) Ich weiß, daß ich Schmerzen habe

ist Unkenntnis oder Zweifel nicht ausgesetzt. Auch ähnelt es nicht einem Satz wie 'N. N. atmet', der, unter normalen Umständen, ebenfalls zu offensichtlich ist, um einen Witz zu haben. Denn seine Verneinung ist nicht einfach falsch, sondern sinnlos. Es hat keinen Sinn zu sagen 'Ich zweifle, ob ich Schmerzen habe' oder 'Ich habe eine Empfindung, weiß aber nicht, ob es Schmerzen sind oder ein Kitzeln'. Wir könnten derartigen Redeweisen einen Sinn geben, ebenso wie Ausdrücken wie 'unbewußte Schmerzen', aber nur durch Einführung neuer Kriterien für den Gebrauch von Empfindungswörtern (BlB 89–90).

Der grammatische Ausschluß von Gründen für die Selbstzuschreibung von Erlebnissen zeigt nicht, daß wir durch Introspektion einen unmittelbaren und unfehlbaren Zugang zum Geist haben. Gleichermaßen kommt die Unverständlichkeit von Zweifel oder Unkenntnis nicht der Sicherheit oder unfehlbarem Wissen gleich – ihre Verständlichkeit ist ebenso ausgeschlossen. Denn es hat nur Sinn 'Ich weiß' zu sagen, wo es auch Sinn hat zu sagen 'Ich weiß nicht (zweifle/habe herausgefunden)'. Wie die Behauptung, daß man nur besitzen kann, was man auch verlieren kann, könnte das wie eine dogmatische Anwendung des Prinzips der BIPOLARITÄT aussehen: kein Wissen ohne die Möglichkeit von Nichtwissen (Zweifel/Erkenntnisfehler oder Fehlidentifizierung), und tatsächlich spielt das Prinzip hier noch eine Rolle. Aber Wittgenstein verurteilt (4) nicht einfach als einen Mißbrauch der Sprache; er gesteht ausdrücklich zu, daß es verwendet werden könnte. Ursprünglich behauptete er, daß (4) entweder sinnlos ist oder dasselbe bedeutet wie 'Ich habe Schmerzen' (BlB 89–90; VüpEuS 86–7). (4) kann verwendet werden, um beispielsweise zu betonen oder einzuräumen, daß man Schmerzen hat, analog zu 'Ich habe wirklich Schmerzen' oder 'Natürlich habe ich Schmerzen'. Außerdem können mit (4) verwandte Sätze wie *'Nur ich kann* wissen …' oder 'Ich *muß* (doch) wissen …' als grammatische Sätze gebraucht werden (*siehe* GRAMMATIK), die Regeln für psychologische Ausdrücke ausdrücken, zum Beispiel, daß es keinen Raum für Zweifel gibt oder daß die aufrichtigen Äußerungen des Sprechers einen autoritativen Status haben, oder daß er seine Empfindungen verbergen kann, wenn er das will (PU §§ 246–8, 251–2, II, S. 569; BPP I §§ 564–73).

Aber dieselben Regeln schließen auch aus, daß (4) wirkliches Wissen ausdrückt (VüpEuS 80–5; LSD 13, 112). Es gibt so etwas wie eine Empfindung erkennen oder wahrnehmen nicht – es hat keinen Sinn zu sagen 'Aus Beobachtung meiner selbst kann ich sagen, daß ich sehr leide'. Außerdem wendet man keine Kriterien an, um zu entscheiden, ob man Kopfschmerzen hat oder eine juckende Empfindung. Schließlich, während echte Erkenntnisansprüche eine Möglichkeit ausschließen – Zweifel, Unkenntnis oder Irrtum –, tut (4) nichts Derartiges und sagt daher nichts. Wittgenstein ignoriert hier, daß, während (4) nicht 'Ich weiß *nicht*, ob ich Schmerzen habe' als Möglichkeit ausschließt (das ist unsinnig, nicht falsch), es doch einen Kontrast markiert, der kognitiven Ansprüchen analog ist: '*Ich* weiß, daß ich Schmerzen habe, aber *sie* weiß es nicht.' Dagegen tut das 'Ich habe meine Schmerzen' nicht, weil sowohl 'Ich habe meine Schmerzen *nicht*' als auch '*Sie* hat meine Schmerzen' unsinnig sind (vorausgesetzt, letzteres wird analog zur Privatheit von zu Eigen sein konstruiert). Das legt nahe, daß Wittgensteins 'bipolare' Argumentationsweise gegen die Privatheit von zu Eigen sein erfolgreich ist, aber nicht gegen epistemische Privatheit.

Er hat jedoch darin recht, daß es zwischen meinem angeblichen Wissen und meinem einfachhin Schmerzen haben keine Lücke gibt: 'Ich weiß, was ich fühle' = 'Ich fühle, was ich fühle'. '„Ich weiß ..." mag heißen „Ich zweifle nicht" – aber es heißt nicht, die Worte „Ich zweifle ..." seien *sinnlos*, der Zweifel logisch ausgeschlossen' (PU II, S. 564). Das impliziert nicht, daß in Fällen, in denen Zweifel sinnlos ist, es auch sinnlos sei, von Wissen zu sprechen (man kann immer dann von Wissen sprechen, wenn jemand in der Position ist, einen Anspruch zu erheben). Aber es zeigt, daß, wenn man das tut, man 'wissen' in einer Weise verwendet, der begriffliche Verknüpfungen (mit Weisen des Herausfindens) und Kontraste (mit Zweifel, Unkenntnis und Irrtum) fehlen, die die Standardverwendungen charakterisieren (Z §§ 22, 549; LS I § 51).

Es bleiben zwei Linien möglicher Einwände. Die erste bestreitet, daß Zweifel und Unkenntnis unverständlich sind. Immerhin sagen wir Dinge wie 'Während ich lief, fühlte ich den Schmerz nicht'. Aber wir könnten ebensogut sagen 'Während ich lief, tat es nicht weh' und dann könnte man nicht erwidern 'Es tat weh, aber du hast es nicht bemerkt'. Diese Äquivalenz fehlt gewöhnlichen epistemischen Ansprüchen. Ich kann nicht ganz sicher sein, ob, was ich habe, ein Schmerz ist oder nur ein Wehwehchen, oder ob ich wirklich hungrig bin. Aber diese Art von Unsicherheit könnte nicht durch weitere Belege beseitigt werden. In gleicher Weise meint 'Ich weiß nicht, was ich denke (beabsichtige/wünsche)' nicht, daß ich das-und-das denke, aber nicht weiß, was es ist, sondern eher, daß ich mich noch nicht entschieden habe. Als nächstes könnte man meinen, daß es möglich ist, Schmerzen falsch zu lokalisieren. Mein Zahnarzt kann mir zeigen, daß der Zahn, der wehtut, dem benachbart ist, von dem ich dachte, daß er wehtut. Jemand, der einen Schmerz in einem amputierten Glied lokalisiert, mag noch weiter ab vom Schuß sein. Aber der erste Fall ist marginal, der zweite anomal – unser Begriff der Lokalisierung von Schmerzen würde zusammenbrechen, wenn das die Regel würde. Schließlich könnte es den Anschein haben, daß jemand, der schreit, wenn ein Stück Eis seinen Rücken hinuntergleitet, fälschlich glaubt, daß er Schmerzen hat. Aber er hat entweder geschrieen, weil es ihm wehtat, oder weil er glaubte, es würde wehtun. In keinem Fall verwechselte er eine Empfindung mit der anderen.

Die zweite verbleibende Hauptlinie von Einwänden stützt sich auf logische Umformungen. Es gibt sinnvolle Sätze, die implizieren, daß (4) einen wirklichen Erkenntnisanspruch ausdrückt, zum Beispiel

(5) Ich log, als ich sagte, daß ich schmerzfrei sei

(man kann lügen daß nicht-*p* nur, wenn man weiß oder glaubt daß *p*), oder

(6) Ich weiß, daß jeder in diesem Raum – mich selbst eingeschlossen – Schmerzen hat.

In ähnlicher Weise ist 'Ich habe Schmerzen' die Basis für Satzbildungsoperatoren, die zu Sätzen führen, die definitiv etwas ausdrücken, was ich wissen kann, wie etwa

(7) Ich hatte Schmerzen.

Aber diese Umformungen können nicht Gegenstände des Wissens sein, wenn die Basis das nicht auch ist.
Wittgensteins Erwiderung auf diese Linie von Einwänden (VüpEuS 52, 67–70; LS II, 51–4) stützt sich auf die Idee, daß die Möglichkeit solcher Umformungen den Status von (4) nicht entscheidet. Zugestanden, (5)–(7) schließen Erkenntnisansprüche ein. Aber die Frage ist, worauf dieses Wissen hinausläuft. Und die Antwort muß zum Teil auf den Status von (4) zurückverweisen. So insistiert Wittgenstein, daß (5), anders als eine Lüge über die eigene Körpergröße, Erkenntnis nicht voraussetzt. Er besteht auch darauf, daß (6) expliziert werden sollte als

(6') Ich bin in der Lage zu sagen, daß jeder in diesem Raum Schmerzen hat, weil ich Schmerzen *habe* und ich außerdem *weiß*, daß jeder andere auch Schmerzen hat.

Der Wahrheitskern in epistemischer Privatheit ist die Autorität der 1. Person: Ich bin in der Position zu sagen, was ich fühle, erlebe, denke, nicht, weil ich unfehlbaren Zugang zu einer privaten Peepshow habe, sondern weil das, was ich über mich sage (anders als das, was andere über mich sagen), typischerweise eine AUSDRUCKSÄUSSERUNG ist, ein grundloser Ausdruck oder ein grundloses Manifestieren des Inneren.

Privatsprachenargument
Im weiten Sinn bezieht sich dieser Ausdruck auf die Untersuchung der Beziehung zwischen dem Geistigen/Psychischen und dem Benehmen/Verhalten in *Philosophische Untersuchungen* §§ 243–315. In engerem Sinn bezieht er sich auf eine Argumentation, die die Vorstellung einer 'privaten Sprache' erörtert (MS 165 101–2). Eine solche Sprache ist kein persönlicher Code (wie der in einigen von Wittgensteins Tagebüchern benutzte), noch eine Sprache, die nur im Selbstgespräch gebraucht wird (wie die in PU § 243 skizzierte), noch auch eine Sprache, die nur von einer Person gesprochen wird (wie die von Robinson Crusoe, die in MS 124 221 ins Auge gefaßt wird). Es ist nicht eine Sprache, die aus tatsächlichen Gründen nicht geteilt wird, sondern eine, die nicht geteilt und gelehrt werden *kann*, weil ihre Wörter sich auf etwas beziehen, was nur

dem Sprecher bekannt sein kann, nämlich seine unmittelbaren privaten Erlebnisse. §§ 243–55 führen die Idee einer Privatsprache ein und zeigen, daß unser psychologisches Vokabular nicht in diesem Sinne privat ist, während §§ 256–71 argumentieren, daß der bloße Begriff einer Privatsprache inkohärent ist, und §§ 272–315 zeigen, daß dies nicht impliziert, das Geistig/Psychische sei unwirklich.

Die Möglichkeit einer Privatsprache wird vom Hauptstrom der modernen Philosophie von Descartes an über den Britischen Empirismus und den Kantianismus bis zu zeitgenössischen kognitiven Vorstellungstheorien unausdrücklich vorausgesetzt. Sie ist das Ergebnis zweier natürlicher Annahmen. Erstens der Annahme, die Bedeutung von Wörtern sei durch das gegeben, wofür sie stehen – das ist Teil des AUGUSTINISCHEN BILDES DER SPRACHE. Zweitens der Annahme, daß im Fall der psychologischen Ausdrücke das, wofür sie stehen, Phänomene in einem geistigen Theater seien, die nur dem Individuum zugänglich sind. Empfindungen, Erlebnisse, Gedanken sind unveräußerlich und epistemisch privat (*siehe* PRIVATHEIT). Kein anderer kann meine Schmerzen haben oder wissen, was ich habe, wenn ich Schmerzen habe – dies ist das INNEN/AUSSEN-Bild des Geistes. Es folgt unmittelbar, daß niemand anderes wissen kann, was ich mit 'Schmerz' meine. Außerdem ist, wenn Vorstellungen, Eindrücke oder Anschauungen nicht nur die Belege für alle unsere Überzeugungen geben, sondern auch den Inhalt aller unserer Wörter – eine Auffassung, die von Vorstellungstheoretikern und Idealisten, Rationalisten, Empiristen und Kantianern geteilt wird –, unsere gesamte Sprache in diesem Sinn privat.

Die Vorstellung, daß Bedeutungen private Erfahrungen seien, läßt Lockes Gespenst des vertauschten Spektrums entstehen (*Eine Untersuchung über den menschlichen Verstand* II.32.15): nach allem, was wir wissen, ist, was ich mit 'rot' meine, das, was du mit 'grün' meinst. Der erste, der diese Schlußfolgerung akzeptierte, war Russell (*Logic* 195). So besessen war er von der Vorstellung, daß die Bedeutungen unserer Wörter Sinnesdaten, mit denen wir bekannt sind, sein müßten, daß er es zu einer Vorbedingung intersubjektiven VERSTEHENS erklärte, daß keine zwei Personen dasselbe mit ihren Wörtern meinten. Der *Tractatus* bewegte sich auf ähnlichen Pfaden. Obwohl die GEGENSTÄNDE, die die Bedeutungen einfacher NAMEN sind, keine Sinnesdaten sind, sind sie Gegenstände der Bekanntschaft – Farbtöne, visuelle Punkte im Gesichtsfeld. In seiner verifikationistischen Phase (*siehe* VERIFIKATIONISMUS) meinte Wittgenstein, eines Sinnes mit Carnap und Schlick, daß es eine primäre 'phänomenologische' Sprache gibt, die sich auf unmittelbare Erfahrung beziehe. Zwischen 1932 und 1935 gab er zuerst die Idee einer primären Sprache auf und griff als nächstes Idealismus und SOLIPSISMUS an. Der Begriff einer Privatsprache erscheint zuerst in Vorlesungen von 1935–36 (VüpEuS; LSD); das Argument gegen sie wurde in Manuskripten von 1937–39 entwickelt und 1944–45 vollendet.

Die endgültige Fassung, geglättet, aber verdichtet, sind §§ 243–315 der *Untersuchungen*. Das wird von einigen Anhängern einer Gemeinschaftsauffassung des REGELFOLGENS bestritten, die behaupten, das 'eigentliche' Privatsprachenargument sei schon in § 202 abgeschlossen. Dieser behauptet 'darum kann man nicht der Regel „privatim" folgen, weil sonst der Regel zu folgen glauben dasselbe wäre, wie der Regel folgen'.

Nach dieser Auffassung verteidigen §§ 243–315 nur die Vorstellung, daß sinnvolle Sprache einer Gemeinschaft von Sprechern bedürfe, gegen ein mögliches Gegenbeispiel, Empfindungsausdrücke. Aber in den ursprünglichen Entwürfen (MS 180a 68–72; MS 129 116–7) folgt § 202 den §§ 243–315 und setzt sie voraus. Außerdem ist die Erörterung der Privatsprache in §§ 243–315 nicht mit Selbstgesprächlern befaßt, die ihre Empfindungen nicht mitteilten, sondern versucht, allgemeine Mißverständnisse hinsichtliches des Geistes (psychischer Zustände und Vorgänge) und seiner Beziehung zum Benehmen (Verhalten) zu zerstreuen. Obwohl ihr Hauptinteresse Empfindungen gilt, insbesondere Schmerzen, beschäftigen sie sich gleichermaßen mit Erlebnissen, insbesondere visuellen Erlebnissen (PU §§ 273–80, 290, 305–6, 312).

Auf der anderen Seite setzt das Privatsprachenargument die vorhergehende Erörterung des Regelfolgens voraus. Eine Diskussion der Kohärenz des Begriffs einer Privatsprache setzt eine Konzeption der Sprache voraus, und Wittgenstein betrachtet Sprache als eine regelgeleitete Tätigkeit (*siehe* GRAMMATIK). Aber er erreichte die Schlußfolgerung, daß eine Privatsprache unmöglich ist, nicht einfach, indem er die Sprache als Mittel der Verständigung definierte (*siehe* FAMILIENÄHNLICHKEIT) oder durch Anwendung einer zuvor verteidigten Gemeinschaftsauffassung von Regeln. Die Verbindung ist vielmehr, daß Regeln Maßstäbe der Richtigkeit sind und daß, damit ein Zeichen wie 'Schmerz' der Name einer Empfindung sei, und nicht nur ein Krakel oder ein Geräusch, festgelegt sein muß, wie es zu verwenden sei (VüpEuS 65–6). In einer angeblichen Privatsprache könnte kein derartiger Maßstab der Richtigkeit aufgestellt oder angewendet werden und daher wären ihre Zeichen bedeutungslos. Eine Sprache, die im Prinzip jedem anderen als ihrem Sprecher unverständlich ist, ist nicht bloß (trivialerweise) für die Verständigung ungeeignet, sondern sie ist dem Privatsprachler selbst unverständlich. Der Privatsprachler beansprucht in unserer öffentlichen Sprache, daß er ein Zeichen 'S' als Teil einer Sprache gebraucht, das heißt nach Regeln, wenn auch Regeln, die nur er versteht (PU §§ 261, 270). Aber es stellt sich heraus, daß er nicht erklären kann, wie das vor sich geht, ohne 'S' mit mitteilbaren Regeln einer öffentlichen Sprache zu verknüpfen.

Der Privatsprachler behauptet, man könne 'S' unabhängig von jeder öffentlichen Sprache Bedeutung geben mittels einer privaten ostensiven Definition. Ich habe eine Empfindung und taufe sie, indem ich meine Aufmerksamkeit auf sie konzentriere und 'S' zu mir selbst sage. In der Folge führe ich ein Tagebuch, in dem ich ein 'S' notiere, wann immer dieselbe Empfindung wieder auftritt. Wittgenstein bestreitet, daß das einer sinnvollen Anwendung von 'S' gleichkommt:

> 'Ich präge sie mir ein' kann doch nur heißen: dieser Vorgang bewirkt, daß ich mich in Zukunft *richtig* an die Verbindung erinnere. Aber in unserm Falle habe ich ja kein Kriterium für die Richtigkeit. Man möchte hier sagen: richtig ist, was immer mir als richtig erscheinen wird. Und das heißt nur, daß hier von 'richtig' nicht geredet werden kann. (PU § 258)

Diese Bemerkung ist so interpretiert worden, als beruhe sie auf einem Skeptizismus gegenüber der Erinnerung: Ich könne nicht sicher sein, daß ich 'S' nur verwende, wenn ich S habe, weil meine Erinnerung fehlbar ist. So verstanden, lädt die Passage zu der

Erwiderung ein, daß die Fehlbarkeit des Gedächtnisses im Fall der öffentlichen Sprache ein genauso großes Problem sei, so daß das Argument entweder ungültig sei oder auch die Möglichkeit der Sprache im allgemeinen bedrohe. Wittgensteins Verteidiger haben entgegnet, daß solche Fehlbarkeit harmlos ist, wenn Fehler korrigiert werden können, aber das sei im privaten Fall ausgeschlossen.

Sowohl Kritik als auch Verteidigung haben recht damit, die Überprüfbarkeit ins Zentrum zu stellen, aber unrecht darin, letztere mit einem Skeptizismus gegenüber Erinnerung zu verknüpfen. Was in Frage steht, ist nicht die Wahrheit meiner Äußerung 'Da ist S wieder', sondern ihr Sinn. 'Es gibt keine Frage hier, daß mir mein Gedächtnis einen Streich spiele – weil es (in solchen Fällen) kein Kriterium dafür geben kann, daß es mir einen Streich spielt' (LSD 8, vgl. 38–9, 114; PU § 260; MS 166 21). Denn die ursprüngliche Zermonie hat es versäumt, eine Regel für den Gebrauch von 'S' aufzustellen. Allgemein formuliert gibt es so etwas wie eine private Regel nicht, weil ein Maßstab der Richtigkeit überprüfbar sein muß (VPP 389). Aber im Fall eines privaten Maßstabs ist das *ex hypothesi* nicht der Fall. Es ist eingewendet worden, daß dies sich auf einen unhaltbaren Verifikationismus stütze, weil es die Frage, ob sich der Privatsprachler eines Maßstabes der Richtigkeit bediene, verwechsle mit der Frage, ob wir davon wissen können, daß er es tue. Wittgenstein argumentiert jedoch nicht, daß wir überhaupt nicht wissen könnten, ob der Privatsprachler die Regel richtig anwende, sondern daß selbst für ihn selber keine Regel für den Gebrauch von 'S' festgelegt ist. Denn so etwas wie einen nicht anwendbaren Maßstab der Richtigkeit, einen, der im Prinzip nicht zur Unterscheidung richtiger von falschen Anwendungen gebraucht werden könnte, kann es nicht geben. Man mag dies zugeben, aber insistieren, daß während die Anwendung von 'S' durch den Privatsprachler zum Zeitpunkt t_1 zur gleichen Zeit t_1 unkorrigierbar ist, es von ihm zu einem späteren Zeitpunkt t_2 korrigiert werden könnte. 'Aber die Rechtfertigung besteht doch darin, daß man an eine unabhängige Stelle appelliert' (PU § 265). Weil dies *ex hypothesi* ausgeschlossen ist, unterscheidet zu t_2 nichts zwischen dem Fall, daß der Privatsprachler einen Fehler mit Rücksicht auf eine zuvor aufgestellte Regel korrigiert, und dem Fall, daß er eine neue Regel annimmt. Also gab es von Anfang an keine Regel, sondern nur '*Eindrücke* von Regeln' und eine 'Pseudo-Praxis' (PU § 259; MS 180a 76).

Wittgenstein arbeitet diese allgemeine Linie der Argumentation aus, indem er dafür argumentiert, daß es eine private ostensive Definition nicht geben kann, weil es keine geistigen Analoga zu den wesentlichen Zügen einer öffentlichen OSTENSIVEN DEFINITION gibt. Die logische Kategorie des Definiendums muß bestimmt worden sein, das heißt, 'S' muß ein Empfindungsname sein. 'Empfindung' jedoch ist ein Wort unserer öffentlichen Sprache, das unter Bezugnahme auf KRITERIEN im Benehmen definiert ist. Weil der Privatsprachler diese Verknüpfung bestreitet oder trennt, muß er die Kategorie oder den 'Posten' von 'S' neu erklären. Aber nur zu murmeln 'Dies ist S' macht 'S' nicht zu einem Empfindungsnamen, weil es unbestimmt läßt, was 'dies' ist. Seine Aufmerksamkeit zu konzentrieren, kann keine Kriterien der IDENTITÄT für anschließende Verwendungen von 'S' festlegen. Solche Kriterien können nur so gegeben werden, daß durch einen sortalen Ausdruck bestimmt wird, was für eine Art von Ding in Rede steht. Aber der Privatsprachler hat nicht festgelegt, worauf er sich konzentriert. Er kann nicht sagen, es sei ein bestimmtes 'Erlebnis' oder 'Phänomen', weil ihm die Mittel fehlen, diese durch unsere öffentliche Sprache zur Verfügung gestellten Ausdrücke zu erklären. Er kann nicht einmal sagen, daß sich 'S' auf etwas bezieht, was er habe, weil 'hat' und 'etwas' ebenfalls Ausdrücke mit einer bestimmten Grammatik aus unserer öffentlichen Sprache sind. So zwingt ein elenktisches Argument den Privatsprachler an den Punkt, 'wo man nur noch einen unartikulierten Laut ausstoßen möchte' (PU §§ 257, 261–3; LSD 42, 105; VüpEuS 66–7). In diesem Sinne gestand Schlick seine Unfähigkeit, über den 'privaten Gehalt', den jede Person angeblich mit ihren Wörtern assoziiert, auch nur zu reden (*Aufsätze* II, 306–7). Aber das heißt zuzugeben, daß Wittgenstein recht hat: man kann einen privaten Gehalt in einer philosophischen Debatte nicht in Anspruch nehmen.

Selbst wenn man das angebliche Muster der privaten ostensiven Definition zugäbe, gibt es keine Möglichkeit, anschließende Verwendungen von 'S' mit Rücksicht auf das Muster zu prüfen, weil nichts Identität und Verschiedenheit von Muster und beschriebener Gegebenheit festlegt. Es gibt keine festgelegte Methode, Empfindungen zu vergleichen, wie es eine Methode zum Vergleich von Längen von Gegenständen durch Bezug auf ihre Messung mit einem Lineal gibt. Außerdem kann man eine Empfindung nicht für zukünftigen Gebrauch als Muster konservieren (LSD 42, 110). *Untersuchungen* § 265 erwägt den Vorschlag, daß man für ein derart reproduzierbares Muster ein Erinnerungsbild der ursprünglichen Empfindung einsetzen könnte. Aber diese Prozedur ist nicht wie die Aufrufung des Erinnerungsbildes einer Farbenkarte. In diesem Fall gibt es einen unabhängigen Maßstab dafür, ob man sich richtig erinnert hat. Alles, worauf sich der Privatsprachler berufen kann, wenn er prüft, ob er sich erinnern kann, welche Empfindung er mit 'S' assoziiert hat, ist sein Erinnerungsbild, das heißt seine Erinnerung daran, welche Empfindung er mit 'S' assoziiert hat. Er prüft seine Erinnerung an dieser selbst, was so ist, als wollte er ein Lineal an sich selber messen oder 'als kaufte Einer mehrere Exemplare der heutigen Morgenzeitung, um sich zu vergewissern, daß sie die Wahrheit schreibt'. Selbst wenn man dem Privatsprachler den Gebrauch des Ausdrucks 'Empfindung' zugestünde, wäre alles, was er mit 'S' meinen könnte, 'die Empfindung, die ich jetzt erlebe' – nicht 'die-und-die Empfindung, die ich zuvor erlebt habe'. Infolgedessen wendet sein 'Da ist wieder S' den Ausdruck 'S' nicht gemäß einer Norm der Richtigkeit an und kann daher nicht die Beschreibung von etwas Privatem sein (PU §§ 222, 232, 265).

Wenn eine private ostensive Definition keinen Maßstab der Richtigkeit bilden kann, fällt ihr angebliches Muster, der innere Gegenstand, als ein 'leerdrehendes Rad' aus dem Bild der Maschine. In einem Sprachspiel, in dem jeder eine Schachtel hat und auf ihren Inhalt als 'Käfer' Bezug nimmt, in dem aber niemand Zugang zu den Schachteln der anderen hat, sind die Inhalte der Schachtel und ihre Natur irrelevant für die Bedeutung von 'Käfer'. Dasselbe gilt, wenn wir uns vorstellen, der innere Gegenstand (die Empfindung S, das vertauschte Farbenspektrum) ändere sich andauernd, ohne daß wir es bemerkten. Der Grund ist nicht, daß der private Gegenstand unwißbar wäre, sondern daß er semantisch irrelevant ist (PU §§ 271–3, 293, II, S. 542; BlB 114–5; VPP 443–4).

Man könnte versucht sein, den Verdacht zu hegen, dies ließe uns nur eine Art von BEHAVIORISMUS übrig, der leugnet, daß es irgend etwas hinter dem äußeren Benehmen gebe. Wittgenstein weist die Beschuldigung zurück. '„Und doch gelangst du immer wieder zum Ergebnis, die Empfindung selbst sei ein Nichts." – Nicht doch. Sie ist kein Etwas, aber auch nicht ein Nichts!' Die Empfindung ist eine semantisch irrelevante 'grammatische Fiktion' nur, wenn wir die Grammatik von 'Schmerz' nach dem Muster von Gegenstand und Name konstruieren (PU §§ 304–8). Wenn wir 'Schmerz' als den Namen eines privaten Gegenstandes behandeln, muß die Frage der Identifizierung oder Fehlidentifizierung seines Bezugsgegenstandes aufkommen, weil die Empfindung ein Gegenstand sein soll, aber die Frage kann nicht gelöst werden, weil der Gegenstand privat sein soll. Es gibt für private geistige Gegenstände keine Identitätskriterien. Daraus folgt weder, daß es zwar solche Gegenstände gibt, sie aber selbst der Privatsprachler nicht identifizieren kann. Noch folgt daraus, daß es keine Empfindungen gibt. Vielmehr folgt, daß Empfindungen nicht als private Entitäten verstanden werden können. (Genauso impliziert das Kant-Strawson-Argument, wonach es keine Identitätskriterien für Cartesische Seelensubstanzen gibt, weder, daß, nach allem, was ich weiß, meine Gedanken die Gedanken von tausend Seelen sein könnten, noch, daß ich nicht existiere, sondern nur, daß ich mich selbst nicht als Seelensubstanz verstehen kann.)

Wörter wie 'Schmerz', 'Jucken' oder 'Kitzel' sind Namen von Empfindungen, aber nicht in der Weise, in der 'Tisch', 'Stuhl' und 'Sofa' Namen von Möbelstücken sind. Man kann auf einen Tisch zeigen und sagen, 'Tisch' sei der Name dieses Möbels, aber man kann nicht auf eine Empfindung zeigen und sagen, 'Schmerz' sei der Name dieser Empfindung. Statt dessen heißt zu sagen, daß 'Schmerz' der Name einer Empfindung sei, daß es charakteristische Äußerungen von Schmerz im Benehmen gibt, die Kriterien für Aussagen wie 'Sie hat Schmerzen' sind, und daß die Äußerung 'Ich habe Schmerzen' (typischerweise) eine AUSDRUCKSÄUSSERUNG ist – nicht der Bericht über einen inneren Gegenstand, sondern ein Ausdruck von Schmerzen. Im Fall wirklicher Empfindungen tritt das Problem der Identitätskriterien nicht auf, weil es so etwas wie Identifizierung oder Fehlidentifizierung der eigenen Empfindungen nicht gibt (das ist vermutlich der Punkt von *Untersuchungen* § 270, der für 'S' eine Verwendung ins Auge faßt, indem er 'Da ist wieder S' nicht als Beschreibung von privaten Geschehnissen, sondern als Äußerung behandelt).

Selbst wenn man Wittgensteins alternative Erklärung von Empfindungsausdrücken nicht akzeptiert, untergräbt das Privatsprachenargument die Vorstellung, daß private Erlebnisse die Grundlage von Sprache und Erkenntnis bildeten. Es impliziert auch, daß wir, um die Bedeutung eines psychologischen Ausdrucks zu kennen, die entsprechende Empfindung oder Erfahrung nicht selbst haben müssen. Um sinnvoll zu sagen, daß ein anderer Schmerzen hat, brauchen wir nicht Schmerzen, sondern den Begriff des Schmerzes. Das Erlebnis zu haben, garantiert die Beherrschung der Verwendung des Ausdrucks nicht. Gleichermaßen weiß jemand, der 'Zahnschmerzen' richtig anwendet und erklärt, aber selbst nie Zahnschmerzen hatte, was 'Zahnschmerzen' bedeutet. Man könnte einwenden, daß wir keinen Grund zu der Annahme haben, daß so eine

Person den Gebrauch der 1. Person beherrscht. Aber das haben wir, wenn sie von sich sagen kann 'Ich habe keine Zahnschmerzen'. Der einzige Situationstyp, im Blick auf den gesagt werden könnte, daß sie den Gebrauch der 1. Person nicht beherrscht, wäre der, in der sie plötzlich laut aufschriee vor Schmerzen und ihre Wange hielte, aber darauf bestünde, keine Zahnschmerzen zu haben (Z §§ 332–3, 547–8; LSD 9–16). Das seinerseits impliziert die Unhaltbarkeit der Abstraktionstheorie: wir könnten und müssen Begriffe nicht ableiten, indem wir uns auf bestimmte Züge von Erfahrungen konzentrieren und andere nicht beachten. Es bekräftigt auch die Kantische Kritik am Mythos des Gegebenen (an die Kant selbst sich nicht immer gehalten hat, auf die seither aber Sellars gedrungen hat): die 'vorbegrifflichen Anschauungen' und 'nichtbegrifflichen Inhalte', die bei Empiristen von Locke bis zum Wiener Kreis, zu Quine und zu zeitgenössischen Theoretikern des Gehalts im Schwange sind, sind bestenfalls Teil des kausalen Mechanismus, der unserer Rede zugrunde liegt, aber treten nicht in die Regeln ein, die unseren Wörtern Bedeutung geben. Sie sind semantisch und epistemisch irrelevant, insofern sie weder den Sinn, noch die Belege für unsere Aussagen abgeben.

Projektionsmethode
Der BILDTHEORIE zufolge kann ein Satz einen Sachverhalt nur abbilden, wenn seine Elemente, NAMEN, Elementen des letzteren, GEGENSTÄNDEN, 'entsprechen', das heißt, für sie 'stehen' und sie 'vertreten' (TLP 2.13f., 3.22, 4.0311f.). Die 'Zuordnungen' zwischen den Elementen des Bildes (Gedanken, Satzes) und den Elementen der Situation, die es darstellt, ist die 'abbildende Beziehung'. Diese Zuordnungen sind wie 'Fühler', die von den Bildelementen ausgehen, durch die das Bild bis zur Wirklichkeit reicht, das heißt, eine bestimmte Verbindung von Gegenständen abbildet (TLP 2.1513ff.). Wittgenstein benutzt den Ausdruck 'abbildende Beziehung' auch für die Relation, die zwischen einem Bild und der Situation als ganzer und nicht ihren Elementen besteht (TLP 4.014). In dieser Verwendung scheint er gleichbedeutend zu sein mit 'Projektions-', 'Vergleichs-' oder 'Abbildungsmethode' oder mit 'Darstellungsweise'. Zuvor hatte er Projektionsmethode und abbildende Beziehung einander entgegengesetzt (AM 214–5). Selbst wenn die Elemente des Bildes und der Situation einander zugeordnet worden sind, bleibt festzulegen, welche Beziehungen zwischen den Namen Teil der 'Struktur' des Bildes sind, das heißt, symbolische Wichtigkeit insofern haben, als sie bestimmen, was der Satz abbildet. Gleicherweise bildet die Tatsache, daß die Elemente des Bildes sich in bestimmter Weise zueinander verhalten (daß es eine bestimmte 'Struktur' hat), nur dann eine Sachlage ab, wenn diese Elemente für bestimmte 'Dinge' stehen. Entsprechend besteht das Bild aus Struktur und abbildender Beziehung; das heißt, aus zwei Beziehungen, einer zwischen seinen Elementen und einer zwischen seinen Elementen und der Wirklichkeit. Wir können einen bestimmten Unfall (der stattgefunden haben mag oder nicht) mit Hilfe von Spielzeugautos und Puppen nur dann darstellen, wenn wir festlegen, welches Spielzeug welchem wirklichen Ding entspricht und welche Beziehungen zwischen den Spielzeugen wirkliche Beziehungen zwischen den Dingen darstellen (z.B. ihre räumlichen Beziehungen, aber nicht die ihrer Gewich-

te). In den folgenden Schriften schließt 'Projektionsmethode' sowohl Struktur als auch abbildende Beziehung ein, das heißt, alles, was erforderlich ist, um ein Satzzeichen mit einer bestimmten Situation zu vergleichen (TB 30.10.–1.11.14; TLP 3.11–3.13). Die Idee ist durch geometrische Projektion angeregt, die alles einschließt, was erforderlich ist, um eine Figur (einen Satz) in eine andere (die abgebildete Situation) umzuformen.

'Zum Satz gehört alles, was zur Projektion gehört; aber nicht das Projizierte. Also die Möglichkeit des Projizierten, aber nicht dieses selbst. Im Satz ist also sein Sinn noch nicht enthalten, wohl aber die Möglichkeit, ihn auszudrücken ... Im Satz ist die Form seines Sinnes enthalten, aber nicht dessen Inhalt' (TLP 3.13, vgl. 3.34). Der Satz enthält 'seinen Sinn noch nicht', also nicht den möglichen Sachverhalt, weil erstens eine Konfiguration von Zeichen nicht die Konfiguration von Gegenständen enthalten kann, die sie darstellt, und weil es zweitens, wenn der Satz falsch ist, keine solche Konfiguration geben wird. Was genaugenommen die 'Möglichkeit, den Sinn auszudrücken' enthält, ist nicht der Satz, der den Sinn *ausdrückt*, sondern das 'Satzzeichen'. Das tut es, weil es mit der Situation, die es darstellt, eine LOGISCHE FORM teilt, mit ihr dieselbe logisch-mathematische Mannigfaltigkeit (TLP 4.04) gemäß den Konventionen der LOGISCHEN SYNTAX hat.

Diese Konventionen bestimmen nur die kombinatorischen Möglichkeiten der Namen und damit die logische Form des Satzzeichens. Aber das ZEICHEN als solches bildet nicht ab; um zu einem *Symbol* zu werden, muß ihm durch eine Projektionsmethode ein Inhalt gegeben werden. Die Projektionsmethode ist die 'Anwendung des Satzzeichens'. Zeichen und Wirklichkeit einander zuzuordnen, ist etwas, was wir tun. Dies nimmt die spätere Auffassung vorweg, daß, was Zeichen mit Bedeutung versieht, nicht eine zugeordnete Entität ist, sondern ihr GEBRAUCH. Der frühe Wittgenstein gibt aber dieser Vorstellung unglücklicherweise eine mentalistische Interpretation: die Anwendung des Satzzeichens und also 'die Projektionsmethode' ist 'das Denken des Satz-Sinnes' (TLP 3.11; PT 3.12 f.). Wenn wir ein Satzzeichen mit Verständnis, als ein Modell der Wirklichkeit benutzen, müssen wir seinen Sinn in es hineindenken, das heißt, wir müssen an die Situation denken, die abgebildet wird. Infolgedessen liegt jedem sinnvollen Gebrauch von Zeichen ein kontinuierlich begleitender Prozeß des Denkens und Meinens zugrunde. Während Denken ein Vorgang ist, ist ein Gedanke das nicht. Er ist auch keine abstrakte Entität, wie bei Frege. Er ist eine psychische Tatsache: '*A* denkt daß *p*' bedeutet, daß es eine *A* betreffende psychische Tatsache gibt, deren Bestandteile den Bestandteilen von *p* zugeordnet sind. Diese psychischen Bestandteile entsprechen den Wörtern der Sprache.

Ich weiß zwar nicht, welches die Bestandteile eines Gedanken sind, aber ich weiß, daß er solche Bestandteile haben muß, die den Wörtern der Sprache entsprechen. Die Art der Beziehung zwischen den Bestandteilen des Gedankens ist wieder irrelevant. Diese zu entdecken, wäre eine Sache der Psychologie. ... Besteht ein Gedanke aus Wörtern? Nein! Sondern aus psychischen Bestandteilen, die in einer gleichartigen Beziehung zur Wirklichkeit stehen wie die Wörter. (RUB 19.8.19; vgl. TLP 4.1121, 5.542)

'Das Denken nämlich ist eine Art Sprache' (Tb 12.9.16), ein Gedanke ist ein Satz in der Sprache des Denkens. Obwohl der *Tractatus* unter dem Vorwand des Antipsychologismus die Frage, was die Bestandteile von Gedanken sind, der empirischen Psychologie überantwortet, enthält er die psychologistische Idee, daß es der Geist ist, der der Sprache Bedeutung gibt. Darstellung verlangt einen Isomorphismus zwischen drei verschiedenen Systemen: Sprache (Satzzeichen), Denken (Satz-im-Denken) und Wirklichkeit (Sachverhalt) (siehe Vorl 291–2; PU § 96).

Was projiziert die psychischen Elemente des Gedankens auf die Wirklichkeit? Einer Interpretation zufolge ist die Frage fehlgeleitet: anders als wahrnehmbare sprachliche Zeichen sind Gedankens an sich selber darstellend. Das könnte Teil dessen sein, daß sie 'logische Bilder' sein sollen (TLP 3), und würde erklären, wieso 'der Satz den Sachverhalt gleichsam auf eigene Faust dar(stellt)' (Tb 5.11.14). Auf der anderen Seite impliziert das, daß die Bestandteile des Gedankens gerade *nicht* 'in einer gleichartigen Beziehung zur Wirklichkeit stehen wie die Wörter'. Es konfligiert auch mit der Vorstellung, daß unseren Zeichen durch unsere Konventionen Bedeutung gegeben wird (TLP 3.322, 3.342, 6.53). Die Bedeutungen der 'primitiven' Elemente der Sprache müssen uns erklärt werden. Da jedoch solche Zeichen unanalysierbar sind, das heißt, nicht definiert werden können, muß die Erklärung auf andere Weise vor sich gehen. Der *Tractatus* sagt, daß sie durch 'Erläuterungen' erklärt werden können, aber auch, daß deren Verständnis voraussetzt, daß ihre Bedeutungen bekannt sind (TLP 3.263, 4.026). Es ist daher wahrscheinlich, daß, obwohl der *Tractatus* die OSTENSIVE DEFINITION nicht erwähnt, es Bedeutungsakte sind, die einen Namen mit einem bestimmten Gegenstand verbinden und dadurch die abbildende Beziehung schaffen. 'Dadurch, daß ich den Bestandteilen des Bildes Gegenstände zuordne, *dadurch* stellt es nun einen Sachverhalt dar und stimmt nun entweder oder stimmt nicht.' 'Ich *weiß*, was ich meine; ich meine eben DAS' (Tb 26.11.14, 22.6.15, vgl. 31.5./20.6.15; TLP 2.1511). Solche Akte können nicht vom empirischen Selbst vollzogen werden, das nur ein Komplex psychischer Bestandteile ist, die Gegenständen zugeordnet werden müssen; sie müssen daher 'Handlungen' des 'metaphysischen' oder 'wollenden' Subjekts sein. Das unausdrückbare metaphysische Subjekt, das der SOLIPSISMUS in Anspruch nimmt, 'setzt der Sprache Grenzen', indem es die Wörter mit Leben versieht, eine Vorstellung von Schopenhauer, die Wittgenstein später kritisierte (TLP 5.631, 5.641; Tb 4.8./9.11.16; PG 143–4; MS 165 9–11).

Im *Tractatus* ist eine unaufgelöste Spannung zwischen der Berufung auf Bedeutungsakte und der Vorstellung in sich darstellungsfähiger Gedanken. Wittgenstein hat später beide Alternativen zurückgewiesen. Das PRIVATSPRACHENARGUMENT zeigt, daß Zeichen nicht durch private ostensive Definitionen erklärt werden können. Er kritisierte auch die 'alte Auffassung des Satzes' (MS 165 86), die von Moore geteilt wurde, daß nämlich Satzbedeutungen (Propositionen), anders als Sätze, immun sind gegen Mißverständnis. Die Berufung auf GEDANKEN als selbstinterpretierende Zeichen ersetzt einfach eine Frage hinsichtlich unbestreitbarer Fähigkeiten einer Zeichensprache durch ein Mysterium hinsichtlich der Fähigkeiten einer postulierten Denksprache. Wenn ein Wort in dieser Sprache ein gesprochenes Wort mit Bedeutung versehen soll, muß es selbst symbolischen Gehalt haben. Aber in diesem Fall 'wäre es für uns nur ein anderes Zeichen', das seinerseits einer Projektionsmethode bedürfte. Das gilt nicht nur für Bestandteile von Gedanken, sondern für jeden 'Gegenstand ..., der mit dem Zeichen in Koexistenz ist', seien es geistige Bilder, Sinnesdaten oder der Sinn von Ausdrücken, so wie Frege ihn versteht (BlB 21; vgl. PG 40). Das Wort 'Würfel' mit dem geistigen Bild eines Würfels zu verbinden, bestimmt die richtige Anwendung des Wortes nicht, weil diese Darstellung selbst angewendet werden muß und, durch eine geeignete geometrische Projektion, auf eine Pyramide angewendet werden könnte (PU § 139; *siehe* REGELFOLGEN).

Die Bildtheorie scheint diesen Punkt zu berücksichtigen, weil die abbildende Beziehung selbst ein integraler Teil des Bildes ist, der zum Teil konstitutiv dafür ist, daß es ein Bild ist (TLP 2.15 ff.; Tb 15.10.14). Aber das verwechselt die Projektionsmethode, die nicht Teil eines Bildes sein kann, mit Projektionsstrahlen (PU § 141; PG 213–4). Sogar das Bild mit Projektionsstrahlen (den 'Fühlern', die Namen und Gegenstände verknüpfen) läßt noch verschiedene Anwendungsmethoden zu, weil ihnen ihr Gebrauch nicht einbeschrieben ist. Ein geistiges Bild zweier Würfel, die durch Projektionsstrahlen verbunden sind, kann nicht nur die Anwendung von 'Würfel' auf einen Würfel, sondern auch auf ein viereckiges Prisma zulassen. Nichts vor der Anwendung selbst bestimmt die projizierte Situation. Aber zu sagen, daß eine Situation völlig durch die Anwendung des Bildes bestimmt wird, beseitigt den Kern der Bildtheorie, nämlich, daß ein Satz 'auf eigene Faust' abbilden kann, weil er eine logische Form ist, die durch eine Projektionsmethode mit Gehalt versehen wird. Was Zeichen auf die Wirklichkeit projiziert, ist, daß wir sie grammatischen Regeln (*siehe* GRAMMATIK) gemäß gebrauchen (BlB 19–20; PB 77–9, 85; PG 132; PU §§ 430–3).

R

Realismus
siehe ELEMENTARSATZ; WAHRHEIT

Regelfolgen
Regeln spielen in Wittgensteins Philosophie eine entscheidende Rolle wegen zweier sich durchhaltender Überzeugungen: erstens, Sprache ist eine regelgeleitete Tätigkeit; zweitens, der Apriori-Status von Logik, Mathematik und Philosophie leitet sich von solchen Regeln her. Im *Tractatus* bilden sprachliche Regeln die LOGISCHE SYNTAX, einen komplizierten Kalkül unerbittlicher Normen, der hinter der Oberfläche natürlicher Sprachen verborgen ist. In der Mitte der 30er Jahre hatte sich Wittgenstein von diesem KALKÜLMODELL der Sprache wegbewegt. Insbesondere hatte er die Vorstellung von Regeln verworfen, die sprachliches Verhalten leiten und bestimmen, was zu sagen sinnvoll ist, ohne daß wir sie kennen. Es ist die strategische Funktion seiner berühmten Erörterung des Regelfolgens, die Weise zu klären, in der Regeln unser Verhalten leiten und die Bedeutung von Wörtern bestimmen. Wegen der Verbindung zu sprachlicher Bedeutung, Verstehen und logischer Notwendigkeit ist das Thema zentral für seine Sprachphilosophie, seine philosophische Psychologie und seine Philosophie der Mathematik (es durchzieht die *Bemerkungen über die Grundlagen der Mathematik*).

Wittgenstein hat nicht versucht, eine analytische Definition des Begriffs einer Regel zu geben, weil er ihn für einen FAMILIENÄHNLICHKEITSbegriff hielt, der am besten durch Bezug auf Beispiele erklärt wird. Aber verschiedene Punkte können aus seinen Bemerkungen gezogen werden (WWK 153–4; Vorl 346–50; BT 241; PG 117–8; BB 90–8; BGM 321; SDE 24; PLP 82, 137–44):

(a) Regeln sind Maßstäbe der Richtigkeit; sie beschreiben nicht, wie, zum Beispiel, Leute sprechen, sondern definieren vielmehr, was es heißt, richtig oder sinnvoll zu sprechen.

(b) Es gibt einen Unterschied zwischen einer Regel und ihrem Ausdruck, einer Regelformulierung, genauso wie zwischen einer Zahl und einem Zahlzeichen (z. B. kann dieselbe Regel in verschiedenen Sprachen ausgedrückt werden). Aber der Unterschied ist nicht der zwischen einer abstrakten Entität und ihrem konkreten Namen, sondern der zwischen einer normativen Funktion und der sprachlichen Form, die verwendet wird, um diese Funktion auszuführen. Wir können den Begriff einer Regel klären, indem wir die Rolle von Regelformulierungen untersuchen.

(c) Anders als Befehle oder Aufforderungen sind Regeln wesentlich allgemein, insofern sie eine oft unbegrenzte Mannigfaltigkeit von Gelegenheiten bestimmen.

(d) Züge wie (a) oder (c) sind nicht an bestimmte Formulierungsweisen gebunden – ein grammatischer Satz (*siehe* GRAMMATIK), der eine sprachliche Regel ausdrückt, muß keine metasprachliche Aussage über die Anwendung von Wörtern sein oder ein Zeichen der Allgemeinheit enthalten. Sie hängen vielmehr davon ab, ob ein Ausdruck bei gegebener Gelegenheit eine normative Funktion erfüllt.

(e) 'Regelfolgen' ist ein Erfolgsverb: es gibt einen Unterschied zwischen glauben, daß man einer Regel folgt, und ihr wirklich zu folgen.

(f) Der entscheidende Punkt für den Wechsel in Wittgensteins Konzeption sprachlicher Regeln ist, daß es einen Unterschied gibt zwischen der Regel folgen und dem bloßen Handeln in Übereinstimmung mit der Regel. Obwohl Regelfolgen eine Regelmäßigkeit im Verhalten voraussetzt, unterscheidet dies es nicht von natürlichen Regelmäßigkeiten wie der Planetenbewegung oder menschlichen Handlungen, die unabsichtlich mit einer Regel übereinstimmen. Wenn ein Akteur im Φ-en einer Regel folgt, muß die Regel Teil seines Grundes für Φ-en sein, und nicht nur eine Ursache (siehe VERURSACHUNG). Er muß der Regel zu folgen beabsichtigen. Diese Intentionalität ist jedoch nur virtuell. Er muß an die Regel nicht denken oder die Regelformulierung zu Rate ziehen, während er Φ-t, es ist nur erforderlich, daß er sie heranzöge, um sein Φ-en zu rechtfertigen oder zu erklären. Das schließt die Vorstellung von Regeln aus, die dem Akteur gänzlich unbekannt wären (wie die es waren, die das Kalkülmodell in Anspruch genommen hatte). Es trennt Regelfolgen auch vom einer 'Eingebung' folgen. Dies sind Fälle, in denen ein Akteur passiv geleitet wird, ohne erklären zu können, was er tut, oder andere die Technik des sich von der Regel Leitenlassens lehren zu können (PU §§ 207–8, 222, 232; BlB 30–3; BGM 414–22).

Der so erklärte Begriff des Regelfolgens wirft zwei miteinander verbundene Probleme auf. Das eine betrifft unser VERSTEHEN von Regeln, das andere die Normativität von Regeln. In *Philosophische Untersuchungen* §§ 143–84 greift Wittgenstein die Vorstellung an, daß Verstehen ein geistiger Zustand oder Vorgang sei, aus dem unsere Anwendung der Wörter entspringe. In §§ 185–242 wendet er sich der Frage zu, wie eine Regel bestimmt, was als eine richtige oder eine unrichtige Anwendung zählt. Wir unterscheiden zwischen Regeln, die eine Antwort auf jeder Stufe ihrer Anwendung bestimmen (z.B. '$y = 2x$'), und solchen, die das nicht tun (z.B. '$y \neq 2x$') (PU § 189; BGM 35–6). Aber selbst im zuerst genannten Fall entsteht ein Rätsel. Ich lehre einen Schüler die arithmetische Reihe '+2'. Aber wenn er zuerst bei 1000 weitermacht, sagt er '1000, 1004, 1008'. Die Frage ist, was sind die Gründe, die uns sagen lassen, er habe die Regeln mißverstanden? Eine Regel wie '+2' gilt für eine unbegrenzte Anzahl von Schritten. Aber alles, woran sich der Schüler halten kann, sind eine Regelformulierung und ein paar Schritte als Exemplifikation. Wie bringt es die Regelformulierung, ein bloßes Zeichen fertig, im vorhinein eine unbegrenzte Anzahl von Schritten zu bestimmen? Wittgenstein erwägt vier verschiedene Antworten auf diese Rätsel.

Mechanismus
Eine Regel verstehen ist eine Disposition und Aussagen über Dispositionen sind letztlich Aussagen über Mechanismen (Vorl 250–2, 261–3), in diesem Fall einen geistigen oder neurophysiologischen Mechanismus, der die richtigen Handlungen in den geeigneten Umständen produziert. Dieses Bild verwandelt die Regel für eine Handlung in eine Ursache und verletzt daher die normative Natur von Regeln. Die Beziehung zwi-

schen einem Mechanismus und seinen kausalen Folgen ist nur extern, abhängig von der Gnade kontingenter Tatsachen. Zu sagen, daß '1002' der nächste richtige Schritt ist, heißt nicht zu sagen, es sei der Schritt, den, beispielsweise, ein Computer machen wird, oder den ich zu machen prädisponiert bin. Tatsächlich beurteilen wir vielmehr mit Hilfe einer Regel, ob ein Computer zusammengebrochen ist oder ob ich dazu neige, die richtige Antwort zu geben (vgl. PU §§ 149, 220; BGM 332). Gleichermaßen ist, daß ich gemeint habe, der Schüler solle '1002' schreiben, nicht ein kontrafaktischer Bedingungssatz 'Wenn du mich gefragt hättest, welche Zahl er schreiben soll, ...'; anders als ersteres ist letzteres eine empirische Hypothese.

Platonismus
Die Regel ist, anders als ihr sprachlicher Ausdruck, eine abstrakte Entität, die irgendwie schon die ganze Reihe der geraden Zahlen enthält. Dies ersetzt ein Rätsel durch ein Mysterium. Es ist unklar, wie der Geist solche Entitäten erfaßt. Um der normativen Rolle von Regeln gerecht zu werden, nimmt der Platonismus eine 'überstarre Verbindung' in Anspruch, einen 'ätherischen Mechanismus', der gegen Zusammenbrüche immun ist und eine unendliche Gesamtheit von Anwendungen unabhängig von uns serienmäßig herstellt, oder ein Paar von Geleisen, das uns unerbittlich weiterzieht. Aber das sind verschiedene 'sich kreuzende Bilder', deren Kombination illegitim ist. Sowohl der Mechanismus als auch der Platonismus werfen 'Bestimmtsein durch Tatsachen' zusammen mit 'Bestimmtsein durch eine Festsetzung'. Wenn wir behaupten, '1002' sei der nächste richtige Schritt, sagen wir nicht voraus, daß die Maschine oder Personen zu diesem Ergebnis kommen werden, sondern setzen vielmehr fest, daß der Regel nicht gefolgt worden ist, wenn sie es nicht tun (PU §§ 191–7, 218–20; BGM 83; VuGÄPR 37–8; Vorl 251–2; Z § 375; MS 129 176; TS 219 33).

Psychologismus (Mentalismus)
Das Fehlgehen des Schülers besteht darin, daß er versäumt, intuitiv zu erfassen, was ich mit meiner Anweisung 'Addiere immer 2' meine. In einem Sinn ist das richtig (PU § 190). Aber ich habe nicht im voraus an diesen bestimmten Schritt gedacht und könnte nicht im voraus an die unendliche Anzahl von Schritten gedacht haben, die die Reihe bilden (PU § 186). Selbst wenn die Regel ein geistiger Zustand oder eine abstrakte Entität wäre, würde das das Regelfolgen nicht erklären, weil die Frage bleibt, wie diese Regel anzuwenden ist, welches die PROJEKTIONSMETHODE ist, sie auf die Wirklichkeit zu übertragen oder ins Handeln zu übersetzen. Die Vorstellung einer selbstanwendenden Regel, die alle auszuführenden Schritte schon im vorhinein 'enthält', ist einfach mythologisch (PU §§ 195–7; BB 142; Vorl 259–61, 316–22).

Hermeneutik
Wie ich die Anweisung gemeint habe, wird ausgedrückt darin, wie ich sie deute. Das legt nahe, daß die Deutung der Regelformulierung den nächsten richtigen Schritt bestimme, während es die Regelformulierung allein nicht tue. Dagegen führt Wittgenstein ein Regreßargument an, das auf Kant zurückgeht (KrV A 133–4). Eine 'Deutung'

ist es, 'einen Ausdruck der Regel durch einen anderen (zu) ersetzen' (PU § 201), und bringt uns daher der richtigen Anwendung nicht näher. Man könnte denken, daß diese Definition von Deutung zu eng ist (man kann interpretieren, ohne einen Ausdruck für einen anderen einzusetzen). Aber das würde das Regreßargument nicht verhindern. Wenn eine Deutung den symbolischen Gehalt liefern soll, der der reinen Regelformulierung fehlt, muß sie etwas sein, 'was in Zeichen gegeben wird', 'ein neues Symbol, dem alten hinzugefügt', was die Regel zusammen mit der Deutung 'in der Luft (hängen)' läßt (vgl. Vorl 45–6; PG 47; BlB 19–20, 59–63; BB 124; Z §§ 229–35; PU §§ 84–7, 198). Regelfolgen kann nicht erklärt werden, indem man Regeln für die Anwendung von Regeln anführt.

Einigen Kommentatoren hat Wittgensteins Zurückweisung dieser Erklärungen nahegelegt, er habe einen Regelskeptizismus akzeptiert. Es gibt nicht so etwas, wie einer Regel objektiv folgen oder sie objektiv verletzen, weil jede Handlung gemäß irgendeiner Deutung in Übereinstimmung mit der Regel ist. Sogar ich selbst kann nicht wissen, was ich mit der Anweisung ' Addiere 2' meinte. Es würde folgen, daß es so etwas wie sprachliche Bedeutung nicht gibt. Aber weil semantischer Nihilismus offensichtlich selbstwiderlegend ist, hat Kripke einen gewissen Unterschied zwischen richtigem und unrichtigem Vorgehen durch eine Humesche 'skeptische Lösung' wiedereingeführt: was das Vorgehen des Schülers unrichtig macht, ist, daß es von der Sprachgemeinschaft verworfen wird. Das ist aber leider keine Lösung, weder eine skeptische, noch eine andere. Wenn ich nicht wissen kann, was ich mit 'Addiere 2' meine, hat der Schüler keine Chance zu wissen, ob, wenn die Sprachgemeinschaft 'Mach weiter' oder 'Sieh, was du gemacht hast' (PU § 185) sagt, sie seine Schritte akzeptieren oder verwerfen will.
Wittgenstein hat hart darum gekämpft, einen Kurs zwischen der Scylla des Regelskeptizismus und der Charybdis von Scheinerklärungen wie den vier zuvor genannten zu steuern. Es gibt gelegentliche Hinweise auf Regelskeptizismus in seinen Überlegungen zu FAMILIENÄHNLICHKEIT und zum Thema MATHEMATISCHER BEWEIS. Außerdem machen sich einige Passagen Sorgen um die 'Lücke' zwischen einer Regel und ihrer Anwendung und erwägen, ob bei jedem Schritt eine neue Entscheidung erforderlich ist (PU §§ 186, 198; MS 180a 68–75; MS 129 117, 182). Aber Wittgenstein hat auch festgestellt, daß das skeptische 'Paradox', 'eine Regel könne keine Handlungsweise bestimmen, da jede Handlungsweise mit der Regel in Übereinstimmung zu bringen sei', auf einem 'Mißverständnis' beruht; es zeigt nicht, daß die Regel ihre Anwendungen unbestimmt ließe, sondern 'daß es eine Auffassung einer Regel gibt, die *nicht* eine *Deutung* ist; sondern sich, von Fall zu Fall der Anwendung, in dem äußert, was wir „der Regel folgen", und was wir „ihr entgegenhandeln" nennen' (PU § 201). Einige Passagen legen nahe, daß die Lücke zwischen einer Regel und ihrer Anwendung in unserem Handeln überbrückt wird (TS 211 112). Das ist richtig, insofern Regelfolgen wesentlich eine Praxis ist (PU § 202; BGM 335, 344–6). Aber überhaupt zu denken, 'daß eine Lücke besteht zwischen der Regel und ihrer Anwendung', ist schon 'ein geistiger Krampf' (Vorl 260; LSD 24). Die Beziehung zwischen einer Regel und ihrer richtigen Anwendung ist, wie andere intentionale Beziehungen (*siehe* INTENTIONALITÄT) eine INTERNE RELATION.

Regelfolgen

Die Regel verstehen heißt zu wissen, wie sie anzuwenden ist, zu wissen, was als Handeln in Übereinstimmung mit ihr zählt und was als Verletzung der Regel (BGM 331–2).

Jede endliche Folge von Zahlen (z. B. 1, 4, 9, 16, 25) ist vereinbar mit einer unendlichen Anzahl mathematischer Reihen. In gleicher Weise ist jede endliche Folge unseres Verhalten vereinbar mit 'jeder beliebigen Anzahl von andern Regeln' (BlB 31). Es folgt, daß eine Extrapolation einer Regel aus ihrer Extension, das heißt, aus Verhalten, das ohne Bezug auf die Regel beschrieben wird, unterbestimmt ist (dies konvergiert mit Quines These der Übersetzungsunbestimmtheit). Aber es folgt nicht, daß die Regel ihre Anwendung unterbestimmt ließe, wie der Regelskeptizismus meint. Interne Relationen sind *de dicto*, sie hängen davon ab, wie wir Dinge beschreiben: wenn die Regelformulierung 'Addiere 2' und die Äußerung '1000, 1002, 1004' phonetisch beschrieben werden, ist es genausowenig möglich, zu sagen, ob das letztere eine richtige Anwendung des ersteren ist, wie es möglich wäre, das Alter eines Schiffskapitäns aus den Abmessungen seines Schiffs abzuleiten (TS 211 494). Aber die Regel gibt einen Maßstab für die Beschreibung von Handlungen als 'der Regel folgend' oder 'der Regel zuwiderhandelnd'. Zwischen einer Regel und ihrer Anwendung ist ein Kategorienunterschied (wie zwischen einer Fähigkeit und ihrer Ausübung), aber keine Lücke, die überbrückt werden müßte: wenn '1002' nicht der nächste richtige Schritt wäre, wäre diese Reihe nicht, was wir 'die Reihe der geraden Zahlen' *nennen*.

Das scheint die skeptische Lösung wieder einzuführen. Aber im Gegensatz zur letzteren wird, was als richtige Anwendung eines Wortes oder einer Regel zählt, gerade nicht durch 'die Übereinstimmung der Menschen' bestimmt, sondern vielmehr durch Bezug auf die Regel selbst. Übereinstimmung in Urteilen gehört zum GERÜST, von welchem aus die Sprache wirkt: wenn wir nicht darüber übereinstimmen könnten, wie die Regel anzuwenden ist, würden wir uns der ihr folgenden Praxis nicht befleißigen (BGM 406; Z §§ 319, 428–31; PU §§ 219, 241; BPP II § 414). Aber 'die Regel richtig anwenden' heißt nicht 'tun, was die meisten Leute tun' (Regeln können von einer ganzen Gruppe falsch angewendet werden, wie bei den ersten Newtonischen Berechnungen der Umlaufbahn des Mondes geschehen). Die Regel ist unser Maßstab der Richtigkeit. Aber nichts ist so ein Maßstab, wenn er nicht als solcher verwendet wird. Es gibt keine Regel, wenn es nicht eine Praxis gibt, das-und-das 'der Regel folgend' oder 'der Regel zuwiderhandelnd' zu nennen. Interne Relationen werden durch unsere normativen Tätigkeiten gestiftet – wir lehren und erklären Regeln, und wir kritisieren, rechtfertigen oder charakterisieren unsere Handlungen unter Bezugnahme auf sie (PU §§ 197–202; PG 213–4; BGM 344–5; VGM 97–8).

Anders als die Verbindung zwischem dem Satz daß *p* und der Tatsache daß *p* ist die zwischen einer arithmetischen Formel und ihrer Anwendung nicht direkt sichtbar. Wie weiß also der Schüler, was wir meinen? Durch unsere Erklärungen und Anweisungen! Wenn 'Addiere 2' hieße 'Addiere 2 bis zur Zahl 1000, 4 von 1000 an bis zu 2000, etc.', dann wäre die Erklärung der Anweisung durch '0, 2, 4, 6, und so weiter' inkorrekt. Unsere arithmetischen Techniken unterstellt, muß man speziell erklären, daß sich das Muster nach 1000 änderte. Aber 'wer sagt, was hier „verändern" und was „gleichbleiben" heißt?' (BGM 79–81). Dem Anschein entgegen drücken solche Passagen nicht Regelskeptizismus aus, sondern machen zwei andere Punkte. Erstens, obwohl uns die Regel nicht im Stich läßt, sind wir nicht logisch gezwungen, einer Regel statt einer anderen zu folgen. Die Regel packt den Schüler nicht an der Gurgel. Wenn er mit '1004' fortsetzt, spielt er einfach nicht unser Spiel. Was er tut, ist nicht, was wir '2 addieren' nennen, aber es gibt wiederum keinen logischen Zwang, warum wir die Zeichen '2 addieren' so verwenden müßten (Vorl 257–60; BGM 35–8, 328–9, 414; VGM 127–8, 220–5). Zweitens geben uns die Begriffe der IDENTITÄT ('dasselbe tun') oder der 'Übereinstimmung' keinen unabhängigen Grund, den Schüler zurechtzuweisen (PU §§ 214–6; 223–7; BB 140; Z § 305; BGM 348–9, 392–3, 405). Die Begriffe 'der Regel folgen' und 'dasselbe tun' sind miteinander verwoben. Es ist ein grammatischer Satz, daß dasselbe wie zuvor zu tun richtig ist, wenn das, was zuvor getan wurde, richtig ist. Aber was als 'dasselbe tun' zählt, kann nur unter Bezugnahme auf eine bestimmte Regel bestimmt werden. Unser abweichender Schüler tut dasselbe wie zuvor in Beziehung auf die Regel 'Addiere 2 bis 1000, 4 bis 2000, 6 bis 3000, etc.'.

Wir können jede Regelformulierung in verschiedenen Weisen deuten, und müssen sie deuten, wenn sie in irgendeiner Hinsicht zweideutig oder unklar ist. Aber das heißt nicht, daß Interpretation immer weitergeht, sondern nur, daß, was für uns die letzte Deutung ist, dies nicht zu sein braucht. 'Das Deuten hat ein Ende' (BGM 341–2; PG 147; BlB 60–1; PU § 201). Ich kann rechtfertigen, daß ich '1002, 1004, ...' schreibe, indem ich auf meine Anweisungen rekurriere (z. B. indem ich zähle '1001, 1002 – das heißt 2 zu 1000 addieren'). Gefragt, warum ich das letzte auf diese Weise verstehe, kann ich nur sagen 'So handle ich eben', weil ich die Rechtfertigungen ausgeschöpft habe und 'auf dem harten Felsen angelangt' bin. Aber die nackte Faktizität unserer Praxis schafft keinen Raum für Skeptizismus. 'Ohne Rechtfertigung' zu handeln, nachdem alle Rechtfertigungen gegeben wurden, heißt nicht 'zu Unrecht' handeln (PU §§ 211, 219, 289, 381; BGM 199, 406; Z §§ 300–2). Wenn ein Skeptiker bezweifelt, daß die Regelformulierung 'Addiere 2', wie wir sie verwenden, beim 501. Schritt '1002' verlangt, kann er nicht über diese Relata reden, die durch diese Tatsache definiert sind. Sein Zweifel kann sich nicht einmal auf den grammatischen Satz richten, den er treffen soll.

Wittgenstein beschreibt Regelfolgen als soziale Praxis, spricht von 'Gepflogenheiten', 'Gebräuchen' und 'Institutionen' (PU § 199). Die Frage ist, ob er eine Gemeinschaftsauffassung vertrat, derzufolge Regelfolgen nur in einer sozialen Gemeinschaft möglich ist. Das wird nahegelegt durch die Behauptung, man könne 'nicht der Regel „privatim" folgen' (PU § 202), aber die Anführungszeichen sind solche der Distanzierung und könnten anzeigen, daß, was gemeint ist, nicht Regeln sind, die ungeteilt sind, sondern nur solche Regeln, die nicht geteilt werden können im Sinn des PRIVATSPRACHENARGUMENTS (PU § 256), in dessen Kontext die Passage ursprünglich stand. *Untersuchungen* § 199 behauptet, daß 'nicht ein einziges Mal nur ein Mensch einer Regel gefolgt sein kann'. Aber es ist erwidert worden, daß dies der Tatsache geschuldet sei, daß die *Untersuchungen* nur Regeln erörtern, die tatsächlich gemeinschaftliche sind; während darauf zu bestehen sei, daß was wesentlich für Regelfolgen ist, nur eine Vielheit von Gelegenheiten der Anwendung ist, nicht eine Mehrzahl von Sprechern (PU §§ 204–5; BGM 334–6; Z § 568). Beide Teile dieser Erwiderung wären an den Haaren herbeigezogen, wenn nicht zweierlei der Fall wäre: erstens gibt es keinen Grund dafür, Regelfolgen auf den Kontext einer Gemeinschaft zu beschränken; zweitens läßt der *Nachlaß* ausdrücklich die Möglichkeit einer solitären Person wie Robinson Crusoe zu, die Regeln folgt und erfindet. Verteidiger der Gemeinschaftsauffassung antworten darauf, daß das nur möglich ist, weil Crusoe Mitglied einer Gemeinschaft gewesen ist. Aber Wittgenstein besteht zu Recht darauf, daß, ob einer Regeln folgt, davon abhängt, was zu tun er fähig ist, nicht davon, wie er die Fähigkeit erworben hat (MS 124 213–21; MS 165 103–4; MS 166 4; PG 188; BlB 30–1; BB 97; PU § 495). Jedoch legt Wittgenstein auch nahe, daß Regelfolgen *typischerweise* sozial ist und daß *einige* regelgeleitete Tätigkeiten – und nicht nur solcher, die per definitionem gemeinschaftlich sind wie Kaufen und Verkaufen, sondern auch Mathematik treiben – den Kontext einer sozialen und historischen 'Lebensweise' verlangen (BGM 335–50; PU §§ 200–5, 337). Man kann selbst Patience nur spielen, wenn es die Institution des Spiels gibt.

Relativismus
siehe AUTONOMIE DER SPRACHE; LEBENSFORM

Religion
Wittgenstein war ein frommer Mann auf der Suche nach einer Religion. Der junge Wittgenstein scheint die Religion verachtet zu haben. Ein grundlegender Wandel wurde durch seine Erfahrungen während des Ersten Weltkrieges herbeigeführt. Wittgenstein suchte zu verhüten, 'sich selbst zu verlieren', indem er sich Gottes Willens ergab, und das Christentum wird als 'der einzige *sichere* Weg zum Glück' bezeichnet (GT 16./25.8./12.11./8.12.14). Aber das ist kein konventioneller Theismus. Wittgenstein erkennt an, daß Nietzsche solcher Ergebung selbst um den Preis des Unglücks widerstehen würde. Außerdem ist sein Gott kein persönlicher, sondern identisch mit dem Sinn des Lebens, der auch der Sinn der Welt ist, und mit dem Schicksal, der 'von unserem Willen unabhängige(n) ... Welt', die identisch ist mit dem 'wie sich alles verhält'. 'Es gibt zwei Gottheiten: die Welt und mein unabhängiges Ich' (Tb 11.6., 8.7., 1.8.16). Eine Möglichkeit, diese verschiedenen Angaben miteinander zu vereinbaren, ist folgende: Den Sinn des Lebens zu erfassen, besteht darin, daß die eine Gottheit – das metaphysische Subjekt – die andere Gottheit – wie sich alles verhält – mit spinozistischem Gleichmut annimmt, weil sie einsieht, daß, wie sich alles verhält, keinen Einfluß hat auf den Sinn des Lebens. Daher besteht 'die Lösung des Problems des Lebens' im 'Verschwinden dieses Problems' (TLP 6.52f.). 'Gott offenbar sich nicht *in* der Welt' (TLP 6.432), das heißt, nicht darin, '*wie* sich alles verhält', sondern darin, *daß* die Welt ist. Religion ist Teil des mystischen Bereichs der Werte (*siehe* MYSTIZISMUS), und daher unausdrückbar. Anders als kontingente Tatsachen kann Religion nicht in sinnvollen

Sätzen ausgedrückt werden, sie kann sich nur zeigen (gezeigt werden). Anders als die Logik der Sprache, aber wie die Ethik, zeigt sie sich nicht an sinnvollen Sätzen, sondern in den Handlungen und Einstellungen der Menschen (*siehe* SAGEN/ZEIGEN).

In Wittgensteins späterem Werk spielt Religion keine wichtige Rolle. Aber in seinen gelegentlichen Bemerkungen ebenso wie in Vorlesungen und Unterhaltungen deutet er ein Bild an, das sehr einflußreich gewesen ist und das hat aufkommen lassen, was man Wittgensteinschen Fideismus genannt hat (VB *passim*; VuGÄPR 87–110; VE 10–1; RW 117–235). Er gab die Vorstellung auf, daß religiöse Sätze unausdrückbar seien, und machte statt dessen Andeutungen über ihre GRAMMATIK, die Rolle, die Ausdrücke wie 'Gott', 'Sünde' oder 'Jüngstes Gericht' in einer Lebensform einnehmen (M 103–4; VuGÄPR 109–10; VB 536, 566–7; PU § 373; Vorl 186–7). Seine Überlegungen verdienen das Etikett Fideismus, weil sie vertreten, daß religiöser Glaube weder vernünftig noch unvernünftig ist, sondern eher vor- oder übervernünftig (VuGÄPR 93–5); und nicht die Zustimmung zu einer Lehre ist, sondern der Ausdruck für 'das leidenschaftliche Sich-entscheiden für ein Bezugssystem' oder eine bestimmte Einstellung zum Leben (VB 540–1, 571).

Auf der anderen Seite ist Wittgenstein im Gegensatz zu anderen Fideisten wie Pascal oder Kierkegaard kein Apologet des Christentums. 'Ich bin zwar kein religiöser Mensch, aber ich kann nicht anders: ich sehe jedes Problem von einem religiösen Standpunkt' (RW 121, vgl. 131; VB 491–6, 513–5, 525; VuGÄPR 100–1, 107–9). Wittgenstein geht nicht dazu über, einen bestimmten religiösen Bezugsrahmen zu übernehmen, und stellt wiederholt fest, daß er keinen derartigen Bezugsrahmen teilt. Was er statt dessen anbietet, ist eine Theologie für Atheisten, ein Verständnis der Religion von außen (als ein anthropologisches Phänomen), das sie nicht anklagt, entweder falsch, oder unbegründet oder unsinnig zu sein. Diese Theologie schließt die folgenden Punkte ein.

Das nicht-deskriptive und nicht-kognitive Wesen der Religion
Religiöse Aussagen beschreiben keinerlei Art von Wirklichkeit, sei sie empirisch oder transzendent, und erheben keine Wissensansprüche (VuGÄPR 95–100). Jemand, der an das Jüngste Gericht glaubt, benutzt nicht Ausdrücke wie 'Das uns das wird geschehen', um eine Vorhersage zu machen, sondern vielmehr, um die Verpflichtung auf eine Lebensform auszudrücken, zum Beispiel eine, in der sich Personen durch Gottes Billigung oder Mißbilligung fortlaufend überwacht fühlen. Tatsächlich würde, wenn er eine Vorhersage machte, diese nicht als religiöser Glaube zählen (VuGÄPR 91–4; VB 573). Jemand, der an ein Leben nach dem Tode glaubt, ist nicht auf den Cartesischen Begriff einer Seelensubstanz verpflichtet, sondern nur auf ein bestimmtes Bild, obwohl Wittgenstein gelegentlich zugibt, daß er keine klare Vorstellung von dem hat, worauf das Bild hinausläuft (VuGÄPR 107–9; PU II, S. 495; BPP I § 586)) Der Glaube an Wunder ist die Neigung, durch bestimmte Zufälle beeindruckt zu sein. Jemand, der sagt 'Es war Gottes Wille', mag etwas Ähnliches äußern wie einen Befehl, etwa 'Murre nicht!' (VB 536).

Religion

Die Existenz Gottes
Im gleichen Sinne beziehen sich Ausdrücke wie 'Gott' nicht auf Entitäten, und zu sagen, daß Gott existiert, heißt nicht, eine Aussage über die Existenz einer bestimmten Entität zu machen (VuGÄPR 100–1; VB 521, 566–7). Es drückt eine Verpflichtung auf einen bestimmten Bezugsrahmen oder eine Lebensform aus, die nicht durch Argumente, sondern durch eine bestimmte Erziehung und bestimmte Erfahrungen entsteht.

Keine Erforderlichkeit von Beweisen
Wittgenstein betrachtete Versuche, die Existenz Gottes oder die Unsterblichkeit der Seele zu beweisen, als auf Mißverständnissen des religiösen Glaubens und der Rolle von Aussagen über Gott oder ein Leben nach dem Tode in der Lebensform von Gläubigen beruhend (RW 169–70; VB 566–73; GB 39). Dies gilt nicht nur für Beweise durch Argumente a priori, sondern auch für Beweise durch Offenbarung und göttliche Eingebung. Zu sagen, daß mir etwas von Gott 'offenbart' worden ist, heißt nicht, eine Quelle der Erkenntnis anzugeben, sondern eine Entscheidung auszudrücken (ÜG §§ 361–2). In gleichem Sinne ruht der christliche Glaube nicht auf der historischen Wahrheit der Evangelien: unsere Einstellung zu diesen Geschichten ist anders als die zu einem historischen Bericht (VB 495).

Religion als Diskursform sui generis
Obwohl er Beten als ein Sprachspiel charakterisiert (PU § 23), sagt Wittgenstein nirgends, daß die Religion eine eigene Lebensform bilde. Aber die Vorstellung, daß sie ein grammatisches System sui generis bilde, ist implizit in der Vorstellung der nicht-deskriptiven und nicht-kognitiven Natur der Religion. Wie jedes derartige System, ist die religiöse Sprache autonom (*siehe* AUTONOMIE DER SPRACHE), weder entspricht es einem 'Wesen der Wirklichkeit' noch entspricht es ihm nicht. Die wissenschaftliche Rede zeigt weder, daß die religiöse Rede epistemisch unbegründet sei, noch daß sie bedeutungslos sei; letztere drückt nur eine andere Einstellung zur Welt und zum Leben aus (VB 454; MS 134 143–6). Wie Kant versucht Wittgenstein die Religion vor Übergriffen durch die Wissenschaft zu bewahren. Anders als Kant meint er, daß sie auch von der ETHIK unabhängig ist.

Glaube vs. Aberglaube
Wittgenstein unterschied zwischen religiösem Glauben einerseits und Aberglauben andererseits. Seine gesamte Entwicklung hindurch charakterisierte Wittgenstein Aberglauben als den falschen Glauben an übernatürliche Mechanismen, 'eine Art falscher Wissenschaft' (TLP 5.1361; OB 31; VB 551; GB 30–46). Er gebraucht den Ausdruck 'Aberglaube' aber auch für jeden Versuch, religiöse Überzeugungen durch irgendwelche Belege zu rechtfertigen. Er verurteilt sowohl 'Russell und die Pfarrer' dafür, daß sie versucht haben, die rationalen Gründe der Religion zu bewerten, und stellt die graue Weisheit der Philosophie der Farbigkeit von Leben und Religion gegenüber (VuGÄPR 92–5; RW 129; VB 488–9, 538, 570–1). So wie Metaphysik irregeleitete Philosophie ist, ist Aberglaube irregeleitete Religion, in beiden Fällen, weil nicht-tat-

sächliche Sätze als Aussagen über überempirische Tatsachen verstanden werden. Wirkliche religiöse Überzeugungen und Rituale sind eher expressiv als instrumentell (*siehe* ANTHROPOLOGIE). Was ihnen ihre Bedeutung gibt, sind nicht empirische oder metaphysische Überzeugungen, sondern ihre Rolle in der Praxis des Gläubigen (VB 571).

Während diese Punkte wichtige Einsichten in das Funktionieren der religiösen Sprache enthalten, ist zweifelhaft, ob Wittgensteins Schlußfolgerungen gerechtfertigt sind. Es ist schwierig, den Eindruck zu vermeiden, daß zweierlei Maßstäbe angelegt werden, wenn einem gesagt wird, daß, während '1=1' ein 'völlig nutzloser' Satz ist (*siehe* IDENTITÄT), '1 Person + 1 Person + 1 Person = 1 persönlicher Gott' im Munde eines trinitatrischen Christen ein völlig verständlicher Satz sei. Wittgensteins Antwort würde sein, daß im Unterschied zu metaphysischen Erklärungen religiöse Sätze einen wirklichen Gebrauch haben. Aber auch die Erklärungen revisionärer Metaphysik werden in einer Form von Diskurs verwendet. Wittgenstein würde antworten, daß sie anders als religiöse Sätze nicht in eine Lebensform eingebettet sind, das heißt, keinen Unterschied machen für unsere außersprachlichen Tätigkeiten. Aber einige philosophische Überzeugungen (z. B. die des Marxismus) hatten einen tiefreichenden Einfluß auf die Praxis ihrer Anhänger. Außerdem ist unklar, wie eine Lehre wie die der Trinität einfach dadurch Sinn bekommen kann, daß sie als Teil religiöser Praktiken geäußert wird. Schließlich ist es problematisch zu sagen, es sei die religiöse Praxis, zum Beispiel in einem Ritus, die religiösen Lehren einen Inhalt gäbe, weil von diesen Lehren selbst angenommen wird, daß sie die Praxis stützen. Obwohl ein Glaube an die Existenz Gottes vom Glauben an die Existenz beispielsweise von Quarks verschieden sein mag, kann er nicht einfach darauf hinauslaufen, sich selbst dem religiösen Leben zu verpflichten, weil die Überzeugung typischerweise Teil des Grundes sein wird, so eine Verpflichtung einzugehen.

Es gibt zwei Antworten auf diesen Angriff. Erstens, die Tatsache, daß Gläubige ihre Überzeugungen unter Bezugnahme auf Belege oder religiöse Erfahrung rechtfertigen, zeigt genausowenig, daß erste auf letztere beruhen, wie die Tatsache, daß man von Denken als Gehirnprozeß spricht, den Materialismus bestätigt. Was zählt, ist nicht die philosophische Prosa der Gläubigen, sondern ihre Praxis, und die 'religiösen Praktiken eines Volkes' werden nicht aufgegeben, wenn die Belege als unzureichend erwiesen werden (VuGÄPR 96–9; GB 30). Aber während ein Volk als ganzes selten seine religiösen Überzeugungen aufgibt, tun das reflektierte Einzelne sicherlich, wenn sie zu der Überzeugung kommen, daß ihre Rechtfertigungen unzureichend gewesen sind. Wittgenstein ist auf die Auffassung verpflichtet, daß solche Personen verwirrt sind, während solche, die fortfahren, das anzuführen, was er (ohne Argument) als schwache Rechtfertigungen ansieht, das nicht sind. Er ist auch auf die Ansicht festgelegt, daß rationale Religionsphilosophen (wie Thomas von Aquin, Kant und Kenny) abergläubisch sind. Was diese unangenehmen Schlußfolgerungen impliziert, ist folgende Argumentationsweise: wenn religiöse Überzeugungen auf Belegen fußten oder auf metaphysischen Lehren, dann wären sie 'dumm'; religiöse Überzeugungen sind nicht dumm; also beruhen sie nicht auf Belegen oder metaphysischen Lehren (GB 29, 32–3). Aber, wie philosophische Lehren, brauchen religiöse Überzeugungen nicht einfach dumm zu sein (sie können tiefverwurzelte menschliche Ansprüche ausdrücken und auf tiefschürfenden Überlegungen beruhen), um unvernünftige oder inkohärente Meinungen zu enthalten.

Die zweite Erwiderung ist, daß, während kausale Überzeugungen bestimmte instrumentelle Handlungen erklären und rechtfertigen, religiöse Lehren die rituellen Tätigkeiten nicht erklären oder rechtfertigen, weil die Erklärungen nur im Kontext dieser Praktiken verständlich sind (vgl. GB 30–3, 42) – zum Beispiel *gehört* die Lehre von der Apostolischen Nachfolge eher zur katholischen Messe, als daß sie diese erklärte. Aber während die Lehre für jemanden, der am religiösen Leben nicht teilhat, keinen Grund für die Teilnahme an der Messe darstellen mag, ist sie doch die Rechtfertigung des Gläubigen und erklärt die Messe: wir können verstehen, wie ein Glaube an die Apostolische Nachfolge einen Grund für Teilnahme an der Messe geben kann, selbst wenn wir die Lehre inkohärent und die Praxis irrational finden.

Sachverhalt
siehe TATSACHE

Sagen/Zeigen
Die Unterscheidung zwischen dem, was in Sätzen sinnvoll gesagt werden kann, und dem, was nur gezeigt werden kann, durchzieht den *Tractatus* vom Vorwort bis zur berühmten abschließenden Ermahnung 'Wovon man nicht sprechen kann, darüber muß man schweigen'. Wittgenstein schrieb an Russell, es sei 'die Hauptsache' an dem Buch und 'das Hauptproblem der Philosophie' (RUB 19.8.19). In einem Brief an von Ficker (FB 10./11.19) erklärte er, der *Tractatus* 'bestehe aus zwei Teilen: aus dem, der hier vorliegt, und aus alledem, was ich *nicht* geschrieben habe. Und gerade dieser zweite Teil ist der wichtige. Es wird nämlich das Ethische durch mein Buch gleichsam von Innen her begrenzt; und ich bin überzeugt, daß es, *streng*, NUR so zu begrenzen ist.'

Es gibt Gründe, das als ein leicht hysterisches Stück von Eigenwerbung gegenüber einem potentiellen Verleger zu betrachten. Obwohl Wittgenstein die existentielle Unwichtigkeit des Sagbaren betont (TLP Vorw., 6.41–6.522), betrifft sein Werk vorher und nachher nicht das, was der *Tractatus* ungesagt läßt, sondern was er *zu sagen versucht*. Der *Tractatus* hat tatsächlich zwei Teile, einen logischen (atomistische Ontologie, Bildtheorie, Tautologien, Mathematik, Wissenschaft) und einen mystischen (Solipsismus, Ethik, Ästhetik). Die wirkliche Wichtigkeit der Unterscheidung Sagen/Zeigen liegt in der Tatsache, daß sie beide Teile zusammenhält, indem sie sie sowohl Sätze über das Wesen symbolischer Darstellung als auch mystische Verlautbarungen über den Bereich der Werte verbietet. Sie ist das Hauptproblem der Philosophie, weil sie Wittgensteins Konzeption des Fachs verwandelte: es kann nicht länger die Lehre von der logischen Form der Sätze sein (AüL 207), weil die logische Form nicht ausgesagt werden kann. Statt dessen ist die Philosophie eine klärende Tätigkeit, die 'das Unsagbare bedeute(t), indem sie das Sagbare klar darstellt' (TLP 4.115).

Wittgensteins Index des Unsagbaren schließt ein: die Form der Abbildung, die Bild und Abgebildetem gemeinsam ist (TLP 2.172–2.174), ferner die Bedeutung von Zeichen und daß zwei Zeichen dieselbe Bedeutung haben (TLP 3.33ff., 6.23), daß ein gegebenes Symbol einen Gegenstand oder eine Zahl bezeichnet (TLP 4.126), den Sinn eines Satzes (TLP 4.022, vgl. 2.221, 4.461), die Logik der Tatsachen (TLP 4.0312), die logische Mannigfaltigkeit oder Form eines Satzes und der Wirklichkeit (TLP 4.041, 4.12f.), daß ein Satz von einem bestimmten Gegenstand handelt (TLP 4.211, 5.535), daß etwas unter einen formalen Begriff fällt (TLP 4.126), daß logische Sätze TAUTOLOGIEN sind und sich nicht auf LOGISCHE KONSTANTE beziehen (TLP 4.0621, 4.461), daß ein Satz aus einem anderen folgt (TLP 5.12–5.132, 6.1221), die Grenzen oder das Gerüst der Sprache und der Welt (TLP 5.5561, 5.6f., 6.124), daß es keine Seele gibt (TLP 5.5421), die Wahrheit im SOLIPSISMUS – daß die 'Welt *meine* Welt' ist (TLP 5.62), daß es Naturgesetze gibt (TLP 6.36), den Sinn des Lebens – das Mystische (TLP 6.52ff.), die eigenen Verkündungen des *Tractatus* (TLP 6.54). Man kann die folgenden Gruppen unterscheiden:

(a) die logische Form, die Sätzen und dem, was sie abbilden, gemeinsam ist (Unausdrückbarkeit der Harmonie zwischen Denken und Wirklichkeit);
(b) die Bedeutung von Zeichen und der Sinn von Sätzen (Verbot der Semantik);
(c) die logischen Beziehungen zwischen Sätzen (keine Regeln LOGISCHEr FOLGERUNG);
(d) die logisch-syntaktische Kategorie von Zeichen (formale Begriffe sind Scheinbegriffe);
(e) die Struktur von Denken und Welt (die Grenzen des Denkens sind von innen gezogen);
(f) das Mystische (die Unausdrückbarkeit der Werte).

Ausdrücke, die etwas von dem Vorgenannten zu sagen versuchen, sind 'Scheinsätze'. Was sie vereint, ist der Gegensatz zu den bipolaren Sätzen der Wissenschaft (*siehe* BIPOLARITÄT). Während letztere Tatsachenaussagen machen, Verbindungen von Gegenständen abbilden, die bestehen mögen oder nicht, versuchen die ersteren etwas zu sagen, was sich nicht anders verhalten könnte. Es könnte scheinen, daß notwendig zu sein keine hinreichende Bedingung dafür ist, ein Scheinsatz zu sein, weil Tautologien und Widersprüche keine Scheinsätze sind. Aber das ist dem Umstand geschuldet, daß letztere degenerierte Sätze sind, die durch erlaubte Verknüpfung echter Sätze erzeugt werden (AM 217–8). Scheinsätze hängen nicht davon ab, wie es sich verhält, weil sie die 'transzendentalen' Vorbedingungen der Darstellung und der Welt betreffen (Tb 24.7.16; TLP 6.13, 6.421). Es ist unklar, warum (f) diesen transzendentalen Status haben sollte. Außerdem kann, was gezeigt werden kann, nicht gesagt werden (TLP 4.121 ff.). Und in den Fällen von (a) bis (e) gilt auch das Umgekehrte. Was solche Sätze zu sagen versuchen, wird von bipolaren Sätzen und ihren Grenzfällen – Tautologien und Widersprüchen – gezeigt. Es gibt aber keine sinnvollen Sätze, die etwa ethischen Wert (*siehe* ETHIK) auch nur zeigten. Anders als das Logische ist das Mystische nicht nur transzendental, sondern transzendent.

Diesen Sonderfall beiseite gelassen, ist die zugrundeliegende Idee, daß die Vorbedingungen symbolischer Darstellung, die Regeln der LOGISCHEN SYNTAX, selber nicht dargestellt werden können (AM 209–10). Sie können durch bipolare Sätze nicht dargestellt werden, weil sie wesentliche Züge betreffen, die Sprache und Wirklichkeit teilen müssen, damit erstere letztere darstelle. Aber die Sagen/Zeigen-Unterscheidung ist nicht einfach auf eine dogmatische Festsetzung gegründet, daß nur bipolare Sätze sinnvoll seien. Vielmehr ist das Bipolaritätsprinzip seinerseits geprägt durch Einsichten in die eigentümliche Natur von Versuchen, wesentliche Züge des Symbolismus auszudrücken. Zum einen schließen solche Sätze, anders als bipolare Sätze, keine echte Möglichkeit aus, sondern vielmehr etwas, was der Logik widerstreitet und daher die Grenzen des Sinns verletzt. Aber der Versuch, auf etwas Unlogisches Bezug zu nehmen, selbst zu dem Zweck, es als UNSINN auszuschließen, ist selbst unsinnig – das ist der Witz von (e). Zum anderen kann kein Satz etwas über die logischen Eigenschaften der Sprache aussagen: entweder gehorcht so ein Satz selbst der Logik, dann müssen jene logischen Eigenschaften bereits verstanden sein (Zirkularität), oder er tut das nicht, dann kann er kein sinnvoller Satz sein (eine unlogische Sprache ist unmöglich) (TLP 3.031, 4.12, 5.4731).

Dieser allgemeine Punkt wird durch (a) auf die Bildtheorie angewendet. Er ist nicht ein dogmatischer Ausschluß von selbstbezüglichen Sätzen. Er ist auch keine Frage der Unmöglichkeit, daß ein Satz oder ein Modell abbildet, wie es abbildet. Wenn eine bestimmte Karte zum Beispiel sich selbst in kleinerem Maßstab zusammen mit der eigenen Legende abbildete, würde das zu einem Regreß führen, weil noch eine Legende zum Lesen der Legende erforderlich wäre. Aber das ist die Unmöglichkeit, daß ein Bild seine eigene PROJEKTIONSMETHODE abbildete. Ein Bild kann seine eigene 'Form der Abbildung', die Möglichkeit der Struktur, die es mit dem teilt, was es abbildet, aber aus einem anderen Grund nicht abbilden, nämlich dem Grund, daß es sie nicht *als eine Möglichkeit* darstellen kann. Denn die Form der Abbildung eines Satzes ist eine seiner 'internen Eigenschaften' (TLP 4.122–4.1241) – ihm könnte diese Form der Abbildung nicht mangeln, ohne daß er aufhörte, das Bild zu sein, das er ist. Im gleichen Sinn kann kein *anderer* Satz sie als eine Möglichkeit darstellen, was bedeutet, daß es keine bipolaren Sätze über die Formen der Abbildung von Sätzen geben kann.

Es ist vorgeschlagen worden, daß die Sagen/Zeigen-Unterscheidung sich von Freges Paradox der Begriffe herleite. Frege unterschied scharf zwischen Gegenständen oder Argumenten, die gesättigt sind, und Begriffen oder Funktionen, die ungesättigt sind – d.h. nicht für sich stehen können und Vervollständigung durch ein Argument verlangen. Das führte Frege zu der paradoxen Aussage 'der Begriff *Pferd* ist kein Begriff'. Denn wenn wir einem Begriff Eigenschaften beilegen, müssen wir einen Namen verwenden ('der Begriff *Pferd*'), um auf etwas Bezug zu nehmen, was ungesättigt ist, obwohl Namen sich nur auf gesättigte Entitäten beziehen können. Freges Paradox ergibt sich aus der unhaltbaren Vorstellung, daß Begriffswörter ('ist ein Pferd') ungesättigte Entitäten benennen und daß Eigennamen ('der Begriff (eines) Pferd(es)') diese Rolle nicht übernehmen können, weil sie die ungesättigte Natur dessen nicht wiedergeben, auf das sie sich beziehen ('Begriff' 195–9; *Schriften* 210). Aber das ist nicht die Saat der Sagen/Zeigen-Unterscheidung. Selbst (d), das sich mit 'Begriffen' beschäftigt, verbietet nicht, mit Namen auf ungesättigte Funktionen Bezug zu nehmen, sondern jede Verwendung von formalen (d.h. kategorialen) Begriffen, zu denen 'Name', 'Gegenstand', 'Farbe' und 'Zahl' gehören. Das schließt auch Behauptungen über Gegenstände aus, die Frege zulassen würde, z.B. '*A* ist ein Gegenstand' oder '1 ist eine Zahl' (TLP 4.126–4.1274).

Man könnte erwidern, daß der *Tractatus* Freges Punkt ausdehnt, weil er die Auffassung vertritt, daß alle NAMEN, einschließlich der Namen von Gegenständen, ungesättigt sind. Aber während Frege sich damit Probleme macht, auf ungesättigte Entitäten Bezug zu nehmen, macht dem *Tractatus* Schwierigkeiten, von einem Symbol auszusagen, daß es zu einer logisch-syntaktischen Kategorie gehört. Diese Schwierigkeit ergab sich aus Überlegungen zu Russells Typentheorie (RUB 1.13; AüL 192–201). Russell verhindert die mengentheoretischen Paradoxe, indem er Sätze verbietet, die von einem Ding eines logischen Typs (z.B. Klassen) Eigenschaften aussagen, die nur von einem Ding eines anderen logischen Typs (z.B. Einzeldingen) ausgesagt werden können. Die Typentheorie könnte zum Beispiel

(1) Die Klasse der Löwen ist ein Löwe

verbieten durch eine Regel wie

(1') 'Die Klasse von Löwen ist ein Löwe' ist unsinnig.

Nach Wittgenstein aber ist eine solche Theorie weder möglich noch nötig. (1') handelt entweder von ZEICHEN – in diesem Fall stellt sie eine Tatsache über eine willkürliche Konvention fest, nicht eine logische Regel. Oder es handelt von Symbolen. In diesem Fall muß es auf die Bedeutungen von Ausdrücken Bezug nehmen. Aber es kann nicht auf den Sinn von (1) Bezug nehmen, das *ex hypothesi* unsinnig ist. Es kann auch nicht auf die Bedeutungen der Namen Bezug nehmen, die (1) letztlich bilden. Denn diese Bestandteile haben keine Bedeutung, bevor ihre logische Syntax festgelegt ist. Daher können Regeln der Logik nicht durch Sätze der folgenden Form ausgedrückt werden: ' „A" muß die-und-die Regeln haben, weil es sich auf einen Gegenstand dieses-und-dieses Typs bezieht'. Das ist die Pointe von (b).

Die Pointe von (d) ist, daß wir mit Hilfe eines formalen Begriffs weder über die logisch-syntaktische Kategorie eines Namens noch über die ontologische Kategorie eines Gegenstandes reden können. Die ontologische Kategorie eines Gegenstandes wird von seiner LOGISCHEN FORM bestimmt, das heißt dadurch, welche anderen Gegenstände mit ihm in einem Sachverhalt verbunden sein können. Daß A ein sichtbarer Gegenstand ist, heißt, daß er sich mit einer Farbe verbinden kann, nicht mit einer Tonhöhe (TLP 2.0251; PT 2.0252). Aber die Form eines Gegenstandes kann weder selbst benannt werden (sie ist nicht selbst ein Gegenstand), noch kann sie durch einen formalen Begriff wie 'Farbe' beschrieben werden. Vielmehr wird sie durch die Tatsache gezeigt, daß ihr Name eine Einsetzungsinstanz für eine gegebene Art von 'Satzvariablen' ist (TLP 4.127 ff.). Wenn wir eines der 'Elemente' in

(2) A ist rot

durch einen Platzhalter ersetzen, erhalten wir eine Satzvariable oder eine Satzfunktion (Russell)

(2') X ist rot.

Die Variable ist durch die Bestimmung ihrer Werte gegeben, das heißt durch die Festsetzung, welche Art von Sätzen durch Einsetzung in die Argumentstelle gebildet werden kann (TLP 3.31 ff.). Die Werte von (2') sind alle die Sätze, die wir durch Einsetzung eines Namens für X erhalten; die Variable 'sammelt' alle Sätze der Form – 'A ist rot', 'B ist rot', etc. Der formale Begriff eines sichtbaren Gegenstandes ist durch seine Variable gegeben; sie ist die konstante Form für alle Ausdrücke, die sinnvoll in (2') eingesetzt werden können. In einer idealen Notation gäbe es eine gesonderte Variable und gesonderte Formen von Namen für jede logische Kategorie.

Ein inhaltlicher Begriff wie 'rot' kann in einem echten Satz wie (2) auftreten, aber ein formaler Begriff wie 'sichtbarer Gegenstand' kann das nicht. Denn er ist eigentlich eine Variable, und ein Satz kann nur scheinbare (das heißt: gebundene) Variablen enthalten (siehe TAUTOLOGIE). Der zweite Schritt oben ist trivial – (2') ist kein Satz, sondern eine Satzfunktion. Aber das Bestehen darauf, daß ein formaler Begriff eigentlich eine Variable ist, gründet sich einmal mehr auf die Vorstellung, daß es keine Sätze geben kann, die Dingen interne Eigenschaften (siehe INTERNE RELATION) zuschreiben. 'A ist ein Gegenstand' oder 'Rot ist eine Farbe' sind Scheinsätze, aber was sie zu sagen versuchen, wird von angemessenen analysierten Sätzen gezeigt, in denen 'A' oder 'rot' auftreten. Das ist der logische Kern der Sagen/Zeigen-Unterscheidung: obwohl die Regeln der Logischen Syntax nicht in philosophischen Sätzen ausgedrückt werden können, zeigen sie sich selbst in den Strukturen nichtphilosophischer Sätze.

Wittgenstein behauptet, daß seine Theorie des Symbolismus die Typentheorie ersetzen kann, weil Russells Paradox über die Menge aller Mengen, die sich nicht selbst enthalten, durch die Einsicht erledigt wird, daß eine Satzfunktion nicht ihr eigenes Argument sein kann (TLP 3.332 f.; AüL 198–9, 208). Die letzte Behauptung folgt aus Wittgensteins Konzeption einer Satzfunktion (die in dieser Hinsicht Freges Konzeption von Begriffen ähnelt). Wenn eine Funktion ihr eigenes Argument sein könnte, gäbe es einen Satz '$f(fx)$'. In so einer Konstruktion muß sich aber das innere 'f' auf eine Funktion der Form Φx, das äußere auf eine der Form $\Psi(\Phi x)$ beziehen. Die beiden haben das Zeichen 'f' gemeinsam, aber notwendigerweise verschiedene Bedeutungen, das heißt, sie sind verschiedene Symbole, einfach, weil nichts ein wirklicher Teil seiner selbst sein kann. Es folgt, daß ein und dieselbe Satzfunktion nicht zweimal in einem Satz auftreten kann, und daher, daß Selbstprädikation unmöglich ist. Selbstprädikation auszuschließen verhindert die Sätze, die Russells Paradox ergeben – '$x \in x$' und '$x \notin x$' –, wenn Klassen logische Fiktionen sind (für die Russell sie hielt), so daß '$\in$' durch Prädikation erklärt wird: Mitgliedschaft in sich selbst ist ein Fall von Selbstprädikation und daher ausgeschlossen.

Eine unmittelbare Folgerung der Sagen/Zeigen-Unterscheidung ist, daß die Sätze des *Tractatus* selbst unsinnig sind, weil sie formale Begriffe ('Tatsache', 'Satz', 'Gegenstand') verwenden, um Behauptungen über das Wesen von Darstellung aufzustellen. *Tagebücher* 20.10.14 deutet an, daß solche Scheinsätze wenigstens zeigen, was sie zu sagen versuchen. Aber anders als Tautologien, die die Struktur der Welt zeigen, können philosophische Scheinsätze gar nichts zeigen, weil sie Symbole nicht in sinnvoller Weise verwenden. Die vorletzte Bemerkung des *Tractatus* akzeptiert diese Schlußfolgerung:

Meine Sätze erläutern dadurch, daß sie der, welcher mich versteht, am Ende als unsinnig erkennt, wenn er durch sie – auf ihnen – über sie hinausgestiegen ist. (Er muß sozusagen die Leiter wegwerfen, nachdem er auf ihr hinausgestiegen ist.)
Er muß diese Sätze überwinden, dann sieht er die Welt richtig.
(TLP 6.54; für das Bild der Leiter siehe Mauthner, *Beiträge* I 2 und Schopenhauer, *Welt* II, Kap. 7; es wird später verworfen, siehe MS 109 227.)

Der *Tractatus* ist darauf verpflichtet, Unsinn, der sich auf ein Mißverstehen der logischen Syntax gründet, von 'wichtigem Unsinn' (Ramsey, *Mathematics* 263, 268) zu unterscheiden. Letzterer gründet sich auf richtige Einsicht in die logische Syntax und versucht etwas zu sagen, was nur gezeigt werden kann. Wenn seine Verlautbarungen, wie einige behauptet haben, als Unsinn im ersten Sinn gemeint wären, dann wäre der *Tractatus* neutral zwischen, beispielsweise, Freges und Russells Vorstellung, daß Sätze Namen von Gegenständen seien, und Wittgensteins eigener Vorstellung, daß sie Tatsachen sind – was offensichtlich nicht der Fall ist. Der *Tractatus* ist weder ein existentialistischer Scherz noch ein langes Unsinnsgedicht mit einem Numierungssystem. Er war als der Schwanengesang der Metaphysik intendiert und verletzt die Grenzen des Sinns nur, um eine richtige logische Auffassung zu erreichen, die einem erlaubt, sich ohne weitere Verletzungen in kritischer logischer Analyse zu betätigen (TLP 4.1213, 6.53).

Die Sagen/Zeigen-Unterscheidung ist eine Antwort auf ein Problem, dem jeder Versuch ausgesetzt ist, der die Grenzen des Sinns mit den Grenzen empirischen Wissens identifizieren will, nämlich, daß die Feststellung solcher Grenzen selbst nicht empirisch ist (man denke an Kants Schwierigkeiten, Erkenntnisansprüche hinsichtlich von Dingen an sich zu vermeiden). Sie ist heroisch, aber selbstwiderlegend. Wie Ramsey hervorhob, ähnelt sie den Bemerkungen eines Kindes (K) in folgendem Dialog: A: Sag 'Frühstück'! K: Ich kann nicht. A: Was kannst du nicht sagen? K: Ich kann nicht 'Frühstück' sagen. Man kann daher mit Russells Vorschlag sympathisieren, daß die Schwierigkeit überwunden werden kann, wenn man über die logischen Eigenschaften unserer Sprache in einer Metasprache spricht ('Einleitung'). In *Logische Syntax der Sprache* hat Carnap diese Idee ausgearbeitet. Er schlug vor, daß die Grenzen der Sprache ausgedrückt werden können, wenn man von Sätzen in materialer Redeweise

(3) Rot ist eine Farbe

zu Sätzen in formaler Redeweise wechselt, wie

(3') 'Rot' ist ein Farbwort,

was ein bipolarer Satz über einen physischen Gegenstand ist, nämlich das Wort 'rot'. Dieser Zug entgeht Wittgensteins Beschränkungen nicht, weil der *Tractatus* nicht nur ontologische, sondern auch logisch-sprachliche Kategorien wie 'Name' und 'Satz' als formale Begriffe behandelt. Aber die strittige Frage ist, ob diese Beschränkungen gerechtfertigt sind. Der wirkliche Mangel von Carnaps Vorschlag ist, daß (3') nur dann den notwendigen Status bewahrt, der für (3) wesentlich ist, wenn er ein Satz über ein Symbol ist, ein ZEICHEN, das einen bestimmten Gegenstand meint. Aber die ontologische Kategorie dieses Gegenstandes und daher die logisch-sprachliche Kategorie des Symbols ist erneut eine interne Eigenschaft. Es folgt, daß (3') um nichts bipolarer sein kann als (3).

Wittgensteins eigene spätere Lösung war es, die Vorstellung aufzugeben, nach der nur empirische Sätze sinnvoll sind. Die Argumente des *Tractatus* zeigen nur, daß Sätze, in denen formale oder 'logische Begriffe' (ÜG §§ 36–7) angewendet sind, uns nicht mit

Einsicht in das Wesen der Wirklichkeit oder mit neuer Information versehen (ein Punkt, der in der Vorstellung bewahrt ist, die Sprache sei autonom – *siehe* AUTONOMIE DER SPRACHE). Es folgt nicht, daß solche Sätze unsinnige Scheinsätze seien (BGM 395–6, 402–3). Formale Begriffe haben legitime Verwendungen in grammatischen Sätzen (*siehe* GRAMMATIK) als Bedeutungserklärungen oder philosophische Erinnerungen. (3') *und* (3) können verwendet werden, um die Regel auszudrücken, daß, was immer rot genannt werden kann, auch farbig genannt werden kann. Eine Funktion von derartigen grammatischen Sätzen ist es, solche Sätze als unsinnig auszuschließen, aus denen sich Paradoxa wie die von Russell, Grelling oder die Lügner-Paradoxie ergeben. Wie der *Tractatus* vertritt der spätere Wittgenstein, daß diese Paradoxa nicht durch Konsistenzbeweise aufgelöst werden können, sondern durch eine Analyse der Ausdrücke, die gebraucht werden, um sie zu erzeugen (WWK 121–4). Seine eigene Analyse ähnelt der Ryles. Paradoxe Sätze haben keine Verwendung im Sprachspiel, sie ähneln Spielen wie 'Daumenfangen' (BGM 120–3, 367; VGM 248–53). Das soll heißen, daß sie keine Aussage treffen und daher nicht dazu verwendet werden können, einen Widerspruch abzuleiten.

(4) Dieser Satz ist falsch

macht eine Aussage nur, wenn 'dieser' sich auf eine Wortverknüpfung bezieht, die eine wahre oder falsche Aussage trifft. Aber wenn 'dieser' sich auf (4) selbst bezieht, kann die Frage, welche Aussage, wenn überhaupt eine, gemacht wird, nicht ohne fehlerhafte Zirkularität gelöst werden. Man kann sich eine Verwendung für paradoxe Sätze in logischen Übungen vorstellen. Aber (4) kann nicht dazu verwendet werden, eine selbstbezügliche Aussage zu machen, hinsichtlich deren wir die unbeantwortbare Frage aufwerfen könnten, ob sie nun wahr sei oder falsch (BGM 404; BPP I §§ 65, 565; Z § 691; *siehe* WIDERSPRUCH).

Satz

Satz meint sowohl 'Satzzeichen' als auch 'Satzinhalt' ('Proposition'), ein Ausdruck, der verschieden verwendet worden ist, um zu bezeichnen, was Sätze ausdrücken, die Träger von Wahrheit und Falschheit und die Gegenstände propositionaler Einstellungen. Wittgensteins unmittelbare Vorgänger haben alle die von Idealismus und psychologistischer Logik geteilte Vorstellung verworfen, Urteile seien Operationen, die mit Vorstellungen vorgenommen würden. Frege unterschied scharf zwischen dem Satz, den Vorstellungen, die ihn begleiten, und dem, was er ausdrückt. Jeder Satz drückt seinen 'Sinn' aus, einen 'Gedanken', der weder physisch noch psychisch ist, sondern Teil eines platonischen 'dritten Reiches'. Und jeder Satz benennt seine Bedeutung, die sein Wahrheitswert ist, das Wahre oder das Falsche. Moore behandelte eine Proposition als einen Komplex von Begriffen, der ewig besteht und der wahr oder falsch ist, unabhängig davon, ob er irgend jemandes Gedanke ist. Russell ersetzte 'Begriff' durch 'Terminus' und vertrat, daß Sätze zeitlose Komplexe von Termini seien. Alle drei identifizierten wahre Sätze mit Tatsachen. Aber Russell kam bald dahin, Sätze als komplexe Symbole zu behandeln, die Tatsachen entsprechen, und letztere als Komplexe, die aus 'Einzeldingen' (individuals) bestehen, den letzten Bestandteilen der Wirklichkeit ('Gedanke'; *Writings* Kap. 1; *Principles* Kap. 4; *Logic* 178–89).

Wittgenstein behauptete gegen Frege und Russell, daß das Behauptungszeichen von nur psychologischer Bedeutung sei (*siehe* GLAUBEN/ÜBERZEUGUNG). Die Logik beschäftigt sich nur mit dem unbehaupteten Satz, der Bestandteil einer Behauptung, einer Frage oder eines Befehls sein kann. Alle Sätze können in Elementarsätze analysiert werden, die die Wirklichkeit abbilden, indem sie mögliche Sachverhalte abbilden; die ALLGEMEINE SATZFORM ist: 'Es verhält sich so-und-so' (TLP 4.5). Der *Tractatus* unterscheidet zwischen dem *Satzzeichen* und dem *Satz*: ersteres ist ein ZEICHEN, ein wahrnehmbar hingeschriebnes oder geäußertes Vorkommnis; letzterer ist ein 'Symbol', ein Typ, der allen Satzzeichen gemeinsam ist, die denselben Sinn ausdrücken (TLP 3.31–3.32). *Tractatus* 3.1 sagt, daß eine Folge von Zeichen ein sinnvoller Satz, der die Wirklichkeit wahr oder falsch abbildet, nur dann ist, wenn er einen *Gedanken ausdrückt*. *Tractatus* 4 andererseits sagt, daß ein sinnvoller Satz ein Gedanke *ist*. Die Inkonsistenz ist aber nur terminologisch. Ein Satz drückt einen Gedanken nicht deshalb aus, weil er einer abstrakten Entität zugeordnet wäre, sondern weil er eine projektive Beziehung zur Wirklichkeit hat. Ein Gedanke ist einfach ein Satz-in-seiner-Verwendung, ein Satzzeichen in seiner projektiven Beziehung zur Wirklichkeit (TLP 3.1 ff., 3.32 ff., 3.5, 4). Die Beziehung zwischen einem Satzzeichen und einem Satz ist analog zu der zwischen einer Münze und einer Mark. Die Münze benennt die Mark nicht, aber eine Münze im Wert von 1 Mark zu geben, heißt eine Mark zu geben. Eine andere Spannung bleibt jedoch bestehen, weil der *Tractatus* auf einen geheimen Psychologismus verpflichtet bleibt. Die PROJEKTIONSMETHODE verlangt, daß der Sinn in den Satz hineingedacht wird, das heißt, daß der Gebrauch des Satzzeichens von einem Prozeß des Denkens, spezifischer, von einem GEDANKEN begleitet wird, der eine psychische Tatsache ist, die nicht identisch mit dem geäußerten Satz, sondern mit ihm isomorph ist.

'Frege hat gesagt: „Sätze sind Namen"; Russell hat gesagt: „Sätze entsprechen Komplexen." Beides ist falsch; und besonders verfehlt ist die Aussage: „Sätze sind Namen von Komplexen"' (AüL 193). Sätze beziehen sich nicht auf etwas, sei es einen Wahrheitswert (Frege), sei es ein komplexer Gegenstand (Russell). Sie haben zur Wirklichkeit eine andere Beziehung. NAMEN haben BEDEUTUNG, das heißt, stehen für Gegenstände, Sätze haben Sinn, das heißt, bilden einen möglichen Sachverhalt ab: 'Namen sind Punkte, Sätze Pfeile' (AüL 200; TLP 3.143–3.144). Um einen Namen zu verstehen, muß man wissen, wofür er steht, um einen Satz zu verstehen, muß man nicht wissen, ob er wahr ist (oder falsch), sondern nur, was der Fall wäre, wenn er wahr wäre. Wittgenstein verknüpfte diese Einsicht mit der Behauptung, Sätze müßten nicht nur der Bivalenz, sondern der BIPOLARITÄT gehorchen – sowohl wahr sein können als auch falsch sein können –, was die Möglichkeit ausschließt, daß ein Satz notwendigerweise wahr ist.

Die traditionelle Logik vertrat, daß ein Satz wie 'Platon ist der Lehrer von Aristoteles' aus einem *Subjekt* 'Platon' und einem *Prädikat* 'ist der Lehrer von Aristoteles' bestehe, die Schulgrammatik unterschied ferner noch die *Kopula* 'ist'. Frege und Russell analysieren den Satz im Unterschied dazu in zwei Argumentausdrücke ('Platon', 'Aristoteles') und ein zweistelliges Begriffwort oder eine zweistellige Satzfunktion 'x ist der Lehrer von y'. Sowohl Freges 'Begriffe' als auch Russells 'Satzfunktionen' sind Muster der Zuordnung. Erstere bilden Argumente auf Wahrheitswerte ab, letztere auf Propositionen. Nachdem sie die Vorstellung aufgegeben hatten, daß das Subjekt mit dem Prädikat durch einen psychischen Akt (des darunter Subsumiertwerdens) vereinigt wird, bemühten sich Frege und Russell zu erklären, was die Bestandteile von Propositionen und Tatsachen zusammenhalte. Frege erklärte das mit Hilfe einer chemischen Analogie: Begriffswörter (Begriffe) sind 'ungesättigt' – sie enthalten eine Variable – und verbinden sich daher mit 'gesättigten' Argumentausdrücken (Gegenständen), um einen gesättigten Satz zu bilden. Russell behauptete, unter den Bestandteilen von Tatsachen seien LOGISCHE FORMEN, die die Bestandteile von Komplexen zusammenhielten. Aber er sah sich dem Problem gegenüber, daß aRb und bRa dieselbe logische Form haben. Seine Lösung war, daß a und b mit R durch weitere Relationen verknüpft seien, die in beiden Fällen verschiedene sind, ein Vorschlag, der Bradleys Regreßargument gegen die Wirklichkeit von Relationen herausfordert ('Funktion' 15–17; 'Begriff' 197–205; 'Theory' 80–8).

Der *Tractatus* modifizierte dieses Bild beträchtlich:

(a) Sätze sind aus Funktion und Argument zusammengesetzt (TLP 3.141, 5.47). Wittgenstein schloß sich Russell in der Auffassung an, daß die Werte einer Satzfunktion 'fx' die Sätze ('fa', 'fb', etc.) sind und nicht Wahrheitswerte. Im Gegensatz zu Russell werden Namen für ihre Argumente gehalten, nicht die Gegenstände, für die sie stehen (TLP 4.24).

(b) Ein Satz ist eine Funktion der in ihm enthaltenen Ausdrücke. Bei Frege ist der Sinn (Inhalt) eines Satzes eine Funktion der Sinne seiner Bestandteile; bei Russell ist der Satz (*proposition*) selbst ein Wert der Satzfunktion. Für Wittgenstein ist der Sinn eines Satzes eine Funktion der Bedeutungen der ihn bildenden Namen (TLP 3.318, 4.024–4.026).

(c) Ein Satz ist 'logisch gegliedert' oder zusammengesetzt. Er enthält zwei oder mehr Bestandteile, ist aber nicht nur eine Liste von Namen, weil, was darstellt, nicht nur die Versammlung von Bestandteilen ist. 'Nicht: „Das komplexe Zeichen 'aRb' sagt, daß a in der Beziehung R zu b steht", sondern: Daß „a" in einer gewissen Beziehung zu „b" steht, sagt, *daß aRb*' (AüL 203–4, 192; TLP 3.14ff., 4.024–4.032; Tb 3.10.14, 28.5./22.6.15). Ein Satz ist eine TATSACHE, die die Beschreibung eines möglichen Sachverhalts bildet.

(d) Daß Sätze Tatsachen sind, versieht Wittgenstein auch mit einer Erklärung für die Frage, 'wie kommt der Satzverband zustande?'. In gewissem Sinn sind alle Bestandteile (Namen) ungesättigt, haben Bedeutung nur im Zusammenhang eines Satzes. Aber Namen verbinden sich unmittelbar, ohne die Hilfe logischen Kleisters, genauso wie die Bestandteile eines Sachverhaltes ineinander passen wie die Glieder einer Kette, ohne daß es vermittelnder Entitäten oder Relationen bedürfte (TLP 2.03f., 4.22f.; Vorl 139).

Gemäß der BILDTHEORIE sind Sätze 'logische Bilder' der Wirklichkeit (TLP 2.18–2.19, 3, 4.03). Ihre Elemente – Namen – stehen für Elemente der abgebildeten Situation. Aber was darstellt, ist nicht das Satzzeichen für sich, sondern die Tatsache, daß diese Namen in einer Weise angeordnet sind, die, wenn eine Projektionsmethode und die Regeln der LOGISCHEN SYNTAX gegeben sind, eine Anordnung von Gegenständen darstellt. Nach dem *Tractatus* verschwindet die Behauptung, Sätze seien Tatsachen – und das ist gut so. Wie die Identifizierung von Tatsachen mit wahren Sätzen ist sie ein Kategorienfehler: anders als Tatsachen können Sätze wahr oder falsch sein, unplausibel, etc., und sie sind intensional (der Satz, daß Hegel auf dem Dorotheenstädtischen Friedhof beerdigt ist, unterscheidet sich von dem Satz, daß der Autor der *Phänomenologie des Geistes* auf dem schönsten Friedhof der Berliner Mitte beerdigt ist). Was ein Satzzeichen befähigt darzustellen, ist nicht die Tatsache, daß seine Bestandteile in bestimmter Weise verbunden sind, sondern vielmehr, daß gemäß den Regeln der GRAMMATIK die Verbindung dazu verwendet werden kann zu sagen, daß das-und-das der Fall ist.

Wittgenstein kam auch dahin, die funktionentheoretische Analyse in Frage zu stellen. (i) Die Unterscheidung Argument/Funktion ist bloß eine Sublimierung der Unterscheidung Subjekt/Prädikat. (ii) Wie die letztere zeigt sie nicht eine verborgene Tiefenstruktur an, die durch LOGISCHE ANALYSE aufgedeckt würde, sondern nur eine FORM DER DARSTELLUNG, eine einheitliche theoretische Schablone, die wir dem Gewirr der Sprache aufprägen und dabei die Tatsache verhehlen, daß sie 'Ausdrucksmittel unzähliger grundverschiedener logischer Formen' ist (PB 119). (iii) Freges Unterscheidung zwischen Gegenständen und Begriffen ist zu grob. Sie verschleift die kategorialen Unterschiede zwischen Einzeldingen, Zahlen, Wahrheitswerten, Kreisen, Orten, Zeitpunkten, etc. (PB 120–1, 137). (iv) Es ist falsch, darauf zu bestehen, daß Sätze zusammengesetzt sein müßten. Man kann sich Sprachspiele vorstellen, in denen Ausdrücke nicht in Wörter und Sätze klassifiziert werden können – es ist falsch anzunehmen, daß 'Platte!' aus § 2 der *Philosophischen Untersuchungen* dasselbe bedeuten müßte wie der elliptische Satz 'Platte!' in unserer Sprache. Außerdem kann ein nichtzusammengesetztes Symbol (z. B. ein Name) als eine Beschreibung verwendet werden (PU §§ 19–20, 49; BB 77–8). (v) Der Sinn eines Satzvorkommnisses ist nicht einfach durch seine Bestandteile und seine logische Form bestimmt, sondern auch dadurch, wie es bei einer bestimmten Gelegenheit gebraucht wird (*siehe* KONTEXTUALISMUS).

Wittgenstein hielt weiter daran fest, daß so etwas wie Bipolarität den Begriff des Satzes definiere. So geißelte er den Intuitionismus dafür, daß er nicht beachtete, daß der Satz des Ausgeschlossenen Dritten (eine Vorbedingung für Bipolarität) für das, was wir 'Satz' nennen, teilkonstitutiv sei (*siehe* MATHEMATIK). In anderen Passagen jedoch realisierte Wittgenstein, daß es keine Gewähr dafür gibt, den Begriff des Satzes auf bipolare Beschreibungen möglicher Sachverhalte einzuschränken. Es ist auch legitim, von notwendigen Sätzen in Mathematik und Logik zu sprechen, solange man die Unterschiede zu empirischen Sätzen beachtet. Nicht einmal alle empirischen Sätze passen in das enge Bild: die Sätze des *Weltbildes* aus *Über Gewißheit* (*siehe* GEWISSHEIT) können sich nicht einfach als falsch herausstellen; und das Gesetz vom Ausgeschlossenen Dritten gilt nicht für bestimmte irreale Bedingungssätze oder Sätze wie 'Er hat aufgehört, seine Frau zu schlagen' (Z §§ 677–83; BPP I §§ 269–74).

In seiner Phase des VERIFIKATIONISMUS meinte Wittgenstein, daß nur Aussagen über unmittelbare Erlebnisse als 'echte' Sätze anzusehen seien. Später gab er die Vorstellung auf, daß Sätze eine einzige allgemeine Form zeigten, und behandelte 'Satz' als einen FAMILIENÄHNLICHKEITSbegriff (PU §§ 23, 65). Aber aus seiner Erörterung von SPRACHSPIELen ergibt sich eine neue einheitliche Konzeption eines Satzes, wenn auch eine weniger starre. Ein Satz ist die kleinste Einheit, mit der ein Zug in einem Sprachspiel gemacht werden kann. Diese Konzeption könnte zum Teil von Bühler angeregt worden sein, geht aber von der früheren Auffassung aus, daß nur Sätze und nicht einzelne Wörter etwas sagen oder mitteilen (eine Auffassung, die Platon, Aristoteles, Bentham und Frege teilen). Sie fügt die Vorstellung hinzu, daß Sätze durch ihre Rolle in sprachlichen Tätigkeiten definiert sind. Ob eine gegebene sprachliche Form einen Satz bildet oder nicht, hängt nicht von einer bestimmten Struktur ab, sondern davon, ob sie bei gegebener Gelegenheit zur Ausführung einer verständlichen sprachlichen Handlung verwendet worden ist (PU § 50; PLP 317–20, Kap. XIII). Nach diesem Kriterium sind 'Verdammt!' oder 'Aua!' Sätze, trotz der Tatsache, daß ihnen Subjekt und Prädikat fehlen und sie nicht durch einen daß-Satz ausgedrückt werden können. Das steht quer zu dem, was wir normalerweise einen 'Satz' nennen. Aber es ist bemerkenswert, daß unsere Zeichensetzung solche Äußerungen als Sätze behandelt. Wittgensteins Erklärung hat das Verdienst, die wichtigsten Funktionen von Sätzen in unseren sprachlichen Tätigkeiten zu erhellen.

Sinn
siehe BEDEUTUNG

Skeptizismus
Dies ist die Auffassung, daß Wissen unmöglich ist, sei es im allgemeinen oder im Hinblick auf einen bestimmten Bereich. Der moderne Skeptizismus leitet sich von Descartes her. Er gründet sich auf die Annahme, daß, damit eine Aussage gewußt werde, sie offenbar sein müsse, das heißt, entweder an sich selbst offenbar (selbstevident) oder den Sinnen offenbar oder durch offenbare Aussagen in angemessener Weise gestützt. Für die cartesische und die empiristische Tradition sind offenbare Aussagen die über subjektive Erscheinungen ('Es scheint mir, als nähme ich so-und-so wahr'), die für dem Zweifel unzugänglich gehalten werden. Der Skeptiker fordert unsere Berechtigung heraus, von solchen Aussagen überzugehen zu Aussagen über geistunabhängige Dinge ('Ich sehe/nehme das-und-das wahr'). Verschiedene Letztbegründungsantworten versuchen diese Herausforderung zu parieren: Induktivismus (der Schluß auf die beste Erklärung), Reduktivismus (idealistischer oder phänomenalistischer), Transzendentalphilosophie und die Verteidigung des gesunden Menschenverstandes (Common Sense; Reid). Es hat auch indirekte Antworten gegeben, die die skeptische Herausforderung

aufzulösen suchen, indem sie die von ihr aufgeworfenen Fragen selbst zurückwiesen. Der 'Skandal der Philosophie' ist nicht, daß ein Beweis für die Existenz der Außenwelt noch erst geführt werden muß (Kant), sondern daß 'solche Beweise erwartet und immer wieder versucht werden' (Heidegger).

Eine indirekte Anwort ist der Humesche Naturalismus: unsere Überzeugungen können nicht gerechtfertigt werden, weil die Argumentation des Skeptikers völlig legitim und richtig ist. Aber wegen unserer natürlichen Veranlagung können wir nicht umhin, die vom Skeptizismus angegriffenen Überzeugungen zu haben, der deshalb außerhalb der Philosophie nicht ernst genommen werden muß. Wittgenstein stimmte zu, daß die skeptischen Zweifel nicht in dem Sinn zurückgewiesen werden können, daß sie als falsch erwiesen werden. Aber er bestand darauf, daß Skeptizismus in einer Weise, die durch vernünftige Argumente dargetan werden kann, fehlerhaft ist, nämlich darum, weil er unsinnig ist. Gegen Russells Humesche Position, daß der Skeptizismus 'praktisch unfruchtbar' sei, wenn auch 'logisch unwiderleglich', bemerkte er: 'Skeptizismus ist *nicht* unwiderleglich, sondern offenbar unsinnig, wenn er bezweifeln will, wo nicht gefragt werden kann. Denn Zweifel kann nur bestehen, wo eine Frage besteht; eine Frage nur, wo eine Antwort besteht, und diese nur, wo etwas *gesagt* werden *kann*' (TLP 6.51; Tb 1.5.15).

Das Werk bis zu den und einschließlich der *Philosophischen Untersuchungen* enthält Hinweise auf eine solche Sinnkritik, eine Kritik, die die antiskeptischen Argumente der Philosophie der normalen Sprache anzuregen half. 'Wenn wir das Wort „wissen" gebrauchen, wie es normalerweise gebraucht wird (und wie sollen wir es denn gebrauchen!), dann wissen es Andre sehr häufig, wenn ich Schmerzen habe' (PU § 246). Gemäß den Regeln unserer Grammatik ist es beanstandungsfrei sinnvoll zu sagen, daß ich weiß, daß andere Schmerzen haben. Das legt nahe, daß der Skeptiker wie jemand ist, der behauptet, es gebe keine Ärzte in Berlin, weil er unter 'Arzt' jemanden versteht, der jede Krankheit in zwanzig Minuten heilen kann. Seine Zweifel laufen entweder auf eine *ignoratio elenchi* hinaus, weil sie 'Wissen' nach anderen Regeln verwenden als die Wissensansprüche, die sie angreifen, oder sie drücken die Zurückweisung jener Regeln durch den Skeptiker aus (BlB 89–99). Aber wegen der AUTONOMIE DER SPRACHE kann diese Zurückweisung nicht unter Bezugnahme auf das Wesen der Wirklichkeit gerechtfertigt werden. Es könnte auch nicht argumentiert werden, daß unsere Regeln denen, die in der Position des Skeptikers impliziert sind, pragmatisch unterlegen seien. Unsere Begriffe markieren wichtige Unterscheidungen (z. B. zwischen mehr oder weniger wohlbegründeten Überzeugungen), die er verwischt.

Sowohl der cartesische Skeptiker als auch sein Letztbegründungen intendierender Gegner nehmen an, daß wir auf der Grundlage von Introspektion zumindest in unkorrigierbarer Weise wissen, wie uns die Dinge *erscheinen*. Wittgensteins Angriff auf das INNEN/AUSSEN-Bild des Geistes stellt das Bild des Skeptikers auf den Kopf. Wir können Wissen von der materiellen Welt haben, aber nicht von dem postulierten geistigen Bereich: die psychologischen Äußerungen in 1. Person Präsens sind, typischerweise, AUSDRUCKSÄUSSERUNGEN und nicht Beschreibungen eines inneren Bereichs, die sich auf Introspektion gründeten. Außerdem legte Wittgenstein nahe, daß die Sprache subjektiver Erscheinungen semantisch parasitär ist gegenüber der Sprache wahrnehmbarer Gegenstände und ihrer Eigenschaften. Wir lernen sie später und der Sinn von 'Es regnet' wird von 'Es scheint mir, daß es regnet' vorausgesetzt. Der Ausdruck des subjektiv Gesehenen ist nicht eine Beschreibung privater Gegenstände, aus der wir, wenn auch auf riskante Weise, die Beschreibungen öffentlicher Gegenstände ableiteten, sondern eine neue sprachliche Technik, nämlich die Technik, *zögernde* Urteile über materielle Gegenstände zu machen (Z §§ 420–35). Diese Ideen untergraben auch die egozentrische Letztbegründung (Induktivismus, Reduktivismus). Aber sie ähnlen Kants transzendentalem Argument, daß die Zuschreibung wahrnehmbarer Eigenschaften an geistunabhängige Gegenstände eine Vorbedingung dafür ist, sich selbst geistige Zustände zuzuschreiben, außer daß Wittgenstein bestreiten würde, daß letztere Beschreibungen oder kognitive Ansprüche darstellten.

Wittgensteins gehaltreichste Erörterung des Skeptizismus ist in *Über Gewißheit* enthalten. Seine Anregung war Moores Verteidigung des Common Sense. Moore behauptete, es gebe empirische Wahrheiten, die wir mit Gewißheit wissen könnten – zum Beispiel 'Die Erde hat schon viele Jahre lang existiert'. Außerdem behauptete er, daß diese Binsenweisheiten des gesunden Menschenverstandes einen strengen Beweis der Existenz der Außenwelt darstellten, weil die Prämissen als gewiß erkannt seien und die Schlußfolgerung implizierten. Moore hielt zwei Hände in die Höhe und sagte: 'Hier ist eine Hand und hier ist eine andere, also gibt es jedenfalls zwei materielle Gegenstände.' *Über Gewißheit* führt eine dreiseitige Argumentation mit Moore und dem Skeptiker. Wittgenstein gesteht Moore zu, daß er GEWISSHEIT über die Binsenwahrheiten des Common Sense habe, aber er bestreitet, daß er sie wisse. Er weist auch Moores Anspruch zurück, den philosophischen Satz 'Es gibt materielle Gegenstände' bewiesen zu haben, weil seine dem Common Sense zugehörige Prämisse das zu Beweisende in Anspruch nimmt. Für den Skeptiker bleibt ein Zweifel, warum nämlich das Ansehen meiner Hände irgend etwas sichern sollte. Schließlich stellt er nicht einen einzelnen Zug innerhalb unserer eingerichteten SPRACHSPIELE in Frage, zum Beispiel, daß Pluto existiert. Diese Art von Zweifel kann durch Beobachtungen und Berechnungen behoben werden. Aber indem der Skeptiker bestreitet, daß es *irgendwelche* Weisen der Sicherstellung gebe, fordert er das ganz Sprachspiel des Redens über physische Gegenstände heraus (ÜG §§ 19, 23, 83, 617). Wenn er behauptet, daß er zwei Hände habe, verläßt sich Moore auf den begrifflichen Rahmen, den der Skeptiker angreift.

Wittgenstein versucht, beide Positionen zu bekämpfen, indem er schon den Sinn des Satzes 'Es gibt physische Gegenstände' (ÜG §§ 35–7, 57) in Frage stellt. Er ist kein empirischer Satz: nach Auffassung des Skeptikers macht ob es physische Gegenstände gibt keinen Unterschied für den Verlauf unserer Erfahrung, was insoweit richtig ist, als wir nicht einmal spezifizieren können, wie es wäre, wenn es keine physischen Gegenstände gäbe. Anders als 'Ein Stuhl ist ein physischer Gegenstand' ist er auch kein grammatischer Satz, weil er nicht verwendet wird, um die Bedeutung von 'Stuhl' oder 'physischer Gegenstand' zu erklären und nicht, beispielsweise, festsetzt, daß man von 'Ein Stuhl ist im Raum' zu 'Ein physischer Gegenstand ist im Raum' übergehen kann. Bestenfalls meint der Satz, wie auch 'Es gibt Farben', daß es eine Kategorie von Wörtern gibt, nämlich 'Wörter für physische Gegenstände'. Diese Position beerbt den *Tractatus*: wie die formalen Begriffe der SAGEN/ZEIGEN-Unterscheidung, können 'logische Begriffe' wie der eines physischen Gegenstandes nicht in empirischen Sätzen verwendet werden, sondern sind aus dem logischen Verhalten der Wörter für physische Gegenstände offenbar. Sie ist auch dem Vorschlag Carnaps nahe, daß die Frage, ob es physische Gegenstände gebe, eine externe Frage ist, die, anders als interne Fragen ('Gibt es Dronten?'), auf die Frage hinausläuft, ob man einen bestimmten Begriffsrahmen annehmen soll (obwohl Carnaps Vorstellung, wir könnten statt dessen eine Sinnesdatensprache annehmen, unvereinbar ist mit Wittgnsteins Behauptung, diese sei gegenüber unserer Sprache für physische Gegenstände parasitär). Beide Philosophen glauben auch, daß Zweifeln nur sinnvoll ist, wenn etwas für oder gegen den Zweifel sprechen kann, und daß daher eine skeptische Herausforderung wie 'Dinge können sich ändern, wenn sie nicht beobachtet werden, und sich wieder zurückwandeln, wenn sie beobachtet werden' sinnlos ist (ÜG §§ 117, 214–5; *siehe* VERIFIKATIONISMUS).

Skeptizismus und Letztbegründungsauffassungen ignorieren gleichermaßen, daß Zweifel und Ausräumung des Zweifels nur im Rahmen eines Sprachspiels sinnvoll sind. Das Sprachspiel selbst ist weder gerechtfertigt noch zweifelhaft, weder vernünftig noch unvernünftig (ÜG §§ 559, 609–12). Welche Art von Grund zugunsten eines Anspruchs einzufordern oder anzuführen sinnvoll ist, ist Teil der Bedeutung dieses Anspruchs und daher grammatischen Regeln unterworfen. Diese Regeln setzen sinnvollem Zweifel Grenzen, indem sie bestimmen, was möglicherweise als Infragestellung oder Sicherung eines Anspruch einer bestimmten Art zählen kann. Zweifel und Rechtfertigung sind nur sinnvoll in bezug auf die Regeln, die unseren Gebrauch der betreffenden Ausdrücke leiten. Sie kommen an ein Ende, wenn die gewöhnlichen Vorgehensweisen zur Bewertung eines Anspruchs durchlaufen sind und wir mit Zweifeln konfrontiert werden, für die unsere Regeln nicht vorgesorgt haben, das heißt, die nicht als zulässige Züge im Sprachspiel zählen (ÜG § 204; PG 96–7, 101). Wenn ich einen Anspruch auf die von den Regeln zugelassene Weise gerechtfertigt habe, kann ich auf weitere Herausforderungen nur mit deren Zurückweisung reagieren.

Wenn ich herausgefordert werde zu zeigen, daß die reife Tomate, die ich bei klarem Tageslicht ansehe, rot ist, kann ich nur antworten, das dies ist, was wir 'rot' nennen. Wenn man mich weiter unter Druck setzt, könnte ich nur darauf hinweisen, daß wir *so* sprechen, das heißt, die Herausforderung als sinnlos zurückweisen. 'Es ist Teil der Grammatik des Wortes „Stuhl", daß wir dieses mit „auf einem Stuhl sitzen" bezeichnen' (BlB 47; ÜG §§ 624–5; PU §§ 380–1). Solche Behauptungen waren eine Quelle des Arguments mit dem paradigmatischen Fall, das Sprachphilosophen in den 50er Jahren verwendet haben: wenn *dies* (auf einen Stuhl zeigend) das ist, was wir „Stuhl" nennen, dann können wir, wenn wir sagen, daß dies ein Stuhl ist, nicht umhin, etwas Wahres zu sagen. Wittgenstein hat jedoch darauf bestanden, daß 'dies ist ein Stuhl' nur als eine OSTENSIVE DEFINITION, die den Stuhl als Muster verwendet, dem Zweifel enthoben ist. In diesem Fall haben wir nicht den Skeptiker widerlegt, indem wir eine unbezweifelbare Wahrheit bewiesen haben, sondern wir haben seine Zweifel durch eine grammatische Festsetzung als unsinnig ausgeschlossen. In gleicher Weise ignoriert ein

Skeptiker über INDUKTION, wenn er beklagt, daß wir nur in der Vergangenheit die-und-die Regelmäßigkeit beobachtet haben, daß es so etwas wie *jetzt* Belege aus der Zukunft zu haben nicht gibt. Was wir 'Evidenz dafür, daß etwas geschehen wird' *nennen*, sind vergangene Beobachtungen (ÜG § 275).

Moores Binsenwahrheiten des Common Sense markieren Punkte, an denen Zweifel seinen Sinn verliert. Sie sind der Hintergrund, auf dem wir zwischen wahr und falsch unterscheiden und daher 'Angeln', um die sich selbst unsere Zweifel drehen (ÜG §§ 94, 341–3, 401–3, 514–5, 655). Mindestens einige von ihnen sind empirisch darin, daß sie kontingente Tatsachen feststellen, das heißt, ihre Negation nicht durch die GRAMMATIK als unsinnig ausgeschlossen ist. Nichtsdestoweniger ist ihre Möglichkeit, falsch zu sein, durch die Tatsache eingeschränkt, daß nicht nur unser Netz von Überzeugungen, sondern auch unsere Sprachspiele von ihnen abhängen. Wenn sie sich als falsch herausstellen sollten, würden andere Sätze ihren Sinn verlieren. Denn wir können zwischen wahr und falsch nur gegen diesen Hintergrund unterscheiden. Infolgedessen können wir diese Sätze nur in Frage stellen durch Zweifel, der sich selbst in Frage stellt, ungefähr wie wenn man den Ast absägt, auf dem man sitzt. So wie der Zweifel des Skeptikers sich in seiner Reichweite ausweitet, nimmt sein Sinn im selben Maße ab. 'Der Zweifel verliert nach und nach seinen Sinn. So ist eben dieses Sprachspiel' (ÜG § 56, vgl. §§ 494, 498).

Diese Strategie erinnert an die elenktischen oder transzendentalen Argumente, die Aristoteles und Strawson ins Auge gefaßt haben: die Zweifel des Skeptikers sind inkohärent, weil ihre Sinnhaftigkeit unausdrücklich den Begriffsrahmen voraussetzt, den sie ausdrücklich angreifen. Die Strategie ist schlüssig, wenn sie sich gegen universalen Zweifel oder Skeptizismus gegenüber den Gesetzen der Logik richtet. Aber Wittgenstein dehnt sie auf skeptische Angriffe aus, die empirisches Wissen betreffen. Die 'Hypothese', daß um uns herum nichts existiert, ist wie die Hypothese, alle unsere Rechnungen könnten falsch sein, oder alle Züge, die wir im Schachspiel machten, könnten falsch sein – sie zerstört den Boden, auf dem von 'Hypothesen', 'Rechnungen' oder 'Schachspielen' gesprochen werden kann. Wenn man gebeten wird, ein Buch zu bringen und bezweifelt, daß das Ding da drüben wirklich ein Buch ist, muß man entweder wissen, was die Leute mit 'Buch' meinen, oder fähig sein, es nachzusehen oder jemanden danach zu fragen – was selbst das Wissen voraussetzt, was andere Wörter bedeuten. Aber daß ein gegebenes Wort bedeutet, was es bedeutet, ist selbst eine empirische Tatsache. Daher müssen, damit Zweifel erhoben werden können, einige empirische Tatsachen außer Zweifel gestellt sein (ÜG §§ 55, 514–9).

Wittgenstein wendet diese Strategie auf Descartes' Traumargument an. Er behauptet, daß Traumberichte AUSDRUCKSÄUSSERUNGEN sind und nicht Beschreibungen (PU § 448, II, S. 504–5, 565–7; vgl. VuGÄPR 73–86 für eine Erörterung von Freuds Traumtheorie). In *Über Gewißheit* deutet er an, daß das Traumargument ignoriere, daß man keine aktuellen Gedanken fassen kann, während man träumt (ÜG §§ 675–6). Dieses Argument, das von Malcolm und Kenny ausgearbeitet wurde, ist besser als sein Ruf. Wittgenstein hat gute Gründe für die Auffassung, daß das Auftreten von gegenwärtigen GEDANKEN mit der Möglichkeit verknüpft ist, sie zu gestehen, und daher unvereinbar mit dem Schlaf (er würde argumentieren, daß, obwohl während des Schlafes Dinge geschehen können, diese nicht gegenwärtige Gedanken sind, die man hat). Entsprechend kann ich, wann immer ich die Frage 'Bin ich wach?' stelle, sie positiv beantworten und ohne daß ich mich dabei auf Belege stützen müßte. Man möchte meinen, daß, selbst wenn der Skeptiker diesen Unterschied zwischen Träumen daß p und Glauben daß p zugestünde, er mich damit herausfordern kann zu zeigen, daß ich wirklich glaube, wach zu sein, und es nicht nur träume. Aber das ignoriert, daß ich nur herausgefordert werden kann etc., wenn ich wach bin, andernfalls träumte ich bloß, daß ich herausgefordert werde. 'Das Argument „Vielleicht träume ich" ist darum sinnlos, weil dann eben auch diese Äußerung geträumt ist, ja auch das, daß diese Worte eine Bedeutung haben' (ÜG §§ 383, 642). Zu träumen, daß eine bestimmte Wortfolge sinnvoll ist, impliziert nicht, daß sie sinnvoll ist ('Dp' impliziert niemals 'p'). Natürlich schließt es auch nicht die Möglichkeit aus, daß sie sinnvoll sind, weil nicht alles, was geträumt ist, falsch ist. Aber Wittgensteins Punkt ist, daß wir *Zweifel*, ob wir unsere eigene Sprache verstehen, nicht einmal erheben können, ohne 'vor dem Nichts' zu stehen (ÜG §§ 369–370, vgl. §§ 114, 126), das heißt, ohne daß sinnvolle Rede am Ende wäre.

Es ist behauptet worden, daß der Skeptiker fröhlich akzeptieren könnte, daß seine Zweifel die Vorbedingungen der Möglichkeit von Sprache verletzen, weil er auch die Möglichkeit semantischen Wissens bestreite. Fröhlich vielleicht, aber nicht kohärenterweise. Eine Behauptung 'Ich kann nicht wissen, was diese (die hier geäußerten) Worte bedeuten' ist selbstwiderlegend: wenn sie wahr ist, muß sie sinnlos sein. Wenn Wittgenstein den Skeptiker in diese Ecke treiben kann, hat er ihn daran gehindert, einen kohärenten Beitrag zur Debatte zu leisten. Das ist nicht dasselbe wie die Widerlegung des Skeptikers, aber es ist nicht nur eine zweitbeste Lösung: einen Zweifel durch Argumente zum Schweigen zu bringen, heißt, das philosophische Problem zu lösen.

Solipsismus
Dies ist die Auffassung, daß nichts existiert außer einem selbst und den Inhalten des eigenen Bewußtseins. Obwohl die Vorstellung selten explizit vertreten worden ist, sind Idealisten oder Phänomenalisten von ihr versucht worden oder sogar implizit auf sie verpflichtet gewesen. Die Erörterung des Solipsismus (TLP 5.6–5.641) bezeichnet den Schnittpunkt der logischen und der mystischen Teile des *Tractatus*. Der 'Schlüssel zur Entscheidung der Frage, inwieweit der Solipsismus eine Wahrheit ist', ist, daß '*die Grenzen meiner Sprache ... die Grenzen meiner Welt (bedeuten)*'. Was der Solipsist *meint*, ist, 'daß die Welt *meine* Welt ist'. Diese unausdrückbare Wahrheit manifestiert sich in der Tatsache, „daß die Grenzen *der* Sprache (der Sprache, die allein ich verstehe) die Grenzen *meiner* Welt bedeuten' (TLP 5.62, bezieht sich auf 5.6, vgl. Tb 23.5.15).

Russell hatte den Solipsismus nicht nur mit den Grenzen der Erkenntnis, sondern auch mit denen der Sprache verknüpft. Gemäß seinem Prinzip der Bekanntschaft muß jedes bedeutungsvolle Wort für etwas innerhalb der unmittelbaren Erfahrung des Individuums stehen. Das deutet einen semantischen 'Solipsismus des gegenwärtigen Augenblicks' an, demzufolge nur die Sinnesdaten, deren ich gegenwärtig gewahr bin, wirklich sind. Russell entzieht sich dieser Schlußfolgerung durch einen induktiven Schluß, demzufolge es wahrscheinlich auch andere Geister gibt (*Logic* 130–4; *Probleme* 21–2). Wittgenstein wies diese Behandlung des SKEPTIZISMUS zurück, entwickelte aber die sprachliche Perspektive auf den Solipsismus weiter. Seine Hauptquelle war jedoch der transzendentale Idealismus. Kant hatte die Cartesische Lehre von einer Seelensubstanz zurückgewiesen, aber zwei andere Begriffe eingeführt: die 'transzendentale Einheit der Apperzeption', einen formalen Zug von Urteilen, nämlich daß ihnen ein 'ich denke' vorangestellt werden kann; und ein 'noumenales Ich', den Ursprung des freien Willens und des moralischen Gesetzes. Schopenhauer entwickelte den zuerst genannten Begriff, indem er behauptete, daß das 'Subjekt der Erkenntnis', dem die Welt als Vorstellung erscheint, nur ein 'unteilbarer Punkt' ist. Es kann in der Erfahrung nicht angetroffen werden, genauso wie das Auge 'alles sieht außer sich selbst'. Nichtsdestoweniger ist es 'der Mittelpunkt allen Daseins' und bestimmt die Grenzen der Welt. Denn 'die Welt ist meine Vorstellung', und die Vorstellung einer Welt ohne ein vorstellendes Subjekt ist ein Widerspruch in sich (*Welt* I 31–3, 51, 375; II, 248–9, 370). Schopenhauer ersetzte das noumenale Ich durch einen überindividuellen kosmischen Willen, der der Welt als Vorstellung zugrunde liegt. Ich erkenne meinen Körper als Verkörperung dieses Willens, weil ich meiner Handlungen direkt gewahr bin. Was sowohl Erkenntnis als auch Wollen angeht, ist das 'Individuum', der 'Mikrokosmos', identisch mit dem 'Makrokosmos' (*Welt* I 160, 238; II, 473–4 – eine Idee, die Weininger übernommen hat). Schopenhauer streitet die solipsistischen Implikationen dieser Idee ab. Aber wie Russell gesteht er zu, daß der Solipsismus unwiderlegbar ist und weicht von ihm nur dadurch ab, daß er darauf besteht, das Subjekt der Erfahrung sei keine geistige Substanz und daß alles eine Manifestation des überindividuellen Willens sei.

Der frühe Wittgenstein ignorierte diese oberflächlichen Dementi. Er entwickelte durch Metaphern und sich von Schopenhauer herleitende Themen (MYSTIZISMUS, ETHIK, WILLE) hindurch einen transzendentalen Solipsismus. Russell hatte darauf beharrt, daß Bekanntschaft ein Subjekt braucht, mit dem wir bekannt sind oder das wir durch Beschreibung kennten. Wittgenstein verwirft im Gegensatz dazu die Vorstellung des 'denkende(n), vorstellende(n), Subjekt(s)'. In einem Buch mit dem Titel *Die Welt wie ich sie vorfand* würde (Hume) oder könnte (Schopenhauer) ein Selbst nicht erwähnt werden. Wie das Auge des Gesichtsfeldes ist das Selbst kein möglicher Gegenstand der Erfahrung; und es kann aus dem Inhalt der Erfahrung auch nicht abgeleitet werden. Es gibt eine 'menschliche Seele', die legitimer Gegenstand der Psychologie ist, aber kein einheitliches Selbst oder Subjekt, sondern nur eine Anordnung geistig-seelischer Episoden (TLP 5.631–5.641; Tb 7.8./11.8.16; vgl. *Probleme* 47; *Mysticism* Kap. X; 'Theory' 36–7; *Logic* 125–74).

Wie Kant und Schopenhauer verbindet Wittgenstein diese Zurückweisung einer Cartesischen Seele mit dem Akzeptieren eines 'metaphysischen Subjekts' oder 'philosophischen Ichs', das in die Philosophie dadurch eintritt, daß 'die Welt meine Welt ist'. Dieses metaphysische Subjekt ist nicht ein Teil der Welt, aber nichtsdestoweniger ihr 'Mittelpunkt', insofern es sowohl 'Voraussetzung ihres Bestehens' als auch ihre 'Grenze' ist. Die Beziehung dessen, was wir erfahren, unseres Bewußtseinsfeldes, zum Subjekt der Erfahrung ist analog zu der vom Gesichtsfeld zum Auge – nicht dem Sinnesorgan, sondern dem, was Wittgenstein später das 'geometrische Auge' nannte. Dieses Selbst ist ein 'ausdehnungsloser Punkt' und das menschliche Individuum ein 'Mikrokosmos' (Tb 11.6./4.8./12.8./2.9./12.10.16; TLP 5.5421, 5.63, 5.633–5.64; VüpEuS 72–6; BlB 100–5). Es gibt gute Gründe für die Annahme, dieses metaphysische Subjekt sei identisch mit dem 'wollenden Subjekt', das der Träger von Gut und Böse ist (TLP 5.633, 5.641; Tb 21./24./29.7./2.8./2.9.16).

Prima facie sind die Gründe dafür, im *Tractatus eine* Version von Solipsismus zu entdecken, überwältigend. Wittgenstein gesteht nicht nur zu, daß der Solipsismus einen Kern von Wahrheit enthalte, wie die 'anti-solipsistischen' Interpreten möchten, sondern schreibt: 'Was der Solipsismus nämlich *meint*, ist ganz richtig' – nämlich, 'daß die Welt *meine* Welt ist'. Die einzige Kritik ist, daß der Solipsist zu sagen versucht, was sich nur zeigen läßt, aber das gilt für die Behauptungen des gesamten *Tractatus* (*siehe* SAGEN/ZEIGEN). Außerdem schreibt Wittgenstein *in propria persona* über das metaphysische Selbst, daß 'die Welt und das Leben ... Eins (sind)' und daß 'Ich ... meine Welt (bin)'. Schließlich sind die *Tagebücher* voller schillernder Passagen, die die Welt mit dem Leben, das Leben mit dem Bewußtsein im allgemeinen und das Bewußtsein mit dem metaphysischen Selbst identifizieren, und philosophische Auffassungen nach ihrer Vereinbarkeit mit dem 'streng solipsistischen Standpunkt' beurteilen (TLP 5.621 f.; GT 8.12.14; vgl. Tb 11.6./1.–2.8.16).

Auf der anderen Seite beansprucht Wittgenstein, vom 'Idealismus' über den 'Solipsismus' zum 'reinen Realismus' gegangen zu sein, weil 'auch ich zur übrigen Welt gehöre'. Wittgenstein greift Schopenhauers Auffassung an, daß, während die übrige Welt bloße Vorstellung, der menschliche Körper eine direkte Verkörperung des Willen ist. Außerdem scheinen, im Gegensatz zum Selbst des traditionellen Solipsismus, sowohl das wollende als auch das metaphysische Subjekt unpersönlich zu sein, eine 'Weltseele' bar aller Individualität. In diesem Punkt schwankt Wittgenstein jedoch: der 'ethische Wille' ist mit Individuen verknüpft, und 'in einem höheren Sinne' ist der Schopenhauersche 'Weltwille' *'mein* Wille', genauso, wie meine Vorstellungen die Welt sind (Tb 2.9.–/12.–17.10./4.11.16; TLP 5.64 f.). Außerdem ist der 'reine Realismus', mit dem der Solipsismus zusammenfällt, mit einer kargen Version des transzendentalen Solipsismus vereinbar, in der die Analogie des Gesichtsfeldes den Platz der transzendentalen Einheit der Apperzeption einnimmt. Obwohl das Subjekt der Erfahrung nicht Teil der Erfahrung sein kann, ist es ein logischer Zug meiner Erfahrungen, daß sie zu mir gehören. 'Das Subjekt falle hier nicht aus der Erfahrung heraus, sondern sei so in ihr involviert, daß sich die Erfahrung nicht beschreiben ließe' (PG 156). Jede Vorstellung von der Welt tritt auf aus einer Perspektive, die unveräußerlich meine ist. Weil Darstellung sprachlich ist, nimmt der transzendentale Solipsismus eine sprachliche Wendung. Die 'Verbindung zwischen dem Solipsismus' und 'der Weise, in der ein Satz bezeichnet' ist, daß 'das Ich durch den Satz ersetzt wird und die Beziehung zwischen dem Ich und der Wirklichkeit ersetzt wird durch die Beziehung zwischen dem Satz und der Wirklichkeit' (BT 499). Und diese Beziehung beruht auf dem metaphysischen Subjekt, einer Sprachseele, die den bloßen Zeichen Leben einhaucht:

(a) Die Sprache ist meine Sprache, weil bloße ZEICHEN sich durch mein 'Denken des Satz-Sinnes' in Symbole verwandeln (TLP 3.11).
(b) Die Projektionsmethode, die dieser Denksprache zugrunde liegt, verknüpft Namen mit Gegenständen durch Akte des Meinens (*siehe* OSTENSIVE DEFINITION).
(c) Diese Akte werden vermutlich durch den Willen des metaphysischen Selbst ausgeführt: '„Bedeutung" bekommen die Dinge erst durch ihr Verhältnis zu meinem Willen'; und ein Schopenhauerscher Wille wird auch in Anspruch genommen, um Intentionalität zu erklären (Tb 15.10.16; PG 144–56).
(d) Ich kann Namen nur Gegenstände zuordnen, die ich erfahre, und was ich nicht projizieren kann, ist nicht Sprache. 'Ich habe die Welt zu beurteilen, die Dinge zu messen' (Tb 2.9.16), nämlich dadurch, daß ich in logische Formen Inhalte eingebe.

Transzendentaler Solipsismus ist vereinbar mit empirischem Realismus: er nimmt nicht an, daß 'ich die einzige Person bin, die existiert' und weist keine Sätze über die Außenwelt oder 'andere Geister' zurück. Die Wahrheit des Solipsismus zeigt sich in der bloßen Möglichkeit von Darstellung und, spezifischer, in der logischen Form aller empirischen Sätze: vollständig analysiert bezieht sich 'A hat Schmerzen' nur auf Schmerzbenehmen, dessen *ich* gewahr bin, während sich 'Ich habe Schmerzen' direkt auf meine Erfahrung bezieht.

In seinem späteren Werk ist Wittgensteins Perspektive 'das diametrale Gegenteil des Solipsismus'; und er vergleicht den Solipsisten mit einer Fliege im Fliegenglas (VüpEuS 55, 76; PU § 309). Sein erster Versuch, einen Ausweg zu finden war der methodologische Solipsismus seiner Phase des VERIFIKATIONISMUS, die er mit Carnap und Schlick teilte (PB Kap. VI; WWK 49–50; M 100–3). Er gibt das metaphysische Subjekt des transzendentalen Idealismus auf, behält aber die Vorstellung einer Sprache mit nur einem Zentrum bei. Sätze in 1. Person Präsens, die sich auf unmittelbare Erfahrung beziehen, bilden die Basis der Sprache. Obwohl so eine Sprache jeden als ihr Zentrum haben kann, ist eine Sprache mit *mir* als Zentrum besonders angemessen. Psychologische Sätze in 3. Person wie

(1) *A* hat Schmerzen

werden mit Bezug auf mich analysiert, nämlich als

(1') *A* benimmt sich, wie ich es tue, wenn ich Schmerzen habe.

Merkwürdigerweise bezeichnet das 'Ich' hier jedoch kein Ich, dem diese Erfahrungen zugehören, sondern nur ein unausdrückbares Zentrum der Sprache. In

(2) Ich habe Schmerzen

ist 'ich' redundant, weil 'Schmerz' definiert ist als etwas, was ich habe und niemand sonst haben kann (*siehe* ICH/SELBST, PRIVATHEIT). Diese Position macht es schwierig, einen Unterschied festzuhalten zwischen *A*'s Zeigen von Schmerzbenehmen und *A*'s Schmerzen haben; der BEHAVIORISMUS ist die Kehrseite des Solipsismus. Außerdem treten private Erfahrungen in die Verifikation von (2) ein, aber nicht in die von (1). Wegen dieser Differenz bezüglich Verifikation bedeuten Ausdrücke für Geistiges/ Seelisches in 1.-Person-Äußerungen nicht dasselbe wie in Äußerungen in 3. Person.

Diese exotische Schlußfolgerung folgt nicht nur aus dem methodologischen Solipsismus, sondern aus jedem Zugang zum Problem des Fremdseelischen, der auf das INNEN/AUSSEN-Bild gestützt ist. Dieses Bild akzeptiert es, daß Aussagen wie (1) auf Belege im Benehmen gestützte Vermutungen sind, während solche wie (2) unfehlbar sind, weil sie sich auf die eigenen privaten Erlebnisse beziehen. Es versucht, der skeptischen Schlußfolgerung, daß wir niemals wissen können, daß es andere Geister gibt, durch das Argument aus der Analogie zu widerstehen: Ich schließe, daß, wenn andere Personen sich so benehmen wie ich, wenn ich Schmerzen habe, sie auch Schmerzen haben. Aber: 'Wenn man sich den Schmerz des Andern nach dem Vorbild des eigenen vorstellen muß, dann ist das keine so leichte Sache: da ich mir nach den Schmerzen, die ich *fühle*, Schmerzen vorstellen soll, die ich *nicht fühle*' (PU § 302, vgl. § 398; BlB 77–8). Wenn ein gegebener psychologischer Ausdruck DIES bedeutet, was ich habe und niemand anderes haben kann, dann ist der Glaube, daß es andere Subjekte der Erfahrung gibt, nicht nur ungewiß, wie der Skeptiker meint, sondern er ist nicht einmal sinnvoll.

Wenn das richtig ist, dann fällt der 'Semi-Solipsismus' des Innen/Außen-Bildes letztlich in den Solipsismus des gegenwärtigen Augenblicks zusammen, den Wittgenstein in den frühen 30er Jahren erörtert hat, und der behauptet, erstens, daß, wann immer etwas *wirklich* wahrgenommen wird, immer Ich es bin, der es wahrnimmt, und es *dies* ist, meine gegenwärtige Erfahrung, die wahrgenommen wird; und zweitens, daß ich 'der Mittelpunkt der Welt' und 'das Gefäß des Lebens' bin, insofern die einzige Wirklichkeit meine gegenwärtige Erfahrung ist (VüpEuS 75; BlB 98–105). Der Solipsist will entdeckt haben, daß die Welt *in Wirklichkeit* identisch ist mit seinen Erfahrungen, während er in Wirklichkeit nur eine neue Form des Ausdrucks vorgeschlagen hat, nämlich eine, in der Zuschreibungen von 'wirklichen' Erfahrungen an irgend jemanden anderes als den Solipsisten bedeutungslos sind, und in der wir, beispielsweise, sagen könnten 'Es gibt wirklichen Zahnschmerz' statt 'N. N. (der Solipsist) hat Zahnschmerzen' (BlB 95; PU §§ 401–2). Diese Redeweise hat keinen praktischen Vorteil, weil sie hinsichtlich des Benehmens des Solipsisten keinen Unterschied machen soll. Sie kann auch keinen philosophischen Vorteil haben, weil sie nicht unter Bezugnahme auf ein 'Wesen der Wirklichkeit' gerechtfertigt werden kann (*siehe* AUTONOMIE DER SPRACHE).

Wittgensteins andere Argumente gegen den Solipsismus, die nicht in die *Philosophischen Untersuchungen* aufgenommen worden sind, haben einen Kantischen Klang. Der Solipsist beansprucht unsere normalen Begriffe, aber ohne die Kontraste (z. B. zwischen den eigenen gegenwärtigen Erfahrungen und dem, wovon sie Erfahrungen sind), die für diese Begriffe wesentlich sind. So oszilliert er nicht nur zwischen verschiedenen grammatischen Systemen, sondern Ausdrücke wie 'mein' oder 'gegenwärtig' sind, ohne diese Kontraste, leer. (a) Im Mund des Solipsisten hat der Ausdruck 'gegenwärtig' keine 'Nachbarn'; er kontrastiert nicht mit 'vergangen' und 'zukünftig' und ist daher überflüssig. Genauso kann 'meine Schmerzen' nur in einem System zu einer sinnvollen Behauptung verwendet werden, in dem es, beispielsweise, mit 'ihre Schmerzen' kontrastiert, nicht in einem System, in dem es sich auf 'Es gibt Schmerzen' reduziert (PB 84–6; WWK 50, 107; M 100–3; VüpEuS 73–4; BlB 112–5). Der Sinn der Verkündung des Solipsisten 'Nur mein Schmerz ist wirklich' setzt das grammatische System voraus, das er zu verwerfen vorgibt. (b) Das Pronomen der 1. Person 'ich' bezieht sich nicht auf eine kontinuierliche immaterielle Substanz, weil der angebliche Bezugsgegenstand sich andauernd ändern könnte, ohne daß es seinen Gebrauch affizieren würde. Es kann auch nicht die angeblich einzigartige Perspektive des Solipsisten ausdrücken, weil, was *er* wahrnimmt, einfach das ist, *was wahrgenommen wird*. Es zeigt nur den formalen Zug – die transzendentale Einheit der Apperzeption –, daß Sätzen das 'Ich denke, daß' vorangestellt werden kann (VüpEuS 56–7, 74–6; BlB 96–110). Alleinige Eigentümerschaft verliert ihren Sinn mit dem Verschwinden des einzigen Subjekts: von mir gehabt zu werden ist einfach, eine Erfahrung zu sein. Diese Argumente schließen alles aus bis auf einen methodologischen, ichlosen Solipsismus, der darauf besteht, daß die Sprache ihre Bedeutung aus privater Ostension auf private Erfahrungen beziehe. Indem es die Inkohärenz dieser Auffassung demonstriert, zieht das PRIVATSPRACHENARGUMENT allen Formen von Solipsismus und Idealismus den Teppich unter den Füßen weg.

Sprachspiel
Von 1930 an verglich Wittgenstein axiomatische Systeme mit dem Schachspiel. Diese Analogie stammt von den Formalisten, die die Arithmetik als ein Spiel behandelten, das mit mathematischen Symbolen gespielt werde. Sie wurde von Frege gegeißelt, der nur zwei Alternativen sah: entweder geht es in der Arithmetik um bloße Zeichen, oder darum, wofür diese Zeichen stehen. Wittgenstein weist diese Dichotomie zurück. Die Arithmetik 'handelt' ebensowenig 'von' Tintenzeichen wie das Schachspiel von hölzernen Spielsteinen. Aber das heißt nicht, daß Zahlzeichen oder Schachfiguren für irgend etwas stehen. Vielmehr ist die 'Bedeutung' eines mathematischen Zeichens, wie die einer Schachfigur, die Summe der Regeln, die ihre möglichen 'Züge' bestimmen. Was angewandte Mathematik und Sprache vom Schachspiel und der reinen Mathematik unterscheidet, ist nur ihre 'Anwendung', die Weise, wie sie sich mit anderen (sprachlichen und nichtsprachlichen) Tätigkeiten verbinden (WWK 103–5, 124, 150–1, 163, 170; MS 166 28–9; *Grundgesetze* II § 88; *siehe* ZAHLEN).

Der Ausdruck 'Sprachspiel' ist das Ergebnis davon, daß Wittgenstein von 1932 an die Spielanalogie auf die Sprache im ganzen ausdehnte. Er tritt zuerst in TS 211 578 auf (siehe auch BT 201; PG 62, das oft als erste Fundstelle zitiert wird, ist später datiert, weil es sich aus MS 114 herleitet). Anfänglich wird der Ausdruck austauschbar mit 'Kalkül' verwendet. Seine Pointe ist, die Aufmerksamkeit auf verschiedene Ähnlichkeiten zwischen Sprache und Spielen zu lenken, genauso wie die Kalkülanalogie Ähnlichkeiten zwischen der Sprache und formalen Systemen beleuchtete.

Der Ausgangspunkt beider Analogien ist, daß Sprache eine regelgeleitete Tätigkeit ist. (a) Wie ein Spiel hat die Sprache konstitutive Regeln, nämlich die Regeln der

GRAMMATIK. Anders als strategische Regeln, bestimmen diese nicht, welche Züge/Äußerungen erfolgreich sein werden, sondern vielmehr, was richtig und sinnvoll ist, und definieren damit das Spiel/die Sprache. (b) Die Bedeutung eines Wortes ist nicht der Gegenstand, für den es steht, sondern ist durch die Regeln bestimmt, die seine Funktion bestimmen (Vorl 64–7, 80–1, 147, 183–5, 200–7, 300–1, 344–5; PG 59; *siehe* BEDEUTUNGSKÖRPER). Wir lernen Wörter, indem wir lernen, wie sie zu verwenden sind, genauso wie wir Schachspielen lernen, nicht, indem wir Schachfiguren mit Gegenständen verbänden, sondern so, daß wir lernen, wie sie bewegt werden können (*siehe* GEBRAUCH). (c) Ein Satz ist ein Zug oder eine Bewegung im Spiel der Sprache; er wäre bedeutungslos ohne das System, von dem er ein Teil ist. Sein Sinn ist seine Funktion in der sich entfaltenden sprachlichen Tätigkeit (PU §§ 23, 199, 412; PG 130, 172; BlB 71–2). Wie im Fall der Spiele, hängt, welche Züge möglich sind, von der Situation (der Stellung auf dem Spielbrett) ab, und für jeden Zug sind bestimmte Antworten verständlich, während andere ausgeschlossen sind.

Die Spielanalogie ersetzt allmählich die Kalkülanalogie. Dies bezeichnet Wittgensteins Preisgabe des KALKÜLMODELLS, demzufolge diese Regeln eine starre, genaue und abschließende Ordnung hinter der verwirrenden Oberfläche der Sprache darstellen. Als Teil derselben Entwicklung werden neben Schach weniger starre Spiele wie Reigenspiele als Vergleichsobjekte für die Sprache verwendet. Außerdem verschob Wittgenstein mit der Wendung zu Sprachspielen die Aufmerksamkeit von der Geometrie eines Symbolismus (sei es die Sprache oder ein Kalkül) auf seinen Ort in der menschlichen Praxis. Er verwendete den Ausdruck für vier verschiedene Funktionen, die (grob gesprochen) nacheinander ins Zentrum rücken.

Praktiken der Lehre
Sprachspiele werden zuerst (in BlB 36–7) als 'Verfahren zum Gebrauch von Zeichen' erklärt, die einfacher sind als die der Alltagssprache, 'primitive Sprachformen', mit denen 'ein Kind anfängt, Gebrauch von Wörtern zu machen'. Dies entwickelt sich zu der Vorstellung eines Sprachspiels als eines 'Systems der Verständigung', mit dem Kinder ihre Muttersprache 'lernen' oder 'gelehrt' wird (PU § 7; BB 81). Die Tatsache, daß viele Wörter gelehrt werden, indem auf einen Gegenstand gezeigt wird, ist ein Grund dafür zu meinen, ihre Bedeutung sei der Gegenstand, auf den gezeigt wurde; umgekehrt lenkt Wittgenstein, indem er Lehrpraktiken untersucht, die Aufmerksamkeit auf die Tatsache, daß die Beziehung zwischen einem Namen und seinem Bezugsgegenstand nicht monolithisch ist (PU §§ 8–18). In gleicher Weise wirft, wie die Bedeutung von Wörtern wie 'Schmerz', 'Traum' oder 'schön' gelernt wird oder werden könnte, ein Licht auf die (oft nicht-deskriptive) Rolle der Sätze, in denen diese Ausdrücke auftauchen (PU § 244; VuGÄPR 19–21).

Lehrpraktiken sind für Wittgenstein wichtig, nicht, weil er sich in Lehnstuhlspekulationen über die 'hypothetische Geschichte' einer anschließenden sprachlichen Praxis erginge (er ließ die logische Möglichkeit angeborener sprachlicher Fähigkeiten zu), sondern, insofern sie charakteristische Züge des anschließenden Gebrauchs der Wörter zeigen, insbesondere in ERKLÄRUNGEN, die auch nach dem ursprünglichen Lernen eine Rolle als Maßstäbe der Richtigkeit spielen (BlB 30–3; PG 188). Während Sprachspiele primitive Sprachformen sind, sollen sie doch 'vollständig' sein (Vorl 276–7; BB 81; PU §§ 2, 18) in dem Sinn, in dem für Wittgenstein die Rationalzahlen nicht nur eine unvollständige Untermenge der reellen ZAHLEN sind. Lehrpraktiken sind, im Gegensatz dazu, Fragmente unserer Sprache. Dies mag der Grund dafür sein, daß sie zugunsten fiktiver Sprachspiele in den Hintergrund rücken.

Fiktive Sprachspiele
Dies sind hypothetische oder erfundene sprachliche Tätigkeiten einfacher oder primitiver Art. Solche 'klaren und einfachen Sprachspiele' dienen als 'Vergleichsobjekte' (PU § 130, vgl. §§ 2–27). Sie sollen Licht auf unsere eigenen komplizierteren Sprachspiele werfen, indem sie einige ihrer Züge in scharfem Kontrast hervortreten lassen. Wittgenstein faßt mindestens zwei Weisen ins Auge, in denen das geschehen könnte. Eine ist, unsere komplizierte Rede mit Ausdrücken wie 'Wahrheit', 'Behauptung', 'Satz', etc., aus primitiveren Sprachspielen aufzubauen. Dieser Ansatz beherrscht das *Brown Book*, das eine Folge von fiktiven Sprachspielen erörtert, ohne sie in einen philosophischen Kontext zu stellen oder sie in irgendeinen Argumentationsgang einzufügen. Glücklicherweise ist diese monolithische Sprachspielmethode zum Zeitpunkt der *Philosophischen Untersuchungen* in den Hintergrund getreten.

Eine andere Strategie ist, Sprachspiele als Teile eines Arguments mit einer *reductio ad absurdum* zu verwenden. Diese Strategie konstruiert Sprachspiele, die dem Verständnis bestimmter Begriffe entsprechen, die einer bestimmten philosophischen Theorie zugrunde liegen, und weist Kontraste zu unseren wirklichen Sprachspielen und Begriffen auf. Zum Beispiel wird ein Sprachspiel gebildet, in dem 'wissen' und 'verstehen' sich auf Bewußtseinszustände mit echter Dauer beziehen, um zu zeigen, daß wir sie so nicht verwenden. In den *Untersuchungen* wendet Wittgenstein Sprachspiele an, um die Lehre des *Tractatus* von 'einfachen Gegenständen' und seine Methode der Analyse zu demaskieren (PU §§ 48, 60–4). Das berühmteste Beispiel dieser Taktik ist das Sprachspiel der Bauleute in *Untersuchungen* § 2 (dem anschließend Verfeinerungen zugefügt werden): es besteht aus den vier Wörtern 'Würfel', 'Säule', 'Platte', 'Balken'. Diese werden von einem Bauenden A ausgerufen, während sein Gehilfe B ihm den Stein bringt, den er auf den jeweiligen Ruf hin zu bringen gelernt hat. Diese 'primitive Sprache' soll auf das AUGUSTINISCHE BILD DER SPRACHE passen, nach dem alle Wörter Namen von Gegenständen sind. Sein offenbarer Witz ist, daß unsere Sprache viele Wortverwendungen enthält außer denen des Benennens von und Rufens nach Gegenständen (PU § 3).

Wittgenstein begreift diese langweilige Interaktion zusammen mit dem Unterricht, der ihr vorausgeht, als 'vollständige primitive Sprache' (PU §§ 2, 6; BB 77). Selbst wohlwollende Leser haben protestiert, daß, obwohl eine Sprache ein begrenztes Vokabular haben kann, die Praxis der Bauenden nicht als eine Sprache gelten kann, weil, erstens, ihren Äußerungen syntaktische Struktur fehlt, zweitens, sie keine Konversation führen, und, drittens, die Interaktion keinen Raum läßt für den Unterschied zwischen sinnvollen und sinnlosen Anwendungen des Vokabulars. Der erste Punkt nimmt gegen

Wittgenstein an, daß es keine Einwortsätze geben kann (*siehe* SATZ). Der zweite würde gleichermaßen gegen eine Gruppe von Selbstgesprächlern (PU § 243) gelten, ist aber in beiden Fällen nicht haltbar: tatsächlich in Kommunikation verwendet zu werden ist keine Vorbedingung dafür, eine Sprache zu sein; und auf jeden Fall könnten die Bauenden ihr Vokabular dazu benutzen, einander Steine zuzureichen. Der dritte Punkt würde die Bauenden nach Wittgensteins eigenen Maßstäben davon ausschließen, eine Sprache zu sprechen. Ob er zutrifft, hängt davon ab, ob B's Reaktionen einen Unterschied machen zwischen dem Begehen eines praktischen Fehlers durch A, wie etwa das Rufen nach einem nicht verfügbaren Stein, und dem Begehen eines sprachlichen Fehlers durch A, das heißt, einer Anwendung des Vokabulars in unsinniger Weise, zum Beispiel durch Ausrufen von 'Würfel, Würfel!'. *Untersuchungen* § 6 beschreibt das Lehren als einen Prozeß von Konditionierung durch Reiz und Reaktion und läßt daher keinen Raum für die Unterscheidung. Aber § 7 tut das, insofern das 'Benennen' der Steine Maßstäbe für den richtigen Gebrauch der Ausdrücke aufstellen soll. Wittgenstein erkennt auch an, daß damit diese Praxis auch nur als eine 'rudimentäre Sprache' gelten kann, die Bauenden sie 'nicht rein mechanisch betreiben' dürfen und sie Teil eines Lebens sein müssen, das dem unseren ähnelt.

Sprachliche Tätigkeiten
Obwohl Wittgenstein fortfuhr zu behaupten, daß für die Zwecke des Verstehens unserer eigenen Begriffe 'nichts' wichtiger sei 'als die Bildung von fiktiven Begriffen' (LS I § 19), machte er nach den *Untersuchungen* weniger Gebrauch von fiktiven Sprachspielen. Statt dessen richtet er die Aufmerksamkeit stärker auf unsere wirklichen sprachlichen Tätigkeiten und beschreibt sie vor dem Hintergrund unserer nichtsprachlichen Tätigkeiten. Im gleichen Sinne gibt *Untersuchungen* § 23 eine Liste von Sprechhandlungen: Befehle geben, das Aussehen eines Gegenstandes beschreiben, fragen, schwören, einen Gegenstand nach einer Beschreibung bauen, etc. An anderen Stellen fügte Wittgenstein komplexere Tätigkeiten hinzu wie lügen, Geschichten erzählen, Träume berichten, ein Motiv gestehen, Hypothesen bilden und überprüfen. Er schloß unter Sprachspielen auch Diskursweisen ein wie induktive Voraussagen machen, über physische Gegenstände oder Sinnesdaten sprechen, Gegenständen Farben zuschreiben (PU §§ 249, 363, 630; II, S. 498–9, 504, 569–70; Z § 345). Er spricht auch vom 'Sprachspiel mit' (d.h. dem Gebrauch von) Wörtern wie 'Spiel', 'Satz', 'Sprache', 'Denken', 'lesen' und 'Schmerz' (PU §§ 71, 96, 156, 300).

Einige Kommentatoren haben beklagt, daß Wittgenstein keine Identitätskriterien für Sprachspiele angebe. Aber da gibt es keine grundsätzliche Schwierigkeit. Wittgenstein unterscheidet sprachliche Tätigkeiten auf verschiedenen Ebene der Allgemeinheit. Was als dieselbe Tätigkeit zählt (z.B. ob man 'eine Geschichte erzählen' von 'einen Witz erzählen' unterscheiden muß), hängt von der betreffenden Ebene ab und auf allen Ebenen wird es Grenzfälle geben. Problematischer ist, daß Wittgenstein seine Liste von Sprachspielen zur Illustration der Behauptung benutzt, daß es 'unzählige verschiedene Arten' von Sätzen gebe (PU § 23). Man könnte begründeterweise einwenden, daß, während beispielsweise 'Bist du bei der Sache?' dazu gebraucht werden kann, eine Frage zu stellen oder einen Tadel zu äußern, Satztypen allein durch ihre grammatischen Modi (deklarativ, imperativ, interrogativ) unterschieden werden, und daß diese Unterscheidung nicht nur quer zu Wittgensteins verläuft (Fragen treten in Märchen ebenso wie in wissenschaftlicher Theoriekonstruktion auf), sondern grundlegender ist. Wittgenstein ist auf sichererem Boden, wenn er behauptet, daß es eine irreduzible 'Mannigfaltigkeit der Sprachspiele' gibt (PU §§ 23–4), von Weisen, Wörter anzuwenden, die in philosophisch wichtigen Hinsichten verschieden sind. Die verschiedenartigen Funktionen der Sprache können nicht auf Beschreibung und Darstellung reduziert werden, wie es die Lehre von der ALLGEMEINEN SATZFORM im *Tractatus* wollte. Wie 'Spiel' ist 'Sprache' ein FAMILIENÄHNLICHKEITSwort: es gibt keinen einzelnen definierenden Zug, den alle Spiele gemeinsam hätten, und das gilt auch für die Spiele, die wir mit Wörtern spielen (PU § 65).

Die Hervorhebung des Gewirrs der Sprache ist eine der Verwendungen, die Wittgenstein von wirklichen Sprachspielen macht. Eine andere ist der Hinweis, daß philosophische Verwirrung (*siehe* PHILOSOPHIE) daraus entsteht, daß Sprachspiele vermischt werden (vgl. BGM 117–8), das heißt daraus, daß Wörter eines Sprachspiels nach den Regeln eines anderen verwendet werden. Noch eine andere ist, daß wie alle Spiele auch Sprachspiele autonom sind (*siehe* AUTONOMIE DER SPRACHE); sie sind externen Zielen nicht verantwortlich, anders als Tätigkeiten wie das Kochen (PG 184–5; Z § 320).

Gegen diese Spielanalogie ist eingewendet worden, daß Spiele pragmatischen Maßstäben unterliegen: sie können danach beurteilt werden, ob sie uns unterhalten, zuviel Zeit brauchen, etc. Aber ähnliche Punkte gelten für Sprachspiele wie Grüßen oder Messen. Ein weiterer Einwand ist, daß Spiele, anders als sprachliche Tätigkeiten, trivial sind. Aber einige Spiele spielen in unserem Leben eine größere Rolle als bestimmte sprachliche Blüten.

Sprache als Spiel
Es gibt einen Punkt, an dem die Analogie zusammenbricht. Anders als Spiele sind die Teile unserer sprachlichen Praxis miteinander verbunden (z.B. Befehlen und Gehorchen) und bilden Teile eines Gesamtsystems. Wittgenstein beschreibt dies, indem er die Sprache mit einer 'alten Stadt' vergleicht (PU § 18; die Analogie tritt bei Boltzmann, *Physics*, 77 und Mauthner, *Beiträge* I 26 auf): ihr Zentrum, die Alltagssprache, ist ein Gewirr von ungeraden Straßen und Gassen, während die jüngsten Zusätze, spezialisierte Idiome wie die der Chemie oder der Mathematik, Vorstädte mit geraden und gleichförmigen Linien bilden. Er wendet den Ausdruck 'Sprachspiel' an, um dieses Gesamtsystem zu bezeichnen. So spricht er vom 'ganzen Sprachspiel' und 'dem menschlichen Sprachspiel', 'unserem Sprachspiel' (BB 108; ÜG §§ 554–9). Tatsächlich macht er seinen wichtigsten Punkt in dieser Verwendung des Ausdrucks: 'Ich werde auch das Ganze: der Sprache und der Tätigkeiten, mit denen sie verwoben ist, das „Sprachspiel" nennen' (PU § 7).

Es ist die Weise, in der sprachliche Tätigkeiten verwoben sind mit und eingebettet sind in unsere nicht-sprachlichen Tätigkeiten, die sie weniger trivial sein läßt als Spiele. Die sprachlichen Tätigkeiten der Bauenden sind für ihre Leben so entscheidend wie

Messen und induktives Schließen für unseres. Das Sprachspiel mit 'Schmerz' ist verwoben mit Weisen der Verifikation von 3.-Person-Zuschreibungen, aber auch mit Bemitleidung etc. Unsere Sprachspiele sind eingebettet in unsere LEBENSFORM, den Gesamtzusammenhang der Tätigkeiten einer Sprachgemeinschaft. Wegen dieser Verknüpfung mit Praxis würden Wort-Spiele wie Scrabble für Wittgenstein nicht als Sprachspiele zählen. Diese Idee tritt in Wittgensteins Schriften immer mehr in den Vordergrund. Während zuerst Wörter im Satzzusammenhang Bedeutung haben und in dem Spiel, in dem sie verwendet werden, sagte er später: 'Nur im Fluß des Lebens haben die Worte Bedeutung' (LS I § 913). Die Techniken ihrer Anwendung sind Teil unserer Naturgeschichte. Aber Wittgenstein hat den Begriff des Sprachspiels nie mit dem der Lebensform identifiziert. Sprachspiele sind 'Teil der' (eingebettet in eine) Lebensform (PU §§ 23–5). Wittgenstein legt auch zunehmenden Wert auf die Vorstellung, daß unsere Sprachspiele nicht der Rechtfertigung unterliegen, sondern in unseren natürlichen Reaktionen und Tätigkeiten wurzeln (BPP I § 916; BPP II § 453; ÜG §§ 402–3, 559).

Wittgensteins Wortschöpfung ist weithin übernommen und auch ausgedehnt worden ('das Sprachspiel der Wissenschaft' oder 'der Religion'). Dummett hat die Verifikation eines Satzes mit Gewinnen im Schachspiel verglichen (obwohl Wittgenstein diesen Vorschlag im Hinblick auf mathematische Sätze zurückgewiesen hat – PG 289–95). Hintikka hat Spiele des Suchens und Findens benutzt, um eine Semantik für Quantoren zu geben.

Symbol
siehe ZEICHEN/SYMBOL

Tatsache
'Die Welt ist alles, was der Fall ist. Die Welt ist die Gesamtheit der Tatsachen, nicht der Dinge.' Der berühmte Anfang des *Tractatus* ist der Höhepunkt einer realistischen Tradition, die Tatsachen als geistunabhängigen Bestandteilen der Welt Wichtigkeit zumaß. Frege, Moore, Russell und, 1911, auch Wittgenstein verbanden dieses Motiv mit einer (teilweise terminologischen) Idiosynkrasie: sie identifizierten Tatsachen mit 'wahren' oder 'behaupteten Sätzen'. Aber Russell und Wittgenstein kamen bald dazu, Tatsachen als das zu verstehen, was Sätze wahr macht (wenn sie wahr sind). Wie Moore behandelte Russell Tatsachen als Komplexe von Entitäten ('Begriffe' oder 'Termini'), die zeitlos bestehen, unanhängig davon, ob sie von irgendwem gedacht werden: die Tatsache, daß Sokrates sterblich ist, besteht aus dem Philosophen und der Eigenschaft sterblich zu sein. In seiner atomistischen Periode analysierte er die Welt in 'atomare Tatsachen', die aus einfachen 'Individuen' bestehen, die 'Einzeldinge', ihre Eigenschaften und Beziehungen zwischen ihnen umfassen (*Principles* Kap. 4; *Logic* 178–89; *Writings* Kap. 1)

Zuerst behauptete Wittgenstein, daß die BEDEUTUNG eines Satzes '*p*' die Tatsache sei, die ihm in der Wirklichkeit entspricht, die Tatsache daß p, wenn er wahr ist, die Tatsache daß $\sim p$, wenn er falsch ist. Später gab er diese Vorstellung auf. Nur NAMEN haben Bedeutung, die absolut einfachen 'Gegenstände', für die sie stehen. Sätze haben das nicht, weil sie nicht für irgend etwas stehen, sondern beschreiben; was ein Satz beschreibt, eine Tatsache oder eine Sachlage, kann nur durch einen Satz ausgedrückt werden, etwas, das durch einen daß-Satz wiedergegeben werden kann. Trotz gelegentlicher Ausrutscher (Tb 6.10.14, 30.5.15) hat Wittgenstein gegen Moore und Russell darauf bestanden, daß weder ein Satz noch das, was er darstellt, ein 'Komplex' ist (TLP 3.14 ff.; AüL 195, 207). Komplexe sind bloße Verbindungen von Gegenständen und werden von Kennzeichnungen bezeichnet; zu ihnen zählen, was wir normalerweise als Gegenstände verstehen (TLP 2.0201, 3.24; Tb 23.–24.5./15.6.15). Wie Komplexe, aber anders als GEGENSTÄNDE, sind Tatsachen zusammengesetzt, 'aus einfachen Teilen zusammengesetzt' (Tb 17.6.15; vgl. TLP 3.21, 4.032). Sätze sind selbst Tatsachen, nicht bloße Listen von Namen: was in 'aRb' symbolisiert, ist nicht der Komplex von Zeichen, sondern die Tatsache, daß 'R' zwischen 'a' und 'b' so auftritt, daß 'a' links steht und 'b' rechts. Aus demselben Grund sind Tatsachen im allgemeinen verschieden von Komplexen von Gegenständen: die Tatsache, daß a in der Beziehung R zu b steht, ist verschieden von dem Komplex (aRb) – a's in-Beziehung-stehen zu b –, das selbst ein Bestandteil einer Tatsache wie $\Phi(aRb)$ ist. Der Besen besteht aus Besenstiel und an ihm befestigter Bürste, ist aber Bestandteil von Tatsachen – z. B. der Tatsache, daß der Besen in der Ecke steht – und nicht selbst eine Tatsache. Eine Tatsache oder ein Sachverhalt können nicht durch Auflistung ihrer Bestandteile identifiziert werden, sondern nur durch die bestimmte Weise, in der sie verbunden sind, durch ihre 'Struktur'. Während der Komplex (aRb) derselbe ist wie (bRa), ist die Tatsache daß aRb verschieden von der Tatsache daß bRa; wenn wir auf den Necker-Würfel sehen, können wir zwei Tatsachen mit denselben Bestandteilen sehen (TLP 2.032, 3.1432, 5.5423).

Russell folgt manchmal Bradley in der Auffassung, daß die Komponenten einer relationalen Tatsache aRb durch weitere Relationen, die sowohl a als auch b mit R verbinden, zusammengehalten werden müssen; zu andern Zeiten meinte er, was sie zusammenhalte sei eine logische Form – $x\Phi y$ ('Theory' 80–8, 97–9). Wittgensteins Unterscheidung zwischen Tatsachen und Komplexen macht beide Vorschläge überflüssig. Die LOGISCHE FORM einer Tatsache ist nicht einer ihrer Bestandteile. aRb und bRa haben dieselben Bestandteile, sind aber verschiedene Tatsachen. Eine zweistellige Relation braucht nur zwei einstellige Gegenstände – a und b – und einen zweistelligen – xRy –, um einen Sachverhalt zu bilden, nicht noch zwei weitere Relationen, um jeden Gegenstand mit der Beziehung zwischen ihnen zu verbinden. In einem Sachverhalt passen die Gegenstände direkt ineinander wie Glieder in einer Kette, ohne jeglichen logischen Kleister.

Nach der BILDTHEORIE stellt ein Satz seinen Sinn dar, einen Sachverhalt, der bestehen oder nicht bestehen kann, je nachdem, ob der Satz wahr ist oder falsch ist (TLP 2.201 f., 4.021 f., 4.031). Hier gibt es eine terminologische Unklarheit. 'Was der Fall ist, die Tatsache, ist das Bestehen von Sachverhalten. Der Sachverhalt ist eine Verbindung von Gegenständen' (TLP 2 f.; *Bestehen* sollte im Englischen nicht mit 'existence', sondern mit 'obtaining' übersetzt werden; man beachte, daß ein aus einem einzelnen Gegenstand bestehender Sachverhalt durch Definition ausgeschlossen ist). In einem Brief an Russell sagte Wittgenstein, ein Sachverhalt sei, was einem wahren Elementarsatz entspreche, eine Tatsache, was einem wahren komplexen Satz (z. B. '$p \cdot q \cdot r$') entspreche (RUB 19.8.19); und er hat Ogdens Übersetzung von 'Sachverhalt' mit 'atomic fact' gebilligt. Trotzdem ist 'state of affairs' eine wörtliche Übersetzung von Sachverhalt und trifft keine Vorentscheidungen für exegetische Fragen. Denn es gibt auch Belege dafür, daß es einen Unterschied gibt zwischen Sachverhalten als dem, was möglicherweise, und Tatsachen als dem, was wirklich der Fall ist. Der *Tractatus* wendet den Ausdruck 'möglich' und 'nicht bestehend' auf Sachverhalte und Sachlagen an, aber niemals auf Tatsachen (TLP 2.012 ff., 2.06, 2.202 f., 3.11). Gleichzeitig sind Tatsachen komplexer als Sachverhalte (TLP 2.03 ff., 4.2211): eine Tatsache (ihre Struktur) besteht aus einer Vielheit von Sachverhalten (ihren Strukturen). Daher ist die folgende Unterscheidung vorgeschlagen worden: Eine Tatsache ist das Bestehen einer Menge von Sachverhalten ($S_1 \ldots S_n$); ein Sachverhalt ist eine mögliche Verbindung (Verkettung/Anordnung) von Gegenständen, die einem Elementarsatz entspricht; eine Sachlage ist eine mögliche Anordnung, die einem molekularen Satz entspricht. Während jedoch einige Passagen diesen Vorschlag, daß Sachlagen die molekularen Äquivalente von Sachverhalten sind, unterstützen, sprechen andere dagegen (TLP 2.11, 2.201 f. vs. 2.012 ff., 2.034). Im Hinblick auf Wittgensteins eigene Erklärungen sollte man daher die Unterscheidung zwischen Sachverhalten und Tatsachen als eine zwischen dem Elementaren und dem Komplexen behandeln. Das aber würde vertrackterweise seine Position inkonsistent machen. Der Sinn eines Satzes – das, was er abbildet – ist ein Sachverhalt oder eine Sachlage (TLP 2.201 ff., 4.02 ff., Tb 2.10./2.11.14). Ein Sachverhalt ist eine *mögliche* Verbindung von Gegenständen, die besteht, wenn der Satz wahr ist, und nicht besteht, wenn er falsch ist. Auf der anderen Seite widerspricht es normalem Gebrauch, von möglichen oder nichtbestehenden Tatsachen zu sprechen. Für sich genommen, wäre das nicht wichtig, weil die *Philosophische Grammatik* diese terminologische Beschränkung ausdrücklich zurückweist (PG 199–201; vgl. auch FW 55). Aber es ist auch unvereinbar mit der Aussage im *Tractatus* selbst, daß eine Tatsache etwas ist, *was der Fall ist* (TLP 1 ff.). Wittgensteins Brief ignoriert, daß Sachverhalte Potentialitäten sein müssen, Tatsachen Wirklichkeiten.

Vielleicht ist das der Tatsache geschuldet, daß er mit zwei verschiedenen Begriffen von einer Tatsache operiert. Anfänglich ist eine Tatsache das Bestehen eines Sachverhalts. Aber der *Tractatus* unterscheidet auch zwischen einer 'positiven Tatsache' als Bestehen und einer 'negativen Tatsache' als Nichtbestehen von Sachverhalten (TLP 2.06; AüL 193–6). Das beseitigt jedoch nicht die zuvor genannte Schwierigkeit, weil eine negative Tatsache – die Tatsache, daß das-und-das nicht der Fall ist – wie eine positive Tatsache eine Wirklichkeit ist.

Schlimmer ist, daß es eine zusätzliche Unklarheit gibt. Der *Tractatus* definiert die Welt als die Gesamtheit bestehender Sachverhalte, Wirklichkeit als Bestehen und Nichtbestehen von Sachverhalten, behauptet aber auch 'Die gesamte Wirklichkeit ist die Welt' (TLP 2.04, 2.06, 2.063). Zusammen scheinen diese Passagen die Menge der positiven Tatsachen mit der Menge der positiven und negativen Tatsachen zu identifizieren. Man könnte sich dieser Schlußfolgerung durch den Hinweis zu entziehen versuchen, daß die Welt mit der Gesamtheit der bestehenden Sachverhalte identifiziert wird, während die Wirklichkeit eine Untermenge der bestehenden und nichtbestehenden Sachverhalte sein könnte. Aber selbst diese Untermenge müßte nichtbestehende Sachverhalte einschließen, die nicht Teil der Welt sind.

Auf jeden Fall ist die Struktur der Wirklichkeit in der der Welt impliziert (TLP 1.12, 2.05). Gegenstände können nicht für sich auftreten, sondern müssen in Verbindungen mit anderen Gegenständen eintreten. Eine Liste aller positiven Tatsachen erwähnt daher alle Gegenstände. Außerdem haben Gegenstände nicht nur externe Eigenschaften (tatsächlich mit anderen Gegenständen in Tatsachen verbunden zu sein), sondern auch interne Eigenschaften, die Fähigkeit, mit anderen Gegenständen in Sachverhalten verbunden sein zu können. Jeder Gegenstand enthält in seiner Natur alle Möglichkeiten für sein Eingehen in Verbindungen mit anderen Gegenständen. Das bedeutet, daß die Gesamtheit der Gegenstände, die mit der Gesamtheit der bestehenden Sachverhalte (= Welt) gegeben ist, die Gesamtheit der möglichen Sachverhalte (= Wirklichkeit) bestimmt. Tatsächlich sind, wenn auch nur ein einzelner Gegenstand a gegeben ist, *alle* Gegenstände gegeben (TLP 2.011–2.014, 5.524). Denn die Natur von a wird für alle anderen Gegenstände bestimmen, ob sie mit a verbunden werden können oder nicht.

Obwohl der *Tractatus* zwischen positiven und negativen Tatsachen unterscheidet, sind die Tatsachen, die ELEMENTARSÄTZE abbilden, immer positive Tatsachen; ein Elementarsatz bildet nämlich das Bestehen eines Sachverhaltes ab (RUB 19.8.19). Indem Namen in einer bestimmten Weise verbunden werden, sagt ein Elementarsatz, richtig oder falsch, daß etwas der Fall ist, und nicht, daß etwas nicht der Fall ist (TLP 4.022). Infolgedessen ist die Negation eines wahren Elementarsatzes nicht ein falscher Elementarsatz, sondern ein falscher molekularer Satz, während ein falscher Elementarsatz eine nichtbestehende Verbindung von Gegenständen abbildet.

Dieser Ansatz löst ein Problem hinsichtlich negativer Tatsachen und Sätze. Es scheint, daß, was einem negativen Satz 'Blut ist nicht grün' entspricht, das Nichtgrünsein von Blut sein müsse, was seinerseits darin besteht, daß es rot oder blau oder gelb ist. Auf diesen Wegen argumentierte Schlick, daß negative Sätze wesentlich zweideutig seien und daher mangelhaft. Russell verwarf im Gegensatz dazu zu Recht die Idee, '$\sim Fa$' zu analysieren als 'Es gibt einen Satz „Ga", der wahr ist und unvereinbar mit „Fa"', und akzeptierte daher widerwillig negative Tatsachen als Bestandteile des ontologischen Zoos (*Logic* 209–14). Wittgenstein vermied Schlicks Konfusion, indem er zwischen dem Nichtderfallsein von p und dem, was anstelle von p der Fall ist, unterschied: 'nicht-p' bedeutet nicht 'alles andere, nur nicht p'. Aber er bestand auch darauf, daß '$\sim p$' sich nicht auf eine andere Wirklichkeit beziehe als 'p': es ist dieselbe Tatsache, die den einen Satz verifiziert und den anderen falsifiziert (AüL 189–93; Tb 4.11.14; TLP 4.0621 f.).

Wittgensteins Ontologie der Sachverhalte kann folgendermaßen illustriert werden: a–d sind Gegenstände eines Typs (Einzeldinge); E–H Gegenstände eines anderen Typs (Eigenschaften), schraffierte Flächen sind wirkliche Verbindungen (bestehende Sachverhalte), nicht schraffierte Flächen mögliche, aber nichtbestehende Verbindungen:

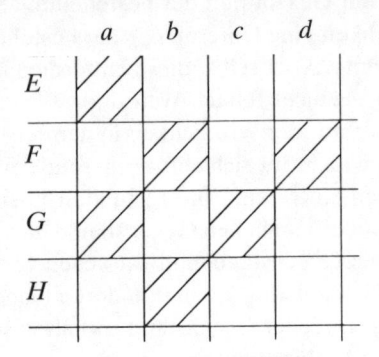

Genauso wie Elementarsätze voneinander logisch unabhängig sind, sind es die Sachverhalte, die sie abbilden. Das Bestehen und Nichtbestehen eines Sachverhaltes darf das Bestehen oder Nichtbestehen keines anderen ausschließen oder implizieren (TLP 1.2 f., 2.061 f.; Tb 28.11.16) – daß F mit b verbunden ist, schließt weder F's Verbundensein mit a aus noch b's Verbundensein mit H. Entsprechend ist, was der negativen Tatsache daß $\sim Fa$ entspricht, nicht, daß a und F nicht verbunden sein *könnten*, weil G und a verbunden sind, sondern nur, daß sie so nicht verbunden *sind*. Eine vollständige Beschreibung der 'Welt', der Gesamtheit der positiven Tatsachen, wird gegeben durch die Auflistung aller Elementarsätze und die Angabe, welche von ihnen wahr sind (TLP 4.063, 4.26). Keine zwei Mitglieder dieser Liste werden miteinander logisch unvereinbar sein, keines wird die Negation eines anderen sein. Wir bedürfen keiner Sätze, die das Negationszeichen enthielten. Ein und dieselbe Wirklichkeit entspricht einem Satz und seiner Verneinung, und diese Wirklichkeit ist immer eine Verbindung von Gegenständen, das heißt, eine positive Tatsache.

Dieses Modell liegt auch der Vorstellung zugrunde, daß die Welt die Gesamtheit der Tatsachen ist und nicht der Dinge. Einige haben das verstanden als eine neue, dynamische Ontologie, die auf die Idee gegründet sei, daß wir die Welt nicht als aus unverbundenen Teilen zusammengesetzt wahrnehmen, sondern als geordnet gemäß daß-Sätzen. Aber der *Tractatus* ist nicht damit befaßt, wie wir die Welt wahrnehmen. Seine Ontologie ist Teil einer Theorie symbolischer Darstellung. Die Welt ist in erster Linie das, was in der Sprache dargestellt wird. Daß die Welt die Gesamtheit der Tatsachen ist, bedeutet, daß wir, um die Welt darzustellen, Tatsachen abzubilden haben. In diesem Sinn kann die Welt nicht aus Gegenständen bestehen, das heißt, mit ihnen identifiziert werden, weil Gegenstände allen möglichen Welten gemeinsam sind.

Obwohl Wittgensteins spätere Überlegungen zu Tatsachen sich selten auf Einzelheiten des *Tractatus* einlassen, legen sie nahe, daß seine Ontologie auf einer irrigen Konzeption von Tatsachen aufgebaut ist (PG 199–201; PU § 48; MS 127 1.3.44). Wittgenstein wiederholt die Unterscheidung zwischen Tatsachen und Komplexen und arbeitet sie aus. Ein Komplex (z.B. eine Blume) ist ein räumlicher Gegenstand, der aus Teilen, die kleiner als das Ganze sind, zusammengesetzt ist (z.B. Stengel und Blüte). Die räumlichen Beziehungen zwischen den kleineren Teilen sind nicht selber Bestandteile des Komplexes: eine Kette ist aus ihren Gliedern gebildet, nicht aus ihren Gliedern plus den räumlichen Beziehungen zwischen ihnen. Dasselbe gilt für die Eigenschaften eines Komplexes: ein roter Kreis besteht aus seinen Teilen, aber nicht aus Röte und Kreisförmigkeit. Diese Beobachtungen mögen gegen den *Tractatus* gerichtet sein, obwohl unklar ist, ob letzterer darauf verpflichtet ist, Röte als Komponente eines Komplexes zu behandeln. Auf der anderen Seite kritisiert Wittgenstein klarerweise den *Tractatus* dafür, daß er davon spricht, Tatsachen und Sachverhalte seien aus Bestandteilen zusammengesetzt, seien 'Verbindungen' oder 'Konfigurationen' von Gegenständen (TLP 2.01f., 2.0271–2.03). Die Tatsache, daß ein Kreis rot ist, ist nicht eine Verbindung eines Kreises und der Röte, die Tatsache, daß ein Buch auf dem Tisch liegt, ist nicht zusammengesetzt aus Buch, Tisch und der Beziehung des Liegens-auf. Infolgedessen sind Tatsachen nicht aus Gegenständen gebildet wie eine Kette aus ihren Gliedern. Anders als Komplexe, sind Tatsachen nicht raumzeitliche Bewohner der Welt (sie haben keine räumliche Lokalisierung und können sich nicht bewegen). Aus diesem Grund ist es auch irreführend, Sätze so aufzufassen, als beschriebe sie Tatsachen, Sachverhalte oder Sachlagen (vgl. TLP 3.144, 4.016, 4.023). Vielmehr kann man, indem man eine Tatsache feststellt, zum Beispiel, daß der Besenstiel in der Besenbürste steckt, einen Komplex beschreiben, nämlich den Besen, der ein Teil der räumlichen Welt ist. In gleicher Weise kann man nicht auf eine Tatsache zeigen (point to), aber eine Tatsache herausstellen (point out). Man kann auf einen Komplex zeigen, aber das heißt nicht, herauszustellen, daß seine Bestandteile in bestimmter Weise verbunden sind. Der *Tractatus* glich Tatsachen fälschlicherweise Bestandteilen der Welt an. Wie Strawson treffend bemerkt hat: Die Welt ist die Gesamtheit der Dinge, nicht der Tatsachen, obwohl eine Beschreibung der Welt aus Tatsachenfeststellungen besteht. Das untergräbt nicht nur den logischen Atomismus, sondern auch jede Korrespondenztheorie der WAHRHEIT, die die Tatsachen als Weltelemente behandelt, denen unsere Sätze entsprechen.

Tautologie

Tautologie ist ein Ausdruck aus dem Griechischen, der 'Wiederholung dessen, was gesagt wurde' bedeutet. Sein Gebrauch in der Logik geht mindestens bis auf Kant zurück (*Logik* §§ 36–7). Kant charakterisierte die formale Logik als analytisch, unterschied aber zwei Typen analytischer Sätze, solche, in denen das Enthaltensein des Prädikats im Subjektterminus implizit ist, wie in 'Alle Körper sind ausgedehnt', und solche, in denen es explizit ist, wie in 'Alle ausgedehnten Körper sind ausgedehnt'. Letztere nennt er 'tautologisch' und besteht darauf, daß sie, anders als die ersteren, 'virtualiter leer oder *folgeleer*' seien, weil sie nicht einmal das Subjekt explizierten. Dies entspricht der Unterscheidung von Leibniz zwischen 'notwendigen' und 'identischen' Wahrheiten und der zeitgenössischen Unterscheidung zwischen eigentlichen analytischen Wahrheiten und logischen Wahrheiten, wobei erstere Sätze sind, die durch den Gebrauch von Definitionen auf letztere reduziert werden können. Im 19. Jahrhundert wurde 'tautologisch' herabsetzend gebraucht, um zu bezeichnen, daß die formale Logik, insbesondere das Gesetz der Identität '$a = a$', trivial und witzlos seien, weil sie unser Wissen nicht vermehrten. Wittgenstein könnte dem Ausdruck bei Coffey (vgl. RCL) und Mauthner begegnet sein, der behauptete, daß nicht nur logische und mathematische, sondern sogar empirische Wahrheiten tautologisch seien, wenn sie erst einmal bekannt sind (*Beiträge* III 301, 324–5). Und obwohl Russell leidenschaftlich bestritt, daß logische Wahrheiten tautologisch oder rein analytisch seien, bezeichnet *Principia Mathematica* (*1.2) '$(p \vee p) \supset p$' als 'Prinzip der Tautologie'. Selbst Frege gab zu, daß eine logische Wahrheit wie '$p \supset p$' 'beinahe ohne Inhalt' zu sein scheine ('Gedankengefüge' 50).

Obwohl der frühe Wittgenstein nicht der erste war, der die Logik als tautologisch charakterisierte, war er der erste, der den Ausdruck in einer Weise benutzte, die sowohl genau als auch allgemein ist, das heißt, nicht beschränkt auf entweder das Prinzip der Identität oder auf Sätze, die wörtliche Wiederholungen enthalten. Außerdem verwendete er ihn, um verschiedene Satztypen zu unterscheiden, die unterschiedslos als zur LOGIK gehörig behandelt worden waren. Und er argumentierte überzeugend für die Auffassung, daß logische Sätze nicht die Wirklichkeit beschreiben, sondern sprachliche Regeln reflektieren.

Nach Frege sind die logischen Wahrheiten analytisch in dem Sinn, daß sie aus Definitionen und selbst-evidenten Axiomen ableitbar sind. Die Axiome jedoch, und daher indirekt auch die Theoreme, werden als Wahrheiten charakterisiert, die zeitlose Beziehungen zwischen Entitäten entfalten (Gedanken und Wahrheitswerten), die ein 'drittes Reich' jenseits von Raum und Zeit bewohnen (*Grundlagen* Einl., §§ 3, 26; *Grundgesetze* I, Vorw., 'Gedanke'). Russells Position war stärker aristotelisch als platonisch. Er behandelte logische Wahrheiten als Beschreibungen der allgemeinsten und durchdringendsten Züge der Wirklichkeit und beharrte darauf, daß sie nur logische Konstante und ungebundene Variablen enthielten. So ist 'Was immer x, α und β sein mögen, wenn alle αs auch βs sind, und x ist ein α, dann ist x ein β' ein logischer Satz, nicht aber 'Wenn alle Menschen sterblich sind, und Sokrates ein Mensch ist, dann ist Sokrates sterblich' (*Principles* 11; *Principia* 93; 'Theory' 98–101; *External* 66). Aber er und Frege teilen die Überzeugung, daß die Logik Aussagen über Entitäten oder Formen gewisser

Art machen, genauso, wie die empirischen Wissenschaften Aussagen über physische Gegenstände machten.

Die Zurückweisung dieser Annahme ist der Ausgangspunkt von Wittgensteins Philosophie der Logik. 'Es muß sich herausstellen, daß die Logik von VÖLLIG anderer Art ist als jede andere Wissenschaft.' Der erste Schritt zur Einlösung dieses Versprechens ist die Einsicht: 'Die Sätze der Logik enthalten NUR SCHEINBARE Variablen' und daß es keine LOGISCHEN KONSTANTEN gibt (RUB 22.6.12, 22.7.13; AüL 208; TLP 6.112). Die letztere Behauptung ist gegen die Vorstellung gerichtet, daß die Ausdrücke der Logik – Satzverknüpfungen und Quantoren – Namen von Entitäten seien, die erstere gegen die daraus folgende Vorstellung, daß die Sätze der Logik Aussagen über diese Entitäten seien.

Sowohl Frege als auch Russell drückten den allgemeingültigen Charakter der logischen Wahrheiten durch den Gebrauch 'wirklicher' Variablen aus, das heißt, durch Variablen, die anders als die 'scheinbaren' nicht durch Quantoren gebunden sind (*Begriffsschrift* §§ 1, 14; *Grundgesetze* I §§ 17–8; *Principia* Kap. 1). Dadurch wurden '$p \vee \sim p$' und '$(x)fx \supset fa$' implizite Verallgemeinerungen über Sätze, Begriffe und Gegenstände. Anfänglich stimmte Wittgenstein zu, daß logische Sätze allgemein seien, bestand aber darauf, daß sie, anders als empirische Verallgemeinerungen, wesentlich und nicht zufällig wahr seien und daher nicht durch Zeichen ausgedrückt werden könnten, die wirkliche Variablen enthielten (RUB 11.–12.13; AüL 199). Anders als

(1) Es regnet entweder, oder es regnet nicht

sind Zeichen wie '$p \vee \sim p$' nicht selbst sinnvolle Sätze, sondern nur 'Schemata von Sätzen', die die Satzbuchstaben als Stellvertreter nutzen, um die logische Form von den Sätzen anzuzeigen, die durch Einsetzung sinnvoller Sätze für die Stellvertreter gebildet werden (das ist Quines Erklärung der Rolle von Satzbuchstaben in solchen Schemata verwandt). Infolgedessen kann die vollständige Allgemeinheit des Satzes vom Ausgeschlossenen Dritten nur mit der Hilfe von Quantoren ausgedrückt werden, nämlich als

(2) $(p)(p \vee \sim p)$

und logische Sätze sind Verallgemeinerungen von Tautologien wie (1).

Die 'Aufzeichnungen, die G. E. Moore nach Diktat in Norwegen niedergeschrieben hat' modifizieren diese Position beträchtlich, indem sie Sätze wie (2) als unsinnig zurückweisen. In Wittgensteins neuer Erklärung sind drei Gründe dafür enthalten. Erstens, indem (2) über Sätze quantifiziert, gleicht es Sätze an NAMEN an, die für Gegenstände stehen, im Gegensatz zu dem scharfen Kontrast, den Wittgenstein sonst zwischen beiden sieht. Zweitens, die entstehende SAGEN/ZEIGEN-Unterscheidung setzt sowohl (2) als auch sein nicht-formales Äquivalent 'Jeder Satz ist entweder wahr oder falsch' auf den Index, weil sie einen formalen Begriff verwenden, um wesentliche Eigenschaften von Sätzen zu charakterisieren. Drittens, und am wichtigsten, ist allgemein zu sein weder eine notwendige noch eine hinreichende Bedingung dafür, eine logische

T Tautologie

Wahrheit zu sein. *Pace* Russell ist ein nicht verallgemeinerter Satz wie (1) wesentlich wahr und gehört daher zur Logik. Auf der anderen Seite sind allgemeine Prinzipien wie die Axiome der Reduzierbarkeit und der Unendlichkeit oder das Gesetz der Induktion kontingent und haben daher in der Logik keinen Platz (AM 209–10; TLP 5.535, 6.1231 ff., 6.31). Die Sätze der Logik sind nicht Verallgemeinerungen von Tautologien, sondern selber Tautologien, das heißt, sie werden dargestellt von Schemata wie '$p \vee \sim p$'.

Wittgenstein gibt dem Ausdruck 'Tautologie' durch den Gedanken der wahrheitsfunktionalen Zusammensetzung eine genaue Bedeutung. Der Wahrheitswert eines komplexen Satzes hängt von den Wahrheitswerten von ELEMENTARSÄTZEN ab, von denen er eine Wahrheitsfunktion ist. Unter den wahrfunktionalen Verknüpfungen von Sätzen sind zwei 'Grenzfälle'. Tautologien sind Verknüpfungen, die wahr sind, was immer die Tatsachen seien (Widersprüche wie '$p. \sim p$' sind ebenso bedingungslos falsch), und das wird gezeigt durch ihre WAHRHEITSTAFEL, die dann ein W (oder F) für alle Wahrheitsmöglichkeiten (Zuordnungen von Wahrheitswerten) aufweist. Normale Wahrheitsfunktionen haben Sinn, weil sie mögliche Sachverhalte richtig oder falsch abbilden. Im Gegensatz dazu sagen Tautologien und Widersprüche nichts. Sie beschränken die Welt in keinerlei Hinsicht, weil erstere mit allen möglichen Sachlagen vereinbar sind, letztere mit keiner. Sie sind nicht 'unsinnig', weil sie zulässige Verknüpfungen von Sätzen sind, aber 'sinnlos' in einem quantitativen Sinn, das heißt, sie haben null Sinn. Anders als 'Es regnet' sagt (1) nichts über das Wetter. Tautologien geben 'keine Information': 'Wenn 15, dann 15!' ist so wenig eine Antwort auf die Frage 'Wieviele Leute werden da sein?' wie 'Mach, was du willst! (Take it or leave it!)' ein Befehl ist (TLP 4.46 ff., 5.101; AM 222–3; BB 161; BGM 231; VGM 340–1).

Frege widersetzte sich der Vorstellung, daß logische Wahrheiten leer seien, indem er darauf hinwies, es sei 'doch die Wahrheit nicht zu leugnen'. Wittgenstein würde zugeben, daß sie 'auf der Seite der Wahrheit' sind, aber darauf bestehen, daß sie 'degenerierte Sätze' sind in dem Sinn, in dem ein Punkt ein degenerierter Kegelschnitt ist. Denn sie sind so gebildet, daß sie wahr sind, weil sie bipolare Sätze (*siehe* BIPOLARITÄT) in der Weise verknüpfen, daß sich die faktische Information dieser Teilsätze wechselseitig aufhebt, und aus diesem Grund können sie durch Erfahrung weder bestätigt noch widerlegt werden (BGM 167; vgl. VGM 213–5; TLP 4.461, 4.465 f., 6.121; Tb 3./29.10.14, 6.6.15; 'Gedankengefüge' 50). Es ist auch eingewendet worden, daß jedenfalls komplexe logische Sätze weit davon entfernt seien, leer zu sein. Aber der entscheidende Punkt ist, daß, während die Wahrheit von bipolaren Sätzen nur bestimmt werden kann, indem sie mit der Wirklichkeit verglichen werden, man auch komplizierte Tautologien 'am Symbol allein erkennen kann', nämlich durch Bildung des 'logischen Satz(es) aus anderen nach bloßen *Zeichenregeln*' (TLP 6.113, 6.126).

Logische Sätze sind nicht Wahrheiten über eine letzte Wirklichkeit, sie drücken auch keine besondere Art von Wissen aus, wie traditionell angenommen wurde; denn sie unterscheiden sich von allen anderen Sätzen dadurch, daß sie leer sind (TLP 5.1362, 6.111). Wittgenstein Erklärung erzeugt auch spezifischere Zweifel hinsichtlich der axiomatischen Darstellung der Logik bei Frege und Russell. Es gibt keine privilegierten logischen Sätze ('Axiome' oder 'Grundgesetze'), aus denen alle anderen ('Theoreme') abgeleitet wären. Es ist unerheblich, mit welchen logischen Sätzen man anfängt: sie haben allen gleichen Status, sind alle Tautologien, und sie sagen alle dasselbe, nämlich nichts (TLP 5.43, 6.127f.; Tb 10.6.15). Die W/F-Notation zeigt, daß '$p \vee {\sim}p$', '${\sim}(p . {\sim}p)$', '$p \supset p$' etc. nur verschiedene Weisen sind, ein und dieselbe Tautologie auszudrücken, nämlich (WW)(p). Für jede Anzahl von n Elementarsätzen gibt es nur zwei Grenzfälle wahrheitsfunktionaler Verknüpfung, und diese werden durch Formeln dargestellt, die 2^n Ws bzw. 2^n Fs enthalten. Außerdem werden in einer idealen Notation Sätze als Wahrheitsfunktionen der gesamten Menge von Elementarsätzen ausgedrückt. Dies droht die Logik in eine einzige ungeheure Tautologie kollabieren zu lassen (daher Sheffers Bemerkung: 'Es gibt nur eine Tautologie und Wittgenstein ist ihr Prophet' – WAM 86). Schließlich erschien Moore die Vorstellung, daß alle Tautologien dasselbe sagen, als reductio der Behauptung, sie sagten nichts (M 61–6). Wittgenstein versucht das Problem zu vermeiden, indem er behauptet, daß, obwohl alle Tautologien dasselbe *sagten*, sie etwas je Verschiedenes über die logischen Eigenschaften der sie bildenden Sätze *zeigten* (AM 216–20; TLP 6.12ff.). So zeigt '${\sim}(p . {\sim}p)$', daß 'p' und '${\sim}p$' einander widersprechen, '$((p \supset q) . p) \supset q$', daß '$q$' aus '$p \supset q$' und '$p$' folgt. Er macht damit auch Raum für die LOGISCHE FOLGERUNG: weil sie leer sind, können Tautologien nicht aussagen, daß ein Satz aus einem anderen folgt, aber *daß* '$((p \supset q) . p) \supset q$' tautologisch ist (oder '$((p \supset q) . p) . {\sim}q$' ein Widerspruch) bildet die 'Form eines Beweises' (*modus ponens*).

Der *Tractatus* behauptet, daß die alleinigen logisch notwendigen Sätze analytisch seien, das heißt leere Tautologien (TLP 6.1f., 6.3, 6.375). Alle Sätze, die wahr zu sein scheinen, was immer die Umstände sind, aber nicht in das Schema passen, müssen sich unter Analyse entweder (a) als doch empirisch herausstellen; oder (b) als tautologische Wahrheitsfunktionen; oder (c) als unsinnig, weil sie etwas zu sagen versuchen, was nur gezeigt werden kann. (c) gilt für metaphysische Sätze, aber auch für mathematische Gleichungen (siehe MATHEMATIK). Wie Tautologien drücken sie keinen Gedanken aus, aber anders als Tautologien sind sie Scheinsätze (TLP 6.2f.). (b) gilt für die logischen Wahrheiten des Prädikatenkalküls, zum Beispiel '$(x)fx \supset fa$', weil 'fa' eine der Möglichkeiten ausdrückt, die die unendliche Konjunktion ausmachen, die von '$(x)fx$' abgekürzt wird – '$fa . fb . fc$, etc.'. Es gilt auch für '${\sim}(A$ ist rot $. A$ ist grün$)$', das angeblich in eine wahrheitsfunktionale Tautologie analysiert werden kann (TLP 6.1201–6.1203, 6.3751). Die Behandlung des ersteren Falls wird durch Wittgensteins spätere Einsicht unterminiert, daß ALLGEMEINHEIT nicht mit Hilfe unendlicher logischer Produkte erklärt werden kann, die des letzteren durch seine folgende Erörterung des FARBausschließungsproblems.

Eine Zeitlang versuchte Wittgenstein die Vorstellung beizubehalten, daß solche Sätze tautologisch seien, indem er in die Wahrheitstafel-Notation Regeln einführte, die bestimmte Wahrheitsmöglichkeiten ausschlossen, so etwa 'WW' für 'A ist rot' und 'A ist grün' (BLF 25–8; WWK 73–4, 91–2). Das kommt jedoch der Verabschiedung der Vorstellung gleich, daß alle Notwendigkeit analytisch sei, gegründet auf die *wahrheitsfunktionale* Verknüpfung logisch voneinander unabhängiger Sätze. Es ist behauptet worden, daß in Reaktion auf diese Schwierigkeit Wittgenstein den Begriff der Tautologie auf *alle* notwendigen Wahrheiten erweitert habe. Tatsächlich bleibt Wittgenstein dabei, dieses Etikett den Sätzen der Logik vorzubehalten (BlB 113; VüpEuS 58; NPL 449; VGM 331–46). Andere notwendige Sätze ähneln ihnen jedoch in einer Hinsicht: Sie werden nicht mit der Wirklichkeit verglichen und sind daher nicht Beschreibungen von irgend etwas und *a fortiori* nicht von logischen Entitäten, sondern sie werden erklärt unter Bezugnahme auf sprachliche Regeln. '$p \vee \sim p$' ist eine leere Tautologie; aber *daß es* eine Tautologie ist, ergibt eine Schlußregel, die weder unausdrückbar noch tautologisch ist, sondern Teil unserer FORM DER DARSTELLUNG, insofern sie spezifiziert, wie empirische Sätze umgeformt werden können (Vorl 324–9; VGM 336–41; BGM 123, 231, 245–7; WWK 35, 106, 158–9; PB 125–30). Wittgenstein gab auch die Vorstellung auf, daß die Tatsache, daß gewisse wahrheitsfunktionale Verknüpfungen von Elementarsätzen Tautologien seien, das Wesen der Welt zeige (TLP 6.124, 6.13; AM 209–14; *siehe* BIPOLARITÄT).

Aufgrund des *Tractatus* werden die Wahrheiten des Aussagenkalküls gemeinhin als Tautologien charakterisiert. Die Behauptung, daß logische Sätze leer seien, wurde von Russell zögernd, von Ramsey und den Logischen Positivisten begeistert akzeptiert. Die Logischen Positivisten gebrauchten sie gegen Kants Vorstellung, daß einige apriorische Wahrheiten synthetisch seien. Aber sie ignorierten Wittgensteins Unterscheidung zwischen Tautologien und mathematischen Gleichungen und seine Mythologie des Symbolismus. Für sie sind Tautologien Folgerungen aus willkürlichen Konventionen (den Wahrheitstafel-Definitionen der logischen Konstanten).

Tractatus Logico-Philosophicus (*Logisch-Philosophische Abhandlung*)
Wittgenstein hat auf das einzige philosophische Buch, das er zu Lebzeiten veröffentlicht hat, immer mit dem deutschen Titel Bezug genommen. Nichtsdestoweniger hat sich der lateinische Titel durchgesetzt, den Moore für die englische Ausgabe vorgeschlagen hat, und er ist ein akademisches geflügeltes Wort geworden. Unglücklicherweise ist das Werk selbst dunkel geblieben. Ein Teil der Schwierigkeit und der Reiz des Buches liegen in der Tatsache, daß es Probleme wie sprachliche Bedeutung, das Wesen der Logik, das Ziel der Philosophie und den Platz des Subjekts in einer Weise erörtert, die das Formale mit dem Romantischen verbindet. 'Die Arbeit ist streng philosophisch und zugleich literarisch, es wird aber doch nicht darin geschwafelt' (FB 10.19). Eine weitere Schwierigkeit ist, daß die marmornen Bemerkungen des *Tractatus* äußerst verdichtet sind. Sie sind keine Aphorismen, da sie starr in eine dichte Struktur eingefügt sind. Aber in seinem Bemühen, Geschwafel zu vermeiden, hat Wittgenstein einen lakonischen Ton angenommen und seine Bemerkungen zu dem verdichtet, was Broad 'synkopierte Flötentöne' nannte. Wittgenstein hat später die Gerechtigkeit dieser Bemerkung anerkannt, als er zugab, jeder Satz des *Tractatus* sollte als Kapitelüberschrift gelesen werden, die weiterer Erläuterung bedürfe (der Hintergrund der sibyllinischen Verkündungen des *Tractatus* wird manchmal durch die *Tagebücher* geliefert). Schließlich: 'Die Dezimalzahlen als Nummern der einzelnen Sätze deuten das logische Gewicht der Sätze an, den Nachdruck, der auf ihnen in meiner Darstellung liegt. Die

Sätze *n*.1, *n*.2, *n*.3, etc. sind Bemerkungen zum Satz No. *n*; die Sätze *n.m*1, *n.m*2, etc. Bemerkungen zum Satze No. *n.m*; und so weiter' (TLP 1 Fn). Wittgenstein betrachtete dieses System als wesentlich für das Buch (FB 5.12.19), aber vielen ist es irreführend vorgekommen. Zuerst hat Wittgenstein es im sogenannten 'Prototractatus' angewendet, einem Typoskript, das er 1917–18 aus seinen Tagebüchern zusammenstellte. Der *Tractatus* wendet es nicht konsistent an. Was Wittgenstein seinen 'Grundgedanken' nannte, wird als 4.0312 verborgen. Die Sätze 1–7 werden am besten als Kapitelüberschriften aufgefaßt, obwohl 4 nicht durch das, was ihm folgt, erläutert wird, sondern durch das, was ihm vorhergeht.

Wittgenstein hatte große Schwierigkeiten, für den *Tractatus* einen Verleger zu finden (er richtete erfolglose Anfragen an Frege und von Ficker, um die Veröffentlichung zu erleichtern). Er wurde schließlich 1921 in Ostwalds *Annalen der Naturphilosophie* veröffentlicht und ein Jahr später in einer englisch-deutschen Parallel-Ausgabe. Diese verdankte sich Russells großzügiger Unterstützung. Um die Veröffentlichung zu sichern, schrieb Russell eine Einleitung, die Wittgenstein als oberflächlich und irreführend verdammte (RUB 6.5.20), und dies partiell zu Recht.

Die Arbeit, die im *Tractatus* kulminierte, begann 1912 als ein Versuch, das Wesen der 'Sätze der Logik' und der LOGISCHEN KONSTANTEN zu klären. Weil Wittgenstein die LOGIK unter Bezugnahme auf das Wesen von Darstellung erklärte, führte das unmittelbar weiter zu einer 'Theorie des Symbolismus', die das Wesen sinnvoller Sätze im allgemeinen erläutert (RUB 22.6.12, 26.12.12). Das Ergebnis der Erörterung der Logik wurde in 'Aufzeichnungen, die G. E. Moore in Norwegen nach Diktat niedergeschrieben hat' (1914) erreicht, nämlich daß logische Sätze TAUTOLOGIEN sind, die nichts über die Wirklichkeit sagen. Wittgensteins schließliche Theorie des Symbolismus ist die BILDTHEORIE (Tb 29.10.14), die den Hintergrund abgibt, vor dem logische Sätze ihren ausgezeichneten Status einnehmen. Anders als Tautologien bilden gewöhnliche Sätze mögliche Sachverhalte ab.

Die Bildtheorie zog eine umfängliche atomistische Ontologie von unzerstörbaren GEGENSTÄNDEN nach sich. Indem sie das Wesen des Satzes erklärt, erklärt sie 'das Wesen allen Seins' (Tb 22.1.15). Das hat Anlaß gegeben zu einer Kontroverse zwischen 'sprachlichen' Interpretationen, für die die Gegenstände des *Tractatus* bloße Setzungen sind, und 'ontologischen' Interpretationen, für die die Sprache nur hinsichtlich des *ordo cognoscendi* vorrangig ist, nicht hinsichtlich des *ordo essendi*. Erstere hat recht darin, daß Wittgensteins Metaphysik der Niederschlag seiner Logik ist (AüL 206): die Existenz von Gegenständen wird aus einer Theorie sprachlicher Darstellung abgeleitet. Aber für diese Theorie der Sprache ist entscheidend, daß die Sprache nicht autonom ist (*siehe* AUTONOMIE DER SPRACHE), sondern die wesentliche Natur der Wirklichkeit widerspiegeln muß, um in der Lage zu sein, sie abbilden zu können. Später jedoch hat Wittgenstein erklärt, seine Arbeit habe 'sich ausgedehnt von den Grundlagen der Logik zum Wesen der Welt' (Tb 2.8.16). Das paßt nicht nur auf die Bewegung von der Logik zur Ontologie, sondern verkündet auch die Entwicklung einer sprachlichen Version von Schopenhauers transzendentalem Idealismus (*siehe* SOLIPSISMUS) und von mystischen Themen (*siehe* MYSTIZISMUS).

Der *Tractatus* umfaßt vier Teile, die den Stufen seiner steinigen Entwicklung entsprechen: die Theorie der Logik (1912–14), die Bildtheorie (1914), die Erörterung von Wissenschaft und Mathematik (1915–17), und die Erörterung des Mystischen (1916–1917). Die Struktur des Buches ist folgende:

Ontologie (1–2.063): Obwohl der *Tractatus* mit symbolischer Darstellung befaßt ist (Vorw.), beginnt er mit Ontologie, weil das Wesen der Darstellung und dessen, was darstellt (Denken/Sprache), isomorph ist mit dem Wesen dessen, was dargestellt wird (Wirklichkeit).

Abbildung (2.1–3.5): Nachdem er behauptet hat, daß die Welt die Gesamtheit der Tatsachen ist, geht der *Tractatus* dazu über, eine Untermenge dieser Gesamtheit, nämlich Bilder, insbesondere Sätze (*siehe* SATZ) zu untersuchen, das heißt, Tatsachen, die geeignet sind, andere Tatsachen darzustellen.

Philosophie (4–4.2): Anders als die Wissenschaft, besteht die Philosophie nicht aus Sätzen, weil die logische Form, die Sprache und Wirklichkeit teilen, in sinnvollen Sätzen nicht ausgedrückt werden kann, sondern sich selbst in empirischen Sätzen zeigt (*siehe* SAGEN/ZEIGEN).

Theorie der Logik (4.21–5.641, 6.1–6.13): Wittgenstein benutzt wahrheitsfunktionale Operationen, um die Konstruktion komplexer Sätze aus Elementarsätzen zu erklären – damit eine Darstellung der ALLGEMEINEN SATZFORM gebend – und um nachzuweisen, daß logische Sätze Tautologien sind.

Mathematik (6.–6.031, 6.2–6.241): Mathematik wird auch als ein Aspekt logischer Operationen erklärt, mittels deren Sätze auseinander abgeleitet werden.

Wissenschaft (6.3–6.372): Wissenschaft wird nach Vorgaben von Hertz behandelt; sie enthält Elemente a priori, das begriffliche Netz für unsere Beschreibung der Welt.

Mystizismus (6.373–6.522): Ethischer und ästhetischer Wert sind unausdrückbar (*siehe* ETHIK; ÄSTHETIK).

Die Leiter wegwerfen (6.53f.): Der *Tractatus* versucht, das Sagbare zu begrenzen, erkennt aber an, daß seine eigenen Verkündungen jenseits dieser Grenze liegen. Sie sollten als eine Leiter benutzt werden, die weggestoßen werden kann, nachdem man auf ihr hinaufgeklettert ist. 'Wovon man nicht sprechen kann, darüber muß man schweigen' (7).

Ein Teil der Faszination des *Tractatus* liegt in seiner schwer faßbaren Einheit. Eine Theorie der Darstellung, die Bildtheorie, liefert eine atomistische Ontologie; eine Theorie der Logik, eine Darstellung des Mystizismus und ein faszinierendes Bild der Philosophie selbst. Aber einige der Verknüpfungen sind dünn. Der Mystizismus ist nicht in derselben Weise unsagbar wie die Logik, und es ist nicht leicht zu sehen, wie die abstrakte Erklärung wissenschaftlicher Theorien in den Rahmen des Gesamtbildes der Sprache paßt.

Übersicht

Die Übersetzung dieses Ausdrucks durch verschiedene Ausdrücke im Englischen (z. B. surview, survey) hat den Umfang und die Wichtigkeit dieses Begriffs in Wittgensteins Werk verdeckt. Das Erfordernis der Übersichtlichkeit der ersten Grundsätze war von Frege verkündet worden. Aber Wittgensteins Vorstellung, daß eine Übersicht über die Grammatik ein Heilmittel für philosophische Verwirrung darstellt, war stärker von Hertz angeregt, der meinte, daß Probleme mit Begriffen wie Kraft nicht durch neue wissenschaftliche Informationen oder durch Definitionen gelöst würden, sondern durch ein klareres Verständnis schon verfügbarer Informationen und Definitionen (*Mechanik*, Einl.). Boltzmann legt darüber hinaus nahe, daß solche Auflösung erreicht werden kann durch ein System, in dem die Analogien oder Modelle, die der Wissenschaft zugrunde liegen, in übersichtlicher Weise dargestellt werden (*Physics* 5–6, 75, 167).

Wittgenstein hat den Ausdruck zuerst im Kontext von methodologischen Überlegungen zur ANTHROPOLOGIE eingeführt (GB 36–7). Er behauptete, daß die Sammlung von Tatsachen über Rituale rund um den Globus in Frazers *Golden Bough* nicht die genetische Erklärung des Rituals des Königs von Nemi liefert, die Frazer suchte, sondern eine andere Art erhellender Synopsis von Daten. Er stellt die genetische Methode der 'Entwicklungshypothese' zwei anderen Weisen der Sammlung von Daten gegenüber, nämlich ein 'Schema' zu liefern und die Tatsachen in einer 'übersichtlichen Darstellung' anzuordnen. Beide sind Teil der 'morphologischen Methode' von Goethe und Spengler (MS 110 256; PLP Kap. IV). Goethes Morphologie der Pflanze benutzt eine fiktive Urpflanze als einen Archetypus, im Blick auf den die Morphologie aller Pflanzen verstanden werden kann. Spengler ahmt Goethe nach, indem er Kulturepochen mit Familien vergleicht und behauptet, Kulturen hätten archetypische Lebenszyklen. Während Wittgenstein Spenglers Einfluß anerkennt, beschuldigt er ihn des Dogmatismus (VB 469, 486–7). Statt darauf zu bestehen, daß Kulturen seinem Schema entsprechen müßten, hätte er diese 'Urbilder' oder 'Vorbilder' als 'Vergleichsobjekte' behandeln sollen: sie charakterisieren nicht die Phänomene, sondern bestimmen eine mögliche Weise, sie zu sehen.

Was diesen Denkern gemeinsam ist, ist die Vorstellung, daß es Formen des Verstehens gibt, die verschieden sind von der kausalen Erklärung der deduktiv-nomologischen Wissenschaften; und daß man Licht auf eine verschiedenartige Vielheit von Phänomenen werfen kann, ohne irgend etwas Neues zu entdecken, indem man das bereits Bekannte in einer Weise anordnet, die die Verknüpfungen und Zwischenglieder klärt. Wittgenstein verstand diese methodologische Vorstellung als eine Weltanschauung, die mit der szientistischen konkurriert. Er hat sie auf die ÄSTHETIK (VuGÄPR 56–7) und die MATHEMATIK angewendet. Aber ihr vorzüglicher Gebrauch ist der in philosophischer Methodologie:

Es ist eine Hauptquelle unseres Unverständnisses, daß wir den Gebrauch unserer Wörter nicht *übersehen*. – Unserer Grammatik fehlt es an Übersichtlichkeit. – Die übersichtliche Darstellung vermittelt das Verständnis, welches eben darin besteht, daß wir die 'Zusammenhänge sehen'. Daher die Wichtigkeit des Findens und des Erfindens von *Zwischengliedern*.

U Übersicht

Der Begriff der übersichtlichen Darstellung ist für uns von grundlegender Bedeutung. Er bezeichnet unsere Darstellungsform, die Art, wie wir die Dinge sehen. (Ist dies eine 'Weltanschauung'?) (PU § 122; vgl. GB 37; BT 417; PB Vorw., VB 458–9; *siehe auch* FORM DER DARSTELLUNG).

Diese Idee beerbt die Vision des *Tractatus* von einer 'richtigen logischen Auffassung' (TLP 4.1213). Beide liefern Heilmittel gegen unser 'Unverständnis' der Grammatik oder der LOGISCHEN SYNTAX (der Regeln der Sprache) und daher für die sich ergebende philosophische Verwirrung. Der *Tractatus* versuchte, dieses Ziel durch eine ideale Notation zu erreichen, die eine übersichtliche Darstellung der logischen Formen gab, ohne etwas über sie zu SAGEN(/ZEIGEN), nämlich durch die graphischen Mittel der WAHRHEITSTAFEL-Notation (TLP 4.31, 5.101, 6.1203). Einen Satz in dieser Notation darzustellen setzt jedoch voraus, daß er analysiert worden ist. Während die LOGISCHE ANALYSE unter die Erscheinungen der Sprache gräbt, sucht der spätere Wittgenstein eine richtige logische Auffassung eher durch logische Geographie als durch logische Geologie (Vorl 199; VGM 50). Grammatische Regeln sind nicht verborgen, sondern offensichtlich in unserer sprachlichen Praxis (*siehe* KALKÜLMODELL). Sie sind jedoch nicht übersichtlich (PB 51; PU § 122). Obwohl wir als kompetente Sprecher gelernt haben, die Grammatik unserer Sprache zu beherrschen, neigen wir dazu, bestimmte Unterschiede zwischen Ausdrücken oder logische Verknüpfungen zwischen Sätzen im Verlauf philosophischer Überlegungen mißzuverstehen, zu verzerren oder zu ignorieren.

Wittgenstein entdeckt verschiedene Wurzeln solcher philosophischer Verwirrung: (a) phänomenologische Züge sowohl des Wortgebrauchs, in dem wir mit vertrauten Wörtern besondere Gefühle verbinden (*siehe* ASPEKTWAHRNEHMUNG) und fälschlich folgern, sie konstituierten die Bedeutung dieser Wörter (PU II, S. 489–93, 500–3, 552–3), als auch der einsamen philosophischen Reflexion, zum Beispiel eine Tendenz der manischen Konzentration auf ein bestimmtes Phänomen unter Ausschließung aller anderen (PU §§ 38, 593); (b) ein 'Streben nach Allgemeinheit' (BlB 37–9), das uns zu einer einförmigen Erklärung von FAMILIENÄHNLICHKEITSbegriffen wie 'Satz' neigen läßt; (c) die Nachahmung der Wissenschaft, die uns versuchen läßt, Probleme (z. B. das Leib/Seele-Problem) durch explanatorische Theorien zu beantworten, statt sie durch grammatische Erinnerungen aufzulösen; (d) der hypnotisierende Einfluß von Neigungen der Vernunft, insbesondere ein 'Verlangen nach dem Unbedingten' (Kant; VB 470), die Tendenz, immer tiefer zu graben oder nach einer Wirklichkeit hinter den Phänomenen Ausschau zu halten, ohne zu erkennen, wann haltzumachen ist (Z § 314; BGM 102–3; BPP I § 889); (e) Analogien der OberflächenGRAMMATIK von logisch verschiedenen Ausdrücken (z. B. zwischen Zahlzeichen und Namen, oder 'sprechen' und 'meinen'); die Tendenz, Züge eines Sprachspiels auf ein anderes zu projizieren (z. B. des Redens über materielle Gegenstände auf unser psychologisches Vokabular); (g) in die Sprache eingebettete Bilder (z. B. daß Dinge 'in unserem Kopf' vor sich gehen).

Wittgenstein behauptete, daß in unserer Sprache eine ganze 'Mythologie' niedergelegt sei (GB 38; BT 433–4; PU §§ 422–6; ÜG § 90; MS 110 184). Er schrieb diese Idee Paul Ernst zu, aber der Ausdruck selbst tritt eher bei Nietzsche auf, der Wittgenstein in der Behauptung voranging, daß grammatische Strukturen uns in metaphysische Illusionen irreführen können (*Der Wanderer und sein Schatten* § 11; *Jenseits von Gut und*

Böse §§ 16–34). Solche Mythologien können harmlos sein oder in nichtphilosophischer Rede sogar fruchtbar, müssen aber in der Philosophie unter Kontrolle gehalten werden, weil sie begriffliche Zusammenhänge verdunkeln. Um diese Versuchungen zu beschneiden, stellt eine 'Übersicht' einen Ausschnitt der Grammatik, der für ein gegebenes philosophisches Problem relevant ist, in detaillierter und übersichtlicher Weise dar (PU § 122). Sie ist eine Aufzählung oder Anordnung von grammatischen Regeln/Sätzen.

Kürzlich ist diese Interpretation mit der Begründung herausgefordert worden, daß es trotz der verkündeten Wichtigkeit nur ein etikettiertes Beispiel in Wittgensteins Werk gebe, nämlich das Farbenoktaeder, das als 'eine *übersichtliche* Darstellung der grammatischen Regeln' bezeichnet wird (PB 51–2). Die Lösung des Problems soll in der Idee liegen, daß übersichtliche Darstellungen nicht aus grammatischen Sätzen bestünden, die den Platz grammatischer Erklärungen einnehmen könnten, sondern Beschreibungen 'zweiter Stufe' von grammatischen Regeln seien. Das Farb-Oktaeder stellt nicht die Regeln für den Gebrauch von Farbwörtern auf, es bildet diese Regeln ab. Entsprechend gibt es keinen Mangel an übersichtlichen Darstellungen: jede Beschreibung der Grammatik zählt als solche, und auch die einfachen Sprachspiele, die Wittgenstein als 'Vergleichsobjekte' verwendet.

Während ein Vergleichsobjekt (Archetyp, Ideal) zur Lieferung einer übersichtlichen Darstellung beitragen kann, kann es nicht selbst eine darstellen, weil es 'durch Ähnlichkeit und Unähnlichkeit ein Licht in die Verhältnisse unserer Sprache werfen soll (...)' (PU §§ 130–1, vgl. §§ 2–21; BB 77–9; VB 469–70, 486–7): wir können die Regeln des Schachspiels nicht darstellen, indem wir das Damespiel beschreiben, obwohl letzteres uns zum Verständnis des ersteren helfen mag. Die Vorstellung, daß übersichtliche Darstellungen auf einer anderen Ebene im Vergleich zu grammatischen Sätzen sind, ist ebenfalls unhaltbar. 'Das Farbenoktaeder *ist* Grammatik, denn es sagt, daß wir von einem rötlichen Blau aber nicht von einem rötlichen Grün reden können, etc.' (PB 75; vgl. Vorl 29–30). Das heißt, daß übersichtliche Darstellungen aus grammatischen Sätzen bestehen (nicht aus Beschreibungen 'zweiter Stufe').

Man könnte nichtsdestoweniger darauf bestehen, daß es für Wittgenstein unvereinbare Weisen der Artikulation von grammatischen Regeln geben kann, die gleichermaßen verdienstvoll sind. Der Zweck einer übersichtlichen Darstellung ist nicht, die Grammatik zu zeigen, wie sie ist, sondern einen Gestaltwechsel herbeizuführen, indem ein neuer Aspekt des Gebrauchs unserer Wörter beleuchtet wird. Übersichtliche Darstellungen geben nicht vor, exklusiv oder auch nur richtig zu sein, sie zielen nur auf die Beseitigung des Einflusses bestimmter beunruhigender Aspekte der Grammatik, in der Hoffnung, damit philosophische Verwirrung beizulegen: 'Sieh es *so* an ..., wenn dich das nicht beruhigt, sieh es *so* an ...' Die Folge derartigen grammatischen Aspektsehens ist ein bei Waismann vorherrschender philosophischer Relativismus, der behauptete, die Philosophie solle durch die Entwicklung 'grammatischer Modelle', erfundener Sprachspiele, voranschreiten (PLP Kap. IV). Die Idee ist, keine Aussagen über die 'Wirklichkeit der Sprache' zu treffen, sondern diese Modelle für sich selbst sprechen zu lassen. Wir stellen sie neben die normale Sprache und sagen 'Sieh doch dies an!' Niemand kann mit diesem Vorgehen übereinstimmen oder nicht übereinstimmen, weil diese Modelle gar nichts behaupten.

Waismann hat diese Ideen jedoch (in *How I see Philosophy*) in Opposition zu Wittgenstein entwickelt. Letzterer hat anerkannt, daß eine Übersicht 'eine Ordnung' in unserm (Wissen vom) Verstehen (Gebrauch) unserer Sprache herstellt, die zweckrelativ ist (nämlich relativ auf die Lösung spezifischer Probleme), nicht '*die* Ordnung' (PU § 132; TS 220 § 107). Es gibt verschiedene Artikulationen derselben grammatischen Regeln – das Farbenoktaeder könnte durch eine Liste von Kombinationsregeln ersetzt werden ('Es gibt kein rötliches Grün; es gibt bläuliches Grün, etc.'). Und einige von ihnen können verschiedene Vergleichsobjekte benutzen. Aber nichts davon impliziert, daß es hinsichtlich der Frage, welches die grammatischen Regeln sind oder gar, was zu sagen sinnvoll ist, keine Tatsachen gäbe. Tatsächlich ist Wittgensteins Vorwurf gegen den Dogmatismus, daß er unsere 'tatsächliche Sprache' verzerrt (PU § 107), indem er Züge des Vergleichsobjekts auf sie projiziert. Das impliziert, daß man den grammatischen Tatsachen auch nicht gerecht werden kann. Die Antwort auf das dogmatische 'So muß es sein!' ist 'denk nicht, sondern schau' auf die 'Anwendung des Wortes, wie sie wirklich ist' – nicht, eine Anwendung des Wortes zu erfinden durch Ausbrüten grammatischer Modelle (PU §§ 66, 112; MS 111 82). Die Alternative zum Dogmatismus ist nicht Relativismus, sondern das 'ruhige Erwägen sprachlicher Tatsachen' (Z § 447).

Der Begriff einer Übersicht legt nahe, daß es eine Weise gibt, in der Wittgensteinsche Philosophie systematisch sein kann. Tatsächlich hat Wittgenstein zwei verschiedene 'Klassifikationen psychologischer Begriffe' gegeben (BPP I § 895; BPP II §§ 63, 148; Z § 472). Er faßte für sie auch einen 'Stammbaum' ins Auge – wie für die Zahlbegriffe, vermutlich als eine Weise zu zeigen, daß, zum Beispiel, das System der natürlichen Zahlen zu dem der ganzen Zahlen erweitert werden kann (BPP I § 722; *siehe* PHILOSOPHISCHE PSYCHOLOGIE). Diesen Übersichten kommt es nicht auf 'Genauigkeit' an. Aber Wittgenstein ging es um eine 'vollkommene Übersicht über alles, was Unklarheit schaffen kann' (Z §§ 273, 464). Das muß nicht heißen, daß es eine 'Gesamtheit' oder eine 'vollständige Liste von Regeln' für unsere Sprache gibt: der Begriff 'aller Regeln' ist zweifelhaft selbst für einen einzelnen Ausdruck, weil klare Identitätskriterien nur für kodifizierte Regeln bestehen (z.B. die des Schachspiels) (MS 157a 108; TS 220 92). Aber es deutet an, daß Übersichten über Teile der Grammatik so umfassend sein können, wie man möchte.

Entsprechend kann es Fortschritte geben in der Kartographie begrifflicher Landschaften und der Lösung bestimmter Probleme. Das ist aber vereinbar damit, daß die Philosophie ein offenes Ende hat (Z § 447; BlB 74–5). Wie die Entwicklung von π kann die Philosophie besser werden, ohne der Vollendung näher zu kommen. Der Grund dafür ist, daß selbst eine globale Übersicht über die Grammatik nicht ein Allheilmittel für philosophische Rätsel gäbe. Erstens ändert sich die Sprache, in der diese wurzeln, und schafft damit neue Probleme, wie es der Fall war mit der Entwicklung der neuen Physik, der formalen Logik und von Computern; zweitens gibt es keine bestimmte Anzahl von Möglichkeiten, verwirrt zu sein. 'Es gibt nicht *eine* Methode der Philosophie, wohl aber gibt es Methoden, gleichsam verschiedene Therapien' (PU § 133). Philosophie kann nicht enden, wenn, wie Kant und Wittgenstein meinen, die Faszination durch philosophische Probleme Teil der *condition humaine* ist (BT 422–4): Einige Passagen deuten an, daß diese Tendenz selbst durch einen Kulturwandel ausgerottet werden könnte (BGM 132; VB S. 536–9). Aber anders als postmoderne Propheten des Untergangs der Philosophie wie Rorty gibt Wittgenstein keinerlei Hinweise darauf, worauf ein solcher Wandel hinauslaufen würde.

Die letzte Frage ist, ob die Konstruktion von Übersichten ein positives Ziel der Wittgensteinschen Philosophie darstellt. Oft formuliert Wittgenstein das Ziel der Philosophie rein negativ, nämlich 'der Fliege den Ausweg aus dem Fliegenglas zeigen', indem philosophische Probleme '*vollkommen* verschwinden' sollen (PU §§ 309, 133; vgl. Vorl 171; BT 425; VB S. 474–5). Aber warum soll man überhaupt Philosophie treiben, wenn sie nur von Irrtümern befreit, die sie selbst erzeugt hat? Eine Antwort ist, daß die Philosophie Wert hat wegen des 'Philosophen in uns' (TS 219 11): die Versuchung zu begrifflicher Verwirrung ist nicht auf berufsmäßige Philosophen beschränkt. Aber das läßt uns mit Ryles berühmter Frage zurück, was der Fliege fehlen würde, wenn sie nie in das Fliegenglas geraten wäre. Hier müssen wir zur Kenntnis nehmen, daß die Philosophie unseren Drang, philosophische Fragen zu stellen, nicht durch irgendwelche Mittel auflösen soll (nicht z. B. durch einen Schlag auf den Kopf), sondern durch ein Verständnis ihres Wesen und ihrer Quellen. Eine Fliege, die nie in das Fliegenglas geraten wäre, würde nicht nur der Fähigkeit ermangeln, sich aus ähnlichen Löchern zu befreien, einer Art praktischen Wissens (know-how), sondern auch der begrifflichen Klarheit, die Wittgenstein als ein Ziel in sich selbst ansah (PU II, S. 539; PB Vorw.; VB S. 459). Ob man eine erfolgreiche Übersicht als ein interessantes Ziel aus eigenem Recht ansieht, wie Strawsons deskriptive Metaphysik es tut, oder nur als einen Aspekt philosophischer Kritik, ist eine Frage intellektuellen Temperamentes. Selbst wenn die Philosophie nicht zum menschlichen Wissen beiträgt, trägt sie doch zum menschlichen Verstehen bei.

Übersichtlichkeit
siehe MATHEMATISCHER BEWEIS

Unsinn
Für Frege ist ein Begriff erster Stufe wie 'ist ein Planet' eine Funktion, die Gegenstände auf Wahrheitswerte abbildet. Jeder Gegenstand kann das Argument jeder Funktion erster Stufe sein; es gibt keine Bereiche, aus denen Argumente genommen werden müßten. (In gleicher Weise lassen Wahrheitsfunktionen als Argumente nicht nur Sätze zu, sondern jedweden Gegenstand.) 'Die Zahl 7 ist ein Planet' ist in derselben Lage wie 'Die Sonne ist ein Planet', nämlich beide sind falsch. Aber 'ist ein Planet ist ein Planet' ('$f(fx)$') ist falsch gebildet, weil die Argumentstelle des äußeren 'f' durch ein gesättigtes Zeichen gefüllt werden muß, den Namen eines Gegenstands. Obwohl Frege eine Hierarchie von Satzfunktionen einführte, arbeitete er nicht mit einer systematischen

Unterscheidung von Sinn und Unsinn (Funktion' 17–21; 'Begriff'; *Grundgesetze* I §§ 21–5). Russells Typentheorie dagegen führte eine systematische Unterscheidung ein zwischen Sätzen, die wahr oder falsch sind, und Sätzen, die bedeutungslos sind, auch wenn sie hinsichtlich Vokabular und Syntax nicht zu beanstanden sein mögen (*Principia* II).

(1) Die Klasse der Löwen ist ein Löwe

ist nicht falsch, wie Frege meinte, sondern 'sinnlos', weil es von einer Klasse aussagt, was nur von Einzeldingen ausgesagt werden kann.

Der frühe Wittgenstein nahm diese Idee in einer Weise auf, die den Begriff des Unsinns – im Sinn von 'bedeutungslos' und nicht von 'offensichtlich falsch' oder 'witzlos' – ins Zentrum der Logik versetzt. Ob ein Satz wahr ist, wird bestimmt davon, wie es sich verhält. Die LOGIK ist mit der vorgängigen Frage befaßt, welche Zeichenfolgen Sätze sind, die die Wirklichkeit (wahr oder falsch) darstellen können. Er verband dies mit der Kantischen Idee, daß Philosophie eine kritische Tätigkeit sei, die die Grenzen zieht zwischen legitimer Rede (insbesondere dem 'bestreitbare(n) Gebiet der Naturwissenschaft' – TLP 4.11 ff.) und illegitimer Spekulation (insbesondere der Metaphysik). Der *Tractatus* will

dem Denken eine Grenze ziehen, oder vielmehr – nicht dem Denken, sondern dem Ausdruck der Gedanken: Denn um dem Denken eine Grenze zu ziehen, müßten wir beide Seiten dieser Grenze denken können (wir müßten also denken können, was sich nicht denken läßt).
Die Grenze wird also nur in der Sprache gezogen werden können und was jenseits der Grenze liegt, wird einfach Unsinn sein. (Vorw.)

Während Kant der Erkenntnis Grenzen setzt, begrenzt Wittgenstein die sinnvolle Rede.

(a) Logik ist mit dem Denken befaßt, weil wir die Wirklichkeit im Denken darstellen. Aber GEDANKEN sind weder abstrakte noch geistige Entitäten; sie sind Sätze-im-Gebrauch, Satzzeichen in ihrer projektiven Beziehung zur Welt. Infolgedessen können Gedanken in der Sprache vollständig ausgedrückt werden und die Logik kann dem Denken eine Grenze ziehen, indem sie die Grenzen des sprachlichen Ausdrucks von Gedanken feststellt.

(b) Diese Grenzen *müssen* in der Sprache gezogen werden. Per definitionem kann, was jenseits ihrer liegt, nicht gedacht werden und daher – nach (a) – nicht *gesagt* werden. 'Wir können nichts Unlogisches denken, weil wir sonst unlogisch denken müßten' (TLP 3.03, 5.473, 5.61). Das ist unmöglich, weil die Logik die notwendigen Vorbedingungen für Denken enthält. Infolgedessen können die Grenzen des Denkens nicht durch Sätze gezogen werden, die über beide Seiten reden, sondern nur von innen (TLP 4.113 ff.). Dies geschieht durch die LOGISCHE SYNTAX, das System der 'Zeichenregeln' (TLP 3.32–3.34, 6.02, 6.124 ff., AM 209–10; RAB 11;13), die bestimmen, ob eine Zeichenverbindung fähig ist, einen möglichen Sachverhalt darzustellen und daher ein Satz ist.

(c) Diese Regeln können nicht in sinnvollen Sätzen ausgedrückt werden. Denn solche Sätze würden notwendige Eigenschaften von Symbolen feststellen und daher nicht bipolar sein (*siehe* BIPOLARITÄT): sie würden nicht eine wirkliche Möglichkeit ausschließen und könnten daher nicht ausdrücken, was sie ausschließen sollen. Wir können nicht auf etwas Unlogisches wie die Klasse der Löwen, die ein Löwe sei, mit einem sinnvollen Ausdruck Bezug nehmen. Daher ist der Versuch, es als logisch unmöglich auszuschließen, selbst unsinnig. Die Grenzen des Sinns können nicht in philosophischen Sätzen gesagt werden, sondern zeigen sich selbst in der logischen Form nichtphilosophischer Sätze. Entsprechend scheint der *Tractatus* verpflichtet, Sätze wie folgt zu klassifizieren:

(i)   Nur die bipolaren Sätze der Wissenschaft sind sinnvoll (TLP 4.11–4.116, 6.53).
(ii) TAUTOLOGIEn und Widersprüche sind sinnlos, das heißt, haben null Sinn.
(iii) Die Sätze der traditionellen Metaphysik sind unsinnig. Sie sind auf 'Mißverständnisse' der logischen Syntax gegründet, die sie in einer Weise verletzen, die durch logische Analyse aufgedeckt wird (TLP 3.323f., 4.003, 6.53). Diese Idee ist in *Philosophische Untersuchungen* § 464 beibehalten: viele metaphysische Sätze sind 'nicht offenkundiger Unsinn', den grammatische Untersuchungen (*siehe* GRAMMATIK) demaskieren, indem sie den 'offenkundigen Unsinn' aufdecken, den sie implizieren.
(iv) Die Verkündungen des *Tractatus* sind nicht auf ein Mißverständnis der logischen Syntax gegründet, sondern drücken vielmehr Einsichten in ihr Funktionieren aus. Indem sie das aber tun, versuchen sie zu sagen, was nur gezeigt werden kann. Sie sind 'Scheinsätze', die als erhellender Unsinn angesehen werden können (TLP 4.12ff., 5.534f., 6.54f.; Tb 20.10.14; *siehe* SAGEN/ZEIGEN).

Der *Tractatus* bringt zwei Erklärungen des Unsinns. Eine ist, daß die Unsinnigkeit von

(2) Sokrates ist identisch

auf einen Mangel zurückzuführen ist, das heißt, der Tatsache geschuldet ist, daß wir 'identisch' keine adjektivische Bedeutung gegeben haben. Aber wenn wir so eine Bedeutung festlegen, zum Beispiel, daß 'ist identisch' dasselbe bedeutet wie 'ist menschlich', dann haben wir es mit zwei verschiedenen Symbolen zu tun. Wenn ein Satz 'keinen Sinn hat, so kann das nur daran liegen, daß wir einigen seiner Bestandteile keine Bedeutung gegeben haben' (TLP 5.4733, vgl. 5.473, 6.53). Tatsächlich ist behauptet worden, daß dem *Tractatus* zufolge kein Teil von (2) bedeutet, was er in einem sinnvollen Satz bedeutet. Dies würde aus einer wörtlichen Interpretation des KONTEXTUALISMUS des Werkes folgen: ein Wort (Name) hat nur im Satzzusammenhang Bedeutung, was impliziert, daß kein Teil von (2) Bedeutung hat.

Zur gleichen Zeit vertritt der *Tractatus* eine Art von Kompositionalismus: der Sinn von Elementarsätzen ist bestimmt durch die Bedeutungen der sie bildenden NAMEN, das heißt dadurch, für welche Gegenstände sie stehen. Gegenstände haben eine LOGISCHE FORM, die ihre Möglichkeit ist, in Verbindungen mit bestimmten anderen Gegenständen einzutreten. Gegenstände und, abgeleiteterweise, ihre Namen fallen in verschiedene logische Kategorien: ein Punkt x,y im Gesichtsfeld muß eine Farbe haben und kann keine Tonhöhe haben. Im Fall eines sinnvollen Satzes heißt, die Bedeutung und die logische Form seiner Namen aufzufassen, die mögliche Verbindung von Gegenständen aufzufassen, die er abbildet (Tb 1.11.14; TLP 3.318, 4.02–4.03), während es im Fall von (2) oder

(3) Punkt x,y ist Ces

heißt zu verstehen, daß diese Verbindung von Namen keine mögliche Verbindung von Gegenständen abbildet, gerade weil die Bestandteile miteinander unvereinbare Bedeutungen haben. (3) läuft auf das hinaus, was Ryle (vom *Tractatus* angeregt) einen 'Kategorienfehler' genannt hat.

Wittgensteins späteres Werk untergräbt beide Seiten der Antinomie. Der Kontextualismus hat nur insofern recht, als die Bedeutung eines Worts dadurch bestimmt ist, wie es in Sätzen GEBRAUCHT werden kann. Es folgt nicht, daß es außerhalb von Sätzen keine Bedeutung habe: es ist für sich gerade der Typ des Wortes, der die-und-die Verwendung hat und daher eine Bedeutung. Der Kompositionalismus betrachtet die Bedeutung eines Wortes als eine Entität, die die Verbindungsmöglichkeiten eines Wortes bestimme. Obwohl wir Unsinn reden können, das heißt, Wörter in einer Weise verbinden können, die von ihren Bedeutungen ausgeschlossen wird, können wir nicht Unsinn denken, weil wir dabei steckenbleiben, mit dem, was sich ergibt, einen Sinn zu verbinden (siehe BEDEUTUNGSKÖRPER). Während jedoch 'Die Rose ist rot' Unsinn wäre, wenn das 'ist' dasselbe bedeutete wie in '$2 \times 2 = 4$', ist der Grund dafür nicht, daß das 'ist' mit zwei verschiedenen Entitäten verbunden wäre, von denen nur eine in den Kontext paßte. Vielmehr läßt die Grammatik die Einsetzung von '=' im letzteren Fall zu, aber nicht im ersteren. Das ist nicht die Folge davon, daß 'ist' zwei Bedeutungen hätte, sondern vielmehr (teilweise) konstitutiv dafür, daß es eine verschiedene Bedeutung oder unterschiedlichen Gebrauch in den beiden Kontexten hat. Unsinn ergibt sich, wenn eine Verbindung von Zeichen von der Grammatik ausgeschlossen ist, sei es durch explizite Regel '(Nichts Sichtbares kann eine Tonhöhe haben') oder durch bloßes Fehlen einer Regel für den Gebrauch einer abwegigen Verbindung von Wörtern wie in (2). Die Tatsache, daß wir für (2) einen Gebrauch festsetzen könnten, zeigt nicht, daß es vor der Festsetzung einen Sinn hatte. Wir können nicht nur durch auf ihm liegende Hindernisse daran gehindert sein, einen Weg zu gehen, sondern auch dadurch, daß er an ein Ende kommt (PG 53–4; PU § 558, II, S. 491–2; BPP I §§ 43, 246; PLP 39, 237).

Außerdem kritisiert Wittgenstein den Kompositionalismus für die Auffassung, daß Sinn haben ein Zug von Satztypen und bloß durch ihre Form und ihre Bestandteile bestimmt sei. Für ihn (wie für Ryle) sind es die Verwendungen von Wörtern bei bestimmten Gelegenheiten, die Sinn oder keinen Sinn haben. Ob eine Äußerung Sinn hat und was sinnvoll ist, ist nicht nur durch seine sprachliche Form bestimmt, sondern hängt auch von den Umständen ab, unter denen die Äußerung gemacht wird und auch von der vorhergehenden Kommunikation zwischen Sprecher und Hörer (PU § 489, II, S. 564–5; ÜG §§ 212, 229, 348–50, 433). Ob eine Äußerung von 'Dies ist grün' einen Kategorienfehler enthält, hängt davon ab, ob es dazu verwendet wird, auf eine Zahl oder einen Apfel Bezug zu nehmen. Ein Satztyp wie 'Ich sehe Armstrong in der Südwestecke des Zimmers' kann verwendet werden, um eine völlig verständliche Feststellung zu treffen, aber auch in völlig unsinniger Weise, zum Beispiel, wenn Armstrong in einem Raumschiff zwischen Jupiter und Neptun fliegt oder ich mit verbundenen Augen in meinem Büro sitze. Umgekehrt ist 'Ich fühle Wasser zehn Fuß unter der Oberfläche' nicht sinnvoll, wenn der Sprecher nur ein kleines Loch gegraben hat, in das er seinen Arm steckt, wäre aber sinnvoll, wenn er ein langes Gerät zum Sondieren in der Hand hätte. Die Grenzen des Sinns sind nicht durch ein starres System ein für allemal gezogen, sondern relativ auf Umstände, und sie lassen Grenzfälle zu (Vorl 171; BlB 27; Z § 328).

Unsinn in der Philosophie zu entdecken ist nicht länger eine Angelegenheit der Inanspruchnahme eines kanonischen Regelsystems, das die LOGISCHE ANALYSE entdeckte (TLP 6.53). Es ist das Ergebnis eines kritischen Dialoges, auf den Wittgenstein später als ein 'undogmatisches Verfahren' Bezug nahm (WWK 183–6; vgl. PB 54–5; BT 424–5). Hartnäckigen Fehlinterpretationen zum Trotz kritisiert Wittgenstein philosophische Positionen nie allein aus dem Grund, daß sie Wörter in einer von der gewöhnlichen abweichenden Weise verwenden (BPP I § 548; BPP II § 289; VPP 426). Er führt selbst technische Ausdrücke ein, wenn es bequem ist. Er erkennt auch an, daß neue Erfahrungen (wissenschaftliche oder poetische) oft durch anscheinend unsinnige Formulierungen ausgedrückt werden. Aber er würde darauf beharren, daß dies nur möglich ist, weil in Reaktion auf die neue Erfahrung eine neue Verwendung der vertrauten Wörter erklärt wird. Man kann die Grenzen des Sinns nicht durch ein einfaches 'fiat' ändern, man muß Regeln für die Verwendung dieser Form aufstellen und ihre Anwendung zeigen. Wittgensteins ehrgeizige Behauptung ist, daß es für metaphysische Theorien und Fragen konstitutiv ist, daß ihre Anwendung von Ausdrücken mit ihren Erklärungen nicht übereinstimmen und abweichende Regeln neben den gewöhnlichen her gebrauchen. Im Ergebnis können traditionelle Philosophen die Bedeutung ihrer Fragen und Theorien nicht kohärent erklären. Sie sind mit einem Trilemma konfrontiert: entweder ihre neuen Wortverwendungen bleiben unerklärt (Unverständlichkeit), oder es kann gezeigt werden, daß sie Sprachspiele miteinander vermischen, indem sie unvereinbare Regeln verwenden (Inkonsistenz), oder ihre konsistente Verwendung neuer Begriffe geht an den gewöhnlichen einfach vorbei – einschließlich des Standardgebrauchs von technischen Ausdrücken – und damit an den Begriffen, in denen die philosophischen Probleme ursprünglich formuliert waren (PB 55–6; Vorl 179–80; PU § 191; BGM 118; VPP 27–8; *siehe* SKEPTIZISMUS).

Der spätere Wittgenstein gibt die Sagen/Zeigen-Lehre auf. Notwendige Sätze, die nicht Tautologien sind, sind nicht Scheinsätze. Aber ihre Rolle ist nicht die empirischer Beschreibungen, sondern die grammatischer Regeln (*siehe* FORM DER DARSTELLUNG). Sie schließen keine echte Möglichkeit aus, sondern eine unsinnige Zeichenverbindung.

U Unsinn

Um diese radikale Behauptung zu belegen, stützt sich Wittgenstein auf ein bipolares Prinzip des Sinns (RAB 2.7.27): die Negation eines sinnvollen Satzes muß auch sinnvoll sein. Aber die 'Negation eines Satzes a priori' ist nicht falsch (im Sinn von Abbildung einer unverwirklichten Möglichkeit), sondern unsinnig (PU §§ 251–2; Vorl 419). Frege argumentierte für die Kontraposition: obwohl es unsinnig ist, die Negation einer logischen Wahrheit zu behaupten, sind solche Sätze falsch, weil ihre eigene Negation unbestreitbar wahr ist ('Gedankengefüge' 50). Wittgenstein bringt drei Erwägungen für seine Auffassung vor:

(a) Man kann einen Widerspruch nicht denken oder glauben, zum Beispiel nicht, daß Dinge nicht mit sich identisch seien. Das ist nicht den Beschränkungen unseres Vorstellungsvermögens geschuldet, wie Frege nahelegte. Nichts könnte auch nur als Versuch zählen, sich so etwas vorzustellen. Das Gesetz der Identität zu bestreiten, ist ein Kriterium nicht außergewöhnlicher Vorstellungskräfte, sondern entweder ein Mißverständnis oder ein abweichender Gebrauch des Ausdrucks 'identisch mit' (PG 129–30; BGM 89–90; PU § 109; *Grundgesetze* I xvii). Man kann jedoch Überzeugungen hegen, die sich als widersprüchlich *herausstellen*, das heißt, nicht kohärent entwickelt werden können, wie es mit den meisten philosophischen Theorien der Fall ist.

(b) Daß ein notwendiger falscher Satz nicht möglicherweise wahr sein kann, heißt, daß nichts als seine Wahrheit zählen könnte. Das impliziert jedoch, daß man nicht spezifizieren kann, was der Satz behauptet oder meint. Entsprechend kann die 'Möglichkeit', die von notwendigen Wahrheiten ausgeschlossen wird, nicht durch einen sinnvollen Gebrauch von Zeichen spezifiziert werden (Vorl 328–33, 362–4).

(c) Unsere Reaktionen auf Versuche zu spezifizieren, was es für eine notwendige Falschheit ('Dies ist zugleich ganz grün und ganz gelb', z.B.) hieße, wahr zu sein, zeigen, daß wir eine bestimmte Verbindung von Wörtern ausschließen ('aus dem Verkehr ziehen') (PU §§ 498–500; BPP II § 290).

Stießen wir auf etwas, was wir als grün und gelb schilderten, würden wir sofort sagen, hier handele es sich nicht um einen ausgeschlossenen Fall. Wir haben aber gar keinen Fall ausgeschlossen, sondern die Verwendung eines Ausdrucks. Und was wir ausschließen, hat noch nicht einmal den äußeren Anschein von etwas Sinnvollem. (Vorl 227)

Was solche notwendigen Sätze ausschließen, ist ein Zug im Sprachspiel, genauso wie es die Regel 'man kann im Damespiel nicht rochieren' tut (Z § 134). Der Unterschied zwischen logisch notwendig und logisch unmöglich ist nicht dem zwischen wahr und falsch verwandt, sondern ist der zwischen einer Regel des Ausdrucks und einer Wortverwendung, die von dieser Regel als unsinnig ausgeschlossen wird. Grammatische Sätze machen keine Behauptungen, nicht einmal, wie Kants synthetische Prinzipien a priori, über die Grenzen menschlicher Erkenntnis. Sie identifizieren nicht die 'Grenzen des menschlichen Verstandes', die man transzendieren könnte, um sie zu beschreiben. Vielmehr setzen sie 'Grenze(n) der Sprache', setzen von innen heraus fest, was zu sagen sinnvoll ist (VB 463–4; WWK 68; BT 406–8; PU § 119; BlB 103–5). Jenseits dieser Grenzen liegen nicht unerkennbare Dinge an sich, sondern nur unsinnige Zeichenverbindungen.

Man könnte sich dieser Schlußfolgerung mit dem Argument entziehen wollen, daß die Falschheit eines notwendigen Satzes immerhin vorstellbar sei. So ist argumentiert worden, daß Märchen oder Zeichnungen von Escher logische Unmöglichkeiten darstellen. Wittgenstein hat diesen Zug antizipiert. Es gibt einen Gebrauch von 'Ich kann mir nicht vorstellen, daß ...', der eine alternative Weise ist, eine logische Unmöglichkeit zu behaupten (Z § 253; PU §§ 395–7). Aber die Grenzen des Sinns sind nicht durch die Reichweite unseres Vorstellungsvermögens bestimmt (wie Hume behauptete – *Eine Untersuchung über den menschlichen Verstand* I.ii.2). Daß man sich Vorstellungsbilder bei einer Formulierung hervorrufen (zurechtmachen) kann, ist weder notwendig noch hinreichend dafür, daß die Wortverbindung sinnvoll ist (Vorl 114; PG 128–9; PU § 512; Z §§ 247–51, 272–3; MS 116, 65–6). Um festzustellen, ob ein Ausdruck (eine Erzählung, eine Zeichnung) sinnvoll ist, muß man untersuchen, wie er (sie) konstruiert ist (Eschers Zeichnungen verletzen Regeln bildlicher Darstellung) und ob er im Sprachspiel eine Verwendung hat.

Wittgenstein bestreitet auch, daß es einen logischen Unterschied zwischen Geplapper wie 'ab sur ah' und philosophisch relevantem Unsinn wie 'Niemand kann meine Gedanken haben' gebe. Er gibt zu, 'das Wort „Unsinn" wird verwendet, um bestimmte Dinge auszuschließen, und zwar aus verschiedenen Gründen', aber beharrt darauf: 'Es kann jedoch nicht der Fall sein, daß ein Ausdruck ausgeschlossen und doch nicht ganz ausgeschlossen ist: ausgeschlossen, weil er für das Unmögliche steht, und nicht ganz ausgeschlossen, weil wir das Unmögliche denken müssen, indem wir es ausschließen.' Der einzige Unterschied zwischen gewöhnlichem und philosophischem Unsinn ist der zwischen *offenkundigem* Unsinn, der keine Verwirrung anrichtet, weil er beim 'ersten Hören sofort als Unsinn erkannt wird', und *nicht offenkundigem* Unsinn, bei dem 'Operationen nötig sind, um es uns zu ermöglichen, den Unsinn als solchen zu erkennen' (Vorl 227–8; PU §§ 464, 524; Vorl 118). Es gibt keine Zwischenstation zwischen Sinn und Unsinn. Das steht in Konflikt mit Chomskys Vorschlag, daß zum Beispiel 'Farblos grüne Vorstellungen schlafen wütend' syntaktisch wohlgeformt sei, aber 'semantisch anomal'. Wittgenstein würde diese Auffassung zurückweisen und allgemeiner auch die semiotische Triade von Syntax, Semantik und Pragmatik: semantische Anomalien sind keine Sätze, weil sie nicht dazu verwendet werden können, einen Zug im Sprachspiel auszuführen; daß sie sinnlos sind, ist gerade eine Sache dessen, was Semiotiker als bloße Pragmatik ansehen würden, nämlich das Fehlen eines eingebürgerten Gebrauchs.

V

Vagheit
siehe BESTIMMTHEIT DES SINNS

Variable
siehe SATZ; SAGEN/ZEIGEN; TAUTOLOGIE

Verifikationismus
Dies ist die Auffassung, daß die Bedeutung eines Satzes die Methode seiner Verifikation ist (das Verifikationsprinzip), und daß ein Satz sinnlos ist, wenn er nicht verifiziert oder falsifiziert werden kann (das verifikationistische Sinnkriterium). Das Prinzip wurde zuerst vom Wiener Kreis vertreten, aber seine Mitglieder schrieben es Wittgenstein zu, der es Waismann in Unterhaltungen übermittelt zu haben scheint. Einigen Kommentatoren zufolge ist der grundlegende Gegensatz zwischen Wittgensteins früherem und seinem späteren Werk der zwischen einer realistischen Semantik, die sich auf Wahrheitsbedingungen stützt, und einer antirealistischen Semantik, die den Begriff verifikationstranszendenter Wahrheit verwirft und statt dessen für Behauptbarkeits- oder Rechtfertigbarkeitsbedingungen optiert. Der *Tractatus* stellt tatsächlich fest, einen Satz zu verstehen, heiße zu wissen, was der Fall ist, wenn er wahr ist (TLP 4.024; *siehe* BEDEUTUNG). Das bezeichnet jedoch keinen einfachen Gegensatz zu verifikationistischen Ideen. Tatsächlich bewegte sich Waismann, als er 1930 versuchte, den *Tractatus* zusammenzufassen, schnell vom Gedanken, daß einen Satz verstehen heiße zu wissen, unter welchen Bedingungen man ihn wahr *nennen* würde, zum Verifikationsprinzip und dem verifikationistischen Sinnkriterium (WWK 243–5). Diese Bewegung ist mit dem *Tractatus* zumindest vereinbar: um zu wissen, ob ein Satz wahr ist, muß man ihn *verifizieren*, ihn wie einen Maßstab an die Wirklichkeit anlegen (TLP 2.1512f., 2.223). Und einen Satz zu verstehen, heißt zu wissen, welche mögliche Verbindung von Gegenständen ihn verifizieren *würde*, nicht aber, ob diese Verbindung tatsächlich besteht. So ist der *Tractatus* implizit auf ein verifikationistisches Sinnkriterium verpflichtet, wenn auch nicht auf das Verifikationsprinzip.

Wittgenstein fing 1929–30 an, der Methode des Vergleichs eines Satzes mit der Wirklichkeit Aufmerksamkeit zu schenken, als er einsah, daß ein Satz und das, was er abbildet, nicht durch einen logisch-metaphysischen Isomorphismus verknüpft sind (*siehe* INTENTIONALITÄT). Das Ergebnis war ein vollgültiger Verifikationismus. Ein Satz ist nur sinnvoll, wenn er vollständig verifiziert oder falsifiziert werden kann; seine Bedeutung oder sein Sinn ist die Methode der Verifikation; ein Unterschied in der Verifikation ist ein Bedeutungsunterschied; und einen Satz zu verstehen, heißt zu wissen, wie seine Wahrheit oder Falschheit zu entscheiden ist; die Verifikation macht den *ganzen* Sinn des Satzes aus (WWK 47, 53, 79; PB 66–7, 77, 89, 174, 200; Vorl 169–70; MS 107 143). Auf dieser Grundlage unterschied er zwischen drei Typen von Sätzen danach, wie sie verifiziert werden. 'Echte Sätze' (*Aussagen*) können abschließend verifiziert oder falsifiziert werden, indem sie mit der Wirklichkeit verglichen werden, weil sie 'primäre Erfahrung' oder Sinnesdaten beschreiben, wie in 'Es scheint, als sei vor mir eine Kugel'. Sie sind entweder wahr oder falsch. Im Gegensatz dazu sind 'Hypothesen', Sätze über materielle Gegenstände und die Bewußtseinszustände anderer, nicht im gleichen Sinne Sätze, weil sie nicht wirklich wahr oder falsch sind, sondern nur mehr oder weniger wahrscheinlich. Gelegentlich charakterisiert Wittgenstein sie als Gesetze oder Regeln für die Konstruktion echter Sätze (eine Idee, die er von Weyl übernommen haben könnte): Sätze über materielle Gegenstände ('Vor mir ist eine Kugel') verknüpfen diverse Sätze über das, was wir sehen, wenn wir Gegenstände ansehen (WWK 100–1, 159, 210–1; PB 282–97). Schließlich wird der Sinn mathematischer Sätze durch ihre Beweise gegeben. Zuerst nannte Wittgenstein dies eine Verifikation anderer Art. Später bestand er darauf, daß Beweis und Erfahrung nicht zwei vergleichbare Methoden der Verifikation sind, weil ein MATHEMATISCHER BEWEIS nicht die Wahrheit eines Satzes nachweist, sondern eher die Akzeptabilität einer Regel (PB 192, 200; M 60–1; PG 361).

'Echte Sätze' sind die Nachfolger der ELEMENTARSÄTZE im *Tractatus*. Sie bilden eine 'phänomenologische Sprache', die semantisch 'primär' ist. Sie ist segmentiert in 'Räume der Wahrnehmungsmodalitäten' wie den Gesichtsraum, den Gehörraum, etc. Hypothesen, das heißt, alltägliche Sätze über physische Gegenstände und anderer Bewußtsein bilden eine 'sekundäre' Sprache, weil sie aus phänomenologischen Sätzen konstruiert sind (*siehe* KRITERIEN). Der *Tractatus* hatte die genaue Natur von Elementarsätzen offengelassen, obwohl angedeutet wird, daß sie von GEGENSTÄNDEN der Bekanntschaft handeln. Nun nimmt Wittgenstein einen unzweideutigen Phänomenalismus an. Aber er gab diese Position bald auf. Anfänglich ist eine 'phänomenologische Sprache' semantisch primär, weil sie sich auf das bezieht, was den Sinnen unmittelbar gegeben ist (PB 88, 100–4, 267). Das wird überlagert durch die Vorstellung, daß, was 'Phänomenologie' von 'Physik' unterscheide, nicht Bezug auf etwas Inneres sei, sondern der Umstand, daß sie rein deskriptiv ist, das heißt, keine kausalen Erklärungen gibt. So verstanden, ist 'Phänomenologie ... Grammatik', die Untersuchung sprachlicher Regeln (BT 437–86; PB 58, 84; WWK 63–8). In sehr viel späteren *Bemerkungen über Farben* allerdings bezieht sich 'Phänomenologie' auf ein angebliches Fach, das zwischen Grammatik und Physik zu stehen beansprucht, so wie Goethes Theorie der FARBEN.

1932 kam Wittgenstein zu der Einsicht, daß das, was er als die einzig echten Sätze begriffen hatte, tatsächlich nicht Beschreibungen von Erfahrungen sind, sondern AUSDRUCKSÄUSSERUNGen. Er wies nun auch die Vorstellung zurück, daß Hypothesen niemals gewiß sein könnten. Erstens kann ein Satz nur *wahrscheinlich* sein, wenn es logisch möglich ist, daß er auch gewiß ist. Zweitens wird der Mythos des Gegebenen, daß private Erlebnisse die Grundlagen der Erkenntnis bilden, durch das PRIVATSPRACHENARGUMENT untergraben. Drittens sind die alltäglichen Sätze über materielle Gegenstände, anders als wissenschaftliche Aussagen oder Naturgesetze, nicht Regeln für die Konstruktion von Beschreibungen, sondern selbst Beschreibungen.

Während der 30er Jahre veränderten sowohl Wittgenstein als auch die Logischen Positivisten das Verifikationsprinzip, letztere indem sie einräumten, daß einen sinnvollen Satz zu verifizieren oder zu falsifizieren nur prinzipiell möglich sein müsse, ersterer durch die Auffassung, daß die Methode der Verifikation nur ein Aspekt des Sinns eines Satzes ist (*siehe* GEBRAUCH) und daß sie außerdem ein Aspekt ist, der auf psychologische Sätze in 1. Person Präsens keine Anwendung hat. 'Die Frage nach der Art und Möglichkeit der Verifikation eines Satzes ist nur eine besondere Form der Frage „Wie meinst du das?" Die Antwort ist ein Beitrag zur Grammatik' (PU § 353; BT 265–70; Vorl 181–2; Z § 437). Außerdem sah Wittgenstein allmählich ein, daß nicht alle Aspekte seiner Verifikationsmethode Teil des Sinns eines Satzes sind, sondern nur diejenigen, die mit der Weise verknüpft sind, in der die relevanten Begriffe erklärt werden. 1932–33 argumentierte er, daß die Tatsache, daß wir durch Zeitungslektüre erfahren können, wer das Bootsrennen gewonnen hat, ein Stück weit die Bedeutung von 'Bootsrennen' erkläre. Später bestand er darauf, daß zu sagen, die Länge der Spielfelder werde mit der Hilfe von Stativen gemessen, eine Angelegenheit der Physik sei, während zu sagen, daß Messen die Möglichkeit des Vergleichs der Längen verschiedener Gegenstände einschließe, teilkonstitutiv für die Bedeutung von 'Länge' ist (M 59–60; PU II, S. 570–1).

Anders als der zeitgenössische Antirealismus hat Wittgenstein niemals Zweifel an der Verständlichkeit von empirischen Sätzen gehegt, die verifikationstranszendent sind, für die es aber Belege bestimmter Art geben kann, etwa Sätze über die Vergangenheit (z.B. über die letzten Gedanken von Rosa Luxemburg) oder die Zukunft ('Hier wird nie eine Stadt gebaut werden'). Aber er stellte die Verständlichkeit von metaphysischen Sätzen in Frage, die derart sind, daß nichts als Belege für oder gegen sie zählen würde. Das gilt zum Beispiel für den Satz 'Es gibt ein weißes Kaninchen zwischen den Stühlen, wann immer niemand sie beobachtet', aber gleichermaßen für Russells Vorschlag, daß 'die Welt vor fünf Minuten geschaffen worden sein kann, vollständig mit den Berichten über die Vergangenheit' (Vorl 130–1, 177–8; BlB 76–7; PU II, S. 564). Das ist aber kein faules Philistertum, das nur Probleme akzeptierte, für die wir Lösungen haben. Wittgensteins Punkt ist nicht epistemologisch, nämlich, daß man nie wissen könnte, sondern logisch bzw. semantisch, nämlich daß solche Sätze 'leerlaufende Räder' sind. Diese Wörterfolgen können nicht dazu verwendet werden, einen Zug im Sprachspiel zu machen, wenn sie in dem Sinn verstanden werden, den der Metaphysiker intendiert. Metaphysische Verwendungen von Wörtern wie 'Fluß', 'Vagheit' oder 'Erscheinung' sind ohne 'Antithese'. Der Metaphysiker ist z.B. nicht dazu bereit, irgend etwas als stabil, genau oder wirklich zu zählen. Das bedeutet jedoch, daß er nicht erklärt hat, worauf sein Gegensatz zwischen scheinbar und wirklich eigentlich hinausläuft. Es gibt keinen Maßstab der Richtigkeit für seinen metaphysischen Gebrauch dieser Ausdrücke, und daher ist seine Verwendung dieser Ausdrücke sinnlos. Ob dieses Verdikt nun aufrechterhalten werden kann oder nicht, es kann nicht aus dem populären Grund abgewiesen werden, daß wir vielmehr die ontologische Frage, ob es verifikationstranszendente Kaninchen gibt, von der epistemologischen Frage, wie wir dazu kommen könnten, von ihnen zu wissen, unterscheiden müßten. Denn Wittgenstein ist mit der Frage befaßt, ob die angeblich ontologische Aussage überhaupt sinnvoll ist. Nur wenn diese Frage bejahend beantwortet werden kann, kann sich die Frage überhaupt stellen, ob die Aussage wahr ist oder gewußt werden kann. Die Logik geht sowohl der Ontologie als auch der Epistemologie voraus.

Verstehen

Nach der psychologistischen (mentalistischen) Theorie der Bedeutung, die von Locke verkörpert wird, ist die Bedeutung eines Wortes eine Vorstellung, ein Bild im Geist des Sprechers. Ein ähnliches Bild ist bei Russell am Werk, für den einen Satz zu verstehen heißt, mit dem, wofür seine letzten Bestandteile stehen, nämlich Sinnesdaten, und mit seiner logischen Form bekannt zu sein. Für den Psychologismus ist Kommunikation entweder ein kausaler Prozeß, durch den Sprecher bei ihren Hörern Vorstellungen hervorrufen, die denen gleich sind, die sie mit einem Wort verbinden, oder eine Angelegenheit des Übersetzens des eigenen inneren Vokabulars in Laute, die ihre Hörer in ihre PRIVATSPRACHEN zurückübersetzen. Diese Position impliziert, daß wir niemals wissen können, ob Kommunikation erfolgreich war. Weil Personen *ex hypothesi* mit verschiedenen Sinnesdaten oder Vorstellungen bekannt sind, verbinden sie 'ganz verschiedene Bedeutungen mit ihren Worten' (*Logic* 195; 'Theory' 105-35). Also verlangt Kommunikation vermutlich nur, daß im Hörer eine gleichartige Vorstellung hervorgerufen wird. Wir könnten jedoch niemals wissen, ob es dem Sprecher gelingt, das zu tun, weil jeder von uns nur mit seinen eigenen Vorstellungen bekannt ist.

Frege zeigte gegen den Psychologismus, daß der Sinn eines Satzes, der Gedanke, den er ausdrückt, nicht privat sein kann, und er schlußfolgerte, der Sinn sei eine abstrakte Entität, die von verschiedenen Personen aufgefaßt werden kann. Er war jedoch gezwungen, die platonistische Konzeption von Bedeutung durch eine psychologistische Erklärung des Verstehens zu ergänzen. Einen Satz verstehen heißt, 'seinen Sinn auffassen', das heißt, diese abstrakte Entität zu erfassen. In der Kommunikation ruft der Sprecher beim Hörer nicht eine qualitativ identische Vorstellung hervor, sondern bringt ihn dazu, einen numerisch identischen Gedanken zu erfassen. Verstehen ist ein 'seelischer Vorgang', wenn auch einer an der 'Grenze des Seelischen', weil er die ontologische Lücke zwischen dem Psychischen und dem Abstrakten zu überqueren hat. Das Wesen dieses Vorgangs bleibt ein Rätsel. Gleichermaßen rätselhaft ist, wie wir feststellen können, ob Sprecher und Hörer dieselbe abstrakte Entität erfaßt haben, weil Frege die herkömmliche Vorstellung akzeptiert, daß die Inhalte des Geistes privat seien ('Sinn' 29-30, 'Gedanke' 68; *Schriften* 147-61).

Der frühe Wittgenstein verband Freges antipsychologistisches Ausweichen mit Russells logischem Atomismus. Wir sind fähig, eine unbegrenzte Anzahl von Sätzen zu konstruieren und zu verstehen, weil wir unausdrücklich ihren Sinn aus dem Sinn ihrer Bestandteile und der Weise ihrer Verbindung miteinander ableiten. Der Sinn eines komplexen Satzes ist nach den Regeln wahrheitsfunktionaler Verknüpfung von dem Sinn der ihn bildenden Elementarsätze abgeleitet. Der Sinn eines Elementarsatzes ist aus den Bedeutungen seiner unanalysierbaren Bestandteile abgeleitet, den logischen EigenNAMEN. Der Prozeß der Ableitung setzt einen Prozeß der Analyse voraus, weil die Bestandteile und die logische Form gewöhnlicher Sätze unter ihrer grammatischen Oberfläche verborgen sind (TLP 3.318, 4.002, 4.024-4.026). Beide Prozesse müssen unbewußt sein: wir sind ihrer normalerweise nicht gewahr und sie werden erst durch eine erfolgreiche vollständige LOGISCHE ANALYSE der Sätze der natürlichen Sprache explizit gemacht werden. Das Ergebnis der Ableitung des Sinnes eines Satzes ist eine Folge von 'Gedanken', die die Kommunikation begleiten. Gedanken sind psychische Tatsachen, die aus Gedankenbestandteilen bestehen, die den Namen im Satzzeichen entsprechen. Die Beziehung dieser Bestandteile zu den Gegenständen der abgebildeten Situation 'zu entdecken, wäre eine Sache der Psychologie'. Allgemeiner ist die Untersuchung 'der Denkprozesse' für die Logik irrelevant (TLP 4.1121; RUB 19.8.19; Tb 10.11.14).

Wittgensteins späterer Ansatz ist radikal anders. Statt das Problem, wie wir Wörter und Sätze erklären und verstehen, im Namen des Antipsychologismus unter den Teppich zu kehren, entwickelt er eine nichtpsychologistische Erklärung des Verstehens. Er weist die von Psychologismus und Platonismus geteilte Voraussetzung zurück, daß Sätze nur die wahrnehmbare Einkleidung von sprachunabhängigen GEDANKEN seien. Frege und der *Tractatus* hatten recht, seelische Vorgänge und Bilder als für Satzbedeutung irrelevant zu betrachten, aber unrecht damit zu denken, daß der Begriff der Bedeutung ohne Bezugnahme auf den Begriff des Verstehens erklärt werden könnte. Kommunikation ist keine Angelegenheit davon, etwas im Geist des Hörers geschehen zu lassen, das Erfassen des Sinns, so daß irrelevant wäre, was danach geschieht. Eine Äußerung verstehen heißt nicht, ein Erlebnis zu haben, und es ist auch nicht etwas, was im Geist des Hörers stattfände. Es ist vielmehr eine Fähigkeit, die sich darin äußert, wie der Hörer auf die Äußerung reagiert (PU §§ 317, 363, 501–10). Ein Wort verstehen ist ebenfalls eine Fähigkeit, die sich auf dreierlei Weise äußert: darin, wie man das Wort verwendet, wie man auf seinen Gebrauch durch andere reagiert und wie man es erklärt, wenn man gefragt wird (PU § 75; Vorl 206–9; VGM 20–31). Diese drei KRITERIEN für das Verstehen eines Wortes können im Prinzip auseinanderfallen (jemand mag ein Wort richtig verwenden, ohne angemessen zu reagieren oder es erklären zu können), aber es ist entscheidend für unseren Begriff, daß sie normalerweise übereinstimmen. Verstehen ist ein 'Korrelat' von ERKLÄRUNG und Bedeutung, und statt zu fragen 'Was ist die Bedeutung von „X"?' sollte man fragen 'Wie wird „X" erklärt?' und 'Was sind unsere Kriterien dafür, daß jemand „X" versteht?' (PG 45; BT 11).

Während seiner Übergangsperiode sah Wittgenstein 'Verstehen' als einen FAMILIENÄHNLICHKEITSbegriff an, der eine Vielfalt von miteinander zusammenhängenden Vorgängen bezeichne (PG 49, 74; PLP 347–8). Seine Begründung war, daß es verschiedenartige Äußerungen des Verstehens im Benehmen gebe. Später tritt diese Behauptung in den Hintergrund, vermutlich weil er erkannte, daß ein Ausdruck auf der Grundlage verschiedener Kriterien verwendet werden kann, ohne eine Familie von Fällen zu bezeichnen. Aber er könnte daran festgehalten haben, daß sprachliches Verstehen und andere Typen des Verstehens, wie das Verstehen von Personen oder in der ÄSTHETIK, durch einander übergreifende Ähnlichkeiten zusammenhängen. Zum Beispiel kann man ein Musikstück verstehen, ohne eine Paraphrase geben zu können. Dagegen schließt das Verstehen eines Gedichts einen höheren Grad von Sprachverstehen ein: man weiß, wie die Ausdrücke in einem Gedicht paraphrasiert werden könnten, aber auch, warum sie in diesem Kontext durch eine Paraphrase nicht ersetzt werden können (PU §§ 522–35; PG 69; M 105).

Wittgenstein kam auch dazu, die Vorstellung zu verwerfen, daß 'Verstehen' eine

Verstehen

Familie von *Phänomenen* bezeichne (PU §§ 143–84). Verstehen ist weder ein seelisches/-er noch ein physisches/-er Ereignis, Vorgang oder Zustand. Damit wird nicht bestritten, daß es charakteristische seelische oder physiologische 'Begleiterscheinungen' des Verstehens gibt, sondern nur, daß diese das Verstehen ausmachen (PU § 152, II, S. 500–1). Wittgenstein führt drei verschiedene Argumente für diese Behauptung an. Das erste ist, daß keine seelischen oder physiologischen Vorgänge für Verstehen logisch *notwendig* sind. Obwohl eine Vielfalt von Bildern oder Gefühlen mir durch den Kopf gehen können, wenn ich einen Satz verstehe, ist keines von ihnen für Verstehen wesentlich. Psychologistische Theorien der Bedeutung nehmen an, daß ein geistiges Bild zu haben notwendig dafür ist, den Ausdruck und den Gegenstand, auf den er sich bezieht, miteinander zu verknüpfen. Aber das kann keine allgemeine Vorbedingung sein: andernfalls wäre es unmöglich, den Befehl 'Stell dir einen gelben Fleck vor!' zu verstehen ohne ihn zuvor auszuführen (PU §§ 35, 172–9; BlB 30; BB 149–50). Es gibt physiologische Vorbedingungen für Verstehen – zum Beispiel ein Gehirn bestimmter Größe und Komplexität zu haben, oder sogar das Auftreten bestimmter neuraler Vorgänge. Aber das sind empirische Notwendigkeiten, die uns nichts über den Begriff des 'Verstehens' sagen (BlB 23–4; BB 118–20; PU §§ 149–58, 339, 376; BPP I § 1063). Wittgenstein ist beschuldigt worden, zu ignorieren, daß neurale Vorgänge für Verstehen in einem metaphysischen und nicht empirischen oder begrifflichen Sinn notwendig sind. Aber Wittgenstein hat derartige metaphysische Notwendigkeiten ausdrücklich verworfen (*siehe* AUTONOMIE DER SPRACHE). Weder 'Jetzt versteht sie' (z. B. ein Wort) noch 'Jetzt hab ich's' (z. B. die Fortsetzung einer arithmetischen Reihe) sind eine Behauptung über neurale Vorgänge. Ersteres stützt sich auf Kriterien im Benehmen, das heißt, auf Performanz. Letzteres ist keine Beschreibung oder kein Bericht, sondern eine AUSDRUCKSÄUSSERUNG des Verstehens, das sich auf keinerlei Belege stützt (PU §§ 151, 179–81, 323). Für andere ist mein aufrichtiges Geständnis ein Kriterium dafür, daß ich verstehe: es schafft normalerweise eine Vermutung zugunsten meines tatsächlichen Verstehens, obwohl diese Vermutung aus dem Feld geschlagen werden kann, wenn ich dieses Verstehen nicht unter geeigneten Umständen zeigen kann.

Wittgensteins zweites Argument ist, daß solche Phänomene nicht *hinreichend* sind – ihr Vorhandensein garantiert Verstehen nicht. Es ist verführerisch anzunehmen, daß ein geeignetes geistiges Bild zu haben Verstehen garantiere. Aber wenn mir gesagt wird, ich solle eine gelbe Blume holen, kann mir das Bild einer gelben Blume durch den Kopf gehen, ohne daß ich den Befehl verstehe. Denn schließlich muß jedes geistige Bild, das mir kommt, erst noch angewendet werden und es gibt verschiedene PROJEKTIONSMETHODEN dafür. In gleicher Weise garantiert die Tatsache, daß einem Schüler, den eine arithmetische Reihe gelehrt wird, die richtige Formel einfällt, nicht, daß er fähig sein wird, die Reihe fortzusetzen. Diese Lehre hat auch auf das Fregesche Bild Anwendung. Selbst wenn wir das mysteriöse Erfassen des Sinns zugeben, wie kann so eine abstrakte Entität eine 'Weise für die Bestimmung' dessen sein, wofür der Ausdruck steht? Wie kann sie den Gebrauch eines Wortes über die Zeit bestimmen? Sie könnte das nur, wenn sie eine 'logische Maschine' wäre, eine Entität, in der alle möglichen Anwendungen schon so angelegt wären, daß ihre Erfassung einen durch eine unendliche Anzahl von Schritten leitete. Aber dieser 'philosophische Superlativ' ist bloße Geheimniskrämerei (PU §§ 139, 192; PG 40; BlB 57–64; LSD 136; *siehe* REGEL-FOLGEN).

Man könnte einwenden, daß das Verstehen des Schülers nicht einfach darin besteht, daß ihm die Formel durch den Kopf schwirrt, sondern in der Tatsache, daß er seine Schritte aus der Formel ableitet. Wittgenstein geht auf den Einwand in seiner Erörterung des Lesens ein (PU §§ 156–78). Er räumt ein, daß der Unterschied zwischen einer Person, die liest, und einer, die bloß vorgibt zu lesen, darin besteht, daß die erstere das, was sie sagt, vom Text ableitet. Der Text ist nicht die Ursache, sondern mein Grund dafür, daß ich laut so lese, wie ich es tue. Lesen ist eine regelgeleitete Tätigkeit. Aber der Versuch, das Wesen des 'Ableitens' in der Vielzahl der Umstände, die es umgeben, zu identifizieren, schlägt fehl. Solche Fehlschläge haben James ausrufen lassen, daß Verstehen ein geheimnisvolles Phänomen sei, das sich unserem groben psychologischen Vokabular entziehe. Das sieht jedoch nur so aus, weil wir die Zwiebel auf der Suche nach ihrem Kern gehäutet haben (PU § 164; *Psychology* I, 244, 251; diese Metapher stammt aus Ibsens *Peer Gynt*). Denn ob ich meine Worte vom Text hergeleitet habe oder nicht, hängt nicht von irgend etwas ab, was mir dabei durch den Kopf ging, sondern davon, was ich mit dem Text anfangen kann. Lesen ist die Ausübung einer Fähigkeit, nicht das sich Manifestieren eines geistigen oder biologischen Mechanismus.

Diese Schlußfolgerung wird durch Wittgensteins drittes Argument verstärkt. Sprachliches Verstehen ist keine Handlung: es ist nicht etwas, was wir tun, sei es freiwillig oder unfreiwillig. Es ist auch kein Ereignis oder Vorgang (PU § 154; PG 85), weil es nicht etwas ist, was geschieht oder andauert. 'Verstehen' bezeichnet eine bleibende Bedingung. Die umstrittene Frage ist, ob es einen Zustand bezeichnet, nicht in dem Sinn, daß es ein statisches Verb ist, sondern was seine gesamte GRAMMATIK angeht. *Philosophische Untersuchungen* S. 315 Fn (a, b) legt nahe, daß ein Wort verstehen ein Zustand ist, wenn auch kein seelischer Zustand, vermutlich weil es ein Zustand der Person und nicht des Geistes ist. Aber andere Passagen weisen diesen Vorschlag mit Gründen zurück (BB 117–8; Z §§ 71–87), die Wittgenstein auch zu BEABSICHTIGEN UND ETWAS MEINEN durchdiskutierte. Anders als seelischen Zuständen (z.B. Kopfschmerzen haben) fehlt Verstehen 'echte Dauer': man kann nicht durch Überprüfung sicherstellen, ob es noch immer andauert, und es wird nicht beispielsweise durch Schlaf unterbrochen. Außerdem gibt es keine Kriterien für den Zustand, die von seinen Äußerungen unabhängig wären (PU § 149; vgl. Z §§ 21, 26, 78, 669; BlB 20–1, 41, 58; BB 78, 143). Das legt nahe, daß Verstehen eher eine Potentialität als eine Aktualität ist. Außerdem ist es keine Disposition, weil ich Verstehen nicht auf der Grundlage der Beobachtung meines vergangenen Verhaltens unter ähnlichen Umständen bekunde. Vielmehr ist sprachliches Verstehen ein Können, die Beherrschung der Techniken des Gebrauchs von Wörtern in zahllosen Sprechtätigkeiten (PU § 150; BT 149; PG 47–51).

Das Phänomen des 'schlagartig Verstehens' wirft für Wittgensteins Position ein Rätsel auf (PU §§ 138, 197; II, S. 491–3, 500–1). Der Gebrauch eines Wortes ist in der Zeit ausgedehnt und daher ist schwer zu sehen, wie er in einem Augenblick erfaßt werden könnte. Wittgenstein antwortet, es sei genauso wenig rätselhaft, wie wir schlagartig etwas verstehen könnten, wie es rätselhaft wäre, daß wir, um in einem Augenblick Schach spielen zu wollen, nicht alle seine Regeln im Geist durchgehen müssen, um sicher zu sein, daß es Schach ist, was wir spielen wollen, und nicht irgendein anderes Spiel. 'Jetzt weiß ich weiter' ist nicht der Bericht von einem unendlich verdichteten Vorgang (dem Durchlaufen der gesamten arithmetischen Reihe), sondern eine Reaktion. Aber natürlich ist sie nicht unkorrigierbar. Ob ich augenblicklich verstehe und was, ist nicht durch etwas bestimmt, was zum Zeitpunkt meiner Bekundung vor sich ginge, sondern durch das, was ich anschließend zu tun fähig bin, was einer eingespielten Praxis des Gebrauchs des Ausdrucks oder des Fortsetzens der Reihe zu entsprechen hat. Und wenn auf solche Reaktionen des Verstehens hin nicht gemeinhin erfolgreiche Ausführungen folgten, dann würden sie ihre Rolle im Sprachspiel verlieren.

Verursachung
Wittgensteins erste Erklärung von Verursachung hat sowohl einen negativen als auch einen positiven Aspekt. Negativ folgt er Hume in der Zurückweisung der Idee kausaler Notwendigkeit. Es gibt nur eine Art von Notwendigkeit, nämlich logische Notwendigkeit; 'und außerhalb der Logik ist alles Zufall'. Das bedeutet, daß es keinen 'kausalen Nexus' gibt, der den Schluß vom Bestehen einer Sachlage auf das Bestehen einer anderen rechtfertige. Daher gibt es auch keinen 'Zwang', warum etwas geschehen sollte, weil etwas anderes geschehen ist, und wir können zukünftige Ereignisse nicht wissen (TLP 5.135–5.1362, 6.3, 6.36311–6.372; PT 5.0442 f.; Tb 15.10.16; *siehe* INDUKTION). Positiv erklärt Wittgenstein die Rolle von Ursächlichkeit in der WISSENSCHAFT durch eine neo-Kantische Darstellung von Natur- oder Kausalgesetzen. Wie andere sogenannte 'Grundgesetze' der Wissenschaft ist das 'Kausalitätsgesetz', demzufolge jedes Ereignis eine Ursache hat, kein Gesetz, sondern 'die Form eines Gesetzes'. Das bedeutet, daß es weder ein Gesetz der Logik ist noch eine empirische Verallgemeinerung, noch auch ein synthetisch apriorischer Satz (*siehe* INDUKTION). Tatsächlich ist es gar kein sinnvoller Satz, weil es nämlich zu sagen versucht, was nur gezeigt werden kann. Was es anzeigt, ist eine bestimmte 'Form der Beschreibung', die für wissenschaftliche Theoriebildung entscheidend ist (TLP 6.321 f.). Beschreibungen, die Ereignisse in einer nicht gesetzesförmigen Weise verknüpfen, sind aus der Wissenschaft ausgeschlossen. Etwas als ein Ereignis zu charakterisieren, heißt zu implizieren, daß es unter Bezugnahme auf *irgendein* (oft unbekanntes) Kausalgesetz erklärt werden kann. Kausalität (Verursachung) ist selbst ein formaler Begriff. Er charakterisiert nicht die Wirklichkeit, sondern das 'Netz' einer von uns zu wählenden FORM DER DARSTELLUNG der Wirklichkeit, zum Beispiel der Newtonischen Mechanik (TLP 6.33–6.341, 6.36 f., 6.362).

Wittgensteins spätere Gedanken über Verursachen, versammelt hauptsächlich in 'Ursache und Wirkung: Intuitives Erfassen' (siehe auch VuGÄPR 34–8; BT 406–7), entfernen sich vom Empirismus der negativen Darstellung im frühen Werk, während sie die konventionalistischen Themen der positiven Darstellung entwickeln. Er hält weiter an der Humeschen Auffassung fest, daß kausale Beziehungen extern sind, das

V Verursachung

heißt, zwischen logisch voneinander unabhängigen Ereignissen bestehen (siehe PU § 220; Z § 296), und daran, Verursachen unter Bezugnahme auf kausale Erklärungen zu erläutern. Aber er konzentriert sich jetzt auf die Weise, in der wir kausale Beziehungen im alltäglichen Leben feststellen, und die Ergebnisse fordern wesentliche Aspekte der Humeschen Position heraus.

Erstens weist er eine einförmig nomologische Erklärung von Verursachung zurück. Es gibt eine irreduzible Verschiedenheit von 'Urbildern' kausaler Verknüpfungen: (a) Anstoß (Kollision der Billardbälle); (b) Zug (Ziehen einer Saite); (c) Mechanismen wie Uhren, die (a) und (b) verbinden; (d) menschliche Reaktionen auf Empfindungen oder Emotionen (auf den Kopf geschlagen werden oder durch den Gesichtsausdruck einer Person in Furcht versetzt werden); (e) Aussagen, die auf die Beobachtung der regelmäßigen Abfolge von Ereignissen gestützt sind. Weil Wittgenstein sowohl die Verschiedenartigkeit der Fälle als auch den Umstand betont, daß wir dasselbe Wort verwenden, würde er vermutlich 'Ursache' als einen FAMILIENÄHNLICHKEITSbegriff ansehen. Er bestreitet nicht nur, daß das Humesche Paradigma (e) das einzige Urbild von Verursachung ist, sondern auch, daß es das grundlegende ist. Das 'Ursache-Wirkung-Sprachspiel' des alltäglichen Lebens wurzelt nicht in Beobachtung und Experiment, sondern in einer Praxis, die sich ihrerseits auf bestimmte primitive Reaktionen gründet. Zum Beispiel reagieren wir auf einen schmerzenden Schlag, indem wir auf jemanden zeigen und sagen 'Der ist schuld!' (UW 103, 110–11, 114, 125).

Zweitens beobachten wir nach Hume niemals direkt eine kausale Verknüpfung, sondern nur eine Abfolge von Ereignissen; infolgedessen müssen unsere kausale Behauptungen auf die Beobachtung einer regelmäßigen Folge von parallelen Ereignissen gegründet sein und sind daher stets vorläufig, der Widerlegung durch spätere Beobachtungen ausgesetzt. Wittgenstein folgt Russell in der Auffassung, daß es kausale Beziehungen gibt, deren wir unmittelbar gewahr sind, während er die Vorstellung zurückweist, dies sei auf Intuition gegründet (UW 101–2, 122; VuGÄPR 47–8). Das Erkennen der grundlegendsten Formen von Verursachung, besonders derer, die direkten physischen Kontakt einschließen, (a)–(d), hängt nicht davon ab, stabile Regelmäßigkeiten zu beobachten oder Experimente zu machen; wir beobachten direkt, daß ein Ding auf ein anderes wirkt, und kennen die Ursache unmittelbar, wenn auch nicht unfehlbar. Sowohl unmittelbare als auch vermittelte Verknüpfungen sind paradigmatische Fälle dessen, was wir eine kausale Verknüpfung nennen, und für die Vorstellung von Verursachung konstitutiv. Während er Humes Empirismus zurückweist, stellt Wittgenstein die Behauptung auf, daß das Kausalitätsprinzip 'Jedes Ereignis muß eine Ursache haben' nicht eine Wahrheit a priori ist, wie Kant dachte, sondern eine verkleidete Regel der GRAMMATIK (Vorl 164). Wenn das bedeuten soll, daß unsere Grammatik den Ausdruck 'unverursachtes Ereignis' einfach als unsinnig ausschließt, ist das falsch. Aber man könnte argumentieren, daß es eine Norm der Darstellung der klassischen Mechanik ist, daß es immer sinnvoll ist, nach der Ursache eines Ereignisses zu suchen, selbst wenn kein plausibler Kandidat in Sicht ist.

Wittgenstein fordert auch ein allgemeineres Dogma heraus, das Empiristen und Rationalisten eint, daß nämlich alle Ursachen notwendige Ursachen sein müßten: wann immer eine Wirkung in einem Fall auftritt, aber nicht in einem anscheinend ähnlichen Fall, muß es weitere relevante Unterschiede geben. Wittgenstein bestreitet im Gegensatz dazu, daß im Fall zweier anscheinend identischer Pflanzensamen, die verschiedene Pflanzenarten hervorbringen, es einen Unterschied in den Samen geben *müsse*, der diesen verschiedenen Dispositionen zugrunde liege. Das Beharren darauf, daß das der Fall sein müsse, gründet sich nicht auf eine Einsicht in die wirkliche Natur der Dinge, sondern kommt dem Festhalten an einer Norm der Darstellung gleich – statt dessen können wir den Ursprung der Samen, ungeachtet ihrer physischen Struktur, nicht bloß als Grundlage für eine Vorhersage behandeln ('Samen der Pflanze vom Typ A werden Pflanzen vom Typ A hervorbringen'), sondern auch als echte Erklärung, das heißt, wir könnten hinzufügen '... weil sie von Pflanzen des Typs A stammen'. Er legt sogar nahe, daß es besser wäre, so eine Norm statt unserer gegenwärtigen anzunehmen (Z §§ 608–610; UW 103–4, 125–6).

Man könnte einräumen, daß nichts an der Annahme unverständlich ist, daß es keinen strukturellen Unterschied in den Samen gebe, aber darauf beharren, daß nach einem solchen Unterschied zu suchen, geschehe was wolle, ein Kantisches regulatives Prinzip sei, das für wissenschaftliche Forschung und vielleicht für rationales Denken überhaupt konstitutiv ist. Hier ist es wichtig, verschiedene Themen zu trennen. Wittgenstein hat recht mit der Zurückweisung der Vorstellung, alle dispositionellen Eigenschaften müßten sich mittels struktureller Eigenschaften der Gegenstände, die sie zeigen, explizieren lassen. Denn das könnte sich nicht auf die letzten Bestandteile der Materie beziehen, die per definitionem keine Bestandteile und daher keine strukturellen Eigenschaften haben. Wittgenstein hat auch mit der Behauptung recht, daß die Vorstellung notwendig zwingender Ursachen eine wählbare Norm der Darstellung ist. Tatsächlich gibt es Bereiche der Wissenschaft, die mit nicht-zwingenden Ursachen arbeiten, insbesondere die Quantenmechanik. Wittgensteins Behandlung des Samenbeispiels stürzt jedoch, wie er selbst anerkennt, unsere Konzeptionen von Kausalität um, weil sie uns nicht nur drängt, Erklärungen mittels nicht-zwingender Ursachen zu akzeptieren, sondern auch solche mittels phänomenaler Eigenschaften (betreffend den Ursprung der Samen). Solche Erklärungen zu akzeptieren steht auf gleicher Stufe wie astrologische Erklärungen, die durch statistische Belege gestützt werden. Es läuft auf die Preisgabe einer Darstellungsnorm hinaus – 'Kausale Erklärungen müssen letztlich strukturell sein, nicht phänomenal' –, die nicht durch Bezugnahme auf ein 'Wesen der Wirklichkeit' zu rechtfertigen sein mag (*siehe* AUTONOMIE DER SPRACHE), die aber für die wissenschaftliche Erklärung seit dem 17.Jahrhundert entscheidend gewesen ist.

Wittgensteins Idee nicht notwendig zwingender Ursachen ist von Anscombe aufgenommen worden. Die Behauptung, daß es eine irreduzible Verschiedenheit von Verursachensweisen gibt und daß der Begriff einer Ursache eher im Handeln als im Beobachten verwurzelt ist, erinnert an Collingwoods Vorstellung einer Ursache als einer 'Handhabe', einer Bedingung unter der Kontrolle menschlicher Handelnder, durch die sie bestimmte andere Bedingungen herbeiführen oder verhindern können. Von Wright hat die stärkere, von Wittgenstein nahegelegte Behauptung verteidigt, daß der interventionistische Begriff einer 'Ursache' nicht nur genetisch, sondern auch logisch vor einem auf Beobachtung gegründeten vorrangig sei, weil er allein ein Mittel bereitstellt, zwischen bloßem Nacheinandergeschehen und einer echten kausalen Verknüpfung zu unterscheiden.

Ein zentraler Zug von Wittgensteins späteren Überlegungen ist, daß kausale Erklärung nur *eine* Weise ist, die Frage 'warum?' zu beantworten, und daß Gründe von Ursachen unterschieden werden müssen. Er führt die allgegenwärtige Versuchung, beide einander anzugleichen, auf die Tatsache zurück, daß Gründe, wie Humesche Ursachen, allgemein sind, und auf den Eindruck, daß wir in 1. Person unserer Gründe als Ursachen 'von innen gesehen' gewahr seien (BlB 34–5; vgl. PG 228; PU § 378; PLP 119–22). Er macht ein paar Punkte zur Unterscheidung von Gründen für die Überzeugung daß *p* oder für Φen von Ursachen und kritisiert in diesem Kontext oft Freuds Auffassung psychoanalytischer Erklärungen als kausal (obwohl er sie unglücklicherweise nicht in irgendeiner Ausführlichkeit entwickelt).

(a) Der Begriff eines Grundes (reason) ist der eines Schritts in einer Überlegung (reasoning), die ein Übergang von einer Behauptung oder einem Gedanken zur(m) anderen ist: 'Wenn man einen Grund angibt, dann ist das so, als ob man eine Berechnung vorführt, mittels derer man zu einem bestimmten Ergebnis gelangt ist' (BlB 33–5; BGM 39; Vorl 148–50; VuGÄPR 46–7; PU §§ 489–90). Das muß nicht heißen, daß ich tatsächlich einen bestimmten Prozeß durchlaufen habe, sondern schließt Rechtfertigungen *ex post actu* ein, die Schritte beanspruchen, die ich gemacht haben könnte. Der Unterschied zwischen der Frage nach der Ursache und der Frage nach dem Grund ist wie der zwischen 'Welcher Mechanismus hat dich von A nach B gebracht?' und 'Auf welchem Weg bist du von A nach B gekommen?'. Gründe spielen, anders als Ursachen, eine rechtfertigende Rolle. Außerdem ist in einigen Fällen die Beziehung zwischen einem Grund und dem, wofür er ein Grund ist, eine INTERNE RELATION, das heißt, teilkonstitutiv für die Relata, wie die Beziehung zwischen Prämissen und Schlußfolgerung in einem logischen Beweis (deduktiven Argument; *siehe* LOGISCHE FOLGERUNG), oder zwischen einer Regel und ihrer richtigen Anwendung (*siehe* REGELFOLGEN).

(b) Wir müssen unsere Gründe typischerweise kennen (know), und das Kriterium für die Gründe einer Person ist, was sie als ihre Gründe bekundet. (Die Freudsche Konzeption 'unbewußter Gründe' modifiziert den Begriff eines Grundes, beharrt aber darauf, daß die Zuschreibung unbewußter Gründe der Bedingung der Zustimmung durch den Patienten unterliegt.) Anders als Ursachen werden die Gründe für das eigene Verhalten nicht auf der Grundlage von Belegen entdeckt (Vorl 149–50, 181–2, 193–8; BlB 92–4; VuGÄPR 41–2, 48–52; PG 101; PU §§ 475, 487–8; VPP 48–9).

(c) Während Ursachenketten unbestimmt weitergehen, kommen Gründe an ein Ende. Selbst wenn es Ketten von Gründen gibt, gehen diese aus. Das öffnet nicht die Tür zum SKEPTIZISMUS; es gehört intern zum Begriff der Rechtfertigung (BlB 32–4; PU §§ 217, 485).

Verursachung

Wittgensteins Unterscheidung zwischen Gründen und Ursachen ist unvereinbar mit der kausalen Konzeption des Geistes, nach der geistige Phänomene die inneren Ursachen des äußeren Benehmens sind. Teil dieses Bildes ist eine kausale Auffassung intentionalen Handelns, für die menschliches Handeln durch Bezugnahme auf Wirkursachen erklärt wird – Handlungen oder Ereignissen, die entweder in einem privaten geistigen Bereich (der Seele) stattfinden, oder, plausibler, im Gehirn. Wittgenstein meint im Gegensatz dazu, daß intentionales Verhalten teleologisch erklärt wird, durch Bezugnahme auf die Gründe des Handelnden (Überzeugungen, Absichten, Wünsche). Anders als Wirkursachen lassen Gründe das Handeln nicht notwendig geschehen: wenn der Handelnde nicht anders könnte, dann würde er nicht absichtlich handeln. Diese Auffassung steht in der Tradition der hermeneutischen Unterscheidung zwischen dem *Erklären* in den Naturwissenschaften und dem *Verstehen* in den Sozialwissenschaften. Sie wurde von Anscombe entwickelt, die, anders als Wittgenstein, ausdrücklich behauptete, die Verknüpfung zwischen einer Handlung und dem Grund für die Handlung sei immer intern und daher nicht kausal; und von Winch, der sie mit der Methodologie der Sozialwissenschaften verknüpfte. Ihre Position wurde kraftvoll von Davidson kritisiert. Von der Wittgensteinschen Idee ausgehend, daß logische Beziehungen *de dicto* sind, das heißt, davon abhängen, wie wir die Dinge beschreiben, argumentiert Davidson, daß Grund und Handlung unter einigen Beschreibungen logisch verknüpft sein mögen, aber nicht unter anderen, was die Möglichkeit offenläßt, daß sie, außer intern verknüpft zu sein, Ereignisse sind, die durch Kausalgesetze zusammenhängen. Außerdem: was sollte den Unterschied erklären zwischen dem Umstand, daß etwas *ein* Grund für eine Handlung ist, und dem Umstand, daß etwas *der* Grund ist, aus dem die Handlung vollzogen wurde, wenn nicht, daß letzterer ursächlich wirksam war, die Handlung herbeizuführen? Davidson schließt, daß, obwohl wir Handlungen durch Bezugnahme auf Gründe (Überzeugungen und Wünsche) erklären, diese Ursachen sind und mit neurophysiologischen Phänomenen identisch sind. Nach Wittgenstein, auf der anderen Seite, ist die Beziehung zwischen dem Geistigen und neurophysiologischen Phänomenen nur kontingent: es ist nicht logisch notwendig, daß geistiges Leben kausale Wurzeln hat (*siehe* INNERES/ÄUSSERES). Er bestritt auch, daß Überzeugungen und Wünsche geistige Zustände mit echter Dauer sind, was impliziert, daß sie mit neuralen Zuständen nicht identisch sein können (*siehe* PHILOSOPHISCHE PSYCHOLOGIE).

Wittgenstein deutet einen Weg an, Davidsons 'was sonst?'-Argument zu widerstehen (PU § 487; Vorl 149–50; VuGÄPR 47–9). Wir unterscheiden den Grund für Φen von anderen Gründen nicht durch Bezugnahme auf das Vorliegen einer kausalen Verknüpfung, sondern auf den Kontext der Handlung, insbesondere mit Rücksicht darauf, welche Gründe dem Handelnden in ähnlichen Umständen wichtig waren. Tatsächlich muß es keine prästabilierte Verknüpfung zwischen der Handlung und dem Grund geben. Oft ist es nur die aufrichtige Bekundung des Handelnden, die bestimmt, warum er es getan hat, obwohl der Kontext manchmal Gründe liefert, solche Geständnisse zurückzuweisen, weil sie auf Selbsttäuschung gründen (kontextualistische Elemente sind auch zentral für Wittgensteins Angriffe auf kausale Konzeptionen des WILLENS). Dieses Argument schließt jedoch nicht aus, daß *einige* psychologische Begriffe kausal sind. Wenn ich sage, daß ich meine Zähne wegen eines stechenden Schmerzes im Nacken zusammengebissen habe, gebe ich keine Gründe fürs Zusammenbeißen der Zähne, ich gebe eine kausale Erklärung.

Vorstellung(skraft)
Die britischen Empiristen meinten, daß die einzigen Inhalte des Geistes Vorstellungen oder Wahrnehmungen sind, die als geistige Bilder verstanden wurden und nur durch unterschiedliche Grade der Intensität voneinander verschieden seien. Kant kritisierte die vorstellungstheoretische Tradition, indem er zwischen Anschauungen (Empfindungen) und Begriffen unterschied, wobei letztere nicht-bildlich waren, und indem er darauf bestand, daß über einen Begriff zu verfügen nicht eine Frage des Habens eines geistigen Bildes sei, sondern des Fähigseins zur Anwendung einer Regel. Aber Kant blieb der vorstellungstheoretischen Orthodoxie insofern verhaftet, als die von ihm postulierten Regeln Regeln zur Konstruktion von geistigen Bildern waren. Der spätere Wittgenstein leugnete nicht nur, daß unser geistiges Leben im allgemeinen darauf gegründet sei, daß wir geistige Bilder hätten (*siehe* GEDÄCHTNIS; DENKEN/GEDANKE; VERSTEHEN), sondern er forderte die vorstellungstheoretische Konzeption der Vorstellungskraft selbst heraus. Nach dieser Konzeption ist Vorstellung ein Fall von nicht-sinnlicher Wahrnehmung, des Sehens mit dem Auge des Geistes: wenn wir uns etwas vorstellen, haben wir ein Bild, das wie ein physisches Bild ist, außer daß es privat ist und nicht öffentlich.

Wie andere Gegner der vorstellungstheoretischen Tradition wie Reid, Sartre und Ryle, bestritt Wittgenstein nicht die Existenz geistiger Bilder oder Vorstellungen, auch nicht, daß wir mir dem Auge des Geistes Dinge sehen können (z. B. PU §§ 6, 57, II, S. 494; BPP I §§ 111–9, 359, 726, 1050; BPP II §§ 224–39, 511; LS I §§ 92, 135, 315–7, 729, 794, 808; LS II, 25, 33). Statt dessen stellte er vier andere Behauptungen auf:

(a) 'Nicht, was Vorstellungen sind, oder was da geschieht, wenn man sich etwas vorstellt, muß man fragen, sondern: wie das Wort „Vorstellung" gebraucht wird' (PU § 370). Denn das Wesen der Vorstellung ist nichts als ihre GRAMMATIK.

(b) Untersuchung dieser Grammatik zeigt, daß das Wort 'Vorstellung' nicht auf Fälle beschränkt ist, in denen mir geistige Bilder durch den Kopf gehen. Es ist möglich, daß Leute sich Dinge vorstellen könnten und, was sie sich vorstellen, in Schrift oder Zeichnungen ausdrücken könnten, ohne irgend etwas vor dem geistigen Auge zu sehen. Tatsächlich muß kein Ereignis eintreten oder kein Vorgang geschehen, wenn man sich etwas vorstellt (BPP II §§ 66, 144; Z § 624; *siehe* PHILOSOPHISCHE PSYCHOLOGIE).

In einer Hinsicht geht Wittgensteins Kritik der Vorstellungstheorie nicht weit genug. Obwohl er 'sich vorstellen, sich denken' häufig in einem nicht wahrnehmungsmäßigen Sinn verwendet, zum Beispiel, wenn er davon spricht, sich eine Hypothese, eine Erklärung oder eine Sprache vorzustellen (PU §§ 6, 19; LS I §§ 292, 341, 722, 777; Z §§ 98, 148, 440, 571), behauptet er, daß es wesentlich für Vorstellen ist, daß es Begriffe der Sinneswahrnehmung verwendet (BPP I § 885). Aber es ist sinnvoll, sich Dinge vorzustellen, von denen es kaum sinnvoll ist zu sagen, daß man sie wahrnimmt oder sich

davon ein Bild macht (z. B. Rosa Luxemburgs letzte Gedanken oder, daß es ganze Zahlen gibt). Es folgt, daß nicht alle Fälle von Vorstellen geistige Bilder einschließen,
  (c) Selbst wenn geistige Bilder in der Vorstellung vorhanden sind, wird ihr Wesen von der vorstellungstheoretischen Tradition mißverstanden. 'Eine Vorstellung ist kein Bild' (PU § 301; BPP II §§ 63, 112; Z § 621; VüpEuS 58; PB 82). Es fehlen ihr feste Grenzen und sie unterliegt nicht den Identitätskriterien für materielle Gegenstände. Wir schreiben anderen Vorstellungen zu auf Grundlage von AUSDRUCKSÄUSSERUNGen und Benehmen (*siehe* BEHAVIORISMUS), das heißt, aufgrund dessen, was das Subjekt sagt oder zeichnet, wenn es gefragt wird, während wir in 1. Person überhaupt kein Kriterium verwenden. Was das Subjekt sich vorstellt, wovon das innere Bild ein Bild ist, ist durch das bestimmt, was es sagt, wovon es ein Bild ist, das heißt, es gibt 1.-Person-Autorität hinsichtlich geistiger Bilder (PU §§ 377–8; LS I § 811). Wir 'erkennen' unsere geistigen Bilder nicht, wir können sie auch nicht beobachten oder inspizieren (PU §§ 379–82; BPP II § 885; Z § 632). Das Sprachspiel des Vorstellens beginnt nicht mit einer privaten Entität, die dann beschrieben würde, sondern mit dem Ausdruck dessen, was man sich vorstellt. Ein geistiges Bild ist keine private Entität, sondern die Weise, in der wir etwas vorstellen, genauso wie ein Gesichtseindruck die Weise ist, in der wir organisieren, was wir sehen (LS I §§ 440–3).
  (d) Entsprechend hat die vorstellungstheoretische Tradition die Beziehung zwischen Vorstellung und Wahrnehmung mißverstanden. 'Der *Zusammenhang* zwischen Vorstellen und Sehen ist eng; eine *Ähnlichkeit* aber gibt es nicht' (Z § 625). Jede Beschreibung dessen, was wahrgenommen wird, kann verwendet werden, um zu beschreiben, was man sich vorstellt (obwohl, wie wir gesehen haben, das Umgekehrte nicht gilt). Aber gleiche Beschreibungen werden in diesen Kontexten verschieden verwendet. Wahrnehmung und Vorstellen sind kategorial verschieden (BPP II §§ 69–70; 130–9; Z §§ 629–37). (i) Der Unterschied zwischen visuellen Bildern und visuellen Eindrücken ist nicht nur eine Frage der Lebendigkeit, wie Hume dachte (*Ein Traktat über die menschliche Natur* I.i.3). Es ist unklar, welche Maßstäbe der Lebendigkeit Hume beansprucht. Aber man kann sich etwas klarer vorstellen als man es sehen kann. Außerdem ist es nicht sinnvoll, sich zu fragen, ob man gerade etwas vorstellt oder wahrnimmt, obwohl es sinnvoll ist, sich zu fragen, ob man halluziniert oder wahrnimmt (BPP II §§ 96, 142; Z § 621, 627). (iii) Anders als Wahrnehmen und Halluzinieren untersteht Vorstellen dem Willen. So kann man versuchen, Vorstellungsbilder in einer Weise zu 'bannen', wie man das mit visuellen Eindrücken nicht kann, und man kann überrascht sein von dem, was man sieht, aber nicht (in gleicher Weise) von dem, was man sich vorstellt (Z §§ 621, 627, 632–3). Aus gleichem Grunde ist Vorstellen eher kreativ als rezeptiv, und daher dem Abbilden näher als Sehen oder Halluzinieren (BPP I §§ 111, 653; BPP II 80–92, 115). (iv) Wittgenstein verknüpft Vorstellung mit ASPEKTWAHRNEHMUNG: X als Y sehen schließt oft ein, sich X als Y vorzustellen (PU II, S. 518–77; BPP II § 543).

W

Wahrheit

Es gibt keine Wahrheitstheorie, die Wittgenstein nicht zugeschrieben worden ist. Ihm wurde eine Kohärenztheorie 'zugute gehalten', eine pragmatische Theorie, eine Konsensustheorie. Die Sache ist in Wahrheit einfach. Der frühe Wittgenstein entwickelte eine raffinierte Version der Korrespondenztheorie, während der spätere Wittgenstein zusammen mit Ramsey ein Pionier der Redundanztheorie war. Nach der Korrespondenztheorie ist Wahrheit eine Beziehung zwischen einem Wahrheitsträger (Urteil, Satz, Proposition) und etwas, was ihn in der Wirklichkeit wahr macht (eine Tatsache). Eine Schwierigkeit für Vertreter der Theorie wie Locke, Moore und Russell ist es, eine klare Erklärung der Begriffe von einem Wahrheitsträger, einem Wahrmacher und der Beziehung der Korrespondenz zu geben. Frege verzweifelte daran, eine Beziehung der Korrespondenz zu spezifizieren, die nicht Wahrheitsträger und Wahrmacher ineinanderfallen ließe. Er schloß daraus, daß Wahrheit *sui generis* und undefinierbar sei ('Gedanke' 59–60).

Wittgenstein versuchte, die Herausforderung anzunehmen. Wahrheit und Falschheit sind nicht zwei abstrakte Entitäten, die der Satz benennte, wie Frege meinte (TLP 4.441; AüL 207–8; *siehe* LOGISCHE KONSTANTE). Es sind auch nicht zwei Eigenschaften, die der Satz zufällig besäße, so wie Rosen entweder rot oder weiß sein können, wie Russell vorschlug. Wahr sein und falsch sein sind zwei Relationen, in denen der Satz zur Wirklichkeit stehen kann; und es ist ein wesentlicher Zug von Sätzen, bipolar zu sein (*siehe* BIPOLARITÄT), das heißt, fähig zu sein, in einer der beiden Beziehungen zur Wirklichkeit zu stehen: ein Satz muß fähig sein, wahr zu sein, und fähig sein, falsch zu sein. Wittgensteins positive Erklärung beginnt mit Beobachtungen, die die Redundanztheorie und Bedeutungs- und Wahrheitstheorien nach Tarski vorwegnehmen:

(1) 'p' ist wahr $\equiv p$.

Aber um den Satz daß p zu verstehen, müssen wir mehr wissen als (1), nämlich die logische Form der Tatsache, die den Satz 'p' bildet (AüL 203–4; AM 215–6).

Die BILDTHEORIE liefert eine Erklärung davon, wie ein SATZ, der eine Tatsache ist, andere Tatsachen wahr oder falsch darstellt. 'Der Satz ist ein Bild der Wirklichkeit: Denn ich kenne die von ihm dargestellte Sachlage, wenn ich den Satz verstehe ... Der Satz *zeigt*, wie es sich verhält, *wenn* er wahr ist. Und er *sagt, daß* es sich so verhält' (TLP 4.021 f.).

Sätze können die Wirklichkeit entweder wahr oder falsch abbilden, nur weil sie Bilder oder Modelle sind, die mit der Wirklichkeit verglichen werden können, wie ein Lineal an einen zu messenden Gegenstand angelegt wird (TLP 2.1512f., 4.05–4.062; AüL 190–1; Tb 24.11.14, 11.1.15). Komplexe Sätze sind Wahrheitsfunktionen von ELEMENTARSÄTZEN. Die Wahrheit oder Falschheit eines komplexen Satzes ist durch die Wahrheit oder Falschheit der ihn bildenden Elementarsätze bestimmt. Ein komplexer Satz ist wahr dann und nur dann, wenn einer seiner Wahrheitsgründe erfüllt ist, das heißt, nur wenn eine der möglichen Kombinationen von Wahrheitswerten, unter denen er in einer WAHRHEITSTAFEL als wahr bewertet ist, wirklich besteht. So ist '$p \cdot q$' dann und nur dann wahr, wenn eine seiner Wahrheitsmöglichkeiten besteht, nämlich diejenige, in der sowohl 'p' als auch 'q' in der Wahrheitstafel ein 'W' zugeordnet ist.

Elementarsätze sind aus unanalysierbaren NAMEN zusammengesetzt, die für einfache GEGENSTÄNDE in der Wirklichkeit stehen. Unter einer geeigneten PROJEKTIONSMETHODE bildet die Tatsache, daß diese Namen in bestimmter Weise verbunden sind, einen Sachverhalt ab, eine mögliche Verbindung von Gegenständen in der Wirklichkeit. Ein Elementarsatz 'p' ist wahr dann und nur dann, wenn der Sachverhalt, den er abbildet, besteht, das heißt eine Tatsache ist. Das seinerseits bedeutet, daß die Gegenstände, für die seine Namen stehen, in der Weise miteinander verbunden sind, in der die Verbindung der Namen im Satz sagt, daß sie so verbunden sind. 'Das Bild stimmt mit der Wirklichkeit überein oder nicht; es ist richtig oder unrichtig, wahr oder falsch ... In der Übereinstimmung oder Nichtübereinstimmung seines Sinnes mit der Wirklichkeit besteht seine Wahrheit oder Falschheit' (TLP 2.21–2.222).

Der Untergang der Ontologie des logischen Atomismus 1929 beseitigte die Hauptbestandteile dieser Darstellung. Für Austin war das der Anlaß, eine Version der Korrespondenztheorie zu entwickeln, die sich nicht auf einfache Gegenstände etc. stützt. Für Wittgenstein war es das Signal, zu seinem Ausgangspunkt zurückzugehen. Nachdem er die Vorstellung aufgegeben hatte, daß Sätze Tatsachen seien, die unanalysierbare Bestandteile kombinierten, blieb er mit der einfachen logischen Äquivalenz (1) zurück. Ramsey zog, vielleicht durch Wittgenstein angeregt, die Schlußfolgerung, daß 'Es ist wahr, daß es regnet' nicht mehr sagt als 'Es regnet'. Die zusätzlichen Wörter haben keinen behauptenden Gehalt (*Mathematics* 138–55). Anders als der frühe Wittgenstein formulierte er diese Äquivalenz nicht durch eine zitattilgende Aussage wie (1), sondern als

(1') 'Es ist wahr daß p' $\equiv$ 'p'.

Wittgenstein schloß sich dem an. Er beharrte darauf, daß '„p" ist wahr' nur verstanden werden kann, wenn man das Zeichen 'p' als ein Sachzeichen (propositional sign) behandelt und nicht als den Namen eines bestimmten Tintenschriftzugs. Im Gegensatz zu Theorien nach Tarski hat Wittgenstein zu Recht bestritten, daß 'ist wahr' sich auf bloße Satzzeichen (sentences) beziehe. Wie Ramsey hatte er keine Bedenken, über Sätze zu quantifizieren, was notwendig ist, um für Sätze aufzukommen, die sich der Redundanztheorie andernfalls entziehen würden. So wird 'Was immer der Papst sagt, ist wahr' wiedergegeben als '$(p)((\text{der Papst sagt, daß } p) \supset p)$'; 'Was er sagt, ist wahr' wird gefaßt als 'Es verhält sich, wie er sagt', das heißt '$(\text{Er sagt daß } p) . p$' (PG 123–4). Später kehrte Wittgenstein jedoch zu einer zitattilgenden Theorie ähnlich der von Quine zurück, wenn er feststellte daß '„p" ist wahr $= p$' (PU § 136; BGM 117). In beiden Versionen gibt 'wahr' keinen Haken ab, an dem metaphysische Streitigkeiten aufzuhängen wären, weil 'ist wahr' keine Beziehung ausdrückt, weder zwischen einem Satz und einer Tatsache (wie realistische Korrespondenztheoretiker meinen) noch zwischen einem Satz und einer Menge von Überzeugungen (wie idealistische Kohärenztheoretiker wollen). Aber das heißt nicht, daß (1) alles ist, was am Begriff der Wahrheit dran ist. Wittgenstein erörtert ausführlich, was es für verschiedene Arten von Sätzen heißt, wahr zu sein und was es heißt, sie zu verifizieren (ÜG § 200; *siehe* VERIFIKATIONISMUS).

Im Verlauf der Verabschiedung des logischen Atomismus deutete Wittgenstein auch eine Kritik der Korrespondenztheorie an, die Strawsons späteren Angriff vorbildet. Die Korrespondenztheorie behandelt TATSACHEN als Bestandteile der Welt. Aber Tatsachen sind nicht in Raum und Zeit loziert, sie sind weder hier noch dort. Die Tatsache, daß die Schlacht von Austerlitz 1805 stattfand, fand nicht 1805 statt, man hätte sie auch nicht auf dem Schlachtfeld finden können. Entsprechend ist es irreführend zu sagen, daß der Satz daß p durch die Tatsache daß p wahr gemacht werde, weil es keine außersprachliche Entität gibt, die für den Satz irgend etwas tun könnte oder ihm in einer Weise entsprechen könnte, in der eine Statue ihrer Replik entsprechen kann.

Wittgenstein bestritt auch, daß man einen Satz dadurch rechtfertigen könne, daß man auf eine Tatsache zeigte (point to), die, wenn sie besteht, den Satz verifiziert. Man kann nicht auf eine Tatsache zeigen (oder sie beschreiben), weil eine Tatsache kein Komplex von Gegenständen ist (PB 301–3). Alles, was man tun kann, ist eine Tatsache herausstellen (point out). Aber das ist nichts anderes als sie zu behaupten. Das bedeutet jedoch, daß die verifizierende Tatsache nicht als Rechtfertigung in Anspruch genommen werden kann, weil man nur den Satz wiederholte, den man zu rechtfertigen suchte. Man kann den Satz daß p empirisch rechtfertigen unter Bezugnahme auf den Satz daß q. Man kann ihn auch dadurch rechtfertigen, daß man die geeigneten Methoden der Rechtfertigung erfolgreich anwendet. Aber man kann ihn nicht dadurch rechtfertigen, daß man einfach behauptet, daß es eine Tatsache ist daß p. 'Die Grenze der Sprache zeigt sich in der Unmöglichkeit, die Tatsache zu beschreiben, die einem Satz entspricht ..., ohne eben den Satz zu wiederholen (Wir haben es hier mit der Kantischen Lösung des Problems der Philosophie zu tun.)' (VB 463–4; tatsächlich gibt es hier eine schlagende Parallele zu Kants Diallelen-Argument, *Logik*, Hrsg. Jaesche, A 70).

Das ist nicht sprachlicher Idealismus. Empirische Aussagen werden verifiziert oder falsifiziert dadurch, wie es sich verhält, und das ist unabhängig davon wie wir sagen, daß es sich verhalte. Der Wahrheitswert eines Satzes ist völlig unabhängig von grammatischen Konventionen. Jedoch zu sagen, daß Sätze durch Tatsachen wahr gemacht werden, legt eine Entsprechung von Gegebenheiten nahe wie 'Steingut fallen zu lassen, läßt (makes) es zerbrechen'. Tatsächlich ist es stärker verwandt mit 'Ein weiblicher Fuchs zu sein macht ein Wesen zu einer Fehe'. Für Wittgenstein heißt es einfach, einen grammatischen Satz irreführend auszudrücken, der das Körnchen Wahrheit in der Korrespondenztheorie ist: der Satz daß p ist wahr, wenn es sich so verhält, wie er sagt, daß es sich verhält (BlB 55–67; PU § 134, 444).

Wittgenstein behauptet, daß die Grammatik autonom ist (*siehe* AUTONOMIE DER SPRACHE). Aber das ist eine Behauptung nicht über die Wahrheit von Sätzen, sondern über Begriffe. Wir müssen unterscheiden zwischen empirischen Sätzen, die verifiziert oder falsifiziert werden dadurch, wie es sich verhält, und grammatischen Sätzen (*siehe* GRAMMATIK), die Regeln für den Gebrauch von Wörtern ausdrücken. Regeln spiegeln nicht die Wirklichkeit, genau deshalb können sie nicht wahr oder falsch genannt werden. Unsere sprachliche Praxis bestimmt, welche empirischen Behauptungen wir sinnvollerweise aufstellen können, aber nicht, ob sie wahr oder falsch sind. Unser Begriffsnetz bestimmt, welchen Fisch wir fangen können, aber nicht, welchen Fisch wir, wenn überhaupt welchen, tatsächlich fangen.

Wittgenstein bestreitet ausdrücklich, daß ein Satz wahr ist, wenn wir ihn akzeptieren oder wenn wir ihn nützlich finden (BGM 406; Z §§ 319, 428–31; BPP I § 266).

'So sagst du also, daß die Übereinstimmung der Menschen entscheide, was richtig ist und was falsch ist?' – Richtig und falsch ist, was Menschen sagen ... (PU § 241)

Richtig und unrichtig gibt es nur im Denken, also im Ausdruck der Gedanken: und der Ausdruck der Gedanken, die Sprache, ist den Menschen gemeinsam. (MS 124 212–3, zit. von G. P. Baker und P. M. S. Hacker, *Wittgenstein: Rules, Grammar, and Necessity* (1985), 257)

Die Wörter 'ist wahr' haben eine Bedeutung oder eine Funktion nur, weil menschliche Wesen Behauptungen aufstellen, bestreiten und verifizieren; der Begriff der Wahrheit existiert nicht unabhängig von unserem sprachlichen Verhalten. Aber ob diese Behauptungen wahr sind oder nicht, hängt davon ab, wie es sich verhält, denn so gebrauchen wir den Ausdruck 'wahr'.

Wahrheitstafeln
Dies sind tabellenförmige Darstellungen der Weisen, in denen die Wahrheitswerte von komplexen Sätzen von den Wahrheitswerten ihrer Bestandteile (im *Tractatus*: von ELEMENTARSÄTZEN) abhängen. Die Wahrheitstafel ist das einzige formale Mittel Wittgensteins, das seinen Weg in Textbücher der Logik gefunden hat. Er selbst legt nahe, daß Frege Wahrheitstafeln zur Erklärung der logischen Verknüpfungen verwendet habe, aber auch um Aussagen über Wahrheitsfunktionen zu machen. Tatsächlich geht die Idee auf Boole zurück und der Vorschlag, Wahrheitstafeln als ein mechanisches Entscheidungsverfahren zu verwenden, wurde von Peirce und Schröder zur Diskussion gestellt. Zur technischen Reife kam das Verfahren gleichzeitig bei Post und im *Tractatus* (TLP 4.31–4.45, 5.101). Was an letzterem einzigartig ist, ist die Idee, Wahrheitstafeln nicht als Definitionen der wahrheitsfunktionalen Satzverknüpfungen und auch nicht ausschließlich als Entscheidungsverfahren für den Aussagenkalkül zu verwenden, sondern als 'Satzzeichen', eine Weise, komplexe Sätze zu symbolisieren, als eine Alternative dazu, sie z. B. als '$p \cdot q$' oder '$p \vee q$' niederzuschreiben (TLP 4.431, 4.442; Vorl 322–6; VGM 213–4; vgl. *Begriffsschrift* § 7).

Wahrheitstafeln sind ein entscheidender Teil der Theorie des Symbolismus beim frühen Wittgenstein, seinem Versuch, eine ideale Notation oder 'Zeichensprache' zu entwerfen, die die LOGISCHE SYNTAX zeigen würde, die jeder möglichen Sprache zugrunde liege. In einer solchen Notation würden Identität und Unterschied von Symbolen genau der Identität und dem Unterschied der symbolisierten Dinge entsprechen (TLP 3.325, 3.342ff., 5.533). Infolgedessen würde sie zeigen, daß Sätze, die Frege und Russell als verschieden behandelt hatten, ein und dasselbe Symbol sind, verschiedene Weisen, denselben Satz zu schreiben.

W | Wahrheitstafeln

Wittgensteins erster Versuch, das zu ersetzen, was er die 'Wahrheitsfunktionen-Notation' von Frege und Russell nannte, war die *ab*-Notation' (AüL 188–93, 200–2; AM 216–9; Vorl 73–4). Ein Satz '*p*' wird als 'a-*p*-b' geschrieben und '~*p*' als 'b-a-*p*-b-a'; dabei sind a und b die 'zwei Pole' des Satzes, entsprechend W und F im *Tractatus*. Was in einer solchen Formel symbolisiert, ist die Zuordnung der innersten und der äußersten Pole. Dies zeigt, daß 'a-b-a-*p*-b-a-b' ('~~*p*') dasselbe Symbol ist wie 'a-*p*-b' ('*p*'), im Gegensatz zu Frege. Wittgenstein versuchte, diese Notation auf die Quantoren auszudehnen: 'a-(*x*)-a-Φ*x*-b-(∃*x*)-b' entspricht '(*x*)Φ*x*', 'a-(∃*x*)-a-Φ*x*-b(*x*)-b' entspricht '(∃*x*)Φ*x*'. Diese Notation symbolisiert die interne Negation ('(*x*)~Φ*x*') durch Umkehrung der inneren *ab*-Pole, die externe Negation ('~(*x*)Φ*x*') durch Umkehrung der äußeren *ab*-Pole. Sie zeigt auch, daß die Argumente der Quantoren Sätze mit einem Sinn sind (sie haben zwei Pole) und nicht Namen von Funktionen erster Stufe wie bei Frege. Aber er traf auf unüberwindliche Schwierigkeiten bei der Ausdehnung der Notation auf die IDENTITÄT (RUB 17.10.13).

In einer zweidimensionalen Variation der *ab*-Notation kann man die Verknüpfungen zwischen den Polen komplexer Sätze und die ihrer konstituierenden Elementarsätze zeigen (RUB 11.–12.13; AM 218). Das gibt ein Entscheidungsverfahren für den Aussagenkalkül ('*eine* Methode'), einen mechanischen Algorithmus zur Unterscheidung von Tautologien, Widersprüchen und kontingenten Sätzen. Diese mühsame Methode ist in den *Tractatus* aufgenommen (TLP 6.1203), aber die *ab*-Notation weicht der Wahrheitstafel-Notation (TLP 4.27–4.45, 5.101).

Eine Wahrheitstafel zeigt den Wahrheitswert, W oder F, eines zusammengesetzten Satzes für jede mögliche Kombination der Wahrheitswerte seiner Bestandteile (Elementarsätze). Für eine Menge von n Elementarsätzen gibt es 2^n 'Wahrheitmöglichkeiten' oder 'Wahrheitskombinationen', das heißt, mögliche Kombinationen ihrer Wahrheitswerte, jede dargestellt durch eine Reihe der Wahrheitstafel. Diejenigen Wahrheitsmöglichkeiten, die einen zusammengesetzten Satz verifizieren, sind seine 'Wahrheitsgründe'. Und es gibt $(2^n)^n$ 'Gruppen von Wahrheitsbedingungen', eine für jede mögliche Wahrheitsfunktion von n Sätzen. Die Wahrheitsbedingungen eines komplexen Satzes sind seine 'Übereinstimmung und Nichtübereinstimmung mit den Wahrheitsmöglichkeiten der Elementarsätze' (TLP 4.431), das heißt, seine Wahrheit oder Falschheit für die verschiedenen Wahrheitsmöglichkeiten, die in der letzten Kolumne einer Wahrheitstafel festgehalten ist. Für ein Paar von Sätzen *p* und *q* gibt es so vier Wahrheitsmöglichkeiten, nämlich WW (beide wahr), FW, WF, FF. Ihre Wahrheitsfunktionen '*p* . ~*q*' und '*p* ⊃ *q*' werden beispielsweise jeweils folgendermaßen dargestellt:

'*pq*'		'*pq*'	
WW	F	WW	W
FW	F	FW	W
WF	W	WF	F
FF	F	FF	W

'$p . \sim q$' hat einen einzigen Wahrheitsgrund, dargestellt durch die dritte Reihe (WF), und seine Wahrheitsbedingungen sind (FFWF); '$p \supset q$' hat drei Wahrheitsgründe, (WW), (FW), (FF), und seine Wahrheitsbedingungen sind (WWFW). Anders als ihre zeitgenössischen Nachfolger erscheinen Wittgensteins Wahrheitstafeln in einfachen Anführungszeichen und ohne den Satz an der Spitze der rechten Kolumne. Das zeigt an, daß sie weder Satzverknüpfungen definieren, noch die Wahrheitsbedingungen von komplexen Sätzen spezifizieren, sondern selbst Satzzeichen sind, die komplexe Sätze wie '$p . \sim q$' oder '$p \supset q$' ohne Rekurs auf logische 'Konstante' oder Satzverknüpfungen ausdrücken.

Wenn die Reihenfolge der Ws und Fs in den ersten beiden Kolumnen fixiert ist (sie ist gegenüber modernen Textbüchern umgekehrt), kann diese Notation vereinfacht werden, indem nur die letzte Kolumne hingeschrieben wird als '(FFWF)(p,q)' oder '(WWFW)(p,q)' beziehungsweise. Außerdem kann der Elementarsatz 'p' nicht nur als '(WF)(p)' dargestellt werden, sondern auch als '(WFWF)(p,q)', das heißt als Konjunktion seiner selbst mit einer 'q' einschließenden Tautologie, beispielsweise '$p . (q \vee \sim q)$'. Die W/F-Kolumne unter dieser Konjunktion ist identisch mit der W/F-Kolumne unter 'p', wie sie in einer Tafel mit 2^2 Reihen auftritt (TLP 4.442, 4.465, 5.101, 5.513; Tb 3.10.14, 10.6.15). Entsprechend kann und wird in einer idealen Notation jeder Satz als eine Wahrheitsfunktion der gesamten Menge der Elementarsätze dargestellt, nämlich in einer Wahrheitstafel mit, wenn es n Elementarsätze gibt, 2^n Reihen.

Für Wittgenstein war die technische Innovation der Bereitstellung eines Entscheidungsverfahrens nur ein Mittel, um die wesentlichen Züge der Logik und des Symbolismus zu zeigen, die von den formalen Sprachen von Frege und Russell verzerrt worden waren. Insbesondere werden die folgenden wesentlichen Züge der Sprache in der Wahrheitstafel-Notation offenbar:

(a) Während echte Sätze zwei Pole haben, BIPOLARITÄT zeigen, sind die Sätze der Logik TAUTOLOGIEN, die bipolare Sätze so verbinden, daß ihre Wahrheitswerte einander aufheben.

(b) Komplexe Sätze werden durch ihre Wahrheitsbedingungen dargestellt, was zeigt, daß jeder Satz eine Wahrheitsfunktion von Elementarsätzen ist.

(c) Die logischen Eigenschaften von Sätzen können aus dem Symbol allein berechnet werden (oder sogar wörtlich ersehen werden). Das ersetzt die zweifelhafte Berufung auf das Einleuchten (die Selbstevidenz) der logischen Sätze durch eine Berechnungsmethode für die formalen Eigenschaften von Symbolen. Logische Sätze und Regeln LOGISCHEr FOLGERUNG werden überflüssig, weil die logischen Beziehungen zwischen (nicht-logischen) Sätzen aus ihrer W/F-Darstellung ersehen werden können (TLP 6.122).

(d) 'p', '$\sim\sim p$' und '$\sim\sim\sim\sim p$' werden als derselbe Satz gezeigt, nämlich '(WF)(p)', was zeigt, daß die wahrheitsfunktionalen Verknüpfungen nicht für Funktionen stehen, sondern eher Operationen ausdrücken (AüL 188–90; *siehe* LOGISCHE KONSTANTE). Gleichermaßen stellen sich '$p \vee \sim p$', '$\sim(p . \sim p)$', '$p \equiv \sim\sim p$' und '$p \supset p$' als ein und dieselbe Tautologie heraus, '(WW)(p)'; und '$(p . (p \supset q)) \supset q$' und

'$(p \,.\, (\sim q \supset p)) \supset q$' sind gleichermaßen ausgedrückt als '(WWWW)(p,q)'. Das zeigt, daß es unmöglich ist, zwischen Axiomen (primitiven logischen Sätzen) und Theoremen zu unterscheiden.

Obwohl Wittgenstein anfänglich versuchte, die Wahrheitstafel-Methode auf den Prädikatenkalkül auszudehnen, ist sich der *Tractatus*, anders als der frühe Wiener Kreis, völlig klar über die Tatsache, daß die Methode beschränkt ist auf 'Fälle (…), in welchen in der Tautologie keine Allgemeinheitsbezeichnung vorkommt', weil sie nicht auf unendliche logische Summen oder Produkte angewendet werden kann (TLP 6.1203; vgl. RUB 11.–12.13). Aus diesem Grund widerlegt Churchs Theorem, das zeigt, daß es kein Entscheidungsverfahren für den Prädikatenkalkül geben kann, den *Tractatus* nicht direkt. Wittgensteins Behauptung, daß die logischen Wahrheiten des Prädikatenkalküls im selben Sinn Tautologien sind wie die des Aussagenkalküls, war eine Behauptung über das Wesen logischer Wahrheit, nicht über die Reichweite eines Entscheidungsverfahrens. Weil jedoch die Idee der Tautologie unter Bezugnahme auf Wahrheitstafeln erklärt wird, sind die Begrenzungen für Wahrheitstafeln Beschränkungen der Reichweite der Erklärung im *Tractatus*. Zwei solche Beschränkungen wurden Wittgenstein klar, nämlich das Problem der Erklärung von ALLGEMEINHEIT mittels logischer Produkte, und das Problem der FARBausschließung. Letzteres ließ ihn einsehen, daß nicht alle Notwendigkeit tautologisch ist, weil es nicht-wahrheitsfunktionale logische Beziehungen gibt, und er gab den Versuch bald auf, die Wahrheitstafel-Notation an derartige Beziehungen anzupassen (BLF; WWK 73–4, 91–2). Es zwang ihn auch zur Aufgabe der Vorstellung, daß Elementarsätze voneinander logisch unabhängig seien, was die Behauptung der W/F-Notation zerstört, alle Sätze als Wahrheitsfunktionen von Elementarsätzen darstellen zu können, eine Behauptung, die voraussetzt, daß jede der 2^n Reihen der Wahrheitstafel eine selbständige Wahrheitsmöglichkeit zeigt. Daher verlieren Wahrheitstafeln in Wittgensteins späterem Werk ihre überragende Rolle, die Struktur von Sätzen und das Wesen logischer Notwendigkeit zu zeigen.

Widerspruch
Für Wittgenstein steht ein Widerspruch wie '$p \,.\, \sim p$' insofern auf einer Stufe mit einer TAUTOLOGIE wie '$\sim(p \,.\sim p)$', als er nicht unsinnig ist, sondern sinnlos, weil er nichts sagt. Im Gegensatz dazu ist das Gesetz des Widerspruchs nicht das leere '$\sim(p \,.\sim p)$', sondern eine Regel, die Ausdrücke wie '$p \,.\sim p$' verbietet. Was Logiker fürchten, sind nicht Widersprüche *per se*, die eine legitime Rolle haben, besonders in Beweisen mittels *reductio ad absurdum*, sondern Verletzungen dieser Regel, zum Beispiel der Fehler, ein Postulat nicht zurückzuziehen, das einen Widerspruch impliziert. Es gibt nicht so etwas wie eine widersprüchliche Regel, weil sie einem nicht sagen könnte, was zu tun ist, und ein widersprüchlicher Satz ist ebensowenig ein Zug in einem Sprachspiel wie das Aufstellen und Wiederwegnehmen einer Figur von einem Quadrat des Spielbretts ein Zug im Schachspiel ist (WWK 130–1, 176, 199–200; PG 128–9, 305; Vorl 148–9; VGM 253–4, 256–60, 271–2; BPP I § 44; BPP II § 290).

Wittgensteins Bemerkungen über die Folgen von Widersprüchen für die Grundlagen der Mathematik sind absichtlich provokativ. Er toleriert Widersprüche nicht, geschweige denn, daß er sie propagiert. Er betrachtete jedoch die skeptische Furcht, es könnte verborgene Widersprüche geben, die, wie ein Krankheitserreger, das ganze Corpus der Mathematik infizieren könnte, ohne daß wir davon wüßten, als abergläubisch. Infolgedessen verwarf er die Vorstellung, die Hilberts METAMATHEMATIK zugrunde liegt, daß solche Widersprüche durch Konsistenzbeweise im vorhinein ausgeschlossen werden könnten und sollten (WWK 119; BGM 204–19, 254–6, 370–8, 400–1, 410; VGM 17–9, 77, 252–80). Ein verborgener Widerspruch ist kein nicht wahrgenommener Widerspruch, das heißt keiner, der in der Menge der Regeln offensichtlich ist und bloß übersehen wurde, oder keiner, der durch eine anerkannte Methode erzeugt werden könnte (WWK 120, 143, 174–5; VGM 274–5). Er ist vielmehr einer, der einem System durch eine neue, unvorhergesehene Art von Konstruktion hinzugefügt wird – wie die Konstruktion von Aussagen wie 'X ist ein Element von sich selber'. Nach dieser Unterscheidung hat Russell in Freges System keinen existierenden Widerspruch entdeckt, sondern eine Weise erfunden, einen Widerspruch zu konstruieren, und dadurch den Kalkül verändert. Wir können entscheiden, daß der Weg, der zum Widerspruch führt, keine gültige Ableitung innerhalb des Systems ist. Die Regeln, die wir verwendet haben, verpflichten uns nur auf das, was durch ihre direkte Anwendung erzeugt werden kann, nicht auf das, was hinzugefügt wird. Gleichermaßen könnte keine metamathematische Entdeckung ein System hervorbringen, das gegen die Möglichkeit derartiger Konstruktionen gefeit wäre. Gewißheit dieser Art könnte nur durch einen 'guten Engel' gewährleistet werden (BGM 378; VGM 268–73; *siehe* MATHEMATISCHER BEWEIS).

Wenn ein Widerspruch konstruiert oder entdeckt wird, zeigt das nicht, daß alles, was wir vorher taten, falsch war. Ein Widerspruch ist nur schädlich, wenn er die Anwendung eines Kalküls zum Stillstand bringt. Wenn etwa plötzlich bemerkt würde, daß bestimmte Regelungen für die Sitzordnung bei Staatsbanketten unvereinbare Anforderungen an die Plazierung des Vizepräsidenten stellten, etwa, weil der Vizepräsident zum ersten Mal auftaucht, würde das nicht zeigen, daß falsch war, was wir vorher getan haben (VGM 253). Im selben Sinn ist es schwer zu sehen, wie unsere elementare Arithmetik durch gesuchte Entdeckungen in der mathematischen Logik umgeworfen werden könnte, eine Schwierigkeit, die Wittgensteins Behauptung unterstützt, 'daß Freges und Russells Logik keine Grundlage der Arithmetik darstellen' (VGM 277; WWK 149; BGM 400–1). Wittgenstein hat jedoch selbst darauf bestanden, daß ein Ausdruck wie 'Φe und Φe nicht in Situation X' nicht das ist, was wir eine Regel nennen (PG 305). Daher sollten wir hinzufügen, daß im Fall unseres unbemerkten Widerspruchs etwas falsch war, bevor es sich in unserer Praxis zeigte, zwar nicht mit dem, was wir taten, aber mit den Regeln, nämlich, daß sie keine kohärente Anleitung hinsichtlich der Plazierung des Vizepräsidenten gaben. Gleichermaßen wäre eine Arithmetik, die die Division durch 0 nicht verböte, inadäquat schon, bevor man anfing, durch 0 zu dividieren.

Selbst wenn man Wittgensteins Ideen über unbemerkte und verborgene Widersprüche akzeptiert, sind einige seiner Bemerkungen darüber, was man tun soll, wenn ein Widerspruch ans Licht kommt, problematisch.

W | Widerspruch

Man könnte auch sagen: 'Findet man einen Widerspruch in einem System, so zeigt dies – wie wenn man in einem ansonsten gesunden Körper auf einen Bazillus stößt –, daß das gesamte System bzw. der ganze Körper krank ist.' – Das stimmt gar nicht. Der Widerspruch falsifiziert noch nicht einmal etwas. Laßt ihn doch, wo er ist! Geht nicht zu ihm hin!' (VGM 165)

Das ist, als ob man sagte, wir können Ärger mit den Bestimmungen zur Sitzordnung vermeiden, wenn wir einfach darauf verzichten, Staatsbankette zu veranstalten; es verweigert sich dem Zweck des Regelsystems. In anderen Passagen verfolgt Wittgenstein einen plausibleren Kurs: wenn wir einen Widerspruch entdecken, bedarf es irgendwelcher Reparaturmaßnahmen, aber diese sind auch immer verfügbar, insbesondere durch ad hoc-Festlegungen wie die von Russell, die Ausdrücke wie 'X ist ein Element seiner selbst' verbietet. So ist das Hauptproblem mit Widersprüchen, daß alles aus ihnen folgen würde, aber das können wir vermeiden, indem wir es zur Regel machen, aus einem Widerspruch sollten keine Folgerungen gezogen werden (WWK 132; BGM 208, 373–7; VGM 253–5, 265–79).

Waismann und Turing protestierten, daß das nur Symptome kuriere, weil ein inkonsistentes System unbestimmt viele Widersprüche erzeugen werde. In Erwiderung darauf ist argumentiert worden, daß wir nur unbestimmt viele Widersprüche ableiten können, wenn wir (unausdrücklich) Schlußfolgerungen aus einem Widerspruch ziehen, was bedeuten würde, daß Wittgensteins Regel die Ableitung von Widersprüchen verhindern würde. Aber Wittgenstein erkannte selbst an, daß wir den Widerspruch nur eindämmen können, wenn wir das System übersehen können, was bedeutet, daß letztlich die Lösung zum Auftauchen eines Widerspruchs darin liegt, uns aus den Verwirrungen zu befreien, die durch unsere eigenen Regeln hervorgerufen werden. Sobald wir das getan haben, ist die direkte Lösung die, das System zu modifizieren, indem wir eine von zwei konfligierenden Regeln für obsolet erklären (BGM 209; PU § 125; VGM 254).

Wittgenstein wies auch Turings Behauptung zurück, daß als Folge eines verborgenen Widerspruchs in unserer Mathematik Brücken einstürzen könnten (VGM 255–67). Wenn eine Brücke einstürzt, ist entweder unsere Physik falsch, oder wir haben einen Fehler in den Berechnungen gemacht. Strenggenommen ist das falsch, weil man in einem inkonsistenten System argumentieren könnte '$p \,.\, {\sim}p; ergo\; 2 \times 2 = 369$' und dieses Ergebnis in der Konstruktion einer Brücke verwenden könnte. Aber Wittgenstein hat recht, daß wir das nicht Rechnen nennen würden, und das wirkliche Problem ist hier nicht der Widerspruch, sondern das Ziehen derart absurder Schlußfolgerungen.

Wittgensteins allgemeine Einstellung zur Furcht vor verborgenen Widersprüchen inspiriert auch seine übel beleumundete Erörterung von Gödels erstem Unvollständigkeitstheorem (BGM 116–23, 383–9). Das Theorem besagt, daß es für jedes axiomatische System S, das dazu geeignet ist, die Arithmetik zu formalisieren – wie das der *Principia* –, mindestens eine zulässige Formel gibt, die in diesem System nicht bewiesen werden kann. Die Technik, die zur Erreichung dieses Resultats verwendet wird, besteht darin, metamathematische Aussagen über die Beweisbarkeit in S in arithmetische Sätze zu übersetzen, die selbst zu S gehören. Auf dieser Grundlage können wir in S eine arithmetische Aussage 'P' beweisen, die innerhalb von S die metamathematische

Aussage 'P ist in S nicht beweisbar' darstellt, oder, anschaulicher, 'Ich bin unbeweisbar'. Aber wenn S konsistent ist, ist P wahr (kein falscher Satz kann bewiesen werden) und daher unbeweisbar.

Wittgenstein hat nicht die Gültigkeit des Beweises angegriffen, sondern nur die Deutung von 'P' als von sich selbst sowohl sagend, daß es unbeweisbar, als auch, daß es wahr sei. Eins seiner Argumente ist, daß diese Deutung paradox ist, weil, damit 'P' in S wahr sei, 'P' entweder ein Axiom von S sein müsse (was es nicht ist) oder in S aus solchen Axiomen bewiesen sein müsse, was ausschließt, daß 'P' unbeweisbar ist. Kritiker haben auch eine andere Argumentationslinie entdeckt, nämlich daß Gödels Deutung von 'P' unhaltbar sei, weil sie auf gleicher Stufe stehe wie das Lügner-Paradox. Das würde ignorieren, daß in Gödels Beweis keine selbstbezügliche Aussage wie 'Ich bin falsch' auftritt; vielmehr haben wir zwei Versionen desselben Satzes in zwei verschiedenen Systemen, eine Version ist wahr, aber unbeweisbar in S, die andere ist wahr und beweisbar im metamathematischen System M. Wittgensteins wirklicher Punkt ist jedoch gerade dieser, daß es nicht zwei Versionen desselben mathematischen Satzes in zwei verschiedenen Systemen geben könne, weil ein mathematischer Satz Sinn nur hat als Teil eines bestimmten Beweissystems. Ihm zufolge hat Gödels Beweis tatsächlich zwei verschiedene Sätze konstruiert, von denen einer – 'P' in S – unbeweisbar ist, während der andere – '„P" ist unbeweisbar in S' – wahr ist, aber zu M gehört und daher keine skeptischen Implikationen hat. Keine der Argumentationslinien bezeugt jene enorme technische Inkompetenz, deren Wittgenstein beschuldigt worden ist. Aber beide setzen seine Auffassung voraus, daß ein Satz nur dann eine mathematische Wahrheit ist, wenn er in einem bestimmten Beweissystem abgeleitet worden ist (*siehe* MATHEMATISCHER BEWEIS). Ohne unabhängige Gründe für diese Auffassung, nimmt Wittgensteins Angriff auf Gödel das von ihm zu Beweisende schon in Anspruch, weil Gödels Deutung genau dies impliziert, daß es zwischen mathematischer Bedeutung und Wahrheit auf der einen Seite und mathematischem Beweis und Beweisbarkeit auf der anderen Seite eine Lücke gibt.

Wille

Wittgensteins frühe Behandlung ist von Schopenhauers Idee beeinflußt, daß die Welt, wie sie uns erscheint, die Manifestation einer zugrundeliegenden Wirklichkeit, eines unpersönlichen, kosmischen Willens sei. Wir können die noumenale Wirklichkeit erkennen, weil unsere Körper direkte Manifestationen von ihm sind (nicht bloße Phänomene) und weil wir Zugang zu unserm eigenen Wollen haben, das einzige Geschehen, daß wir 'von innen' verstehen und nicht nur als Phänomen (*Welt* I § 19, II Kap. 18).

Wittgensteins Erörterung des SOLIPSISMUS ist auf eine Schopenhauersche Unterscheidung zwischen dem illusorischen 'denkenden Subjekt' und einem metaphysischen Selbst gegründet, das nicht nur das unausdrückbare Subjekt der Erfahrung ist, sondern auch das 'wollende Subjekt' (Tb 2.–5.8.16; TLP 5.631). Er unterscheidet auch zwischen dem 'Wille(n) als Phänomen', der 'nur die Psychologie (interessiert)', und dem 'Willen als dem Träger des Ethischen'. Ersterer ist Teil der Episoden, die das geistige

Leben eines Individuums bilden, der letztere ist im metaphysischen Selbst beheimatet und daher unausdrückbar (TLP 6.423; Tb 21.7.16). Wie Schopenhauer betrachtet Wittgenstein die Welt als moralisch träge und siedelt die ETHIK in diesem metaphysischen Willen an. Aber für Schopenhauer liegt Rettung darin, die Diktate dieser blinden Kraft zu überwinden, während Wittgenstein den Willen als 'Träger' von 'Gut und Böse' betrachtet (Tb 21./24./29.7.16). Wie bei Schopenhauer ist der metaphysische Wille unpersönlich und 'durchdringt' die Welt, obwohl dieser 'Weltwille' 'in einem höheren Sinne *mein* Wille (ist)' (Tb 11.6./17.10.16). Gleichzeitig verwirft Wittgenstein Schopenhauers Metaphysik des Willens als Ding an sich, dessen Manifestation die phänomenale Welt sei. Der metaphysische Wille ist nicht eine ursprüngliche Kraft, die in der Welt wirkte, sondern eine ethische 'Stellungnahme des Subjekts zur Welt'. Er ändert nicht die Tatsachen, sondern vielmehr 'die Grenzen der Welt' (Tb 5.7./4.11.16), nämlich die Einstellung des metaphysischen Selbst zu den Tatsachen, die die Welt ausmachen – eine an Kierkegaard erinnernde Vorstellung.

Dieser Position liegt die Auffassung zugrunde, daß 'die Welt ... unabhängig von meinem Willen (ist)', daß ich 'vollkommen machtlos' bin, 'die Geschehnisse der Welt nicht nach meinem Willen lenken (kann)' (TLP 6.373; Tb 11.6., 8.7.16). Ein möglicher Grund ist, daß die einzige Beziehung von mir zur Welt, die die Logik interessiert, meine Abbildung der Welt in Sätzen ist. Doch gibt es nach *Tractatus* 6.423 einen psychologischen Unterschied zwischen verschiedenen propositionalen Einstellungen wie denken und wollen daß *p*. Als ein empirisches Phänomen ist der Wille jedoch in einem Sinn machtlos, der für Wittgensteins frühe Auffassung entscheidend ist. Es gibt keine logische Beziehung zwischen dem Auftreten der Elemente beliebiger Paare von empirischen Ereignissen, sondern nur eine zufällige (*siehe* VERURSACHUNG), und das gilt auch für mein Wollen daß *p* und dem Eintreten von *p*. Das hat drei wichtige Folgen. Erstens besteht Willensfreiheit nur darin, daß wir unsere eigenen zukünftigen Handlungen nicht vorauswissen, das heißt logisch ableiten können (TLP 5.135–5.1362). Zweitens, wenn, was wir 'wünschen', geschieht, ist das nur ein zufälliger 'physikalischer Zusammenhang', der selbst nicht unter der Kontrolle des Handelnden ist (TLP 6.374). Aus gleichem Grund ist die Kontrolle über Teile meines Körpers, obwohl es einen Unterschied gibt zu Teilen, die solcher Kontrolle nicht zugänglich sind (TLP 5.631), bloß eine zufällige. Das heißt schließlich, *pace* Schopenhauer, daß ich keine intuitive Gewißheit meiner absichtlichen Handlungen habe; mein Körper ist ein bloßes Phänomen, auf gleicher Stufe wie alle anderen Teile der Welt (TLP 5.641; Tb 2.9./12.10./4.11.16).

Der *Tractatus* bietet also eine kontemplative Konzeption des Willens: der phänomenale Wille ist ein gewöhnliches empirisches Ereignis, das uns nur geschieht und auf unsere Handlungen nur kontingent bezogen ist; der metaphysische Wille ist eine bloße ethische Perspektive. Bestimmte Passagen in den *Tagebüchern* setzen diese paradoxe Konzeption unter Druck. Erstens schließt Denken selbst eine Ausübung des Willens ein und mag daher unmöglich sein ohne die Kontrolle wenigstens einiger geistiger Ereignisse (Tb 21.7.16). Das deutet eine größere Schwierigkeit in Wittgensteins Position an, der auf der Unmächtigkeit des Willens besteht, sich aber doch auf den transzendentalen Willen stützt, um die Sprache mit der Wirklichkeit durch so etwas wie geistige

Ostension zu verknüpfen. Zweitens gibt es einen Unterschied zwischen Wünschen und Wollen. Ersteres ist tatsächlich bloß ein psychisches Phänomen, dem eine Körperbewegung folgen kann oder auch nicht. Letzteres aber ist auf Handeln nicht kontingent bezogen, es 'ist Tun', der Willensakt 'ist die Handlung selbst'. Daher kann er Gewißheit einschließen (ich kann vorhersagen, daß ich meinen Arm in fünf Minuten heben werde) und ein Gefühl der Verantwortlichkeit. Aus demselben Grund ist die Beziehung zwischen Willensakt und Handlung nicht die von Ursache und Wirkung. Das ist genau Schopenhauers Position, wie auch die Behauptung 'der Willensakt ist keine Erfahrung' (Tb 4.–9.11.16; vgl. *Welt* I § 18).

Als Wittgenstein später diesen Punkt entwickelte, geschah dies zuerst in der Vorstellung, daß Darstellung selbst INTENTIONALITÄT einschließt. Wie Denken ist Wollen nicht ein Phänomen, das 'einfach geschieht' und das wir 'von außen' ansehen, sondern etwas, 'was wir *tun*'; es besteht darin, 'daß wir in der Handlung sind; daß wir die Handlung sind' (PG 143–50). Die *Philosophischen Untersuchungen* gehen dazu über, den Begriff des Wollens aus eigenem Recht zu erörtern, vielleicht wegen der Wichtigkeit, die sie menschlicher Praxis zumessen, aber auch wegen konfligierender philosophischer Intuitionen. Wittgensteins Ziel ist es, sowohl die empiristische Vorstellung 'das Wollen ist auch nur eine Erfahrung' als auch die 'transzendentale' Vorstellung des Willens als eines 'ausdehnungslosen Punktes', einer unaussprechlichen geistigen Kraft zu untergraben (PU §§ 611, 620; EPB 236). Der Konflikt hat zwei miteinander verbundene Dimensionen, die Frage, ob Wollen etwas jenseits unserer Kontrolle ist, und die Frage, ob Wollen eine geistige Begleitung der Handlung ist wie das Wünschen.

Die angegriffene empiristische Position ist die des *Tractatus*, aber auch von Russell (*Analysis* Kap. XIV) und besonders James (*Psychology* I), dessen ideo-motorische Theorie das Wollen einer Handlung begreift als Auftreten vorhergehender kinästhetischer Empfindungen und damit Wollen an Wünschen assimiliert. Sowohl bei James als auch beim frühen Wittgenstein ist die Vorstellung, Wollen sei ein Phänomen, über das uns Kontrolle fehle, durch Experimente genährt wie die Verschränkung von Fingern oder das Zeichnen nach einem Spiegelbild. Sie legen nahe, daß man die erforderliche Erfahrung des Wollens vor der Handlung nicht hervorrufen kann. Es scheint, daß Wollen 'kommt, wenn ... (es) kommt, und ich kann ... (es) nicht herbeiführen', daß man 'nicht wollen (kann), wenn man will. Es geschieht einfach' (EPB 235–6; vgl. Tb 4.11.16; BB 153–5; PU §§ 612, 617). Aber wenn ich mein Wollen nicht herbeiführen kann, wäre ich machtlos, selbst wenn die Verknüpfung zwischen Willensakt und Handlung eine notwendige wäre.

Gegen die Auffassung, Wollen sei eine Erfahrung, die ich nicht herbeiführen könne, macht Wittgenstein die folgenden Punkte geltend: (a) es ist nur in besonderen Fällen so, etwa bei Abwesenheit von Muskelanstrengung, daß wir von einer Handlung sagen, sie 'kommt, wenn sie kommt'; (b) im gewöhnlichen Sinn von 'herbeiführen' kann ich zum Beispiel mein schwimmen Wollen herbeiführen, nämlich indem ich ins Wasser springe – wir lernen Φen zu wollen, indem wir lernen zu Φen; die Experimente mit der Verschränkung von Fingern und dem Zeichnen nach dem Spiegelbild machen die Annahme, daß willentliche Bewegung Bewegung sei, die vom Willen herbeigeführt werde.

Nur unter dieser Annahme legen sie nahe, daß Wollen eine Erfahrung ist – und sie stellt Wittgenstein anschließend in Frage; (d) die Beziehung zwischen Wollen und Körperbewegung ist nicht nur zufällig, wie der *Tractatus* wollte: 'wenn „ich meinen Arm hebe", hebt sich mein Arm' (PU §§ 612–21; EPB 236).

Die empiristische Position muß jedoch nicht die Vorstellung der Machtlosigkeit betonen. Sie kann in der Erfahrung gerade nach dem wirklichen Tun suchen, dem wirklichen Handelnden. Diese Suche liegt hinter der berühmten Frage 'was ist das, was übrigbleibt, wenn ich von der Tatsache, daß ich meinen Arm hebe, die abziehe, daß mein Arm sich hebt?' (PU § 621). Daß die Ausübung des Willens in der Erfahrung phänomenal unterscheidbar sei, wird nahegelegt durch die Tatsache, daß ich gewiß sein kann, ob ich etwas will, und wenn ja, was ich will (Tb 4.11.16): wie könnte ich dies wissen, wenn nicht das Wollen und sein Gehalt von meiner Erfahrung abgelesen werden könnten? Wittgenstein erörtert zwei Kandidaten für die Erfahrung, die den wirklichen Willensakt oder das Tun konstituiert (PU §§ 621–6; BlB 83–5). James hat behauptet, eine willentliche physische Handlung fühle sich anders an als eine unwillkürliche Bewegung, weil sie die kinästhetischen Empfindungen (*siehe* KINÄSTHETIK) des Handelns einschließe. Wittgenstein erwidert, daß ein großer Teil unserer Autorität, uns über uns selbst zu äußern, keine kinästhetischen Gefühle einschließe, und selbst wenn das der Fall sei, stützen nicht sie Urteile des willentlich gehandelt Habens, weil wir solche Gefühle nur unter Bezugnahme auf die willentlichen Bewegungen unserer Glieder identifizieren können.

Der zweite Kandidat für ein phänomenales Tun ist in neueren Handlungstheorien populär gewesen, nämlich Versuchen. Wittgenstein weist diesen Kandidaten zurück mit der Begründung, daß nicht alle Handlungen Versuche einschlössen. Er legt nahe, daß es falsch ist zu sagen, daß ich zu Φen versuche, wenn mein Φen weder Anstrengung noch die Möglichkeit des Mißlingens einschließen. Darauf haben Anhänger von Grice eingewendet, daß, obwohl wir zögerlich seien, von 'Versuchen' zu sprechen, der Grund dafür nicht sei, daß es falsch sei, sondern daß es zu offensichtlich sei, um einer Feststellung wert zu sein. Aber ihre Position stimmt mit den sprachlichen Tatsachen nicht überein. Sie ist auf die mystifizierende Behauptung verpflichtet, daß es *weniger* offensichtlich (und also einer Feststellung in höherem Maße wert) sei, daß ich zu Φen versuche, wenn mein Φen eine Anstrengung einschließt. Außerdem wenn ein Gesprächspartner 'Graf versucht Tennis zu spielen' äußerte, wenn Graf sich ihrer Vorhand anstrengungslos bediente, würde man nicht antworten 'Das mußt du mir nicht sagen, ich sehe, daß sie das tut'. Vielmehr würde man auf die Feststellung als auf einen Mißbrauch eines Wortes reagieren: 'Was meinst du mit „Sie versucht", kannst du nicht sehen, wie mühelos sie spielt?'

Für Wittgenstein ist der Fehlschlag dieser Versuche, ein Phänomen des Wollens zu identifizieren, kein Zufall. Sobald wir versuchen, das wirkliche Tun mit etwas in der Erfahrung zu identifizieren, wird es als bloßes Phänomen erscheinen, etwas, das selbst hervorgebracht ist, nicht ein unbewegter Beweger hinter der Handlung. 'Der Wille kann kein Phänomen sein, denn jedes Phänomen *geschieht wieder nur*, wird von uns hingenommen, ist aber nicht etwas, was wir *tun*' (PG 144). Aber die Idee, daß das empiristische Bild unsere Handlungsfähigkeit unverständlich werden läßt, ist das einzige

Motiv hinter dieser transzendentalen Alternative, die den wirklichen Handelnden jenseits der Erfahrung ansiedelt.

Wittgenstein weist auch dieses Bild als mißglückt zurück. Es *gibt* Erfahrungen, die im willentlichen Handeln beschlossen liegen (z. B. daß wir sehen und fühlen, daß wir unsern Arm heben). Wenn man versucht 'zu unterscheiden zwischen *allen Erfahrungen* des Handelns plus dem Tun (das keine Erfahrung ist) und *allen* diesen Erfahrungen ohne das Element des Tuns', erscheint das Element des Tuns als 'obsolet' (PG 145). Nichts bleibt übrig in der Erfahrung, wenn wir die Erfahrung, daß unser Arm sich hebt, von der Erfahrung abziehen, daß wir unsern Arm heben. Aber das zeigt nicht, daß ein wirkliches Tun übrigbliebe, das nicht in der Erfahrung liege. Anders als Wünschen, ist Wollen kein psychisches Ereignis vor der körperlichen Handlung oder sie begleitend. Es *ist* die Handlung, wie die *Tagebücher* nahelegten, nicht jedoch in einem mysteriösen Schopenhauerschen Sinne, sondern 'im gewöhnlichen Sinne' von sprechen, schreiben, gehen, etc. Und in Fällen, in denen ich zu Φ versuche, es mir aber mißlingt, *ist* es das Versuchen zu Φ (PU §§ 614–6).

Diese Bestreitung der Annahme, daß Wollen eine psychische Begleitung des Handelns sei, geht Wittgensteins Erklärung für Denken parallel (*siehe* GEDANKE/DENKEN). Der Unterschied zwischen willentlicher und unwillkürlicher Bewegung liegt nicht in seelischen Vorgängen, sondern im Kontext, darin, was der Handelnde bei dieser Gelegenheit zu tun fähig ist. Wittgenstein erwähnt folgende Züge willentlichen Handelns (Z §§ 577–99; PU §§ 611–28; BB 157): (a) Zugänglichkeit für Befehle und die Art dieser Zugänglichkeit – Befehlen wird normalerweise nicht in automatischer Weise gehorcht; (b) die Möglichkeit zu entscheiden, ob man Φt oder nicht; (c) der Charakter der Bewegungen und ihre Beziehungen zu anderen umgebenden Ereignissen und Umständen; (d) verschiedene Folgerungen, die wir daraus ziehen, vor allem hinsichtlich Verantwortlichkeit; (e) während man Beliebiges wünschen kann, kann man nur wollen, was in der eigenen Macht liegt (oder wovon man das glaubt).

Wenn der Unterschied zwischen dem Willentlichen und dem Unwillentlichen nicht im Vorliegen oder Fehlen eines besonderen Elements des Wollens liegt, dann ist das Wollen nicht der Ursprung unserer willentlichen Handlungen. Das untergräbt die Vorstellung, daß Wollen unsere ausführende Beziehung zu unseren physischen Handlungen sei, eine Vorstellung, die Empirismus und Transzendentalismus gleichermaßen teilen. Es gibt zwei wichtige Schlußfolgerungen. Erstens gebrauchen wir keinerlei Mittel, um unser Handeln herbeizuführen, zum Beispiel keinen Akt des Wünschens (PU § 614). Zweitens ist der Konflikt zwischen Empirismus und Transzendentalismus auf einer falschen Annahme begründet. Wollen ist weder ein verursachtes Ereignis, das mir geschieht, außerhalb meiner Kontrolle, noch ein 'unmittelbares, nichtkausales, Herbeiführen' (PU § 613). Wittgenstein verstärkt diese Schlußfolgerung, indem er argumentiert, Wollen sei weder willentlich noch unwillentlich: (a) es ist sinnlos, vom 'wollen wollen' zu sprechen; (b) wenn das Sinn hätte, wäre 'wollen' der Name einer Handlung, des Willensaktes, aber das ist es nicht – man kann zum Beispiel nicht befehlen zu wollen, weil dadurch nichts spezifiziert ist; (c) es ist sinnvoll zu sagen, daß mein Körper meinem Willen nicht gehorcht, aber nicht, daß mein Wille das nicht tut.

Dieser Gedankengang erinnert an Ryles Argument gegen Willensakte und kausale Konzeptionen des Willens. Die Einsicht, daß wir normalerweise unsere eigenen Handlungen nicht verursachen, hat Echos bei Davidson. Aber die Behauptung, daß die empiristische Position aus willentlichem Handeln Unsinn werden läßt, indem sie den Willen in ein bloßes Phänomen verwandelt, und die Leugnung, daß bestimmte Handlungen vermöge eines besonderen Ursprungs wesentlich willentlich sind, steht den kausalen Erklärungen des Geistes, die Davidson kraftvoll entwickelt hat, entgegen. Hinsichtlich des Problems der Willensfreiheit hat Wittgenstein wie Schopenhauer bestritten, daß die Freiheitsauffassung durch eine Erfahrung freien Wollens bewiesen werde. Er versuchte, den Determinismus zu vermeiden, indem er behauptete, daß die Tatsache, daß unsere Handlungen Naturgesetzen folgen, nicht zeige, daß wir in irgendeinem Sinne 'gezwungen' seien, aber seine flüchtigen Überlegungen dazu (LFW) sind selbst nicht zwingend.

Wissenschaft
Während Wittgenstein ein andauerndes Interesse am Ingenieurswesen und bestimmten Arten von wissenschaftlichen Untersuchungen hatte, waren seine kulturellen Einstellungen dem wissenschaftlichen Geist des 20. Jahrhundert feindlich gesinnt. Aber diese ideologische Stellungnahme kann von seiner methodologischen Position getrennt werden. Letztere verwirft nicht die Wissenschaft, sondern den Szientismus, die imperialistischen Tendenzen des wissenschaftlichen Denkens, die aus der Vorstellung resultieren, die Naturwissenschaft sei das Maß aller Dinge. Wittgenstein besteht darauf, daß die PHILOSOPHIE die Aufgaben und Methoden der Naturwissenschaft nicht annehmen kann. Sein frühes Werk war beeinflußt von den neokantianischen Wissenschaftler-Philosophen Hertz und Boltzmann. Sie dachten über das Wesen der Naturwissenschaft nach, um sie von metaphysischen Elementen zu befreien, unterschieden scharf zwischen ihren empirischen und ihren apriorischen Bestandteilen und verknüpften sie mit dem Wesen von Darstellung. Die Wissenschaft schafft Bilder oder Modelle der Wirklichkeit, deren logische Folgerungen den wirklichen Konsequenzen der abgebildeten Situationen entsprechen. Ihre Theorien sind nicht nur durch die Erfahrung bestimmt, sondern im Rahmen einer 'Form der Darstellung' aktiv konstruiert. Innerhalb der von der Logik gesetzten Grenzen unterliegen diese Formen nur pragmatischen Beschränkungen – Einfachheit und Erklärungskraft (*Mechanik* Einl.).

Der *Tractatus* macht diesen kantischen Kontrast explizit zwischen der Wissenschaft, die die Welt darstellt, und der Philosophie, die das 'Gebiet der Naturwissenschaft' logisch 'begrenzt'. Die Wissenschaft erforscht das Zufällige und besteht aus der 'Gesamtheit der wahren Sätze' (TLP 4.11ff.). Die spezifischere Erörterung des Wesens wissenschaftlicher Theorie (TLP 6.3ff.) unterscheidet folgende Phänomene:

(a) Empirische Verallgemeinerungen sind komplexe Sätze, Wahrheitsfunktionen von ELEMENTARSÄTZEN. Sie beschreiben Gegenstände und ihre Gesamtheit ist eine allumfassende Beschreibung der Welt.

(b) Im Gegenstaz dazu bilden 'Naturgesetze' die Wirklichkeit nur indirekt ab. Die Newtonische Mechanik zum Beispiel beschreibt alle physikalischen Tatsachen durch Differentialgleichungen und mittels Begriffen von Kräften, die auf Punktpartikel wirken. Ihre Naturgesetze liefern die 'Bausteine' der empirischen Wissenschaft, indem sie eine 'Form der Beschreibung' bestimmen. Sie legen fest, wie wissenschaftliche Sätze aus 'Axiomen' abgeleitet werden können, und also, welche Form spezifische Verallgemeinerungen und Beschreibungen annehmen können. Aber sie beschreiben nicht selbst bestimmte Punktmassen. Naturgesetze beschreiben nicht Notwendigkeiten in der Welt, weil die einzige Notwendigkeit logisch ist. Tatsächlich liefern sie nicht einmal ERKLÄRUNGEN dafür, warum Dinge so geschehen, wie sie geschehen. In Abwesenheit von physikalischen Notwendigkeiten ist, was in der Welt geschieht, eine Angelegenheit nackter Zufälligkeit; es kann durch Bezugnahme auf das Wirken von Naturgesetzen ebensowenig erklärt werden wie durch die Berufung auf das Schicksal (TLP 6.341, 6.343ff., 6.37ff.).

(c) Die Prinzipien spezifischer wissenschaftlicher Systeme wie der Newtonischen Mechanik unterscheiden sich von den Prinzipien a priori für wissenschaftliche Theoriebildung im allgemeinen, insbesondere den Gesetzen der Kausalität, der Induktion, der kleinsten Wirkung und der Erhaltung, die eine gemischte Ansammlung sind. Das Kausalitätsgesetz (*siehe* VERURSACHUNG) bedeutet das Beharren darauf, daß jedes Ereignis durch ein Naturgesetz irgendeiner Art erklärbar sein muß; das Gesetz der INDUKTION drückt dagegen einen empirischen Satz aus, nämlich daß unsere Formen der Beschreibung fortfahren werden, auf zukünftige Tatsachen in der Weise zu passen, wie sie das in der Vergangenheit getan haben (TLP 6.31–6.321, 6.36f., 6.362–6.372; RUB 1.14).

In der Formulierung von Naturgesetzen innerhalb der Beschränkungen einer gewählten physikalischen Theorie gehen wir gemäß dem 'Prozeß der Induktion' vor, was heißt, daß wir für das *einfachste* Gesetz optieren, das mit unserer Erfahrung vereinbart werden kann. Dieses Gesetz wird dann als Grundlage für Voraussagen angewendet, auf Basis der Annahme eines 'Prinzips der Induktion'. Wir nehmen an, daß die Natur einfach und gleichförmig ist – aber es kann für diese Annahme keine *logische* Rechtfertigung geben (TLP 6.31, 6.363f.). Entsprechend sind Naturgesetze Regeln für die Ableitung von Vorhersagen; und die Prinzipien, die besonderen wissenschaftlichen Theorien zugrunde liegen, sind Konventionen. Es gibt nur eine LOGISCHE SYNTAX. Innerhalb ihrer Grenzen jedoch sind verschiedene wissenschaftliche Theorien (Newtonische vs. relativistische Mechanik) von unterschiedlichen 'Systemen' oder 'Formen der Weltbeschreibung' geleitet. Diese bestimmen, wie empirische Phänomene in ihrem Rahmen abgebildet werden können, und sind daher selbst der Erfahrung nicht verantwortlich. Wittgenstein illustriert dies durch die Analogie der Beschreibung unregelmäßiger Flecken auf einer Oberfläche mit Hilfe eines 'Netzes' (TLP 6.341f.; Tb 6.12.14, 17.1./25.4./20.6.15). Auf der einen Seite kann jede Figur bis zu jedem Grad von Genauigkeit durch ein hinreichend feines Netz erfaßt werden (wenn nötig, indem die Punkte des Ursprungs des Netzes bewegt werden); die Form der Maschen des Netzes (z. B. quadratisch oder dreieckig) ist 'beliebig'; und der Gebrauch des Netzes bringt die Beschreibung auf eine 'einheitliche Form', die a priori gegeben ist. Auf der anderen Seite ist es a posteriori und zeigt etwas über die Wirklichkeit, daß eine gegebene Figur durch ein Netz bestimmter Form und Feinheit am einfachsten beschrieben werden kann.

Dieses Bild der Wissenschaft ist konventionalistisch im Gefolge von Hertz und Boltzmann. Trotz seines kryptischen Stils und der Kargheit von Illustrationen wurde es zu einer der Hauptanregungen instrumentalistischer Konzeptionen der Wissenschaft. Anders als der *Tractatus* meinten Ramsey und Schlick, daß Naturgesetze Verallgemeinerungen seien; sie versuchten aber, sie von zufälligen Verallgemeinerungen dadurch zu unterscheiden, daß sie sie als Regeln und nicht als Behauptungen behandelten. Der Wittgensteinsche Instrumentalismus verbessert frühere Versionen darin, daß er wissenschaftliche Theorien nicht als Prämissen wissenschaftlicher Voraussagen behandelt – was heißen würde, daß sie wahr oder falsch sein müßten, also Beschreibungen –, sondern vielmehr als Regeln, die wissenschaftliche Schlüsse ermöglichen. Nichtsdestoweniger bleibt er ernsthaften Einwänden ausgesetzt. Zum einen scheint die Leugnung, daß Naturgesetze Erklärungen bieten, von einem rationalistischen Ideal der Erklärung geleitet zu sein, demzufolge A nur dann B erklärt, wenn es B logisch impliziert. Zum anderen zeigt, daß wissenschaftliche Theorien für Vorhersagen benutzt werden können, nicht, daß sie nicht Beschreibungen wären. Warum soll man nicht sagen, daß Newtons Gesetze beschreiben oder Sätze darüber sind, wie sich Körper bei Abwesenheit von Reibungswiderstand bewegen?

Der spätere Wittgenstein würde diesen Einwand akzeptiert haben, weil er eine umfassendere Konzeption von Sätzen (siehe SATZ) annahm (es gibt auch keine Spur rationalistischer Vorurteile über Erklärung mehr). Aber er besteht weiter darauf, daß wissenschaftliche Theorien oder Naturgesetze von direkten Beschreibungen bestimmter Gegenstände verschieden sind – vermöge der *Rolle*, die sie in wissenschaftlicher Überzeugungsbildung spielen. Seine verstreuten Bemerkungen nehmen Kuhn vorweg (Vorl 164–5, 196–8, 236–8, 272; BlB 45–6, 91–2: BPP I § 225; ÜG §§ 512–6): was letzterer ein wissenschaftliches 'Paradigma' nennt, das die Weise bestimmt, in der eine wissenschaftliche Theorie für Belege empfänglich ist, nennt Wittgenstein eine FORM DER DARSTELLUNG. Zum Beispiel ist Newtons erstes Bewegungsgesetz kein empirischer Satz, der zur Disposition stünde, sondern eine 'Norm der Darstellung', die die Reaktion des Physikers auf widerstreitende Belege leitet. Wenn ein Körper nicht ruht oder sich mit konstanter Geschwindigkeit auf einer geraden Linie bewegt, postulieren wir, daß irgendeine Masse auf ihn wirke; wenn es keine sichtbaren Massen gibt, postulieren wir 'unsichtbare Massen', wie Hertz es getan hat. Die Einführung einer neuen Darstellungsform (z. B. der kopernikanischen Revolution oder Freuds Vorstellung 'unbewußter Wünsche') kann aus einer empirischen Entdeckung hervorgehen, aber ist selbst keine Entdeckung, die uns die Tatsachen aufzwängen. Es entspricht vielmehr der Annahme einer neuen 'Notation' aus Gründen der Einfachheit, Erklärungskraft, etc.

Ob das nun richtig ist oder nicht, diese konventionalistische Darstellung reduziert wissenschaftliche Revolutionen nicht auf eine Befestigung alter Etiketten ('Wunsch') an neuen Dingen, wie oft behauptet wird. Eine Darstellungsform bestimmt die Bedeutung von wissenschaftlichen Schlüsselbegriffen. Aber sie tut mehr als nur Dinge zu etikettieren; sie liefert eine Weise, die Erfahrung zu verstehen, Vorhersagen zu machen und geht derart in komplexe wissenschaftliche Praktiken ein. Veränderungen an unserer Darstellungsform sind weit entfernt davon, trivial zu sein, was ihre Gründe und Folgen angeht: sie haben zum Ergebnis nicht bloße Umbenennung, sondern eine neue Weise der Theoriebildung über die Welt. Tatsächlich sind einige wissenschaftliche Sätze ('Wasser kocht bei 100° C') so zentral, daß das, obwohl sie im Prinzip durch Erfahrung widerlegt werden könnten, im Ergebnis 'unsere ganze Naturanschauung ändert(e)' (ÜG § 291, vgl. §§ 108, 293, 342, 599–608).

Das Hauptziel des späteren Wittgenstein ist nicht, eine Darstellung der Wissenschaft selbst zu geben, sondern sie von PHILOSOPHIE, ÄSTHETIK und Psychoanalyse abzusetzen (PU §§ 109, 126; Vorl 193–8; VuGÄPR 32–57). Dieser Kontrast ist unabhängig von der Haltbarkeit seiner Konzeption von Wissenschaft, weil er nur voraussetzt, daß wissenschaftliche Theorien und Hypothesen kausale Erklärungen von empirischen Phänomenen zu geben versuchen. Philosophische Probleme können im Gegensatz dazu nicht durch Erfahrung oder kausale Erklärung gelöst werden, weil sie begrifflich sind und nicht tatsächlich. Sie verlangen nicht neue Information oder Entdeckungen, sondern größere Klarheit über die GRAMMATIK. Das bedeutet, daß es eine Arbeitsteilung geben sollte zwischen der Wissenschaft und den Überlegungen zweiter Ordnung in der Philosophie zu unserem begrifflichen Apparat. Unglücklicherweise macht es die Besessenheit des 20. Jahrhunderts mit der Wissenschaft schwierig, diese Trennung aufrechtzuerhalten und behindert dadurch die Philosophie (VB 457; PB Vorw.; BlB 37–9):

Das wissenschaftliche Verfahren der Erklärung verschiedenartiger Phänomene durch eine kleine Anzahl von Grundgesetzen führt zu einem 'Streben nach Allgemeinheit' und einer 'verächtlichen Haltung gegenüber dem Einzelfall': wir suchen analytische Definitionen, wenn wir statt dessen die verschiedenen Verwendungen von Wörtern erfassen sollten.

Die Wissenschaft versucht, die Phänomene durch kausale Erklärungen verständlich werden zu lassen, während Wittgenstein dachte, daß philosophische Probleme durch eine ÜBERSICHT der Phänomene im Geist Goethes und Spenglers gelöst werden sollten (obwohl er gelegentlich die Vorstellung der Übersicht auf wissenschaftliche Probleme ausdehnt).

Die wissenschaftliche Besessenheit mit Fortschritt führt uns dazu zu glauben, philosophischer Erfolg müsse in der Konstruktion immer großartigerer Theorien liegen, nicht in der Klärung von Begriffen.

Wir sind geneigt zu glauben, daß nur die Naturwissenschaft, besonders die Physik, uns sagen kann, was wirklich ist, und daß beispielsweise sekundäre Qualitäten nur subjektiv seien. Wittgenstein betrachtet derartige Behauptungen im Namen der Wissenschaft als begriffliche Verwirrungen, die philosophischer Kritik unterworfen werden müssen.

Zusätzlich zu diesem methodologischen Widerstand gegen den Szientismus entwickelte Wittgenstein auch eine ideologische Verachtung für den 'Götzendienst' der

W Wissenschaft

Wissenschaft, den er sowohl als Symptom als auch als eine Ursache kulturellen Niedergangs ansah (RW 160, 265; VB 459, 520, 529, 536). Zum Teil zeigt diese Reaktion kulturellen Konservativismus. Sie drückt jedoch auch eine humanistische Sorge aus, daß die Vorherrschaft der Wissenschaft und der Fortschritt von Technologie und Industrialisierung ETHIK und Kunst marginalisieren und so den menschlichen Geist in Gefahr bringen. Wittgenstein unterschied zwischen guter und schlechter Wissenschaft (RW 167; VE 9–10; VuGÄPR 54–5; VB 475). Erstere folgt den Idealen der Klarheit und intellektuellen Redlichkeit und schließt detaillierte empirische Untersuchungen ein, wie Faradays *Chemische Geschichte einer Kerze*. Letztere, wie Jeans *Mysterious Universe*, verbindet sich mit einem Streben nach Geheimniskrämerei und beteiligt sich an Spekulation.

Z

Zahlen

Zahlen spielen eine entscheidende Rolle in Wittgensteins kontinuierlicher Ablehnung des Logizismus, der Reduktion der Mathematik auf die Logik. Weil alle anderen Zweige der Mathematik von der Arithmetik aus aufgebaut werden können, reduziert sich das logizistische Projekt darauf, den Begriff einer natürlichen Zahl in mengentheoretischen Begriffen zu definieren und das Prinzip der mathematischen Induktion aus logischen Prinzipien abzuleiten. Obwohl Frege Zahlen als abstrakte Gegenstände betrachtete, definierte er Zahlen effektiv als Klassen von Klassen mit derselben Anzahl von Elementen. Die Zahl 2 ist die Klasse der Paare, die Zahl 3 die Klasse der Trios, und so weiter. Diese Definition ist nicht zirkulär, weil die numerische Äquivalenz zwischen zwei Klassen mittels des Begriff einer eins-zu-eins-Zuordnung definiert werden kann. Zwei Klassen sind äquivalent, wenn jedes Element der ersten einem anderen Element der zweiten Klasse zugeordnet werden kann und kein Element übrigbleibt. Die Zahl 0 ist definiert als Klasse der Klassen, die der Klasse der Gegenstände, die nicht mit sich identisch sind, äquivalent ist, das heißt, als eine Klasse, die nur die Nullklasse, {∅}, enthält. Die Zahl 1 ist definiert als Klasse der Klassen, deren einziges Element die 0 ist, {0}; die Zahl 2 als die Klasse der Klassen, die der Klasse mit den alleinigen Elementen 0 und 1, {0, 1}, äquivalent ist; etc.

Freges einfallsreiches Verfahren setzt voraus, daß Klassen Elemente anderer Klassen sein können. In diesem Fall ist es sinnvoll, hinsichtlich jeder Klasse zu fragen, ob sie Element ihrer selbst ist oder nicht. Wie Russell bemerkte, führt dies zum paradoxen Begriff einer Klasse aller Klassen, die nicht Elemente ihrer selbst sind: wenn sie ein Element ihrer selbst ist, dann ist sie kein Element ihrer selbst, und umgekehrt. Um das Paradox zu vermeiden, führte Russell seine Typentheorie ein. Sie verbietet, von einer Klasse auszusagen, was nur von ihren Elementen gesagt werden kann, nämlich, daß sie Element der-und-der Klasse sind. Wenn dieses Verbot gegeben ist, kann die Reihe der natürlichen Zahlen nicht in Freges Weise konstruiert werden. Die Zahl 1 wäre von höherem logischen Typ als 0, weil sie 0 als ihr Element hat, und in diesem Fall kann die Menge {0, 1} nicht verwendet werden, um die Zahl 2 zu definieren, weil Entitäten verschiedenen Typs nicht Elemente derselben Klasse sein können. Russell überwand diese Schwierigkeit, indem er 1 definiert als die Klasse aller Klassen, die der Klasse äquivalent sind, deren Elemente die Elemente der Nullklasse plus ein Gegenstand, der nicht Element dieser Klasse ist, sind. Die Zahl 2 ist definiert als Klasse aller Klassen, die verwendet wurde, um 1 zu definieren plus ein Gegenstand, der nicht Element dieser definierenden Klasse ist. Auf diese Weise können die natürlichen Zahlen, eine nach der anderen, definiert werden, aber nur wenn es einen unendlichen Vorrat an Gegenständen gibt. Das zwang Russell zur Einführung des Axioms der Unendlichkeit, demzufolge die Anzahl der Gegenstände im Universum nicht endlich ist.

Russells *ad hoc*-Gebrauch von Axiomen wie denen der Unendlichkeit, der Reduzierbarkeit und der Multiplikation oder Auswahl, um den Logizismus zu reparieren, war das erste Ziel von Wittgensteins Kritik. Diese Axiome sind für die Begründung der Mathematik durch die Logik ungeeignet, weil sie bestenfalls kontingent wahr sind, schlimmstenfalls unsinnig. Wie viele Gegenstände es gibt, kann nicht durch die Logik bestimmt werden (RUB 11.–12.13; Tb 9.10.14; TLP 5.535, 5.55, 6.1232 f.; PB 167; BGM 283, 400). Er kritisierte auch die logizistische Definition natürlicher Zahlen. In späteren Schriften behauptete er, daß die Idee der eins-zu-eins-Zuordnung den Begriff der Zahl nicht erklären kann. Ob es eine eins-zu-eins-Zuordnung (z. B. zwischen zwei Mengen von Strichen) gibt, muß nicht einfach offensichtlich sein. Und unser Kriterium für die Entscheidung einer solchen Frage ist genau dieses, ob die Mengen dieselbe *Anzahl* von Elementen haben (PG 331; PB 125–6, 281; Vorl 340–1; VGM 184–202).

Wittgensteins frühe Kritik betrifft einen anderen Punkt. Gegeben die Beziehung zwischen einer Zahl n und ihrem unmittelbaren Nachfolger $n+1$, definierten Frege und Russell, was es für eine Zahl heißt, auf n in der Reihe natürlicher Zahlen zu folgen, genauso wie man, gegeben 'y ist ein Kind von x' definieren kann 'y ist ein Abkömmling von x'. Normalerweise würde man 'Abkömmling' erklären als 'die Kinder einer Person, die Kinder der Kinder, die Kinder der Kinder der Kinder, *und so weiter*'. Frege und Russell hatten jedoch das Gefühl, man müsse das 'und so weiter' eliminieren (*Introduction* 20; *Grundlagen* §§ 18, 79–80). Zu diesem Zweck definierten sie den Begriff einer erblichen oder Vorgängereigenschaft als einer Eigenschaft, die einer Person zukommt, wenn sie den Eltern einer Person zukommt. Wir können dann 'y ist ein Abkömmling von x' definieren als 'y ist das Kind einer Person, die alle erblichen Eigenschaften von x hat'. Während jedoch ein Abkömmling von x alle Eigenschaften haben muß, die in der mit x beginnenden Familie erblich sind, ist es logisch möglich, daß jemand alle diese Eigenschaften hat, ohne Mitglied der Familie zu sein. Frege und Russell versuchten die Schwierigkeit dadurch zu überwinden, daß sie behaupteten, daß eine der in der Familie erblichen Eigenschaften gerade die Eigenschaft des 'ein Abkömmling von x Seins' ist mit der Konsequenz, daß jeder, der alle erblichen Eigenschaften hat, ein Mitglied der Familie sein muß. Dadurch kann 'n ist eine natürliche Zahl' definiert werden als 'n ist identisch mit 0 oder hat alle erblichen Eigenschaften von 0' und das Prinzip der mathematischen Induktion verwandelt sich in eine logische Binsenwahrheit: wenn P eine erbliche Eigenschaft von 0 ist, dann gehört P zu allem, was die erblichen Eigenschaften von 0 hat.

Wie Poincaré verwarf der *Tractatus* dieses Verfahren als zirkulär (TLP 4.1273), vermutlich weil es in der Definition von 'y ist ein Abkömmling von x' durch den Begriff einer erblichen Eigenschaft ein Abkömmling von x zu sein selbst als erbliche Eigenschaft behandelte. Wittgenstein legte später Waismann nahe (*Introduction to Mathematical Thinking* Kap. 8), daß es gleichermaßen zirkulär ist zu versuchen, das Prinzip der mathematischen Induktion durch eine induktive Definition von natürlicher Zahl zu beweisen. Zu versuchen, natürliche Zahl so zu definieren, daß das Prinzip der mathematischen Induktion als tautologische Schlußfolgerung abgeleitet werden kann, heißt, daß einem das Verständnis dafür fehlt, daß das Prinzip selbst ein Kriterium dafür ist, daß eine Eigenschaft für *alle* Zahlen gilt, und damit teilkonstitutiv ist für den Ausdruck 'natürliche Zahl'. Dieselbe Argumentation bestimmt Wittgensteins Erörterung von Skolems induktivem Beweis des assoziativen Gesetzes der Addition (PG 397–424; PB Kap. XIV): es ist irreführend zu meinen, daß ein Satz über alle natürlichen Zahlen durch das Prinzip der Induktion bewiesen werden kann – $P(1)$, und $P(c)$ impliziert

$P(c+1)$, also gilt P für alle Zahlen; denn das Prinzip *definiert*, was es heißt, daß P für alle Zahlen gilt, daher bildet es keine unabhängige Methode, um so eine Behauptung zu beweisen.

Der *Tractatus* behandelt 'Zahl' nicht als inhaltlichen Begriff, der auf einige, aber nicht alle abstrakten Gegenstände (Frege) oder Klassen (Russell) anwendbar ist, sondern als formalen Begriff, wie den eines Satzes, der durch eine besondere Art von Variablen gegeben ist (TLP 6.022 f.). Wie 'Satz' ist der formale Begriff 'Zahl' durch eine 'Formenreihe' ausgedrückt, eine Reihe, deren Mitglieder durche eine INTERNE RELATION geordnet sind und durch wiederholbare Operationen erzeugt werden: 'x, $\Omega'x$, $\Omega'\Omega'x$, $\Omega'\Omega'\Omega'x$, und so weiter' (TLP 4.1252, 5.23 ff.). 'Und so kommen wir zu den Zahlen' (TLP 6.02 f.). Wir definieren 'x' (den Ausgangspunkt der Reihe) als '$\Omega^{0}{}'x$'; und den Nachfolger jeder gegebenen Zahl '$\Omega'\Omega^{n}{}'x$' als '$\Omega^{n+1}{}'x$'. Das erlaubt uns, die Reihe umzuschreiben als '$\Omega^{0}{}'x$, $\Omega^{0+1}{}'x$, $\Omega^{0+1+1}{}'x$, $\Omega^{0+1+1+1}{}'x$', etc.' und die allgemeine Form einer Operation als '$[\Omega^{0}{}'x, \Omega^{n}{}'x, \Omega^{n+1}{}'x]$' festzustellen. Schließlich leiten wir die ganzen Zahlen ab: $1 := 0+1; 2 := 0+1+1; 3 := 0+1+1+1;$ etc.

Die 'allgemeine Form der ganzen Zahl' (TLP 6.03) (die der ALLGEMEINEN SATZFORM parallel geht) ist $[0, \xi, \xi+1]$. Das legt nahe, daß Wittgenstein einfach eine induktive Defintion der ganzen Zahlen gibt, die die Begriffe der 0 und des Nachfolgers einer Zahl, die der Logizismus zu erklären suchte, als gegeben annimmt. Tatsächlich jedoch ist es entscheidend für seine Erklärung, daß Zahlen nicht das Ergebnis einer *mathematischen* Operation (Addition von 1) auf *Zahlzeichen* ist, sondern der Niederschlag von *logischen* Operationen mit *Sätzen*. 'Die Zahl ist der Exponent einer Operation' (TLP 6.021). Zahlen entsprechen Stufen in der Konstruktion von komplexen Sätzen aus Elementarsätzen durch wahrheitsfunktionale Operationen. Deshalb ist die Mathematik eine 'logische Methode' (TLP 6.2, 6.234). Anders als der Logizismus betrachtet Wittgenstein jedoch die Logik nicht als grundlegender als die Mathematik. An den Rand von Ramseys Exemplar des *Tractatus* schrieb er 'der Grundgedanke der Mathematik ist die Idee des *Kalküls*, hier dargestellt durch die Idee der *Operation*. Der Anfang der Logik setzt *Berechnung (calculation)* voraus und also Zahlen'. Zwei ist einfach die Anzahl der Male, die eine Operation wiederholt werden muß, um einen Ausdruck der Form '$\Omega'\Omega'x$' zu erzeugen. Das könnte als zirkulär erscheinen: um Zahlen zu definieren, bezieht sich das Verfahren auf die Anwendung einer Operation eine bestimmte Anzahl von Malen. Aber der SAGEN/ZEIGEN-Unterscheidung des *Tractatus* zufolge brauchen wir hier nicht Zahlen in Anspruch zu nehmen: die Stufe der formalen Reihe, die '$\Omega'\Omega'x$' darstellt, zeigt sich selbst in der Struktur des Ausdrucks (wenn dieser angemessen analysiert wird). Auf jeden Fall bleibt es möglich, den allgemeinen Begriff der Zahl durch Bezugnahme auf die Vorstellung aufeinanderfolgender Anwendungen einer Operation zu erklären. Dieser Begriff seinerseits hängt an der Vorstellung 'und so weiter'. Während die Logizisten erfolglos versuchten, diese Vorstellung zu eliminieren, macht der *Tractatus* sie für die Mathematik zentral. Sowohl Russell als auch Ramsey tadelten die Erklärung der Mathematik im *Tractatus* als zu restriktiv ('Einleitung'; *Mathematics* 17), weil sie begrenzt ist auf elementare numerische Gleichungen. Daß Wittgenstein die transfiniten Kardinalzahlen nicht behandelt, ist jedoch keine Lücke, sondern eher eine Folge des konstruktivistischen Ansatzes. Zahlen sind Exponenten von Operationen, die einen nicht über das Endliche hinausführen können.

Wittgenstein hat immer sowohl die formalistische und nominalistische Tendenz, Zahlen mit Zahlzeichen zu identifizieren, als auch die platonische Behauptung zurückgewiesen, daß Zahlzeichen für abstrakte Gegenstände stünden (TLP 4.241, 6.232; WWK 34, 103–5; PB 129–30; PG 321; PU § 383). Zahlen sind, was Zahlzeichen bezeichnen, aber die Bedeutung von Zahlzeichen wird nicht durch abstrakte Gegenstände gegeben, sondern durch Regeln für ihren Gebrauch. Jeder Satz, der ein Zahlzeichen enthält, kann in einen Satz übersetzt werden, der die Anwendung einer Operation darstellt. Eine Gleichung wie '2×2 = 4' kann geschrieben werden als '$\Omega^{2'}\Omega^{2'}x = \Omega^{4'}x$' – die zweifache Anwendung einer Operation zweimal zu wiederholen ist äquivalent ihrer vierfachen Anwendung (TLP 6.231, 6.241). Arithmetische Gleichungen reden nicht über Zahlen, sie arbeiten mit Zahlen. Eine Zahlaussage wie 'es sind zwei Äpfel im Korb' ist nicht eine Aussage über vier Gegenstände (die beiden Äpfel, den Korb und die Zahl 2), sondern zeigt vielmehr an, daß eine Operation auf die Äpfel im Korb angewendet werden kann, nämlich einen herauszunehmen ($\Omega'x$) und noch einen herauszunehmen ($\Omega'\Omega'x$).

Wittgenstein gab später die 'nebulose Einführung des Zahlbegriffes mit Hilfe einer allgemeinen Operationsform' (PB 131) auf und behandelte 'Zahl' als einen FAMILIEN-ÄHNLICHKEITSbegriff. Aber er behielt die Vorstellung von Zahlen als Produkten einer Technik bei. Deshalb wies er den Begriff eines Aktualunendlichen zurück. Daß die Reihe der ganzen Zahlen unendlich ist, heißt nicht, daß sie sich auf eine abstrakte Gesamtheit beziehe, sondern daß die Möglichkeit der Wiederholung der Operation '+1' unbegrenzt ist. Die Vorstellung einer Unendlichkeit leitet sich von einer unbegrenzten Technik der Zeichenkonstruktion her, die unbestimmt weit fortgesetzt werden kann. Eine endliche Klasse ist durch eine Liste ihrer Elemente gegeben, eine unendliche Klasse durch ein Gesetz der Konstruktion, das Prinzip der Induktion (TLP 6.1232; PB 140, 160–7; PG 461; BB 95–8; BGM 138; PU § 208).

Obwohl Wittgensteins Erklärung konstruktivistisch ist, läuft sie nicht auf Finitismus hinaus, geschweige denn auf strikten Finitismus. Sie wird nicht von epistemologischen Sorgen hinsichtlich unserer Fähigkeit angetrieben, unendliche Gesamtheiten zu erfassen. Die angemessene Erklärung von Zahlen berücksichtigt die Machbarkeit von Operationen für menschliche Wesen nicht. Die Unmöglichkeit, alle natürlichen Zahlen durchzugehen, ist eine logische, nicht biologische: es gibt eine grammatische Regel, die den Ausdruck 'die größte natürliche Zahl' als unsinnig ausschließt. Außerdem bestreitet Wittgenstein nicht, daß es unendliche Klassen gibt, aber der Unterschied zwischen ihnen und endlichen Klassen ist nicht nur einer der Größe, sondern ein kategorialer, der zwischen einer aufzählbaren Liste und einer unbegrenzten Operation (BGM 142; PB 148).

Dieser Gedanke liegt seiner Beschuldigung zugrunde, daß die Mengentheorie den Unterschied zwischen endlichen, unendlichen und transfiniten Mengen als einen Unterschied in der Größe darstelle (WWK 228; PB 164–5, 211–22; PG 460–71; BGM 125–42). Sowohl Dedekinds Definition von Unendlichkeit und von reellen Zahlen auf der einen Seite, als auch Cantors Beweis auf der anderen, daß die rationalen Zahlen abzählbar sind, das heißt den natürlichen Zahlen ($\mathbb{N}$) paarweise zugeordnet werden können, während das von den reellen Zahlen ($\mathbb{R}$) nicht gilt, benutzen den Begriff der eins-zu-eins-Zuordnung, um die Kardinalität unendlicher Mengen zu bestimmen. Wenn man das Verfahren unterstellt, zeigt Cantor, daß die Kardinalität von $\mathbb{R}$ größer ist als die von $\mathbb{N}$. Aber, wie Wittgenstein hervorhebt, hat dieses Verfahren einen klaren Sinn nur im Hinblick auf *endliche* Klassen. Cantors Diagonalmethode beweist nicht, daß $\mathbb{R}$ eine unabhängig definierte Eigenschaft fehlt, nämlich eine eins-zu-eins-Zuordnung zu einer gegebenen Menge zu haben, sondern erweitert den Begriff einer eins-zu-eins-Zuordnung auf unendliche Klassen. Was Cantor zeigt, ist, daß man Rationalzahlen in einer Weise ordnen kann, die für reelle Zahlen ausgeschlossen ist. Aber er erreicht die Schlußfolgerung, daß es eine Hierarchie von bisher unbekannten mathematischen Entitäten gibt – die transfiniten Kardinalzahlen –, nur durch ein Stück Begriffsbildung, die wir nicht akzeptieren müssen.

Zeichen/Symbol

Der *Tractatus* unterscheidet zwischen Zeichen, wahrnehmbaren Tönen oder Schriftzügen, und Symbolen, Zeichen, die auf die Wirklichkeit projiziert worden sind. Ein SATZ ist ein 'Satzzeichen in seiner projektiven Beziehung zur Welt' (TLP 3.12), er hat einen Sinn, weil er einer Sachlage zugeordnet worden ist; in gleicher Weise ist ein Name ein Zeichen, das Bedeutung hat, weil es einem Gegenstand zugeordnet worden ist. Auf einer Ebene ist diese Unterscheidung zwischen einem bloßen Zeichen (Ton oder Schriftzug) und einem bedeutungsvollen Zeichen oder Symbol geradlinig, aber sie ist mit einigen verwickelten Themen verknüpft.

(a) Nach der anfänglichen Erklärung des *Tractatus* ist ein Zeichen 'das sinnlich Wahrnehmbare am Symbol': ein 'Symbol' oder 'Ausdruck' ist ein Satz oder Teil eines Satzes, der den Sinn des Satzes 'charakterisiert' oder für ihn 'wesentlich' ist und von verschiedenen Sätzen geteilt werden kann (TLP 3.31 ff., 3.32). Entsprechend gibt es, wenn es etwas gibt, was verschiedene Sätze alle sagen, einen Ausdruck, der diese Klasse von Sätzen charakterisiert – zum Beispiel sagen '*A* ist rot', '*A* ist grün', etc. sämtlich, daß *A* farbig ist. Das kann nicht durch einen bipolaren Satz ausgedrückt werden, weil es einen formalen Begriff wie 'Farbe' einschließt, sondern nur durch den Gebrauch einer Satzvariablen, deren Werte alle Sätze sind, die *A* eine Farbe zuschreiben (*siehe* SAGEN/ZEIGEN).

(b) Es gibt Rätsel über die Identitätskriterien für Symbole. (a) legt nahe, daß alle Zeichen mit derselben logischen Funktion, das heißt, alle Namen mit derselben Bedeutung und alle Satzzeichen mit demselben Sinn (z.B. '$p \vee q$' und '$\sim(\sim p \;.\; \sim q)$') dasselbe Symbol ausdrücken. Das ist der Grund, warum eine ideale Notation 'das Symbol am Zeichen' (TLP 3.325 f.) enthüllt: Jeder Gegenstand wird nur einen Namen haben und jeder Name nur einen Gegenstand benennen (*siehe* IDENTITÄT) und alle Sätze mit denselben Wahrheitbedingungen werden durch dasselbe W/F-Symbol ausgedrückt (*siehe* WAHRHEITSTAFELN). Das legt nahe, daß Zeichen Vorkommnisse von Schriftzügen oder

Äußerungen sind, während Symbole Typen sind, die in diesen Vorkommnissen ausgedrückt werden. Aber dieser Vorschlag konfligiert mit zwei anderen Punkten: (i) ein Symbol ist ein Zeichen in seiner projektiven Beziehung zur Wirklichkeit; (ii) der *Tractatus* unterscheidet zwischen 'zufälligen' oder willkürlichen und 'wesentlichen' Zügen der Symbole. Letztere bilden das, 'was am Symbol bezeichnet', nämlich, was alle Symbole, die dieselbe logische Funktion erfüllen (und daher nach den Regeln der logischen Syntax füreinander einsetzbar sind), gemeinsam haben (TLP 3.34 ff.). Zum Beispiel ist der 'eigentliche Name', was alle Symbole gemeinsam haben, die denselben Gegenstand bezeichnen (TLP 3.3411). Wittgenstein hat eine Unterscheidung zwischen zufälligen und wesentlichen Zügen von *Zeichen* mit Absicht in eine Unterscheidung zwischen zufälligen und wesentlichen Zügen von *Symbolen* verwandelt (PT 3.24 ff.). Vermutlich war sein Grund, daß, während jedes Symbol ein Zeichen ist, nämlich ein auf die Wirklichkeit projiziertes Zeichen, ein 'bloßes Zeichen' seine Projektionsmethode nicht einschließt und ihm daher wesentliche logische Züge fehlen. Entsprechend müssen wir unterscheiden zwischen bloßen Zeichen, Symbolen und eigentlichen Symbolen. So sind '$p \vee q$' und '$\sim(\sim p . \sim q)$' zwei verschiedene Symbole mit verschiedenen Projektionsmethoden; das eigentliche Symbol ist, was sie in der W/F-Notation gemeinsam haben, nämlich '(WWWF)(p,q)'.

(c) Die Vorstellung eines Symbols ist mit der einer 'Bezeichnungsweise' verknüpft. *Tractatus* 3.321–3.323 sagt, daß 'zwei verschiedene Symbole' ein einzelnes Zeichen 'miteinander gemein haben (können)' – 'sie bezeichnen dann auf verschiedene Art und Weise' (und erzeugen damit philosophische Verwirrungen). Es ist argumentiert worden, daß diese Vorstellung einer Bezeichnungsweise Freges Vorstellung von Sinn entspreche, der Gegebenheitsweise einer Bedeutung. *Tractatus* 3.317 legt nahe, daß eine Bedeutung das ist, was von einem Symbol bezeichnet wird; 3.3411, daß ein einzelner Gegenstand von verschiedenen Symbolen bezeichnet werden könne. Wenn man annimmt, daß diese Symbole in ihrer Bezeichnungsweise des Gegenstandes differieren, scheint zu folgen, daß die NAMEN im *Tractatus*, anders als ihre Gegenstücke bei Russell, mit Gegenständen nicht direkt verknüpft sind, sondern vermittelt durch einen Fregeschen Sinn.

Dagegen spricht die Tatsache, daß *Tractatus* 3.321 feststellt, daß zwar jeder Unterschied in der Bezeichnungsweise ein Unterschied im Symbol ist, nicht aber, daß jeder Unterschied im Symbol auch ein Unterschied der Bezeichnungsweise ist. Der Vorstellung folgend, daß Symbole projizierte Zeichen sind, könnten verschiedene Symbole, die sich auf denselben Gegenstand beziehen, sich nicht *in ihrer Bezeichnungsweise* voneinander unterscheiden, sondern nur darin, daß sie *verschiedene Zeichen* sind. Aber selbst wenn man statt dessen die Vorstellung akzeptierte, daß Symbole Typen sind, ist klar, daß es zwei Namen, die sich durch unterschiedliche Bezeichnungsweisen auf denselben Gegenstand beziehen, nicht geben kann, einfach weil es in einer idealen Notation nur einen Namen für jeden Gegenstand geben wird, was bedeutet, daß Bezeichnungsweisen keine Rolle spielen für das logische Funktionieren von Namen. Außerdem ist, daß Wörter in unterschiedlicher Weise bezeichnen, nicht eine Frage von Namen, die sich in verschiedenen Weisen auf einen Gegenstand beziehen, sondern von

Wörtern, die zu verschiedenen logischen Kategorien gehören, wie 3.323 klarmacht: es bezieht sich nicht auf logische Eigennamen '*a*' und '*b*', sondern auf 'ist' in seinen Funktionen als Kopula, Identitätszeichen und Ausdruck der Existenz. Es ist eingewendet worden, daß Wohlwollen verlange, daß 3.3411 so interpretiert wird, daß es zuläßt, daß koreferierende Namen verschiedenen Sinn (verschiedene Bezeichnungsweisen) haben, weil es sich andersfalls auf den trivialen Punkt reduziere, daß wir verschiedene Zeichen verwenden können, um uns auf denselben Gegenstand zu beziehen. Tatsächlich ist es diese Interpretation, die äußerst unwohlwollend ist, weil sie Wittgensteins Erörterung von Symbolen seinem ausdrücklichen Beharren, daß 'nur Sätze Sinn haben' (TLP 3.3) und daß Namen mit ihren Bedeutungen direkt verknüpft und daher gegen einen Fehlschlag ihres Bezugs immun sind (TLP 3.221), widersprechen läßt.

(d) In der Notation des *Tractatus* ist '*aRb*' ein (satzförmiges) Symbol (es bildet *a*'s in-Beziehung-*R*-Stehen zu *b* ab), während '*x*-0' ein bloßes Zeichen ist. Es könnte in ein Symbol verwandelt werden, wenn man eine PROJEKTIONSMETHODE für seine Bestandteile festlegte, das heißt, sie Elementen der Wirklichkeit zuordnete. Das ist etwas, was menschliche Wesen tun – und nur menschliche Wesen, weil es einen Vorgang des Denkens einschließt: die Laute, die ein Papagei von sich gibt, könnten nie mehr als bloße Zeichen sein (*siehe* GEDANKE/DENKEN). In dieser Hinsicht sind Zeichen konventionell, wie die Existenz verschiedener Sprachen und Notationen zeigt. Es ist 'willkürlich', welche Zeichen wir als Symbole verwenden, und welche Züge an Zeichen einen Unterschied dafür machen, was symbolisiert wird (TLP 3.342f.). Aber die Regeln des Symbolismus sind nicht willkürlich. Wenn wir festgelegt haben, daß ein Zeichen für einen bestimmten Gegenstand stehen soll, sind die Verbindungsmöglichkeiten des Zeichens durch die LOGISCHE FORM des Gegenstands bestimmt. Die Möglichkeit, eine bestimmte 'Notation' anzunehmen, ein Zeichensystem in kohärenter Weise zu projizieren, 'gibt uns einen Aufschluß über das Wesen der Welt' (TLP 3.342f.). Es ist willkürlich, ob wir Verneinung durch das Vorhandensein oder das Fehlen von '~' ausdrücken, aber nicht, daß jedes Zeichen, das die Verneinung ausdrückt, den Sinn dessen, worauf es angewendet wird, umkehren muß. Es ist unwichtig, ob wir den *N*-Operator oder die gewöhnliche Menge von LOGISCHEN KONSTANTEN verwenden, aber es ist wichtig, daß letztere durch ersteren ersetzbar sind. Es ist unwichtig, ob wir einen Komplex 'Tullius' oder 'Cicero' nennen, aber Sätze, die diese Zeichen enthalten, müssen in gleicher Weise in ELEMENTARSÄTZE analysierbar sein, die aus logischen Eigennamen bestehen.

Der spätere Wittgenstein verwendet den komplexen Kontrast zwischen Zeichen und Symbolen aus dem *Tractatus* nicht mehr. Er fragt weiter danach, was Zeichen BEDEUTUNG gibt, aber dies in einer Weise, die vom *Tractatus* abweicht. Letzterer erkannte an, daß man, um 'das Symbol am Zeichen zu erkennen', auf den 'sinnvollen Gebrauch' (TLP 3.326) achten müsse. Aber was sinnvollen Gebrauch ausmacht, ist ein geistiger Vorgang des Denkens, der den Gebrauch von Zeichen begleitet. Im Gegensatz dazu verwirft der spätere Wittgenstein die Suche nach dem '*eigentlichen* Zeichen' in unsern Worten (PU § 105; ÜG § 601). Was den Zeichen Leben gibt, ist nicht eine abstrakte Entität (Platonismus) oder ein ihnen zugeordneter mentaler Vorgang (Mentalismus), sondern ihr GEBRAUCH.

BIBLIOGRAPHIE

Dieser Überblick zur Sekundärliteratur ist *äußerst* selektiv. Weitere bibliographische Hilfe bei:
Frongia, G. & McGuinness, B., *Wittgenstein: A Bibliographical Guide* (Oxford: Blackwell, 1990).
Philipp, P., *Bibliographie zur Wittgensteinliteratur* (Bergen: Wittgenstein Archives, 1996).
Shanker, V. A. & S. G., *A Wittgenstein Bibliography* (Beckenham: Croom Helm, 1986).
[Die letzten beiden sind umfassender, ersteres enthält nützliche Zusammenfassungen.]

Historischer Hintergrund

Hacker, P. M. S., *Wittgenstein's Place in Twentieth Century Analytical Philosophy* (Oxford: Blackwell, 1996; dt. Übers. v. J. Schulte, Frankfurt a. M. 1997). [Eine meisterliche, wenn auch parteiliche Darstellung.]
Haller, R., *Questions on Wittgenstein* (London: Routledge, 1988). [Wirft Licht auf den deutschsprachigen Kontext von Wittgensteins Werk.]
Janik, A. & St. Toulmin, *Wittgenstein's Vienna* (New York: Simon & Schuster, 1973; dt. Übers. v. R. Merkel, München/Wien 1984). [Beleuchtet Wittgensteins intellektuelles Milieu, obwohl viele der exegetischen Behauptungen problematisch sind.]
Monk, Ray, *Wittgenstein: the Duty of Genius* (London: Cape, 1990; dt. Übers. v. H. G. Holl u. E. Rathgeb, Stuttgart 1992).
McGuinness, B., *Wittgenstein, a Life: Young Ludwig* (London: Penguin, 1988; dt. Frankfurt: Suhrkamp, 1988).
[Beide Biographien sind vorzüglich, McGuinness ist stärker zu Wittgensteins intellektuellem Milieu, Monk besser über seinen Character.]
Nedo, M., and Ranchetti, M., *Wittgenstein: Sein Leben in Bildern und Texten* (Frankfurt: Suhrkamp, 1983). [Eine verschwenderische und gutdokumentierte Sammlung von Photographien.]
Passmore, J., *A Hundred Years of Philosophy* (London: Duckworth, 1966). [Die umfassendste historische Darstellung der analytischen Philosophie.]
Skorupski, J., *English Speaking Philosophy 1750–1945* (Oxford: O.U.P., 1992). [Trotz des Titels handelt das Buch von der Entwicklung der philosophischen Moderne bei Frege, Russell und Wittgenstein.]
Urmson, J. O., *Philosophical Analysis* (Oxford: O.U.P., 1956). [Ein bißchen veraltet über den TLP, aber stark zu Cambridge zwischen den Kriegen.]
Wedberg, A., *A History of Philosophy Vol. 3: From Bolzano to Wittgenstein* (Oxford: O.U.P., 1984).

Allgemeine Einführungen

Fogelin, R. F., *Wittgenstein* (London: Routledge, 1987, 1.edn. 1976). [Vorzüglich über den TLP; enthält die erste Formulierung der regelskeptischen Interpretation.]
Grayling, A. C., *Wittgenstein* (Oxford: Oxford University Press, 1998). [Eine kurze Einführung.]
Hacker, P. M. S., *Insight and Illusion* (Oxford: Clarendon Press, 1986; 1. Aufl. 1972: dt. Übers. davon durch U. Wolf, Frankfurt: Suhrkamp, 1975). [Vermutlich die beste Monographie zu Witt-

genstein; verfolgt die Entwicklung seiner Auffassungen zur Philosophie und zur Theorie des Geistes.]

Kenny, A., *Wittgenstein* (Harmondsworth: Penguin, 1973; dt. Frankfurt: Suhrkamp, 1974). [Immer noch die beste Erstlektüre zur Einführung, vorzüglich zum TLP; betont die Kontinuität zwischen dem frühen und dem späteren Werk.]

Malcolm, N., *Nothing is Hidden. Wittgenstein's Criticism of his Early Thought* (Oxford: Blackwell, 1986). [Eine vorzügliche Darstellung des Gegensatzes zwischen den frühen und den späteren Auffassungen.]

Pears, D., *Wittgenstein* (London: Fontana, 1971; dt. v. U. v. Savigny, München: dtv, 1971). [Stellt Wittgenstein in den Kontext der Tradition der kritischen Philosophie.]

Schulte, J., *Wittgenstein: Eine Einführung* (Stuttgart: Reclam, 1989). [Behandelt einen weiten Bereich von Themen in sehr zugänglicher Weise.]

Vossenkuhl, W., *Ludwig Wittgenstein* (München: Beck, 1995).

Kommentare

Baker, G. P. and Hacker, P. M. S., *Wittgenstein: Understanding and Meaning – Vol. 1 of an Analytical Commentary on the Philosophical Investigations* (Oxford: Blackwell, 1980).

– *Wittgenstein: Rules, Grammar and Necessity – Vol. 2 of an Analytical Commentary on the Philosophical Investigations* (Oxford: Blackwell, 1985).

Black, M., *A Companion to Wittgenstein's 'Tractatus'* (Cambridge University Press, Cambridge, 1964). [Gibt viel Hintergrundmaterial; weniger gut in der Erläuterung schwieriger Stellen.]

Hacker, P. M. S., *Wittgenstein: Meaning and Mind – Vol. 3 of an Analytical Commentary on the Philosophical Investigations* (Oxford: Blackwell, 1990).

– *Wittgenstein: Mind and Will – Vol. 4 of an Analytical Commentary on the Philosophical Investigations* (Oxford: Blackwell, 1996). [Bei weitem der beste Kommentar zu den PU; verbindet Gelehrsamkeit mit zwingender Argumentation.]

Hallett, G., *A Companion to Wittgenstein's „Philosophical Investigations"* (Ithaca: Cornell University Press, 1977). [Anders als viele andere Kommentare behandelt Hallett auch Teil II der PU.]

Lange, E. M., *Ludwig Wittgenstein: Logisch-Philosophische Abhandlung* (Paderborn: UTB, 1996). [Untersucht u. a. das Numerierungssystem und den Aufbau von TLP.]

– *Ludwig Wittgenstein: Philosophische Untersuchungen* (Paderborn: UTB, 1998). [Legt besonderen Wert auf die Philosophie des Geistes und die Aspektwahrnehmung.]

Savigny, E. von, *Wittgenstein's Philosophische Untersuchungen: Ein Kommentar für Leser* (Frankfurt: Klostermann, 1988). [Interpretiert die PU ohne Berücksichtigung des *Nachlasses*; genaue Prüfung sprachlicher Einzelheiten.]

Essaysammlungen

Arrington, R. L. and Glock, H. J. (eds.), *Wittgenstein's Philosophical Investigations: Text and Context* (London: Routledge, 1991). [Essays, die sich besonders schwierigen Passagen in den PU widmen.]

– (eds.), *Wittgenstein and Quine* (London: Routledge, 1996). [Diskussion der Ähnlichkeiten und Unterschiede zwischen beiden.]

Block, N. (ed.), *Perspectives in the Philosophy of Wittgenstein* (Oxford: Blackwell, 1981). [Eine ausgezeichnete Sammlung.]

Canfield, J. (ed.), *The Philosophy of Wittgenstein: A fifteen Volume Collection* (New York: Garland, 1986). [Die umfassendste Sammlung kritischer Essays.]
Copi, I. M. and Beard, R. W. (eds.), *Essays on Wittgenstein's Tractatus*. [Versammelt die besten frühen Aufsätze zum TLP.]
Fann, K. T. (ed.), *Wittgenstein, the Man and his Philosophy* (Sussex: Harvester, 1967). [Enthält Einschätzungen von Zeitgenossen.]
Glock, H. J. (ed.), *Wittgenstein – A Critical Reader* (Oxford: Blackwell, 1997). [Diese Essays sollen Kennys *Ludwig Wittgenstein: Ein Reader* begleiten.]
Griffiths, A. P. (ed.), *Wittgenstein: Centenary Essays* (Cambridge: C.U.P., 1991). [Enthält einige Essays zu ungewöhnlichen Themen.]
Heringer, H. J. and Nedo, M. (eds.), *Wittgenstein and his Times* (Oxford: Blackwell, 1982; dt. 1979). [Essays zu Wittgensteins Sicht der Moderne.]
Hintikka, J. (ed.), *Essays on Wittgenstein in honour of G. H. von Wright* (Amsterdam: North-Holland, 1976). [Enthält wichtige Essays, einschließlich Cioffis über Ästhetische Erklärung.]
Kenny, A., *The Legacy of Wittgenstein* (Oxford: Blackwell, 1984). [Glänzende und tiefschürfende Essays zu Wittgensteins Werk und seinem Einfluß.]
Klemke, E. D. (ed.), *Essays on Wittgenstein* (Urbana: University of Illinois Press, 1971).
Luckhardt, G. (ed.), *Wittgenstein: Sources and Perspectives* (Ithaca: Cornell University Press, 1979). [Eine wertvolle Quelle für Gelehrte.]
Pitcher, G. (ed.), *The Philosophical Investigations* (London: Macmillan, 1968). [Fruchtbare Essays aus der frühen Periode der Wittgenstein-Interpretation.]
Savigny, E. von (ed.), *Ludwig Wittgenstein: Philosophische Untersuchungen* (Berlin: Akademie Verlag, 1998). [Ein kollektiver Kommentar von führenden deutsch- und englischsprachigen Interpreten.]
Savigny, E. von und O. Scholz (eds.), *Wittgenstein über die Seele* (Frankfurt: Suhrkamp, 1995).
Schroeder, S. (ed.), *Wittgenstein and Contemporary Philosophy of Mind* (London: Macmillan, 2000).
Schulte, J., *Chor und Gesetz* (Frankfurt: Suhrkamp, 1990). [Sehr informative Essays zu Themen, die gewöhnlich vernachlässigt werden.]
Shanker, S. (ed.), *Wittgenstein. Critical Assessments*, 4 vol. (London: Croom Helm, 1986).
Sluga, H. und D. Stern (eds.), *The Cambridge Companion to Wittgenstein* (Cambridge: Cambridge University Press, 1996). [Aufsätze führender Forscher zu allen Aspekten des Früh- und Spätwerkes.]
Teghrarian, S. (ed.), *Wittgenstein and Contemporary Philosophy* (Bristol: Thoemmes, 1994). [Die meisten der Essays erörtern Wittgensteins Beziehung zur zeitgenössischen Philosophie.]
Vesey, G. (ed.), *Understanding Wittgenstein* (Ithaca: Cornell University Press, 1974). [Eine wichtige Sammlung von Essays.]
Winch, P. (ed.), *Studies in the Philosophy of Wittgenstein* (London: Routledge & Kegan Paul, 1969). [Cooks 'Human Beings' ist besonders wertvoll.]
Wright, G. H. von, *Wittgenstein* (Oxford: Blackwell, 1982). [Eine unschätzbare Sammlung, enthält Essays zur Entstehung des TLP und der PU und den Katalog des *Nachlasses*.]

Das Frühwerk

Anscombe, G. E. M., *An Introduction to Wittgenstein's Tractatus* (London: Hutchinson, 1959). [Schwierig, aber genau und anregend.]
Baker, G. P., *Wittgenstein, Frege and the Vienna Circle* (Oxford: Blackwell, 1988). [Eine gründliche und subtile Darstellung der Entwicklung von Wittgensteins Erklärung logischer Notwendigkeit.]

Carruthers, P., *Tractarian Semantics* (Oxford: Blackwell, 1989).
- *The Metaphysics of the Tractatus* (Cambridge: C.U.P., 1990).
[Beide Bücher assimilieren in problematischer Weise den TLP an Frege, enthalten aber anregende Kritiken orthodoxer Interpretationen.]
Griffin, J. P., *Wittgenstein's Logical Atomism* (Oxford: Clarendon, 1964).
Lange, E. M., *Wittgenstein und Schopenhauer* (Cuxhaven: Junghans, 1989). [Wirft Licht auf den Hintergrund der Behandlung des Solipsismus im TLP.]
- *Ludwig Wittgenstein: Logisch-Philosophische Abhandlung* (Paderborn: UTB, 1996). [Eine umfassende Interpretation mit derselben Stoßrichtung.]
McDonough, R. M., *The Argument of the Tractatus* (Albany: State University of New York Press, 1986).
Mounce, H. O., *Wittgenstein's Tractatus. An Introduction* (Oxford: Blackwell, 1981). [Die zugänglichste Einführung in den TLP.]
Pears, D., *The False Prison, Vol. I* (Oxford: Clarendon, 1987). [Enthält eine erhellende Darstellung der Entstehung der Bildtheorie aus Russells Theorie des Urteils.]
Stenius, E., *Wittgenstein's Tractatus* (Oxford: Blackwell, 1960). [Die erste realistische Interpretation des TLP; betont Kantische Aspekte.]

Das spätere Werk

Baker, G. P. and Hacker, P. M. S., *Scepticism, Rules and Language* (Oxford: Blackwell, 1984). [Ein vehementer Angriff auf die regelskeptische Interpretation.]
Barret, C., *Wittgenstein on Ethics and Religious Belief* (Oxford: Blackwell, 1991). [Ein Überblick über Wittgensteins Auffassungen.]
Budd, M., *Wittgenstein's Philosophy of Psychology* (London: Routledge, 1989). [Eine genaue und nüchterne Darstellung.]
Canfield, J., *Wittgenstein: Language and World* (Amhurst: University of Massachusetts Press, 1981. [Eine sorgfältige Erörterung der Begriffe der Grammatik und der Kriterien.]
Diamond, C., *The Realistic Spirit* (Cambridge/Mass.: MIT Press, 1991). [Schwierig, aber interessant, besonders zum Thema Unsinn.]
Fann, K. T., *Wittgenstein's Conception of Philosophy* (Oxford: Blackwell, 1969).
Frascolla, P., *Wittgenstein's Philosophy of Mathematics* (London: Routledge, 1994). [Identifiziert durchgehende Themen in Wittgensteins früher und späterer Philosophie der Mathematik.]
Garver, N., *This Complicated Form of Life* (La Salle: Open Court, 1994). [Eine interessante transzendentale und monistische Interpretation dieses Begriffs.]
Hanfling, O., *Wittgenstein's Later Philosophy* (London: Macmillan, 1989). [Klar und vernünftig, konzentriert sich auf die Vorstellung, daß Erklärungen an ein Ende kommen; das Diagramm auf S. 108 ist Hanfling entnommen.]
Hilmy, S., *The Later Wittgenstein* (Oxford: Blackwell, 1987). [Eine unermeßlich gründliche Erforschung der Entstehung von Wittgensteins späteren Ansichten.]
Hintikka, M. B. and Hintikka, J., *Investigating Wittgenstein* (Oxford: Blackwell, 1986; dt. Frankfurt: Suhrkamp, 1990). [Interpretiert das Privatsprachenargument als Ergebnis von Wittgensteins Preisgabe des Phänomenalismus.]
Johnston, P., *Wittgenstein and Moral Philosophy* (London: Routledge, 1989). [Eine sympathetische Darstellung von Wittgensteins Ansichten über Ethik und Moralpsychologie.]
- *Wittgenstein: Rethinking the Inner* (London: Routledge, 1993).
Kripke, S. A., *Wittgenstein on Rules and Private Language* (Oxford: Blackwell, 1982). [Eine kraft-

volle Darstellung der regelskeptischen Deutung und der Gemeinschaftsauffassung zum Regelfolgen.]
McGinn, C., *Wittgenstein on Meaning* (Oxford: Blackwell, 1984). [Eine gute Diskussion des Regelfolgens und sprachlichen Verstehens.]
Mulhall, S., *On Being in the World* (London: Routledge, 1990). [Ein erhellender Vergleich zwischen Heidegger und dem späteren Wittgenstein.]
Pears, D., *The False Prison, Vol. II* (Oxford: Clarendon, 1988). [Konzentriert sich auf das Privatsprachenargument und das Regelfolgen, ist schwierig.]
Rundle, B., *Wittgenstein and Contemporary Philosophy of Language* (Oxford: Blackwell, 1990). [Durchdringende und und subtile Kritik an Wittgensteins späterer Sprachphilosophie.]
Savigny, E. von, *Der Mensch als Mitmensch* (München: dtv, 1996). [Eine Zusammenfassung des Kommentars zu PU, stark vor allem zu Sprachspielen und dem Begriff des Musters.]
Schroeder, S., *Das Privatsprachen-Argument* (Paderborn: Schöningh, 1998). [Die einzige Monographie zu diesem Thema, erhellend aber auch zu anderen Problemen.]
Schulte, J., *Experience and Expression* (Oxford: Clarendon Press, 1993; dt. Ausgabe 1987). [Diskutiert Wittgensteins Philosophische Psychologie nach den PU; die Diagramme auf S. 274–5 sind Schulte entnommen.]
Shanker, S., *Wittgenstein and the Turning Point in the Philosophy of Mathematics* (London: Croom Helm, 1987). [Die beste Verteidigung von Wittgensteins Philosophie der Mathematik.]
Wright, C., *Wittgenstein on the Foundations of Mathematics* (London: Duckworth, 1980). [Das erste Buch, das die Implikationen der Erörterungen über Regelfolgen für die Erklärung von logischer Notwendigkeit diskutierte.]

Wittgensteins Einfluß auf andere Disziplinen

Baker, G. P. and Hacker, P. M. S., *Language, Sense and Nonsense* (Oxford: Blackwell, 1984). [Verwendet Wittgensteins Ideen zur Kritik an Bedeutungstheorien in zeitgenössischer Philosophie und Linguistik.]
Bloor, D., *Wittgenstein: A Social Theory of Knowledge* (New York: Columbia University Press, 1983). [Beutet Wittgenstein für die Soziologie des Wissens aus.]
Chapman, M. and Dixon, R. A. (eds.), *Meaning and the Growth of Understanding: Wittgenstein's Significance for Developmental Psychology* (Berlin/New York: Springer, 1992).
Harris, R., *Language, Saussure and Wittgenstein* (London: Routledge, 1988).
Hyman, J. (ed.), *Investigating Psychology* (London: Routledge, 1991). [Enthält Artikel zu den Implikationen von Wittgensteins Denken für die zeitgenössische Psychologie.]
Kerr, F., *Theology after Wittgenstein* (Oxford: Blackwell, 1986). [Expliziert verschiedene Implikationen für die Theologie.]
Langer, S. K., *Philosophy in a New Key* (Cambridge/Mass.: Harvard University Press, 1948). [Wendet eine vom TLP beeinflußte Theorie des Symbolismus auf Probleme der Ästhetik an.]
Pitkin, H. F., *Wittgenstein and Justice* (Berkeley: University of California Press, 1972). [Zieht Schlußfolgerungen für Denken über Soziales und die Politik.]
Tilghman, B. R., *But is it Art?* (Oxford: Blackwell, 1984). [Diskutiert die Möglichkeit einer Definition der Kunst aus einer Wittgensteinianischen Perspektive.]
Winch, P., *The Idea of Social Science and its Relation to Philosophy* (London: Routledge, 1958; dt. Frankfurt: Suhrkamp, 1966). [*Locus classicus* für einen Wittgensteinianischen Ansatz in der Erklären/Verstehen-Kontroverse.]

INDEX

Stichworttitel sind in Kapitälchen gesetzt. Fettgedruckte Seitenzahlen bezeichnen ausführlichere Erörterungen eines Themas, auch wenn es nicht als Stichwort auftritt.

Abbildende Beziehung 87–90, 290–1
Abbildung *siehe* Darstellung
Aberglaube 41–2, 302–3
Abrichtung *siehe* ERKLÄRUNG; Lehren
Abstraktionstheorie 290
ÄSTHETIK 17, **47–51**, 110, 250–3; und ETHIK 28, 47–9, 102
Äußerung/Ausdruck (Avowal) *siehe* AUSDRUCKSÄUSSERUNG
ALLGEMEINHEIT 13, **31–6**, 38–9, 164–7, 212, 337–8, 372, 374
ALLGEMEINE SATZFORM 16, 20, 25, **36–41**, 84, 93, 107, 214, 226, 312, 389
Analytische Definition 25, 49, 51, **100–1**, **107–11**, 157
analytisch-synthetisch 17, 19, 116, 206–7, 209, 336, 339–40
andere Geister (other minds) 174–5, 196–9, 355
Annahme 151–3
Anscombe, G. E. M. 28, 354, 356
ANTHROPOLOGIE **41–2**, 201, 203, 237; *siehe auch* MENSCHLICHES WESEN
Antirealismus 197, 354, 356
a priori *siehe* analytisch/synthetisch; Philosophie; synthetisch a priori
Aquin, Thomas v. 303
Argument *siehe* Funktion
Argument mit dem paradigmatischen Fall (paradigm-case argument) 318
Aristoteles 29, 53, 86, 111, 126, 133, 206, 219, 238, 264, 266, 315, 319, 336
Arithmetik 19, 24, 235
Aspektbemerken 42–5
Aspektblindheit 46
ASPEKTWAHRNEHMUNG 27, **42–7**, 50, 79, 107, 367; stetige – 46
Asymmetrie 1./3. Person **56–60**, 68–71, 173–7, 272, 274–5, **282–4**, 324–5

AUGUSTINISCHES BILD DER SPRACHE 24–5, 40, **51–6**, 73, 121, 174, 227, 256, 259, 262, 285, 327
Augustinus 24, 51, 126, 262, 267, 277
AUSDRUCKSÄUSSERUNG (Avowal) 23, 26, 41, **56–60**, 68–71, 78, 162, 174, 193, 284, 359
Austin, J. L. 121, 125, 145, 147, 204, 369
AUTONOMIE DER SPRACHE 21, **60–5**, 74–6, 114, 148, 172, 209, 259–61, 267–8, 311, 324, 363, 370
Autorität der 1. Person *siehe* Asymmetrie 1./3.Person

Ballard, der Fall – 132–3
BEABSICHTIGEN UND ETWAS MEINEN **66–71**, 125, 153, 204, 272–4, 292
BEDEUTUNG 51–6, 66, **71–3**, 90–1, 99–100, 137–8, 185–6, 196, 256–7, 297–8, 305–6, 325–7, 331, 354–6; kausale Theorie der – 124–5; – und Grammatik 154–5; – vs. Perlokutionärer Effekt 69, 125–6, 154–5 ; Sprecher- *siehe* BEABSICHTIGEN UND ETWAS MEINEN; *siehe auch* AUGUSTINISCHES BILD DER SPRACHE, BEDEUTUNGSKÖRPER, Sinn/Bedeutungs-Unterscheidung, GEBRAUCH
Bedeutungsblindheit 46
BEDEUTUNGSKÖRPER 61, **74–6**, 121, 218, 262
Bedeutungstheorie 28, 55–6, 121, 197, 198–9, 214–5, 368–9
Begriff 12–3, 54–5, 80, 196, 308–9, 311–4, 347, 370–1
Begriffsbildung, -wandel 25, 61–2, 75–6, 114, 118–9, 240–2
Behauptung *siehe* GLAUBEN/ÜBERZEUGUNG
BEHAVIORISMUS (und Benehmen/Verhalten) 26–7, 76–80, 120, 148, 173–5, 178, 204, 243–5, 271–2, 289–90, 324
Bekanntschaft 54, 85, 93, 134–5, 160, 220, 223, 254, 262, 285, 320–1, 355

Bemerkungen über die Grundlagen der Mathematik 23, 276, 294
Bentham, J. 191, 315
Berkeley, G. 131
Beschreibung 26, 36–7, 40–1, 52, 55–6, 56–60, 68–9, 92, 104–5, 254–6, 259–60; – vs. Ausdrucksäußerungen 23, 26
Besen 134, 331–2
BESTIMMTHEIT DES SINNS 15, 74, **80–3**, 89, 186–7
Bestimmbare (Determinable) 97, 112; *siehe auch* Satzsystem
Beweissystem 240–1
BEWUSSTSEIN **83–4**, 321–2
Bezugnahme (referring) **51–6**, 92, 138–9, **161–3**
'Big Typescript' 22
Bild/Bildhaftigkeit 11–2, 21, 87–90, 367, 382; logisches – 88, 128, 221, 314; -gegenstand 42–4 ; Struktur des -es 86–7, 221; *siehe auch* GEDANKE
BILDTHEORIE 16–7, 21, 56, 73, 81, **84–90**, 135–6, 152, 177–80, 181–2, 191, 220–1, 290–3, 314, 332, 336, 368–9
BIPOLARITÄT 16, 20, **90–2**, 209–10, 306, 312, 349, 352, 369
Bivalenz 80–2, 137–8; *siehe auch* BIPOLARITÄT
Blue and Brown Books **22–3**, 51, 277, 327
Boltzmann, L. 11–2, 227, 382, 384
Bolzano, B. 54, 169
Boole, G. 206, 371
Bradley, F. H. 149, 182, 313, 331
Brentano, F. 177, 182
Broad, C. D. 340
Brouwer, L. E. J. 20, 236
Bühler, K. 315
Bündel (cluster) 109
Burge, T. 68
Butler, J. 111

Cantors Diagonalbeweis 38, 391
Carnap, R. 19, 28, 78, 118, 170, 214–5, 230, 232, 247–8, 285, 310, 318, 323
Carroll, L. 120, 215
Cartesianismus 28, 55, 173, 244, 279, 319, 321
Chomsky, N. 28, 189, 353
Churchs Theorem 374
Coffey, P. 336
cognitive science (Kognitionswissenschaft) 244, 285

Collingwood, R. G. 363
Computer 28, 243–6, 296
Crusoe, Robinson 284, 300

Darstellungsweise 290; *siehe auch* FORM DER DARSTELLUNG
dasselbe *siehe* Identität, Regelfolgen
Davidson, D. 65, 176, 189, 194, 203, 365, 382
Dedekind, R. 390
Definition, schrittweise – 40
Demokrit 177
Denkgesetze 12, 15, 215
Descartes, R. 28, 83, 148, 285, 315, 319
Dewey, J. 124
Disposition 70, 79, 296, 299, 358, 360
Dogmatismus 107, 111, 214, 269, 343, 346, 351
Donnellan, K. 139
Dummett, M. 121, 189, 239, 250, 330

echte Dauer 45, 66, 154, **274–5**, 360
Eigentümerlosigkeit, Theorie der – 77, 160, 280
einfach *siehe* Komplex
einige vs. alle 36
Elastische Lineale 201
ELEMENTARSATZ 16, 36–40, 72–3, 84–9, **93–8**, 134–5, 170, 211–4, 332–5, 369, 371–3; logische Unabhängigkeit der E.sätze 20, 93–4, 97–8, 112–3, 183, 186, 374
Empfindungen 57–60, 69, 110, 204, 279–84, 286–9
Empirismus 10, 15, 19, 47, 120, 134, 173, 197, 264, 272, 285, 290, 315, 361, 378–82
Entscheidung 241, 297
Erdmann, B. 206
Erinnerung **126–8,** 286–8; -sreaktion 71
Erkenntnistheorie *siehe* GEWISSHEIT, INDUKTION, SKEPTIZISMUS
ERKLÄRUNG 68, 75–6, 98–102, 127, 155–6, 249, 358; ästhetische – 49–50; kausale – 49–50; -en kommen an eine Ende 98–9; genetische – 50–1; *siehe auch* Erläuterungen, ostensive Definition
Erläuterungen 255, 259, 292
Ernst, P. 344
Erwartung *siehe* INTENTIONALITÄT

Essentialismus 40, 107–10, 157, 274
ETHIK 17, 28, 102–6, 204, 250–3, 302, 378; – und Logik/Philosophie 11, 102, 305; *siehe auch* SAGEN/ZEIGEN, Wert
Existenz *siehe* Allgemeinheit
Extensionalismus 37, 40–1, 149–50
Externalismus 68–70

Fähigkeit *siehe* Disposition
Falschheit 85–6, 177–8
FAMILIENÄHNLICHKEIT 25, 41, 49–51, 83, 91–2, 101, **107–11**, 294, 329, 358, 362, 390
Faraday, M. 386
FARBE 27, 63, **111–4**; Farbausschließung 20, 97, 111–3, 339; Farbenoktaeder 345
Feigl, H. 19
Ficker, L. von 305, 341
Fideismus 301
Finitismus 35, 389–90
Fliegenglas 323, 347
Flußbett 159
Formale Begriffe 36, 111, 223, 249, 265–6, 305–11, 317–8, 361, 382, 389; *siehe auch* Satzvariable, Variable
Formalismus 23, 236–7, 325, 390; *siehe auch* Nominalismus
Form der Abbildung 87, 221
FORM DER DARSTELLUNG 21, 61, 115–20, 141, 157, 238, 344, 382, 384; alternative -en d. D. 63–5, 201–2; – in der Bildtheorie 115, 221
Formenreihe 37–8, 231, 389
Frazer, J. 41–2, 343
Frege, G. 10, 12–5, 17–8, 31–3, 40, 54, 60, 64, 71, 74, 76, 80–2, 85, 90–1, 94, 100, 121, 128, 132, 150–2, 164, 173, 185, 188, 191–2, 205–8, 210–1, 215, 219–20, 223–6, 231, 233, 235–6, 254, 256, 265, 277, 280, 292–3, 307–10, 311–4, 325, 331, 336–7, 341, 343, 347, 352, 357, 368, 371–3, 375, 387–8, 392
Frege-Punkt 151
Freud, S. 179, 247, 272, 319, 364, 384; *siehe auch* Psychoanalyse
Funktion 13–4, 80, 94, 223–6, 313–5
Funktionalismus (zeitgenössischer) 29, 244
Funktionalismus (bei Wittgenstein) 69, 117, 123–6, 157, 159, 193, 314

Gasking, D. 109
GEBRAUCH 25–6, 73, 99, **121–6**, 143, 393; – vs. Form 48, 98–9, 116, 159; *siehe auch* Funktionalismus (bei Wittgenstein)
GEDÄCHTNIS **126–8**, 286–8 ; siehe Erinnerung
GEDANKE/DENKEN 15, 77, 80, 128–33, 177–82, 243–5, 291–2, 312, 357–8, 378, 381; – vs. Sehen 44–5; – bei Frege 13, 71, 128, 173, 311; – und Sprache 15, 128–30, 265, 336–40, 393
GEGENSTAND 16, 21, 86, 89, 93–8, 114, **133–9**, 200, 222–3, 227–30, 254–6, 331–5, 341, 369; Argumente für die Existenz von G.en 134–9; materielle G.e 133, 135, 174, 317–8, 331, 355–6; Anzahl der G.e 33–4, 229; private G.e 285–7; Eigenschaften und Relationen als G.e 94–6
Gehirn 68, 127–8, 175–7, 244–5, 359
Geist und Maschine *siehe* MENSCH(LICHES WESEN)
Geist/Körper 79–80, 245–6; kausale Konzeption des G. 365, 382; Unwägbarkeit/Unbestimmtheit des G. 199, 203–4; *siehe* ICH/SELBST, INNERES/ÄUSSERES
geistige Bilder (mental images) 67, 126–8, 130, 271–2, 292–3, 357–61, 366–7
geistige Phänomene (Handlungen/Ereignisse/Vorgänge/Zustände) 66–8, 127, 130–3, 273–4, 358–60, 380–1
Geleise 296
genealogischer Baum ('Stammbaum') 274–5
Geometrie 24, 235, 240
GERÜST (framework) 65, 102, **139–43**, 148, 155, 298
Gesichtsfeld 96, 160, 322
Geständnis (avowal) *siehe* AUSDRUCKSÄUSSERUNG
GEWISSHEIT **143–8**, 169, 172, 317
GLAUBEN/ÜBERZEUGUNG (belief) 58–9, 130, 144, 147–8, **149–54**, 273–4; *siehe auch* BEABSICHTIGEN UND MEINEN, GEDANKEN/DENKEN
Gödels Theorem 376–7
Goethe, J. W. von 10, 113, 343, 355, 385
Goldbachsche Vermutung 239, 243
Goodman, N. 89
Goodstein, R. L. 35
Gott 66, 104, 241, 250–2, 300–4; *siehe auch* Trinität

403

GRAMMATIK 21, 25, 59, 60–5, 99, 114–7, 122–5, 139, **154–9**, 183, 185–90, 201, 209, 260, 268, 274, 318, 343–5, 356, 366; Tiefen- vs. Oberflächen- 158, 187, 344; die Flachheit der G. 249; normale/Schul- 18, 22–3, 154, 157, 189, 220, 273, 312; *siehe auch* FORM DER DARSTELLUNG
Grammatische Sätze/Regeln 22, 25, 114–6, 116–20, 142–3, 154–9, 180–1, 202, 218, 268–9, 294, 311, 344, 362, 370–1; *siehe auch* Normen der Darstellung
Grellings Paradox 311
Grenzen des Sinns 15, 306, 310–1, 369–70; *siehe* Grenzen des Denkens/derSprache
Grice, P. 69, 119, 125, 128, 146, 380
Gründe 245–6, **364–6**

Hamann, J. G. 200
Harmonie zwischen Sprache und Wirklichkeit 21, 90, 180, 222–3, 306
Hart, H. L. A. 82
Hegel, G. W. F. 148, 165, 200, 248
Heidegger, M. 182, 316
Herder, J. G. 200
Hermeneutik 29, 77, 266, 296–7
Hertz, H. 10–2, 85, 206, 265, 342–3, 382, 384
Hilbert, D. 237, 247, 375; *siehe auch* Metamathematik
Hintikka, J. 330
Holismus 118, 147, 194; *siehe auch* Kontextualismus
Homunculus-Fehlschluß 245
Humboldt. W. von 192, 200
Hume, D. 10, 126, 148, 153, 160, 181, 279, 297, 316, 321, 353, 361–4, 367
Hund 132
Husserl, E. 113, 143, 230
Hypothese 19, 194, 355

Ibsen, H. 360
ICH/SELBST 92, **160–3**, 321–5; – als Subjekt/Objekt 160–1
Idealismus 173, 285, 311, 315; sprachlicher – 370; transzendentaler – 11, 17, 47, 97, 320–5, 377–82
IDENTITÄT 34, 162, **164–9**, 234, 299, 372; Kriterien der – 102, 168–9, 287–9; numerische vs. qualitative – 281
Indexwörter 54, 93, 134, 254–6

INDUKTION **169–72**, 319, 383; Gesetz der – 169, 338; mathematische – 388–90
INNERES/ÄUSSERES 28, 76–80, 83–4, **173–7**, 272–3; *siehe auch* AUSDRUCKSÄUSSERUNGEN, PHILOSOPHISCHE PSYCHOLOGIE, PRIVATHEIT
INTENTIONALITÄT 50–1, 76–8, 83–4, 85, 90, **177–80**, 378–9; *siehe auch* Harmonie zwischen Sprache und Wirklichkeit; Isomorphismus
Interne Eigenschaften *siehe* interne Relationen; logische Form von Namen/Gegenständen
INTERNE RELATIONEN 16, 20–1, 89–90, 111, 113–4, 120, **182–4**, 217, 364–5
Interpretation (Deutung) 44–5, 183–4, **296–300**
Introspektion 26, **57–60**, 174–5, 272–3, 279–80
Intuitionismus 20, 23, 236–7
Isomorphismus 16, 86–9, 178, 180, 191, 220–2, 291–2, 354

James, W. 67, 74, 83, 126, 130, 132, 153, 174, 190, 249, 271, 360, 379
Jean, J. 386
Johnson, W. E. 259

KALKÜLMODELL 22, **185–90**, 268–9, 294, 325–6; *siehe auch* LOGISCHE ANALYSE
Kant, I. 11–2, 15, 17, 19, 24, 26, 29, 48, 62, 93, 101, 117, 131, 134, 160, 173, 206, 233, 234, 250, 264–5, 268–9, 272, 285, 290, 296, 303–4, 310, 317–8, 320–1, 324, 336, 340, 344, 347, 348, 352, 361–2, 366, 370, 382–3
Kategorie 130, 175, 182–3, 222, 232, 249–50, 276, 314–5, 350
Kenny, A. 245, 303, 319
Kierkegaard, S. 103, 250, 253, 301, 378
KINÄSTHETIK **190**, 380
Köhler, W. 43–4, 127, 190, 270
Komplex 21–2, 133, 135, 256, **331–2**, **335**
Kompositionalismus **191–3**, 243, 350; *siehe auch* Funktionalismus (bei Wittgenstein)
Konsistenz *siehe* WIDERSPRUCH
Konstruktivismus 36–40, 238–43, 389–91
KONTEXTUALISMUS 49, 68–71, 139, **191–4**, 200, 204–5, 244, 255, 349; bei Frege 54, 191–2
Konvention/Konventionalismus 19, 21–2, 24, 116–8, 195–6, 209–10, 239–40, 361, 384–5; *siehe auch* AUTONOMIE DER SPRACHE

Kraus, K. 10
Kripke, S. 61, 168, 257, 261
KRITERIEN 26, 57, 61, 68, 80, 119, 173, 177, **194–9**, 244, 358; Anfechtbarkeit von – 26, 198–9
Kronecker, L. 238
Kuhn, T. S. 63, 384
Kultur 10, 382, 386; *siehe auch* ÄSTHETIK

Laplace, P. S. de 169
Lazerowitz, M. 247
LEBENSFORM 25, 49, 65, 126, 139–40, 183, **200–5**, 244, 300, 302, 330
Lebensmuster ('Muster auf dem Band des Lebens') 70–1, 204, 243–4
Lehren (teaching) 56, 79, 99, 243, 326
Leibniz, G. W. 60, 185, 241, 336
Leibniz' Gesetz 280
Leiter 17, 309, 342
Lernen *siehe* Lehren
Lesen 360
Lichtenberg, G. C. 47, 160–1, 279
Lineal (Maßstab) *siehe* Messen
Linguistik 28, 53, 189
Locke, J. 17, 53, 61, 126, 168, 285, 290, 357, 368
Löwe 203
LOGIK 12–18, 20, 24, 35–6, 92, 102, 115, 154, **205–10**, 233–4, 250–3, 305, 336–40, 341, 348, 356, 371–4; Anwendung der – 33, 36, 93, 214, 229; Aristotelische/traditionelle – 13, 205, 312; formale – 59, 209, 336; Logik von Port Royal 17
LOGISCHE ANALYSE 53–4, 80, 112, 133–9, 167, 186–7, 188, **210–5**, 310, 357; – und Philosophie 13–5, 17–8, 22, 210, 214–5, 265; *siehe auch* LOGIK, ÜBERSICHT
logischer Atomismus 15–6, 20, 88–9, **93–8**, **133–9, 210–5**
logische Beziehungen *siehe* INTERENE RELATIONEN, LOGISCHE FOLGERUNG
LOGISCHE FOLGERUNG 24, 61, 74–6, 120, 183, 205, 208, **215–9**, 306, 339, 373; – vs. empirische Folgerung 208, 216, 219
LOGISCHE FORM 85–9, **219–23**, 305–8; – von Tatsachen/Sätzen 16, 21, 36–7, 191–2, 210–5, 219–21, 332; – der Sprache/Wirklichkeit 16, 221; – von Namen/Gegenständen 16, 111, 221–3, 350

LOGISCHE KONSTANTE 13, 16, 32, 36–40, 54, 206–7, **223–7**, 337, 373–4
Logische Notwendigkeit 15–6, 19, 24, 74–6, 92, 111–3, **115–20**, 182–3, **205–10**, 215–9, 222–3, 230–2, 234–5, 240–1, 294–5, **336–40**, **352–3**, 361, 383
Logisch-Philosophische Abhandlung siehe TRACTATUS LOGICO-PHILOSOPHICUS
Logischer Positivismus (Wiener Kreis) 19, 24, 64, 74, 76, 92, 105, 116–7, 209, 239, 259–60, 266, 290, 340, 354–5
LOGISCHER RAUM 80, 137, 178, 186, 200, **227–30**
LOGISCHE SYNTAX 16, 17–8, 21, 36, 137, 139, 206–7, **230–2**, 294, 306, 310, 348; – vs. Grammatik 154–5, 185–6, 232
Logische(r) Zwang/Bestimmung/Maschine 240–3, 295–6, 299, 359–60, 361
Logizismus 12–4, 17–8, 23, 205, 233, 235–6
Loos, A. 10, 18
Lügen *siehe* Verstellung

Mach, E. 10, 19
Magie 42
Malcolm, N. 28, 128, 319
Marr, D. 128
Marx, K. (Marxismus) 20, 148, 201, 303
Maßstab der Richtigkeit *siehe* Norm der Beschreibung/Darstellung
Materialismus 25, 29, 175–7, 244–5, 271; eliminativer – 176, 270–1; *siehe auch* Mechanismus
MATHEMATIK 12, 23–4, 63–4, 120, 205–6, **233–7**, 325; angewandte – 237, 240, 325; Grundlagen der – 18, 23–4, 236–7, 374; – und Philosophie 237, 270
MATHEMATISCHER BEWEIS 19, 23–4, 184, 196–7, **238–43**, 374–7
Mathematische Sätze 19, 23–4, 92, 117, 156, 238–9, 339; – vs. Tautologien 234–5, 239, 339
Mauthner, F. 10–1, 18, 309, 329, 336
Mead, G. H. 125
Mechanismus 295–6
Meinong, A. 54, 210
MENSCH(LICHES WESEN) 29, 79–80, 133, 162, **243–6**
Mentalismus 25, 128–30, 132–3, 174–5, 271–2, 296, 312, 357; *siehe auch* Cartesianismus, Psychologismus
Messen 119, 142, 186, 201–2, 356

METALOGIK/-MATHEMATIK/-PHILOSOPHIE 159, **246–50**, 374–7
Metaphysik 16–7, 19, 92, 117, 184, 206, **264–7**, 302–4, 310–1, **351–3**, 356; – des Symbolismus 17, 21–2, 61, 92, 209, 341–2
Mill, J. S. 19, 54, 183, 234, 254, 257, 264
Modelltheorie 219, 230
molekularer (komplexer) Satz *siehe* Elementarsatz
Moore, G. E. 20, 24, 28, 104, 128, 142, 144–6, 153, 182, 213, 269, 292, 311, 317, 319, 331, 339, 340, 369
Moores Paradox 153, 209
Muster (sample) 25, 138, 259–63, 287–8
MYSTIZISMUS 11, 17, 47–8, 209, **250–3**, 305–6
Mythologie 115, 344

NAME 13–4, 51–6, 72, 164–5, 212, 222–3, 224, **254–7**, 392–3; Eigen- 14, 51, 254–7; logischer Eigen-/einfacher – 16, 54–5, 133–4, 167, 191, 254–6; -nsrelation 25, 73, 124, 133–4, 192–3, 255–6, 285–8; *siehe auch* AUGUSTINISCHES BILD DER SPRACHE
Naturalismus 64, 141–2, 172, 201–3, 316; *siehe* LEBENSFORM; GERÜST
Naturgeschichte 142, 237
Naturgesetze/-notwendigkeit 140–1, 147–8, 361–3, 378, 383–4
Naturtatsachen *siehe* GERÜST
Negation 13, 75–6, 85–6, 91, 177–8, 224–5. 333–4; gemeinsame – 16, 37–8; *siehe auch* Verneinung
Netzmetapher 361, 383–4
Nicod, J. 107
Nietzsche, F. 11, 107, 300, 344–5
Nominalismus 28, 53, 390
Normen der Beschreibung/Darstellung 23–4, 63–4, 115–20, 159, 234–5, 241–2, 287–8, 294–7, 299, 352–3, 362–3, 383–5
notwendige Wahrheiten *siehe* logische Notwendigkeit
Notwendigkeit *siehe* FORM DER DARSTELLUNG; LOGIK

Ockhams Rasiermesser 73
offene Textur 82
Ogden, C. K. 178, 332
Operation 37–40, **224–7**, 389–90

OSTENSIVE DEFINITION 26, 61, 101, 114, 140, 156, 256, **259–63**, 318; private – 287–90; *siehe auch* Erläuterungen, Muster
Ostwald, W. 341

Paradox des Sorites (Kettenschluß-) 83
Pascal, B. 301
Peirce, C. S. 371
persönliche Identität *siehe* Kriterien der Identität
Phänomenalismus *siehe* Bekanntschaft, Sinnesdaten
'Phänomenologie' 22, 113–4, 285, 355
PHILOSOPHIE 15, 17, 22, 26, 246–50, **264–70**; eher eine Tätigkeit als eine Lehre 17, 266, 305, 309–10; anthropologische Perspektive auf die – 20, 26; a priori 22, 182–4, 266–8; kritische Aufgabe der – 12, 264–5, 310, 348–9; Entdeckungen und Theorien in der – 22, 186–90, 214–5, 268–9, 343–4, 385–6; elenktische und nicht deduktive – 268–9; – und Grammatik/Sprache 11, 17–8, 22, 26–7, 154–9, 249–50, 348–9; – läßt alles wie es ist 237, 268; Probleme der – 22, 26, 110–1, 247–8, 264–70, 329–30, 346–7, 385–6; reflexive Natur der – 15, 206, 264–8, 344–5; – vs. Wissenschaft 17, 26, 98, 142–3, 264–8, 385–6; systematische – 346; siehe auch LOGIK, METAPHILOSOPHIE, Metaphysik, UNSINN, ÜBERSICHT, SAGEN/ZEIGEN, Therapie
Philosophie der normalen Sprache 28, 190
Philosophische Bemerkungen 22, 187
Philosophische Grammatik siehe 'Big Typescript'
PHILOSOPHISCHE PSYCHOLOGIE 23, 66, 76–7, 110, **270–6**; nach den PU 26–7, 173, 190; *siehe* INNERES/ÄUSSERES
PHILOSOPHISCHE UNTERSUCHUNGEN 23–7, 27–8, 51, 276–8 und passim
Platon 53, 100–1, 104, 126, 131, 135, 177, 182, 194, 264, 312
Platonismus 15, 17, 19, 24, 27, 53–5, 132, 173, 206, 209, 224, 233–4, 238, 241, 264, 268, 296, 336–7, 357–8, 390
Poincaré, H. 388
Politik 23, 110
Post, E. L. 371
Pragmatismus 148, 171, 201

Praxis 22, 200–2, 297–300, 326–7
Prior, A. 218
PRIVATHEIT 25–6, 92, 174–5, **278–84**, 285, 323–5; epistemische – 174, 278, 280–3, 357
PRIVATSPRACHENARGUMENT 23, 26, 44, 78, 84, 174, 262, **284–90**, 292, 299, 325, 355, 357
PROJEKTIONSMETHODE 66, 73, 89, 129, 150, 178, **290–3**, 296; *siehe auch* Darstellungsweise, Abbildende Beziehung
Psychoanalyse 98, 269; *siehe auch* Freud
psychologische Begriffe 270
Psychologismus 10, 15, 25, 128, 206, 311, 357
Putnam, H. 61, 68, 194, 197
Pythagoras, Theorem des – 242

Quantoren *siehe* Allgemeinheit, logische Konstante
Quine, W. V. 28, 76, 118–20, 121, 124, 148, 165–6, 169, 197, 203, 239, 262, 264, 290, 298, 337, 369

Radikale Übersetzung 41, 203, 298
Ramsey, F. P. 18, 20, 33, 112, 120, 167, 170–1, 232, 234, 269, 309, 340, 368–9, 384, 389–90
Rationalismus 17, 159, 362, 384
Rationalität 11, 26–7, 111, 172, 202–3, 267–8, 303
Realismus vs. Idealismus 11, 27–8, 323, 325; – vs. Nominalismus 94–6, 110; *siehe* auch Antirealismus
Regel 64–5, 81–2, 116–7, 287, 376; – und ihre Anwendung 184, 295–9; Schluß- *siehe* Logische Folgerung; -n der Sprache 15, 17, **154–9**, **185–90**, 230–2, 325–7, 338; – vs. Regelformulierung 294; *siehe auch* GRAMMATIK; LOGISCHE SYNTAX
REGELFOLGEN 25, 76, 125, 140, 168, 183–4, 204, 245–6, 293, **294–300**, 360; – vs. Handeln in Übereinstimmung mit dem R. 187–9, 245–6, 295–6; Gemeinschaftsauffassung 285–6, 297–300; *siehe auch* Praxis
Regelskeptizismus 82, 241, 297–300
Reid, T. 315, 366
Relativismus 21, 49, **63–5**, 105–6, **202–5**, 269–70, 345–6
RELIGION 17, 250–1, **300–4**; *siehe auch* Gott, Trinität
Rhees, R. 28

Richards, J. A. 124, 178
Rorty, R. 347
Russell, B. 10, 12–8, 20, 23, 27, 31–4, 60, 77, 80, 85, 91, 93–5, 97, 120, 121, 124, 126, 128, 133–5, 149–50, 151, 153, 164, 167, 171, 178–82, 182–3, 186, 191, 205–9, 210–2, 219–20, 223–5, 230–2, 233–4, 237, 247, 251, 254–7, 265, 267, 277–8, 285, 302, 305, 307–9, 311–3, 316, 321, 331, 334, 336–40, 348, 356, 357, 362, 368, 371–2, 375, 379, 387–9, 392; -s Paradox 14, 205, 230, 237, 307, 311, 375, 387
Ryle, G. 28, 56, 77, 79, 133, 189, 232, 250, 311, 341, 347, 350, 356, 357, 366, 382

Sachlage (Situation) 86–9, 178, 314, **332–3**; *siehe auch* Sachverhalt
Sachverhalt 16, 87–9, 92, 178, 181, 227–8, 313, **332–4**; *siehe auch* TATSACHE, Sachlage
SAGEN/ZEIGEN 16–7, 47–8, 102–4, 143, 214, 233, 250–3, 301, **305–11**, 349, 351
Sartre, J. P. 366
Satz (sentence) *siehe* Satzzeichen, SATZ
SATZ 15, 36–41, 90–2, 128–9, 292, **311–5**, 391–3; Common Sense-/Achsen- (*Über Gewißheit*) 92, 142–3, **143–8**, 176–7, 202–3; echte S.e (*Aussagen*) 19, 98, 194–5, 354; – als ein Zug im Sprachspiel 193–4, 315, 352–3, 368; -e vs. Namen 54–6, 91, 224, 313; unbehaupteter – 88, 151, 312
Satzradikal 151
Satzsystem 20, 97–8, 112, 186
Satzvariable/-funktion 14, 36–9, 211, 308, 391; *siehe auch* Begriff, Funktion
Satzzeichen 91, 128–9, 311–2, 371, 391
Saussure, F. de 53, 186
Scheinprobleme, -sätze 12, 16–7, 19, 92, 150, 165, 206–7, 232, 233, 265, 306, 309–11; *siehe auch* Unsinn
Schlick, M. 19, 22, 260, 285, 288, 323, 334, 384
Schopenhauer, A. 10–1, 17, 26, 47–8, 83, 102, 160, 206, 236, 251, 265, 292, 309, 321–3, 341, 377–8, 379–80
Searle, J. 245–6
Seele 79–80, **160–3**, 279, 292–3, 301, 320–5, 377–8; *siehe auch* ICH/SELBST, SOLIPSISMUS
Sehen 44–5, 81, 366–7
Sellars, W. 290

Semiotik (Syntax/Semantik/Pragmatik) 89, 353
Sheffer, H. 38, 339; -Strich 38
siamesische Zwillinge 280
Sinn 16, 71–6, 85–9, 90–1, 178, 182, 185, 225–6, 291, 311–3, 354–5; Autonomie des -es 72, 89, 136, 137; sekundärer – 46
sinnlos 16, 338, 348–9, 374–5
Sinn/Bedeutung-Unterscheidung 16, 55, 71–2, 191–2, 254, 391–3; – bei Frege 13–4, 54–5, 71–2, 191, 254
Sinn/Kraft-Unterscheidung 55
Sinnesdaten 19, 23, 135, 285, 355; – vs. minima sensibilia im TLP 96, 135
SKEPTIZISMUS 27, 143–8, 169, 172, 184, **315–20**; *siehe auch* andere Geister
Skolem, T. 35, 388
Sokrates 101, 103, 157
SOLIPSISMUS 11, 83–4, 97, 160, 253, 279, **320–5**; methodologischer – 23, 160, 280, 323–5
Sonne 192
Spengler, O. 10, 21, 107, 200, 236, 343, 385
Spiel *siehe* Kalkülmodell; Sprachspiel
Spielraum 169, 228
Spinoza, B. 103, 300
Sprache 24–5, 62, 139, **185–90**, 277, 286; – als eine Stadt 329; Kreativität der – 85, 88, 192, 357; Krisis der – 10; Kritik der – 10–1, 17–8, 265; Wesen der – 107; – geleitet von Normen/ Regeln 121–6, **154–7**, 260, 294–300, 325–8; ideale vs. normale – 14, 17–8, 60, 80–1, 165, 185, 207, 226, 237, 247, 268, 249–50; ideale S. vs. ideale Notation 18, 211, 226, 232, 371, 393; primäre vs. sekundäre – *siehe* Phänomenologie; Zeichen- 36, 129, 232, 292, 371; Denk- 129, 292–3, 312; *siehe auch* Praxis
SPRACHSPIEL 23, 107–11, 147, 155, 193, 204, **325–30**; – vs. Kalkülmodell 185–8; (Sich-)Kreuzen von -en 296–7, 328–30, 344–5, 351–2; fiktive -e 23, 52, 123–4, 327–9; Gerüst der -e 139–43; Gewirr der -e 329
Sprechakte (-handlungen) 125, 152, 200
Sraffa, P. 10, 20, 23
Standardmeter 261
Stil 22, 27–8, 47, 276, 340
Stoizismus 103
Strawson, P. 28, 119, 162, 172, 227, 244, 248, 279, 289, 319, 347

Streben nach Allgemeinheit 107, 385
Symbol *siehe* ZEICHEN/SYMBOL
Symptome 119, 194–5
synthetisch a priori 19, 92, 113, 117, 206, 209, 234, 340, 352

Tagore, R. 250
Tarski, A. 368–9
TATSACHE 16, 21, 80–1, 84–7, 90, 91, 213, 311–3, **331–5**; positive vs. negative – 333–5; *siehe auch* Sachverhalt
TAUTOLOGIE 16, 19, 91, 116, 165, 167, 169, 207–9, 215–8, 224, **336–40**, 374
Theorie des Gehalts (content) 181–2, 288, 290
Theorie der Kennzeichnungen (descriptions) 14, 18, 53, 164–7, 210–2, 254, 256–7
Theorie des Symbolismus 93, 134, 209, 309, 341, 371; *siehe auch* Darstellung (sprachliche)
Therapie 98, 269; *siehe auch* Psychoanalyse
Tolstoi, L. N. 23, 250
TRACTATUS LOGICO-PHILOSOPHICUS 14–18, 22, 25, 27, 277, 305, 309, **340–2** und passim; sprachliche vs. ontologische Lesart des – 134–5, 212, 341–2
Träumen 319–20
transzendental 11, 17, 201, 306
transzendentale Argumente 317, 319
Trinität 158, 303
Turing, A. 23, 245–6, 376; -Maschine 245
Typentheorie 14, 209, 230, 233, 307–8, 348, 387

Übereinstimmung 139–40, 203–5, 298, 371
Übergangsperiode **19–23**, 56, 77, 103–5, 118–9, 125, 160–2, 185–8, 233, 358–8; *siehe auch* VERIFIKATIONISMUS
Über Gewißheit 27, 142, 143, 154, 159
ÜBERSICHT 12, 98, 107, 115, 187, 214, **343–7**, 385; – vs. logische Analyse 344–5
Übersichtlichkeit 241, 343; *siehe auch* ÜBERSICHT
undogmatisches Verfahren *siehe* Dogmatismus
'und so weiter' 35–6, 298, 388
Unendlichkeit 35–6, 236, 374, 390–1; -saxiom 34, 205, 338, 387
UNSINN 17, 92, 118–9, 158, 187, 193, 231–2, 265–6, 269–70, 307–8, 309–10, 338, **347–53**; nicht offenkundiger vs. offenkundiger – 158,

349, 352–3; *siehe auch* Scheinsätze, SAGEN/ZEIGEN
Urphänomen 99
Urteil 84–6, 149–51; *siehe auch* Bildtheorie

Vagheit *siehe* BESTIMMTHEIT DES SINNS
Variable 220, 223, 336–7; *siehe auch* Satzvariable
Vergleichsobjekt 187, 248, 327, 345
VERIFIKATIONISMUS 19, 22, 56–7, 59, 77–8, 161–2, 194, 288, 323, 330, 334, **354–6**, 370
Verneinung 13, 74–6, 85–6, 91, 177–8, 225–6, 334
VERSTEHEN 25, 100–1, 110, 189, 192–4, **357–61**; – vs. kausale Erklärung 364–5; blitzartiges – 131, 358–9, 360
Versuchen 380
Vertauschtes Spektrum 285, 288
VERURSACHUNG 127, 169, 182–3, **361–6**; Prinzip/Gesetz der Kausalität 361–2, 383; *siehe auch* ERKLÄRUNG; INDUKTION
Vorgängerrelation 388–9
Vorstellung (idea) *siehe* geistiges Bild, geistige Phänomene
Vorstellung (representation) 11, 126–7, 128, 130, 311, 320–1, 357; sprachliche/symbolische (Darstellung) 12, 15–8, 20, 129, 135–7, 177–8, 206, 277, 306, 323; *siehe auch* INTENTIONALITÄT, PROJEKTIONSMETHODE, DENKEN
VORSTELLUNGSKRAFT (imagination) 352–3, **366–7**

WAHRHEIT 20–1, 40, 59, 116–8, 335, **368–71**; *siehe auch* Falschheit
Wahrheitsbedingungen/-gründe/-möglichkeiten 72–3, 169–70, 215–8, 227–30, 338–40, 372–3
wahrheitsfunktionale Zusammensetzung 16, 20, 116, 186, 216–7, 338–40, 372–4; *siehe auch* analytisch/synthetisch, LOGISCHE FOLGERUNG
WAHRHEITSTAFEL 74–6, 92, 169–70, 217–8, 338–40, **371–4**, 391; *siehe auch* Sprache (Idealsprache vs. ideale Notation)
Wahrheitswerte 90–1, 224–5; – bei Frege 13–4, 54–6, 90–1, 223–4, 365
Wahrheitswertlücke *siehe* Bivalenz
Wahrscheinlichkeit *siehe* Induktion
Waismann, F. 19, 82, 118, 150, 230, 243, 260, 346, 354, 376, 388
Weininger, O. 10–1, 102, 321
Welt 16, 20, 251–3, 321–2, **331–5**, 377–8; – vs. Wirklichkeit 227–8, 333
Weltbild 115, 177, 200, 202; *siehe auch* SATZ (Achsen-)
Werkzeuganalogie 124
Wert 48, 102, 300, 306
Weyl, H. 236, 355
Whitehead, A. N. 14
WIDERSPRUCH 64, 218, 237, **374–7**
Wigotski, L. 131
Wille 66, 103, 253, **377–82**; kosmischer – (Schopenhauer) 11, 377; freier – 378, 382; – vs. Intellekt 11, 26; dem -n unterworfen 44, 272, 360, 381–2
Winch, P. 365
Wisdom, J. 28, 212
Wissen (knowledge) 57–8, 68–9, **143–8**, 169, 172, 190, 282–4, 315–20
Wissenschaft 11–2, 19, 98, 110–1, 196–7, 302, 361–3, **382–6**
wollen vs. wünschen 378, 379
Wright, G. H. von 28, 363
Wundt, W. 271
Wunsch *siehe* INTENTIONALITÄT

ZAHLEN 14, 41, 110, 186, 233–4, 256, 325–6, **387–91**
Zeichen/Symbol 290–3, 305–6, 308–9, 311, **391–3**
Zen 253
Zweideutigkeit/Synonymie 46, 75, 109
Zweifel 144–8, 283–4, 315–20; – ist nur sinnvoll innerhalb eines Sprachspiels 316–9